现代汉语熟语
历史层次研究

张能甫 著

人民出版社

目　录

第二编　中古汉语中已见的现代汉语熟语

第三编　近代汉语中已见的现代汉语熟语

第四编 20世纪以来的汉语新兴熟语结构

绪　论

一、熟语的定义

"熟语"一词至迟宋代已见，义为常用的话语。宋程大昌《演繁露》卷 11：
"以侑酒为义，唐人熟语也。"[1]我们现在一般意义上的熟语，不同的学者有一些
不同的看法，兹举一些代表性的定义如下：

中国社会科学院语言研究所词典编辑室编《现代汉语词典》[2]："固定的词
组，只能整个应用，不能随意变动其中成分，并且往往不能按照一般的构词法来
分析。"[3]

张永言《词汇学简论》："语言里也有一些特殊的词组和句子，它们跟词一
样，不是在人们说话的时候临时组织起来的，而是以现成的形式和固定的意义存
在于语言里的……语言里的这一类现成的固定词组或句子（主要是固定词组）就
叫做熟语。研究熟语的语言学学科叫做熟语学……熟语包括语言里的成语、谚
语、格言、惯用语等。"[4]

刘叔新《汉语描写词汇学》："'熟语'已成为广泛使用的术语。就人们对它
所共有的理解来说，熟语的单位具有下列特点：（一）是现成的、大家熟悉和使

---

[1]　按："熟语"的这一义项《大词典》始见例证是明陆时雍《诗镜总论》："王建款情熟语，其
儿女子之所为乎？诗不入雅，虽美何观矣！"时代还可提前。

[2]　按：本研究所使用的《现代汉语词典》，以第 5 版为主，适当参考第 6 版、第 7 版。

[3]　中国社会科学院语言研究所词典编辑室编：《现代汉语词典》第 6 版，商务印书馆 2012 年
版，第 1207 页。

[4]　张永言：《词汇学简论》，华中工学院出版社 1985 年版，第 122—123 页。

用的短语或语句；（二）大于一个词，至长不超过一句话。据此看来，熟语可以是种种比词大的用语，包括成语、惯用语、专名语、谚语、名言等等。"[1]

《汉语大词典》[2]："语言中定型的词组或句子。使用时一般不能任意改变其形式。包括惯用语、成语、谚语、格言、歇后语等。"[3]

温端政《汉语语汇学》："'熟语'，一般认为是从俄语译借过来的。它本来就是一个多义词……'熟语'一词译借过来以后，理解和使用上出现了很大分歧，大致上分两派，一派把它作为'属概念'，一派把它作为'种概念'。作为'属概念'的，用它来总称成语、谚语、惯用语、歇后语等，或把成语排除在外，总称谚语、惯用语、歇后语等……作为'种概念'的，有的把'熟语'和成语、谚语、歇后语等相并列，而把惯用语作为属概念……有的把'熟语'作为'惯用语'的别称，与成语、谚语、歇后语并列……'熟语'的这种模糊性和实际使用中的随意性和不确定性，使它失去作为科学术语的必要条件……它的存在只能产生歧义。因此，我们建议不用这个术语，而用概念明确的'语汇'来替代它。"[4]

北京大学中文系现代汉语教研室编《现代汉语》："词汇中也包括成语、谚语、歇后语、惯用语等，总起来叫熟语，也叫固定结构。熟语的结构比词复杂，结构和构成成分比较固定，意义往往有整体性。"[5]

胡裕树《现代汉语》："词汇当中，除了许多独立运用的词以外，还有一些固定词组为一般人所经常使用的，也作为语言的建筑材料和词汇的组成部分，这些总称熟语。熟语的范围相当广，包括惯用语、成语、歇后语、谚语、格言等，其中以惯用语和成语的用法最值得注意。"[6]

黄伯荣等《现代汉语》："熟语又叫习用语，是人们常用的定型化了的固定短语，是一种特殊的词汇单位……熟语包括成语、惯用语和歇后语。"[7]

邢福义《现代汉语》："熟语是一些久经沿用基本定型的固定短语，主要包括

[1]　刘叔新：《汉语描写词汇学》，商务印书馆2005年版，第129页。

[2]　按：本文在行文过程中，把《汉语大词典》简称为《大词典》，全文都如此。

[3]　罗竹风主编：《汉语大词典》（缩印本），汉语大词典出版社1997年版，第4171页。

[4]　温端政：《汉语语汇学》，商务印书馆2005年版，第21—23页。

[5]　北京大学中文系现代汉语教研室：《现代汉语》（重排本），商务印书馆2004年版，第245页。

[6]　胡裕树：《现代汉语》（重订本），上海教育出版社2003年版，第258页。

[7]　黄伯荣等：《现代汉语》（增订三版，上册），高等教育出版社2003年版，第317页。

成语、惯用语和歇后语。"[1]

张斌《现代汉语》:"熟语包括成语、谚语、歇后语、惯用语等,也是汉语词汇的组成部分。熟语虽然都不是词,构造比较复杂,一般是短语或句子的结构,但它们的格式和构成成分比较固定,它们的意义往往有整体性,一般也作为语言的建筑材料来使用。熟语也叫固定结构、固定词组。"[2]

以上我们大致依照书的第一版出版时间的先后,排列了一些词汇书、工具书、教材中的代表性的熟语的定义,从中可以看出熟语的定义在学术界认识上的继承、发展和变化。

二、对熟语定义争论的评价

共同点:都包含"成语"、"惯用语",有的不说"成语"、"惯用语",而说成"固定的词组"、"短语"。

不同点:有的包括"句子",有的包括"谚语",有的包括"歇后语",有的包括"格言、谚语",有的包括"谚语、歇后语",有的包括"格言、谚语、歇后语"。

我们认为,熟语应该只包括"定型的词组",即惯用语、成语,而不应该包括格言、谚语、歇后语这类"定型的句子"。格言、谚语、歇后语这类定型的句子,不应该叫熟语,应该叫熟句。它们不是造句单位,而是表义单位。

三、我们对熟语的定义

综合已有的学术观点,我们对熟语的定义是:

熟语是语言中的造句单位,是语言词汇的构成部分,是小于句子、大于词的不能划分词性的定型结构。从音节的角度看,熟语可以分为三音节熟语和四音节熟语两种主要类型。

---

[1]　邢福义:《现代汉语》,高等教育出版社 2003 年版,第 162 页。

[2]　张斌:《现代汉语》,语文出版社 2000 年版,第 199 页。

四、现代汉语熟语历史来源概述

现代汉语共时平面的熟语及类熟语[1]总计6819个。其中，熟语5171个，类熟语1648个。现代汉语共时平面的6819个熟语结构[2]，从清代以前继承下来的3482个，占我们研究对象总数的51.06%；20世纪新兴的3337个，占我们研究对象总数的48.94%。现代汉语共时平面的熟语5171个，从清代以前继承下来的3472个，占我们研究的熟语总数的67.14%；20世纪新兴的1699个，占我们研究的熟语总数的32.86%。

现代汉语共时平面的熟语结构，总体上来看，继承和新兴大致差不多，继承的略高2.12%；如果不考虑类熟语而只看熟语，那么，现代汉语共时平面的熟语，继承率比新兴率高出34.28%。据此，我们认为，现代汉语共时平面的熟语，还是以继承前代为主。

从历史来源的角度研究熟语，时代可以分为上古、中古、近代、20世纪四个时期。

（一）上古汉语中已见的现代汉语熟语

上古汉语语料中已见的现代汉语熟语344个，占现代汉语熟语结构总数的5.04%。上古汉语内部又分为四个时期：

1. 商周

商周时期已见的现代汉语熟语23个，占现代汉语熟语结构总数的0.34%。它们全部是四音节熟语。

---

[1] 所谓类熟语指的是现代汉语的熟语结构体系中，有一类是新兴的学科专用术语和对新的社会现象的概括归纳的用语。哲学社会科学和自然科学的不断发展，新生事物的不断涌现，出现了一些行业术语和对社会现象进行概括归纳的用语。这些术语和用语，介于词与句子之间，不能划分词性，但是经常连在一起使用，这样的术语和用语我们称之为类熟语。现代汉语词汇体系中的类熟语，20世纪以前的语料中比较少，20世纪以来的语料中比较多。

[2] 本书在叙述过程中使用了"熟语"、"类熟语"、"熟语结构"等术语。行文过程中称"熟语结构"时，一般包括熟语和类熟语两种类型。

2. 战国

战国秦时代已见的现代汉语熟语共 162 个，占现代汉语熟语结构总数的 2.38%。其中，三音节熟语 3 个，四音节熟语 159 个。

3. 西汉

西汉已见的现代汉语熟语 78 个，占现代汉语熟语结构总数的 1.14%。其中，三音节熟语 1 个，四音节熟语 77 个。

4. 东汉

东汉已见的现代汉语熟语总计 81 个，占现代汉语熟语结构总数的 1.19%。其中，三音节熟语 3 个，四音节熟语 77 个，六音节熟语 1 个。

（二）中古汉语中已见的现代汉语熟语

中古汉语语料中已见的现代汉语熟语 514 个，占现代汉语熟语结构总数的 7.54%。中古汉语的内部又分为六个时期：

1. 三国

三国时代已见的现代汉语熟语 28 个，占现代汉语熟语结构总数的 0.41%。其中，四音节熟语 27 个，五音节熟语 1 个。

2. 西晋

西晋时代已见的现代汉语熟语 45 个，占现代汉语熟语结构总数的 0.66%。其中，三音节熟语 1 个，四音节熟语 44 个。

3. 东晋

东晋时代已见的现代汉语熟语 36 个，占现代汉语熟语结构总数的 0.53%。它们全是四音节熟语。

4. 南朝

南朝已见的现代汉语熟语总计 83 个，占现代汉语熟语结构总数的 1.22%。其中，三音节熟语 2 个，四音节熟语 81 个。

5. 北朝

北朝已见的现代汉语熟语总计 30 个，占现代汉语熟语结构总数的 0.44%。其中，双音节熟语 1 个，四音节熟语 29 个。

6. 隋唐

隋唐时期已见的现代汉语熟语总计 292 个，占现代汉语熟语结构总数的

4.28%。其中，隋代 4 个，唐代 288 个。这些熟语分为三音节和四音节两种类型。其中，三音节熟语 9 个，四音节熟语 283 个。

（三）近代汉语中已见的现代汉语熟语

近代汉语语料中已见的现代汉语熟语 2624 个，占现代汉语熟语结构总数的 38.48%。近代汉语的内部又分为四个时期：

1. 五代宋金

五代宋金时代已见的现代汉语熟语 659 个，占现代汉语熟语结构总数的 9.66%。其中，五代 25 个，宋代 622 个，金代 12 个，辽代没有。五代宋金熟语又分为三音节、四音节、五音节、六音节四类。其中，三音节熟语 18 个，四音节熟语 639 个，五音节熟语 1 个，六音节熟语 1 个。

2. 元代

元代已见的现代汉语熟语 259 个，占现代汉语熟语结构总数的 3.80%。其中，三音节熟语 12 个，四音节熟语 243 个，六音节熟语 2 个，七音节熟语 1 个，八音节熟语 1 个。

3. 明代

明代已见的现代汉语熟语 621 个，占现代汉语熟语结构总数的 9.11%。其中，三音节熟语 26 个，四音节熟语 588 个，五音节熟语 2 个，六音节熟语 3 个，七音节熟语 2 个。

4. 清代

清代已见的现代汉语熟语结构[1]1085 个，占现代汉语熟语结构总数的 15.91%。清代熟语又分为熟语及类熟语两种类型。清代已见的现代汉语熟语 1075 个。其中，三音节熟语 106 个，四音节熟语 954 个，五音节熟语 8 个，六音节熟语 5 个，七音节熟语 1 个，八音节熟语 1 个。清代已见的现代汉语类熟语 10 个。其中，三音节类熟语 1 个，四音节类熟语 9 个。

---

[1]　按：本研究从清代部分开始，涉及类熟语的概念及数量统计。

（四）20 世纪以来的现代汉语新兴熟语及类熟语

判定 20 世纪以来汉语新兴熟语及类熟语的大致依据有以下几个方面：《大词典》以 20 世纪以来的文献作为始见例证的熟语结构，《大词典》中没有例证而见于《现代汉语词典》的熟语结构，《大词典》中没有某一义项而这一义项又见于《现代汉语词典》的熟语结构，《大词典》中没有收录而《现代汉语词典》收录的熟语结构，同时再参考已有的有代表性的一些研究成果。

根据这些标准，我们调查得出了 20 世纪以来的现代汉语新兴熟语及类熟语 3337 个，占现代汉语熟语结构总数的 48.94%。20 世纪以来的现代汉语新兴熟语及类熟语可以粗略地分为三类：

1.《大词典》有 20 世纪文献为始见例证的新兴熟语及类熟语

依据我们的调查研究，《大词典》以 20 世纪文献作为始见例证的现代汉语新兴熟语结构 1422 个，占现代汉语熟语结构总数的 20.85%。有 20 世纪文献为始见例证的现代汉语新兴熟语又分为熟语及类熟语两种类型。有 20 世纪文献为始见例证的现代汉语新兴熟语 1151 个，占现代汉语熟语结构总数的 16.88%。其中，二音节熟语 1 个，三音节熟语 269 个，四音节熟语 860 个，五音节熟语 11 个，六音节熟语 6 个，七音节熟语 4 个。有 20 世纪文献为始见例证的现代汉语新兴类熟语 271 个，占现代汉语熟语结构总数的 3.97%。其中，三音节类熟语 5 个，四音节类熟语 260 个，五音节类熟语 6 个。

2.《大词典》没有例证及没有某一义项的 20 世纪新兴熟语及类熟语

从历史层次的角度研究现代汉语的熟语结构，涉及的没有例证的新兴熟语及类熟语 470 个，占现代汉语熟语结构总数的约 6.89%。其中，熟语 105 个，类熟语 365 个。在 105 个没有例证的熟语中，三音节熟语 64 个，四音节熟语 40 个，五音节熟语 1 个。在没有例证的 365 个类熟语中，三音节类熟语 18 个，四音节类熟语 318 个，五音节类熟语 24 个，六音节类熟语 4 个，七音节类熟语 1 个。

从历史层次的角度研究现代汉语的熟语及类熟语，涉及的没有某一义项的新兴熟语及类熟语 32 个，占现代汉语熟语结构总数的约 0.47%。其中，熟语 25 个，类熟语 7 个。在 25 个没有某一义项的熟语中，三音节熟语 14 个，四音节熟语 11 个。在没有某一义项的 7 个类熟语中，三音节类熟语 2 个，四音节类熟语 5 个。

3.《大词典》没有收录的 20 世纪新兴熟语及类熟语

我们调查出了《大词典》中没有收录而《现代汉语词典》又收录的 20 世纪新兴的熟语结构 1413 个，占现代汉语熟语结构总数的 20.72%。其中又分为两类：

（1）没有收录的新兴熟语

从历史层次的角度研究现代汉语的熟语结构，涉及的没有收录的 20 世纪新兴熟语 418 个，占现代汉语熟语结构总数的 6.13%。其中，二音节熟语 1 个，三音节熟语 156 个，四音节熟语 256 个，五音节熟语 5 个。

（2）没有收录的新兴类熟语

涉及的没有收录的 20 世纪新兴类熟语 995 个，占现代汉语熟语结构总数的 14.59%。其中，三音节类熟语 18 个，四音节类熟语 886 个，五音节类熟语 71 个，六音节类熟语 12 个，七音节类熟语 5 个，九音节类熟语 3 个。

五、现代汉语熟语的相关研究成果综述

依据我们对熟语的定义，相关研究成果可进行一定程度的宏观概述。20 世纪以来的现代汉语熟语研究，可以分为四个时期。

（一）20 世纪 40 年代的现代汉语熟语研究——开始时期

期刊论文

余冠英：《谈成语错误》，《国文月刊》1940 年第 1 卷 2 期。

方绳辉：《成语和成语的运用》，《国文杂志》1943 年第 2 卷 3 期。

（二）20 世纪 50—60 年代的现代汉语熟语研究——发展时期

1. 期刊论文

周祖谟：《谈"成语"》，《语文学习》1955 年第 1 期。

朱剑芒：《成语的基本形式及其组织规律的特点》，《中国语文》1955 年第 2 期。

何蔼人：《汉语的成语》，《语文知识》1955 年第 7 期。

孙慎之：《试谈"成语"》，《山东大学学生科学论文集刊》文科1956年第1期。

瓖一：《成语、谚语、格言、俗语、俚语的区别》，《语文学习》1958年第1期。

昌全等：《论成语》，《中国语文》1958年第10期。

黄再春：《成语做谓语的句法功能》，《中国语文》1958年第10期。

欣向：《成语的特性》，《中国语文》1958年第10期。

唐松波：《熟语和成语的种属关系》，《中国语文》1960年11月号。

杨欣安：《成语和谚语的区别》，《中国语文》1961年第3期。

武占坤：《有关"成语"的几个问题》，《河北大学学报》1962年第2期。

2. 专著

马国凡：《成语简论》，辽宁人民出版社1959年版。

潘裕明：《列宁著作中的成语典故》，生活·读书·新知三联书店1962年版。

3. 词典

北京大学中文系1955级语言班：《汉语成语小词典》，中华书局1958年版。

(三) 20世纪70年代末期至90年代的现代汉语熟语研究——繁荣时期

1. 期刊论文

吴越：《同义成语的来源与辨析》，《天津师范学院学报》1978年第4期。

向光忠：《成语与民族自然环境、文化传统、语言特点的关系》，《中国语文》1979年第2期。

刘叔新：《固定语及其类别》，《语言研究论丛》第2辑，天津人民出版社1982年版。

袁本良：《惯用语补议》，《语言研究》1986年第1期。

袁傲珍：《试论〈论语〉语词的成语化规律》，《绍兴师范高等专科学校学报》1986年第1期。

李功成：《常用成语溯源》，《语文园地》1986年第3期。

李之亮：《成语和典故的异同》，《语文知识》1986年第3期。

鲍海涛：《惯用语试论》，《牡丹江师范学院学报》1986年第3期。

姚鹏慈：《同源成语刍议》，《杭州大学学报》1987年第1期。

吴建平:《成语的活用与误用》,《当代修辞学》1989 年第 1 期。

卢卓群:《古代典籍和成语的源流》,《咸宁师范高等专科学校学报》1987 年第 1 期。

杨本祥:《成语原义钩沉》,《淮北煤炭师范学院学报》1987 年第 2 期。

倪宝元:《从表达上看成语的扩展运用》,《语文研究》1987 年第 2 期。

何学威:《谚语研究应该跳出词汇学的框框——也谈谚语和成语的区别》,《湘潭大学学报》1987 年第 2 期。

吕冀平等:《惯用语的划界和释义问题》,《中国语文》1987 年第 6 期。

陈天泉:《汉语成语用字统计》,《语文建设》1987 年第 6 期。

陈建民:《从汉语成语和谚语窥探汉人的思想观念》,《汉语学习》1988 年第 1 期。

刘超班:《论汉语同一异形成语》,《武汉教育学院学报》1988 年第 1 期。

倪宝元:《语素易位——成语活用之一》,《南京大学学报》1988 年第 3 期。

倪宝元:《注意成语的正确写法和用法》,《语文建设》1988 年第 4 期。

傅克诚:《汉语成语与四字格》,《逻辑与语言学习》1988 年第 5 期。

华培芳等:《惯用语特色浅谈》,《语文知识》1989 年第 8 期。

胡铁军:《成语词义情态色彩多柄性朴识》,《兰州教育学院学报》1990 年第 1 期。

李启文:《从成语特点看汉语词义的人文性》,《广东民族学院学报》1990 年第 3 期。

谢芳庆:《试论成语的形式变化》,《安徽师范大学学报》1992 年第 2 期。

聂言之:《通用成语与异体成语》,《江西师范大学学报》1992 年第 2 期。

卢卓群:《四字格成语的有形断裂及其作用》,《世界汉语教学》1992 年第 4 期。

薛从军等:《异形成语浅析》,《语文建设》1992 年第 6 期。

祝鸿熹:《汉语四字成语的意义切分》,《语文建设》1992 年第 8 期。

卢卓群:《毛泽东著作中的成语异变现象》,《湖北大学学报》1993 年第 5 期。

卢卓群:《十余年来的成语研究》,《语文建设》1993 年第 7 期。

周荐:《熟语的经典性和非经典性》,《语文研究》1994 年第 3 期。

周荐:《惯用语新论》,《语言教学与研究》1998 年第 1 期。

2. 专著

马国凡:《成语》,内蒙古人民出版社 1978 年版。

史式:《汉语成语研究》,四川人民出版社 1979 年版。

马国凡等:《惯用语》,内蒙古人民出版社 1982 年版。

向光忠:《成语概说》,湖北人民出版社 1982 年版。

刘洁修:《成语》,商务印书馆 1985 年版。

孙维张:《汉语熟语学》,吉林教育出版社 1989 年版。

刘广和:《熟语浅说》,中国物资出版社 1989 年版。

倪宝元等:《成语九章》,浙江教育出版社 1990 年版。

3. 词典

《成语大词典》编委会编:《成语大词典》,商务印书馆国际有限公司 1999 年版。

(四) 21 世纪的现代汉语熟语研究——深入时期

1. 期刊论文

王金鑫:《〈现代汉语词典〉中的成语注音问题》,《辞书研究》2000 年第 4 期。

余桂林:《〈现代汉语词典〉四音节成语注音的按词分写问题》,《语言文字应用》2002 年第 3 期。

程丽颖等:《〈现代汉语词典〉第 5 版对成语考察的影响》,《语文天地》2006 年第 7 期。

洪丽娣:《谈〈现代汉语词典〉(第 5 版) 成语的释义》,《语文学刊》2007 年第 1 期。

柳艳娜等:《关于〈现代汉语词典〉(第 5 版) 成语注音的一些问题》,《现代语文:语言研究》2009 年第 9 期。

段颖玲:《〈现代汉语词典〉(第 5 版与 02 年增补本) 成语比喻义的释义比较》,《中国校外教育》2012 年第 3 期。

焦玉琴:《浅析文化词在少数民族汉语教学中的地位及意义——以汉语熟语为例》,《民族教育研究》2013 年第 3 期。

杜倩:《新旧版〈现代汉语词典〉成语对比研究》,《湖北师范学院学报》2013 年第 2 期。

郭伏良等：《〈现代汉语词典〉第 6 版对成语释义的修订》，《河北大学学报》2014 年第 1 期。

朱尚玉：《对申小龙〈现代汉语〉与潘文国〈汉英语言对比概论〉中熟语部分的对比研究》，《吉林省教育学院学报旬刊》2014 年第 2 期。

张文霞：《第六版〈现代汉语词典〉成语释义修订考察——以字母"Z"部分的修订为例》，《唐山师范学院学报》2015 年第 4 期。

辛菊等：《〈新华语典〉与〈现代汉语词典〉成语用例对比探析——以"Y"部成语为例》，《语文学刊》2016 年第 1 期。

2. 学位论文

吴汉江：《现代汉语惯用语研究》，苏州大学 2005 年。

赵欣：《对公文语言中熟语运用的研究》，华中师范大学 2006 年。

张少芳：《〈现代汉语词典〉四字成语解释用语考察》，河北大学 2006 年。

张杰：《〈现代汉语词典〉与〈现代汉语规范词典〉成语对比研究》，山东师范大学 2007 年。

史海菊：《现代汉语三音节惯用语问题研究》，上海师范大学 2007 年。

党海瑾：《〈现代汉语词典〉四字格研究》，山西大学 2008 年。

白云飞：《〈现代汉语词典〉（第五版）类成语研究》，黑龙江大学 2010 年。

刘晓慧：《现代汉语词典成语释义研究》，山西大学 2011 年。

刘燕燕：《〈人民日报〉成语使用情况历时考察与研究》，河北大学 2011 年。

宁佳：《对外汉语中惯用语的教学研究》，西北大学 2011 年。

赵冀：《〈现代汉语词典〉（第 5 版）惯用语研究》，河北师范大学 2011 年。

王靖晖：《对外汉语教材中的熟语研究》，吉林大学 2012 年。

韩宪镇：《熟语在对韩汉语教学中的教学价值及教学策略研究》，上海外国语大学 2012 年。

尉明华：《〈现代汉语词典〉（第 5 版）三字格与四字格研究》，浙江大学 2012 年。

唐文静：《〈现代汉语词典〉（第五版）中的异形成语研究》，新疆师范大学 2013 年。

王宇君：《〈现代汉语词典〉（第 6 版）四音词语研究》，山西师范大学 2013 年。

张红霞：《关于对外汉语教学中熟语教学的研究》，苏州大学 2014 年。

3. 专著

温端政：《汉语语汇学》，商务印书馆 2005 年版。

4. 熟语工具书

倪宝元：《汉语成语实用词典》，汉语大词典出版社 2002 年版。

商务印书馆辞书研究中心编：《新华成语词典》，商务印书馆 2002 年版。

薛晓平：《汉语成语词典》，陕西人民教育出版社 2005 年版。

赵应铎：《汉语典故大词典》，上海辞书出版社 2007 年版。

符文军等：《中华成语故事大全》，时事出版社 2009 年版。

吴光奇等：《现代汉语成语词典》，上海辞书出版社 2009 年版。

张林川：《中华成语全典》，崇文书局 2010 年版。

王兴国：《汉语成语大词典》，中国国际出版集团、华语教学出版社 2010 年版。

梅萌：《汉语成语大全》，商务印书馆国际有限公司 2011 年版。（收成语 45000 条）

商务印书馆辞书研究中心编：《新华成语大词典》，商务印书馆 2014 年版。

另外，有的成果虽然没有直接用"熟语"的术语作为标题，但是却涉及了熟语中的"惯用语"、"成语"，这也是与熟语研究有关的内容，也是值得注意的。如符淮青《现代汉语词汇》第八章有"成语"[1]，曹炜《现代汉语词汇研究》第六章第四节、第五节有"典故词"、"惯用语和成语"[2]。

这些已有的研究成果，对于熟语的很多问题都有一定的涉及，但是全面性、系统性还有待进一步完善。我们从全面、深入、系统的角度，对现代汉语熟语从历史层次的角度予以研究，以便解决现代汉语共时平面词汇构成部分中的熟语的来龙去脉问题。

---

[1]　符淮青：《现代汉语词汇》，北京大学出版社 2001 年版，第 194—202 页。

[2]　曹炜：《现代汉语词汇研究》，北京大学出版社 2004 年版，第 137—162 页。

第一编

上古汉语中已见的
现代汉语熟语

上古汉语指的是商周到东汉时期的汉语，从公元前 1600 年到公元 220 年，时间大约有 1800 多年。上古汉语是汉语研究的源头，是汉语发展的第一阶段，值得高度重视。这一时期汉语的语料，在汉语研究史上具有重要的价值。

上古汉语语料中已见的现代汉语熟语 344 个，占现代汉语熟语结构总数的 5.04%。

第 一 章

商周时期已见的现代汉语熟语

商周春秋时期从公元前 1600 年到公元前 476 年，总共经历了 58 个帝王，时间约有 1100 多年。现代汉语的熟语，春秋时期基本上没有，主要是商周时期。

商周时期已见的现代汉语熟语 23 个，占现代汉语熟语结构总数的 0.34%。它们全部是四音节熟语。

第一节　研究商周时期熟语的代表性语料概述

商周时期的语料，只有专书一类。

从传世典籍的角度看，研究商周时期熟语的语料只有 3 种，即《诗经》、《今文尚书》、《周易》六十四卦，它们全部是经书。

关于各书的时代问题，我们采取一种简单的处理方式。《诗经》是周代几百年诗歌的汇编，为了研究的方便，我们都处理为西周作品。《尚书》中的今文部分即《今文尚书》可以视为商周作品[1]，古文部分即《古文尚书》我们把它处理为战国作品，放在第二章中去讨论。《周易》的六十四卦处理为商周作品，对

---

[1]　陈梦家的《尚书通论》对于《今文尚书》的篇章的时代有详尽说明：西周初期的命书 12 篇：康诰、酒诰、洛诰、君奭、立政、梓材、无逸、多士、多方、康王之诰、召诰、大诰；西周中期以后的命誓 3 篇：吕刑、文侯之命、秦誓；西周时代的记录 3 篇：金縢、顾命、费誓；战国时代拟作的誓 4 篇：甘誓、汤誓、牧誓、盘庚；战国时代的著作 7 篇：尧典（舜典）、皋陶谟（益稷）、禹贡、高宗肜日、西伯戡黎、微子、洪范。

这种分类可供参考，可以作为研究的一种依据，但还不是定论。

六十四卦进行解释的十翼，可以视为战国作品，放在第二章去论述。

现代汉语的熟语，见于商周3部专书语料中的大约有23个。具体分布概括如下：

《今文尚书》3个，《诗经》13个，《周易》六十四卦7个。

这3部书是研究商周汉语熟语的重要语料。对这些语料进行研究，可以发现，现代汉语的熟语，从广义的历史层次来看，大约有23个都可以从中找到。

第二节　商周时期已见的现代汉语熟语研究

一、见于商周时期的代表性的现代汉语熟语举例

我们所说的见于商周时期的代表性的熟语，指的是商周时代的某些熟语，在书写形式上后代还有多种同义写法，或者商周时代已见而有的大型工具书没有收录，等等。这些类型的熟语，它们都需要做些说明。我们的说明全部采用按语的形式，在每个熟语的后面注明。本部分的内容，按音序排列。见于商周时期的代表性的现代汉语熟语分类举例如下。

（一）商周时期已见的具有异形写法的现代汉语熟语举例

据我们的调查，现代汉语中见于商周时期的某些熟语，随着时代的推移，后代又有同义、近义等多种写法出现。这样的熟语全部是四音节的。其中又可分为两类：

1.商周时期已见的具有异形写法的四音节熟语举例

商周时期已见的现代汉语四音节熟语，除了约定俗成的书写形式外，有的还有另外一种异形写法。这些具有一种异形写法的四音节熟语，按照异形写法的时代分类如下：

（1）有的四音节熟语的另一种异形写法出现于战国。如：

【不可救药】病重到没有药可以医治，比喻事态已严重到无法挽救。《诗·大雅·板》[1]："多将熇熇，不可救药。"按：又写作"不可救疗"。《左传·襄公二十六年》："今楚多淫刑，其大夫逃于四方，而为之谋主，以害楚国，不可

---

[1]　按：《诗经》在文中或省称《诗》。

救疗。"

（2）有的四音节熟语的另一种异形写法出现于唐代。如：

【自强不息】自己努力向上，永不停止。《易·乾》[1]："天行健，君子以自强不息。"按：又作"自彊不息"。唐令胡德棻《周书·武帝纪下》："劳谦接下，自彊不息。"

（3）有的四音节熟语的另一种异形写法出现于宋代。如：

【不可嚮迩】不可接近。《尚书·盘庚上》："若火之燎于原，不可嚮迩，其犹可扑灭。"按：又写作"不可向迩"。宋文天祥《使北》诗序："贾幸国难，自诡北人，气焰不可向迩。"

（4）有的四音节熟语的另一种异形写法出现于金代。如：

【日就月将】每天有成就、每月有进步，形容积少成多、不断进步。《诗·周颂·敬之》："日就月将，学有缉熙于光明。"按：又作"日将月就"。金李俊民《谒金门·慰梅》词："须是日将月就，那在风飘雨骤。直待豆秸灰落后，初尝山店酒。"

（5）有的四音节熟语的另一种异形写法出现于清代。如：

【辗转反侧】形容心中有事，翻来覆去不能入睡。《诗·周南·关雎》："悠哉悠哉，辗转反侧。"按：又作"转辗反侧"。清王韬《淞滨琐话·田荔裳》："闻女转辗反侧，久而不眠。"

见于商周的现代汉语四音节熟语，个别的还有两种异形写法。这两种异形写法，一种见于南朝，一种见于唐代。如：

【进退维谷】进退都不好，比喻处境困难。《诗·大雅·桑柔》："人亦有言，进退维谷。"按：又写作"进退唯谷"、"进退惟谷"。南朝宋刘义庆《世说新语·纰漏》："仲堪流涕而起曰：'臣进退唯谷。'"唐房玄龄《晋书·殷仲堪传》："仲堪流涕而起曰：'臣进退惟谷。'"

2. 商周时期已见的具有异形写法的三音节缩略[2]式熟语举例

现代汉语中见于商周时期的四音节熟语，后代的异形写法缩略为三音节。这样的熟语，我们举出一些代表性的例证如下：

---

[1]　按：《周易》在文中或省称《易》。

[2]　按：所谓缩略式，指的是一个四音节熟语可以写成双音节、三音节的形式。缩略可以分为先缩略后扩展和先扩展后缩略两种形式，为了研究的方便，我们笼统称为缩略。在我们的研究中，缩略有时又称为省略式、省作、省称等。

【一朝一夕】一个早晨一个晚上，比喻非常短的时间。《易·坤》："臣弑其君，子弑其父，非一朝一夕之故，其所由来者渐矣。"按：省作"一朝夕"。宋真德秀《论语详说后序》："人见其温润缜栗，无少瑕点，以为出于天成，而不知追琢磨治之功非一朝夕积也。"又，又作"一夕一朝"。《朱子语类》卷十三："所以圣人垂戒谓：臣弑君，子弑父，非一夕一朝之故，其所由来者渐矣。"[1]

（二）商周时期已见而大型工具书没有收录的现代汉语熟语举例

商周时期已见的现代汉语熟语，有的大型工具书却没有收录。这样的熟语，代表性例证如下：

【无小无大】无论大的或小的。《诗·鲁颂·泮水》："无小无大，从公于迈。"按：此语《大词典》及《汉语大词典订补》[2]未收。

二、商周时期已见的现代汉语熟语的穷尽罗列

汉语的熟语，按照音节的多少进行分类，可以分为三音节、四音节、五音节等类型。商周时期已见的现代汉语熟语都是四音节熟语。除去前面 8 个代表性例证的举例外，还剩 15 个。这 15 个商周时期已见的现代汉语熟语，我们把它们穷尽罗列如下：

不速之客	匪夷所思	虎视眈眈	谦谦君子	巧言令色
如丧考妣	率由旧章	夙兴夜寐	涕泗滂沱	投畀豺虎
突如其来	万寿无疆	信誓旦旦	伊于胡底	忧心忡忡

第三节 本章小结

1. 本章论述的是见于商周时期的现代汉语熟语。

2. 商周时期的汉语熟语分为广义的和狭义的两类。广义的商周熟语指的是在商周时期的语料中使用的熟语，而狭义的商周熟语指的是商周时期语料中的新兴熟语。我们的研究属于广义的商周熟语。

---

[1] 按：一个熟语同时具有省略的三音节写法和异形的四音节写法，我们根据研究的需要视具体情况选用其中的一种写法进行分析说明，全书都采用这一体例。

[2] 按：本文在行文过程中，把《汉语大词典订补》简称为《订补》，全文都如此。

3. 研究商周时期的汉语熟语，代表性的专书语料有 3 种，即《诗经》、《今文尚书》、《周易》六十四卦，它们全部是经书。

4. 商周时期语料中已见的现代汉语熟语有 23 个，占现代汉语熟语结构总数的 0.34%。

5. 商周时期已见的现代汉语熟语都是四音节的，主要见于《诗经》。其次分别是《周易》的十翼和《今文尚书》。

6. 商周时期已见的这 23 个现代汉语熟语，从传世典籍的角度看，都可以看作是这个时代新兴的，这为我们研究商周时期汉语熟语在现代汉语中的存留状况，提供了一个参考。

第二章

战国秦时期已见的现代汉语熟语

战国时期从公元前 475 年到公元前 221 年，经历了 11 个皇帝 254 年。秦朝从公元前 221 年到公元前 206 年，时间总计 15 年。

战国秦时期已见的现代汉语熟语共 162 个，占现代汉语熟语结构总数的 2.38%。其中，三音节熟语 3 个，四音节熟语 159 个。

第一节 研究战国秦时期熟语的代表性语料概述

战国时期的语料，主要是专书，也有个别的单篇文章。

研究战国时期的熟语，代表性的专书语料 27 种。现代汉语的熟语，见于战国专书语料中的有 160 个。具体分布概述如下：

《楚辞》3 个，《大戴礼记》1 个，《管子》4 个，《公羊传》2 个，《穀梁传》2 个，《国语》3 个，《古文尚书》10 个，《韩非子》4 个，《鹖冠子》1 个，《礼记》14 个，《鲁连子》1 个，《吕氏春秋》2 个，《论语》25 个，《老子》1 个，《墨子》2 个，《孟子》16 个，《孙子》1 个，《文子》4 个，《孝经》1 个，《荀子》8 个，《晏子春秋》1 个，《逸周书》3 个，《战国策》12 个，《左传》28 个，《庄子》8 个，《周礼》1 个，《周易》的十翼 2 个。

研究战国时期的熟语，也有单篇作品语料 1 篇。现代汉语的熟语，见于战国单篇作品语料中的 1 个，出现于宋玉的《高唐赋》中。

研究秦朝的熟语，语料不是很多。现代汉语的熟语，见于秦朝的单篇作品语料的 1 个，出现于《乐府诗集》辑录的秦无名氏的《撒豆》。

这些语料是研究战国秦熟语的重要依据。对这些语料进行深入研究，可以发现，现代汉语的熟语，从广义的历史层次来看，大约有 162 个都可以从中找到。

第二节　战国秦时期已见的现代汉语熟语研究

一、见于战国秦时期的代表性的现代汉语熟语举例

我们所说的见于战国秦时期的代表性的熟语，指的是现代汉语见于战国秦时期的某些熟语，在书写形式上同代或后代有多种同义写法，或者在来源上有些特点，或者战国秦时期已见而有的大型工具书没有收录，等等。这些类型的熟语，它们都需要做些说明。我们的说明全部采用按语的形式，在每个熟语的后面注明。本部分的内容，按音序排列。见于战国秦时期的代表性的现代汉语熟语分类举例如下。

（一）战国时期已见的具有异形写法的现代汉语熟语举例

据我们的调查，现代汉语中见于战国时期的有些熟语，随着时代的推移，同代或后代又有同义、近义等多种写法出现。这样的熟语都是四音节的。其中又可分为两类：

1.战国时期已见的具有一种异形写法的四音节熟语举例

现代汉语中见于战国时期的四音节熟语，有的在同代或后代有一种异形写法，这种异形写法也是四音节的。这样的熟语，又可以分为以下一些类型：

（1）出现于战国同代的具有一种异形写法的四音节熟语举例

现代汉语中见于战国的四音节熟语，战国的同代有一种异形写法的四音节形式。这样的另一种异形写法，有的见于《老子》。如：

【视而不见】形容不重视或不注意。《礼记·大学》："心不在焉，视而不见，听而不闻，食而不知其味。"按：又作"视之不见"。《老子》："视之不见名曰夷，听之不闻名曰希。"

（2）出现于战国以后各个历史时期的具有一种异形写法的四音节熟语

战国以后的时代很多，与本研究内容有关的时代有西汉、东汉、三国、东晋、南朝、唐代、宋代、元代、明代、清代、20 世纪等。

① 有的另一种异形写法出现于西汉。如：

【蓬户瓮牖】蓬草编门、破瓮作窗，形容贫穷人家的住房。《礼记·儒行》："筚门圭窬，蓬户瓮牖。"按：又写作"蓬户瓮牖"。《淮南子·原道训》："蓬户瓮牖，揉桑为枢。"

②有的另一种异形写法出现于东汉。如：

【探赜索隐】探索幽深隐微的事理。《易·系辞上》："探赜索隐，钩深致远，以定天下之吉凶，成天下之亹亹者，莫大乎蓍龟。"按：又作"探幽索隐"。汉袁康《越绝书·外传纪策考》："夫仁者乐，知者好诚，秉礼者探幽索隐。"

这一类型的熟语还有：来者不拒[1]　　信而有征[2]

③有的另一种异形写法出现于三国。如：

【尾大不掉】比喻机构下强上弱，指挥不灵。《左传·昭公十一年》："末大必折，尾大不掉。"按：又作"尾大难掉"。三国魏曹同《六代论》："所谓末大必折，尾大难掉。尾同于体，犹或不从，况乎非体之尾，其可掉哉！"

④有的另一种异形写法出现于东晋。如：

【门庭若市】形容交际来往的人很多，非常热闹。《战国策·齐策一》："群臣进谏，门庭若市。"按：又写作"门庭如市"。晋袁宏《后汉纪·光武帝纪八》："广通宾客，门庭如市。"

⑤有的另一种异形写法出现于南朝。如：

【戮力同心】齐心合力，团结一致。《左传·成公十三年》："昔逮我献公，及穆公相好，戮力同心，申之以盟誓，重之以昏姻。"按：又写作"勠力同心"。《后汉书·袁绍传》："今欲与卿勠力同心，共安社稷，将何以匡济之乎？"

【夜以继日】形容勤奋劳苦。《孟子·离娄下》："周公思兼三王，以施四事，其有不合者，仰而思之，夜以继日。"按：又作"夜以继昼"。《后汉书·郅恽传》："昔文王不敢盘于游田，以万人惟忧，而陛下远猎山林，夜以继昼，其如社稷宗庙何？"

⑥有的另一种异形写法出现于唐代。如：

【半涂而废】半路上终止，比喻做事情有始无终。《礼记·中庸》："君子尊道而行，半涂而废，吾弗能已矣。"按：又写作"半途而废"。《梁书·徐勉传》："况夫名立宦成，半途而废者，亦焉可已哉！"

---

[1]　按：又写作"来者勿拒"。《公羊传·隐公二年》"公会戎于潜"汉何休注："来者勿拒，去者勿追。"

[2]　按：又作"信而有证"。汉许慎《〈说文解字〉序》："博采通人至于小大，信而有证，稽譔其说，将以理群类、解谬误、晓学者、达神恉。"

【文质彬彬】形容人文雅朴实或有礼貌。《论语·雍也》："质胜文则野，文胜质则史，文质彬彬，然后君子。"按：又作"文质斌斌"。唐李延寿《南史·庾杲之刘怀珍等传论》："怀珍宗族文质斌斌，自宋至梁，时移三代，或从隐节取高，或从文雅见重。"

⑦ 有的另一种异形写法出现于宋代。如：

【不言而喻】不用说就可明白，形容事理极其显明。《孟子·尽心上》："君子所性，仁义礼智根于心，其生色也；睟然见于面，盎于背，施于四体，四体不言而喻。"按：又写作"不言而谕"。宋苏轼《却鼠刀铭》："呜呼嗟夫，吾苟有之，不言而谕，是亦何劳。"

【从善如流】听从正确的意见，如水从高处流下那样迅速和顺当。《左传·成公八年》："楚师之还也，晋侵沈，获沈子揖初，从知、范、韩也。君子曰：'从善如流，宜哉！'"按：又写作"从善若流"。《新唐书·张玄素传》："从善若流，尚恐不逮，饰非拒谏，祸可既乎？"

⑧ 有的另一种异形写法出现于金代。如：

【运斤成风】比喻手法熟练、技艺高超。《庄子·徐无鬼》："郢人垩慢其鼻端，若蝇翼，使匠石斫之。匠石运斤成风，听而斫之，尽垩而鼻不伤。"按：又作"运斤如风"。金元好问《续夷坚志·贾叟刻木》："平阳贾叟，无日而能刻神像……僧说贾初立木胎，先摸索之，意有所会，运斤如风。"

⑨ 有的另一种异形写法出现于明代。如：

【没世不忘】终身不能忘记。《礼记·大学》："君子贤其贤而亲其亲，小人乐其乐而利其利，此所以没世不忘也。"按：又写作"没齿不忘"。《西游记》第七十回："长老，你果是救得我回朝，没齿不忘大恩。"

【涅而不缁】用涅染也染不黑，比喻不受坏的环境影响的高尚品格。《论语·阳货》："不曰坚乎，磨而不磷；不曰白乎，涅而不缁。"按：又作"涅而不淄"。明张居正《七贤咏》序："蝉蜕于粪溷之中，皭然涅而不淄者也。"

这一类型的熟语还有：周而复始[1]

⑩ 有的另一种异形写法出现于清代。如：

【锲而不舍】不断地雕刻东西，比喻坚持不懈。《荀子·劝学》："锲而舍之，

---

[1]　按：又作"週而复始"。明沈德符《野获编·兵部·南京贡船》："週而复始，每年必往还南北不绝。"

朽木不折；锲而不舍，金石可镂。"按：又作"锲而不捨"。清薛福成《出使四国日记·光绪十六年正月十六日》："风气既开，有志之士锲而不捨，蕲使古今中西之学，会而为一。"

【畏首畏尾】形容疑虑过多。《左传·文公十七年》："古人有言曰：'畏首畏尾，身其余几?'"按：又作"畏头畏尾"。《红楼梦》第七五回："除了朝廷治罪，没有砍头的，你不必畏头畏尾。"

⑪有的另一种异形写法出现于 20 世纪。如：

【诲人不倦】教诲别人有耐心而不厌烦。《论语·述而》："子曰：'默而识之，学而不厌，诲人不倦，何有于我哉!'"按：又写作"诲人不惓"。鲁迅《且介亭杂文·河南卢氏曹先生教泽碑文》："卓哉先生，遗荣崇实，开拓新流，恢弘文术，诲人不惓，惟精惟一。"

2.战国时期已见的具有两种异形写法的四音节熟语举例

现代汉语中见于战国的四音节熟语，后代有两种异形写法。这两种不同的异形写法，按时代的不同可以分为以下一些类型：

（1）两种异形写法，一种见于南朝，一种见于明代。如：

【循名责实】要求实质跟名称相符。《文子·上仁》："循名责实，使有司以不知为道，以禁苛为主，如此则百官之事，各有所考。"按：又作"循名课实"、"循名核实"。南朝梁刘勰《文心雕龙·章表》："章以造阙，风矩应明；表以致禁，骨采宜耀，循名课实，以章为本者也。"明张居正《答浙江吴巡抚》："明主在上，方翕受敷施，循名核实，以兴太平之治，愿勉旃，毋自损，以孤舆望。"

（2）两种异形写法，一种见于唐代，一种见于宋代。如：

【轻于鸿毛】比喻毫无价值。《战国策·楚策四》："是以国权轻于鸿毛，而积祸重于丘山。"按：又作"轻若鸿毛"、"轻如鸿毛"。唐房玄龄《晋书·皇甫谧传》："轻若鸿毛，重若泥沈，损之不得，测之愈深。"《宣和书谱·篆书叙论》："五代时，南唐伪主李煜割据江左，轻如鸿毛。"

3.战国时期已见的具有三种异形写法的四音节熟语举例

现代汉语中见于战国的四音节熟语，有的后代有三种异形写法。这三种不同的异形写法，有的出现于南朝、北朝、明朝三个不同的时代。如：

【移风易俗】改变旧的风俗习惯。《孝经·广要道》："移风易俗，莫善于乐。"按：又作"移风改俗"、"移风革俗"、"移风易尚"。南朝梁沈约《宋书·乐志一》："移风改俗，致和乐之极。"北齐魏收《魏书·高闾传》："移风革俗，天保载定。"

明刘基《苏平仲文集序》："移风易尚之机，实肇于此。"

战国已见的现代汉语熟语的异形写法，一般都是三音节、四音节的，也有个别是五音节的。如：

【唇亡齿寒】比喻关系密切，利害相关。《左传·僖公五年》："晋侯复假道于虞以伐虢。宫之奇谏曰：虢，虞之表也；虢亡，虞必从之……谚所谓'辅车相依，唇亡齿寒'者，其虞虢之谓也。"按：又写作"唇亡则齿寒"。《史记·田敬仲完世家》："赵之于齐楚，扞蔽也，犹齿之有唇也，唇亡则齿寒，今日亡赵，明日患及齐楚。"

（二）战国时期已见的具有缩略形式的现代汉语熟语举例

现代汉语中见于战国的四音节熟语，有的具有缩略形式，这些缩略形式可以分为下面一些类型：

1. 一种写法的双音缩略式熟语

现代汉语中见于战国时期的具有一种双音缩略形式的熟语，根据缩略的出现时代的不同，可以分为以下一些类型：

（1）有的双音节的缩略形式出现于唐代。如：

【铤而走险】无路可走而采取冒险行动。《左传·文公十七年》："小国之事大国也，德则其人也，不德则其鹿也。铤而走险，急何能择！"按：省作"铤险"。唐王勃《九成宫颂序》："崩林礓石，毛群无铤险之资。"

【先意承志】不待明白说出就能迎合心意做事。《礼记·祭义》："君子之所为孝者，先意承志，谕父母于道。"按：省作"先意"。唐元结《喻友》："玄纁束帛以先意，荐轮拥篲以导道。"又，又作"先意承旨"、"先意承指"。《韩非子·八奸》："此人主未命而唯唯，未使而诺诺，先意承旨，观貌察色以先主心者也。"晋葛洪《抱朴子·臣节》："先意承指者，佞谄之徒也。"[1]

这一类型的熟语还有：彰善瘅恶[2]

（2）有的双音节的缩略形式出现于宋代。如：

【具体而微】内容大体具备可是规模较小。《孟子·公孙丑上》："子夏、子游、子张皆有圣人之一体；冉牛、闵子、颜渊，则具体而微。"按：又省作"具体"。

---

　　[1]　按：一个熟语同时具有省略的双音节写法和异形的四音节写法，我们根据研究的需要视具体情况选用其中的一种写法进行分析说明。全书都采用这一体例。

　　[2]　按：省作"彰瘅"。唐张九龄《请诛禄山疏》："苟彰瘅失宜，尤难三军立绩。是以用命而成，固宜嘉勖；失律而逃，更当惩戒。"

宋陈善《扪虱新话·文章拟古》："拟古之诗难于尽似，江文通杂体三十首，便是颜渊具体，叔敖复生。"

【众口铄金】众人的言论能够熔化金属，比喻人多口杂可混淆视听。《国语·周语下》："众心成城，众口铄金。"按：省作"众铄"。宋王禹偁《谪居感事》诗："众铄金须化，群排柱不支。"又，又作"众口销金"。汉焦赣《易林·萃之巽》："众口销金，愆言不验。"

（3）有的双音节的缩略形式出现于清代。如：

【胁肩谄笑】耸起肩膀装出笑脸，形容谄媚的丑态。《孟子·滕文公下》："胁肩谄笑，病于夏畦。"按：省作"胁谄"。清魏源《孟子小记》："其垂涎胁谄之意形诸词色。"

2. 两种写法的双音缩略式熟语

现代汉语中见于战国的四音节熟语，有的具有两种双音缩略形式。这两种双音节的缩略形式，一种出现于唐代，一种出现于宋代。如：

【摇唇鼓舌】用言辞进行煽动、游说或大发议论。《庄子·盗跖》："摇唇鼓舌，擅生是非，以迷天下之主。"按：省作"摇唇"、"摇鼓"。唐李延寿《北史·尉瑾传》："好学吴人摇唇振足，为人所哂。"宋文莹《玉壶清话》卷五："凡封章建议，务更张、喜激昂辈摇鼓捭阖，公悉屏之。"又，又作"摇唇鼓舌"。宋洪迈《夷坚甲志·高俊入冥》："又一女反缚，以钳钳其舌。吏曰：'生前好摇唇鼓舌者。'"

3. 一种写法的三音缩略式熟语

现代汉语中见于战国的四音节熟语，有的在后代缩略为一种三音节熟语。这种由四音节缩略为三音节的熟语，有的三音节的缩略形式出现于唐代。如：

【得其所哉】得到合适的处所或位置。《孟子·万章上》："昔者有馈生鱼于郑子产，子产使校人畜之池。校人烹之，反命曰：'始舍之，圉圉焉；少则洋洋焉；攸然而逝。'子产曰：'得其所哉！得其所哉！'"按：又省作"得其所"。唐韩愈《与崔群书》："所以如此云云者，以为足下贤者，宜在上位。托于幕府，则不为得其所。"

4. 一种双音缩略式和一种三音缩略式的混合形式缩略熟语

现代汉语中见于战国的四音节熟语，有的在后代同时缩略为双音和三音两种混合缩略式。这两种不同类型的混合缩略式，有的双音缩略式出现于唐代而三音缩略式出现于清代。如：

【嗟来之食】泛指侮辱性的施舍。《礼记·檀弓下》："齐大饥，黔敖为食于路，以待饿者而食之。有饿者蒙袂辑屦，贸贸然来。黔敖左奉食，右执饮，曰：'嗟！来食。'扬其目而视之曰：'予唯不食嗟来之食，以至于斯也！'从而谢焉，终不食而死。"按：又省作双音节的"嗟食"和三音节的"嗟来食"。唐李绅《却到浙西》诗："野悲扬目称嗟食，林极翳桑顾所求。"清陈睿思《赠张永夫》诗："途穷猒见俗眼白，饿死不食嗟来食。"

（三）战国时期已见的指明了来源的现代汉语熟语举例

据我们的调查，现代汉语中见于战国时期的熟语，有的能够找到其来源。这样的熟语绝大多数是四音节的，也有一些三音节的。

1. 从战国语料中概括而成的三音节熟语举例

战国时期的语料，在战国的同代，从中概括形成了一些三音节熟语。这些三音节熟语，有的是从《庄子》中概括而成的。如：

【不敢当】表示对他人给予自己的信任、赞许、接待等承当不起，谦词。《吕氏春秋·审应》："公子食我至于魏，见魏王曰：'大国命弊邑封郑之后，弊邑不敢当也。'"按：语本《庄子·让王》："大王反国，非臣之功，故不敢当其赏。"

2. 从商周语料中概括而成的四音节熟语举例

商周时期的语料，到了战国时期，从中概括形成了一些四音节熟语。这些四音节熟语，有的是从《诗经》中概括而成的。如：

【暴虎冯河】空手搏虎，徒步渡河。比喻冒险行事，有勇无谋。《论语·述而》："暴虎冯河，死而无悔者，吾不与也。"按：语本《诗·小雅·小旻》："不敢暴虎，不敢冯河。"

3. 从战国语料中概括而成的四音节熟语举例

战国时期的语料，在战国的同代，从中概括形成了一些四音节熟语。这些熟语的语料来源有：

（1）有的是从《论语》中概括而成的。如：

【不教而诛】事先不进行教育，就加以惩罚。《荀子·富国》："故不教而诛，则刑繁而邪不胜。"按：语本《论语·尧曰》："不教而杀谓之虐。"

这一类型的熟语还有：安贫乐道[1] 　　尽善尽美[2]

---

[1] 按：语本《论语·雍也》："贤哉回也！一箪食，一瓢饮，在陋巷。人不堪其忧，回也不改其乐。"

[2] 按：语本《论语·八佾》："子谓《韶》：'尽美矣，又尽善也。'谓《武》：'尽美矣，未尽善也。'"

（2）有的是从《古文尚书》中概括而成的。如：

【克勤克俭】既能勤劳，又能节俭。《乐府诗集·梁太庙乐舞辞·撤豆》："克勤克俭，无怠无荒。"按：语本《尚书·大禹谟》："克勤于邦，克俭于家。"又，《撤豆》的作者是秦朝无名氏。

（四）战国时期已见而大型工具书没有收录的现代汉语熟语举例

战国时期已见的现代汉语熟语，《大词典》及《订补》没有收录。这样的熟语，我们举出一些例证如下：

【不毛之地】泛指荒凉、贫瘠的地方。《公羊传·宣公十二年》："君如矜此丧人，锡之不毛之地，使帅一二耋老而绥焉，请唯君王之命。"

【弹丸之地】形容很小的地方。《战国策·赵策三》："诚知秦力之不至，此弹丸之地犹不予也。"

【相辅而行】互相协助进行。《庄子·山木》："吾愿君去国捐俗，与道相辅而行。"

二、详尽罗列见于战国秦时期语料中的所有现代汉语熟语

战国语料中已见的现代汉语熟语，分为三音节熟语和四音节熟语两大类。

（一）战国时期已见的现代汉语三音节熟语的穷尽罗列

战国时期已见的现代汉语三音节熟语共 3 个，除去前面代表性的 1 个例证外，剩余的 2 个全部罗列于下：

不贰过　　集大成

（二）战国时期已见的现代汉语四音节熟语的穷尽罗列

战国时期已见的现代汉语四音节熟语共 159 个。除去前面代表性的 41 个例证外，剩余的 118 个熟语，按音序全部罗列于下：

百发百中①[1]	百战不殆	百战百胜	包藏祸心	饱食终日
背城借一	比肩继踵	宾至如归	兵不血刃	跛鳖千里
不耻下问	不近人情	不可胜数	不遗余力	成人之美
持之有故	踌躇满志	除旧布新	处心积虑	从心所欲
存而不论	大器晚成	箪食壶浆	道不拾遗	发号施令

---

[1]　凡是熟语右上角带圈的数字，表示的是该熟语在《现代汉语词典》中属于第几个义项。

罚不当罪	反求诸己	分崩离析	辅车相依	各得其所
公子王孙	寡不敌众	广土众民	过犹不及	好为人师
浩然之气	何去何从	后生可畏	华而不实	皇天后土
积羽沉舟	既往不咎	见危授命	教学相长	竭泽而渔
居安思危	拒谏饰非	坚甲利兵	敬业乐群	口血未干
旷日持久	困兽犹斗	狼子野心	离心离德	礼尚往来
礼义廉耻	厉兵秣马	立锥之地	麟凤龟龙	令行禁止
流金铄石	念兹在兹	匹夫之勇	弃甲曳兵	群轻折轴
如释重负	三皇五帝	善始善终	深沟高垒	食不甘味
视死如归	守望相助	述而不作	四分五裂	特立独行
痛心疾首	天下为公	瓦釜雷鸣	玩物丧志	危在旦夕
唯命是从	唯命是听	惟命是听	为虎傅翼	乌合之众
无可奈何	无所不在	无所不至②	无所用心	习与性成
相忍为国	心不在焉	心劳日拙	信赏必罚	血气方刚
延年益寿	言必有中	言不及义	言不尽意	言归于好
言犹在耳	偃武修文	一叶蔽目	以德报怨	以卵投石
以人废言	以怨报德	义形于色	有备无患	有教无类
玉石俱焚	欲罢不能	约定俗成	饮食男女	啧有烦言
众叛亲离	专心致志	自以为是		

第三节　本章小结

1. 本章论述的是见于战国秦时期的现代汉语熟语。

2. 战国秦熟语分为广义的和狭义的两类。广义的战国秦熟语指的是在战国秦时期的语料中使用的熟语，而狭义的战国秦熟语指的是战国秦时期语料中的新兴熟语。我们的研究属于广义的战国熟语。

3. 研究战国秦时期的汉语熟语，代表性的语料有 29 种。其中专书语料 27 种，单篇作品语料 2 种。

4. 战国秦时期语料中已见的现代汉语熟语共 162 个，占现代汉语熟语结构总数的 2.38%。

5. 战国秦时期已见的现代汉语熟语分为三音节熟语和四音节熟语两大类。其中，三音节熟语 3 个，四音节熟语 159 个。

6. 战国秦时期已见的这 162 个现代汉语熟语，绝大多数是这个时代新兴的，这为我们研究战国秦时代的汉语熟语划定了一个大致的范围，使得我们的研究更加有针对性。当然，随着研究的深入，其中也有个别熟语的时代还可以提前到商周时期。

第三章

西汉已见的现代汉语熟语

西汉从汉高帝刘邦到更始帝刘玄，共经历了 15 个皇帝。时间从公元前 206 年到公元 25 年，总计 231 年。

西汉已见的现代汉语熟语 78 个，占现代汉语熟语结构总数的 1.14%。其中，三音节熟语 1 个，四音节熟语 77 个。

第一节　研究西汉时期熟语的代表性语料概述

西汉时期的语料，分为专书语料和单篇作品语料两类。

研究西汉时期的熟语，代表性的专书语料有 7 位作者 8 种专书。现代汉语的熟语，见于西汉专书语料中的有 64 个。具体分布概述如下：

韩婴《韩诗外传》3 个，桓宽《盐铁论》1 个，贾谊《新书》1 个，焦赣《易林》3 个，刘安《淮南子》6 个，刘向《列女传》3 个、《说苑》2 个，司马迁《史记》45 个。

代表性的单篇作品语料，有 6 位作者 8 篇作品。现代汉语的熟语，见于西汉单篇作品语料中的有 14 个。具体分布概述如下：

贾谊《过秦论》1 篇作品 2 个熟语，孔安国《〈尚书〉序》1 篇作品 1 个熟语，刘向《〈战国策〉书录》1 篇作品 1 个熟语，司马迁《报任少卿书》1 篇作品 6 个熟语，司马相如《难蜀父老檄》、《喻巴蜀檄》2 篇作品 2 个熟语，扬雄《甘泉赋》、《剧秦美新》2 篇作品 2 个熟语。

这些语料是研究西汉熟语的重要依据。对它们进行深入研究，可以发现，现代汉语的熟语，从广义的历史层次来看，已经有 78 个在西汉时期出现了。

第二节　西汉已见的现代汉语熟语研究

一、见于西汉时期的代表性的现代汉语熟语举例

我们所说的见于西汉时期的代表性的熟语，指的是西汉时期的某些熟语，在书写形式上前代、同代或后代有多种同义写法，或者指明了来源，或者西汉时期已见而有的大型工具书没有收录，等等。这些类型的熟语，它们都需要做些说明。我们的说明全部采用按语的形式，在每个熟语的后面注明。本部分的内容，按音序排列。见于西汉时期的代表性的现代汉语熟语举例如下。

（一）西汉时期已见的具有异形写法的现代汉语熟语举例

据我们的调查，现代汉语中见于西汉时期的有些熟语，前代、同代、后代又有同义、近义等多种写法出现。这样的熟语基本上都是四字格式的熟语。其中又可分为以下一些类型：

1. 西汉时期已见的具有一种异形写法的四音节熟语举例

现代汉语中见于西汉时期的具有异形写法的四音节熟语，它们的异形写法也是四音节。这样的熟语，依据异形写法的出现时代，分类如下：

（1）有的另一种异形写法出现于战国。如：

【前功尽弃】事情将要成功而失败，以前的努力全部白费。《史记·周本纪》："今又将兵出塞，过两周，倍韩，攻梁，一举不得，前功尽弃。"按：本作"前功尽灭"，战国已见。《战国策·西周策》："一攻而不得，前功尽灭。"

（2）有的另一种异形写法出现于西汉。如：

【肝脑涂地】形容尽忠竭力，不惜一死。汉刘向《说苑·复恩》："常愿肝脑涂地，用颈血湔敌久矣。"按：又作"肝胆涂地"。《韩诗外传》卷七："臣先殿上绝缨者也，当时宜以肝胆涂地，负日久矣。"

（3）有的另一种异形写法出现于南朝。如：

【旁若无人】好像身边没有人，形容态度自然或高傲。《史记·刺客列传》："高渐离击筑，荆轲和而歌于市中，相乐也，已而相泣，旁若无人者。"按：又写作"傍若无人"。《后汉书·延笃传》："虽渐离击筑，傍若无人；高凤读书，不知

暴雨。"

【首鼠两端】犹豫不决。《史记·魏其武安侯列传》："武安已罢朝，出止车门，召韩御史大夫载，怒曰：'与长孺共一老秃翁，何为首鼠两端？'"按：又作"首施两端"。《后汉书·邓训传》："先是小月氏胡分居塞内，胜兵者二三千骑，皆勇健富强，每与羌战，常以少制多，虽首施两端，汉亦时收其用。"

（4）有的另一种异形写法出现于唐代。如：

【坐观成败】对别人的成功或失败采取旁观态度。《史记·田叔列传》："是老吏也，见兵事起，欲坐观成败，见胜者欲合从之，有两心。"按：又作"坐视成败"。唐房玄龄《晋书·王敦传》："臣备位宰辅，与国存亡……岂忍坐视成败，以亏圣美。"

（5）有的另一种异形写法出现于宋代。如：

【大谬不然】大错特错，完全不是这样。汉司马迁《报任少卿书》："日夜思竭其不肖之才力，务一心营职，以求亲媚于主上。而事乃有大谬不然者夫！"按：又写作"大缪不然"。宋朱熹《答韩尚书书》："自是以往，其将得以优游卒岁，就其所业而无蹙迫之虑矣，而事乃有大缪不然者。"

【多多益善】越多越好。《史记·淮阴侯列传》："上问曰：'如我能将几何？'信曰：'陛下不过能将十万。'上曰：'于君何如？'曰：'臣多多而益善耳。'上笑曰：'多多益善，何为为我禽？'"按：又写作"多多益办"。宋陶谷《清异录·君道》："延方士求健阳法，久乃得，多多益办。"

（6）有的另一种异形写法出现于明代。如：

【杯盘狼藉】杯盘等放得乱七八糟，形容宴饮已毕或将毕时的情景。《史记·滑稽列传》："日暮酒阑，合尊促坐，男女同席，履舄交错，杯盘狼藉。"按：又写作"杯盘狼籍"。《醒世恒言·卖油郎独占花魁》："醉眼蒙眬，看见房中灯烛辉煌，杯盘狼籍。"

（7）有的另一种异形写法出现于清代。如：

【鬪鸡走狗】古代鸡与鸡相搏斗、狗与狗相竞走的一种赌博游戏。《史记·袁盎晁错列传》："袁盎病免居家，与闾里浮沈，相随行，鬪鸡走狗。"按：又写作"斗鸡走狗"。《红楼梦》第七五回："这些来的……都在少年，正是斗鸡走狗、问柳评花的一干游荡纨裤。"

这一类型的熟语还有：攻城略地[1]　利令智昏[2]

现代汉语中见于西汉时期的具有一种异形写法的熟语，异形写法一般都是四音节的。但是，有的四音节熟语的异形写法是五音节的，甚至是八音节的。如：

【二十四节[3]】我国古代历法，根据太阳在黄道上的位置，将一年划分为二十四节气。《史记·太史公自序》："夫阴阳四时、八位、十二度、二十四节各有教令。"按：全称为"二十四节气"。清赵翼《陔余丛考·二十四节气名》："二十四节气名，其全见于《淮南子·天文》篇及《汉书·历志》。三代以上，《尧典》但有二分二至，其余多不经见，惟《汲冢周书·时训解》，始有二十四节名。其序云：'周公辨二十四气之应，以顺天时，作《时训解》。'则其名盖定于周公。"

【以己度人】拿自己的心思去揣度别人。《韩诗外传》卷三："圣人以己度人者也。以心度心，以情度情，以类度类，古今一也。"按：全称为"以己之心度人之心"，见于宋代。《中庸》"施诸己而不愿亦勿施于人"宋朱熹注："以己之心度人之心，未尝不同，则道之不远于人者可见。故己之所不欲，则勿以施之于人。"

2.西汉时期已见的具有两种异形写法的四音节熟语举例

现代汉语中见于西汉时期的熟语，除了约定俗成的书写形式外，有的还有两种异形写法。这些熟语的两种异形写法，按时代的不同，又分为以下一些类型：

（1）两种异形写法，一种见于南朝，一种见于明代。如：

【深谋远虑】计划周密，考虑深远。汉贾谊《过秦论上》："深谋远虑，行军用兵之道，非及曩时之士也。"按：又作"深图远算"、"深猷远计"。《后汉书·朱佑景丹等传论》："议者多非光武不以功臣任职，至使英姿茂绩，委而勿用。然原夫深图远算，固将有以焉尔。"明李东阳《〈桃溪杂稿〉序》："先生好古力践，深猷远计，发而为言者，固其所自立也。"

（2）两种异形写法，一种见于唐代，一种见于明代。如：

---

[1]　按：又写作"攻城掠地"。清褚人获《隋唐演义》第五四回："李密诸将士，当时攻城掠地，倚着金帛来得易，也用得易。"

[2]　按：又写作"利令志惛"。清李汝珍《镜花缘》第九二回："及至利到跟前，就把'害'字忘了，所谓'利令志惛'，能不浩叹！"

[3]　按：二十四节气的名称是：立春、雨水、惊蛰、春分、清明、谷雨、立夏、小满、芒种、夏至、小暑、大暑、立秋、处暑、白露、秋分、寒露、霜降、立冬、小雪、大雪、冬至、小寒、大寒。

【如汤沃雪】热水浇在雪上很快就化掉，比喻事情很容易解决。《文选·枚乘〈七发〉》："小飰大歠，如汤沃雪。"按：又作"如汤浇雪"、"如汤泼雪"。《南史·王莹传》："丈人一旨，如汤浇雪耳。"《水浒传》第五八回："若是拿得此人，觑此城子，如汤泼雪。"

（3）两种异形写法，一种见于清代，一种见于 20 世纪。如：

【形格势禁】受形势的阻碍或限制。《史记·孙子吴起列传》："夫解杂乱纷纠者不控卷，救斗者不搏撠，批亢捣虚，形格势禁，则自为解耳。"按：又作"形禁势格"、"形劫势禁"。清徐瑶《太恨生传》："女非有意负生，形禁势格，变至无如何耳。"严复《原强》："夫奴虏之于主人，特形劫势禁，无可如何已耳，非心悦诚服，有爱于其国与主，而共保持之也。"

3. 西汉时期已见的具有三种异形写法的四音节熟语举例

现代汉语中见于西汉时期的熟语，除了约定俗成的书写形式外，有的还有三种异形写法。这些熟语的三种异形写法，情况又有多种：

（1）三种异形写法，一种出现于唐代，一种出现于五代，一种出现于清代。如：

【鼠窃狗盗】比喻小偷小盗。《史记·刘敬叔孙通列传》："此特群盗鼠窃狗盗耳，何足置之齿牙间。"按：又作"鼠盗狗窃"、"鼠窃狗偷"、"鼠偷狗盗"。唐李百药《北齐书·薛琡传》："呆鼠盗狗窃，非有远志，宜先讨颢。"《旧唐书·萧铣杜伏威等传论》："自隋朝维绝，宇县瓜分，小则鼠窃狗偷，大则鲸吞虎据。"清无名氏《陆沈痛》楔子一出："遍地腥膻，直弄得江翻海扰，鼠偷狗盗，大劫何日了？"

（2）三种异形写法，一种出现于宋代，两种出现于元代。如：

【沐猴而冠】猕猴戴帽子，比喻虽然装扮得很像，但本质却掩盖不了。《史记·项羽本纪》："人言楚人沐猴而冠耳，果然。"按：又作"沐猴冠"、"沐猴衣冠"、"沐猴冠冕"。宋刘过《水调歌头》词："未必古人皆是，未必今人俱错，世事沐猴冠。"元无名氏《延安府》第二折："你这等人，乃沐猴衣冠之辈，马牛襟裾之材！"元石德玉《秋胡戏妻》第三折："岂不闻财上分明大丈夫，不由咱生嗔怒，我骂你个沐猴冠冕，牛马襟裾。"

（二）西汉时期已见的具有缩略形式的现代汉语熟语举例

现代汉语中见于西汉的四音节熟语，有的有缩略形式，这些缩略形式可以分为下面一些类型：

1. 一种写法的双音缩略式熟语

现代汉语中见于西汉的具有一种缩略式的熟语，可以根据缩略式的出现时代的不同，分为以下一些类型：

（1）有的双音节缩略形式出现于南朝。如：

【三令五申】再三地命令与告诫。《史记·孙子吴起列传》："约束既布，乃设鈇钺，即三令五申之。"按：省作"三五"。南朝梁江淹《萧骠骑发徐州三五教》："所统郡县，便普三五；咸依旧格，以赴戎麾。"

（2）有的双音节缩略形式出现于五代。如：

【舞文弄法】歪曲法律条文作弊。《史记·货殖列传》："吏士舞文弄法，刻章伪书，不避刀锯之诛者，没于贿遗也。"按：省作"舞文"。《旧唐书·代宗纪》："苛吏舞文，冤人致辟。"又，又作"舞文玩法"。清张际亮《答黄树斋鸿胪书》："今之外吏……舞文玩法以欺朝廷之耳目，虽痛哭流涕言之，不能尽其情状。"

（3）有的双音节缩略形式出现于明代。如：

【助桀为虐】比喻帮助坏人做坏事。《史记·留侯世家》："夫秦为无道，故沛公得至此。夫为天下除残贼，宜缟素为资；今始入秦，即安其乐，此所谓'助桀为虐'。"按：省作"助桀"。明胡应麟《少室山房笔丛·史书占毕·冗篇下》："自裴行俭惑众于先，魏元忠助桀于后，致忠义之操，久湮不白。"又，又作"助桀为暴"、"助桀为恶"。《史记·田单列传》："国既破亡，吾不能存；今又劫之以兵为君将，是助桀为暴也。"邹韬奋《信箱·期望》："因为无条件的生存，同流合污助桀为恶的生存，虽生犹死，乃至生不如死。"

（4）有的双音节缩略形式出现于20世纪。如：

【谈言微中】说话委婉而中肯。《史记·滑稽列传序》："谈言微中，亦可以解纷。"按：省作"谈中"。王闿运《〈八代文粹〉序》："要以截断众流，归之淳雅。使词无鄙倍，学有本根。高陈皇古之吁谟，下亦稗官之谈中。"又，又作"谭言微中"。明沈德符《野获编·督抚·海忠介被纠》："真所谓谭言微中，可以解纷矣。"

这一类型的熟语还有：彰明较著[1]

2. 两种写法的双音缩略式熟语

现代汉语中见于西汉时期的缩略式熟语，有的一个四音节熟语具有两种双音

---

[1] 按：省作"彰较"。章炳麟《文学说例》："其离合聚散，如是其彰较也。"

缩略式。这两种双音节的缩略形式，一种出现于三国，一种出现于宋代。如：

【延颈企踵】伸长脖子抬起脚跟，形容急切盼望。汉扬雄《剧秦美新》："海外遐方，信延颈企踵，回面内向，喁喁如也。"按：省作"延企"、"延踵"。三国魏曹植《闲居赋》："登高丘以延企，时薄暮而起余。"宋王安石《回贺冬启三》："延踵台华，弥增善颂。"又，又作"延颈举踵"、"延颈跂踵"。《庄子·胠箧》："今遂至使民延颈举踵，曰'某所有贤者'，赢粮而趣之。"宋王明清《挥麈后录》卷四："奈何都民朝夕思念，燃顶炼臂，延颈跂踵，以望御车之尘也？"

3. 一种双音缩略式和一种三音缩略式的混合形式缩略熟语

现代汉语中见于西汉时期的缩略式熟语，有的一个四音节熟语同时具有双音和三音两种缩略式。其中的双音缩略形式出现于唐代，三音缩略形式见于明代。如：

【狐死首丘】比喻不忘本或对乡土的思念。汉刘向《列女传·晋圉怀赢》："谓赢氏曰：'吾去国数年，子父之接忘，而秦晋之交不加亲也。夫鸟飞反乡，狐死首丘，我首晋而死，子其与我行乎？'"按：既可以省作双音节的"狐首"，又可以省作三音节的"狐丘首"。唐范摅《云溪友议》卷1："陶得书悸报，方有狐首之思。"明郑若庸《玉玦记·阴判》："生惭不省鱼中钩，死悲难学狐丘首。"又，语本《礼记·檀弓上》："太公封于营丘，比及五世，皆反葬于周。君子曰：'乐，乐其所自生；礼，不忘其本。古之人有言曰：狐死正丘首，仁也。'"[1]

（三）西汉时期已见的指明了来源的现代汉语熟语举例

据我们的调查，现代汉语中见于西汉时期的熟语，有的能够找到其来源。这样的熟语都是四音节的。这些熟语的来源，主要是战国语料。即战国时期的语料，到了西汉，从中概括形成了一些熟语。这些熟语的语料来源具体如下：

1. 有的是从《韩非子》中概括而成的。如：

【以貌取人】只根据外表来判断人的品质和才能。《史记·仲尼弟子列传》："孔子闻之，曰：'吾以言取人，失之宰予；以貌取人，失之子羽。'"按：语本《韩非子·显学》："澹台子羽，君子之容也，仲尼几而取之，与处久而行不称其貌。"

2. 有的是从《礼记》中概括而成的。如：

---

[1]　按：一个熟语同时具有省略的双音节写法和有明确的来源两种情况时，我们根据研究的需要视具体情况选用其中的一种写法进行分析说明。全书都采用这一体例。

【量入为出】根据收入的多少来确定支出数额的财政原则。汉桓宽《盐铁论·贫富》:"量入为出,节俭以居之。"按:语本《礼记·王制》:"冢宰制国用,必于岁之杪,五谷皆入,然后制国用……量入以为出。"

3. 有的是从《论语》中概括而成的。如:

【祸起萧墙】比喻内部发生祸乱。汉焦赣《易林·豫之随》:"忧在腹内,山崩为疾。祸起萧墙,竟制其国。"按:语本《论语·季氏》:"吾恐季孙之忧,不在颛臾,而在萧墙之内也。"

4. 有的是从《孟子》中概括而成的。如:

【鳏寡孤独】泛指没有劳动力而独居无依靠的人。《史记·孝文本纪》:"赐天下鳏寡孤独穷困及年八十已上、孤儿九岁以下布帛米肉各有数。"按:语本《孟子·梁惠王下》:"老而无妻曰鳏,老而无夫曰寡,老而无子曰独,幼而无父曰孤;此四者,天下之穷民而无告者。"

5. 有的是从《庄子》中概括而成的。如:

【白驹过隙】谓日影如白色的骏马飞快地驰过缝隙,形容时间过得极快。《史记·留侯世家》:"吕后德留侯,乃强食之,曰:'人生一世间,如白驹过隙,何至自苦如此乎!'"按:语本《庄子·知北游》:"人生天地之间,若白驹之过郤,忽然而已。"

(四)西汉时期已见而大型工具书始见例证较晚的现代汉语熟语举例

西汉时期已见的现代汉语熟语,大型工具书始见例证较晚。这样的熟语可以举出一些如下:

【大喜过望】结果比原来希望的更好,因而感到特别高兴。《史记·黥布列传》:"出就舍,帐御食饮从官如汉王居,布又大喜过望。"按:此语《大词典》的始见例证是《汉书·英布传》:"出就舍,张御食饮从官如汉王居,布又大喜过望。"时代稍晚。

(五)西汉时期已见而大型工具书没有收录的现代汉语熟语举例

西汉时期已见的现代汉语熟语,《大词典》及《订补》没有收录。这样的熟语,我们举出一些如下:

【有识之士】有见识的人。汉刘向《说苑·善说》:"夫以秦楚之强而报雠于弱薛,譬之犹摩萧斧而伐朝菌也,必不留行矣。天下有识之士无不为足下寒心酸鼻者。"

二、详尽罗列见于西汉时期语料中的所有现代汉语熟语

西汉语料中已见的现代汉语熟语分为三音节熟语和四音节熟语两大类。

（一）西汉时期已见的现代汉语三音节熟语的穷尽罗列

西汉时期已见的现代汉语三音节熟语共 1 个，即：

决雌雄

（二）西汉时期已见的现代汉语四音节熟语的穷尽罗列

西汉时期已见的现代汉语四音节熟语共 77 个。除去前面代表性的 32 个例证外，剩余的 45 个四音节熟语，按音序全部罗列于下：

抱薪救火	暴戾恣睢	博闻强记	薄物细故	不寒而栗
不以为意	不义之财	重足而立	短小精悍①	耳聪目明
二十八宿[1]	奋不顾身	焚书坑儒	寡廉鲜耻	嫉贤妒能
家给人足	兼容并包	救死扶伤	路不拾遗	民不聊生
奇货可居	仁人志士	孺子可教	深藏若虚	绳之以法
顺风吹火	铄石流金	拾遗补阙	土崩瓦解	韦编三绝
无所不至①	言人人殊	一败涂地	一家之言	以暴易暴
以汤沃雪	因人成事	云谲波诡	沾沾自喜	正襟危坐
至高无上	忠言逆耳	转危为安	追亡逐北	重于泰山

第三节　本章小结

1. 本章论述的是见于西汉时期的现代汉语熟语。

2. 西汉熟语分为广义和狭义两类。广义的西汉熟语指的是在西汉时期的语料中使用的熟语，而狭义的西汉熟语指的是西汉时期语料中的新兴熟语。我们的研究属于广义的西汉熟语。

3. 研究西汉时期的汉语熟语，代表性的语料有 16 种。其中专书语料 8 种，

---

[1]　按：据高诱注，二十八宿指的是："东方：角、亢、氐、房、心、尾、箕；北方：斗、牛、女、虚、危、室、壁；西方：奎、娄、胃、昴、毕、觜、参；南方：井、鬼、柳、星、张、翼、轸也。"

单篇作品语料 8 种。

4. 西汉时期语料中已见的现代汉语熟语共 78 个，占现代汉语熟语结构总数的 1.14%。

5. 西汉时期已见的现代汉语熟语分为三音节熟语和四音节熟语两大类。其中，三音节熟语 1 个，四音节熟语 77 个。

6. 西汉时期已见的这 78 个现代汉语熟语，绝大多数是这个时代新兴的，这为我们研究西汉时期的汉语熟语划定了一个大致的范围，使得我们的研究更加有针对性。随着研究的深入，其中也有个别熟语的时代还可以提前到商周或战国时期。

第四章

东汉已见的现代汉语熟语

东汉从光武帝刘秀到汉献帝刘协,总共经历了 12 个皇帝。时间从公元 25 年到公元 220 年,总计 195 年。

东汉已见的现代汉语熟语总计 81 个,占现代汉语熟语结构总数的 1.19%。其中,三音节熟语 3 个,四音节熟语 77 个,六音节熟语 1 个。

第一节　研究东汉时期熟语的代表性语料概述

东汉时期的语料,分为专书语料和单篇作品语料两类。

研究东汉时期的熟语,代表性的专书语料有 14 位作者的 17 种专书。现代汉语的熟语,见于东汉专书语料中的有 67 个。具体分布概括如下:

班固《白虎通》4 个、《东观汉记》3 个、《汉书》40 个,班昭《女诫》1 个,崔寔《本论》1 个,王充《论衡》2 个,王符《潜夫论》1 个,无名氏《孔丛子》2 个,荀悦《汉纪》2 个,应劭《风俗通》2 个,袁康《越绝书》1 个,张仲景《金匮要略》1 个,赵岐《孟子注》1 个,赵晔《吴越春秋》3 个,郑玄《仪礼注》1 个、《论语注》1 个,仲长统《昌言》1 个。

代表性的单篇作品语料,有 9 位作者 14 篇作品。现代汉语的熟语,见于东汉单篇作品语料中的有 14 个。具体分布概括如下:

班固《东都赋》1 个,边韶《塞赋·序》1 个,蔡邕《陈太丘碑文序》1 个、《太尉桥公碑》1 个,马融的用语 1 个,潘勖《册魏公九锡文》1 个,王粲《赠蔡子笃》1 个、《为刘荆州与袁尚书》1 个,荀爽《女诫》1 个,张衡《鸿赋序》1

个、《思玄赋》1个、《西京赋》1个、《文士传》1个，郑玄用语1个。

这些语料是研究东汉熟语的主要语料。对它们进行深入研究，可以发现，现代汉语的熟语，从广义的历史层次来看，大约有81个已经在东汉时期出现了。

第二节 东汉已见的现代汉语熟语研究

一、见于东汉时期的代表性的现代汉语熟语举例

我们所说的见于东汉时期的代表性的熟语，指的是东汉时代的某些熟语，在书写形式上前代、同代或后代有多种同义写法，或者在来源上有些特点，或者东汉时代已见而有的大型工具书没有收录，或者书写形式东汉以前就有但是东汉增加了沿用至今的新义，等等。这些类型的熟语，它们都需要做些说明。我们的说明全部采用按语的形式，在每个熟语的后面注明。本部分的内容，按音序排列。见于东汉时期的代表性的现代汉语熟语分类举例如下。

（一）东汉时期已见的具有异形写法的现代汉语熟语举例

据我们的调查，现代汉语中见于东汉时期的有些熟语，随着时代的推移，后代又有同义、近义等多种写法出现，个别的同义熟语是同代的甚而是前代的。这样的熟语都是四音节的。其中又可分为下面一些类型：

1.东汉已见的具有一种异形写法的四音节熟语举例

现代汉语中见于东汉时期的四音节熟语，除了约定俗成的书写形式外，有的还有一种异形写法。这些熟语的异形写法，按照出现时间的先后，分别描述如下：

（1）有的另一种异形写法出现于商周。如：

【無妄之灾】平白无故受到的损害。汉王充《论衡·明雩》："無妄之灾，百民不知，必归于主。"按：又作"无妄之灾"，商周已见。《易·无妄》："六三，无妄之灾。或系之牛，行人之得，邑人之灾。"

（2）有的另一种异形写法出现于战国。如：

【以逸待劳】作战时采取守势养精蓄锐，等待来攻的敌人疲劳后再出击。《汉书·赵充国传》："以逸待劳，兵之利者也。"按：又作"以佚待劳"，战国已见。《孙子·军争》："以近待远，以佚待劳，以饱待饥，此治力者也。"

（3）有的另一种异形写法出现于西汉。如：

【临渊羡鱼】比喻只有愿望而无实际行动，就会无济于事。《汉书·董仲舒传》："古人有言曰：'临渊羡鱼，不如退而结网。'"按：又写作"临川羡鱼"，西汉已见。汉扬雄《河东赋》："雄以为临川羡鱼，不如归而结网。"

（4）有的另一种异形写法出现于东汉。如：

【和颜悦色】形容态度和蔼可亲。东汉荀爽《女诫》："昏定晨省，夜卧早起，和颜悦色，事如依恃，正身洁行，称为顺妇。"按：又写作"和颜说色"。《论语·为政》"子夏问孝，子曰：'色难。'"刘宝楠正义引汉郑玄注："言和颜说色为难也。"

（5）有的另一种异形写法出现于南朝。如：

【文不加点】形容文章不用涂改就很快写成。《初学记》卷十七引汉张衡《文士传》："吴郡张纯，少有令名，尝谒镇南将军朱据，据令赋一物然后坐，纯应声便成，文不加点。"按：又作"文无加点"。《后汉书·文苑传下·祢衡》："衡揽笔而作，文无加点，辞采甚丽。"

（6）有的另一种异形写法出现于宋代。如：

【明效大验】很显著的效验。《汉书·贾谊传》："秦王……祸几及身，子孙诛绝，此天下之所共见也。是非其明效大验邪？"按：又写作"明验大效"。宋张琰《〈洛阳名园记〉序》："有所谓必不可者，大丞相司马公为首。后十五年，无一不如公料者，至今明验大效，与始言若合符节。"

（7）有的另一种异形写法出现于元代。如：

【天长地久】形容时间长久。汉张衡《思玄赋》："天长地久岁不留，俟河之清只怀忧。"按：又作"天地长久"。元宫天挺《范张鸡黍》第三折："此一去不回头，好教我这烦恼越感的天地长久。"又，"天长地久"一语战国已见，义为天地存在的久远。《老子》："天长地久，天地所以能长且久者，以其不自生，故能长生。"[1]

（8）有的另一种异形写法出现于明代。如：

【三纲五常】封建社会所提倡的主要道德标准。《论语·为政》"周因于夏礼"何晏集解引汉马融曰："所因谓三纲五常也。"按：又作"三纲五伦"。明周朝俊

---

[1]　按：一个熟语同时具有异形的四音节写法和不见于现代汉语共时平面的最初的意义时，我们根据研究的需要视具体情况选用其中的一种写法进行分析说明。全书都采用这一体例。

《红梅记·探姻》："一夫一妇，三纲五伦。那有个千金闺秀，肯去做抱衾人。"

（9）有的另一种异形写法出现于清代。如：

【穷凶极恶】形容极端残暴恶毒。《汉书·王莽传下》："乃始恣睢，奋其威诈，滔天虐民，穷凶极恶。"按：又作"穷兇极恶"。清张廷玉《明史·徐阶传》："惟广听纳，则穷兇极恶，人为我撄之；深情隐慝，人为我发之。"

【同恶相济】坏人互相帮助，狼狈为奸。东汉潘勖《册魏公九锡文》："马超、成宜，同恶相济。"按：又作"同恶共济"。清侯方域《宦官论》："譬之盗贼为害，使官兵讨之，理也。今乃以官兵为不足任，归其渠魁，使自为治，则同恶共济耳，何益之有哉！"

（10）有的另一种异形写法出现于20世纪。如：

【谮众取宠】用浮夸的言语、行动迎合众人以博取好感或拥护。《汉书·艺文志》："然惑者既失精微，而辟者又随时抑扬，违离道本，苟以谮众取宠。"按：又写作"哗众取宠"。鲁迅《集外集·选本》："往复几回之后，有一面一定拉出'动机论'来，不是说反对者'别有用心'，便是'哗众取宠'。"

2. 东汉已见的具有两种异形写法的四音节熟语举例

现代汉语中见于东汉时期的四音节熟语，除了约定俗成的书写形式外，有的还有两种异形写法。这些熟语的两种异形写法，按时代的不同，又分为以下一些类型：

（1）一种异形写法见于南朝，一种异形写法见于金代。如：

【卓尔不群】优秀出众，超出常人。《汉书·景十三王传赞》："夫唯大雅，卓尔不群，河间献王近之矣。"按：又作"卓然不群"、"卓乎不群"。《后汉书·刘虞传论》："自帝室王公之胄，皆生长脂腴，不知稼穑，其能厉行饬身，卓然不群者，或未闻焉。"金王若虚《揖翠轩赋》："意其劲挺坚确，卓乎不群，举世皆怯而我独勇，众人既屈而我独伸。"

（2）一种异形写法见于唐代，一种异形写法见于宋代。如：

【运筹帷幄】指策划、决策。《汉书·高帝纪下》："夫运筹帷幄之中，决胜千里之外，吾不如子房。"按：又作"运筹帏幄"、"运筹帷帐"。《唐大唐左屯卫将军姜行本勒石纪功碑》："大总管运筹帏幄，继以中军，铁骑亘原野，金鼓动天地。"宋罗大经《鹤林玉露》卷十三："宋绍兴省试《高祖能用三杰赋》，一卷文甚奇，而第四韵押'运筹帷帐'。考官以《汉书》乃'帷幄'，非'帐'字，不敢取。出院以语周益公，公曰：有司误也，《史记》正是'帷帐'，《汉书》乃作'喔'。"

（3）一种异形写法见于宋代，一种异形写法见于20世纪。如：

【钳口结舌】形容不敢讲话。汉王符《潜夫论·贤难》："此智士所以钳口结舌、括囊拱默而已者也。"按：又写作"箝口结舌"、"铖口结舌"。宋司马光《乞改求谏诏书札子》："是诏书始于求谏，而终于拒谏也，臣恐天下之士益箝口结舌，非国家之福也。"邓汉钟《读者之声》："这真真青年之危机，怎忍得住铖口结舌！"

3. 东汉已见的具有三种异形写法的四音节熟语举例

现代汉语中见于东汉时期的四音节熟语，除了约定俗成的书写形式外，有的还有三种异形写法。这些熟语的三种异形写法的时代是多样的。有的三种异形写法，一种出现于南朝、一种出现于宋代、一种出现于明代。如：

【一面之交】只见过一次面的交情。《文选·袁宏〈三国名臣序赞〉》"定交一面"李善注引汉崔寔《本论》："且观世人之相论也，徒以一面之交，定臧否之决。"按：又作"一面之款"、"一面之雅"、"一面之识"。南朝梁沈约《宋书·褚叔度传》："还至都，凡诸旧及有一面之款，无不厚加赠遗。"宋洪迈《夷坚支志景·吕德卿梦》："前此无一面之雅，叙致但云：'以家君于门下托契，故愿识面，今亦将相与周旋矣。'"《水浒传》第八一回："宋江道：'宿太尉旧日在华州降香，曾与宋江有一面之识。'"

4. 东汉已见的具有四种异形写法的四音节熟语举例

现代汉语中见于东汉时期的四音节熟语，除了约定俗成的书写形式外，有的还有四种异形写法。这些熟语的四种异形写法的时代错综复杂。有的四种异形写法，一种出现于西汉、一种出现于东汉、一种出现于宋代、一种出现于明代。如：

【死有余辜】形容罪大恶极。《汉书·路温舒传》："盖奏当之成，虽咎繇听之，犹以为死有余辜。"按：又作"死有余罪"、"死有余责"、"死有余诛"、"死有余僇"。《史记·吴王濞列传》："乃出诏书为王读之。读之讫，曰：'王其自图。'王曰：'如印等死有余罪。'遂自杀。"汉荀悦《汉纪·哀帝纪下》："嘉喟然仰天叹曰：'幸得充位宰相，不能进贤退不肖，以此负国，死有余责。'"宋苏轼《谢除两职守礼部尚书表》之二："臣等虽三尺之喙，日诵五车之书，反不如医卜执技之流、簿书趋走之吏，其为尸素，死有余诛。"明沈德符《野获编·宫闱·世宗废后》："至杀无辜，污宫眷，如文臣李梦阳、内臣何文鼎辈所奏，真死有余僇。"

（二）东汉时期已见的具有缩略形式的现代汉语熟语举例

现代汉语中见于东汉时期的四音节熟语，有的有缩略形式，这些缩略形式可以分为下面一些类型：

1. 一种写法的双音缩略式熟语

现代汉语中见于东汉时期的四音节熟语的双音缩略形式或缩略形式，可以分为以下一些类型：

（1）有的双音缩略形式出现于南朝。如：

【街谈巷议】街巷中的谈说议论。汉张衡《西京赋》："街谈巷议，弹射臧否。"按：又省作"街谈"。南朝梁刘勰《文心雕龙·诸子》："尸佼兼总于杂术，《青史》曲缀以街谈。"

（2）有的双音缩略形式出现于宋代。如：

【芒刺在背】像芒和刺扎在背上一样，形容极度不安。《汉书·霍光传》："宣帝始立，谒见高庙，大将军光从骖乘，上内严惮之，若有芒刺在背。"按：省作"芒背"。宋苏轼《与温公书》："某以愚暗获罪，咎自己招，无足言者；但波及左右，为恨殊深。虽高风伟度，非此细故所能尘垢；然某思之，不啻芒背尔。"

2. 一种写法的三音缩略式熟语

现代汉语中见于东汉时期的四音节熟语的三音缩略形式，可以分为以下一些类型：

（1）有的三音缩略形式出现于南朝。如：

【作威作福】滥用权势，独断专横。《汉书·王商传》："窃见丞相商作威作福，从外制中，取必于上。"按：省作"作威福"。《后汉书·马严传》："又选举不实，曾无贬坐，是使臣下得作威福也。"又，语本《尚书·洪范》："惟辟作福，惟辟作威，惟辟玉食。臣无有作福作威玉食。"

（2）有的三音缩略形式出现于宋代。如：

【一丘之貉】比喻彼此相同，没有差别。《汉书·杨恽传》："古与今，如一丘之貉。"按：省作"一丘貉"。宋刘敞《任城道中》诗："今古一丘貉，成败谁复论？"又，又作"一邱之貉"。清平步青《霞外攟屑·宿迁县志》："人情牟利，无孔不钻。志局书局同文，机器招商开矿，皆一邱之貉也。"

（三）东汉时期已见的指明了来源的现代汉语熟语举例

据我们的调查，现代汉语中见于东汉时期的熟语，有的能够找到其来源。这样的熟语基本上都是四音节的。这些熟语的来源，按时代先后举例描述如下：

1. 从战国语料概括而成的熟语

战国时期的语料，到了东汉，从中概括形成了一些熟语。这些熟语的语料来源有：

（1）有的是从《公羊传》中概括而成的。如：

【拨乱反正】治理混乱的局面，使恢复正常。《汉书·礼乐志》："汉兴，拨乱反正，日不暇给，犹命叔孙通制礼仪，以正君臣之位。"按：语本《公羊传·哀公十四年》："拨乱世，反诸正，莫近诸《春秋》。"

（2）有的是从《韩非子》中概括而成的。如：

【吹毛求疵】吹开皮上的毛，寻找里面的毛病。比喻刻意挑剔过失或缺点。《汉书·中山靖王刘胜传》："有司吹毛求疵，笞服其臣，使证其君。"按：语出《韩非子·大体》："古之全大体者……不吹毛而求小疵，不洗垢而察难知。"

【见微知著】见到事物的一些苗头就能知道它的发展趋向。汉班固《白虎通·情性》："智者，知也。独见前闻，不惑于事，见微知著者也。"按：语本《韩非子·说林上》："圣人见微以知萌，见端以知末，故见象箸而怖，知天下不足也。"

（3）有的是从《礼记》中概括而成的。如：

【离群索居】离开同伴而孤独生活。东汉边韶《塞赋·序》："予离群索居，无讲诵之事。"按：语本《礼记·檀弓上》："吾离群而索居，亦已久矣。"

【茹毛饮血】原始人不知用火，连毛带血生吃禽兽。汉班固《白虎通·号》："饥即求食，饱即弃余，茹毛饮血而衣皮苇。"按：语本《礼记·礼运》："未有火化，食草木之实、鸟兽之肉，饮其血，茹其毛。"

（4）有的是从《论语》中概括而成的。如：

【道听塗说】从道路上听到，在道路上传说，泛指没有根据的传闻。《汉书·艺文志》："小说家者流，盖出于稗官，街谈巷语，道听塗说者之所造也。"按：语本《论语·阳货》："子曰：'道听而涂说，德之弃也。'"又，又写作"道听涂说"、"道听途说"。宋朱熹《答赵然道书》："视世之道听涂说于佛老之余而遽自谓有得者，盖尝笑其陋而讥其僭。"《平妖传》第九回："虽然求法的念头甚诚，还在半信半疑，恐怕那僧伴所言，道听途说，未知是真是假。"[1]

---

[1]　按：一个熟语同时具有异形的四音节写法和指明了来源两种情况时，我们一般选取指明了来源进行分析说明，因此在统计数量时放在指明来源中进行统计。全书都采用这一体例。

【色厉内荏】外表强硬而内心怯懦。《汉书·翟方进传》："邪諂无常，色厉内荏。"按：语本《论语·阳货》："色厉而内荏，譬诸小人，其犹穿窬之盗也与？"

这一类型的熟语还有：温故知新[1]　用行舍藏[2]

（5）有的是从《孟子》中概括而成的。如：

【似是而非】指事物好像对而实际上并不正确。汉王充《论衡·死伪》："世多似是而非，虚伪类真，故杜伯、庄子义之语，往往而存。"按：语本《孟子·尽心下》："孔子曰：'恶似而非者。'"

【罪不容诛】罪大恶极，处死都不能抵偿。《汉书·王莽传下》："恶不忍闻，罪不容诛。"按：语本《孟子·离娄上》："杀人盈城，此所谓率土地而食人肉，罪不容于死。"又，又作"罪不胜诛"。明沈德符《野获编·词林·鼎甲同为庶常》："以上见各家记述中者，什仅得一二。修史之卤莽，罪不胜诛矣。"

（6）有的是从《左传》中概括而成的。如：

【度德量力】估量自己的德行和能力。汉应劭《风俗通·皇霸·五伯》："襄公不度德量力，慕名而不综实。"按：语出《左传·隐公十一年》："度德而处之，量力而行之。"

【无以复加】达到极点，不可能再增加。《汉书·王莽传下》："德盛者文缛，宜崇其制度，宣视海内，且令万世之后无以复加也。"按：语本《左传·文公十七年》："敝邑有亡，无以加焉。"

（7）有的是从《周易》的十翼中概括而成的。如：

【穴居野处】指人类没有房屋以前的生存状态。汉班固《白虎通·崩薨》："太古之时，穴居野处，衣皮带革，故死，衣之以薪，内藏不饰。"按：语出《易·系辞下》："上古穴居而野处，后世圣人易之以宫室，上栋下宇，以待风雨。"

2. 从西汉语料概括而成的熟语

西汉的语料，到了东汉，从中概括形成了一些熟语。这些熟语的语料来源有：

（1）有的是从伏胜作品中概括而成的。如：

【爱屋及乌】爱某人而推爱及与之有关的人或物。东汉无名氏《孔丛子·连丛子下》："若夫顾其遗嗣，得与群臣同受厘福，此乃陛下爱屋及乌，惠下之道。"

---

[1]　按：语出《论语·为政》："温故而知新，可以为师矣。"
[2]　按：语本《论语·述而》："子谓颜渊曰：'用之则行，舍之则藏，唯我与尔有是夫。'"

按：语本西汉伏胜《尚书大传》卷三："爱人者，兼其屋上之乌。"

（2）有的是从司马迁作品中概括而成的。如：

【鸡鸣狗盗】比喻微不足道的技能，或具有这种技能的人。《汉书·游侠传》："繇是列国公子……皆藉王公之势，竞为游侠，鸡鸣狗盗，无不宾礼。"按：语本《史记·孟尝君列传》："囚孟尝君，谋欲杀之。孟尝君使人抵昭王幸姬求解。幸姬曰：'妾愿得君狐白裘。'此时孟尝君有一狐白裘，直千金，天下无双，入秦献之昭王，更无他裘。孟尝君患之，遍问客，莫能对。最下坐有能为狗盗者，曰：'臣能得狐白裘。'乃夜为狗，以入秦宫藏中，取所献狐白裘至，以献秦王幸姬。幸姬为言昭王，昭王释孟尝君。孟尝君得出，即驰去，更封传，变名姓以出关。夜半至函谷关。秦昭王后悔出孟尝君，求之，已去。即使人驰传逐之。孟尝君至关，关法鸡鸣出客，孟尝君恐追至，客之居下坐者有能为鸡鸣，而鸡齐鸣，遂发传出。"

这一类型的熟语还有：倒行逆施[1]　日不暇给[2]

（3）有的是从扬雄作品中概括而成的。如：

【攀龙附凤】巴结或投靠有权势的人。《汉书·叙传下》："舞阳鼓刀，滕公厩驺，颍阴商贩，曲周庸夫，攀龙附凤，并乘天衢。"按：语本汉扬雄《法言·渊骞》："攀龙鳞，附凤翼，巽以扬之，勃勃乎其不可及也。"又，又说成"攀龙附骥"、"攀龙托凤"。《三国志·吴志·吴主传》"此言之诚，有如大江"裴松之注引三国魏鱼豢《魏略》："当垂宿念，为之先后，使攀龙附骥，永自固定。"南朝梁钟嵘《诗品》卷上："次有攀龙托凤，自致于属车者，盖将百计。"

（4）有的是从西汉无名氏的《诗大序》[3]中概括而成的。如：

【手舞足蹈】形容高兴到了极点。《史记·乐书》集解引汉郑玄注："手舞足蹈，欢之至。"按：语本《诗大序》："情动于中而形于言。言之不足，故嗟叹之；嗟叹之不足，故永歌之；永歌之不足，不知手之舞之，足之蹈之也。"

3. 从东汉语料概括而成的熟语

东汉时期的语料，在东汉的同代，从中概括形成了一些熟语。这些熟语的语

---

[1] 按：语本《史记·伍子胥列传》："吾日莫途远，吾故倒行而逆施之。"

[2] 按：语本《史记·封禅书》："虽受命而功不至，至梁父矣而德不洽，洽矣而日有不暇给，是以即事用希。"

[3] 按：《诗大序》的时代不易确定，它是代代相传的内容。有的观点认为是西汉作品，我们采用这一观点，把它处理为西汉作品。

料来源，有的是从班固作品中概括而成的。如：

【矫枉过正】纠正偏差而超过应有的限度。汉仲长统《昌言·法诫篇》："逮
至清世，则复入于矫枉过正之检。"按：语本《汉书·王莽传上》："勤身极思，忧
劳丰绥，故国奢则视之以俭，矫枉者过其正。"

【倾城倾国】形容女子容貌美丽。东汉袁康《越绝书·外传计倪》："祸晋之
骊姬，亡周之褒姒，尽妖妍于图画，极凶悖于人理；倾城倾国，思昭示于后王；
丽质冶容，宜求鉴于前史。"按：语本《汉书·外戚传卜·李夫人》："延年侍上起
舞，歌曰：'北方有佳人，绝世而独立，一顾倾人城，再顾倾人国。宁不知倾城
与倾国，佳人难再得！'"又，又作"倾国倾城"。南朝陈徐陵《〈玉台新咏〉序》：
"虽非图画，入甘泉而不分；言异神仙，戏阳台而无别，真可谓倾国倾城，无对
无双者也。"

（四）东汉时期已见而大型工具书没有收录的现代汉语熟语举例

东汉时期已见的现代汉语熟语，《大词典》及《订补》没有收录。这样的熟
语，我们举出一些例证如下：

【刚柔相济】刚强的与柔和的互相补充、恰到好处。汉王粲《为刘荆州与袁
尚书》："当唯义是务，唯国是康。何者？金木水火以刚柔相济，然后克得其和，
能为民用。"

【水清无鱼】比喻过分苛求他人就没有人与之交往了。汉班固《白虎通·绋
冕》："故水清无鱼，人察无徒。"

（五）东汉时期新增义项而书写形式古已有之的现代汉语熟语举例

东汉时期已见的现代汉语熟语，其书写形式在东汉以前就有了，但是其
中的沿用至今的某一义项是东汉时期新兴的。这样的熟语可以举出一些例证
如下：

【伯仲叔季】兄弟行辈中长幼排行的次序。《仪礼·士冠礼》"曰：伯某甫，
仲、叔、季，唯其所当"汉郑玄注："伯仲叔季，长幼之称。"按：此语战国已见，
义为各国诸侯。《左传·昭公二十六年》："王不立爱，公卿无私，古之制也。穆
后及大子寿夭即世，单刘赞私立少，以间先王。亦唯伯仲叔季图之！"

【一以贯之】泛指一种思想或理论贯通始终。《汉书·王莽传上》："而公包其
终始，一以贯之，可谓备矣。"按：此语战国已见，义为孔子的忠恕之道贯穿在
一切事物中。《论语·里仁》："吾道一以贯之。"

二、详尽罗列东汉时期语料中的所有现代汉语熟语

东汉语料中已见的现代汉语熟语分为三音节、四音节、六音节三种类型。

（一）东汉时期已见的现代汉语三音节熟语的穷尽罗列

东汉时期已见的现代汉语三音节熟语共 3 个。它们是：

不自量　　大不敬　　鸟兽散

（二）东汉时期已见的现代汉语四音节熟语的穷尽罗列

东汉已见的现代汉语四音节熟语共 77 个。除去前面代表性的 46 个例证外，剩余的 31 个熟语，按音序全部罗列于下：

安土重迁	百折不挠	半身不遂	便宜行事	稠人广众
从谏如流	大逆不道	风流云散	奉行故事	高官厚禄
含饴弄孙	金城汤池	礼贤下士	聊以自慰	目不交睫
迫不得已	穷奢极欲	忍辱含垢	尸位素餐	所向无前
同病相怜	同日而语	惟命是从	未可厚非	无所不为
先发制人	言过其实	一日之雅	以身试法	因地制宜
子虚乌有				

（三）东汉时期已见的现代汉语六音节熟语的穷尽罗列

东汉已见的现代汉语六音节熟语共 1 个，即：

百闻不如一见

第三节　本章小结

1. 本章论述的是见于东汉时期的现代汉语熟语。

2. 东汉熟语分为广义和狭义两类。广义的东汉熟语指的是在东汉时期的语料中使用的熟语，而狭义的东汉熟语指的是东汉时期语料中的新兴熟语。我们的研究属于广义的东汉熟语。

3. 研究东汉时期的汉语熟语，代表性的语料约有 31 种。其中，专书语料 17 种，单篇作品语料 14 种。

4. 东汉时期语料中已见的现代汉语熟语有 81 个，占现代汉语熟语结构总数

的 1.19%。

5. 东汉时期已见的现代汉语熟语分为三音节、四音节、六音节 3 种。其中，三音节熟语 3 个，四音节熟语 77 个，六音节熟语 1 个。

6. 东汉时期已见的这 81 个现代汉语熟语，绝大多数是这个时期新兴的，这为我们研究东汉时期的汉语新兴熟语划定了一个大致的范围，使得我们对东汉熟语的研究更加有针对性。随着研究的深入，其中也有个别熟语的时代还可以提前到西汉、战国甚至商周时代。

第二编

中古汉语中已见的
现代汉语熟语

　　中古汉语的时代划分有争论。有的观点认为只包括魏晋南北朝，有的观点认为包括东汉魏晋南北朝，有的观点认为从东汉到唐朝。我们认为中古汉语指的是从三国到唐朝这一时期的汉语，从公元 220 年到公元 907 年，时间约 687 年。中古汉语是汉语的转型时期，出现了不少新的词语和新的语法现象，值得汉语史研究工作者高度重视。20 世纪 80 年代以来，有不少的学者从事中古汉语词汇、语法的研究，从而使中古汉语的研究形成热点，取得了不少的成果，得到了一些有参考价值的结论。

　　中古汉语语料中已见的现代汉语熟语 514 个，占现代汉语熟语结构总数的7.54%。

第五章

三国已见的现代汉语熟语

三国时期从魏文帝曹丕到孙吴乌程侯孙皓，总共经历了 11 个皇帝。时间从公元 220 年到公元 280 年，总计 60 年。

三国时期已见的现代汉语熟语 28 个，占现代汉语熟语结构总数的 0.41%。其中，四音节熟语 27 个，五音节熟语 1 个。

第一节　研究三国时期熟语的代表性语料概述

三国时期的语料，分为专书语料和单篇作品语料两类。

研究三国时期的熟语，代表性的专书语料有 9 位作者的 9 部书。现代汉语的熟语，见于三国专书语料中的有 13 个。具体分布概述如下：

曹丕《典论》1 个，官修《吴书》2 个，管辰《管辂别传》1 个，康僧会《六度集经》1 个，刘劭《人物志》2 个，王肃《孔子家语》1 个，韦昭《吴书》2 个，鱼豢《典略》2 个，张俨《默记》1 个。

代表性的单篇作品语料，有 6 位作者的 12 篇作品。现代汉语的熟语，见于三国单篇作品语料中的约有 15 个。具体分布概述如下：

曹植《上责躬诗表》1 个、《释愁文》1 个、《与吴季重书》1 个，曹丕《大墙上蒿行》1 个、《与吴质书》2 个、《与钟大理书》1 个、《诏王朗等三公》1 个，嵇康《兄秀才公穆入军赠诗》1 个、《幽愤》诗 1 个，阮瑀《筝赋》1 个，文钦《与郭淮书》1 个，诸葛亮《前出师表》3 个。

这些语料是研究三国熟语的主要语料。对它们进行深入研究，可以发现，现代汉语的熟语，从广义的历史层次来看，大约有 28 个已经在三国时期出现了。

第二节　三国时期已见的现代汉语熟语研究

一、见于三国时期的代表性的现代汉语熟语举例

我们所说的见于三国时期的代表性的熟语，指的是三国时期的某些熟语，在书写形式上同代或后代有多种同义写法，或者在来源上有些特点，或者三国时期已见而有的大型工具书没有收录，或者书写形式三国以前就有但是三国增加了沿用至今的新义，等等。这些类型的熟语，它们都需要做些说明。我们的说明全部采用按语的形式，在每个熟语的后面注明。本部分的内容，按音序排列。见于三国时期的代表性的现代汉语熟语分类举例如下。

（一）三国时期已见的具有异形写法的现代汉语熟语举例

据我们的调查，现代汉语中见于三国时期的有些熟语，随着时代的推移，后代又有同义、近义等多种不同的写法出现。这样的熟语都是四音节的。其中又分为两个小类：

1. 三国时期已见的具有一种异形写法的四音节熟语举例

现代汉语中见于三国时期的四音节熟语，后代的异形写法也是四音节。这样的熟语的异形写法，有的出现于明代。如：

【作奸犯科】为非作歹触犯法令。三国蜀诸葛亮《前出师表》："若有作奸犯科，及为忠善者，宜付有司，论其刑赏。"按：又作"作奸犯科"。《二刻拍案惊奇》卷三八："必然是你作奸犯科，诱藏了我娘子。"

2. 三国时期已见的具有两种异形写法的四音节熟语举例

现代汉语中见于三国时期的四音节熟语，有的在后代出现了两种异形写法。这两种异形写法的出现时代，有的横跨两个时代。有的两种异形写法，一种见于唐代，一种见于宋代。如：

【事与愿违】事情的发展与主观愿望相反。三国魏嵇康《幽愤》诗："嗟我愤叹，曾莫能俦。事与愿违，遘兹淹留。"按：又作"事与心违"、"事与志违"。唐崔佑甫《祭董大使文》："吊随庆集，事与心违。"宋叶绍翁《四朝闻见录·贤良》："惟元佑之纪元，复制科而取士，维时司马光之客，有若刘安世之贤，见所

为书，举以应诏。因知己之迁谪，并荐士而弃捐，事与志违，言随名寝。"

（二）三国时期已见的具有缩略形式的现代汉语熟语举例

现代汉语中见于三国时期的四音节熟语，有的具有缩略形式，这些缩略形式可以分为下面一些类型：

1. 一种写法的双音缩略式熟语举例

现代汉语中见于三国时期的四音节熟语，有的在三国以后的唐代出现了一种双音缩略形式。如：

【穷兵黩武】使用全部武力，任意发动战争。三国魏曹丕《诏王朗等三公》："穷兵黩武，古有成戒。"按：省作"穷黩"。唐元结《系谟》："不可怙恃威武，穷黩战争。"

2. 两种写法的双音缩略式熟语举例

现代汉语中见于三国时期的四音节熟语，有的在后代出现了两种双音缩略形式。有的两种缩略形式都出现于唐代。如：

【激浊扬清】本指冲去污水后浮起清水，比喻抨击坏人坏事。三国魏刘劭《人物志·利害》："其功足以激浊扬清，师范僚友。"按：又省作"激扬"、"激清"。唐房玄龄《晋书·康帝纪论》："帝亦克俭于躬，庶能激扬流弊者也。"唐李白《上留田行》："高风缅邈，颓波激清。"又，语出《尸子·君治》："水有四德……扬清激浊，荡去滓秽，义也。"

（三）三国时期已见的指明了来源的现代汉语熟语举例

据我们的调查，现代汉语中见于三国时期的熟语，有的能够找到其来源。这样的熟语基本上都是四音节的。这些熟语的来源，按时代先后分别描述如下：

1. 从商周语料概括而成的熟语

商周时期的语料，到了三国，从中概括形成了一些熟语。这些熟语的语料来源，有的是从《诗经》中概括而成的。如：

【高山景行】比喻崇高的德行。三国魏曹丕《与钟大理书》："高山景行，私所仰慕。"按：语出《诗·小雅·车辖》："高山仰止，景行行止。"

【忧心如焚】忧愁得心里像火烧一样，比喻十分焦急。三国魏曹植《释愁文》："予以愁惨，行吟路边，形容枯悴，忧心如焚。"按：语本《诗·小雅·节南山》："忧心如惔，不敢戏谈。"

2. 从战国语料概括而成的熟语

战国时期的语料，到了三国，从中概括形成了一些熟语。这些熟语的语料来源有：

（1）有的是从《论语》中概括而成的。如：

【察言观色】观察言语脸色，以揣摩对方的心意。《三国志·吴志·滕胤传》"徙吴都、会稽，所在见称"裴松之注引三国吴韦昭《吴书》："胤每听辞讼，断罪法，察言观色，务尽情理。"按：语本《论语·颜渊》："夫达也者，质直而好义，察言而观色，虑以下人。"

（2）有的是从《孙子》中概括而成的。如：

【同舟共济】比喻同心协力，战胜困难。《三国志·魏志·毌丘俭传》"将士诸为俭钦所迫胁者，悉归降"裴松之注引三国魏文钦《与郭淮书》："然同舟共济，安危势同，祸痛已连，非言饰所解，自公侯所明也。"按：语本《孙子·九地》："夫吴人与越人相恶也，当其同舟而济，遇风，其相救也，如左右手。"

（3）有的是从《庄子》中概括而成的。如：

【得鱼忘筌】比喻达到目的后就忘了原来的凭借。三国魏嵇康《兄秀才公穆入军赠诗》之十四："嘉彼钓叟，得鱼忘筌。"按：语本《庄子·外物》："筌者所以在鱼，得鱼而忘筌；蹄者所以在兔，得兔而忘蹄。"

（4）有的是从战国宋玉《对楚王问》中概括而成的。如：

【曲高和寡】曲调高雅能跟着唱的人就少，比喻言论或作品不通俗，能理解的人很少。《艺文类聚》卷四四引三国魏阮瑀《筝赋》："曲高和寡，妙伎难工。"按：语本战国楚宋玉《对楚王问》："客有歌于郢中者，其始曰《下里巴人》，国中属而和者数千人。其为《阳阿》、《薤露》，国中属而和者数百人。其为《阳春白雪》，国中属而和者不过数十人。引商刻羽，杂以流征，国中属而和者不过数人而已。是其曲弥高，其和弥寡。"

3. 从西汉语料概括而成的熟语

西汉的语料，到了三国，从中概括形成了一些熟语。这些熟语的语料来源，有的是从枚乘作品中概括而成的。如：

【扬汤止沸】从锅里舀起开水再倒回去以制止水沸滚，比喻办法不彻底就不能从根本上解决问题。《三国志·魏志·董卓传》"卓未至，进败"裴松之注引三国魏鱼豢《典略》："臣闻扬汤止沸，不如灭火去薪，溃痈虽痛，胜于养肉，及溺呼船，悔之无及。"按：语本汉枚乘《上书谏吴王》："欲汤之沧，一人炊之，百人扬之，无益也。不如绝薪止火而已。"

（四）三国时期已见而大型工具书没有收录的现代汉语熟语举例

三国时期已见的现代汉语熟语，《大词典》及《订补》没有收录。这样的熟语，我们举出一些例证如下：

【掎角之势[1]】比喻作战时分兵牵制、形成夹击的形势。《三国志·蜀志·诸葛亮传》裴松之注引三国吴张俨《默记·述佐》："玄德与操，智力多少，士众众寡，用兵行军之道，不可同年而语，犹能暂以取胜，是时又无大吴掎角之势也。"按：又作"犄角之势"。《东周列国志》第七三回："吴兵进退两难，乃分作两寨，为犄角之势也，与楚相持。"又，语本《左传·襄公十四年》："譬如捕鹿，晋人角之，诸戎掎之，与晋捔之。"

（五）三国时期新增义项而书写形式古已有之的现代汉语熟语举例

三国时期已见的现代汉语熟语，其书写形式在三国以前就有了，但是其中的沿用至今的某一义项是三国时期新兴的。这样的熟语可以举出一些例证如下：

【小巫见大巫】比喻小的或差的跟大的或好的相比就显得差远了。《三国志·吴志·张纮传》"纮著诗赋铭诔十余篇"裴松之注引三国吴官修《吴书》："后纮见陈琳作《武库赋》、《应机论》，与琳书深叹美之。琳答曰：'……今景兴在此，足下与子布在彼，所谓小巫见大巫，神气尽矣。'"按：此语战国已见，义为小巫看见大巫觉得法术不如对方而放弃要做的事。《太平御览》卷七三五引《庄子》："小巫见大巫，拔茅而弃，此其所以终身弗如。"

二、详尽罗列见于三国时期语料中的所有现代汉语熟语

三国语料中已见的现代汉语熟语分为四音节熟语和五音节熟语两大类。五音节熟语只有1个，即"小巫见大巫"，已在代表性熟语举例部分中出现了。剩余的全部是四音节熟语。三国时期已见的现代汉语四音节熟语共27个。除去前面代表性的12个例证外，剩余的15个熟语，按音序全部罗列于下：

不知所云	车载斗量	荡气回肠	皆大欢喜	酒酣耳热
名不副实	若有所失	生死存亡	手不释卷	妄自菲薄
物是人非	形影相吊	寻章摘句	要言不烦	左顾右盼

---

[1]　按：一个熟语同时具有指明来源、异形写法及代表性大型工具书没有收录多种情况时，我们根据研究的需要视具体情况选用其中的一种写法进行分析说明。全书都采用这一体例。

第三节　本章小结

1. 本章论述的是见于三国时期的现代汉语熟语。

2. 三国时期的熟语分为广义的和狭义的两类。广义的三国时期的熟语指的是在三国时期的语料中使用的熟语，而狭义的三国时期的熟语指的是三国时期语料中的新兴熟语。我们的研究属于广义的三国时期的熟语。

3. 研究三国时期的汉语熟语，代表性的语料有 21 种。其中，专书语料 9 种，单篇作品语料 12 种。

4. 三国时期语料中已见的现代汉语熟语 28 个，占我们研究的现代汉语熟语结构的 0.41%。

5. 三国时期已见的现代汉语熟语分为四音节熟语和五音节熟语两大类。其中，四音节熟语 27 个，五音节熟语 1 个。

6. 三国时期已见的这 28 个现代汉语熟语，绝大多数是这个时代新兴的，这为我们研究三国时期的汉语新兴熟语划定了一个大致的范围。当然，随着研究的深入，其中也有个别熟语的时代还可以提前到东汉、西汉甚至战国、商周时代。

第 六 章

西晋已见的现代汉语熟语

西晋时期从晋武帝司马炎到晋愍帝司马邺，总共经历了 4 个皇帝。时间从公元 265 年到公元 317 年，总计 52 年。

西晋时期已见的现代汉语熟语 45 个，占现代汉语熟语结构总数的 0.66%。其中，三音节熟语 1 个，四音节熟语 44 个。

第一节　研究西晋时期熟语的代表性语料概述

西晋时期的语料，分为专书语料和单篇作品语料两类。

研究西晋时期的熟语，代表性的专书语料有 11 位作者 11 部专书。现代汉语的熟语，见于西晋专书语料中的有 27 个。具体分布概括如下：

陈寿《三国志》17 个，杜夷《杜氏新书》[1] 1 个，傅玄《傅子》1 个，郭璞《临安志》1 个，孔晁《逸周书注》1 个，皇甫谧《高士传》1 个，王隐《蜀记》1 个，杨泉《物理论》1 个，虞溥《江表传》1 个，张华《博物志》1 个，竺法护《普曜经》1 个。

代表性的单篇作品语料，有 12 位作者 17 篇作品。现代汉语的熟语，见于西晋单篇语料中的有 18 个。具体分布概括如下：

---

[1]　按：《杜氏新书》又名《笃论》，主要内容是记载汉末魏晋时期京兆杜氏家族的人物生平和言行，作者不明。有的考证为东汉杜笃（？—78），有的考证为三国杜恕（？—252）。清代马国翰认为，《杜氏新书》即《杜氏幽求新书》的省略，作者是西晋的杜夷（258—325）。根据文中的内容及引者的时代，我们的研究处理为杜夷，即西晋作品。

蔡洪《围棋赋》1个，成公绥《云赋》1个，杜预《春秋长历论》1个，傅玄《太子少傅箴》1个、《贺老人星表》1个，李密《陈情事表》2个，刘琨《答卢谌书》1个，陆机《遂志赋·序》1个、《五等诸侯论》1个、《谢平原内史表》1个，潘尼《释奠颂》1个、《赠司空椽安仁》1个，潘岳《世祖武皇帝诔》1个、《西征赋》1个，石崇《王明君词》1个，羊祜《戒子书》1个，张协《杂诗》1个。

这些语料是研究西晋熟语的主要语料。对它们进行深入研究，可以发现，现代汉语的熟语，从广义的历史层次来看，大约有 45 个已经在西晋时期出现了。

第二节　西晋已见的现代汉语熟语研究

一、见于西晋时期的代表性的现代汉语熟语举例

我们所说的见于西晋时期的代表性的熟语，指的是西晋时代的某些熟语，在书写形式上前代、同代或后代有多种同义写法，或者在来源上有特点，或者西晋时代已见而有的大型工具书没有收录，或者书写形式西晋以前就有但是西晋增加了沿用至今的新义，等等。这些类型的熟语，它们都需要做些说明。我们的说明全部采用按语的形式，在每个熟语的后面注明。本部分的内容，按音序排列。见于西晋时期的代表性的现代汉语熟语分类举例如下。

（一）西晋时期已见的具有异形写法的现代汉语熟语举例

据我们的调查，现代汉语中见于西晋时期的有些熟语，前代、后代又有同义、近义等多种写法出现。这些具有多种异形写法的熟语都是四音节的。这样的熟语，按照异形写法的出现时代的先后，又分为以下一些类型：

1.异形写法出现于战国

西晋已见的现代汉语熟语，除了约定俗成的书写形式外，有的在战国的《管子》中，就已经有另外一种异形写法了。如：

【追奔逐北】追击败逃的敌人。《三国志·蜀志·李恢传》："于是恢出击，大破之，追奔逐北，南至盘江。"按：又作"追亡逐遁"，战国已见。《管子·兵法》："器成教施，追亡逐遁若飘风，击刺若雷电。"

2.异形写法出现于三国

西晋已见的现代汉语熟语，除了约定俗成的书写形式外，有的在三国魏曹植

《王仲宣诔》中，就已经有另外一种异形写法。如：

【下笔成章】随手写来便成文章，形容文思敏捷。《三国志·魏志·陈思王植传》："言出为论，下笔成章。"按：又作"下笔成篇"，三国已见。三国魏曹植《王仲宣诔》："发言可咏，下笔成篇。"

3. 异形写法出现于宋代

西晋已见的现代汉语熟语，除了约定俗成的书写形式外，有的到了宋司马光《稷下赋》中，还出现了另外一种异形写法。如：

【规行矩步】① 比喻举动合乎规矩，毫不苟且。西晋潘尼《释奠颂》："二学儒官，搢绅先生之徒，垂缨佩玉，规行矩步者，皆端委而陪于堂下，以待执事之命。"按：又写作"规行矩止"。宋司马光《稷下赋》："尔乃杂佩华缨，净冠素履，端居危坐，规行矩止。"

4. 异形写法出现于明代

西晋已见的现代汉语熟语，除了约定俗成的书写形式外，有的到了明冯梦龙的《醒世恒言》、袁宗道《李卓吾》中，还出现了另外一种异形写法。如：

【刮目相待】用新眼光看人。《三国志·吴志·吕蒙传》"遂拜蒙母，结友而别"裴松之注引西晋虞溥《江表传》："蒙曰：'士别三日，即更刮目相待。'"按：又写作"括目相待"。《醒世恒言·卖油郎独占花魁》："多曾听得人说，他承受了朱家的店业，手头活动，体面又比前不同，自然括目相待。"

【片言只字】零碎的文字材料。西晋陆机《谢平原内史表》："片言只字，不关其间；事踪笔迹，皆可推校。"按：又写作"片言只语"。明袁宗道《李卓吾》："读翁片言只语，辄精神百倍。"

（二）西晋时期已见的指明了来源的现代汉语熟语举例

据我们的调查，现代汉语中见于西晋时期的熟语，有的能够找到其来源。这样的熟语基本上都是四音节的。这些熟语的来源，按时代先后分类描述如下：

1. 从战国语料概括而成的熟语

战国时期的语料，到了西晋，从中概括形成了一些熟语。这些熟语的语料来源有：

（1）有的是从《国语》中概括而成的。如：

【有名无实】空有名义而没有实际。《文选·陆机〈五等诸侯论〉》："逮及中叶，忌其失节，割削宗子，有名无实，天下旷然，复袭亡秦之轨矣。"按：语本《国语·晋语八》："叔向见韩宣子，宣子忧贫，叔向贺之。宣子曰：'吾有卿之名，而无其实。无以从二三子，吾是以忧，子贺我何故？'"又，又作"有名亡实"，东汉已见。《汉书·循吏传·黄霸》："臣敞非敢毁丞相也，诚恐群臣莫白，而长吏守丞畏丞相指……并行伪貌，有名亡实。"

（2）有的是从《论语》中概括而成的。如：

【不知所措】形容不知道该怎么办才好。《三国志·吴志·诸葛恪传》："皇太子以丁酉践尊号，哀喜交并，不知所措。"按：语本《论语·子路》："则民无所措手足。"

【升堂入室】比喻学问或技艺上由浅入深、循序渐进地达到更高的水平。《三国志·魏志·管宁传》："娱心黄老，游志六艺，升堂入室，究其阃奥，韬古今于胸怀，包道德之机要。"按：语本《论语·先进》："由也升堂矣，未入于室也。"又，又作"陞堂入室"。《古尊宿语录》卷三二："后来浮渡山，见圆鉴，看他陞堂入室，所说者尽皆说着心下事。"

这一类型的熟语还有：循循善诱[1]　怨天尤人[2]

（3）有的是从《孟子》中概括而成的。如：

【出类拔萃】形容卓越出众，不同一般。《三国志·蜀志·蒋琬传》："时新丧元帅，远近危悚。琬出类拔萃，处群僚之右。"按：语出《孟子·公孙丑上》："圣人之于民，亦类也。出于其类，拔乎其萃，自生民以来，未有盛于孔子也。"

（4）有的是从《孙子》中概括而成的。如：

【兵贵神速】用兵以行动特别迅速为贵。《三国志·魏志·郭嘉传》："嘉言曰：'兵贵神速。今千里袭人，辎重多，难以趣利，且彼闻之，必为备；不如留辎重，轻兵兼道以出，掩其不意。'"按：语本《孙子·九地》："兵之情主速。"

（5）有的是从《战国策》中概括而成的。如：

【势不两立】敌对的事物不能同时并存。《三国志·吴志·周瑜传》："今数雄已灭，唯孤尚存，孤与老贼势不两立。"按：语本《战国策·楚策一》："楚强则秦弱，楚弱则秦强，此其势不两立。"又，又作"势不两存"。《三国志·吴志·陆逊传》："得报恳恻，知与休久结嫌隙，势不两存。"

【折冲樽俎】在酒宴谈判中制敌取胜。西晋张协《杂诗》之七："何必操干戈，堂上有奇兵，折冲樽俎间，制胜在两楹。"按：语本《战国策·齐策五》："此

---

[1]　按：语本《论语·子罕》："夫子循循然善诱人。"

[2]　按：语本《论语·宪问》："子曰：不怨天，不尤人，下学而上达，知我者其天乎？"

臣之所谓比之堂上，禽将户内，拔城于尊俎之间，折冲席上者也。"

（6）有的是从《庄子》中概括而成的。如：

【栉风沐雨】风梳发而雨洗头，形容奔波劳苦。《三国志·魏志·鲍勋传》："况猎，暴华盖于原野，伤生育之至理，栉风沐雨，不以时隙哉？"按：语出《庄子·天下》："沐甚雨，栉急风。"又，又作"沐雨栉风"、"栉沐风雨"、"栉风酾雨"。三国魏曹丕《黎阳作诗三首》之一："载驰载驱，沐雨栉风。"《旧唐书·韦皋传》："伏惟太宗栉沐风雨，经营庙朝，将垂二百年。"清陈康祺《郎潜纪闻》卷一："都兴阿诸公，忠贞朴劲，屡摧狂寇，栉风酾雨，始终戎幕。"

（7）有的是从《左传》中概括而成的。如：

【各自为政】各人按自己的主张办事，互相不配合。《三国志·吴志·胡综传》："臣质又以曹氏之嗣非天命所在，政弱刑乱，柄夺于臣，诸将专威于外，各自为政，莫或同心。"按：语本《左传·宣公二年》："畴昔之羊子为政，今日之事我为政。"

【再衰三竭】形容士气低落，不能再振作。西晋蔡洪《围棋赋》："再衰三竭，锐气已朽。"按：语本《左传·庄公十年》："夫战，勇气也；一鼓作气，再而衰，三而竭。"又，又作"再衰三涸"。郭沫若《为"五卅"惨案怒吼》："病根不除……我们国民的民气，再衰三涸，将要永远沦为外人的奴隶而不能振拔。"

这一类型的熟语还有：天经地义[1]

2. 从西汉语料概括而成的熟语

西汉的语料，到了西晋，从中概括形成了一些熟语。这些熟语的语料来源，有的是从司马迁作品中概括而成的。如：

【身先士卒】比喻领导带头走在前面。《三国志·吴志·孙辅传》："策西袭庐江太守刘勋，辅随从，身先士卒，有功。"按：语本《史记·淮南衡山列传》："当敌勇敢，常为士卒先。"又，又作"身先士众"。《旧唐书·李密传》："公当身先士众，早定关中，乃欲急自尊崇，何示人不广也！"

【四面楚歌】比喻处于四面受敌、孤立无援的困境。《三国志·吴志·胡综传》："高祖诛项，四面楚歌。"按：典出《史记·项羽本纪》："项王军壁垓下，兵少食尽，汉军及诸侯兵围之数重。夜闻汉军四面皆楚歌，项王乃大惊，曰：'汉皆已得楚乎？是何楚人之多也！'"

---

[1]　按：语本《左传·昭公二十五年》："夫礼，天之经也，地之义也，民之行也。"

3. 从东汉语料概括而成的熟语

东汉时期的语料，到了西晋，从中概括形成了一些熟语。这些熟语的语料来源，有的是从班固作品中概括而成的。如：

【日薄西山】比喻衰老的人或腐朽的事物临近死亡。西晋李密《陈情事表》："过蒙拔擢，宠命优渥，岂敢盘桓，有所希冀。但以刘日薄西山，气息奄奄；人命危浅，朝不虑夕……是以区区不能废远。"按：语出《汉书·扬雄传上》："临汨罗而自陨兮，恐日薄于西山。"

4. 从三国语料概括而成的熟语

三国时期的语料，到了西晋，从中概括形成了一些熟语。这些熟语的语料来源，有的是从曹植作品中概括而成的。如：

【冰清玉洁】比喻德行高洁。西晋皇甫谧《高士传·挚峻》："迁既亲贵，乃以书劝峻进曰：'……伏维伯陵，材能绝人，高尚其志，以善厥身，冰清玉洁，不以细行荷累其名。'"按：语本三国魏曹植《光禄大夫荀侯诔》："如冰之清，如玉之洁，法而不威，和而不亵。"

（三）西晋时期已见而大型工具书没有收录的现代汉语熟语举例

西晋时期已见的现代汉语熟语，《大词典》没有收录。这样的熟语，我们举出一些例证如下：

【覆车之鉴】比喻当作鉴戒的前人的失败教训。《三国志·蜀书·后主传》南朝宋裴松之注引西晋王隐《蜀记》："隗嚣凭陇而亡，公孙述据蜀而灭，此皆前世覆车之鉴也。"

（四）西晋时期新增义项而书写形式古已有之的现代汉语熟语举例

西晋时期已见的现代汉语熟语，其书写形式在西晋以前就有了，但是其中的沿用至今的某一义项是西晋新兴的。这样的熟语主要是四音节的。下面我们按这些熟语书写形式的出现时代的先后，分类描述如下：

1. 战国已见西晋增加新义的熟语举例

见于西晋的现代汉语熟语，有的是战国已有相应的书写形式而西晋增加沿用至今的新义。这类在战国就有了的书写形式，出现于战国的下列一些语料中：

（1）有的在《论语》中就出现了相应的书写形式。如：

【不亦乐乎】表示达到极点。《三国志·蜀志·邓芝传》："若天下太平，二主分治，不亦乐乎！"按：此语战国已见，义为不也是很快乐的吗。《论语·学而》："有朋自远方来，不亦乐乎！"

（2）有的在《孙子》中就出现了相应的书写形式。如：

【出其不意】行动等出乎对方的意料。《三国志·吴志·陆逊传》："逊曰：'羽矜其骁气，陵轹于人。始有大功，意骄志逸，但务北进，未嫌于我，有相闻病，必益无备。今出其不意，自可禽制。下见至尊，宜好为计。'"按：此语战国已见，义为出兵攻击对方不防备的地方。《孙子·计》："攻其无备，出其不意。"

2.东汉已见西晋增加新义的熟语举例

见于西晋的现代汉语熟语，有的是东汉已有相应的书写形式而西晋增加沿用至今的新义。这类在东汉就有了的书写形式，有的出现于赵岐《孟子》注。如：

【目不转睛】形容注意力集中。《太平御览》卷四九八引西晋杨泉《物理论》："子义燃烛危坐通晓，目不转睛，膝不移处。"按：此语东汉已见，义为眼珠不转动。《孟子·公孙丑上》"北宫黝之养勇也，不肤挠，不目逃"汉赵岐注："北宫，姓。黝，名也。人刺其肌肤，不为挠却；刺其目，目不转睛逃避之矣。"

二、详尽罗列见于西晋时期语料中的所有现代汉语熟语

西晋语料中已见的现代汉语熟语分为三音节熟语和四音节熟语两大类。

（一）西晋时期已见的现代汉语三音节熟语的穷尽罗列

西晋时期已见的现代汉语三音节熟语共 1 个。即：

难为情①

（二）西晋时期已见的现代汉语四音节熟语的穷尽罗列

西晋时期已见的现代汉语四音节熟语共 44 个。除去前面代表性的 26 个例证外，剩余的 18 个四音节熟语，按音序全部罗列于下：

表里如一	冰消瓦解	不经之谈	不足为奇	赴汤蹈火
古往今来	顾名思义	国破家亡	近朱者赤	龙飞凤舞
普天同庆	茕茕孑立	忍辱负重	忍无可忍	任其自然
死不瞑目	四时八节	抑扬顿挫		

第三节　本章小结

1.本章论述的是见于西晋时期的现代汉语熟语。

2. 西晋时期的熟语分为广义的和狭义的两类。广义的西晋熟语指的是在西晋时期的语料中使用的熟语，而狭义的西晋熟语指的是西晋时期语料中的新兴熟语。我们的研究属于广义的西晋熟语。

3. 研究西晋时期的汉语熟语，代表性的语料约有 28 种。其中专书语料 11 种，单篇作品语料 17 种。

4. 西晋时期已见的现代汉语熟语 45 个，占现代汉语熟语结构总数的 0.66%。

5. 西晋时期已见的现代汉语熟语分为三音节熟语和四音节熟语两大类。其中，三音节熟语 1 个，四音节熟语 44 个。

6. 西晋时期已见的这 45 个现代汉语熟语，绝大多数是这个时期新兴的，这为我们研究西晋时期汉语新兴熟语划定了一个大致的范围，使得我们的研究范围缩小了。随着研究的深入，其中也有个别熟语的时代还可以提前到西晋以前的各个历史时期。

第七章

东晋已见的现代汉语熟语

东晋从晋元帝司马睿到晋恭帝司马德文，总共经历了 11 个皇帝。时间从公元 317 年到公元 420 年，总计 103 年。

东晋时期已见的现代汉语熟语 36 个，占现代汉语熟语结构总数的 0.53%。它们全是四音节熟语。

第一节　研究东晋时期熟语的代表性语料概述

东晋时期的语料，分为专书语料和单篇作品语料两类。

研究东晋时期的熟语，代表性的专书语料约有 9 位作者 12 部专书。现代汉语的熟语，见于东晋专书语料中的有 24 个。具体分布概述如下：

干宝《搜神记》2 个，葛洪《抱朴子》8 个，鸠摩罗什译《妙法莲华经》[1]2个、《金刚经》1 个、《维摩经》1 个、《大智度论》1 个，王嘉《拾遗记》1 个，昙无谶译《涅盘经》1 个，荀氏《灵鬼志》1 个，袁宏《后汉纪》3 个，张湛《列子》2 个，竺佛念译《菩萨璎珞经》1 个。

代表性的单篇作品语料，约有 9 位作者 9 篇作品。现代汉语的熟语，见于东晋单篇作品语料中的有 12 个。具体分布概述如下：

鲍敬言《无君论》1 个，戴逵《贻仙城慧命禅师书》1 个，范宁《〈春秋榖梁

---

[1]　按：《妙法莲华经》的译者是后秦的鸠摩罗什，后秦又名姚秦，是羌族人姚苌建立的政权，相当于汉族政权的东晋时期。

传〉序》1个，葛洪《〈抱朴子〉自叙》[1]2个，僧肇《〈梵网经〉序》1个，王羲之《兰亭集序》3个，王廙《奏中兴赋上疏》1个，无名氏译《沙弥十戒法并威仪序》1个，仲长敖《核性赋》1个。

这些语料是研究东晋熟语的主要语料。对它们进行深入研究，可以发现，现代汉语的熟语，从广义的历史层次来看，大约有36个已经在东晋时期出现了。

第二节　东晋已见的现代汉语熟语研究

一、见于东晋时期的代表性的现代汉语熟语举例

我们所说的见于东晋时期的代表性的熟语，指的是东晋时代的某些熟语，在书写形式上前代、同代、后代有多种同义写法，或者在来源上有些特点，等等。这些类型的熟语，它们都需要做些说明。我们的说明全部采用按语的形式，在每个熟语的后面注明。本部分的内容，按音序排列。见于东晋时期的代表性的现代汉语熟语分类举例如下。

（一）东晋时期已见的具有异形写法的现代汉语熟语举例

据我们的调查，现代汉语中见于东晋时期的有些熟语，随着时代的推移，后代又有同义、近义等多种写法出现，个别的异形写法甚至出现于东晋以前。这样的熟语都是四音节的。其中又可分为两类：

1.东晋时期已见的具有一种异形写法的四音节熟语举例

现代汉语中见于东晋时期的具有一种异形写法的四音节熟语，前代、后代的另一种异形写法也是四音节。这样的熟语的异形写法，按出现时代的先后，分类描写如下：

（1）有的另一种异形写法出现于东汉。如：

【所向披靡】比喻力量所到之处，什么也阻挡不了。《艺文类聚》卷六十引东晋荀氏《灵鬼志》："河间王颙既败于关中，有给使陈安者，甚壮健；常乘一赤马，俊快非常；双持二刀，皆长七尺，驰马运刀，所向披靡。"按：又作"所向皆靡"，东汉已见。《太平御览》卷三〇二引《东观汉记》："于是被羽先登，所向皆

---

[1]　按：《〈抱朴子外篇〉自叙》，有时又引作《〈抱朴子〉自叙》。

靡。诸将皆服其勇。"

（2）有的另一种异形写法出现于唐代。如：

【总而言之】总括起来说。晋仲长敖[1]《核性赋》："裸虫三百，人最为劣；爪牙皮毛，不足自卫，唯赖诈伪，迭相嚼啮。总而言之，少尧多舜。"按：又作"總而言之"。《易·系辞上》"一阴一阳之谓道"唐孔颖达疏："以数言之谓之一，以体言之谓之无，以物得开通谓之道，以微妙不测谓之神，以应机变化谓之易。總而言之，皆虚无之谓也。"

（3）有的另一种异形写法出现于宋代。如：

【情随事迁】思想感情随着情况的变迁而发生变化。东晋王羲之《兰亭集序》："及其所之既倦，情随事迁，感慨系之矣。"按：又作"情逐事迁"。宋孙惟信《风流子》词："奈情逐事迁，心随春老，梦和香冷，欢与花残。"

（4）有的另一种异形写法出现于元代。如：

【千载一时】一千年才有这么个机会，形容机会难得。东晋袁宏《后汉纪·桓帝纪下》："为仁者博施兼爱，崇善济物，得其志而中心倾之，然忘己以为千载一时也。"按：又作"千载一日"。元寿宁《静安八咏·赤乌碑》："龟龙剥兮皇象书，千载一日兮传赤乌。"

这一类型的熟语还有：势均力敌[2]

2. 东晋时期已见的具有三种异形写法的四音节熟语举例

现代汉语中见于东晋时期的具有三种异形写法的四音节熟语，前代、后代的另外三种异形写法也是四音节。这样的熟语的三种异形写法，它们的出现时代都不是同时的。具体的情况如下：

（1）三种异形写法，一种出现于西晋，一种出现于唐代，一种出现于20世纪。如：

【异口同声】形容很多人说出同样的话。东晋葛洪《抱朴子·道意》："左右小人，并云不可，阻之者众，本无至心，而谏怖者，异口同声。"按：又作"异口同音"、"异口同辞"、"异口同韵"。西晋竺法护译《普曜经·试艺品》："时诸天人无数亿千及虚空神，宣扬洪音，赞言善哉，菩萨超绝，无能及者，雨诸天华，异口同音。"唐陈子昂《为乔补阙论突厥表》："臣具委细问其碛北事，皆异

<hr>

[1] 仲长敖是东晋人还是西晋人，暂时没有查到，至迟可处理为东晋时代。
[2] 按：又作"势钧力敌"。元脱脱《宋史·苏辙传》："吕惠卿始谄事王安石，倡行虐政以害天下。及势钧力敌，则倾陷安石，甚于仇雠，世尤恶之。"

口同辞。"老舍《赵子曰》第一："现在的人们不但不复以窄窄金莲为美，反异口同韵的诋为丑恶。"

（2）三种异形写法，两种出现于唐代，一种出现于清代。如：

【惟利是图】只贪图财利，别的什么都不顾。东晋葛洪《抱朴子·勤求》："由于夸诳，内抱贪浊，惟利是图。"按：又作"惟利是视"、"惟利是求"、"惟利是趋"。唐房玄龄《晋书·温峤传》："苏峻小子，惟利是视，残酷骄猜，权相假合。"《通典·食货五》："工部尚书苏孝慈等以为所在官司因循往昔，皆以公廨钱物出举兴生，惟利是求，烦扰百姓。"《镜花缘》第十二回："但此辈无非市井庸愚，只知惟利是趋，岂知善恶果报之道。"

（二）东晋时期已见的具有缩略形式的现代汉语熟语举例

现代汉语中见于东晋时期的四音节熟语，有的具有缩略形式，这些缩略形式可以分为下面一些类型：

1. 一种写法的双音缩略式熟语

现代汉语中见于东晋的熟语，有的具有一种双音省称形式或缩略形式。这一种双音缩略形式，按双音形式出现的时代先后，分类如下：

（1）有的双音缩略形式出现于东晋以前的三国。如：

【临深履薄】比喻谨慎戒惧。东晋葛洪《抱朴子·诘鲍》："王者忧劳于上，台鼎鞅顝于下，临深履薄，惧祸之及。"按：省作"临履"。三国吴薛综《与诸葛恪书》："虽实国家威灵之所加，亦信元帅临履之所致也。"又，语本《诗·小雅·小旻》："战战兢兢，如临深渊，如履薄冰。"再，又写作"临深履冰"。东晋葛洪《抱朴子·君道》："诚能事过乎俭，临深履冰，居安不忘乘奔之戒，处存不废虑亡之惧。"

（2）有的双音缩略形式出现于东晋以后的唐代。如：

【瓜田李下】比喻容易引起嫌疑的地方。东晋干宝《搜神记》卷十五："惧获瓜田李下之讥。"按：又省作"瓜李"。唐刘知几《史通·惑经》："躬为枭獍，则漏网遗名。迹涉瓜李，乃拟指显录。"又，语本《乐府诗集·君子行》："君子防未然，不处嫌疑间。瓜田不纳履，李下不整冠。"

2. 四种写法的双音缩略式熟语

现代汉语中见于东晋的熟语，有的一个四音节熟语具有四种双音缩略形式。这四种双音节的缩略形式，都出现于东晋以后。其中两种出现于唐代，一种出现于宋代，一种出现于清代。如：

【盘根错节】比喻事情复杂，不易解决。东晋袁宏《后汉纪·安帝纪一》："难者不避，易者必从，臣之节也。不遇盘根错节，无以别坚利，此乃吾立功之秋，怪吾子以此相劳也。"按：省作"盘根"、"盘错"、"磐错"、"槃错"。唐独孤及《送虢州王录事之任》诗："未遇须藏器，安卑莫告劳，盘根傥相值，试用发硎刀。"唐刘禹锡《唐故吏部侍郎奚公神道碑》："公执直笔，阅簿书，纷挐盘错，一瞬而剖。"宋苏轼《吕大防制》："入总文昌之辖，手疏磐错之烦。"清王晫《今世说·品藻》："黄俞邰目周栎园：吏事精能，抚戢残暴，则如张乖崖；其屡更槃错，乃别利器，则如虞升卿。"又，又作"槃根错节"、"蟠根错节"。《后汉书·虞诩传》："志不求易，事不避难，臣之职也。不遇槃根错节，何以别利器乎？"清黄宗羲《赠编修弁玉吴君墓志铭》："然君以为章句细微，无关重轻，所贵乎学者，必当为世所倚仗，蟠根错节，取定俄顷。"

3.一种写法的三音缩略式熟语

现代汉语中见于东晋的熟语，有的有一种三音节的缩略形式。这种三音节的缩略形式，出现于东晋以后的唐代。如：

【娑罗双树】释迦牟尼涅盘的地方的两株双生娑罗树。北凉昙无谶译《涅盘经·寿命品》："一时佛在拘尸那国力士生地阿利罗跋提河边娑罗双树间。"按：省作"娑罗林"。唐玄奘《大唐西域记·拘尸那揭罗国》："城西北三四里，渡阿恃多伐底河，西岸不远，至娑罗林。其树类槲，而皮青白，叶甚光润，四树特高，如来寂灭之所也。"

4.一种双音缩略式和两种三音缩略式的混合形式缩略熟语

现代汉语中见于东晋的缩略形式，有的一个四音节熟语同时具有一种双音和两种三音三种混合缩略式。其中的双音缩略形式出现于南朝，一种三音缩略形式出现于唐朝，一种三音缩略形式出现于清代。如：

【恒河沙数】佛教语，形容数量多到无法计算。东晋鸠摩罗什译《金刚经·无为福胜分》："以七宝满尔所恒河沙数三千大千世界，以用布施。"按：又省作"恒沙"、"恒河沙"、"恒沙数"。南朝梁沈约《千佛颂》："能达斯旨，可类恒沙。"唐王维《六祖能禅师碑铭》："常叹曰：七宝布施，等恒河沙；亿劫修行，尽大地墨。"清赵翼《近日刻诗集者又十数家翻阅之余戏题一律》："岂知同在恒沙数，谁独能回大海澜。"

（三）东晋时期已见的指明了来源的现代汉语熟语举例

据我们的调查，现代汉语中见于东晋时期的熟语，有的能够找到其来源。这样的熟语基本上都是四音节的。这些熟语的来源，按时代先后举例描述如下：

1. 从商周语料概括而成的熟语

商周时期的语料，到了东晋，从中概括形成了一些熟语。这些熟语的语料来源有：

（1）有的是从《诗经》中概括而成的。如：

【明哲保身】本指明智的人不参与可能给自己带来危险的事，后多指怕有损自己利益而回避原则斗争的处世态度。东晋葛洪《抱朴子·仁明》："明哲保身，《大雅》之绝踪也。"按：语本《诗·大雅·烝民》："既明且哲，以保其身。"

（2）有的是从《诗经》和《周易》六十四卦两部不同的书中混合概括而成的。如：

【临深履尾】比喻危险恐惧。葛洪《抱朴子·诘鲍》引东晋鲍敬言《无君论》："王者临深履尾，不足喻危。假寐待旦，日昃旰食，将何为惧祸及也。"按：语本《诗经》及《周易》。《诗·小雅·小旻》："如临深渊，如履薄冰。"《易·履》："履虎尾，咥人，凶。"

2. 从战国语料概括而成的熟语

战国时期的语料，到了东晋，从中概括形成了一些熟语。这些熟语的语料来源有：

（1）有的是从《礼记》中概括而成的。如：

【孤陋寡闻】学识浅陋，见闻不广。东晋葛洪《抱朴子·祛惑》："孤陋寡闻之人，彼所知素狭，源短流促。"按：语本《礼记·学记》："独学而无友，则孤陋而寡闻。"

（2）有的是从《论语》中概括而成的。如：

【择善而从】选择好的并依从。东晋范宁《〈春秋穀梁传〉序》："夫至当无二，而三《传》殊说，庸得不弃其所滞，择善而从乎？"按：语本《论语·述而》："三人行，必有我师焉，择其善者而从之。"

（3）有的是从《吕氏春秋》中概括而成的。如：

【捨本逐末】舍弃本业追求末业，形容轻重倒置。东晋葛洪《〈抱朴子〉自叙》："洪禀性尪羸，兼之多疾，贫无车马，不堪徒行，行亦性所不好。又患弊俗，捨本逐末，交游过差，故遂抚笔闲居，守静荜门，而无趋从之所。"按：语本《吕氏春秋·上农》："民舍本而事末则不令。"又，又作"舍本逐末"。东晋葛洪《抱朴子·勖学》："舍本逐末者，谓之勤修庶几；拥经求己者，谓之陆沉迂阔。"

3. 从西汉语料概括而成的熟语

西汉的语料，到了东晋，从中概括形成了一些熟语。这些熟语的语料来源，有的是从刘安著作中概括而成的。如：

【席不暇暖】座位还没有坐热就走了，形容忙。东晋葛洪《抱朴子·辨问》："突无凝烟，席不暇暖，其事则鞅掌罔极，穷年无已。"按：语出《淮南子·修务训》："孔子无黔突，墨子无暖席。"又，又作"席不暇煖"。唐李白《上安州李长史书》："白孤剑谁托，悲歌自怜；迫于凄惶，席不暇煖。"

4. 从东汉语料概括而成的熟语

东汉时期的语料，到了东晋，从中概括形成了一些熟语。这些熟语的语料来源，有的是从桓谭著作中概括而成的。如：

【口是心非】嘴里说的和心里想的不一样。东晋葛洪《抱朴子·微旨》："口是心非，背向异辞。"按：语本东汉桓谭《新论·辨惑》："道必当传其人。得其人，道路相遇辄教之；如非其人，口是而心非者，虽寸断支解，而道犹不出也。"

5. 从西晋语料概括而成的熟语

西晋时期的语料，到了东晋，从中概括形成了一些熟语。这些熟语的语料来源，有的是从杜夷作品中概括而成的。如：

【一心一意】心思、意念专一。姚秦竺佛念译《菩萨璎珞经》卷二："尔时世尊重告四部众：'若有善男子善女人，一心一意受持讽诵，便得十无碍功德。'"按：语本《三国志·魏志·杜恕传》"免为庶人，徙章武郡，是岁嘉平元年"裴松之注引西晋杜夷《杜氏新书》："故推一心，任一意，直而行之耳。"

二、详尽罗列见于东晋时期语料中的所有现代汉语熟语

东晋语料中已见的 36 个现代汉语熟语，全部都是四音节熟语。除去前面代表性的 20 个例证外，剩余的 16 个熟语，按音序全部罗列于下：

阿鼻地狱	悲喜交集	不谋而合	不知不觉	崇山峻岭
感慨系之	恨之入骨	聚沙成塔	立身处世	男尊女卑
十室九空	守口如瓶	万劫不复	无恶不作	响遏行云
行尸走肉				

第三节　本章小结

1. 本章论述的是见于东晋时期的现代汉语熟语。

2. 东晋时期的汉语熟语分为广义的和狭义的两类。广义的东晋熟语指的是在东晋时期的语料中使用的熟语，而狭义的东晋熟语指的是东晋时期语料中的新兴熟语。我们的研究属于广义的东晋熟语。

3. 研究东晋时期的汉语熟语，代表性的语料约有21种。其中专书语料12种，单篇作品语料9种。

4. 东晋时期已见的现代汉语熟语36个，占我们研究的现代汉语熟语结构总数的0.53%。

5. 东晋时期已见的现代汉语熟语只有一种类型，即都是四音节熟语。

6. 东晋时代已见的这36个现代汉语熟语，绝大多数是这个时代新兴的，这为我们研究东晋时期的汉语新兴熟语划定了一个大致的范围。随着研究的深入、语料调查范围的不断扩大，其中也有个别熟语的时代还可以提前到东晋以前的各个历史时期。

第八章

南朝已见的现代汉语熟语

南朝从南朝刘宋武帝刘裕到陈后主陈叔宝，总共经历了宋、齐、梁、陈 4 个朝代 24 个皇帝。时间从公元 420 年到公元 589 年，总计 169 年。

南朝已见的现代汉语熟语总计 83 个，占现代汉语熟语结构总数的 1.22%。其中，三音节熟语 2 个，四音节熟语 81 个。

第一节　研究南朝时期熟语的代表性语料概述

南朝时期的语料，分为专书语料和单篇作品语料两类。

研究南朝的熟语，代表性的专书语料有 12 位作者 13 部专书。现代汉语的熟语，见于南朝专书语料中的有 70 个。具体分布概括如下：

范晔《后汉书》39 个，何法盛《中兴书》1 个，慧皎《高僧传》1 个，刘勰《文心雕龙》3 个，刘义庆《世说新语》7 个、《宣验记》1 个，僧佑《弘明集》1 个，沈约《宋书》9 个，萧子显《南齐书》2 个，谢灵运《晋书》1 个，《乐府诗集》[1]中的南朝作品 1 个，钟嵘《诗品》3 个，周兴嗣《千字文》1 个。

代表性的单篇作品语料，有 12 位作者 13 篇作品。现代汉语的熟语，见于南朝单篇作品语料中的有 13 个。具体分布概括如下：

鲍照《瓜步山楬文》1 个，何承天《上历新法表》1 个，何逊《为衡山侯与

---

[1]　按：《乐府诗集·清商曲辞四·娇女诗》属于"神弦歌"，它是南朝时祭祀民间杂神的乐曲，故其产生时代可处理为南朝。

妇书》1个，梁简文帝《湘宫寺智蒨法师墓铭》1个，梁武帝《立选簿表》1个，梁元帝《为东宫荐石门侯启》1个，裴松之用语1个，萧统《〈陶渊明集〉序》1个，萧衍《灵空》诗1个，徐陵《武皇帝作相时与北齐广陵城主书》1个、《与杨仆射书》1个，庾杲之《临终上世祖表》1个，张充《与王俭书》1个。

这些语料是研究南朝熟语的主要语料。对它们进行深入研究，可以发现，现代汉语的熟语，从广义的历史层次来看，大约有83个已经在南朝时期出现了。

第二节　南朝已见的现代汉语熟语研究

一、见于南朝时期的代表性的现代汉语熟语举例

我们所说的见于南朝时期的代表性的熟语，指的是南朝时期的某些熟语，在书写形式上前代、同代或后代有多种同义写法，或者在来源上有些特点，或者南朝时期已见而有的大型工具书没有收录或始见例证偏晚或举例错误，或者书写形式南朝以前就有但是南朝增加了沿用至今的新义，等等。这些类型的熟语，它们都需要做些说明。我们的说明全部采用按语的形式，在每个熟语的后面注明。本部分的内容，按音序排列。见于南朝时期的代表性的现代汉语熟语举例如下。

（一）南朝时期已见的具有异形写法的现代汉语熟语举例

据我们的调查，现代汉语中见于南朝时期的有些熟语，前代、同代、后代又有同义、近义等多种写法出现。这样的熟语都是四音节的。其中又可分为以下一些类型：

1.具有一种异形写法的熟语举例

南朝已见的现代汉语熟语，除了约定俗成的书写形式外，有的还有另外一种异形写法。这些具有另外一种异形写法的熟语，按异形写法的出现时代，分类如下：

（1）有的另一种异形写法出现于东晋。如：

【朝不保夕】保得住早上，不一定保得住晚上，形容情况危急。南朝梁萧子显《南齐书·萧昭胄传》：“建武以来，高、武王侯居常震怖，朝不保夕。”按：又作“朝不保暮”，晋代已见。东晋袁宏《后汉纪·质帝纪》：“二千石长吏遇民如虏，或卖用田宅，或绝命搒楚，大小无聊，朝不保暮。”

（2）有的另一种异形写法出现于南朝。如：

【疾恶如仇】痛恨坏人坏事像痛恨仇敌一样。《后汉书·祢衡传》："忠果正直，志怀霜雪，见善若惊，疾恶如仇。"按：又写作"疾恶如雠"。《后汉书·陈蕃传》："又前山阳太守翟超、东海相黄浮，奉公不挠，疾恶如雠。"

（3）有的另一种异形写法出现于北朝。如：

【鱼游釜中】鱼在锅里游，比喻处境危险而快要灭亡。《后汉书·张纲传》："相聚偷生，若鱼游釜中，喘息须臾间耳。"按：又作"鱼游釜内"。北齐魏收《魏书·中山王英传》："缘江焚毁，靡使所遗。建业穷蹙，鱼游釜内。"

（4）有的另一种异形写法出现于唐代。如：

【断章取义】引用别人的诗文或谈话，只截取其片断而不顾全文和原意。南朝梁刘勰《文心雕龙·章句》："寻诗人拟喻，虽断章取义，然章句在篇，如茧之抽绪，原始要终，体必鳞次。"按：又写作"断章取意"。唐张鷟《游仙窟》："断章取意，唯须得情，若不惬当，罪有科罚。"

【克己奉公】严格要求自己，以公事为重。《后汉书·祭遵传》："遵为人廉约小心，克己奉公，赏赐辄尽与士卒，家无私财，身衣韦绔，布被，夫人裳不加缘。"按：又写作"剋己奉公"。《北史·尧暄传》："暄前后从征及出使检案三十许度，皆有剋己奉公之称。"

这一类型的熟语，还有下面这些：

皮里阳秋[1]　　亡魂丧胆[2]　　众望所归[3]

（5）有的另一种异形写法出现于宋代。如：

【岂有此理】哪有这个道理，指极其荒谬。南朝梁萧子显《南齐书·虞悰传》："郁林废，悰窃叹曰：'王徐遂缚裤废天子，天下岂有此理邪？'"按：又写作"岂有是理"。《朱子语类》卷一二〇："陆云：'删定叔祖所以见教者，谓此心本无亏欠，人须见得此心，方可为学。'曰：'此心固是无亏欠，然须是事事做得是，方无亏欠，若只说道本无亏欠，只见得这个便了，岂有是理！'"

---

[1]　按：又作"皮里春秋"，因晋简文帝母郑后名阿春，为避讳而以"阳"代"春"。《晋书·褚裒传》："裒少有简贵之风……谯国桓彝见而目之曰：'季野有皮里春秋。'言其外无臧否，而内有所褒贬也。"

[2]　按：又作"亡魂破胆"。唐姚思廉《梁书·良吏传·伏暅》："岂有人臣奉如此之诏，而不亡魂破胆，归罪有司？擢发抽肠，少自论谢？而循奉惉然，了无异色。"

[3]　按：又作"众望攸归"。唐房玄龄《晋书·解系阎鼎等传论》："于时武皇之胤，惟有建兴，众望攸归，曾无与二。"

（6）有的另一种异形写法出现于清代。如：

【并驾齐驱】齐头并进，比喻彼此力量、地位、才能等不相上下。南朝梁刘勰《文心雕龙·附会》："是以骈牡异力，而六辔如琴；并驾齐驱，而一毂统辐。"按：又写作"并驾齐驱"。清陈天华《猛回头》："倘不力求进步，使文明与欧美并驾齐驱，还有不灭种的理么？"

2. 具有两种异形写法的熟语举例

南朝已见的现代汉语熟语，除了约定俗成的书写形式外，有的还有两种异形写法。这些熟语的两种异形写法，按时代的不同，又分为以下一些类型：

（1）两种异形写法，一种出现于战国，一种出现于清代。如：

【相敬如宾】形容夫妻互相尊敬，像对待宾客一样。《后汉书·逸民传·庞公》："居岘山之南，未尝入城府。夫妻相敬如宾。"按：又作"相待如宾"、"相庄如宾"。《左传·僖公三十三年》："初，臼季使，过冀，见冀缺耨，其妻馌之，敬，相待如宾。"清余怀《板桥杂记·丽品》："苟儿心之所好，虽相庄如宾，性与之洽也。"

（2）两种异形写法都出现于唐代。如：

【秋毫无犯】形容军队纪律严明，丝毫不侵犯群众利益。《后汉书·岑彭传》："彭首破荆门，长驱武阳，持军整齐，秋毫无犯。"按：又作"秋毫不犯"、"秋毫勿犯"。《南史·杨公则传》："公则号令严明，秋毫不犯，所在莫不赖焉。"《北史·隋纪下·炀帝》："营垒所次，务在整肃，蒭荛有禁，秋毫勿犯。"

3. 具有三种异形写法的熟语举例

南朝已见的现代汉语四音节熟语，除了约定俗成的书写形式外，有的还有三种异形写法。这些熟语的三种异形写法，情况又有多种。有的三种异形写法，一种出现于明代，两种出现于清代。如：

【千载难逢】一千年也难遇到，形容机会难得。南朝齐庾杲之《临终上世祖表》："臣以凡庸，谬徽昌运，奖擢之厚，千载难逢。"按：又作"千载奇遇"、"千载难遇"、"千载奇逢"。明余继登《典故纪闻》卷九："高宗恭默思道，渴想贤傅未得，说筑傅岩，虽有致君泽民之志，不能自达，一旦得于梦寐间，遂相与讲学论道，而功被当时，名垂后世，诚千载奇遇。"清阿蒙《断袖篇·木工子》："沉思良久，复偃卧其侧，周身玩视，慨然曰：'如此佳儿，千载难遇。'"清西周生《醒世姻缘传》第八七回："这彭蠡湖内有座大姑山，是天下名胜第一个所在，上面极齐整的庙宇，不可错过。这也是千载奇逢。"

4.具有五种异形写法的熟语举例

南朝已见的现代汉语四音节熟语，除了约定俗成的书写形式外，有的还有五种异形写法。这五种异形写法，两种出现于南朝以前的战国、西汉，一种出现于南朝，两种出现于南朝以后的明代。如：

【心腹之患】指藏在内部的严重祸害。《后汉书·陈蕃传》："今寇贼在外，四支之疾；内政不理，心腹之患。"按：又作"心腹之疾"、"心腹之病"、"心腹重患"、"心腹大患"、"心腹之忧"。《左传·哀公十二年》："越在我，心腹之疾也。"《史记·范雎蔡泽列传》："秦之有韩也，譬如木之有蠹也，人之有心腹之病也。"南朝梁萧子显《南齐书·王融传》："一令蔓草难鉏，涓流泛酌，岂直疥痒轻痾，容为心腹重患。"《水浒传》第五四回："今又将高唐州官民杀戮一空，仓廒库藏，尽被掳去。此是心腹大患，若不早行诛剿，他日养成贼势，难以制伏。"《英烈传》第六九回："我兵宜先救心腹之忧，后除手足之患。"

（二）南朝时期已见的具有缩略形式的现代汉语熟语举例

现代汉语中见于南朝的四音节熟语，有的有缩略形式，这些缩略形式可以分为下面一些类型：

1.一种写法的双音缩略式熟语举例

现代汉语中见于南朝的熟语，有的具有一种双音缩略形式。根据这些双音缩略形式的出现时代，又分为以下一些类型：

（1）有的双音缩略形式出现于南朝以后的唐代。如：

【马革裹尸】用马皮把尸体包裹起来，比喻英勇作战死于战场。《后汉书·马援传》："男儿要当死于边野，以马革裹尸还葬耳，何能卧床上在儿女子手中邪？"按：省作"马革"。《隋书·李圆通陈茂等传论》："终能振拔污泥之中，腾跃风云之上，符马革之愿，快生平之心，非遇其时，焉能至于此也。"又，又写作"马革裹尸"、"马革盛尸"。北齐朱玚《与徐陵请王琳首书》："诚复马革裹尸，遂其平生之志；原野暴体，全彼人臣之节。"金何宏中《述怀》诗："马革盛尸每恨迟，西山饿踣更何辞。"

（2）有的双音缩略形式出现于南朝以后的宋代。如：

【汗流浃背】汗水湿透了背上的衣服，形容汗出得多。《后汉书·皇后纪下·献帝伏皇后》："操出，顾左右，汗流浃背，自后不敢复朝请。"按：缩略为"汗浃"。宋陈亮《上光宗皇帝鉴成箴》："靖康之难，言之汗浃。"又，又写作"汗流洽背"、"汗流夹背"。《旧唐书·昭宗纪》："昭宗临轩自谕之曰：'卿等藩侯，宜存臣节，称兵入朝，不由奏请，意在何在?'茂贞、行瑜汗流洽背，不能对。"清昭梿《啸亭杂录·阿文成相度》："陪臣汗流夹背，出谓人曰：'此诚宰相语。'"

（3）有的双音缩略形式出现于南朝以后的 20 世纪。如：

【推襟送抱】比喻推诚相见。南朝梁张充《与王俭书》："所可通梦交魂，推襟送抱，惟丈人而已。"按：又省作"推襟"。柳亚子《林老伯渠惠顾赋呈一首》："昔年枉驾沙坪坝，此日推襟古宛平。"

2.三种写法的双音缩略式熟语举例

现代汉语中见于南朝的熟语，有的一个四音节熟语具有三种双音缩略形式。这三种双音节的缩略形式，一种出现于南朝以前的西晋，一种出现于南朝以后的唐代，一种出现于南朝以后的南唐。如：

【骈拇枝指】比喻多余的或无用的事物。南朝梁刘勰《文心雕龙·熔裁》："骈拇枝指，由侈于性，附赘悬肬，实侈于形。"按：省作"骈拇"、"骈指"、"跰趾"。《尔雅·释地》"中又枳首蛇焉"西晋郭璞注："夔称一足，蛇则二首，少不知无，多不觉有，虽资天然，无异骈拇。"唐刘知几《史通·断限》："盖骈指在手，不加力于千钧，附赘居身，非广形于七尺。"南唐谭峭《化书·耳目》："跰趾可以割，陷吻可以补，则是耳目可以妄设，形容可以伪置。"又，此语战国已见，指的是脚大拇指与第二指相连和手大拇指傍枝生一指。《庄子·骈拇》："骈拇枝指，出乎性哉，而侈于德。"

（三）南朝时期已见的指明了来源的现代汉语熟语举例

据我们的调查，现代汉语中见于南朝时期的熟语，有的能够找到其来源。这样的熟语基本上都是四音节的。这些熟语的来源，按时代先后分类如下：

1.从商周语料概括而成的熟语

商周时期的语料，到了南朝，从中概括形成了一些熟语。这些熟语的语料来源，有的是从《诗经》中概括而成的。如：

【一日三秋】形容思念人的心情非常迫切。南朝梁何逊《为衡山侯与妇书》："路迩人遐，音尘寂绝，一日三秋，不足为喻。"按：语本《诗·王风·采葛》："彼采萧兮，一日不见，如三秋兮。"

2.从战国语料概括而成的熟语

战国时期的语料，到了南朝，从中概括形成了一些熟语。这些熟语的语料来源有：

（1）有的是从《老子》中概括而成的。如：

【和光同尘】指不露锋芒、与世无争的处世态度。《后汉书·张奂传》："吾前后仕进，十要银艾，不能和光同尘，为谗邪所忌。"按：语本《老子》："和其光，同其尘。"

（2）有的是从《论语》中概括而成的。如：

【当仁不让】泛指遇到应该做的事主动去做，绝不推诿。《后汉书·曹褒传》："夫人臣依义显君，竭忠彰主，行之美也。当仁不让，吾何辞哉！"按：语本《论语·卫灵公》："当仁不让于师。"

【杀身成仁】为崇高的理想而牺牲生命。《后汉书·班彪传论》："然其论议常排死节，否正直，而不叙杀身成仁之为美，则轻仁义，贱守节愈矣。"按：语本《论语·卫灵公》："志士仁人，无求生以害仁，有杀身以成仁。"又，又作"杀身成义"。唐房玄龄《晋书·阎缵传》："假令如今，吕后必谓昌已反，夷其三族，则谁敢复为杀身成义者哉。"

（3）有的是从《孟子》中概括而成的。如：

【缘木求鱼】比喻方向、方法不对，一定达不到目的。《后汉书·刘玄传》："今以所重加非其人，望其毗益万分，兴化致理，譬犹缘木求鱼，升山采珠。"按：语本《孟子·梁惠王上》："以若所为求若所欲，犹缘木而求鱼也……缘木求鱼，虽不得鱼，无后灾。以若所为求若所欲，尽心力而为之，后必有灾。"

（4）有的是从《荀子》中概括而成的。如：

【积微成著】细微的事物经过长期积累，就会逐渐变得显著。南朝宋何承天《上历新法表》："夫圆极常动，七曜运行，离合去来，虽有定势，以新故相涉，自然有毫末之差，连日累岁，积微成著。"按：语本《荀子·大略》："夫尽小者大，积微者著，德至者色泽洽，行尽而声问远。"

（5）有的是从《战国策》中概括而成的。如：

【肩摩毂击】形容行人车辆多而拥挤。南朝梁武帝《立选簿表》："而风流遂往，驰骛成俗，媒孽夸衒，利尽锥刀，遂使官人之门，肩摩毂击。"按：语本《战国策·齐策一》："临淄之途，车毂击，人肩摩，连衽成帷，举袂成幕，挥汗成雨。"

（6）有的是从《庄子》中概括而成的。如：

【吮痈舐痔】用口吸痈疽又用舌舔痔疮，比喻不择手段地谄媚巴结。南朝宋鲍照《瓜步山楬文》："贩交买名之薄，吮痈舐痔之卑，安足议其是非！"按：语本《庄子·列御寇》："秦王有病召医，破痈溃痤者得车一乘，舐痔者得车五乘，所治愈下，得车愈多。"又，又作"吮疽舐痔"。宋苏轼《渔樵闲话录》下篇："苟于进取以速利禄，吮疽舐痔无所不为者，非伙鬼欤？"

（7）有的是从《左传》中概括而成的。如：

【积不相能】指素来不和睦，书面语。《后汉书·吴汉传》："〔谢躬〕南阳人，初，其妻知光武不平之，常戒躬曰：'君与刘公积不相能，而信其虚谈，不为之备，终受制矣。'"按：语本《左传·襄公二十一年》："栾桓子娶于范宣子，生怀子。范鞅以其亡也，怨栾氏，故与栾盈为公族大夫而不相能。"

3. 从西汉语料概括而成的熟语

西汉的语料，到了南朝，从中概括形成了一些熟语。这些熟语的语料来源，有的是从司马迁著作中概括而成的。如：

【指鹿为马】比喻有意颠倒是非。《后汉书·窦宪传》："深思前过，夺主田园时，何用愈赵高指鹿为马？久念使人惊怖。"按：语本《史记·秦始皇本纪》："赵高欲为乱，恐群臣不听，乃先设验，持鹿献于二世，曰：'马也'。二世笑曰：'丞相误耶？谓鹿为马。'问左右，左右或默，或言马以阿顺赵高。或言鹿，高因阴中诸言鹿者以法。后群臣皆畏高。"又，又作"指鹿作马"、"指鹿马"。《三国志·魏志·鲍勋传》："大军还洛阳，曜有罪，勋奏绌遣。而曜密表勋私解邕事。诏曰：'勋指鹿作马，收付廷尉。'"清李玉《一捧雪·搜邸》："须知道，陈肝胆，无虚诈，怎疑做指鹿马，诳心交？"

这一类型的熟语还有：羞与为伍[1]　　一字千金[2]

4. 从东汉语料概括而成的熟语

东汉时期的语料，到了南朝，从中概括形成了一些熟语。这些熟语的语料来源，有的是从班固著作中概括而成的。如：

【安居乐业】安定地生活，愉快地从事其职业。《后汉书·仲长统传》："安居乐业，长养子孙，天下晏然，皆归心于我矣。"按：语本《汉书·货殖传序》："各安其居而乐其业，甘其食而美其服。"

【师出无名】指做某事没有正当理由。南朝陈徐陵《武皇帝作相时与北齐广陵城主书》："辱告承上党殿下及匹娄领军应来江右，师出无名，此是何义？"按：

---

[1]　按：语本《史记·淮阴侯列传》："信尝过樊将军哙，哙跪拜送迎，言称臣，曰：'大王乃肯临臣。'信出门，笑曰：'生乃与哙等为伍。'"

[2]　按：语本《史记·吕不韦列传》："布咸阳市门，悬千金其上，延诸侯游士宾客有能增损一字者予千金。"

语本《汉书·高帝纪上》："兵出无名，事故不成。"

5.从东晋语料概括而成的熟语

东晋时期的语料，到了南朝，从中概括形成了一些熟语。这些熟语的语料来源，有的是从王嘉作品中概括而成的。如：

【惊心动魄】形容扣人心弦，激动人心。南朝梁钟嵘《诗品》卷上："陆机所拟十四首，文温以丽，意悲而远，惊心动魄，可谓几乎一字千金。"按：语本东晋王嘉《拾遗记·周灵王》："越有美女二人……二人当轩并坐，理镜靓妆于珠幌之内，窥窥者莫不动心惊魄，请之神人。"

现代汉语中见于南朝时期的有明确来源的熟语，基本上都是四音节的。但是，也有个别三音节的。如：

【不二价】一样的价钱。《后汉书·韩康传》："常采药名山，卖于长安市，口不二价，三十余年。"按：语本《孟子·滕文公上》："从许子之道，则市贾不贰。国中无伪，虽使五尺之童适市，莫之或欺。"

（四）南朝时期新增义项而书写形式古已有之的现代汉语熟语举例

南朝时期已见的现代汉语熟语，其书写形式在南朝以前就有了，但是其中的沿用至今的某一义项是南朝时期新兴的。这样的熟语主要是四音节的，并且主要是战国时期的。也就是说，见于南朝的现代汉语熟语，有的是战国已有相应的书写形式而南朝增加沿用至今的新义。这类在战国就有了的书写形式，可以举出一些例证如下：

1.有的在《论语》中就出现了相应的书写形式。如：

【苗而不秀】比喻资质虽好，但尚未有所成就即不幸夭折。南朝宋刘义庆《世说新语·赏誉》："戎子万子，有大成之风，苗而不秀。"按：此语战国已见，本指只长苗而没有开花结实。《论语·子罕》："子曰：'苗而不秀者有矣夫！秀而不实者有矣夫！'"

2.有的在《商君书》中就出现了相应的书写形式。如：

【任重道远】比喻担负的责任重大。《后汉书·祭遵传》："临死遗诫牛车载丧，薄葬洛阳。问以家事，终无所言。任重道远，死而后已。"按：此语战国已见，义为负担沉重、路途遥远。《商君书·弱民》："背法而治，此任重道远而无牛马；济大川而无舡楫也。"又，语本《论语·泰伯》："曾子曰：'士不可以不弘毅，任重而道远。'"

3.有的在《左传》中就出现了相应的书写形式。如：

【大义灭亲】为维护正义而对违反人民利益的亲属不徇私情、使之受到制裁。《后汉书·清河孝王庆传》："皇太子有失惑无常之性，爱自孩乳，至今益章，恐袭其母凶恶之风，不可以奉宗庙，为天下主。大义灭亲，况退降乎！"按：此语战国已见，义为为君臣大义而绝父子的私情。《左传·隐公四年》："石碏纯臣也，恶州吁而厚与焉。大义灭亲，其是之谓乎？"

（五）南朝时期已见而大型工具书始见例证较晚的现代汉语熟语举例

南朝时期已见的现代汉语熟语，大型工具书始见例证较晚。这样的熟语可以举出一些例证如下：

【概莫能外】一概不能例外。《后汉书·西域传》："然好大不经，奇谲无已，虽邹衍谈天之辩，庄周蜗角之论，尚未足以概莫能外。"按：此语《大词典》始见例证是毛泽东《矛盾论》三："否认事物的矛盾就是否认了一切。这是共通的道理，古今中外，概莫能外。"时代可以提前。

（六）南朝时期已见而大型工具书没有收录的现代汉语熟语举例

南朝时期已见的现代汉语熟语，《大词典》没有收录。这样的熟语，我们举出一些例证如下：

【糟糠之妻】指贫穷时共患难的妻子。《后汉书·宋弘传》："贫贱之知不可忘，糟糠之妻不下堂。"

（七）南朝时期已见而大型工具书始见例证错误的现代汉语熟语举例

南朝时期已见的现代汉语熟语，大型工具书始见例证举例错误。这样的熟语可以举出一些例证如下：

【不服水土】不能适应某地的气侯、饮食等。《宋书·索虏传》："道里来远，或不服水土，药自可疗。"按：此语《大词典》的始见例证是汉荀悦《汉纪·武帝纪》："中国之人，不知其地势，不能服其水土。""不能服其水土"与词目不符。

二、详尽罗列见于南朝时期语料中的所有现代汉语熟语

南朝语料中已见的现代汉语熟语分为三音节熟语和四音节熟语两大类。

（一）南朝时期已见的现代汉语三音节熟语的穷尽罗列

南朝时期已见的现代汉语三音节熟语共2个。除去前面代表性的1个例证外，还剩余1个。这个熟语是：

空对空

（二）南朝时期已见的现代汉语四音节熟语的穷尽罗列

南朝时期已见的现代汉语四音节熟语共 81 个。除去前面代表性的 39 个例证外，剩余的 42 个熟语，按音序全部罗列于下：

白璧微瑕	白面书生	不拘小节	不期而遇	不入虎穴
不知进退	诚惶诚恐	乘人之危	川流不息	党同伐异
登峰造极	吊民伐罪	咄咄逼人	防微杜渐	分庭抗礼
好逸恶劳	浑金璞玉	家徒壁立	坚壁清野	老当益壮
老牛舐犊	乐不可支	力不从心	卖官鬻爵	璞玉浑金
穷奢极侈	三三两两	生离死别	谈笑自若	妄自尊大
未能免俗	息事宁人①	先见之明	睚眦必报	衣不解带
以一当十	应有尽有	云兴霞蔚	知人之明	助纣为虐
自然而然	自始至终			

第三节 本章小结

1. 本章论述的是见于南朝时期的现代汉语熟语。

2. 南朝时期的汉语熟语分为广义的和狭义的两类。广义的南朝熟语指的是在南朝时期的语料中使用的熟语，而狭义的南朝熟语指的是南朝时期语料中的新兴熟语。我们的研究属于广义的南朝熟语。

3. 研究南朝时期的汉语熟语，代表性的语料约有 26 种。其中专书语料 13 种，单篇作品语料 13 种。

4. 南朝时期已见的现代汉语熟语 83 个，占现代汉语熟语结构总数的 1.22%。

5. 南朝时期已见的现代汉语熟语分为三音节熟语和四音节熟语两大类。其中，三音节熟语 2 个，四音节熟语 81 个。

6. 南朝时期已见的这 83 个现代汉语熟语，绝大多数是这个时代新兴的，这为我们研究南朝时期汉语新兴熟语划定了一个大致的研究范围，使得我们的研究更加具有针对性。随着研究成果的不断出现，其中也有个别熟语的时代还可以提前到南朝以前的各个历史时期。

第九章

北朝已见的现代汉语熟语

北朝从北魏道武帝拓跋珪到北周静帝宇文阐，总共经历了北魏、东魏、北齐、西魏、北周 5 个朝代 29 个皇帝。时间从公元 386 年到公元 581 年，总计 195 年。

北朝已见的现代汉语熟语总计 30 个，占现代汉语熟语结构总数的 0.44%。其中，双音节熟语 1 个，四音节熟语 29 个。

第一节 研究北朝时期熟语的代表性语料概述

北朝时期的语料，分为专书语料和单篇作品语料两类。

研究北朝时期的熟语，代表性的专书语料有 5 位作者 5 部专书。现代汉语的熟语，见于北朝专书语料中的有 22 个。具体分布概述如下：

贾思勰《齐民要术》1 个，刘昼《新论》1 个，魏收《魏书》15 个，颜之推《颜氏家训》3 个，杨衒之《洛阳伽蓝记》2 个。

代表性的单篇作品语料，有 5 位作者 7 篇作品。现代汉语的熟语，见于北朝单篇作品语料中的有 8 个。具体分布概述如下：

杜弼《檄梁文》2 个，魏收《为后魏孝静帝伐元神和等诏》1 个，无名氏《元英墓志》1 个，庾信《答赵王启》1 个、《拟连珠》1 个、《周兖州刺史广饶公宇文公神道碑》1 个，司马贞索隐引北魏崔浩的话语 1 个。

这些语料是研究北朝熟语的主要语料。对它们进行深入研究，可以发现，现代汉语的熟语，从广义的历史层次来看，大约有 30 个已经在北朝时期出现了。

第二节　北朝已见的现代汉语熟语研究

一、见于北朝时期的代表性的现代汉语熟语举例

我们所说的见于北朝时期的代表性的熟语，指的是北朝时期的某些熟语，在书写形式上前代或后代有多种同义写法，或者在来源上有些特点，或者书写形式北朝以前就有但是北朝增加了沿用至今的新义，等等。这些类型的熟语，它们都需要做些说明。我们的说明全部采用按语的形式，在每个熟语的后面注明。本部分的内容，按音序排列。见于北朝时期的代表性的现代汉语熟语分类举例如下。

（一）北朝时期已见的具有异形写法的现代汉语熟语举例

据我们的调查，现代汉语中见于北朝时期的有些熟语，前代、后代有同义、近义等多种写法出现。这样的熟语主要是四音节的，也有少量双音节的。根据异形写法的数量多少及出现时代的先后，又可分为下面一些类型：

1.具有一种异形写法的熟语举例

北朝已见的现代汉语四音节熟语，除了约定俗成的书写形式外，有的还有一种异形写法。这些熟语的异形写法，按照出现时代的先后，分类如下：

（1）有的另一种异形写法出现于战国。如：

【有始有终】做事能坚持到底。北齐魏收《魏书·袁翻传》："伏愿天地成造，有始有终，矜臣疲病，乞臣骸骨。"按：又作"有始有卒"，战国已见。《论语·子张》："有始有卒者，其唯圣人乎？"

（2）有的另一种异形写法出现于元代。如：

【蓬头垢面】头发蓬乱、面有尘垢，形容人外表不整洁。北齐魏收《魏书·封轨传》："君子整其衣冠，尊其瞻视，何必蓬头垢面，然后为贤。"按：又写作"髼头垢面"。元高文秀《遇上皇》第一折："髼头垢面，鼓腹讴歌。"

（3）有的另一种异形写法出现于明代。如：

【自出机杼】比喻诗文的构思和布局别出心裁。北齐魏收《魏书·祖莹传》："文章须自出机杼，成一家风骨。"按：又作"自出机轴"。明胡应麟《诗薮·近体下》："右丞辋川诸作，却是自出机轴。"

（4）有的另一种异形写法出现于20世纪。如：

【幸灾乐祸】别人遭到灾祸自己心里高兴。北齐颜之推《颜氏家训·诫兵》："若居承平之世，睥睨宫阃，幸灾乐祸，首为逆乱……此皆陷身灭族之本也。"按：又作"倖灾乐祸"。中国近代史资料丛刊《辛亥革命·湖南省城饥民焚毁巡抚衙门及教堂学堂》："湘省顽旧之士，对于是变，颇存倖灾乐祸之意。"

2. 具有三种异形写法的熟语举例

北朝已见的现代汉语四音节熟语，除了约定俗成的书写形式外，有的还有三种异形写法。这些熟语的三种异形写法，情况又有多种。有的三种异形写法，一种出现于西汉，一种出现于宋代，一种出现于清代。如：

【言听计从】说的话、出的主意都听从照办，形容对某人非常信任。北齐魏收《魏书·崔浩传论》："属太宗为政之秋，值世祖经营之日，言听计从，宁廓区夏。"按：又作"言听计用"、"言听计行"、"言从计听"。《史记·淮阴侯列传》："汉王授我上将军印，予我数万众，解衣衣我，推食食我，言听计用，故吾得以至于此。"宋宋祁《新唐书·魏卢李等传赞》："观玄宗开元时，厉精求治，元老魁旧，动所尊惮，故姚元崇、宋璟言听计行，力不难而功已成。"清洪升《长生殿·贿权》："便道我言从计听微有权，这就里机关不易言。"

现代汉语中见于北朝时期的具有异形写法的熟语，一般都是四音节的。但是，也有个别双音节的，并且是外来词，所以在书写形式上后代有多种写法。如：

【南无】佛教指对佛法僧三宝的称呼，外来词。北魏杨衒之《洛阳伽蓝记·永宁寺》："〔菩提达摩〕口唱'南无'，合掌连日。"按：又译作"南谟"、"南摸"、"南膜"。唐玄应《一切经音义》卷六："南无，或作南谟，或言南摸，皆以归礼译之。言和南者，讹也。"宋薛季宣《记游诗》："遡观梦中梦，南膜佛因缘。"又，"南无"是梵语 Namas 的音译。

（二）北朝时期已见的指明了来源的现代汉语熟语举例

据我们的调查，现代汉语中见于北朝时期的熟语，有的能够找到其来源。这样的熟语基本上都是四音节的。这些熟语的来源，按时代先后描述如下：

1. 从商周语料概括而成的熟语

商周时期的语料，到了北朝，从中概括形成了一些熟语。这些熟语的语料来源，有的是从《诗经》中概括而成的。如：

【切磋琢磨】比喻互相商量研究。北齐刘昼《新论·贵言》："知交之于朋友，亦有切磋琢磨相成之义。"按：语本《诗·卫风·淇奥》："有匪君子，如切如磋，如琢如磨。"又，又作"切瑳琢磨"。宋王安石《与孙莘老书》："今世人相识，未见有切瑳琢磨如古之朋友者，盖能受善言者少。"再，"切磋琢磨"是器物加工的工艺名称。《尔雅·释器》："骨谓之切，象谓之磋，玉谓之琢，石谓之磨。"

2. 从战国语料概括而成的熟语

战国时期的语料，到了北朝，从中概括形成了一些熟语。这些熟语的语料来源有：

（1）有的是从《论语》中概括而成的。如：

【敬而远之】表示尊敬，但不愿接近。北周庾信《拟连珠》之一："是以敬而远之，豺有五子；吁可畏也，鬼有一车。"按：语本《论语·雍也》："务民之义，敬鬼神而远之。"

（2）有的是从《吕氏春秋》中概括而成的。如：

【喜怒无常】形容人情绪变化不定。北齐魏收《魏书·杨大眼传》："征淮堰之役，喜怒无常。"按：语本《吕氏春秋·诬徒》："喜怒无处，言谈日易。"

【殃及池鱼】比喻因牵连而受损害。北齐杜弼《檄梁文》："但恐楚国亡猿，祸延林木；城门失火，殃及池鱼。"按：典出《吕氏春秋·必己》："宋桓司马有宝珠，抵罪出亡，王使人问珠之所在，曰：'投之池中。'于是竭池而求之，无得，鱼死焉。此言祸福之相及也。"又，又作"祸及池鱼"，东汉已见。《太平广记》卷四六六引汉应劭《风俗通》："城门失火，祸及池鱼。旧说：'池仲鱼，人姓字也，居宋城门。城门失火，延及其家，仲鱼烧死。'又云：'宋城门失火，人汲取池中水以沃灌之，池中空竭，鱼悉露死。'喻恶之滋，并伤良谨也。"

（3）有的是从《逸周书》中概括而成的。如：

【习以为常】常作某件事情成了习惯，就觉得很平常了。北齐魏收《魏书·临淮王谭传》："将相多尚公主，王侯亦聚后族，故无妾媵，习以为常。"按：语本《逸周书·常训》："民生而有习有常，以习为常。"

（4）有的是从《战国策》中概括而成的。如：

【狐假虎威】比喻仰仗别人的威势来欺压人。北齐魏收《为后魏孝静帝伐元神和等诏》："谓己功名，难居物下；曾不知狐假虎威，地凭雾积。"按：语本《战国策·楚策一》："虎求百兽而食之，得狐。狐曰：'子无敢食我也。天帝使我长百兽，今子食我，是逆天帝命也。子以我为不信，吾为子先行，子随我后，观百兽之见我而敢不走乎！'虎以为然，故遂与之行，兽见之皆走。虎不知兽畏己而走也，以为畏狐也。"

（5）有的是从《庄子》中概括而成的。如：

【大同小异】事物大体相同，略有差异。北魏杨衒之《洛阳伽蓝记·宋云惠生使西域》："西胡风俗，大同小异。"按：语本《庄子·天下》："大同而与小同异，此之谓小同异；万物毕同毕异，此之谓大同异。"

（6）有的是从《左传》中概括而成的。如：

【马首是瞻】比喻服从指挥或乐于追随别人行动。北齐魏收《魏书·广阳王传》："今者相与还次云中，马首是瞻，未便西迈，将士之情，莫不解体。"按：语本《左传·襄公十四年》："荀偃令曰：'鸡鸣而驾，塞井夷灶，唯余马首是瞻。'"

【死得其所】形容死得有价值、有意义。北齐魏收《魏书·张普惠传》："人生有死，死得其所，夫复何恨！"按：语本《左传·文公二年》："暱曰：'吾未获死所。'"

3. 从西汉语料概括而成的熟语

西汉时期的语料，到了北朝，从中概括形成了一些熟语。这些熟语的语料来源有：

（1）有的是从司马迁著作中概括而成的。如：

【家徒四壁】家中只有四堵墙壁，形容家中十分贫穷。北齐魏收《魏书·任城王顺传》："为陵户鲜于康奴所害。家徒四壁，无物敛尸，止有书数千卷而已。"按：语本《史记·司马相如列传》："文君夜亡奔相如，相如乃与驰归成都。家居徒四壁立。"

（2）有的是从扬雄作品中概括而成的。如：

【一劳永逸】辛苦一次把事情办好后就不再费事了。北魏贾思勰《齐民要术·种苜蓿》："此物长生，种者一劳永逸。"按：语本汉扬雄《谏勿许单于朝疏》："以为不壹劳者不久佚，不蹔费者不永宁，是以忍百万之师，以摧饿虎之喙……而不悔也。"

4. 从东汉语料概括而成的熟语

东汉时期的语料，到了北朝，从中概括形成了一些熟语。这些熟语的语料来源，有的是从班固著作中概括而成的。如：

【不学无术】指缺乏学问、本领。北周庾信《答赵王启》："信不学无术，本分泥沉。"按：语本《汉书·霍光传赞》："然光不学亡术，闇于大理。"

【改弦更张】比喻改革制度或变更方法。北齐魏收《魏书·高崇传》："且琴瑟不韵，知音改弦更张；驷骖未调，善御执辔成组。"按：语出《汉书·董仲舒传》："窃譬之琴瑟不调，甚者必解而更张之，乃可鼓也；为政而不行，甚者必变而更化之，乃可理也。"

【珠联璧合】比喻美好的人或物合在一起而相得益彰。北周庾信《周兖州刺史广饶公宇文公神道碑》："发源纂胄，叶派枝分，开国承家，珠联璧合。"按：语本《汉书·律历志上》："日月如合璧，五星如连珠。"

（三）北朝时期新增义项而书写形式古已有之的现代汉语熟语举例

北朝时期已见的现代汉语熟语，有的书写形式在北朝以前就有了，但是其中的沿用至今的某一义项是北朝时期新兴的。这样的熟语可以举出一些例证如下：

【天高地厚】① 形容恩情深厚。北齐魏收《魏书·陈建传》："天高地厚，何日忘之。"按：此语东汉已见，义为天地广阔。汉蔡邕《释诲》："天高地厚，局而蹐之。"又，语本《诗经》和《荀子》。《诗·小雅·正月》："谓天盖高，不敢不局；谓地盖厚，不敢不蹐。"《荀子·劝学》："故不登高山，不知天之高也；不临深溪，不知地之厚也。"

二、详尽罗列见于北朝时期语料中的所有现代汉语熟语

北朝语料中已见的现代汉语熟语分为双音节熟语和四音节熟语两大类。双音节熟语只有 1 个，即"南无"，已在代表性熟语举例中出现了。四音节熟语共 29 个，除去前面代表性的 20 个例证外，剩余的 9 个，按音序全部罗列于下：

出口成章　　出将入相　　废寝忘食　　后顾之忧　　积年累月
锦衣玉食　　喜形于色　　永垂不朽　　依山傍水

第三节　本章小结

1. 本章论述的是见于北朝时期的现代汉语熟语。

2. 北朝时期的汉语熟语分为广义的和狭义的两类。广义的北朝熟语指的是在北朝时期的语料中使用的熟语，而狭义的北朝熟语指的是北朝时期语料中的新兴熟语。我们的研究属于广义的北朝熟语。

3. 研究北朝时期的汉语熟语，代表性的语料约有 12 种。其中专书语料 5 种，单篇作品语料 7 种。

4.北朝已见的现代汉语熟语 30 个，占现代汉语熟语结构总数的 0.44%。

5.北朝时期已见的现代汉语熟语分为双音节熟语和四音节熟语两大类。其中，双音节熟语 1 个，四音节熟语 29 个。

6.北朝时期已见的这 30 个现代汉语熟语，绝大多数是这个时代新兴的，这为我们研究北朝时期汉语的新兴熟语划定了一个大致的范围。不过，随着研究成果的不断出现，语料调查范围的不断扩大，其中个别熟语的时代还可以提前到北朝以前的各个历史时期。

第十章

隋唐已见的现代汉语熟语

隋唐从隋文帝杨坚到唐哀帝李柷，总共经历了隋、唐 2 个朝代的 27 个皇帝。时间从公元 581 年到公元 907 年，总计 326 年。

隋唐时期已见的现代汉语熟语总计 292 个，占现代汉语熟语结构总数的 4.28%。其中，隋代 4 个，唐代 288 个。这些熟语分为三音节和四音节两种类型。其中，三音节熟语 9 个，四音节熟语 283 个。

第一节　研究隋唐时期熟语的代表性语料概述

隋唐时期的语料，分为专书语料和单篇作品语料两类。

研究隋唐时期的熟语，代表性的专书语料有 43 位作者 46 部专书。现代汉语的熟语，见于隋唐专书语料中的大约有 137 个。具体分布概括如下：

白居易《策林》1 个，成伯玙《毛诗指说》1 个，德行禅师《四字经》1 个，段成式《剑侠传》1 个、《酉阳杂俎》2 个，《敦煌变文集》14 个，《敦煌曲子词》3 个，房玄龄《晋书》33 个，谷神子《博异志》1 个，韩鄂《岁华纪丽》1 个，寒山《诗》1 个，皇甫枚《三水小牍》1 个，惠能《坛经》[1]2 个，慧然《临济慧照禅师语录》1 个，皎然《诗式》1 个，孔颖达《礼记疏》1 个，李百药《北齐书》9 个，李朝威《柳毅传》1 个，李复言《续玄怪录》1 个，李虚中《命书》1

---

[1]　按：《坛经》是中国第一部白话作品，全称为《南宗顿教最上大乘摩诃般若波罗蜜经六祖惠能大师于韶州大梵寺施法坛经》，省称《六祖大师法宝坛经》、《六祖坛经》、《坛经》。

个，李延寿《北史》3 个、《南史》5 个，李肇《唐国史补》1 个，林慎思《伸蒙子》1 个，令狐德棻《周书》4 个，刘𫗧《隋唐嘉话》1 个，刘肃《大唐新语》2 个，刘知几《史通》7 个，卢肇《逸史》2 个，吕道生《定命录》1 个，裴铏《传奇》2 个，司空图《二十四诗品》1 个，宋敏求辑《唐大诏令集》2 个，宋若莘《女论语》2 个，王通《中说》1 个，魏征《隋书》6 个，吴兢《贞观政要》1 个，无名氏《蔡邕别传》1 个，无名氏《黄帝宅经》[1]1 个，玄奘《大唐西域记》1 个，薛用弱《集异记》1 个，姚思廉《陈书》5 个、《梁书》5 个，于頔《庞居士语录》1 个，张说《唐六典》1 个，张鷟《朝野佥载》2 个。

研究隋唐时期的熟语，代表性的单篇作品语料，约有 76 位作者 141 篇作品。现代汉语的熟语，见于隋唐单篇作品语料中的大约有 155 个。具体分布概括如下：

白居易《长恨歌》2 个、《除夜寄微之》1 个、《赋赋》1 个、《画西方帧记》1 个、《祭郎中弟文》1 个、《李白墓》1 个、《太湖石记》1 个、《与崇文诏》1 个、《赠友》1 个，岑文本《唐故特进尚书右仆射上柱国虞恭公温公碑》1 个，陈子昂《谏用刑书》1 个、《临邛县令封君遗爱碑》1 个、《禡牙文》1 个、《为程处弼辞放流表》1 个、《为金吾将军陈令英请免官表》1 个、《谢衣表》1 个，程太虚《洞阳峰》1 个，崔泰之《哭李峤》1 个，崔致远《安再荣管临淮都牒》1 个、《前宣州当涂县令王翱摄杨子》1 个，戴叔伦《哭朱放》1 个，戴休珽《古意》1 个，独孤及《故江陵尹兼御史大夫吕諲谥议》1 个、《洪州大云寺铜钟铭》1 个、《祭吏部元郎中文》1 个，杜甫《哀江头》1 个、《丽人行》1 个，杜牧《〈李贺集〉序》1 个、《李给事》1 个、《上宣州崔大夫书》1 个、《题乌江亭》1 个，高仲武《大唐中兴间气集序》1 个，顾况《八月五日歌》1 个、《龙宫操》1 个，贯休《山居》1 个，归仁《悼罗隐》1 个，郭受《寄杜员外》1 个，韩愈《曹成王碑》1 个、《处州孔子庙碑》1 个、《答殷侍御书》1 个、《祭鳄鱼文》1 个、《祭十二郎文》1 个、《进学解》8 个、《进撰平淮西碑文表》1 个、《论淮西事宜状》1 个、《南阳樊绍述墓志铭》1 个、《平淮西碑》2 个、《守戒》1 个、《送穷文》1 个、《唐太学博士施先生墓志铭》1 个，贾岛《送耿处士》1 个，坎曼尔《诉豺狼》1 个，孔颖达《〈周易正义〉序》1 个，李白《梦游天姥吟留别》1 个、《上李邕》1 个、

---

[1]　此书时代有争议，我们采用浙江大学 2004 级冯静硕士学位论文《〈黄帝宅经〉考》的观点，处理为唐代作品。

《送萧三十一之鲁中兼问稚子伯禽》1个、《永王东巡歌》1个、《与韩荆州书》1个、《与韩荆州朝宗书》1个，李德裕《仁圣文武至神大孝皇帝真容赞》1个，李贺《致酒行》1个，李华《吊古战场文》1个，李商隐《上尚书范阳公启》1个、《有感》1个，李涉《看射柳枝》1个，李郢《上裴晋公》1个，令狐楚《贺赦表》1个，刘兼《诚是非》1个，刘轲《庐山黄石岩院记》1个，刘商《胡笳十八拍》2个，刘禹锡《寄毗陵杨给事》1个、《请赴行营表》1个，柳宗元《乞巧文》1个、《上权德舆补阙温卷决进退启》1个、《行路难》1个，陆龟蒙《蠹化》1个、《江湖散人歌》1个，卢思道《北齐兴亡论》1个，卢照邻《穷鱼赋》1个，陆贽《奉天请数对群臣兼许令论事状》1个、《论替换李楚琳》1个、《论叙迁幸之由状》1个、《论左降官准赦合量移事状》1个、《授王武俊李抱真官封并招谕朱滔诏》1个，吕温《上官昭容书楼歌》1个，吕岩《绝句》2个、《敲爻歌》1个，孟浩然《陪张丞相登荆城楼因寄蓟州张使君及浪泊戍主刘家》1个，牟融《写意》1个，钱珝《代史馆王相公谢令枢密使宣谕奸邪表》1个，权德舆《唐赠兵部尚书宣公陆贽翰苑集序》1个，石贯《和主司王起》1个，司空图《华帅许国公德政碑》1个、《障车文》1个，宋之问《至端州驿见杜审言沈佺期题壁慨然成咏》1个，苏味道《正月十五夜》1个，唐太宗《答魏征上群书理要手诏》1个、《命皇太子监国诏》1个，陶咏《对乐土判序》1个，田颖《博浪沙行序》1个、《海云楼记》1个、《梦游罗浮》1个、《问道堂后园记》1个、《游雁荡山记》1个，汪遵《乌江》1个，王勃《秋日登洪府滕王阁饯别序》[1]4个、《送劼赴太学序》1个、《滕王阁》1个、《梓州玄武县福会寺碑》1个，王维《与魏居士书》1个，韦嗣立《请崇学校疏》1个，吴融《太湖石歌》1个，吴象之《少年行》1个，无名氏《鸿庆寺碑》1个，萧颖士《赠韦司业书》1个，徐光溥《题黄居寀秋山图》1个，许碏《题南岳招仙观壁上》1个，薛道衡《豫章行》1个、《隋高祖功德颂序》1个，薛逢《九日曲池游眺》1个，薛稷《钱唐永昌》1个，颜真卿《〈干禄字书〉序》1个，严从《拟三国名臣赞序》1个，杨承和《梁守谦功德铭》1个，杨炯《从弟去溢墓志铭》1个、《李怀州墓志铭》1个、《隰州县令李公墓志铭》1个、《左武卫将军成安子崔献行状》1个，雍陶《河阴新城》1个，于邵《杨侍郎写真赞》1个，元结《七不如七篇序》1个，元稹《授马总检校刑部尚书天平军节度使制》1个、《杂忆》1个、《追封李逊母崔氏博陵郡太君制》1

---

[1]　按：王勃《秋日登洪府滕王阁饯别序》，省称《滕王阁序》，又名《滕王阁诗序》。

个，章碣《对月》1个，张九龄《谢敕赐大麦面状》1个，张说《故开府仪同三司上柱国赠扬州刺史大都督梁国文贞公碑》1个、《李工部挽歌》1个、《为留守作贺崛山》1个，郑亚《〈会昌一品集〉序》1个，周矩《为索元礼首按制狱疏》1个。

这些语料是研究隋唐时期熟语的主要材料。对它们进行深入研究，可以发现，现代汉语的熟语，从广义的历史层次来看，大约有292个已经在隋唐时期出现了。

第二节　见于隋唐时期的代表性的现代汉语熟语举例

我们所说的见于隋唐时期的代表性的熟语，指的是隋唐时期的某些熟语，在书写形式上前代、同代或后代有多种同义写法，或者在来源上有些特点，或者隋唐时期已见而有的大型工具书没有收录或始见例证偏晚或举例错误或没有例证，或者书写形式隋唐以前就有但是隋唐增加了沿用至今的新义，等等。这些类型的熟语，它们都需要做些说明。我们的说明全部采用按语的形式，在每个熟语的后面注明。本部分的内容，按音序排列。见于隋唐时期的代表性的现代汉语熟语举例如下。

一、隋唐时期已见的具有异形写法的现代汉语熟语举例

据我们的调查，现代汉语中见于隋唐时期的有些熟语，前代、同代、后代又有同义、近义等多种写法出现。这样的熟语都是四音节的。其中又可分为以下一些类型：

（一）隋唐已见的具有一种异形写法的四音节熟语举例

现代汉语中见于隋唐时期的四音节熟语，除了约定俗成的书写形式外，有的还有另外一种异形写法。这些具有一种异形写法的四音节熟语，根据异形写法的出现时代，分类描述如下：

1.有的另一种异形写法出现于商周。如：

【巧舌如簧】悦耳动听的花言巧语有如笙中之簧。唐刘兼《诫是非》诗："巧舌如簧总莫听，是非多自爱憎生。"按：又作"巧言如簧"，周代已见。《诗·小

雅·巧言》：“巧言如簧，颜之厚矣。”

2. 有的另一种异形写法出现于战国。如：

【挺而走险】谓被迫走冒险的道路。唐萧颖士《赠韦司业书》：“挺而走险，何公之门，不可曳长裾乎？”按：又作“铤而走险”，战国已见。《左传·文公十七年》：“铤而走险，急何能择。”

【瑕不掩瑜】比喻缺点掩盖不了优点。唐房玄龄《晋书·周顗传论》：“顗招时论，尤其酒德，《礼经》曰‘瑕不掩瑜’，未足韬其美也。”按：又作“瑕不揜瑜”，战国已见。《礼记·聘义》：“昔者君子比德于玉焉……瑕不揜瑜，瑜不揜瑕，忠也。”

这一类型的熟语还有：披坚执锐[1]　宴安鸩毒[2]

3. 有的另一种异形写法出现于西汉。如：

【闻所未闻】形容事物非常稀罕。隋薛道衡《隋高祖功德颂序》：“至于振古所未有，图籍所不载，莫不见所未见，闻所未闻。”按：又作“闻所不闻”。《史记·郦生陆贾列传》：“越中无足与语，至生来，令我日闻所不闻。”

【见所未见】见到从来没有看到过的，形容事物十分稀罕。唐太宗《答魏征上群书理要手诏》：“览所撰书，博而且要，见所未见，闻所未闻。”按：又写作“见所不见”，西汉已见。汉扬雄《法言·渊骞》：“七十子之于仲尼也，日闻所不闻，见所不见，文章亦不足为矣。”

这一类型的熟语还有：避坑落井[3]　地广人稀[4]　平易近人①[5]

4. 有的另一种异形写法出现于东汉。如：

【天南地北】① 形容距离遥远或遥远的地方。《金石续编·唐〈鸿庆寺碑〉》：“天南地北，鸟散荆分。”按：又作“天南海北”，汉代已见。汉蔡琰《胡笳十八拍》之八：“为天有眼兮何不见我独漂流，为神有灵兮何事处我天南海北头？”

5. 有的另一种异形写法出现于晋代。如：

---

[1]　按：又写作“被坚执锐”，战国已见。《战国策·楚策一》：“吾被坚执锐，赴强敌而死，此犹一卒也，不若奔诸侯。”

[2]　按：又作“宴安酖毒”，战国已见。《左传·闵公元年》：“宴安酖毒，不可怀也。”

[3]　按：又写作“避穽入坑”，西汉已见。汉焦赣《易林·观之益》：“避穽入坑，忧患日生。”

[4]　按：又写作“地广人希”，西汉已见。《史记·货殖列传》：“楚越之地，地广人希。”

[5]　按：又作“平易近民”，西汉已见。《史记·鲁周公世家》：“平易近民，民必归之。”

【体无完肤】① 形容全身受伤。唐段成式《酉阳杂俎·黥》："杨虞卿为京兆尹时，市里有三王子，力能揭巨石。遍身图刺，体无完肤。"按：又作"体无完皮"，晋代已见。《三国志·魏志·邓艾传》"徙艾妻子及孙于西域"裴松之注引西晋郭颁《魏晋世语》："师纂亦与艾俱死。纂性急少恩，死之日体无完皮。"

【诸如此类】与此相类似的种种事物。唐房玄龄《晋书·刘颂传》："诸如此类，亦不得已已。"按：又作"诸若此类"，晋代已见。东晋葛洪《抱朴子·辨问》："诸若此类，不可具举。"

这一类型的熟语还有：飞沙走石[1]　一概而论[2]

6.有的另一种异形写法出现于南朝。如：

【披沙拣金】比喻从大量事物中挑选精华。唐刘知几《史通·直书》："虽古人糟粕，真伪相乱，而披沙拣金，有时获宝。"按：又写作"披沙简金"，南朝已见。南朝梁钟嵘《诗品》卷上："陆文如披沙简金，往往见宝。"

【求贤若渴】形容寻求贤才的心情十分迫切。《隋书·韦世康传》："朕夙夜庶几，求贤若渴，冀与公共治天下，以致太平。"按：又作"求贤如渴"，南朝已见。《后汉书·周举传》："昔在前世，求贤如渴，封墓轼闾，以光贤哲。"

7.有的另一种异形写法出现于唐代。如：

【雕虫小技】比喻微不足道的技能。唐魏征《隋书·李德林传》："经国大体，是贾生、晁初之俦；雕虫小技，殆相如、子云之辈。"按：又写作"彫虫小技"。唐刘知几《史通·载文》："昔夫子修《春秋》，别是非，申黜陟，而贼臣逆子惧。凡今之为史而载文也，苟能拨浮华，采贞实，亦可使夫彫虫小技者，闻义而知徙矣。"

【自我作古】由自己开始。《唐大诏令集·贞观五年封建功臣诏》："自我作古，未必专依前典。"按：又作"自我作故"。唐刘知几《史通·称谓》："唯魏收远不师古，近非因俗，自我作故，无所宪章。"

这一类型的熟语，还有下面这些：

---

[1]　按：又写作"飞砂走石"，晋代已见。晋干宝《搜神记》卷三："王言此树神何须损我百姓，乃以兵围，正欲诛伐之，乃有神飞砂走石，雷电霹雳。"

[2]　按：又作"一槩而论"，晋代已见。晋王羲之《自叙草书势》："百体千形而呈其巧，岂可一槩而论哉？"

声泪俱下[1]　扶危定倾[2]　奇形怪状[3]　天涯海角[4]

8.有的另一种异形写法出现于五代。如：

【生灵涂炭】形容人民处于极端困苦的境地。唐房玄龄《晋书·苻丕载记》："先帝晏驾贼庭，京师鞠为戎穴，神州萧条，生灵涂炭。"按：又作"生民涂炭"。《旧唐书·太宗纪上》："自古突厥与中国，更有盛衰……至汉晋之君，逮于隋代，不使兵士素习干戈，突厥来侵，莫能抗御，致遗中国生民涂炭于寇手。"

【正本清源】从根源上进行整顿。唐房玄龄《晋书·武帝纪》："思与天下式明王度，正本清源。"按：又作"正本澄源"。《旧唐书·高祖纪》："欲使玉石区分，熏莸有辨，长存妙道，永固福田，正本澄源，宜从沙汰。"

9.有的另一种异形写法出现于宋代。如：

【素昧平生】一向不相识。唐段成式《剑侠传·郭伦观灯》："素昧平生，忽蒙救护，脱妻子于危难，先生异人乎？"按：又作"素昧生平"。宋刘克庄《为苏梦申省状》："切见前儒林郎苏梦，昨因论列羁管饶州，在某置司之所，与之素昧生平，未尝觌面，但阅犯由，有可矜悯。"

10.有的另一种异形写法出现于明代。如：

【含英咀华】比喻欣赏、体味或领会诗文的精华。唐韩愈《进学解》："沈浸醲郁，含英咀华。"按：又写作"含菁咀华"。明张居正《赠吴霁翁督学山东序》："今世学者，含菁咀华，选词吐艳，盖人人能矣。"

【心旷神怡】心情舒畅，精神愉快。唐田颖《博浪沙行序》："翌日往游百泉，用作竟夜之谈，出所为诗，读至……已为心旷神怡。"按：又作"心怡神旷"。明张居正《游衡岳后记》："及登衡岳，览洞壑之幽邃，与林泉之限陕，虑澹物轻，心怡神旷。"

11.有的另一种异形写法出现于清代。如：

【出奇制胜】用奇兵奇计战胜敌人，也泛指用常人意想不到的方法、手段来

---

[1]　按：又作"声泪俱发"。唐裴度《唐故太尉兼中书令西平郡王赠太师李公神道碑铭》："每一言一誓，声泪俱发。"

[2]　按：又作"扶危翼倾"。《周书·武帝纪下》："昔魏室将季，海内分崩，太祖扶危翼倾，肇开王业。"

[3]　按：又写作"奇形异状"。《晋书·温峤传》："须臾，见水族覆火，奇形异状，或乘马车着赤衣者。"

[4]　按：又作"天涯地角"。唐白居易《昆明春水满》诗："天涯地角无禁利，熙熙同似昆明春。"

取得好的效果。唐陆贽《论替换李楚琳》:"楚琳卒伍凡材,厮养贱品,因时扰攘,得肆猖狂,非有陷坚殪敌之雄,出奇制胜之略。"按:又写作"出奇致胜"。《老残游记》第七回:"在嵩山少林寺学拳棒。学了些时,觉得徒有虚名,无甚出奇致胜处,于是奔走江湖,将近十年。"

这一类型的熟语,还有下面这些:

翻江倒海[1]　天荒地老[2]　天造地设[3]　执迷不悟[4]　自愧不如[5]

(二) 具有两种异形写法的熟语举例

隋唐已见的现代汉语熟语,除了约定俗成的书写形式外,有的还有两种异形写法。这些熟语的两种异形写法,按时代的不同,又分为以下一些类型:

1. 两种异形写法,一种见于北朝,一种见于宋代。如:

【虎踞龙盘】形容地势峻峭险要。唐雍陶《河阴新城》诗:"高城新筑压长川,虎踞龙盘气色全。"按:又写作"虎据龙蟠"、"虎踞龙蟠"。北周庾信《哀江南赋》:"昔之虎据龙蟠,加以黄旗紫气;莫不随狐兔而窟穴,与风尘而殄悴。"宋辛弃疾《念奴娇·登建康赏心亭呈史留守致道》词:"虎踞龙蟠何处是?只有兴亡满目。"

2. 两种异形写法,一种见于北朝,一种见于明代。如:

【枕戈待旦】枕着兵器等待天亮,形容时刻警惕敌人准备作战。唐房玄龄《晋书·刘琨传》:"吾枕戈待旦,志枭逆虏,常恐祖生先吾着鞭。"按:又作"枕戈俟旦"、"枕戈以待"。北齐魏收《魏书·萧宝夤传》:"雠耻未复,枕戈俟旦,虽无申包之志,敢忘伍胥之心。"明张煌言《上行在陈南北机宜疏》:"臣虽驽钝,亦当枕戈以待。"

3. 两种异形写法,一种见于明代,一种见于清代。如:

【单枪匹马】形容孤身奋战。唐汪遵《乌江》诗:"兵散弓残挫虎威,单枪匹马突重围。"按:又写作"单鎗匹马"、"单枪独马"。明梁辰鱼《浣纱记·飞报》:

---

[1]　按:又写作"翻江搅海"。清洪升《长生殿·贿权》:"腹垂过膝力千钧,足智多谋胆绝伦。谁道孽龙甘蠖屈,翻江搅海便惊人。"

[2]　按:又作"天老地荒"。清孔尚任《桃花扇·栖真》:"天老地荒,此情无尽穷。"

[3]　按:又作"天生地设"。《红楼梦》第五十七回:"看他二人,恰是一对天生地设的夫妻。"

[4]　按:又作"执迷不醒"。《红楼梦》第一一八回:"宝钗虽不言语,遇事试探,见他执迷不醒,只得暗中落泪。"

[5]　按:又写作"自愧弗如"。清蒲松龄《聊斋志异·邵女》:"妻亦心贤之,然自愧弗如,积惭成忌。"

"一身转战作先锋，单鎗匹马飞鞚，亲遭暗箭身重伤。"清蓬园《负曝闲谈》第二回："他横竖是单枪独马，一无牵挂，当下由杭赴苏，寻着了那位帮带。"

【河清海晏】黄河水清大海平静，形容国内安定天下太平。唐顾况《八月五日歌》："率土普天无不乐，河清海晏穷寥廓。"按：又写作"河清海宴"、"河海清宴"。明张居正《拟唐回鹘率众内附贺表》："垂衣而治，际河清海宴之期；乘钺有虔，鼓雷厉风飞之烈。"清纳兰性德《金山赋》："河海清宴，中外乐康。"

4. 两种异形写法都见于 20 世纪。如：

【心领神会】不用对方明说，心里领悟其中的意思。唐田颖《游雁荡山记》："将午，始到古寺，老僧清高延坐禅房，与之辨论心性切实之学，彼已心领神会。"按：又作"心领神悟"、"心领意会"。朱自清《经典常谈·四书》："会读书的，细加玩赏，自然能心领神悟，终身受用不尽。"邹韬奋《经历》五六："他们不许用'帝国主义'，所以各报遇着这个名词，总写作'××主义'，读者看得惯了，也就心领意会。"

【虚无缥缈】形容非常空虚渺茫。唐白居易《长恨歌》："忽闻海上有仙山，山在虚无缥缈间。"按：又作"虚无缥渺"、"虚无飘渺"。朱自清《桨声灯影里的秦淮河》："但是两次游秦淮河，却都不曾见着复成桥的面；明知总在前途的，却常觉得有些虚无缥渺似的。"黄裳《过去的足迹·吴晗纪念》："残酷的现实将我从虚无飘渺的幻想中拖了回来。我的白日梦破碎了。"

（三）具有三种异形写法的熟语举例

隋唐已见的现代汉语四音节熟语，除了约定俗成的书写形式外，有的还有三种异形写法。这些熟语的三种异形写法，情况又有多种：

1. 三种异形写法，一种出现于西汉，一种出现于清代，一种出现于 20 世纪。如：

【通都大邑】交通便利的大城市。唐韩愈《守戒》："今之通都大邑，介于屈强之间，而不知为备。"按：又作"通邑大都"、"通都巨邑"、"通都大埠"。汉司马迁《报任少卿书》："仆诚以著此书，藏诸名山，传之其人，通邑大都。"清郑观应《致家塾潘教习论朱星源小大学书》："乡党闾巷虽有小学，洒扫、应对、揖让、事亲敬长之节不讲矣。通都巨邑虽有大学，而格致、诚、正、修、齐、治平之事不问矣。"燕斌《〈中国新女界杂志〉发刊词》："近年以来，朝野上下，始从事于女子教育问题，通都大埠之间，女校相继成立。"

2. 三种异形写法，一种出现于宋代，一种出现于清代，一种出现于 20 世纪。

如：

【徒有虚名】空有某种名声，指名不符实。唐李百药《北齐书·李元忠传》："元忠以为万石给人，计一家不过升斗而已，徒有虚名，不救其弊，遂出十五万石以赈之。"按：又作"徒有其名"、"徒拥虚名"、"徒负虚名"。宋李焘《续资治通鉴长编·宋太宗至道三年》："铨选之门，徒有其名，莫责其实。"《清朝野史大观·清朝史料·军机领袖》："军机大臣有时多至六七人，而权实操于领袖，新进者画诺奉行，徒拥虚名也。"茅盾《子夜》："我知道赵伯韬肯放款子，就可惜我这'红头火柴'徒负虚名，和这位财神爷竟没有半面之交！"

（四）具有四种异形写法的熟语举例

隋唐已见的现代汉语四音节熟语，除了约定俗成的书写形式外，有的还有四种异形写法。这些熟语的四种异形写法，还可以进行不同的分类。四种异形写法，一种出现于宋代，两种出现于清代，一种出现于 20 世纪。如：

【迎刃而解】比喻主要问题解决了，其他有关的问题就可以很容易地得到解决。唐房玄龄《晋书·杜预传》："今兵威已振，譬如破竹，数节之后，皆迎刃而解，无复着手处也。"按：又作"迎刃冰解"、"迎刃立解"、"迎刃而理"、"迎刃以解"。宋叶适《题张君所注佛书》："至于要言微趣，人所难知，往往迎刃冰解。"清魏源《圣武记》卷二："苟官兵长驱，则澧州、常德、湘阴迎刃立解，可以夹攻长沙。"清周在浚《行述》："潍，剧邑也，事繁丛弊，先大夫以书生受事，迎刃而理。"《中国近代文论选·论科学之发达可以辟旧小说之荒谬思想》："准此推之，以真理诘幻状，以实验捣虚情，虽举国若狂，万人同梦，而迎刃以解，涣然冰消。"

二、隋唐已见的具有缩略形式的现代汉语熟语举例

现代汉语中见于隋唐时期的四音节熟语，有的有缩略形式，这些缩略形式可以分为下面一些类型：

（一）一种写法的双音缩略式熟语举例

现代汉语中见于隋唐的熟语，有的具有一种双音缩略形式。根据这些双音缩略形式的出现时代，又分为以下一些类型：

1. 有的双音缩略形式出现于隋唐以前的三国。如：

【曲突徙薪】比喻事先采取措施，防患于未然。唐杜牧《李给事》诗之一：

"曲突徙薪人不会，海边今作钓鱼翁。"按：省作"曲突"。三国魏应璩《百一诗》："曲突不见宾，焦头为上客。"又，又作"曲突徙薪"。清李渔《玉搔头·媲美》："曲突徙薪计未忠，焦头烂额敢居功。"再，此语东汉已见，义为烟囱弯曲并移走柴火。《艺文类聚》卷八十引汉桓谭《新论》："淳于髡至邻家，见其灶突之直而积薪在傍，谓曰：'此且有火'，使为曲突而徙薪。邻家不听，后果焚其屋，邻家救火，乃灭。烹羊具酒谢救火者，不肯呼髡。智士讥之曰：'曲突徙薪无恩泽，燋头烂额为上客。'盖伤其贱本而贵末也。"

2. 有的双音缩略形式出现于隋唐以前的东晋。如：

【舍生取义】为正义而牺牲生命。唐房玄龄《晋书·梁王肜传》："肜位位宰相……当危事，不能舍生取义。"按：省作"舍生"。东晋卢谌《览古诗》："舍生岂不易，处死诚独难。"又，语本《孟子·告子上》："生，亦我所欲也；义，亦我所欲也。二者不可得兼，舍生而取义也。"

3. 有的双音缩略形式出现于隋唐以前的南朝。如：

【绠短汲深】比喻力小任重、不能胜任，谦辞。唐颜真卿《〈干禄字书〉序》："绠短汲深，诚未达于涯涘；歧路多惑，庶有归于适从。"按：省略形式作"绠短"。南朝梁刘勰《文心雕龙·通变》："然绠短者衔渴，足疲者辍涂，非文理之数尽，乃通变之才疏耳。"又，语本《庄子·至乐》："昔者管子有言……褚小者不可以怀大，绠短者不可以汲深。"

4. 有的双音缩略形式出现于唐代。如：

【自郐以下】比喻自某以下就不值得一提。唐高仲武《大唐中兴间气集序》："今之所收，殆革斯弊……则朝野通取，格律兼收，自郐以下，非所附隶。"按：省作"自郐"。唐刘知几《史通·杂说中》："但近代国史，通多此累，有同自郐，无足致讥。"又，又作"自郐而下"、"自郐无讥"。唐卢照邻《寄裴舍人遗衣药直书》："斯亦古君子之大悲也，自郐而下，曷足讥焉。"宋张孝祥《丑奴儿》词："无双谁似黄郎子，自郐无讥，月满星稀，想见歌场夜打围。"再，典出《左传·襄公二十九年》："请观于周乐，使工为之歌《周南》、《召南》，曰：'美哉！始基之矣，犹未也，然勤而不怨矣。'……自郐以下无讥焉。"

5. 有的双音缩略形式出现于隋唐以后的明代。如：

【投鼠忌器】比喻想打击坏人而又有所顾忌。唐李百药《北齐书·文苑传·樊逊》："至如投鼠忌器之说，盖是常谈；文德怀远之言，岂识权道。"按：省作"投鼠"。明陆采《怀香记·鞫询香情》："流言欲成投鼠误，偏惑犹然见豕讹。"又，又作"投鼠之忌"。明沈德符《野获编·宫闱·今上家法》："闻上初见弹吕疏，圣意甚不怿，特以贵妃故，有投鼠之忌。"再，语本汉贾谊《治安策》："里谚曰：'欲投鼠而忌器。'此善谕也。鼠近于器，尚惮不投，恐伤其器，况于贵臣之近主乎！"

6. 有的双音缩略形式出现于隋唐以后的清代。如：

【佶屈聱牙】形容文句艰涩，读起来不通顺畅达。唐韩愈《进学解》："周诰殷盘，佶屈聱牙。"按：省作"佶聱"。清焦循《与王钦莱论文书》："吾子论文，于古取韩昌黎，于今取朱梅庵，不乐字句琐细及文气佶聱者，足见天分之高。"

【捉襟见肘】比喻困难重重。唐李商隐《上尚书范阳公启》之二："捉襟见肘，免类于前哲；制裳裹踵，无取于昔人。"按：省作"捉衿"。清尹会一《答赵长公书》："仆以菲才，量移剧郡，覆餗堪虞，捉衿可笑。"又，又作"捉衿见肘"、"捉衿肘见"、"捉襟肘见"。宋陆游《衰疾》诗："捉衿见肘贫无敌，耸膊成山瘦可知。"明杨慎《丹铅总录·境逆乐真》："惟夫床琴于浚井之日，弦歌于绝粮之余，以致捉衿肘见而歌商声，箪食瓢饮而不改其乐，乃为境之逆而乐之真耳。"清李绿园《歧路灯》第七七回："只为一向窘迫，捉襟肘见，便东涂西抹不来，所以诸事胆怯。"再，语本《庄子·让王》："曾子居卫，十年不制衣，正冠而缨绝，捉衿而肘见。"

（二）一种写法的三音缩略式熟语举例

现代汉语中见于隋唐的熟语，有的具有一种三音缩略形式。根据这些三音缩略形式的出现时代，又分为以下一些类型：

1. 有的三音缩略形式出现于隋唐以前的西汉。如：

【同甘共苦】共同享受幸福，共同承担苦难。唐宋若华《女论语·事夫章》[1]："同甘共苦，同富同贫。死同葬穴，生共衣衾。"按：省作"同甘苦"，西汉已见。《史记·燕召公世家》："燕王吊死问孤，与百姓同甘苦。"

2. 有的三音缩略形式出现于隋唐以前的南朝。如：

【青出于蓝】比喻学生胜过老师或后人胜过前人。唐白居易《赋赋》："赋者，古诗之流也。始创于荀宋，渐恢张于贾马。冰生乎水，初变本于《典》《坟》；青出于蓝，复增华于《风》《雅》。"按：省作"青于蓝"，南朝已见。南朝梁钟嵘《诗品》卷下："德璋生于封溪，而文为雕饰，青于蓝矣。"又，语出《荀子·劝

---

[1] 按：《女论语》的作者，《新唐书》作宋若莘，《旧唐书》作宋若华。

学》："青，取之于蓝而青于蓝；冰，水为之而寒于水。"

3. 有的三音缩略形式出现于隋唐以后的宋代。如：

【卷土重来】失败后重新恢复力量。唐杜牧《题乌江亭》诗："江东子弟多才俊，卷土重来未可知。"按：省作"卷土来"。宋王安石《乌江亭》诗："江东子弟今虽在，肯与君王卷土来。"又，又写作"捲土重来"。明无名氏《鸣凤记·夏公命将》："国家重地沦亡久，捲土重来在此行。"

【日上三竿】太阳升起来离地已有三根竹竿那么高，形容起床晚。唐韩鄂《岁华纪丽·春》："日上三竿。"按：省作"日三竿"。宋陆游《示儿辈》诗："坐使乃翁无一事，高眠常到日三竿。"又，语本《南齐书·天文志上》："永明五年十一月丁亥，日出高三竿，朱色赤黄。"

这一类型的熟语还有：身外之物[1]

4. 有的三音缩略形式出现于隋唐以后的元代。如：

【南柯一梦】泛指梦，也比喻一场空。《太平御览》卷三五三引唐皇甫枚《三水小牍·陈璠》："璠本麤悍木朴，不知书，临刑，忽索笔赋诗曰：'积玉堆金官又崇，祸来倏忽变成空。五年荣贵今何在？不异南柯一梦中。'"按：省作"南柯梦"。元王学文《摸鱼儿·送汪水云之湘》词："浮云事，又作南柯梦彻。"又，语本唐李公佐《南柯太守传》。

5. 有的三音缩略形式出现于隋唐以后的清代。如：

【黄口小儿】指年轻无知的人，多用于讽刺。唐许碏《题南岳招仙观壁上》诗："黄口小儿初学行，唯知日月东西生。"按：省称"黄口儿"。清周亮工《盛此公传》："屈其二十年锐往之气，俯而与邑之黄口儿，扶掖彳亍，旅进旅退。"

（三）一种双音缩略式和一种三音缩略式的混合形式缩略熟语举例

现代汉语中见于隋唐的熟语，有的一个四音节熟语同时具有双音和三音两种缩略式。根据这些缩略形式的出现时代，又分为以下一些类型：

1. 有的混合式的缩略形式，一种三音缩略式出现于唐代，一种双音缩略式出现于隋唐以后的宋代。如：

【束之高阁】比喻扔在一边不去管它。唐房玄龄《晋书·庾翼传》："京兆杜乂，陈郡殷浩，并才名冠世，而翼弗之重也；每语人曰：'此辈宜束之高阁，俟天

---

[1]　按：省作"身外物"。蒋子正《山房随笔》引宋刘过诗："拔毫已付管城子，烂首曾封关内侯。死后不知身外物，也随樽酒伴风流。"

下太平，然后议其任耳。'"按：省作"束高阁"、"束阁"。唐韩愈《寄卢仝》诗：
"《春秋》三《传》束高阁，独抱遗经究终始。"宋陆游《醉歌》："读书三万卷，
仕宦皆束阁。"又，又作"束之高屋"。明李贽《读书乐》诗："弃置莫读，束之
高屋，怡性养神，辍歌送哭。"

2. 有的混合式的缩略形式，一种双音缩略式出现于唐代，一种三音缩略式出
现于隋唐以后的清代。如：

【贪天之功】泛指把不属于自己的功劳归为自己。唐刘知几《史通·序例》：
"魏收作例，全取蔚宗，贪天之功，以为己力。"按：省作"贪天"、"贪天功"。
唐元稹《将进酒》诗："主今颠倒安置姜，贪天僭地谁不为？"清蒲松龄《聊斋志
异·张鸿渐》："胜则人人贪天功，一败则纷然瓦解。"又，此语战国已见，义为
以自然成功之事为己功。《左传·僖公二十四年》："窃人之财，犹谓之盗，况贪
天之功以为己力乎。"

三、隋唐时期已见的指明了来源的现代汉语熟语举例

据我们的调查，现代汉语中见于隋唐时期的熟语，有的能够找到其来源。这
样的熟语基本上都是四音节的。这些熟语的来源，按时代先后分类描述如下：

（一）从商周语料概括而成的熟语

商周时期的语料，到了隋唐，从中概括形成了一些熟语。这些熟语的语料来
源有：

1. 有的是从《诗经》中概括而成的。如：

【寿比南山】寿命比得上陕西的终南山一样长久，祝颂老年人的用语。唐李
延寿《南史·齐豫章文献王嶷传》："嶷谓上曰：'古来言愿陛下寿比南山，或称
万岁，此殆近貌言。如臣所怀，实愿陛下极寿百年亦足矣。'"按：语本《诗·小
雅·天保》："如月之恒，如日之升，如南山之寿，不骞不崩。"

【亿万斯年】形容无限长远的年代。唐李德裕《仁圣文武至神大孝皇帝真容
赞》："四渎宗海，众星拱辰，亿万斯年，藻朗日新。"按：语出《诗·大雅·下
武》："于万斯年，受天之祜。"

2. 有的是从《今文尚书》中概括而成的。如：

【有条不紊】有条理、有次序而不混乱。唐王勃《梓州玄武县福会寺碑》：
"有条不紊，施缓政于繁绳；断讼有神，下高锋于错节。"按：语出《尚书·盘庚

上》：“若网在纲，有条而不紊。”

（二）从战国语料概括而成的熟语

战国时期的语料，到了隋唐，从中概括形成了一些熟语。这些熟语的语料来源有：

1. 有的是从《大戴礼记》中概括而成的。如：

【间不容发】① 形容事物之间距离极小或事物很精密。唐李肇《唐国史补》卷下：“张登长于小赋，气宏而密，间不容发，有织成隐起往往蹙金之状。”按：语出《大戴礼记·曾子天圆》：“律居阴而治阳，历居阳而治阴，律历迭相治也，其间不容发。”

2. 有的是从《管子》中概括而成的。如：

【如臂使指】比喻指挥如意。唐独孤及《故江陵尹兼御史大夫吕諲谥议》：“且训其三军，如臂使指。”按：语本《管子·轻重乙》：“若此，则如胸之使臂，臂之使指也。”

3. 有的是从《国语》中概括而成的。如：

【不知所终】不知道结局和下落。唐张鷟《朝野金载》卷五：“人皆以为精魅所托，其后不知所终。”按：语本《国语·越语下》：“遂乘轻舟，以浮于五湖，莫知其所终极。”

【经天纬地】形容政治才识卓越不凡。唐郑亚《〈会昌一品集〉序》：“惟公蕴开物致君之才，居元弼上公之位，建靖难平戎之业，垂经天纬地之文，萃于厥躬，庆是全德。”按：语本《国语·周语下》：“经之以天，纬之以地，经纬不爽，文之象也。”

4. 有的是从《韩非子》中概括而成的。如：

【危如累卵】形容形势极其危险。唐李百药《北齐书·文襄纪》：“复言仆众不足以自强，身危如累卵。”按：语本《韩非子·十过》：“故曹，小国也，而迫于晋楚之间，其君之危犹累卵也。”

5. 有的是从《礼记》中概括而成的。如：

【一成不变】一经形成后永不改变。唐白居易《太湖石记》：“然而自一成不变已来，不知几千万年，或委海隅，或沦湖底。”按：语本《礼记·王制》：“刑者，侀也。侀者，成也。一成而不可变，故君子尽心焉。”又，又作“一成不易”。清张廷玉《明史·历志一》：“夫天之行度多端，而人之智力有限……惟合古今人之心思，踵事增修，庶几符合。故不能为一成不易之法也。”

这一类型的熟语还有：加人一等[1]　事必躬亲[2]

6. 有的是从《论语》中概括而成的。如：

【举一反三】从一件事情类推而知道许多事情。《北堂书钞》卷九八李贤注引《蔡邕别传》[3]："邕与李则游学鄙土，时在弱冠，始共读《左氏传》，通敏兼人，举一反三。"按：语本《论语·述而》："举一隅，不以三隅反，则不复也。"

这一类型的熟语还有：手足无措[4]　一仍旧贯[5]

7. 有的是从《孟子》中概括而成的。如：

【独善其身】本指注重修养保持节操，也指只顾自己不关心身外事。唐房玄龄《晋书·忠义传论》："且衷独善其身，故得全其孝。"按：语本《孟子·尽心上》："穷则独善其身，达则兼善天下。"

【易如反掌】比喻事情很容易办。唐李延寿《北史·裴矩传》："以国家威德，将士骁雄，泛蒙汜而扬旌，越昆仑而跃马，易如反掌，何往不至。"按：语本《孟子·公孙丑上》："以齐王，由反手也。"又，又作"易于反掌"、"易同反掌"、"易如翻掌。"汉枚乘《上书谏吴王》："必若所欲为，危于累卵，难于上天；变所欲为，易于反掌，安于泰山。"唐李延寿《北史·王轨传》："此州控带淮南，邻接强寇，欲为身计，易同反掌。"元关汉卿《五侯宴》第三折："某领大势雄兵，军行策应，擒拏王彦章易如翻掌。"

8. 有的是从《山海经》中概括而成的。如：

【夸父逐日】比喻决心大或不自量力。唐柳宗元《行路难》："君不见夸父逐日窥虞渊，跳踉北海超昆仑。"按：典出《山海经·海外北经》："夸父与日逐走，入日。渴，欲得饮。饮于河、渭，河、渭不足，北饮大泽。未至，道渴而死。弃其杖，化为邓林。"

9. 有的是从《素问》中概括而成的。如：

【临渴掘井】比喻平时无准备，事到临头才想办法。《敦煌曲子词·禅门十二

---

[1]　按：语本《礼记·檀弓上》："孟献子禫，县而不乐，比御而不入，夫子曰：'献子加于人一等矣。'"

[2]　按：语本《礼记·月令》："善相丘陵、阪险、原隰，土地所宜，五谷所殖，以教道民，必躬亲之。"

[3]　按：《蔡邕别传》的作者不知，至迟可以处理为引用者李贤所在时代的作品，本研究暂时处理为唐代。

[4]　按：语出《论语·子路》："刑罚不中，则民无所措手足。"

[5]　按：语本《论语·先进》："鲁人为长府，闵子骞曰：'仍旧贯，如之何？何必改作？'"

时》："善因恶业总相随，临渴掘井终难悔。"按：语出《素问·四气调神大论》："夫病已成而后药之，乱已成而后治之，譬犹渴而穿井，斗而铸锥，不亦晚乎！"

10. 有的是从《晏子春秋》中概括而成的。如：

【千虑一得】愚笨人的细致考虑也会有可取的地方。唐姚思廉《陈书·虞荔传》："寄虽疾侵耄及，言无足采，千虑一得，请陈愚算。"按：语本《晏子春秋·杂下十八》："愚人千虑，必有一得。"

11. 有的是从《战国策》中概括而成的。如：

【惊弓之鸟】受箭伤后闻弓弦声而惊恐的鸟，比喻受过惊吓后见到一点事情就特别害怕的人。唐房玄龄《晋书·王鉴传》："黩武之众易动，惊弓之鸟难安。"按：语本《战国策·楚策四》："更羸与魏王处京台之下，仰见飞鸟。更羸谓魏王曰：'臣为王引弓虚发而下鸟。'魏王曰：'然则射可至此乎？'更羸曰：'可。'有间，雁从东方来，更羸以虚发而下之。魏王曰：'然则射可至此乎！'更羸曰：'此孽也。'王曰：'先生何以知之？'对曰：'其飞徐而鸣悲。飞徐者，故疮痛也；鸣悲者，久失群也。故疮未息，而惊心未去也，闻弦音引而高飞，故疮陨也。'"

这一类型的熟语还有：百步穿杨[1]　肝肠寸断[2]　嫁祸于人[3]

12. 有的是从《周礼》中概括而成的。如：

【生杀予夺】指统治者掌握生死、赏罚的大权。唐杜牧《上宣州崔大夫书》："今藩镇之贵，土地兵甲，生杀予夺，在一出口。"按：语本《周礼·春官·内史》："内史掌王之八枋之法，以诏王治。一曰爵……五曰杀，六曰生，七曰予，八曰夺。"又，又作"杀生予夺"、"生杀与夺"。《荀子·王制》："贵贱杀生予夺，一也。"《通典·职官三》："《周官》内史掌王之八柄，爵禄废置，生杀与夺，执国法及国令之贰以考政事。"

13. 有的是从《周易》的十翼中概括而成的。如：

【革故鼎新】革除旧的，创建新的。唐张说《故开府仪同三司上柱国赠扬州刺史大都督梁国文贞公碑》："夫以革故鼎新，大来小往，得丧而不形于色，进退而不失其正者，鲜矣。"按：语本《易·杂卦》："革，去故也；鼎，取新也。"

【穷则思变】表示人处于艰难环境，就会设法改变现状。唐陆贽《论左降官准赦合量移事状》之三："凡人之情，穷则思变。"按：语本《易·系辞下》：

---

[1]　按：语本《战国策·西周策》："楚有养由基者，善射。去柳叶者百步而射之，百发百中。"

[2]　按：语本《战国策·燕策三》："吾要且死，子肠亦且寸绝。"

[3]　按：语本《战国策·赵策一》："且夫韩之所以内赵者，欲嫁其祸也。"

《易》,穷则变,变则通,通则久。"

14.有的是从《庄子》中概括而成的。如:

【扶摇直上】形容地位、名声等急剧上升。唐李白《上李邕》诗:"大鹏一日同风起,扶摇直上九万里。"按:语本《庄子·逍遥游》:"鹏之徙于南冥也,水击三千里,抟扶摇而上者九万里。"

【目无全牛】形容技艺达到十分纯熟的境界。唐杨承和《梁守谦功德铭》:"操利柄而目无全牛,执其吭如菆豢悦口。"按:语本《庄子·养生主》:"始臣之解牛之时,所见无非牛者;三年之后,未尝见全牛也。"又,又作"目牛无全",晋代已见。晋孙绰《游天台山赋》:"害马已去,世事都捐;投刃皆虚,目牛无全。"

15.有的是从《子华子》中概括而成的。如:

【四通八达】四面八方都有路相通,形容交通方便。唐房玄龄《晋书·慕容德载记》:"滑台四通八达,非帝王之居。"按:语本战国《子华子·晏子问党》:"且齐之为国也,表海而负嵎,轮广隘澳,其涂之所出,四通而八达,游士之所凑也。"又,又作"四通五达"。《史记·郦生陆贾列传》:"夫陈留,天下之冲,四通五达之郊也。"

16.有的是从《左传》中概括而成的。如:

【多难兴邦】国家多遭患难,可以促使内部团结,因而兴盛起来。唐陆贽《论叙迁幸之由状》:"无难失守者,忽万机之重而忘忧畏也;多难兴邦者,涉庶事之艰而知敕慎也。"按:语出《左传·昭公四年》:"邻国之难,不可虞也。或多难以固其国,启其疆土;或无难以丧其国,失其守宇。"

这一类型的熟语还有:毁家纾难[1]　上下其手[2]　余勇可贾[3]

17.有的是从宋玉作品中概括而成的。如:

【方枘圆凿】方形榫头与圆形榫眼不能相合,比喻格格不入。唐权德舆《唐赠兵部尚书宣公陆贽翰苑集序》:"方枘圆凿,良工无以措巧心。"按:语出战国楚宋玉《九辩》:"圆凿而方枘兮,吾固知其龃龉而难入。"又,又作"方枘圜凿"。

---

[1]　按:语本《左传·庄公三十年》:"斗穀於菟为令尹,自毁其家,以纾楚国之难。"

[2]　按:语本《左传·襄公二十六年》:"上其手,曰:'夫子为王子围,寡君之贵介弟也。'下其手,曰:'此子为穿封戍,方城外之县尹也。谁获子?'"

[3]　按:语本《左传·成公二年》:"齐高固入晋师,桀石以投人,禽之而乘其车,系桑本焉。以徇齐垒,曰:'欲勇者贾余余勇。'"

《史记·孟子荀卿列传》"梁惠王谋欲攻赵，孟轲称大王去邠，此……持方枘欲内圆凿，其能入乎"唐司马贞索隐："谓战国之时，仲尼、孟轲以仁义干世主，犹方枘圆凿然。"

18.有的是从战国的《论语》及《庄子》同一时代两部不同的书中混合概括而成的。如：

【文过饰非】掩饰过失、错误。唐刘知几《史通·惑经》："岂与夫庸儒末学，文过饰非，使夫问者缄辞杜口，怀疑不展，若是而已哉！"按：语本《论语》及《庄子》。《论语·子张》："小人之过也必文。"《庄子·盗跖》："辩足以饰非。"

现代汉语中见于隋唐时期的来源于战国的熟语，一般都是四音节的。但是，也有个别的是三音节的。如：

【清君侧】清除君王身边的奸臣。唐李商隐《有感》诗："古有清君侧，今非乏老成。"按：语本《公羊传·定公十三年》："晋赵鞅取晋阳之甲，以逐荀寅与士吉射。荀寅与士吉射者，曷为者也？君侧之恶人也。此逐君侧之恶人。"

（三）从西汉语料概括而成的熟语

西汉的语料，到了隋唐，从中概括形成了一些熟语。这些熟语的语料来源有：

1.有的是从刘安作品中概括而成的。如：

【神出鬼没】比喻变化巧妙神速，难以捉摸。唐崔致远《安再荣管临淮都牒》："前件官夙精韬略，历试机谋，尝犯重围，决成独战，实可谓神出鬼没。"按：语出《淮南子·兵略训》："善者之动也，神出而鬼行。"

2.有的是从司马迁作品中概括而成的。如：

【九牛一毛】比喻极大数量中微不足道的一小部分。唐王维《与魏居士书》："然才不出众，德在人下，存亡去就，如九牛一毛耳。"按：语出汉司马迁《报任少卿书》："假令仆伏法受诛，若九牛亡一毛，与蝼蚁何以异？"

【门可罗雀】形容门庭冷落，来客很少。唐姚思廉《梁书·到溉传》："及卧疾家园，门可罗雀。"按：语出《史记·汲郑列传论》："始翟公为廷尉，宾客阗门；及废，门外可设雀罗。"又，又写作"门可张罗"、"门堪罗雀"。《太平广记》卷一八七引唐韦述《两京记》："唐初，秘书省唯主写书贮掌勘校而已，自是门可张罗。"宋吴曾《能改斋漫录·沿袭》："然丁晋公诗固尝云'屋可占乌曾贵仕，门堪罗雀称衰翁'矣。"

这一类型的熟语，还有下面这些：

鸟尽弓藏[1]　怒发冲冠[2]　披肝沥胆[3]　钟鸣鼎食[4]　擢发难数[5]
自成一家[6]

3. 有的是从苏武作品中概括而成的。如：

【天各一方】彼此相隔遥远，难得见面。唐李朝威《柳毅传》："泊钱塘季父论亲不从，遂至睽违，天各一方，不能相问。"按：语出汉苏武《诗》之四："良友远别离，各在天一方。"

4. 有的是从扬雄作品中概括而成的。如：

【有始无终】做事不能坚持到底。唐房玄龄《晋书·刘聪载记》："小人有始无终，不能如贯高之流也。"按：语本汉扬雄《法言·孝至》："或问：'德有始而无终与有终而无始也，孰宁？'"

5. 有的是从邹阳作品中概括而成的。如：

【桀犬吠尧】比喻走狗一心为主子效劳。唐房玄龄《晋书·康帝纪》："桀犬吠尧，封狐嗣乱，方诸后羿，曷若斯之甚也。"按：语出西汉邹阳《狱中上书自明》："今人主诚能去骄傲之心，怀可报之意，披心腹，见情素，堕肝胆，施德厚，终与之穷达，无爱于士，则桀之狗可使吠尧，而跖之客可使刺由。"

（四）从东汉语料概括而成的熟语

东汉时期的语料，到了隋唐，从中概括形成了一些熟语。这些熟语的语料来源有：

1. 有的是从班固著作中概括而成的。如：

【见利忘义】看到私利，而不顾道义。唐王勃《送劼赴太学序》："若意不感慨，行不卓绝，轻进苟动，见利忘义，虽上一阶、履半级，何足恃哉！"按：语

---

[1]　按：语本《史记》。《越王句践世家》："蜚鸟尽，良弓藏。"《淮阴侯列传》："高鸟尽，良弓藏。"

[2]　按：语本《史记·廉颇蔺相如列传》："相如因持璧却立，倚柱，怒发上冲冠。"

[3]　按：语本《史记·淮阴侯列传》："臣愿披腹心，输肝胆，效愚计，恐足下不能用也。"又，又写作"披沥肝胆"。《三国演义》第六十回："今遇明公，不敢不披沥肝胆。"

[4]　按：语本《史记·货殖列传》："洒削，薄伎也，而郅氏鼎食……马医，浅方，张里击钟。"又，又作"钟鸣鼎食"。《红楼梦》第二回："谁知这样钟鸣鼎食的人家儿，如今养的儿孙，竟一代不如一代了。"

[5]　按：典出《史记·范睢蔡泽列传》："擢贾之发以续之罪，尚未足。"又，又作"擢发莫数"。清李渔《十二楼·合影楼》第三回："小弟自议亲以来，负罪多端，擢发莫数。只求念'至亲'二字，多方原宥。"

[6]　按：语本汉司马迁《报任少卿书》："亦欲以究天人之际，通古今之变，成一家之言。"

出《汉书·樊哙郦商等传赞》："当孝文时，天下以郦寄为卖友。夫卖友者，谓见利而忘义也。"

【上行下效】上面的人怎样做，下面的人就跟着学。唐司空图《华帅许国公德政碑》："既忠既孝，上行下效。"按：语出汉班固《白虎通·三教》："教者，效也，上为之，下效之。"

这一类型的熟语还有：摧枯拉朽[1]　朝令夕改[2]

2. 有的是从刘珍著作中概括而成的。如：

【疾风劲草】在猛烈的大风中只有最坚韧的草木不会被吹倒，比喻节操坚定的人才经得起考验。《北史·裴宽传》："被坚执锐，或有其人，疾风劲草，岁寒方验。"按：语本东汉刘珍《东观汉记·王霸传》："上谓霸曰：'颍川从我者皆逝，而子独留，始验疾风知劲草。'"

【一举两得】做一件事，得到两种收获。唐房玄龄《晋书·束皙传》："二郡田地逼狭，谓可徙迁西州，以充边土，赐其十年之复，以慰重迁之情。一举两得，外实内宽。"按：语本《东观汉记·耿弇传》："吾得临淄，即西安孤，必覆亡矣。所谓一举而两得者也。"又，又作"一举二得"，晋代已见。《三国志·魏志·臧洪传》："吾闻之也，义不背亲，忠不违君，故东宗本州岛以为亲援，中扶郡将以安社稷，一举二得以徼忠孝，何以为非？"

3. 有的是从应劭著作中概括而成的。如：

【吴牛喘月】比喻因疑心而惧怕。唐李白《送萧三十一之鲁中兼问稚子伯禽》："六月南风吹白沙，吴牛喘月气成霞。"按：语本《太平御览》卷四引汉应劭《风俗通》："吴牛望见月则喘；使之苦于日，见月怖，喘矣！"

（五）从三国语料概括而成的熟语

三国时期的语料，到了隋唐，从中概括形成了一些熟语。这些熟语的语料来源，有的是从诸葛亮作品中概括而成的。如：

【所向无敌】指军队等所到之处还没有敌手。唐房玄龄《晋书·苏峻传》："峻狡黠有智力，其徒党骁勇，所向无敌。"按：语本三国蜀诸葛亮《心书·天势》："善将者因天之时，就地之势，依人之利，则所向者无敌，所击者万全矣。"

---

[1]　按：语本《汉书·异姓诸侯王表序》："镌金石者难为功，摧枯朽者易为力，其势然也。"

[2]　按：语本《汉书·食货志上》："急政暴赋，赋敛不时，朝令而夕改。"

（六）从西晋语料概括而成的熟语

西晋时期的语料，到了隋唐，从中概括形成了一些熟语。这些熟语的语料来源有：

1. 有的是从陈寿著作中概括而成的。如：

【开门揖盗】开门请强盗进来，比喻引进坏人来危害自己。唐房玄龄《晋书·周处周札等传论》："而札受委扞城，乃开门揖盗，去顺效逆，彼实有之。"按：语本西晋陈寿《三国志·吴志·吴主传》："况今奸宄竞逐，豺狼满道，乃欲哀亲戚，顾礼制，是犹开门而揖盗，未可以为仁也。"又，又写作"开门延盗"。清魏源《筹海篇·议守上》："所谓诱贼入内河者，谓兵炮地雷，水陆埋伏，如设阱以待虎，设罾以待鱼，必能制其死命，而后纵其入险，非开门延盗之谓也。"

【老生常谈】本指年老书生的平凡议论，泛指平常的老话。唐刘知几《史通·书志》："若乃前事已往，后来追证，课彼虚说，成此游词，多见其老生常谈，徒烦翰墨者矣。"按：语本《三国志·魏志·管辂传》："扬曰：'此老生之常谭。'辂答曰：'夫老生者见不生，常谭者见不谭。'"

2. 有的是从李密作品中概括而成的。如：

【孤苦零丁】形容孤单困苦，无依无靠。唐白居易《祭郎中弟文》："今年春，除刑部侍郎。孤苦零丁，又加衰疾，殆无生意，岂有宦情？"按：语出西晋李密《陈情表》："零丁孤苦，至于成立。"又，又写作"孤苦伶仃"。元纪君祥《赵氏孤儿》第二折："可怜三百口亲丁饮剑锋，刚留得孤苦伶仃一小童。"

3. 有的是从潘岳作品中概括而成的。如：

【宠辱不惊】受宠受辱都无动于衷，谓将得失置于度外。唐刘餗《隋唐嘉话》卷中："卢尚书承庆，总章初考内外官。有一官督运，遭风失米，卢考之曰：'监运损粮，考中下。'其人容止自若，无一言而退。虞重其雅量，改注曰：'非力所及，考中中。'既无喜容，亦无愧词。又改注曰：'宠辱不惊，考中上。'"按：语本西晋潘岳《在怀县》诗之二："宠辱易不惊，恋本难为思。"

（七）从东晋语料概括而成的熟语

东晋时期的语料，到了隋唐，从中概括形成了一些熟语。这些熟语的语料来源有：

1. 有的是从鸠摩罗什作品中概括而成的。如：

【极乐世界】佛经中指阿弥陀佛所居住的国土，俗称西天。唐白居易《画西方帧记》："极乐世界清净土，无诸恶道及罪苦。"按：语本姚秦鸠摩罗什译《阿弥陀经》："从是西方，过十万亿佛土，有世界名曰极乐……其国众生，无有众苦，但受诸乐，故名极乐。"

2. 有的是从张湛著作中概括而成的。如：

【高山流水】比喻知音难遇。唐牟融《写意》诗之一："高山流水琴三弄，明月清风酒一樽。"按：语本《列子·汤问》："伯牙善鼓琴，钟子期善听。伯牙鼓琴，志在高山。钟子期曰：'善哉！峨峨兮若泰山！'志在流水。钟子期曰：'善哉！洋洋兮若江河！'"

（八）从南朝语料概括而成的熟语

南朝时期的语料，到了隋唐，从中概括形成了一些熟语。这些熟语的语料来源有：

1. 有的是从范晔著作中概括而成的。如：

【附凤攀龙】巴结投靠有权势的人。唐令狐德棻《周书·赵贵独孤信等传论》："以宏材远略，附凤攀龙，绩著元勋，位居上衮。"按：语本《后汉书·光武帝纪上》："天下士大夫捐亲戚，弃土壤，从大王于矢石之间者，其计固望其攀龙鳞，附凤翼，以成其所志耳。"

【覆水难收】比喻事情成定局，难以挽回。《敦煌变文集·伍子胥变文》："成谋不说，覆水难收。"按：语本《后汉书·何进传》："国家之事，亦何容易！覆水不可收。宜深思之。"

这一类型的熟语还有：投笔从戎[1]　置之度外[2]

2. 有的是从孔稚圭作品中概括而成的。如：

【青云直上】比喻官职升得很快、很高。唐刘禹锡《寄毗陵杨给事》诗之二："青云直上无多地，却要斜飞取势回。"按：语本南朝齐孔稚圭《北山移文》："度白雪以方絜，干青云而直上。"

3. 有的是从刘义庆著作中概括而成的。如：

【倚马可待】形容文思敏捷，文章顷刻而成。唐李白《与韩荆州朝宗书》："必若接之以高宴，纵之以清谈，请日试万言，倚马可待。"按：语本南朝宋刘义

---

[1]　按：典出《后汉书·班超传》："家贫，常为官佣书以供养。久劳苦，尝辍业投笔叹曰：'大丈夫无它志略，犹当效傅介子、张骞立功异域，以取封侯，安能久事笔研间乎？'"

[2]　按：语出《后汉书·隗嚣传》："帝积苦兵间，以嚣子内侍，公孙述远据边陲，乃谓诸将曰：'且当置此两子于度外耳。'"又，又作"置诸度外"。郭沫若《南冠草》第一幕："我考虑得很纯熟。我是早把生死置诸度外的。"

庆《世说新语·文学》:"桓宣武北征,袁虎时从,被责免官。会须露布文,唤袁倚马前令作。手不辍笔,俄得七纸,绝可观。"

(九)从唐代语料概括而成的熟语

唐代的语料,在唐代的同代,从中概括形成了一些熟语。这些熟语的语料来源有:

1. 有的是从般刺密帝[1]作品中概括而成的。如:

【牛头马面】比喻各种阴险丑恶的人。《敦煌变文集·大目乾连冥间救母变文》:"目连行前至一地狱……狱中数万余人总是牛头马面。"按:语本唐般刺密帝译《楞严经》卷八:"牛头狱卒,马头罗刹,手执鎗稍,驱入城门。"

2. 有的是从韩琮作品中概括而成的。如:

【乌飞兔走】日月运行,形容光阴过得快。唐刘轲《庐山黄石岩院记》:"乌飞兔走,吾复何齿!"按:语本唐韩琮《春愁》诗:"金乌长飞玉兔走,青鬓长青古无有。"又,又作"兔走乌飞"。唐庄南杰《伤歌行》:"兔走乌飞不相见,人事依稀速如电。"

3. 有的是从李白作品中概括而成的。如:

【锦心绣口】比喻文辞优美。唐柳宗元《乞巧文》:"骈四俪六,锦心绣口。"按:语本唐李白《冬日于龙门送从弟京兆参军令问之淮南觐省序》:"兄心肝五藏,皆锦绣耶?不然,何开口成文,挥翰雾散?"

四、隋唐时期新增义项而书写形式古已有之的现代汉语熟语举例

隋唐时期已见的现代汉语熟语,其书写形式在隋唐以前就有了,但是其中沿用至今的某一义项是隋唐时期新兴的。这样的熟语主要是四音节的。下面我们按这些熟语书写形式的出现时代的先后,分类描述如下:

(一)商周已见隋唐增加新义的熟语举例

见于隋唐的现代汉语熟语,有的是商周已有相应的书写形式而隋唐增加沿用至今的新义。这类熟语,出现于商周的下列一些语料中:

1. 有的在《诗经》中就出现了相应的书写形式。如:

---

[1] 按:"般刺密帝"是梵语 pramiti 的音译,又可译作"般刺密谛"、"般刺蜜帝"。本研究统一写为"般刺密帝"。

【聊以卒岁】形容生活艰难，勉强度日，书面语。唐韦嗣立《请崇学校疏》："人无固志，罕有执不挠之怀，徇至公之节，偷安苟免，聊以卒岁。"按：此语商周已见，义为逍遥自在地过日子。《左传·襄公二十一年》叔向引《诗》[1]："优哉游哉，聊以卒岁。"

2. 有的在《周易》六十四卦中就出现了相应的书写形式。如：

【密云不雨】比喻恩泽未能施及在下的人或事情虽经酝酿但未发生。唐陈子昂《谏用刑书》："顷来亢阳僭候，密云不雨，农夫释末，瞻望嗷嗷，岂不由陛下之有圣德而不降泽于下人也。"按：此语商周已见，义为满天浓云而不下雨。《易·小畜》："密云不雨，自我西郊。"

（二）战国已见隋唐增加新义的熟语举例

见于隋唐的现代汉语熟语，有的是战国已有相应的书写形式而隋唐增加沿用至今的新义。这类在战国就有了的书写形式，出现于战国的下列一些语料中：

1. 有的在《老子》中就出现了相应的书写形式。如：

【玄之又玄】形容非常玄妙，难以理解。唐孔颖达《〈周易正义〉序》："原夫《易》理难穷，虽复玄之又玄，至于垂范作则，便是有而教有。"按：此语战国已见，义为幽昧深远，深不可测。《老子》："玄之又玄，众妙之门。"

2. 有的在《尸子》中就出现了相应的书写形式。如：

【扬清激浊】比喻抨击坏人坏事，奖励好人好事。唐房玄龄《晋书·武帝纪》："扬清激浊，举美弹违，此朕所以垂拱总纲，责成于良二千石也。"按：此语战国已见，义为冲去污水使清水飘流。《尸子·君治》："水有四德……扬清激浊，荡去滓秽，义也。"

3. 有的在《庄子》中就出现了相应的书写形式。如：

【数米而炊】形容吝啬或生活困穷。唐张鹭《朝野金载》卷一："韦庄颇读书，数米而炊，秤薪而爨，炙少一胬而觉之。"按：此语战国已见，义为数着米粒煮饭。《庄子·庚桑楚》："简发而栉，数米而炊，窃窃乎又何足以济世哉！"

4. 有的在《左传》中就出现了相应的书写形式。如：

【举棋不定】比喻做事犹豫不决。唐刘肃《大唐新语·酷忍》："长孙无忌谏曰：'晋王仁厚，守文之良主也。且举棋不定，前哲所戒。储位至重，岂宜数

---

[1]　按：这里的《诗》的内容不见于今本《诗经》，是逸诗，叔向当年见过。我们把它处理为商周作品。

易？'"按：此语战国已见，义为着棋下子犹豫不决。《左传·襄公二十五年》："弈者举棋不定，不胜其耦。"

【一鼓作气】比喻趁劲头大的时候一下子把事情完成。唐杨炯《左武卫将军成安子崔献行状》："一鼓作气，方轻肉食之谋；七旬舞干，始受昌言之拜。"按：此语战国已见，义为第一次敲鼓振作士气。《左传·庄公十年》："夫战，勇气也。一鼓作气，再而衰，三而竭。"

这一类型的熟语还有：一国三公[1]

（三）西汉已见隋唐增加新义的熟语举例

见于隋唐的现代汉语熟语，有的是西汉已有相应的书写形式而隋唐增加沿用至今的新义。这类在西汉就有了的书写形式，出现于西汉的下列一些语料中：

1. 有的在刘胜作品中就出现了相应的书写形式。如：

【龙盘虎踞】形容地势雄壮险要。唐李白《永王东巡歌》之四："龙盘虎踞帝王州，帝子金陵访古丘。"按：此语西汉已见，义为斑斓的纹理。《西京杂记》[2]卷六引西汉刘胜《文木赋》："既剥既刊，见其文章，或如龙盘虎踞，复以鸾集凤翔。"又，又写作"龙蟠虎踞"。元庚天锡《黄莺儿》套曲："残照底西风老树，据秦淮终是帝王都。爱山围水绕，龙蟠虎踞，依稀睹，六朝风物。"再，语本《太平御览》卷一五六引晋吴勃《吴录》："刘备曾使诸葛亮至京，因睹秣陵山阜，叹曰：'钟山龙盘，石头虎踞，此帝王之宅。'"

2. 有的在司马迁作品中就出现了相应的书写形式。如：

【天府之国】对四川的美称。唐陈子昂《临邛县令封君遗爱碑》："夫蜀都天府之国，金城铁冶，而俗以财雄。"按：此语西汉已见，义为土地肥沃、物产丰富的地区。《史记·留侯世家》："夫关中左殽函，右陇蜀，沃野千里，南有巴蜀之饶，北有胡苑之利，阻三面而守，独以一面东制诸侯。诸侯安定，河渭漕挽天下，西给京师；诸侯有变，顺流而下，足以委输。此所谓金城千里，天府之国也。"又，语本《战国策·秦策一》："苏秦始将连横，说秦惠王曰：'大王之国……田肥美，民殷富，战车万乘，奋击百万，沃野千里，蓄积饶多，地势形便，此所谓天府，天下之雄国也。'"

3. 有的在王褒作品中就出现了相应的书写形式。如：

---

[1]　按：此语战国已见，义为一国之中有三个主公。《左传·僖公五年》："狐裘龙茸，一国三公，吾谁适从？"

[2]　按：《西京杂记》的作者有西汉刘歆和东晋葛洪两说，在本系列研究中处理为东晋作品。

【聚精会神】形容专心致志，注意力非常集中。唐独孤及《洪州大云寺铜钟铭》："聚精会神，鸠工于其间；弘誓既达，昏疑皆破。"按：此语西汉已见，义为心神聚合，集中大家的智慧。《文选·王褒·〈圣主得贤臣颂〉》："故世平主圣，俊乂将自至，若尧、舜、禹、汤、文、武之君，获稷、契、皋陶、伊尹、吕望之臣，明明在朝，穆穆列布，聚精会神，相得益章。"

（四）东汉已见隋唐增加新义的熟语举例

见于隋唐的现代汉语熟语，有的是东汉已有相应的书写形式而隋唐增加沿用至今的新义。这类在东汉就有了的书写形式，有的在班固作品中就出现了相应的书写形式。如：

【人面兽心】形容人凶狠残暴。《晋书·孔严传》："又观顷日降附之徒，皆人面兽心，贪而无亲，难以义感。"按：此语东汉已见，义为形容人近似禽兽一样地不开化。《汉书·匈奴传赞》："被发左衽，人面兽心。"

（五）三国已见隋唐增加新义的熟语举例

见于隋唐的现代汉语熟语，有的是三国已有相应的书写形式而隋唐增加沿用至今的新义。这类在三国就有了的书写形式，有的在三国魏管辰作品中就出现了相应的书写形式。如：

【旗鼓相当】比喻双方力量不相上下。唐杨炯《从弟去溢墓志铭》："天下之宝，邦家之光。神锋太阿，旗鼓相当。"按：此语三国已见，义为两军对敌。《三国志·魏志·管辂传》"故人多爱之而不敬也"裴松之注引三国魏管辰《管辂别传》："〔辂〕问子春：'今欲与辂为对者，若府君四坐之士邪？'子春曰：'吾欲自与卿旗鼓相当。'"

（六）西晋已见隋唐增加新义的熟语举例

见于隋唐的现代汉语熟语，有的是西晋已有相应的书写形式而隋唐增加沿用至今的新义。这类西晋就有了的书写形式，有的在崔豹作品中就出现了相应的书写形式。如：

【金枝玉叶】比喻皇族子孙以及出身高贵的人。《敦煌曲子词·感皇恩》："当今圣受（寿）被（比）南山，金枝玉叶竟（尽）想（相）连。"按：此语晋代已见，义为美好的花树枝叶。西晋崔豹《古今注·舆服》："常有五色云气，金枝玉叶，止于帝上，有花蕊之象，故因而作华盖也。"

（七）南朝已见隋唐增加新义的熟语举例

见于隋唐的现代汉语熟语，有的是南朝已有相应的书写形式而隋唐增加沿用至今的新义。这类在南朝就有了的书写形式，出现于南朝的下列一些语料中：

1. 有的在范晔作品中就出现了相应的书写形式。如：

【差强人意】大体上还能令人满意。唐令狐德棻《周书·李贤传》："太祖喜曰：'李万岁所言，差强人意。'"按：此语南朝已见，本指还能振奋人们的意志。《后汉书·吴汉传》："诸将见战陈不利，或多惶惧，失其常度，汉意气自若，方整厉器械，激扬士吏。帝时遣人观大司马何为，还言方修战攻之具，乃叹曰：'吴公差强人意，隐若一敌国矣。'"

2. 有的在刘义庆作品中就出现了相应的书写形式。如：

【管中窥豹】比喻只见到事物的一小部分。唐归仁《悼罗隐》诗："管中窥豹我犹在，海上钓鳌君也沈。"按：此语南朝已见，义为从管子中看豹子。南朝宋刘义庆《世说新语·方正》："王子敬数岁时，尝看诸门生摴蒲，见有胜负，因曰：'南风不竞。'门生辈轻其小儿，乃曰：'此郎亦管中窥豹，时见一斑。'"

五、隋唐时期已见而大型工具书没有例证的现代汉语熟语举例

隋唐时期已见的现代汉语熟语，大型工具书没有举出例证。这样的熟语可以举出一些如下：

【功成不居】立了功而不把功劳归于自己。唐白居易《与崇文诏》："威力无暴，功成不居。"按：此语《大词典》无例证。又，语本《老子》："生而不有，为而不恃，功成而不居。"

六、隋唐时期已见而大型工具书始见例证较晚的现代汉语熟语举例

隋唐时期已见的现代汉语熟语，大型工具书始见例证较晚。这样的熟语可以举出一些例证如下：

【功亏一篑】比喻做一件事只差最后一点努力未能完成，含惋惜意。唐房玄龄《晋书·东海王越传赞》："长沙奉国，始终靡贰，功亏一篑，奄罹残贼。"按：这一意义《大词典》的始见例证是宋司马光《投壶新格》："夫为山九仞，功亏一篑。全壶实难，故君子贵之。"时代晚。又，此语战国已见，义为只差一筐土而未能成功。《尚书·旅獒》："为山九仞，功亏一篑。"

七、隋唐时期已见而大型工具书没有收录的现代汉语熟语举例

隋唐时期已见的现代汉语熟语，《大词典》一类的大型工具书没有收录。这样的熟语，我们举出一些例证如下：

【可乘之机】可以利用的机会。唐房玄龄《晋书·吕纂载记》："宜缮甲养锐，劝课农殖，待可乘之机，然后一举荡灭。"

【牙牙学语】婴儿咿咿呀呀地学大人说话。唐司空图《障车文》："二女则牙牙学语，五男则鴈鴈成行。"

八、隋唐时期已见而大型工具书始见例证错误的现代汉语熟语举例

隋唐时期已见的现代汉语熟语，《大词典》始见例证举例错误。这样的熟语可以举出一些例证如下：

【椎心泣血】形容极度悲痛的样子。唐陈子昂《为程处弼辞放流表》："臣每以陛下恩深，微臣命浅，尝愿湮宗灭族，获报万分。何图诚效未申，凶孽先集，逆天反道，背德辜恩，污辱门宗，亏缺臣节，此臣所以椎心泣血，仰天号咷。"按：此语《大词典》的始见例证是汉李陵《答苏武书》："何图志未立而怨已成，计未从而骨肉受刑，此陵所以仰天椎心而泣血也。"其中的"椎心而泣血"与词头不符。

【春兰秋菊】春天的兰花和秋天的菊花，比喻物各具专长。唐石贯《和主司王起》："绛帐青衿同日贵，春兰秋菊异时荣。"按：此语《大词典》的始见例证是《楚辞·九歌·礼魂》："春兰兮秋菊，长无绝兮终古。"其中的"春兰兮秋菊"与词头不符。

第三节　详尽罗列见于隋唐时期语料中的
所有现代汉语熟语

隋唐语料中已见的现代汉语熟语分为三音节熟语和四音节熟语两大类。

一、隋唐时期已见的现代汉语三音节熟语的穷尽罗列

隋唐时期已见的现代汉语三音节熟语共9个。除去前面代表性的1个例证外，剩余的8个全部罗列于下：

不解衣　　吹法螺　　得人心　　见阎王　　难为情②　　讨便宜
无奈何②　　捉迷藏①

二、隋唐时期已见的现代汉语四音节熟语的穷尽罗列

隋唐时期已见的现代汉语四音节熟语共283个。除去前面代表性的151个例证外，剩余的132个熟语，按隋唐时代的先后及音序全部罗列于下：

闭关自守	经年累月	推波助澜	跋前踬后	白璧无瑕
百无一失	包罗万象	避重就轻	别有洞天	别有天地
博古通今	补苴罅漏	不堪回首	不可告人	不可名状
不相上下	不知凡几	不自量力	承上起下[1]	叱咤风云
冲锋陷阵①	重峦叠嶂	出人意表	垂头丧气	摧眉折腰
大千世界[2]	胆战心惊	淡而无味	低首下心	地覆天翻①
颠倒是非	动辄得咎	对答如流	多事之秋	放浪形骸
风吹草动	福如东海	俯拾即是	腹背受敌	非亲非故
凫趋雀跃	高朋满座	高视阔步	高枕无忧	功败垂成
规行矩步②	海晏河清	含垢忍辱	鹤发童颜	花红柳绿①
花街柳巷	回嗔作喜[3]	悔不当初	贿赂公行	火树银花
欢声雷动	将信将疑	惊涛骇浪②	惊天动地②	慷慨激昂
牢不可破	力所能及	连篇累牍	龙马精神	龙腾虎跃
鹿死谁手	门当户对	面如土色	名存实亡	目光如炬

---

[1] 按：又写作"承上启下"，清代已见。清云江女史《宦海钟》第十八回："好在这知府是个承上启下的官儿，谅来也不会出甚么乱子，也就不去放在心上。"这一写法《大词典》未收。

[2] 按：这是佛教"三千大千世界"的省称。唐释玄奘《大唐西域记》卷第九："今王舍城将有法事，诸证果人宜时速集，捷稚声中传迦叶教，遍至三千大千世界。"

[3] 按：这里的"回嗔作喜"一本作"迥嗔作喜"。

明眸皓齿	逆水行舟	牛鬼蛇神	弄巧成拙	奴颜婢膝
萍水相逢	披肝沥胆	七步之才	强人所难	情有可原
千山万水	人杰地灵	仁人君子	三从四德	善男信女
生生世世	圣经贤传	师心自用	适逢其会	恃才傲物
说三道四	身首异处	天翻地覆①	天怒人怨	天旋地转①
亭亭玉立	同工异曲	同归于尽	贪多务得①	醍醐灌顶
头破血流	万水千山	文从字顺	文恬武嬉	无大无小①
无地自容	无所适从	无往不利	无与伦比	五湖四海
物换星移	外柔内刚	细大不捐	宵衣旰食	心猿意马
形单影只	休养生息	虚张声势	扬眉吐气	叶落归根
一事无成	一无所有	一衣带水	一掷千金	衣锦还乡
颐指气使	义不容辞	有头无尾	有朝一日	玉洁冰清
炙手可热	自作自受			

第四节 本章小结

1. 本章论述的是见于隋唐时期的现代汉语熟语。

2. 隋唐时期的汉语熟语分为广义的和狭义的两类。广义的隋唐熟语指的是在隋唐时期的语料中使用的熟语，而狭义的隋唐熟语指的是隋唐时期语料中的新兴熟语。我们的研究属于广义的隋唐熟语。

3. 研究隋唐时期的汉语熟语，代表性的语料约有 187 种。其中专书语料 46 种，单篇作品语料 141 种。

4. 隋唐时期已见的现代汉语熟语 292 个，占现代汉语熟语结构总数的 4.28%。

5. 隋唐时期已见的现代汉语熟语分为三音节熟语和四音节熟语两大类。其中，三音节熟语 9 个，四音节熟语 283 个。

6. 隋唐时期已见的这 292 个现代汉语熟语，绝大多数是这个时代新兴的，这为我们研究隋唐时期汉语的新兴熟语划定了一个大致的研究范围，使得我们的研究能节约时间，事半功倍。当然，随着隋唐语言研究成果的不断涌现，其中也有个别熟语的时代还可以提前到隋唐以前的各个历史时期。

第三编

近代汉语中已见的
现代汉语熟语

　　近代汉语是吕叔湘先生提出的，在具体研究的过程中，其上限和下限学界存在一些争议。我们所讲的近代汉语指的是五代到清代的汉语，从公元907年到公元1899年，时间约1000年。近代汉语是汉语的大发展时期，是现代汉语词汇的形成时期，语料多，新兴的语言现象也很多，值得深入细致地研究。20世纪40年代，吕叔湘先生提倡重视近代汉语的研究，但是响应者寥寥。到了20世纪80年代，近代汉语的研究成为语言学界研究的热点。到今天，通过30多年的研究，近代汉语的研究已取得丰硕的成果。

　　近代汉语语料中已见的现代汉语熟语2624个，占现代汉语熟语结构总数的38.48%。

第十一章

五代宋金已见的现代汉语熟语

五代宋金时期从后梁太祖朱温到金哀宗完颜守绪，总共经历了五代、宋代、辽代、金代 4 个朝代的 49 个皇帝。时间从公元 907 年到公元 1279 年，总计 372 年。

五代宋金时期已见的现代汉语熟语 659 个，占现代汉语熟语结构总数的 9.66%。其中，五代 25 个，宋代 622 个，金代 12 个，辽代没有。五代宋金熟语又分为三音节、四音节、五音节、六音节四类。其中，三音节熟语 18 个，四音节熟语 639 个，五音节熟语 1 个，六音节熟语 1 个。

第一节 研究五代宋金熟语的代表性语料概述

五代宋金时期的语料，分为专书语料和单篇作品语料两类。

五代已见的现代汉语熟语 25 个。

研究五代的熟语，代表性的专书语料约有 4 位作者 4 部专书。现代汉语的熟语，见于五代专书语料中的有 21 个。具体分布概述如下：

何光远《鉴诫录》1 个，静、筠禅师《祖堂集》2 个，刘昫《旧唐书》17 个，王定保《唐摭言》1 个。

研究五代的熟语，代表性的单篇作品语料有 4 位作者 4 篇作品。现代汉语的熟语，见于五代单篇语料中的有 4 个。具体分布概述如下：

杜光庭《胡常侍修黄箓斋词》1 个，和凝《江城子》1 个，齐己《病中勉送小师往清凉山礼大圣》1 个，沈彬《赠刘象》1 个。

宋代已见的现代汉语熟语 622 个。

研究宋代的熟语，代表性的专书语料有 107 位作者 123 部专书。现代汉语的熟语，见于宋代专书语料中的有 299 个。具体分布概述如下：

宝林《宝林禅师语录》2 个，毕仲询《幕府燕闲录》1 个，蔡绦《铁围山丛谈》1 个，晁说之《晁氏客语》1 个，陈昉《颍川语小》1 个，陈澔《礼记集说》1 个，陈骙《文则》1 个，陈善《扪虱新话》1 个，陈抟《心相编》2 个，程颐《二程语录》1 个，道原《景德传灯录》8 个，法印《禅宗颂古联珠通集》1 个，方信孺《南海百咏》1 个，费枢《钓矶立谈》1 个，灌圃耐得翁《都城纪胜》1 个，郭若虚《图画见闻志》1 个，洪迈《容斋续笔》1 个、《容斋三笔》2 个、《容斋四笔》1 个、《夷坚支志》4 个，胡继宗《书言故事》1 个，胡太初《昼帘绪论》2 个，胡寅《致堂读书管见》1 个，胡仔《苕溪渔隐丛话后集》6 个，华岳《翠微南征录》1 个，克勤《圆悟佛果禅师语录》1 个，李如篪《东园丛说》1 个，李焘《续资治通鉴长编》4 个，李涂《文章精义》1 个，李攸《宋朝事实》1 个，刘攽《中山诗话》1 个，刘斧《青琐高议》1 个，刘克庄《诗话》[1]2 个，陆九渊《语录》1 个，陆游《老学庵笔记》1 个、《南唐书》1 个，罗大经《鹤林玉露》9 个，罗烨《醉翁谈录》1 个，吕本中《紫微杂说》1 个，吕祖谦《东莱博议》1 个，欧阳修《新五代史》1 个，普济《五灯会元》20 个，钱时《两汉笔记》1 个，钱易《南部新书》2 个，邵博《闻见后录》1 个，邵伯温《闻见前录》2 个，沈括《梦溪笔谈》2 个，沈作喆《寓简》1 个，宋祁《新唐书》6 个，苏轼《东坡志林》3 个，苏象先《丞相魏公谭训》1 个，苏辙《龙川别志》1 个，司马光《司马氏书仪》1 个、《涑水纪闻》1 个、《资治通鉴》8 个，孙光宪《北梦琐言》2 个，孙奕《履斋示儿编》1 个，陶岳《荆湖近事》1 个，汪伯彦《建炎中兴日历》1 个，王安石《洪范传》2 个，王谠《唐语林》1 个，王楙《野客丛书》2 个，王明清《挥麈录》1 个、《挥麈后录》3 个、《摭青杂说》1 个，王钦若《册府元龟》1 个，王应麟《困学纪闻》1 个，魏泰《东轩笔录》2 个，文惟简《虏廷事实》1 个，文莹《湘山野录》1 个，吴曾《能改斋漫录》1 个，吴自牧《梦粱录》3 个，无名氏《爱日斋丛钞》1 个，无名氏《错立身》3 个，无名氏《京本通俗小说》22 个，无名氏《李师师外传》1 个，无名氏《新编五代史平话》3 个，无名氏

---

[1] 按：这里的《诗话》即《后村诗话》的省称，《后村诗话》分为前集、后集、续集、新集四个部分，故又引作《诗话前集》。

《宣和遗事》4个，无名氏《张协状元》3个，无名氏《咸淳遗事》1个，晓莹《罗湖野录》1个，徐梦莘《三朝北盟会编》1个，薛居正《旧五代史》6个，延寿《宗镜录》1个，严羽《沧浪诗话》4个，叶梦得《避暑录话》1个、《石林诗话》2个，叶绍翁《四朝闻见录》1个，尤袤《全唐诗话》1个，俞德邻《佩韦斋辑闻》1个，俞文豹《吹剑录》2个，袁采《袁氏世范》1个，袁枢《通鉴纪事本末》1个，袁文《瓮牖闲评》2个，岳珂《桯史》2个，赜藏《古尊宿语录》1个，张邦基《墨庄漫录》1个，张淏《云谷杂记》1个，张洪等《朱子读书法》1个，张泊《贾氏谭录》1个，张君房《云笈七签》3个，张齐贤《洛阳搢绅旧闻记》2个，张栻《癸巳论语解》1个，张世南《游宦纪闻》1个，赵鼎臣《竹隐畸士集》1个，赵彦卫《云麓漫钞》1个，曾极《金陵百咏》1个，曾慥《类说》1个，周辉《清波杂志》3个，朱晖《绝倒录》1个，周密《癸辛杂识别集》1个、《浩然斋雅谈》1个、《齐东野语》3个、《武林旧事》1个，朱弁《曲洧旧闻》1个，朱熹《诗集传》1个、《四书集注》10个、《童蒙须知》1个、《朱子全书》4个、《朱子语类》41个，朱象贤《闻见偶录》1个，朱彧《萍洲可谈》1个，庄绰《鸡肋编》2个。

研究宋代的熟语，代表性的单篇作品语料有112位作者309篇作品。现代汉语的熟语，见于宋代单篇作品语料中的有322个。具体分布概括如下：

晁补之《上皇帝论北事书》1个，陈杰《穷居》1个，陈亮《重建紫霄观记》1个、《皇帝正谢表》1个、《送陈给事去国启》1个、《送徐子才赴富阳序》1个、《戊申再上孝宗皇帝书》2个、《谢罗尚书启》2个、《谢曾察院启》1个、《与吕伯恭正字书》1个、《与王季海丞相书》1个，陈师道《刘道原画像赞》1个，陈文蔚《朱先生叙述》1个，陈与义《道中寒食》1个，陈著《贺新郎·次韵戴时芳》1个，程节斋《沁园春·贺新冠》1个，程颐《明道先生行状》1个、《与方元寀手帖》1个，戴复古《和郑润甫提举见寄》1个，范成大《论勤政疏》1个、《送文处厚归蜀类试》1个、《惜分飞》1个、《与至先兄游诸园看牡丹三日行遍》1个、《元日》1个，范仲淹《淡交若水赋》1个、《尧舜率天下以仁赋》1个、《岳阳楼记》3个，高登《觅蠹椽》1个、《上渊圣皇帝书》1个，高斯得《跋赵通所受徽宗皇帝御笔》1个、《转对奏札》1个，葛长庚《酹江月·罗浮赋别》1个，胡宿《乞杨安国改官》1个，黄干《复黄会聊》1个、《复李随甫书》1个，黄庭坚《长句谢陈适用惠送吴南雄所赠纸》1个、《代人求知人书》1个、《和答赵令同前韵》1个、《濂溪诗》序1个、《了了庵颂》1个、《蓦山溪》1个、《四休居士》诗序 1 个、《谢黔州安置表》1 个、《赠别李次翁》1 个，华岳《白面渡》1 个，惠洪《题古塔主两种自己》1 个，洪适《满江红》1 个，姜夔《白石诗话》1 个、《送项平甫倅池阳》1 个，李纲《论节制之兵》1 个、《议巡幸》1 个、《玉局有眉子石砚歌予来沙阳独携一圆砚乃眉子石也戏次其韵》1 个，李光《与胡邦衡书》1 个，李朴《中秋》1 个，李清照《打马赋》1 个，李文叔《书战国策后》[1]1 个，李曾伯《代襄阃回陈总领贺转官》1 个、《水龙吟》1 个，李之仪《与荣天和手简》之九 1 个，林景熙《永嘉县重建法空院记》1 个，林正大《括沁园春》1 个，刘安世《论韩玠差除不当第三》1 个、《应诏言事》1 个，刘辰翁《意难忘·元宵雨》1 个，刘过《登升元阁故基》1 个、《四字令》1 个，刘克庄《跋刘叔安〈感秋八词〉》1 个、《代谢西山启》1 个、《李艮翁礼部墓志铭》1 个、《沁园春·寄竹溪》1 个、《水龙吟·己亥自寿》之二 1 个、《水龙吟·林中书生日》1 个、《铁庵方阁学墓志铭》1 个、《西山真文忠公行状》1 个、《用居后弟强甫韵》之九 1 个、《杂记六言诗》之二 1 个、《再跋陈禹锡〈杜诗补注〉》1 个、《诸公载酒贺余休致水村农卿有诗次韵》之十 1 个，刘仙伦《贺新郎·寿王侍郎简卿》1 个，刘宰《鸦去鹊来篇》1 个，刘子翚《送翁德功序》1 个，柳开《阙题》1 个，柳永《倾杯乐》1 个、《夏云峰》1 个，楼钥《次韵沈使君怀浮图梅花》1 个、《〈洪文安公小隐集〉序》1 个、《送叔韶弟宰华亭》1 个、《送袁恭安赴江州节推》1 个、《通邵领判范启》1 个、《杨惠懿公傔覆谥议》1 个，陆九渊《与徐子宜书》之二 1 个，陆游《长风沙》1 个、《冬夜读书有感》1 个、《对酒》1 个、《〈方德亨诗集〉序》1 个、《敷净人求僧赞》1 个、《贺施知院启》1 个、《六月二十四日夜分，梦范至能、李知几、尤延之同集江亭，诸公请予赋诗，记江湖之乐，诗成而觉，忘数字而已》1 个、《梦入禅林有老宿方升座或云通悟禅师也》1 个、《秋风亭拜寇莱公遗像》1 个、《秋获歌》1 个、《秋思》1 个、《秋兴》1 个、《书叹》1 个、《送辛幼安殿撰造朝》1 个、《听雨》1 个、《闻虏乱有感》1 个、《谢梁右相启》1 个、《谢台谏启》1 个、《严州乌龙广济庙碑》1 个、《夜宿阳山矶将晓大雨北风甚劲俄顷行三百余里遂抵雁翅浦》1 个、《雨》1 个、《与赵都大启》1 个、《丈人观》1 个，吕本中《庵居》1 个，吕南公《君益惠竹杖》1 个，吕颐浩《辞免赴召乞纳节致仕札子》1 个，吕祖谦《晋论》1 个、《为梁参政作乞解罢政事表》之二 1 个，毛滂《祭郑庭诲文》1 个，梅尧臣《九月六日登舟再和潘歙州纸砚》1 个，穆修

---

[1]　按：李文叔即李清照的父亲李格非，字文叔。

《上监判邢郎中书》1个，牟巘《四安道中所见》诗之二二1个，倪思《干谒》1个，欧阳修《辞特转吏部侍郎表》1个、《六一居士传》1个、《论删去正义中谶纬札子》1个、《乞定两制员数札子》1个、《相州昼锦堂记》1个、《与梅圣俞书》1个、《与王懿敏公书》1个、《纵囚论》1个、《醉翁亭记》2个，钱处仁《醉蓬莱》1个，秦观《代谢中书舍人启》1个、《盗贼中》1个、《将帅》1个、《李训论》1个、《谢王学士书》1个，阮逸《〈文中子中说〉序》1个，邵雍《代书寄前洛阳簿陆刚叔秘校》1个、《落花吟》1个，沈括《进守令图表二》1个，石介《答欧阳永叔书》1个，司马光《辞入对小殿札子》1个、《和王介甫巫山高》1个、《进〈资治通鉴〉表》1个、《乞开言路札子》1个、《乞开言路状》1个、《请建储副或进用宗室第一状》1个、《上庞枢密论贝州事宜书》1个、《奏弹王安石表》1个，苏轼《八月十七复登望海楼》1个、《赤壁赋》1个、《春夜》1个、《答陈季常书》1个、《代侯公说项羽辞》1个、《蝶恋花·佳人》1个、《定州到任谢执政启》1个、《贺欧阳少师致仕启》1个、《将至筠先寄迟适远三犹子》1个、《林希中书舍人》1个、《六观堂老人草书诗》1个、《满庭芳六首》之二1个、《密州谢表》1个、《拟孙权答曹操书》1个、《乞开杭州西湖状》1个、《前赤壁赋》1个、《裙靴铭》1个、《上皇帝书》1个、《上知府王龙图书》1个、《上执政乞度牒赈济及因修廨宇书》2个、《十八大阿罗汉颂》1个、《水调歌头·丙辰中秋欢饮达旦大醉作此篇兼怀子由》1个、《扬州到任谢表》1个、《叶嘉传》1个、《与参寥》1个、《与李之仪》1个、《与谢民师推官书》1个、《与叶进叔书》1个、《再乞罢详定役法状》1个、《朝辞赴定州论事状》1个、《赠善相程杰》1个、《中和胜相院记》1个，苏舜钦《石曼卿诗集序》1个、《上范公参政书》1个，苏洵《管仲论》1个，苏辙《思归》1个，田昼《筑长堤》1个，汪应辰《题续池阳集》1个、《与朱元晦书》之三1个，汪元量《读史》1个，汪藻《鲍吏部集序》1个、《翠微堂记》1个，王安石《答司马谏议书》1个、《回苏子瞻简》1个、《再用前韵寄蔡天启》1个，王回《霍丘县驿记》1个，王令《寄满子权》1个，王迈《上何帅启》1个，王十朋《答李丞务》1个、《南州春色》1个、《送表叔贾元范赴省试序》1个、《县学别同舍》1个，王禹偁《待漏院记》1个、《杜伏威传赞》1个、《畲田词》序1个，王灼《再次韵晁子兴》之三1个，魏了翁《陛辞奏定国论别人才回天怒图民怨》1个、《杜隐君希仲墓志铭》1个、《画一榜谕将士》1个、《江陵州丛兰精舍记》1个、《缴奏奉使复命十事》1个、《直前奏六未喻及邪正二论》2个，文天祥《杜架阁》之二1个、《贺何尉书》1个、《贺前人正》1个、《纪事》诗序1个、

《己未上皇帝书》1个、《齐魏两国夫人行实》1个、《送僧了敬序》1个、《与洪端明云岩书》1个、《御试策》3个、《知潮州寺丞东岩先生洪公行状》1个、《〈指南录〉后序》1个，吴儆《上蒋枢密书》1个，吴潜《望江南》1个，吴镒《上陈丞相书》1个，吴泳《赋半斋送张清卿分教嘉定》1个，夏元鼎《满庭芳》1个，辛弃疾《淳熙己亥论盗贼札子》1个、《贺新郎·和徐斯远下第谢诸公载酒相访韵》1个、《九议》1个、《恋绣衾·无题》1个、《美芹十论》1个、《南乡子·赠妓》1个、《永遇乐·京口北固亭怀古》1个、《永遇乐·送陈光宗知县》1个，徐铉《亚元舍人猥贻佳作因为长歌聊以为报》1个，许月卿《次韵陈肇芳竿赠李相士》2个，杨时用语1个，杨万里《不寐》1个、《答福帅张子仪尚书》1个、《答隆兴张尚书》1个、《范公亭记》1个、《眉山任公〈小丑集〉序》1个、《清晓洪泽放闸》之一1个、《谒永佑陵归途游龙瑞宫观禹穴》1个、《远明楼记》1个，杨亿《始皇》1个，叶适《答少詹书》1个、《淮西论铁钱五事状》1个、《谢除宝谟阁直学士提举凤翔府上清太平宫表》1个、《庄子》[1]1个，袁甫《励志铭赠朱冠之》1个、《中书舍人直前奏事札子》1个，岳珂《英光堂帖赞》1个，张纲《乞修战船札子》1个，张耒《腊初小雪后圃梅开》之二1个、《山海》2个、《司马迁论下》1个，张抡《阮郎归·咏夏》之七1个、《阮郎归》1个，张商英《护法论》1个、《宗禅辩》1个，张守《题锁树谏图后》1个，张先《木兰花》1个，张孝祥《念奴娇·过洞庭》1个、《虞美人·赠卢坚叔》1个，张元干《跋苏庭藻隶书后》1个、《瑞鹧鸪·彭德器出示胡邦衡新句次韵》1个，赵长卿《贺新郎》1个，赵蕃《早到超果寺》1个、《赠耆英见过》之一1个，真德秀《再守泉州劝谕文》2个，曾巩《亳州谢到任表》1个、《太祖皇帝总序》1个、《叙盗》1个，曾晞颜《贺新郎·贺耐轩周府尹》1个，郑樵《与景韦兄投宇文枢密书》1个，郑兴裔《请罢建康行宫疏》2个，宗泽《请宁国再开堂疏》1个，周敦颐《拙赋》1个，周密《清平乐·横玉亭秋倚》1个，周行己《上宰相书》1个、《与佛月大师书》1个，朱淑真《自责》诗之一1个，朱熹《抄二南寄平父因题此诗》1个、《丞相李公奏议后序》1个、《辞免江东提刑奏状二》1个、《答程正思书》1个、《答方宾王书》1个、《答胡伯逢书》1个、《答黄直卿书》1个、《答江德功书》1个、《答林择之书》1个、《答吕伯恭书》1个、《答汪长孺书》1个、《答叶味道书》

---

[1] 按：这里的《庄子》，指的是宋代叶适的文章篇名《庄子》，而不是战国庄周的《庄子》这部书。

1个、《答周南仲书》1个、《答周益公书》1个、《己丑与汪尚书书》1个、《己酉拟上封事》1个、《经筵留身面陈四事札子》1个、《王梅溪文集序》1个、《谢上蔡语录后序》1个、《与范直阁书》1个、《与留丞相札子》1个、《与芮国器书》1个。

金代已见的现代汉语熟语12个。

研究金代的熟语，代表性的专书语料1个作者1种专书。现代汉语的熟语，见于金代专书语料中的有4个。这1种专书即董解元《西厢记诸宫调》。

研究金代的熟语，代表性的单篇作品语料有6位作者8篇作品。现代汉语的熟语，见于金代单篇作品语料中的有8个。具体分布概括如下：

段克己《临江仙·寿周景纯》1个，马钰《苏幕遮·看送孝》1个，丘处机《大丹直指序》1个、《水龙吟·春兴》1个，王若虚《贫士叹》1个，元好问《恒州刺史马君神道碑》1个、《西楼曲》1个，周昂《题邹公所藏〈渊明归去来图〉诗》1个。

这些语料是研究五代宋金熟语的主要语料。对它们进行深入研究，可以发现，现代汉语的熟语，从广义的历史层次来看，大约有659个熟语已经在五代宋金时期出现了。

第二节　见于五代宋金的代表性的现代汉语熟语举例

我们所说的见于五代宋金时期的代表性的熟语，指的是五代宋金时期的某些熟语，在书写形式上前代、同代或后代有多种同义写法，或者在来源上有些特点，或者五代宋金时代已见而有的大型工具书没有收录或始见例证偏晚或举例错误，或者书写形式五代宋金以前就有但是五代宋金增加了沿用至今的新义，等等。这些类型的熟语，它们都需要做些说明。我们的说明全部采用按语的形式，在每个熟语的后面注明。本部分的内容，按音序排列。见于五代宋金时期的代表性的现代汉语熟语分类举例如下。

一、五代宋金时期已见的具有异形写法的现代汉语熟语举例

（一）五代已见的具有异形写法的现代汉语熟语举例

据我们的调查，现代汉语中见于五代时期的有些熟语，前代、后代、同代又有同义、近义等多种写法出现。这样的熟语主要是四音节的，它们又可分为下面一些类型：

1. 具有一种异形写法的四音节熟语举例

五代已见的现代汉语四音节熟语，除了约定俗成的书写形式外，有的还有另外一种异形写法。根据这些熟语的异形写法的出现时代，我们分类描述如下：

（1）有的另一种异形写法出现于五代以前的战国。如：

【众志成城】比喻众人团结一致克服困难，取得成功。五代何光远《鉴诫录·陪臣谏》："四海归仁，众志成城，天下治理。"按：又作"众心成城"，战国已见。《国语·周语下》："众心成城，众口铄金。"

（2）有的另一种异形写法出现于五代以前的东汉。如：

【雄才大略】杰出的才智和宏大的谋略。《旧唐书·李密传》："以足下之雄才大略，士马精勇，席卷二京，诛灭暴虐，则隋氏之不足亡也。"按：又作"雄材大略"，东汉已见。《汉书·武帝纪赞》："如武帝之雄材大略，不改文景之恭俭以济斯民，虽《诗》《书》所称何有加焉！"

（3）有的另一种异形写法出现于五代以前的三国。如：

【无坚不摧】形容力量强大。《旧唐书·孔巢父传》："若蒙见用，无坚不摧。"按：又作"无坚不陷"，三国已见。三国魏曹操《表称乐进于禁张辽》："每临战攻，常为率督，奋强突固，无坚不陷。"

（4）有的另一种异形写法出现于五代以后的金代。如：

【随机应变】随着情况的变化灵活应付。《旧唐书·郭孝恪传》："请固武牢，屯军泛水，随机应变，则易为克殄。"按：又作"随机达变"。金李纯甫《水龙吟》词："和光混俗，随机达变，有何不可。清浊从他，醉醒由己，分明识破。"

2. 具有两种异形写法的熟语举例

五代已见的现代汉语熟语，除了约定俗成的书写形式外，有的还有两种异形写法。这些熟语的两种异形写法，按时代的不同，又可以进一步的分类。有的两种异形写法都出现于五代以前，其中一种见于战国，一种见于唐代。如：

【骄奢淫逸】骄横奢侈，荒淫无度。《旧唐书·柳泽传》："石碏曰：'臣闻爱子，教之以义方，不纳于邪，骄奢淫逸，所自邪也。'"按：又写作"骄奢淫泆"、"骄奢淫佚"。《左传·隐公三年》："臣闻爱子，教之以义方，弗纳于邪。骄奢淫泆，所自邪也。"唐房玄龄《晋书·贾充杨骏传论》："杨骏阶缘宠幸，遂荷栋梁之任，敬之犹恐弗逮，骄奢淫佚，庸可免乎？"

3. 具有三种异形写法的熟语举例

五代已见的现代汉语四音节熟语，除了约定俗成的书写形式外，有的还有三种异形写法。这些熟语的三种异形写法，情况又有多种。有的三种异形写法，一种出现于五代以前的商周，一种出现于五代以前的唐代，一种出现于五代以后的宋代。如：

【多才多艺】具有多方面的才能和技艺。《旧唐书·刘洎传》："伏惟陛下诞睿膺图，登庸历试。多才多艺，道著于匡时；允文允武，功成于纂祀。"按：又写作"多材多艺"、"多艺多才"、"多能多艺"。《尚书·金縢》："予仁若考，能多材多艺，能事鬼神。乃元孙不若旦多材多艺，不能事鬼神，乃命于帝庭，敷佑四方。"《南史·梁纪下·敬帝》："高祖固天攸纵，聪明稽古，道亚生知，学为博物，允文允武，多艺多才。"宋梅尧臣《乞巧赋》："技之巧不过多能艺，使尔多能多艺，则艺成而迹卑。"

（二）宋代已见的具有异形写法的现代汉语熟语举例

据我们的调查，现代汉语中见于宋代的一些熟语，前代、后代、同代有同义、近义等多种写法出现。这样的熟语主要是四音节的。我们依据异形写法数量的多少及出现时代的先后，分类描述如下：

1. 具有一种异形写法的四音节熟语举例

宋代已见的现代汉语四音节熟语，除了约定俗成的书写形式外，有的还有一种异形写法。这些熟语的异形写法，有的出现于宋代以前的各个历史时期，有的出现于宋代的同代，有的出现于宋代以后的各历史时期。

（1）出现于宋代以前的各个历史时期的具有一种异形写法的四音节熟语举例

宋代已见的具有一种异形写法的现代汉语四音节熟语，这些异形写法涉及到的宋代以前的时代有战国、西汉、三国、唐代、五代等。

① 有的另一种异形写法出现于战国。如：

【博闻强识】见闻广博，记忆力强。宋苏轼《林希中书舍人》："具官林希，博闻强识，笃学力行，绰有建安之风。"按：又写作"博闻彊识"，战国已见。《礼记·曲礼上》："博闻彊识而让，敦善行而不怠，谓之君子。"

【疾首蹙额】形容厌恶、痛恨的样子。宋陆九渊《与徐子宜书》之二："良民善士，疾首蹙额，饮恨吞声，而无所控诉。"按：又写作"疾首蹙頞"，战国已见。《孟子·梁惠王下》："今王鼓乐于此，百姓闻王钟鼓之声，管钥之音，举疾首蹙頞而相告曰：'吾王之好鼓乐，夫何使我至于此极也，父子不相见，兄弟妻子离散。'"

这一类型的熟语还有：外强中干[1]　万无一失[2]

② 有的另一种异形写法出现于西汉。如：

【间不容发】② 比喻时间紧迫，情势危急。宋司马光《请建储副或进用宗室第一状》："此明白之理，皎如日月，得失之几，间不容发。"按：又写作"閒不容发"，西汉已见。汉枚乘《上书谏吴王》："系绝于天，不可复结；坠入深渊，难以复出。其出不出，閒不容发。"

这一类型的熟语还有：筚簬篮缕[3]　奉公守法[4]

③ 有的另一种异形写法出现于三国。如：

【科头跣足】不戴帽子又不穿鞋子，形容困苦或生活散漫。宋田昼《筑长堤》诗："科头跣足不得稽，要与官长修长堤。"按：又作"科头徒跣"，三国已见。《三国志·魏志·胡昭传》"昭善史书"裴松之注引三国魏鱼豢《魏略》："饥不苟食，寒不苟衣，结草以为裳，科头徒跣。"

④ 有的另一种异形写法出现于唐代。如：

【粉身碎骨】身躯粉碎，指牺牲性命。宋苏轼《叶嘉传》："臣山薮猥士，幸惟陛下采择至此。可以利生，虽粉身碎骨，臣不辞也。"按：又写作"粉身灰骨"，唐代已见。唐张鷟《游仙窟》："玉馔珍奇，非常厚重，粉身灰骨，不能酬谢。"

【焕然一新】形容出现崭新的局面。宋陆游《老学庵笔记》卷八："宣和末，

---

[1]　按：又作"外彊中干"，战国已见。《左传·僖公十五年》："乱气狡愤，阴血周作，张脉偾兴，外彊中干。"

[2]　按：又作"万不失一"，战国已见。《韩非子·解老》："治乡治邦莅天下者，各以此科适观息耗则万不失一。"

[3]　按：又写作"荜露蓝蒌"，西汉已见。《史记·楚世家》："昔我先王熊绎辟在荆山，荜露蓝蒌，以处草莽。"

[4]　按：又写作"奉公如法"，西汉已见。《史记·廉颇蔺相如列传》："以君之贵，奉公如法则上下平。"

有巨商舍三万缗，装饰泗洲普照塔，焕然一新。"按：又写作"焕然如新"，唐代已见。唐张彦远《历代名画记·论鉴识收藏购求阅玩》："其有晋宋名迹，焕然如新，已历数百年，纸素彩色未甚败。"

这一类型的熟语，还有下面这些：

少安毋躁[1]　身强力壮[2]　雪中送炭[3]　摇头摆尾[4]　吟风弄月[5]

⑤ 有的另一种异形写法出现于五代。如：

【獐头鼠目】形容相貌猥琐而心术不正。宋陆游《梦入禅林有老宿方升座或云通悟禅师也》诗："尘埃车马何憧憧，獐头鼠目厌妄庸；乐哉梦见德人容，巍巍堂堂人中龙。"按：又作"麞头鼠目"，五代已见。《旧唐书·李揆传》："初，揆秉政，侍中苗晋卿累荐元载为重官。揆自恃门望，以载地寒，意甚轻易，不纳，而谓晋卿曰：'龙章凤姿之士不见用，麞头鼠目之子乃求官。'"

（2）出现于宋代同代的具有一种异形写法的四音节熟语举例

宋代已见的具有一种异形写法的现代汉语四音节熟语，有的另一种异形写法出现于宋代同代的专书语料和单篇作品语料中。

① 另一种异形写法出现于宋代同代的专书语料

宋代已见的现代汉语四音节熟语的另一种异形写法，涉及到的宋代同代的专书语料有陈正敏《遯斋闲览》、道原《景德传灯录》、司马光《资治通鉴》、王楙《野客丛书》、吴曾《能改斋漫录》、无名氏《张协状元》、张载《张子语录后录下》、朱熹《朱子语类》，等等。如：

【跋山涉水】形容远道奔波之苦。宋王回《霍丘县驿记》："故虽跋山涉水，荒陋遐僻之城，具宗庙社稷者一不敢缺焉。"按：又写作"跋山涉川"。宋吴曾《能改斋漫录·事实二》："过家上冢，恩章尽得于哀荣；跋山涉川，之任敢辞于艰险。"

---

[1]　按：又作"少安无躁"，唐代已见。唐韩愈《答吕医山人书》："方将坐足下三浴而三熏之，听仆所为，少安无躁。"

[2]　按：又作"身强力健"，唐代已见。《敦煌变文集·伍子胥变文》："兵众各自平章：王见怒蜗犹自下马抱之，我等亦须努力，身强力健，王见我等，还如怒蜗相似。"

[3]　按：又作"雪里送炭"。唐德行禅师《四字经·甲乙》："雪里送炭。"

[4]　按：又作"摇头拼尾"，唐代已见。《敦煌变文集·降魔变文》："亦有雪山象王，金毛狮子，震目扬眉，张牙切齿，奋迅毛衣，摇头拼尾。"

[5]　按：又作"吟风咏月"，唐代已见。唐范传正《李翰林白墓志铭》："吟风咏月，席地幕天，但贵其适所以适，不知夫所以然而然。"

【改弦易辙】比喻改变方向、做法或态度。宋李焘《续资治通鉴长编·太宗至道三年》："当此之时，若不能改弦易辙，则前日之患未艾也。"按：又写作"改絃易辙"。宋王楙《野客丛书·张杜皆有后》："且如杜周，亦以酷恶著名，而得全首领以殁，亦可谓幸免矣，使其子孙改絃易辙，务从宽厚，亦足以盖其父之愆。"

这一类型的熟语，还有下面这些：

匹马单枪[1]　四面八方[2]　心满意足[3]　严阵以待[4]　一刀两断[5]
一念之差[6]

② 另一种异形写法出现于宋代同代的单篇作品语料

宋代已见的现代汉语四音节熟语的另一种异形写法，涉及到的宋代同代的单篇作品语料有程颐的话语、刘克庄《江咨龙注梅百咏》、陆游《居室记》、苏轼《次韵米黻二王书跋尾》、吴自牧《梦粱录序》、陶佃《王君仪》诗、朱熹《答胡季随书》及《乞追还待制职名及守本官致仕奏状》，等等。如：

【巧取豪夺】用欺诈的手段取得。宋刘克庄《铁庵方阁学墓志铭》："公儒者，未尝行巧取豪夺之政。"按：又作"巧偷豪夺"。宋苏轼《次韵米黻二王书跋尾》之一："怪君何处得此本，上有桓玄寒具油；巧偷豪夺古来有，一笑谁似痴虎头？"

【依然故我】指人的思想、行为等还是原来的样子，贬义。宋陈著《贺新郎·次韵戴时芳》词："谁料腥埃妨阔步，孤瘦依然故我。"按：又作"依然故吾"。宋吴自牧《梦粱录序》："昔人卧一炊顷，而平生事业扬历皆遍，及觉则依然故吾，始知其为梦也。"[7]

---

[1]　按：又写作"匹马单鎗"。《朱子语类》卷一二〇："须是勇猛向前，匹马单鎗做将去看如何，只管怕个甚么？"

[2]　按：又作"四方八面"。宋道原《景德传灯录·怀岳禅师》："忽遇四方八面来怎么生？"

[3]　按：又作"心满愿足"。宋无名氏《张协状元》戏文第四二出："我们得那女儿在此，真个心满愿足。"

[4]　按：又作"严陈以待"。《资治通鉴·汉光武帝建武三年》："赤眉余众东向宜阳。甲辰，帝亲勒六军，严陈以待之。"

[5]　按：又作"一刀两段"。宋张载《张子语录后录下》："圣人发愤忘食，乐以忘忧。发愤便忘食，乐便忘忧，直是一刀两段，千了百当。"

[6]　按：又作"一念之误"。曾慥《类说》卷四七引宋陈正敏《遯斋闲览·口中芙渠花香》："此人前身为尼，诵《法华经》二十年，一念之误，乃至于此。"

[7]　按："依然故我"，《现代汉语词典》第7版第1542页作"依然固我"。这一书写形式的文献例证：熊逸《八戒说禅》57："但大雨若是落到大海里，海水却不增不减，依然固我。"

这一类型的熟语，还有下面这些：

苟延残喘[1]　节外生枝[2]　节衣缩食[3]　物极必反[4]　云消雾散[5]

逐字逐句[6]

（3）出现于宋代以后的时代的具有一种异形写法的四音节熟语举例

宋代已见的具有一种异形写法的现代汉语四音节熟语，有的另一种异形写法出现于宋代以后的元、明、清及 20 世纪 4 个时期。

① 另一种异形写法出现于宋代以后的元代

宋代已见的现代汉语四音节熟语，其另一种异形写法出现于元代。这些元代出现的异形写法，涉及到的元代语料有武汉臣《生金阁》。如：

【三言两语】指很少的几句话。宋吴潜《望江南》词："六宇五胡生口面，三言两语费颜情，赢得鬓星星。"按：又作"三言两句"。元武汉臣《生金阁》第二折："哥哥你放心者，老身到那里，不消三言两句，管教他随顺哥哥便了。"

② 另一种异形写法出现于宋代以后的明代

宋代已见的现代汉语四音节熟语，其另一种异形写法出现于明代。这些明代出现的异形写法，涉及到的明代专书语料有胡文焕《群音类选》、梁辰鱼《浣纱记》、余继登《典故纪闻》等，涉及到的明代单篇作品语料有海瑞《改折禄米仓粮疏》、李时勉《北京赋》、李贽《与城老书》、张岱《皇华考序》及《又枯木竹石臂阁铭》，等等。这类熟语代表性的例证如下：

【欢欣鼓舞】形容非常高兴振奋。宋苏轼《上知府王龙图书》："自公始至，释其重荷……是故莫不欢欣鼓舞之至。"按：又写作"欢忻鼓舞"。明海瑞《改折禄米仓粮疏》："各州县被灾所在……已蒙皇上覃敷洪恩，赐之改折，赐之蠲免，小民欢忻鼓舞，感恩无穷极矣。"

---

[1] 按：又写作"苟延残息"。宋朱熹《乞追还待制职名及守本官致仕奏状》之四："今虽苟延残息，终是不堪。"

[2] 按：又写作"节上生枝"。宋朱熹《答胡季随书》："伯寿下一见字，已是有病，季随又更节上生枝，更不复以纯熟自期。"

[3] 按：又写作"缩衣节食"。宋陆游《居室记》："少不治生事，旧食奉祠之禄以自给。秩满，因不复敢请，缩衣节食而已。"

[4] 按：又作"物极必返"。朱熹《近思录·道体》引宋程颐曰："如《复卦》言七日来复，其间元不断续，阳已复生，物极必返，其理须如此。"

[5] 按：又作"云开雾散"。宋陶佃《王君仪》诗："云开雾散却晴霁，清风渐渐无纤尘。"

[6] 按：又作"逐句逐字"。宋刘克庄《江咨龙注梅百咏》："君相去千里，未尝款接绪言，乃能逐句逐字笺其所本，凡余意所欲言而辞不能发者，往往中其微隐，若笔研素交者。"

【穷乡僻壤】荒凉贫穷而且偏僻的地方。宋曾巩《叙盗》："穷乡僻壤、大川长谷之间，自中家以上，日暮持钱，无告籴之所。"按：又作"穷陬僻壤"。明李时勉《北京赋》："穷陬僻壤，无一物之不遂。"

这一类型的熟语，还有下面这些：

山盟海誓[1]　删繁就简[2]　随遇而安[3]　天诛地灭[4]　惜墨如金[5]

一目瞭然[6]

③另一种异形写法出现于宋代以后的清代

宋代已见的现代汉语四音节熟语，其另一种异形写法出现于清代。这些清代出现的异形写法，涉及到的清代专书语料有采蘅子《虫鸣漫录》、曹雪芹《红楼梦》、褚人获《隋唐演义》、李渔《意中缘》、欧阳钜源《廿载繁华梦》、彭养鸥《黑籍冤魂》、蒲松龄《聊斋志异》、王夫之《读通鉴论》、文康《儿女英雄传》、张廷玉《明史》、支机生《珠江名花小传》，涉及到的清代单篇作品语料有龚自珍《上大学士书》，等等。这类熟语代表性的例证如下：

【耿耿于怀】心事牵萦回绕，不能释怀。宋文天祥《贺前人正》："某迹縻俗驾，心遄贺星，遥指于轸中，拳拳公寿，雪立于门外，耿耿于怀。"按：又写作"耿耿於怀"。清支机生《珠江名花小传·李顺娘》："顺娘殁时，年才二十许，予感其情，悲其遇，耿耿於怀而为之传。"

【酒囊饭袋】对只会吃喝而不会做事的无能的人的讥讽。《类说》卷二二引宋陶岳《荆湖近事》："马氏奢僭，诸院王子仆从烜赫，文武之道，未尝留意。时谓之酒囊饭袋。"按：又写作"酒囊饭包"。清李渔《意中缘·卷帘》："念区区酒囊饭包，又谁知生来命高，没生涯，终朝醉饱，都倚着那妖娆。"

这一类型的熟语，还有下面这些：

---

[1]　按：又作"誓山盟海"。明胡文焕《群音类选·四块玉·女相思》："顿忘了誓山盟海，顿忘了音书不寄来。"

[2]　按：又作"删烦就简"。明余继登《典故纪闻》卷十七："弘治以前，臣僚章奏，皆删烦就简，故君上得以亲览无遗。"

[3]　按：又作"随寓而安"。明李贽《与城老书》："唯我能随寓而安，无事固其本心，多事亦可度日。"

[4]　按：又作"天诛地殛"。明梁辰鱼《浣纱记·得赦》："生我者父母，育我者大王。贱臣勾践若背义忘恩，天诛地殛。"

[5]　按：又作"惜墨若金"。明张岱《又枯木竹石臂阁铭》："枯木竹石，雪堂云林。迟笔如铁，惜墨若金。"

[6]　按：又作"一目了然"。明张岱《皇华考序》："可见按图索籍，山溪道路，一目了然。"

並行不悖[1]　大庭广众[2]　封妻荫子[3]　朋比为奸[4]　倾家荡产[5]

曲意逢迎[6]　如法炮制[7]　探头探脑[8]　喜新厌旧[9]　心直口快[10]

早出晚归[11]　指日可待[12]

④ 另一种异形写法出现于宋代以后的 20 世纪

宋代已见的现代汉语四音节熟语，其另一种异形写法出现于 20 世纪。这些
20 世纪出现的异形写法，涉及的 20 世纪专书语料有郭沫若《前茅》、李劼人《大
波》、鲁迅《花边文学》、欧阳山《苦斗》、秦牧《艺海拾贝》、周而复《上海的早
晨》，涉及的 20 世纪单篇作品语料有郁达夫《说冒骗》，等等。这类熟语代表性
的例证如下：

【大材小用】比喻人才使用不当，不能尽其才。宋陆游《送辛幼安殿撰造朝》
诗："大材小用古所叹，管仲萧何实流亚。"按：又写作"大才小用"。郁达夫《说
冒骗》："中国在冒骗上的发明的天才，实在是无奇不有，有时候每使人感到以这
一种智慧，而只应用到冒骗上去，真是大才小用，可惜得很。"

---

[1]　按：又写作"并行不悖"。清王夫之《读通鉴论·东汉桓帝》："严者，治吏之经也；宽者，
养民之纬也。并行不悖，而非以时为进退也者。"又，语本《礼记·中庸》："万物并育而不相害，道
并行而不相悖。"

[2]　按：又写作"大廷广众"。清龚自珍《上大学士书》："大廷广众，苟且安之，梦觉独居，胸
弗谓是。"

[3]　按：又写作"封妻廕子"。清欧阳钜源《廿载繁华梦》第三回："想兄弟在这库书里，手头
上虽过得去，不如图个出身，还可封妻廕子，光宗耀祖。"

[4]　按：又写作"朋比作奸"。清张廷玉《明史·温纯传》："极论二人阴有所恃，朋比作奸。"

[5]　按：又作"倾家败产"。《红楼梦》第四八回："为这点小事弄的人家倾家败产，也不算什么
能为!"

[6]　按：又作"曲意奉迎"。清采蘅子《虫鸣漫录》："虽曲意奉迎，动辄得咎，人咸不平。"

[7]　按：又作"如法泡制"。《儿女英雄传》第五回："索兴今晚在庙里住下，等明日早走，依就
如法泡制，也不怕他飞上天去。"

[8]　按：又作"探头缩脑"。《红楼梦》第一〇二回："到了园中，果然阴气逼人。贾赦还扎挣前
走，跟的人都探头缩脑的。"

[9]　按：又作"喜新厌故"。清彭养鸥《黑籍冤魂》第二二回："张子诚自从讨了如夫人以后，
喜新厌故。"

[10]　按：又作"心直嘴快"。《红楼梦》第三二回："云姑娘，你如今大了，越发心直嘴快了。"

[11]　按：又作"早出暮归"。清蒲松龄《聊斋志异·促织》："早出暮归，提竹筒铜丝笼，于败堵
丛草处，探石发穴，靡计不施，迄无济。"又，语本《战国策·齐策》六："女朝出而晚来，则吾倚门
而望。"

[12]　按：又作"指日而待"。清褚人获《隋唐演义》第七一回："将来执掌昭阳，可指日而待，
为何夫人双眉反蹙起来?"

【老奸巨猾】指阅历深、老于世故而手段又极其奸诈狡猾。《资治通鉴·唐玄宗开元二十四年》:"林甫城府深密,人莫窥其际……虽老奸巨猾,无能逃于其术者。"按:又写作"老奸巨猾"。鲁迅《花边文学·清明时节》:"于是后之论者又曰:阿瞒老奸巨猾,安知其尸实不在此七十二冢之内乎。"

这一类型的熟语,还有下面这些:

融会贯通[1]　一望无际[2]　斩钉截铁[3]　醉生梦死[4]　左邻右舍[5]

2.具有两种异形写法的熟语举例

宋代已见的现代汉语熟语,除了约定俗成的书写形式外,有的还有两种异形写法。这些熟语的两种异形写法,按时代的不同,又分为以下一些类型:

(1)宋代以前的时代出现的具有两种异形写法的四音节熟语举例

见于宋代的现代汉语四音节熟语,有的在宋代以前就出现了两种不同的异形写法。这些不同的异形写法,按时代的不同可以分为以下一些类型:

① 一种异形写法见于战国,一种异形写法见于西晋。如:

【户枢不蠹】经常转动的门轴不易被蛀蚀,比喻经常运动着的东西不易被侵蚀。宋苏象先《丞相魏公谭训》卷七:"人生在勤,勤则不匮。户枢不蠹,流水不腐,此其理也。"按:又作"户枢不蝼"、"户枢不朽"。《吕氏春秋·尽数》:"流水不腐,户枢不蝼,动也。"《三国志·魏志·吴普传》:"人体欲得劳动,但不当使极尔。动摇则谷气得消,血脉流通,病不得生,譬犹户枢不朽是也。"

② 一种异形写法见于南朝,一种异形写法见于北朝。如:

【庸中佼佼】平常人中显得比较突出的人。宋无名氏《李师师外传》:"然观其晚节,烈烈有侠士风,不可谓非庸中佼佼者也。"按:又作"佣中佼佼"、"庸中皦皦"。《后汉书·刘盆子传》:"卿所谓铁中铮铮,佣中佼佼者也。"北魏郦道

---

[1] 按:又作"融汇贯通"。秦牧《艺海拾贝·独创一格》:"郑板桥学习任何东西,都在继承优秀传统的基础上融汇贯通,发扬创造性。"

[2] 按:又作"一望无边"。周而复《上海的早晨》第四部六:"在鄱阳湖旁边的一座大山上,太阳刚刚出来,把一望无边的湖水照得金光闪闪。"

[3] 按:又作"斩钉切铁"。李劼人《大波》第三部第一章:"又是一声'不许动!'那么斩钉切铁,比前几次严厉多了。"

[4] 按:又作"醉死梦生"。郭沫若《前茅·哀时古调》:"陈涉、吴广起田间,农民之中今在否?一笔,全勾,醉死梦生俦!"

[5] 按:又作"左邻右里"。欧阳山《苦斗》五八:"左邻右里的贫苦农民带着许多红糖、生姜、糯米……来探望她。"

元《水经注·洛水》："上叹曰：'卿庸中噭噭，铁中铮铮也。'"

③一种异形写法见于南朝，一种异形写法见于唐代。如：

【舍近求远】放弃近的去谋求远的，形容做事走弯路。宋李焘《续资治通鉴长编·太宗雍熙元年》："臣观陛下有舍近求远之事。"按：又作"舍近务远"、"舍近即远"。《后汉书·伏湛传》："陛下舍近务远，弃易求难，四方疑怪，百姓怨惧，诚臣之所惑也。"《孙子·九地》"易其居，迁其途，使人不得虑"唐杜牧注："易其居，去安从危；迁其途，舍近即远。士卒有必死之心。"

【怨声载道】形容普遍不满。宋无名氏《京本通俗小说·拗相公》："民间怨声载道，天变迭兴。"按：又作"怨声满道"、"怨声载路"。《后汉书·李固传》："开门受贿，署用非次，天下纷然，怨声满道。"唐张廷珪《谏白司马坂营大像表》："郡县征敛，星火逼迫，或谋计靡所，或鬻卖以充，怨声载路，和气未洽。"

（2）宋代的同代出现的具有两种异形写法的四音节熟语举例

见于宋代的现代汉语四音节熟语，有的在宋代的同代就出现了两种不同的异形写法。这些不同的异形写法，还可以按作品的不同进行分类。有的两种异形写法，一种见于苏轼作品，一种见于楼钥作品。如：

【百废俱兴】谓一切废置的事都兴办起来。宋范仲淹《岳阳楼记》："庆历四年春，滕子京谪守巴陵郡。越明年，政通人和，百废俱兴。"按：又写作"百废具兴"、"百废具举"。宋苏轼《谢量移汝州表》："建原庙以安祖考，正六宫而修典刑，百废具兴，多士爰集。"宋楼钥《建宁府紫芝书院记》："今郡侯宝谟阁直学士谏议李公镇临以来，治行称最，百废具举，功利及物，不可以数计周知。"

（3）宋代以后的时代出现的具有两种异形写法的四音节熟语举例

见于宋代的现代汉语四音节熟语，有的在宋代以后的时代出现了两种不同的书写形式。这些熟语的两种异形写法，按时代的不同，又分为以下一些类型：

①两种异形写法，一种见于元代，一种见于清代。如：

【趋炎附势】趋奉依附有权势的人。宋陈善《扪虱新话·趋炎附势自古而然》："唐令狐绹当国日，以姓氏少，族人有投名者不吝。由是远近皆趋，至有姓狐冒令者。温庭筠戏曰：'自从元老登庸后，天下诸狐尽带令。'盖趋炎附势自古然矣。"按：又作"趋炎附热"、"趋炎奉势"。元脱脱《宋史·李垂传》："今已老大，见大臣不公，常欲面折之，焉能趋炎附热，看人眉睫，以冀推挽乎？"《红楼梦》第一〇七回："且说外面这些趋炎奉势的亲戚朋友，先前贾宅有事，都远避不来；今儿贾政袭职，知圣眷尚好，大家都来贺喜。"

② 两种异形写法都见于明代。如：

【魂不附体】形容极度恐惧。宋无名氏《京本通俗小说·西山一窟鬼》："諕得两个魂不附体，急急取路到九里松曲院前讨了一只船，直到钱塘门上了岸。"按：又写作"魂不赴体"、"魂不负体"。明洪楩《清平山堂话本·西湖三塔记》："只见两个力士，捉一个后生……霎时间把刀破开肚皮，取出心肝，呈上娘娘，惊得宣赞魂不赴体。"《初刻拍案惊奇》卷十七："这里知观正待进房，又听得本家门首锣响……惊得魂不负体，也不及开一句口，撷转身望外就走。"

【铁树开花】比喻事情非常罕见。《五灯会元·焦山师体禅师》："淳熙己亥八月朔示微疾，染翰别群守曾公。逮夜半，书偈辞众曰：'铁树开花，雄鸡生卵，七十二年，摇篮绳断。'掷笔示寂。"按：又作"铁树开华"、"铁树花开"。明居顶《续传灯录·或庵师体禅师》："逮夜半书偈辞众曰：'铁树开华，雄鸡生卵，七十二年，摇篮绳断。'掷笔云寂。"明王济《君子堂日询手镜》："吴浙间尝有俗谚云见事难成，则云须铁树花开。"

③ 两种异形写法，一种见于明代，一种见于 20 世纪。如：

【束手就擒】形容因无力反抗而甘愿被抓。宋洪迈《夷坚支志庚·方大年星禽》："眼者叱使往，目詹执缚。其人束手就擒，承伏厥罪。"按：又作"束手就缚"、"束手就禽"。明李贽《忠义水浒传序》："是犹以小力缚人，而使大力者缚于人，其肯束手就缚而不辞乎！"王闿运《桂阳陈侍郎行状》："众如言，夜径入山寺，明先唯与徒党十数人居，束手就禽。"

④ 两种异形写法都见于清代。如：

【恬不知耻】做了坏事满不在乎，不以为耻。宋吕祖谦《东莱博议·卫礼至杀邢国子》："卫礼至行险侥幸而取其国，恬不知耻，反勒其功于铭，以章示后。"按：又作"恬不知愧"、"恬不知羞"。清阎尔梅《房管论》："军法，大将失律者，斩。管失律，宜斩；不斩而罢，已属非法，尚恬不知愧，宾客盈门。"清王韬《淞隐漫录·冯佩伯》："特不解当时妇女，何以恬不知羞，岂真叔宝全无心肝者哉？"

(4) 宋代以前和宋代以后两种不同时代的混合型的具有两种异形写法的四音节熟语举例

现代汉语中见于宋代的具有两种异形写法的四音节熟语，有的出现于宋代以前和宋代以后的混合时代。这些混合时代，分为以下一些类型：

① 两种异形写法，一种出现于宋代以前的战国，一种出现于宋代以后的清

代。如：

【兴利除弊】兴办有利的事业，除去弊端。宋王安石《答司马谏议书》："举先王之政，以兴利除弊，不为生事；为天下理财，不为征利。"按：又作"兴利除害"、"兴利剔弊"。《管子·法法》："然则国何可无道，人何可无求。得道而导之，得贤而使之，将有所大期于兴利除害。"《红楼梦》第五六回："趁今日清净，大家商议两件兴利剔弊的事情，也不枉太太委托一场。"

② 两种异形写法，一种出现于宋代以前的唐代，一种出现于宋代以后的元代。如：

【水泄不通】形容十分拥挤，好像连水都不能泄出。《五灯会元·龙门远禅师法嗣·龙翔士珪禅师》："直得凡圣路绝，水泄不通。"按：又作"水楔不通"、"水洩不通"。《敦煌变文集·伍子胥变文》："敕既下，水楔不通，州县相知，牓标道路。"元宫天挺《范张鸡黍》第一折："三座衙门，把的水洩不通。"

③ 两种异形写法，一种出现于宋代以前的唐代，一种出现于宋代以后的清代。如：

【风雨飘摇】形容形势不稳定。宋范成大《送文处厚归蜀类试》诗："死生契阔心如铁，风雨飘摇鬓欲丝。"按：又写作"风雨漂摇"、"风雨飘飖"。唐李华《二孝赞》："风雨漂摇，支体鳞皴。"清珠泉居士《续板桥杂记·丽品》："壬寅仲冬，便道过访，虽座上客满，不异曩时，而风雨飘飖，渐觉朱颜非昔矣。"又，语本《诗·豳风·鸱鸮》："予室翘翘，风雨所漂摇。"

【缩衣节食】泛指生活节俭。宋陆游《秋获歌》："我愿邻曲谨盖藏，缩衣节食勤耕桑。"按：又作"缩衣节口"、"缩衣啬食"。唐杜牧《燕将录》："缩衣节口，以赏战士。"清梅曾亮《崔恭人墓志铭》："母缩衣啬食，区画综理，未尝使大人忧。"

（5）宋代和宋代以后两种不同时代的混合型的具有两种异形写法的四音节熟语举例

现代汉语中见于宋代的具有两种异形写法的四音节熟语，有的出现于宋代和宋代以后的混合时代。这些混合时代，分为以下一些类型：

① 两种异形写法，一种出现于宋代，一种出现于元代。如：

【走马上任】指官吏就职。宋无名氏《张协状元》戏文第四十出："我登科之后，寻思归乡，路途遥远。一面走马上任，到得任所，却作区处。"按：又作"走马赴任"、"走马到任"。宋孙光宪《北梦琐言》卷四："伪作陈仆射行李，云山东盗起，车驾必谋幸蜀，先以陈公走马赴任。"元马致远《荐福碑》第二折："有一人是张镐，为他献了万言长策，圣人的命，加他为吉阳县令，教他走马到任。"

② 两种异形写法，一种出现于宋代，一种出现于明代。如：

【拭目以待】擦亮眼睛等着看，形容殷切期望或等待某件事情的实现。宋王十朋《送表叔贾元范赴省试序》："某既著为天理说，且拭目以待，欲验斯言之不妄云。"按：又作"拭目以俟"、"拭目而待"。宋杨万里《答普州李知府书》："伏惟财幸笔橐之除，方且拭目以俟。"《三国演义》第四三回："朝廷旧臣，山林隐士，无不拭目而待。"

3. 具有三种异形写法的熟语举例

宋代已见的现代汉语四音节熟语，除了约定俗成的书写形式外，有的还有三种异形写法。这些熟语的三种异形写法，情况又有多种：

（1）三种异形写法，一种出现于宋代，一种出现于明代，一种出现于清代。如：

【束手无策】比喻一点办法也没有。宋陆游《南唐书·朱元传论》："元降，诸将束手无策，相与为俘累以去。"按：又作"束手无措"、"束手无术"、"束手无计"。宋周密《癸辛杂识前集·王小官人》："有大酒楼失银器数百两，总所移文制司，立限构捕严甚，少违则身受重谴矣。束手无措，用是冒急求策耳。"《水浒传》第九六回："公孙胜用麈尾化成大鹏，将五条泥龙搏击的粉碎，望北军头上，乱纷纷打将下来……乔道清束手无术，不能解救。"清傅维鳞《明书·名臣传十八·申时行》："即有缓急，外廷不得闻，宿卫不入，吾辈大臣束手无计。"

（2）三种异形写法，两种出现于元代，一种出现于明代。如：

【时乖运蹇】运气不好，处境不顺。宋无名氏《京本通俗小说·错斩崔宁》："到得君荐手中，却是时乖运蹇，先前读书，后来看看不济，却去改业做生意。"按：又作"时乖命蹇"、"时乖运拙"、"时乖运梗"。元无名氏《云窗梦》第一折："赢得腹中愁，不趁心头愿，大刚来时乖命蹇。"元无名氏《娶小乔》头折："争奈我时乖运拙难前进，几时能彀朝帝阙受君恩？"明沈璟《义侠记·奇功》："叶子盈，我遭逢时乖运梗，你为甚也触机落穽？"

4. 具有四种异形写法的熟语举例

宋代已见的现代汉语四音节熟语，除了约定俗成的书写形式外，有的还有四种异形写法。这些熟语的四种异形写法，又可以分为如下一些类型：

（1）四种异形写法，两种出现于宋代，一种出现于明代，一种出现于清代。如：

【束手待毙】比喻遇到危难不积极想办法解决却坐等失败。宋蔡绦《铁围山丛谈》卷二："而握兵柄主国论议者，又多宦人，略不知前朝区处用心，贻厥之谋，但茫然失措，束手待毙。"按：又作"束手就毙"、"束手受毙[1]"、"束手待死"、"束手自毙"。宋洪迈《容斋随笔·靖康时事》："予顷修《靖康实录》，窃痛一时之祸，以堂堂大邦，中外之兵数十万，曾不能北上发一矢、获一胡，端坐都城，束手就毙！"《三朝北盟会编》卷一百二十六："若乘隙不待秋冬径渡，诸军奔溃，国家束手受毙，皆二将为之也。"《三国演义》第十回："曹兵既至，岂可束手待死，某愿助使君破之。"清刘献廷《广阳杂记》卷二："但使兵连不解，馈运不休，古犹忌之，矧今日兵无可连，馈无可运，徒束手自毙何益。"

（2）四种异形写法全部出现于清代。如：

【铢积寸累】形容一点一滴地积累。宋苏轼《裙靴铭》："寒女之丝，铢积寸累。"按：又作"铢累寸积"、"铢寸累积"、"铢积丝累"、"铢积锱累"。清朱彝尊《〈群雅集〉序》："顾世之作谱者，类从《归字谣》，铢累寸积，及于《莺啼序》而止。"清汪婉《乡饮大宾周翁墓志铭》："翁削衣缩食，铢寸累积，以谋复故第。"清王夫之《读通鉴论·隋文帝十五》："是下邑穷乡铢积丝累以豪于闾井者之情，而奚足为俭哉？"清纪昀《阅微草堂笔记·如是我闻四》："老儒故善治生……铢积锱累，得四十金。"

5.宋代已见的具有异形写法的四音节熟语的扩展形式举例

现代汉语中见于宋代的具有异形写法的四音节熟语，它们的异形写法也基本上是四音节的。但是，也有一些四音节熟语的异形写法是五音节的。这样的熟语，还可以按五音节异形写法的出现时代，分为两类：

（1）出现于宋代以前的五音节异形写法

宋代已见的现代汉语四音节熟语，除了约定俗成的书写形式外，有的在西汉就出现了一种五音节的异形写法。如：

【养虎遗患】比喻纵容恶人，给自己留下后患。宋吴儆《上蒋枢密书》："利疾战而缓图，则必有养虎遗患之悔。"按：又作"养虎自遗患"，西汉已见。《史

---

[1]　按：《大词典》"束手受毙"的始见例证是宋秦观《进策·盗贼上》："与其婴锢金木，束手而受毙，孰若遯逸山海，脱身而求生。"其中的"束手而受毙"与词目不一致。

记·项羽本纪》："汉欲西归，张良、陈平说曰：'汉有天下太半，而诸侯皆附之。楚兵罢食尽，此天亡楚之时也，不如因其机而遂取之。今释弗击，此所谓"养虎自遗患"也。'汉王听之。"

（2）出现于宋代的同代及宋代以后的五音节异形写法

宋代已见的现代汉语四音节熟语，除了约定俗成的书写形式外，有的在宋代的同代及宋代以后的清代，出现了两种五音节的异形写法。如：

【千里鹅毛】从很远的地方带来极轻微的礼物，表示礼轻情意重。宋黄庭坚《长句谢陈适用惠送吴南雄所赠纸》诗："千里鹅毛意不轻，瘴衣腥腻北归客。"按：又作"千里寄鹅毛"、"千里送鹅毛"。宋苏轼《扬州以土物寄少游》诗："且同千里寄鹅毛，何用孜孜饮麋鹿。"《儿女英雄传》第三八回："再带上些微土物，千里送鹅毛，笑纳可也。"

二、五代宋金时期已见的具有缩略形式的现代汉语熟语举例

现代汉语中见于五代宋金的熟语，有的有缩略形式。这些缩略形式，按照出现时代及缩略式的音节的多少，还可以分为下面一些类型：

（一）一种双音缩略式熟语举例

现代汉语中见于五代宋金的熟语，有的具有一种双音缩略形式。这些双音缩略形式，有的出现于五代宋金以前的各个历史时期，有的出现于五代宋金的同代，有的出现于五代宋金以后的各历史时期。

1. 出现于五代宋金以前的各个历史时期的具有一种写法的双音缩略熟语举例

五代宋金已见的现代汉语四音节熟语，有的在五代宋金以前就具有一种双音缩略形式。这些缩略形式出现于五代宋金以前的东晋、南朝、唐代等。

（1）有的双音缩略形式出现于东晋。如：

【三缄其口】形容说话十分谨慎。宋尤袤《全唐诗话·姚崇》："钦之伊何？三命而走；谨之伊何？三缄其口。"按：省作"三缄"。晋葛洪《抱朴子·疾谬》："昔陈灵之被矢，灌氏之泯族，匪降自天，口实为之。枢机之发，荣辱之主，三缄之戒，岂欺我哉。"又，此语西汉已见，义为封口三重。汉刘向《说苑·敬慎》："孔子之周，观于太庙，右陛之侧，有金人焉，三缄其口而铭其背曰：'古之慎言人也。'"

（2）有的双音缩略形式出现于南朝。如：

【画虎类狗】比喻模仿不到家，反而弄得不伦不类。宋陈骙《文则》卷上："彼扬雄《法言》、王通《中说》模拟此书，未免画虎类狗之讥。"按：省作"画虎"。南朝宋鲍照《侍郎报满辞阁疏》："释担受书，废耕学文。画虎既败，学步无成。"又，语本《后汉书·马援传》："杜季良豪侠好义，忧人之忧，乐人之乐，清浊无所失，父丧致客，数郡毕至，吾爱之重之，不愿汝曹效也……效季良不得，陷为天下轻薄子，所谓画虎不成反类狗者也。"

【用舍行藏】被任用就出仕，不被任用就退隐。宋苏轼《贺欧阳少师致仕启》："是以用舍行藏，仲尼独许于颜子。"按：省作"用舍"。《后汉书·周黄徐姜等传赞》："用舍之端，君子之所以存其诚也。"

（3）有的双音缩略形式出现于唐代。如：

【塞翁失马】比喻坏事在一定条件下可以变成好事。《类说》卷十七引宋魏泰《东轩笔录·失马断蛇》："曾布为三司使，论市易被黜，鲁公有柬别之，曰：'塞翁失马，今未足悲；楚相断蛇，后必有福。'"按：省作"失马"。唐黄滔《上刑部郑郎中启》之二："徒恨伤麟，终几失马。若无往岁，焉有兹辰？"又，语本《淮南子·人间训》："夫祸福之转而相生，其变难见也。近塞上之人，有善术者，马无故亡而入胡，人皆吊之。其父曰：'此何遽不为福乎？'居数月，其马将骏马而归，人皆贺之。其父曰：'此何遽不为祸乎？'家富良马，其子好骑，堕而折其髀，人皆吊之。其父曰：'此何遽不为福乎？'居一年，胡人大入塞，丁壮者引弦而战，近塞之人，死者十九，此独以跛之故，父子相保。故福之为祸，祸之为福，化不可极，深不可测也。"

这一类型的熟语还有：揠苗助长[1]　愚公移山[2]

2. 出现于五代宋金的同代的具有一种写法的双音缩略熟语举例

五代宋金已见的具有一种缩略形式的现代汉语四音节熟语，这些缩略形式有的出现于五代宋金的同代。出现于五代宋金的同代的缩略形式，涉及到的同代的专书语料有五代刘昫《旧唐书》、宋吴自牧《梦粱录》，等等。如：

【铺张扬厉】形容极其铺张。宋王明清《挥麈录·王知府自跋》："先人于是

---

[1]　按：省作"揠苗"，唐代已见。唐贾岛《送令狐绹相公》诗："揠苗方灭裂，成器待陶钧。"又，语本《孟子·公孙丑上》："宋人有闵其苗之不长而揠之者，芒芒然归，谓其人曰：'今日病矣，予助苗长矣。'其子趋而往视之，苗则槁矣。"

[2]　按：省作"愚移"。唐黄滔《融结为河岳赋》："则有龟负龙擎，文籍其阳九阴六；共触愚移，倾缺其天枢地轴。"又，典出《列子·汤问》。

辑《国朝史述》焉，直欲追仿迁固，铺张扬厉，为无穷之观。"按：省作"铺扬"。《旧唐书·文苑传序》："如燕许之润色王言，吴陆之铺扬鸿业。"又，语出唐韩愈《潮州刺史谢上表》："铺张对天之闳休，扬厉无前之伟迹。"

【文房四宝】书房中常备的笔墨纸砚四种文具。宋梅尧臣《九月六日登舟再和潘歙州纸砚》："文房四宝出二郡，迩来赏爱君与予。"按：省称"文房"。宋吴自牧《梦粱录·士人赴殿试唱名》："其士人止许带文房及卷子。"又，又作"文房四物"、"文房四士"。宋陈师道《〈寇参军集〉序》："张、李氏之墨，吴、唐、蜀、闽、两越之纸，端溪、歙穴之砚，鼠须栗尾狸毫兔颖之笔，所谓文房四物，山藏海蓄，极天下之选。"宋陆游《闲居无客所与度日笔砚纸墨而已戏作长句》诗："水复山重客到稀，文房四士独相依。"

3. 出现于五代宋金以后的各个历史时期的具有一种写法的双音缩略熟语举例

五代宋金已见的具有一种缩略形式的现代汉语四音节熟语，这些缩略形式出现于五代宋金以后的明清及 20 世纪。

（1）有的双音缩略形式出现于宋代以后的明代

宋代已见的现代汉语四音节熟语，其缩略式出现于明代。这些明代出现的缩略形式，涉及到的明代语料有史可法《请进取疏》、李贽《又与从吾书》，等等。如：

【掩耳盗铃】捂住耳朵去偷铃铛，比喻自己欺骗自己。宋朱熹《答江德功书》："成书不出姓名，以避近民之讥，此与掩耳盗铃之见何异？"按：省作"掩耳"。明史可法《请进取疏》："当此而言恢复，不但寸土难图，将见故疆日失。掩耳之讥，其何免之？"又，语本《吕氏春秋·自知》："范氏之亡也，百姓有得钟者，欲负而走。则钟大不可负，以椎毁之，钟怳然有音。恐人闻之而夺己也，遽掩其耳。"再，又作"掩耳盗钟"、"掩耳偷铃"。唐刘知几《史通·书志》："或以前为后，以虚为实，移的就箭，曲取相谐，掩耳盗钟，自云无觉，讵知后生可畏，来者难诬者邪！"元无名氏《举案齐眉》第四折："难道他掩耳偷铃，则待要见世生苗。"

【坐井观天】坐在井底看天，比喻眼界狭小而所见有限。宋刘克庄《用居后弟强甫韵》之九："退之未离乎儒者，坐井观天错议聃。"按：省作"坐井"。明李贽《又与从吾书》："此中如坐井，舍无念无可谈者。"又，又作"坐井窥天"。明胡应麟《少室山房笔丛·艺林学山一·江陵》："以此定李杜优劣，诚坐井窥天也。"再，语本唐韩愈《原道》："老子之小仁义，非毁之也，其见者小也。坐井而观天，曰天小者，非天小也。"

（2）有的双音缩略形式出现于宋代以后的清代

宋代已见的现代汉语四音节熟语，其缩略式出现于清代。这些清代出现的缩略形式，涉及的清代语料有史震林《西青散记》、赵翼《秋园预制敛具诗以调之》、方文《舟过芜湖寄怀沈昆铜》、夏敬渠《野叟曝言》、张廷玉《明史》，等等。如：

【隔靴搔痒】比喻说话、作文不中肯，没有抓住要害。《五灯会元·保福展禅师法嗣·康山契稳禅师》："曰：'恁么则识性无根去也？'师曰：'隔靴搔痒。'"按：又省作"隔搔"。清史震林《西青散记》卷四："叹世人批书，非唪呓，则隔搔。"

【望梅止渴】比喻用空想或假想来安慰自己。宋沈括《梦溪笔谈·讥谑》："吴人多谓梅子为'曹公'，以其尝望梅止渴也。"按：省作"望梅"。《野叟曝言》第三九回："妹子全无巴鼻，有如海底捞针，空自望梅，终成画饼，是所忧耳！"又，典出南朝宋刘义庆《世说新语·假谲》："魏武行役失汲道，军皆渴，乃令曰：'前有大梅林，饶子，甘酸可以解渴。'士卒闻之，口皆出水，乘此得及前源。"

这一类型的熟语还有：梦幻泡影[1]　披发左衽[2]　越俎代庖[3]

（3）有的双音缩略形式出现于宋代以后的 20 世纪

宋代已见的现代汉语四音节熟语，其缩略式出现于 20 世纪。这些 20 世纪出现的缩略形式，涉及的 20 世纪语料有铁郎《论各省宜速响应湘赣革命军》，等等。如：

【袖手旁观】比喻置身事外或不协助别人。宋苏轼《朝辞赴定州论事状》："弈棋者胜负之形，虽国工有所未尽，而袖手旁观者常尽之。何则？弈者有意于

---

[1]　按：省作"梦泡"。清赵翼《秋园预制敛具诗以调之》："卓哉所见高，勘透梦泡理。"又，典出后秦鸠摩罗什译《金刚般若波罗蜜经·应化非真分》："一切有为法，如梦、幻、泡、影，如露，亦如电，应作如是观。"

[2]　按：省作"披发"。清方文《舟过芜湖寄怀沈昆铜》诗："四海倏披发，中原谁枕戈。"又，又写作"被发左衽"，战国已见。《论语·宪问》："微管仲，吾其被发左衽矣。"

[3]　按：省作"越俎"。清张廷玉《明史·许士柔传》："未有追咎元年之史官，诋为越俎者也。"又，又作"越庖代俎"、"越俎代谋"。唐崔致远《谢就加侍中表》："况乃权有他门，刃无余地，动见越庖代俎。"清郑观应《盛世危言·公法》："同者彼此通行，异者各行其是，无庸越俎代谋。"再，语出《庄子·逍遥游》："庖人虽不治庖，尸、祝不越樽俎而代之矣。"

争，而旁观者无心故也。"按：省作"袖观"。铁郎《论各省宜速响应湘赣革命军》："各省之局外袖观，不独无以对国民，抑亦无以对各国矣。"又，语本唐韩愈《祭柳子厚文》："不善为斲，血指汗颜，巧匠旁观，缩手袖间。"

（二）一种三音缩略式熟语举例

现代汉语中见于五代宋金的熟语，有的具有一种三音缩略形式。这些三音缩略形式，有的出现于五代宋金的同代，有的出现于五代宋金以后的各历史时期。

1. 出现于五代宋金的同代的三音缩略熟语举例

五代宋金已见的现代汉语四音节熟语，有的在五代宋金的同代具有一种三音缩略形式。这些三音缩略形式，出现于宋代辛弃疾《水龙吟》、赵蕃《宿瓦竹铺》等语料中。如：

【开山祖师】本指最初在某个名山建立寺院的人，比喻某一学术流派、技艺的开创者或首创某一事业的人。宋刘克庄《诗话前集》："欧公诗如昌黎，不当以诗论，本朝诗惟宛陵为开山祖师。"按：省称"开山祖"。宋辛弃疾《水龙吟·题雨岩》词："我意长松，倒生阴壑，细吟风雨。竟茫茫未晓，只应白发，是开山祖。"

【梁上君子】指窃贼。宋苏轼《东坡志林·梁上君子》："近日颇多贼，两夜皆来入吾室。吾近护魏王葬，得数千缗，略已散去，此梁上君子当是不知耳。"按：省作"梁上君"。宋赵蕃《宿瓦竹铺》诗之一："岂乏道旁店，恐逢梁上君。"又，此语南朝已见，义为房梁上的人。《后汉书·陈寔传》："时岁荒民俭，有盗夜入其室，止于梁上。寔阴见，乃起自整拂，呼命子孙，正色训之曰：'夫人不可以不自勉。不善之人未必本恶，习以性成，遂至于此。梁上君子者是矣！'盗大惊，自投于地，稽颡归罪。"

2. 出现于五代宋金以后的三音缩略熟语举例

五代宋金已见的现代汉语四音节熟语，有的在五代宋金以后具有一种三音缩略形式。这些缩略形式出现于五代宋金以后的明代、清代、20 世纪。

（1）有的三音缩略形式出现于明代。如：

【海誓山盟】恋爱的男女的誓言和盟约，表示相爱之深永远不变。宋辛弃疾《南乡子·赠妓》词："别泪没些些，海誓山盟总是赊。"按：省作"海山盟"。明沈璟《普天乐·书怀》套曲："海山盟雾锁云埋，翠红乡天宽地窄。茝兰芳枉教结佩萦怀。"

（2）有的三音缩略形式出现于清代。如：

【自暴自弃】自甘堕落而不求进取。《朱子语类》卷一一八："即此可见其无志，甘于自暴自弃，过孰大焉。"按：省作"自暴弃"。清纪昀《阅微草堂笔记·槐西杂志二》："讲学家崖岸过峻，使人甘于自暴弃，皆自沽己名，视世道人心如膜外耳。"又，又作"自弃自暴"。《朱子语类》卷一〇四："凡为血气所移者，皆是自弃自暴之人耳。"再，语出《孟子·离娄上》："自暴者，不可与有言也；自弃者，不可与有为也。言非礼义，谓之自暴也；吾身不能居仁由义，谓之自弃也。"

（3）有的三音缩略形式出现于 20 世纪。如：

【鱼米之乡】盛产鱼和稻米的富庶地方。《旧唐书·王晙传》："望至秋冬之际，令朔方军盛陈兵马，告其祸福，啖以缯帛之利，示以麋鹿之饶，说其鱼米之乡，陈其畜牧之地。"按：省作"鱼米乡"。抗日歌谣《樊湖呀好地方》："樊湖呀，好地方，有山有水鱼米乡。"又，又作"鱼米之地"。元柯丹丘《荆钗记·参相》："江西是鱼米之地。"

（三）两种三音缩略式熟语举例

现代汉语中见于五代宋金的熟语，有的具有两种三音缩略形式。这些具有两种写法的三音缩略形式，可以根据它们的出现时代进行分类。有的两种三音缩略形式都出现于五代宋金以前，一种出现于西晋，一种出现于唐代。如：

【掌上明珠】比喻极受父母钟爱的儿女。宋辛弃疾《永遇乐·送陈光宗知县》词："落魄东归，风流赢得，掌上明珠去。"按：省作三音节的"掌中珠"、"掌上珠"。西晋傅玄《短歌行》："昔君视我，如掌中珠。何意一朝，弃我沟渠！"唐王宏《从军行》："儿生三日掌上珠，燕颔猿肱秡李肤。"

（四）双音缩略式和三音缩略式的混合形式缩略熟语举例

现代汉语中见于五代宋金的熟语，有的一个四音节熟语同时具有双音和三音两种缩略式。根据这些缩略形式的数量多少及出现时代，又分为以下一些类型：

1.一种双音缩略式和一种三音缩略式的混合形式缩略熟语

现代汉语中见于五代宋金的熟语，有的一个四音节熟语同时具有一种双音缩略式和一种三音缩略式两类缩略式。根据这两类缩略形式的出现时代的先后，分类如下：

（1）两类缩略形式，双音缩略式见于五代宋金以前的北朝，三音缩略式见于五代宋金以前的唐代。如：

【涸辙之鲋】比喻处于困境、急待援助的人或物。宋苏轼《乞开杭州西湖状〉："若一旦堙塞，使蛟龙鱼鳖，同为涸辙之鲋。"按：省作双音节的"涸鲋"和三音节的"涸辙鲋"。北周庾信《拟咏怀》之一："涸鲋常思水，惊飞每失林。"唐李白《拟古》诗之五："无事坐悲苦，块然涸辙鲋。"又，语本《庄子·外物》："庄周家贫，故往贷粟于监河侯。监河侯曰：'诺！我将得邑金，将贷子三百金，可乎？'庄周忿然作色曰：'周昨来，有中道而呼者。周顾视车辙中，有鲋鱼焉。周问之曰："鲋鱼来！子何为者邪？"对曰："我，东海之波臣也。君岂有斗升之水而活我哉？"周曰："诺！我且南游吴越之王，激西江之水而迎子，可乎？"鲋鱼忿然作色曰："吾失我常与，我无所处。吾得斗升之水然活耳。君乃言此，曾不如早索我于枯鱼之肆！"'"

（2）两类缩略形式，双音缩略式见于五代宋金，三音缩略式见于五代宋金以后的清代。如：

【痛定思痛】悲痛的心情平静之后回想当时所遭的痛苦。宋文天祥《〈指南录〉后序》："呜呼！死生，昼夜事也，死而死矣，而境界危恶，层见错出，非人世所堪。痛定思痛，痛何如哉！"按：省作双音节的"痛定"和三音节的"痛定思"。宋郑樵《〈通志〉总序》："臣上稽三皇五帝之形势，远探四夷八蛮之巢穴，仍以梁汴者，四朝旧都，为痛定之戒。"清黄遵宪《乱后归家》诗："颠倒归来梦，惊疑痛定思。"又，语本唐韩愈《与李翱书》："仆在京城八九年，无所取资，日求于人，以度时月，当时行之不觉也。今而思之，如痛定之人，思当痛之时，不知何能自处也。"

2. 一种双音缩略式和两种三音缩略式的混合形式缩略熟语

现代汉语中见于五代宋金的熟语，有的一个四音节熟语同时具有一种双音缩略式和两种三音缩略式三类缩略式。这三类缩略形式的出现时代，双音缩略式见于五代宋金以前的三国，两个三音缩略式同时见于清代。如：

【桑榆暮景】夕阳斜照桑榆时的黄昏景象，比喻老年的时光。宋胡宿《乞杨安国改官》："安国受经老臣，年近八十，桑榆暮景，光阴几何？"按：省作双音节的"桑榆"和三音节的"桑榆景"、"桑榆暮"。《文选·曹植〈赠白马王彪〉诗》："年在桑榆间，影响不能追。"清李渔《意中缘·悟诈》："我把桑榆景，倚靠也，谁知有夫就不认家。"清孔尚任《桃花扇·余韵》："六十岁，花甲周，桑榆暮矣！"又，又作"桑榆之景"、"桑榆晚景"、"暮景桑榆"、"桑榆末景"。唐刘禹锡《谢分司东都表》："虽迫桑榆之景，犹倾葵藿之心。"宋苏轼《罢登州谢杜宿州启》："桑榆晚景，忽蒙收录之恩。"元宫天挺《范张鸡黍》第四折："人都道我暮景桑榆，合有些峥嵘气象。"清顾炎武《与李霖瞻书》："桑榆末景，或可回三舍之戈。"

3. 一种双音缩略式和三种三音缩略式的混合形式缩略熟语

现代汉语中见于五代宋金的熟语，有的一个四音节熟语同时具有一种双音缩略式和三种三音缩略式四类缩略式。这四类缩略形式的出现时代，双音缩略式见于五代宋金以后的元代，三个三音缩略式分别见于宋代、明代。如：

【铁石心肠】比喻心肠硬，不为感情所动。宋张邦基《墨庄漫录》卷三："无咎叹曰：'人疑宋开府铁石心肠，及为《梅花赋》，清艳殆不类其为人。'"按：省作双音节的"铁肠"和三音节的"铁心肠"、"铁石心"、"铁石肠"。元燕公楠《摸鱼儿·答程雪楼见寄》词："梅花赋，飞堕高寒玉宇。铁肠还解情语。英雄掺与君侯耳，过眼群儿谁数？"宋罗烨《醉翁谈录·小说开辟》："说忠臣负屈衔冤，铁心肠也须下泪。"宋苏轼《轼以去岁春夏侍立迩英而秋冬之交子由相继入侍次韵绝句》之四："微生偶脱风波地，晚岁犹存铁石心。"明刘基《沁园春·和郑德章暮春感怀呈石末元帅》词："中泽号鸿，苞荆集鸨，软尽平生铁石肠。"又，又作"铁肠石心"、"铁心石肠"、"铁心木肠"、"铁石心肝"。唐皮日休《桃花赋》序："贞姿劲质，刚态毅状，疑其铁肠石心，不解吐婉媚辞。"宋苏轼《牡丹记叙》："然鹿门子常怪宋广平之为人，意其铁心石肠，而为《梅花赋》，则清便艳发，得南朝徐庾体。"宋赵令畤《侯鲭录》卷三："王介甫少时作《石榴花》……此老风味不薄，岂铁心木肠者哉。"清顾炎武《楚僧元瑛谈湖南三十年来事作绝句》之二："孤坟一径楚山尖，铁石心肝老孝廉。"

现代汉语中见于五代宋金的具有缩略形式的熟语，一般都是四音节的。但是，也有一些三音节的熟语缩略为双音节的情况。如：

【费手脚】费事。《朱子语类》卷七五："圣人于天下，自是所当者摧，所向者伏。然而他都不费手脚。"按：又可省作"费手"。金元好问《戏题新居二十韵》："就中此宅尤费手，官给工材半佣雇。"

【执牛耳】指在某方面居领导地位。宋戴复古《和郑润甫提举见寄》："相与定诗盟，谁能执牛耳？"按：省作"执耳"。明张煌言《复卢牧舟司马若腾书》："傥老祖台肯执耳齐盟，则元老临戎，军声克振。"又，此语战国已见，义为主持盟会的人。《左传·哀公十七年》："诸侯盟，谁执牛耳？"

三、五代宋金时期已见的指明了来源的现代汉语熟语举例

现代汉语中见于五代、宋、金时期的熟语，有不少能够指明它们的来源。我们按时代的先后，把这些有来源的代表性的熟语分别描述如下。

（一）五代已见的指明了来源的现代汉语熟语举例

据我们的调查，现代汉语中见于五代时期的熟语，有的能够找到其来源。这样的熟语基本上都是四音节的。这些熟语的来源，按时代先后举例描述如下：

1. 从战国语料概括而成的熟语

战国时期的语料，到了五代，从中概括形成了一些熟语。这些熟语的语料来源有：

（1）有的是从《老子》中概括而成的。如：

【轻诺寡信】轻易许诺而很少守信用。《旧唐书·张仲方传》："故载践枢衡，迭致台衮，大权在己，沈谋罕成，好恶徇情，轻诺寡信。"按：语出《老子》："夫轻诺者必寡信，多易者必多难，是以圣人犹难之，故终无难矣。"

（2）有的是从《晏子春秋》中概括而成的。如：

【祸从天降】形容祸事突然来临，非常意外。《旧唐书·刘瞻传》："咸云宗召荷恩之日，寸禄不沾，进药之时，又不同议，此乃祸从天降，罪匪己为。"按：语出《晏子春秋·外篇》："今天降祸于齐，不加于寡人，而加于夫子，齐国之社稷危矣。"

（3）有的是从《战国策》中概括而成的。如：

【排难解纷】为人排除危难、调解纠纷。《旧唐书·张浚传》："若能此际排难解纷，陈师鞠旅，共诛盗贼，迎奉銮舆，则富贵功名，指掌可取。"按：语本《战国策·赵策三》："所贵于天下士者，为人排患释难解纷乱而无所取也。"又，又作"排纷解难"、"排患解纷"。元魏初《木兰花慢·送张梦符治书赴召》词："十年一别鬓星星，慷慨只平生。爱激浊扬清，排纷解难，肝胆峥嵘。"崔知贤《三月三日宴王明府山亭》诗明孙慎行序："遗形却立，终希独善之资；排患解纷，未洽随时之义。"

（4）有的是从《庄子》中概括而成的。如：

【朝三暮四】比喻变化多端或反复无常。《旧唐书·皇甫镈传》："直以性惟狡诈，言不诚实，朝三暮四，天下共知，惟能上惑圣聪，足见奸邪之极。"按：语

本《庄子·齐物论》："狙公赋芧，曰：'朝三而暮四。'众狙皆怒。曰：'然则朝四而暮三。'众狙皆悦。"又，又作"朝四暮三"。梁启超《余之币制金融政策》："吾见其朝四暮三，无关宏旨。"

2. 从西汉语料概括而成的熟语

西汉的语料，到了五代，从中概括形成了一些熟语。这些熟语的语料来源有：

（1）有的是从《毛诗序》[1]中概括而成的。如：

【无功受禄】没有功劳而得到报酬。《旧唐书·李元恺传》："致仕于家，在乡请半禄。元恺诮之曰：'无功受禄，灾也。'"按：语出《诗经·魏风·伐檀序》："在位贪鄙，无功而受禄，君子不得进仕尔。"

（2）有的是从司马迁著作中概括而成的。如：

【独当一面】单独担当一个方面的防务。《旧唐书·李晟传》："时朔方节度使李怀光亦自河北赴难，军于咸阳，不欲晟独当一面以分己功，乃奏请与晟兵合，乃诏晟移军合怀光军。"按：语出《史记·留侯世家》："良进曰：'……汉王之将独韩信可属大事，当一面。'"

【恨入骨髓】比喻怨恨极深。《旧唐书·王毛仲传》："中官高品者，毛仲视之蔑如也。如卑品者，小忤意则挫辱如己之僮仆。力士辈恨入骨髓。"按：语本《史记·秦本纪》："缪公之怨此三人，入于骨髓。"

3. 从唐代语料概括而成的熟语

唐代的语料，到了五代，从中概括形成了一些熟语。这些熟语的语料来源，有的是从房玄龄著作中概括而成的。如：

【闻鸡起舞】比喻志士及时奋发。《旧唐书·韩滉传》："今见播逐，恐失人心，人心一摇，则有闻鸡起舞者矣。"按：典出唐房玄龄《晋书·祖逖传》："与司空刘琨俱为司州主簿，情好绸缪，共被同寝。中夜闻荒鸡鸣，蹴琨觉曰：'此非恶声也。'因起舞。"

（二）宋代已见的指明了来源的现代汉语熟语举例

据我们的调查，现代汉语中见于宋代的熟语，有的能够找到其来源。这样的熟语绝大多数是四音节的，也有一些三音节的，个别的也有六音节的。这些熟语

---

[1]　按：《毛诗序》有"大序"和"小序"两类，作者有争论。一种观点认为，《大序》的作者是春秋子夏，《小序》的作者是汉代的毛亨、毛苌。本研究暂时采用这一观点。

的来源，按音节及时代先后举例描述如下：

1. 宋代已见的有明确来源的三音节熟语举例

现代汉语中见于宋代的三音节熟语，有的明确指明了来源。这些熟语的语料来源有：

（1）有的是从宋代以前的五代王定保著作中概括而成的。如：

【破天荒】指前所未有或第一次出现。宋朱彧《萍洲可谈》卷三："东坡责儋耳，与琼人姜唐佐游，喜其好学，与一联诗云：'沧海何尝断地脉，白袍端合破天荒。'"按：典出五代王定保《唐摭言·海述解送》："荆南解比，号天荒。大中四年刘蜕舍人以是府解及第，时崔魏公作镇，以破天荒钱七十万资蜕。蜕谢书略曰：'五十年来，自是人废；一千里外，岂曰天荒！'"

（2）有的是从宋代的同代人马令作品中概括而成的。如：

【掉书袋】讽刺人喜欢引证古书、卖弄学识。宋刘克庄《跋刘叔安〈感秋八词〉》："近岁放翁、稼轩，一扫纤艳，不事斧凿，高则高矣，但时时掉书袋，要是一癖。"按：语本宋马令《南唐书·彭利用传》："对家人稚子，下逮奴隶，言必据书史，断章破句，以代常谈，俗谓之掉书袋。"

2. 宋代已见的有明确来源的四音节熟语举例

现代汉语中见于宋代的四音节熟语，有的明确指明了来源。这些熟语的来源，按时代先后举例描述如下：

（1）从商周语料概括而成的熟语

商周时期的语料，到了宋代，从中概括形成了一些熟语。这些熟语的语料来源有：

① 有的是从《诗经》中概括而成的。如：

【跋前疐后】比喻进退两难。宋陈亮《谢罗尚书启》："直情径行，视毁誉如风而不恤；跋前疐后，方进退惟谷以堪惊。"按：语本《诗·豳风·狼跋》："狼跋其前，载疐其尾。"

【一唱一和】比喻彼此配合，互相呼应。宋陈昉《颍川语小》下："句法有正有奇，有呼有应。呼应者一唱一和，律吕相宣以成文也。"按：语本《诗·郑风·萚兮》："叔兮伯兮，倡予和女。"又，又作"一倡一和"。《警世通言·王娇鸾百年长恨》："自此一倡一和，渐渐情熟，往来不绝。"

② 有的是从商周的《周易》六十四卦及战国的《周易》十翼不同时代的两部不同的书中混合概括而成的。如：

【洗心革面】比喻彻底悔改。宋辛弃疾《淳熙己亥论盗贼札子》："自今以始，洗心革面，皆以惠养元元为意。"按：语本《周易》。《易·系辞上》："圣人以此洗心。"《易·革》："君子豹变，小人革面。"又，又作"洗心回面"。清钱谦益《王淑士墓志铭》："习其反复教诲，出于至诚，莫不洗心回面，誓不忍负。"

（2）从战国语料概括而成的熟语

战国时期的语料，到了宋代，从中概括形成了一些熟语。这些熟语的语料来源有：

① 有的是从《楚辞》中概括而成的。如：

【尺短寸长】比喻人或事物各有其长处和短处。宋苏轼《定州到任谢执政启》："燕南赵北，昔称谋帅之难；尺短寸长，今以乏人而授。"按：语本《楚辞·卜居》："夫尺有所短，寸有所长，物有所不足，智有所不明，数有所不逮，神有所不通。"

【九死一生】形容经历极大危险而幸存。宋真德秀《再守泉州劝谕文》："父母生儿，多少艰辛。妊娠将免，九死一生。乳哺三年，饮母膏血。"按：语本《楚辞·离骚》："虽九死其犹未悔。"

② 有的是从《古文尚书》中概括而成的。如：

【自作聪明[1]】自以为聪明而擅作主张。宋魏天应《论学绳尺》卷七："为是之自作聪明哉，诚使志意有所未修，德行有所未厚，则人必不我从，物必不我化。"按：语本《尚书·蔡仲之命》："无作聪明，乱旧章。"

③ 有的是从《管子》中概括而成的。如：

【兼听则明】多方面听取意见，才能明辨是非。《资治通鉴·唐太宗贞观二年》："上问魏征曰：'人主何为而明，何为而暗？'对曰：'兼听则明，偏信则暗。'"按：语本《管子·君臣上》："夫民别而听之则愚，合而听之则圣。"

【如影随形】比喻两个人关系密切，不能分离。宋邵伯温《闻见前录》卷六："其问祸淫福善，莫不如影随形，焕若丹青，明如日月。"按：语本《管子·任法》："然故下之事上也，如响之应声也；臣之事主也，如影之从形也。"又，又作"如形随影"。明张四维《双烈记·忠陷》："呼他评告，如形随影，使其徒自相攻发可为证，怎出我这深宽。"

---

[1]　按：此语《大词典》始见例证是明余继登《典故纪闻》卷四："苟自作聪明，而不取众长，欲治通之成，不可得也。"时代还可以提前到宋代。

④ 有的是从《韩非子》中概括而成的。如：

【买椟还珠】比喻舍本逐末，取舍不当。宋程颐《与方元寀手帖》："今之治经者亦众矣，然而买椟还珠之弊，人人皆是。"按：语本《韩非子·外储说左上》："楚人有卖其珠于郑者，为木兰之柜，熏以桂椒，缀以珠玉，饰以玫瑰，辑以羽翠，郑人买其椟而还其珠，此可谓善卖椟矣，未可谓善鬻珠也。"

【目不见睫】眼睛看不见自己的睫毛，比喻没有自知之明。宋王安石《再用前韵寄蔡天启》："远求而近违，如目不见睫。"按：语出《韩非子·喻老》："臣患智之如目也，能见百步之外而不能自见其睫。"

⑤ 有的是从《老子》中概括而成的。如：

【根深柢固】比喻根基深厚牢固，不可动摇。宋司马光《上庞枢密论贝州事宜书》："虽国家恩德在民，沦于骨髓，根深柢固，万无所虑。"按：语本《老子》："有国之母，可以长久，是谓深根固柢，长生久视之道。"

【自知之明】指透彻了解自己的能力。宋苏轼《与叶进叔书》："仆闻有自知之明者，乃所以知人。"按：语本《老子》三三章："知人者智，自知者明。"

⑥ 有的是从《礼记》中概括而成的。如：

【不共戴天】谓不共存于人世间，喻仇恨极深。宋罗大经《鹤林玉露》卷八："我国家之于金虏，盖百世不共戴天之雠也。"按：语本《礼记·曲礼上》："父之雠，弗与共戴天。"

【入境问俗】进入别国的境内，先问清风俗，以免触犯忌讳。宋苏轼《密州谢表》："入境问俗，又复过于所期望。"按：语本《礼记·曲礼上》："入竟而问禁，入国而问俗，入门而问讳。"

这一类型的熟语还有：格物致知[1]　仁至义尽[2]

⑦ 有的是从《论语》中概括而成的。如：

【患得患失】斤斤计较个人的利害得失。宋文天祥《御试策》[3]："牛维马絷，狗苟蝇营，患得患失，无所不至者，无怪也。"按：语本《论语·阳货》："子曰：'鄙夫，可与事君也与哉？其未得之也，患得之；既得之，患失之。苟患失之，无所不至矣！'"

---

[1] 按：语出《礼记·大学》："欲诚其意者，先致其知，致知在格物。"

[2] 按：语出《礼记·郊特性》："蜡之祭，仁之至，义之尽也。"

[3] 按：文天祥的《御试策》，又引作《御试策一道》、《对策·御试策一道》。

这一类型的熟语还有：待价而沽[1] 了如指掌[2]

⑧ 有的是从《吕氏春秋》中概括而成的。如：

【尝鼎一脔】尝尝鼎里一片肉的味道，可以知道整个鼎里的肉味，比喻根据部分可推知全体。宋王安石《回苏子瞻简》："得秦君诗，手不能舍……余卷正冒眩，尚妨细读，尝鼎一脔，旨可知也。"按：语本《吕氏春秋·察今》："尝一脔肉而知一镬之味、一鼎之调。"

【刻舟求剑】比喻拘泥成法，不知根据情势的变化而改变。宋陆游《谢梁右相启》："刻舟求剑，固匪通材。"按：典出《吕氏春秋·察今》："楚人有涉江者，其剑自舟中坠于水，遽契其舟曰：'是吾剑之所从坠。'舟止，从其所契者入水求之。舟已行矣，而剑不行，求剑若此，不亦惑乎？"

⑨ 有的是从《孟子》中概括而成的。如：

【当务之急】当前急切应办的要事。宋朱熹《四书集注·大学第六章》："在初学尤为当务之急，读者不可以其近而忽之也。"按：语本《孟子·尽心上》："知者无不知也，当务之为急。"

【左右逢原】泛指做事得心应手。宋张元干《跋苏庭藻隶书后》之一："能痛锄傲慢，善择交友，涵养器业，且饱读古人书，自然左右逢原，岂易量耶？"按：语本《孟子·离娄下》："资之深，则取之左右逢其原。"又，又作"左右逢源"。清顾复《平生壮观·米芾》："其书有出锋者、藏锋者、放纵者、谨守者、肥者、瘦者，皆左右逢源，而不逾矩者焉。"

这一类型的熟语，还有下面这些：

大旱望云[3]　久假不归[4]　齐东野语[5]　闻过则喜[6]　习焉不察[7]

---

　　[1] 按：语本《论语·子罕》："子贡曰：'有美玉于斯，韫椟而藏诸？求善贾而沽诸？'子曰：'沽之哉，沽之哉！我待贾者也。'"

　　[2] 按：语出《论语·八佾》："或问禘之说。子曰：'不知也；知其说者之于天下也，其如示诸斯乎！'指其掌。"又，又写作"瞭如指掌"。清陈澧《东塾读书记·尚书》："说《禹贡》者，至国朝康熙、乾隆地图出，而后瞭如指掌。"

　　[3] 按：语本《孟子·梁惠王下》："民望之，若大旱之望云霓也。"

　　[4] 按：语本《孟子·尽心上》："久假而不归，恶知其非有也。"

　　[5] 按：语本《孟子·万章上》："此非君子之言，齐东野人之语也。"

　　[6] 按：语本《孟子·公孙丑上》："子路，人告之以有过则喜。"

　　[7] 按：语出《孟子·尽心上》："行之而不著焉，习矣而不察焉，终身由之而不知其道者，众也。"又，又作"习而不察"。清李渔《闲情偶寄·演习·授曲》："口传心授，依样葫芦，求其师不甚谬，则习而不察，亦可以混过一生。"

心悦诚服[1]　一暴十寒[2]　以邻为壑[3]

⑩ 有的是从《山海经》中概括而成的。如：

【精卫填海】比喻不畏艰难，努力奋斗。宋张耒《山海》诗："愚公移山宁不智，精卫填海未必痴。"按：语本《山海经·北山经》："又北二百里，曰发鸠之山，其上多柘木。有鸟焉，其状如乌，文首，白喙，赤足，名曰'精卫'，其鸣自詨。是炎帝之少女，名曰女娃。女娃游于东海，溺而不返，故为精卫。常衔西山之木石，以堙于东海。"

⑪ 有的是从《荀子》中概括而成的。如：

【井井有条】形容条理分明，整齐不乱。宋楼钥《通邵领判范启》："试以剧烦，井井有条而不紊。"按：语本《荀子·儒效》："井井兮其有理也。"

【欺世盗名】欺骗世人，窃取名誉。宋罗大经《鹤林玉露》卷八："朋奸罔上，有虞必去于驩兜；欺世盗名，孔子先诛于正卯。"按：语本《荀子·不苟》："夫富贵者则类傲之，夫贫贱者则求柔之。是非仁人之情也，是奸人将以盗名于晻世者也，险莫大焉。"

⑫ 有的是从《晏子春秋》中概括而成的。如：

【一得之愚】指自己对某一问题的见解，谦辞。宋岳珂《桯史·吴畏斋谢贽启》："喜拜重来之命，试伸一得之愚。"按：语本《晏子春秋·杂下十八》："圣人千虑，必有一失；愚人千虑，必有一得。"

【中流砥柱】比喻坚强的、能起支柱作用的人或集体。宋刘仙伦《贺新郎·寿王侍郎简卿》词："缓急朝廷须公出，更作中流砥柱。"按：语出《晏子春秋·谏下二四》："古冶子曰：'吾尝从君济于河，鼋衔左骖以入砥柱之中流。'"

⑬ 有的是从《战国策》中概括而成的。如：

【安步当车】缓缓步行，当作坐车。宋陈杰《穷居》诗："安步当车蔬当

---

[1]　按：语出《孟子·公孙丑上》："以力服人者，非心服也，力不赡也；以德服人者，中心悦而诚服也，如七十子之服孔子也。"

[2]　按：语本《孟子·告子上》："虽有天下易生之物也，一日暴之，十日寒之，未有能生者也。"又，又作"十寒一暴"、"一曝十寒"。金元好问《戏题新居二十韵》诗："就中此宅尤费手，官给工材半佣顾。十寒一暴半载强，才俊安床置铛釜。"叶圣陶《英文教授》："他们跑出英文教室，说的听的依然句句是中国话。这只是'一曝十寒'的办法罢了，对于理解的工夫完全抛荒。"

[3]　按：语本《孟子·告子下》："白圭曰：'丹之治水也，愈于禹。'孟子曰：'子过矣！禹之治水，水之道也。是故禹以四海为壑，今吾子以邻国为壑。'"

肉，笔耕为耒纸为田。"按：语本《战国策·齐策四》："晚食以当肉，安步以当车。"

【亡羊补牢】比喻受损失之后想办法补救以免再受损失。宋陆游《秋兴》诗："惩羹吹齑岂其非，亡羊补牢理所宜。"按：语本《战国策·楚策四》："见菟而顾犬，未为晚也；亡羊而补牢，未为迟也。"

⑭ 有的是从《周易》的十翼中概括而成的。如：

【寒来暑往】指四季的更替或时光流逝。宋张抡《阮郎归》词："寒来暑往几时休，光阴逐水流，浮云身世两悠悠，何劳身外求。"按：语本《易·系辞下》："寒往则暑来，暑往则寒来，寒暑相推，而岁成焉。"又，又作"寒往暑来"，南朝已见。南朝宋鲍照《伤逝赋》："寒往暑来而不穷，哀极乐反而有终。"

【能屈能伸】人在不得志时能忍耐，在得志时能施展抱负。宋邵雍《代书寄前洛阳簿陆刚叔秘校》诗："知行知止唯贤者，能屈能伸是丈夫。"按：语本《易·系辞下》："尺蠖之屈，以求信也。"又，又作"能屈能申"、"能伸能屈"。汉袁康《越绝书·外传纪策考》："始有灾变，蠡专其明，可谓贤焉，能屈能申。"冯德英《苦菜花》第三章："拿我来说吧，为什么城市不住，那样的荣华不享，来到这荒山沟呢？我受的教育，我的地位不比你高吗？这就叫大丈夫能伸能屈。"

【殊途同归[1]】比喻采用不同的方法而得到相同的结果。宋王溥《唐会要》卷四十一："百王千帝，殊途同归。今若禁屠宰、断弋猎，三驱莫行，一切不许。"按：语本《易·系辞下》："天下同归而殊涂，一致而百虑。"又，又作"殊涂同归"，晋代已见。晋葛洪《抱朴子·逸民》："在朝者陈力以秉庶事，山林者修德以厉贪浊，殊涂同归，俱人臣也。"

⑮ 有的是从《庄子》中概括而成的。如：

【沉鱼落雁】形容女子容貌极美。宋无名氏《错立身》戏文第二出："有沉鱼落雁之容，闭月羞花之貌。"按：语本《庄子·齐物论》："毛嫱、丽姬，人之所美也；鱼见之深入，鸟见之高飞。"又，又写作"沈鱼落雁"。《儒林外史》第十回："蓬公孙举眼细看，真有沈鱼落雁之容，闭月羞花之貌。"

---

[1] 按：《大词典》"殊途同归"这一书写形式的始见例证是孙中山《中国问题的真解决》："这三种人殊途同归，终将以日益增大的威力与速度，达到预期的结果。"时代可以提前到宋代。

【害群之马】有害于马群的坏马，比喻危害集体的人。宋刘安世《应诏言事》："盖此等行为巇崄，若小得志，则复结朋党，恣其毁誉，如害群之马，岂宜轻议哉！"按：语本《庄子·徐无鬼》："夫为天下者，亦奚以异乎牧马者哉？亦去其害马者而已矣。"

这一类型的熟语，还有下面这些：

瞠乎其后[1]　　大惑不解[2]　　得心应手[3]　　槁木死灰[4]　　邯郸学步[5]

空谷足音[6]　　每况愈下[7]　　鹏程万里[8]

⑯有的是从《左传》中概括而成的。如：

【病入膏肓】谓病情险恶无法医治，比喻事势严重无可挽救。宋王谠《唐语林·补遗一》："请足下多服续命之散，散加益智之丸，无令病入膏肓，坐亲斧锧也。"按：语本《左传·成公十年》："公疾病，求医于秦。秦伯使医缓为之。未至，公梦疾为二竖子，曰：'彼良医也，惧伤我，焉逃之。'其一曰：'居肓之上，膏之下，若我何？'医至，曰：'疾不可为也，在肓之上，膏之下，攻之不可，达之不及，药不至焉，不可为也。'公曰：'良医也。'厚为之礼而归之。"

【行将就木】寿命已经不长，快要进棺材了。宋朱熹《与留丞相札子》："今年六十有一，衰病侵凌，行将就木，乃欲变心从俗，以为侥幸俸钱禄米之计，不亦可羞之甚乎！"按：语本《左传·僖公二十三年》："将适齐，谓季隗曰：'待我二十五年，不来而后嫁。'对曰：'我二十五年矣，又如是而嫁，则就木焉。请待子。'"

这一类型的熟语，还有下面这些：

---

[1]　按：语出《庄子·田子方》："夫子奔逸绝尘，而回瞠若乎后矣！"

[2]　按：语本《庄子·天地》："大惑者，终身不解；大愚者，终身不灵。"

[3]　按：语本《庄子·天道》："斲轮，徐则甘而不固，疾则苦而不入，不徐不疾，得之于手而应于心，口不能言，有数存焉于其间。"

[4]　按：语本《庄子·齐物论》："形固可使如槁木，而心固可使如死灰乎？"

[5]　按：语本《庄子·秋水》："且子独不闻夫寿陵余子之学行于邯郸与？未得国能，又失其故行矣，直匍匐而归耳。"

[6]　按：语本《庄子·徐无鬼》："夫逃虚空者……闻人足音跫然而喜矣。"又，又写作"空谷跫音"。明宋濂《贞节堂记》："《柏舟》之诗，不作久矣，余于妇庄，宁不若闻空谷跫音乎！"

[7]　按：语本《庄子·知北游》："庄子曰：'夫子之问也，固不及质。正获之问于监市履狶也，每下愈况。'"又，本作"每下愈况"，义为越是从低微的事物上推求就越能看清"道"的真实情况。

[8]　按：典出《庄子·逍遥游》："鹏之徙于南冥也，水击三千里，抟扶摇而上者九万里。"

凄风苦雨[1]　　其貌不扬[2]　　先声夺人[3]　　言不由衷[4]　　一见如故[5]

有恃无恐[6]　　欲盖弥彰[7]　　斩草除根[8]

⑰ 有的是从战国的《韩非子》和《荀子》同代两部不同的书中混合概括而成的。如：

【提纲挈领】比喻抓住事物的关键或把问题扼要提出来。宋朱熹《谢上蔡语录后序》："胡氏上篇五十五章，记文定公问答，皆他书所无有，而提纲挈领，指示学者用力处，亦卓然非他书所及。"按：语本《韩非子》和《荀子》。《韩非子·外储说右下》："善张网者引其纲，不一一摄万目而后得。"《荀子·劝学》："若挈裘领，诎五指而顿之，顺者不可胜数也。"又，又作"提纲振领"、"提纲举领"。《金石萃编·五代梁匡国节度使冯行袭德政碑》："□本寻源，提纲振领。"《景德传灯录·遇安禅师》："提纲举领，尽立主宾。如何是主？"

⑱ 有的是从战国作品、西汉作品、唐代作品这些不同时代的两种不同的语料中混合概括而成的。如：

【平分秋色】比喻双方各得一半。宋李朴《中秋》诗："平分秋色一轮满，长伴云衢千里明。"按：语本《楚辞》及韩愈。《楚辞·九辩》："皇天平分四时兮，窃独悲此廪秋。"唐韩愈《合江亭》诗："穷秋感平分，新月怜半破。"

---

[1]　按：语本《左传·昭公四年》："春无凄风，秋无苦雨。"又，又作"凄风苦雨"、"凄风冷雨"、"凄风寒雨"、"凄风楚雨"。元蒲道源《水调歌头·癸未中秋雨闷中示德衡弟》词："待得良辰美景，却遇凄风苦雨，好事实难谐。"元杨显之《潇湘雨》第三折："时遇秋天，怎当那凄风冷雨，过雁吟虫，眼前景物，无一件不是牵愁触闷的。"清葆光子《物妖志·木类·柳》："方其凄风寒雨，杏褪桃残，山路萧条，愁云千里，苔荒藓败，情扬魂销，不可谓无忧也。"清程麟《此中人语·田螺妖》："每于凄风楚雨之时，常思归去。"

[2]　按：语本《左传·昭公二十八年》："今子少不扬。"晋杜预注："颜貌不扬显。"

[3]　按：语出《左传·昭公二十一年》："军志有之：先人有夺人之心，后人有待其衰。"

[4]　按：语本《左传·隐公三年》："信不由中，质无益也。"又，又作"言不由中"。元脱脱《宋史·何铸传》："士大夫心术不正，徇虚以掠名，托名以规利，言不由中，而首尾乡背。"

[5]　按：语本《左传·襄公二十九年》："聘于郑，见子产，如旧相识。"又，又作"一见如旧"。《新唐书·房玄龄传》："太宗以炖煌公徇渭北，杖策上谒军门，一见如旧。"

[6]　按：语本《左传·僖公二十六年》："齐侯曰：'室如县罄，野无青草，何恃而不恐？'对曰：'恃先王之命。'"

[7]　按：语本《左传·昭公七年》："或求名而不得，或欲盖而名章，惩不义也。"又，又作"欲盖而彰"。唐刘知几《史通·申左》："《春秋》之义也，欲盖而彰，求名而亡，善人劝焉，淫人惧焉。"

[8]　按：语本《左传·隐公六年》："为国家者，见恶如农夫之务去草焉，芟夷蕴崇之，绝其本根，勿使能殖，则善者信矣。"

【日新月异】每天、每月都有新变化，形容变化、发展很快。宋林景熙《永嘉县重建法空院记》："金碧嵯峨，日新月异，则亦不独师能之也。"按：语本《礼记》和《陈政事疏》。《礼记·大学》："苟日新，日日新，又日新。"汉贾谊《陈政事疏》："今世以侈靡相竞，而上亡制度，弃礼谊，捐廉耻，日甚，可谓月异而岁不同矣。"

（3）从西汉语料概括而成的熟语

西汉的语料，到了宋代，从中概括形成了一些熟语。这些熟语的语料来源有：

① 有的是从刘安著作中概括而成的。如：

【沦肌浃髓】浸透肌肉、深入骨髓，比喻受影响很深。宋朱熹《与芮国器书》："苏氏之学，以雄深敏妙之文，煽其倾危变幻之习，以故被其毒者，沦肌浃髓而不自知。"按：语本《淮南子·原道训》："不浸于肌肤，不浃于骨髓。"又，又写作"沦浃肌髓"。清陈康祺《郎潜纪闻》卷一："三百余年豢养深恩，沦浃肌髓。"

② 有的是从司马迁著作中概括而成的。如：

【高屋建瓴】在高屋脊上倒瓶中的水，形容居高临下的形势。宋曾极《金陵百咏·天门山》："高屋建瓴无计取，二梁刚把当殽函。"按：语本《史记·高祖本纪》："地埶便利，其以下兵于诸侯，譬犹居高屋之上建瓴水也。"

【脱颖而出】比喻才能最终全部显露出来。宋苏轼《与参寥》："吴子野至，出颖沙弥行草书，潇然有尘外意，决知不日脱颖而出，不可复没矣。"按：语出《史记·平原君虞卿列传》："平原君曰：'夫贤士之处世也，譬若锥之处囊中，其末立见……'毛遂曰：'臣乃今日请处囊中耳。使遂蚤得处囊中，乃颖脱而出，非特其末见而已。'"

这一类型的熟语，还有下面这些：

不约而同[1]　大失所望[2]　负荆请罪[3]　歌功颂德[4]　乐善好施[5]

---

[1]　按：语本《史记·平津侯主父列传》："无尺寸之势，起闾巷，杖棘矜，应时而皆动，不谋而俱起，不约而同会。"

[2]　按：语本《史记·高祖本纪》："秦人大失望。"

[3]　按：典出《史记·廉颇蔺相如列传》："廉颇闻之，肉袒负荆，因宾客至蔺相如门谢罪。"

[4]　按：语本《史记·周本纪》："民皆歌乐之，颂其德。"

[5]　按：语本《史记·乐书论》："闻征音，使人乐善而好施。"

面无人色[1]　取而代之[2]　死灰复然[3]　随波逐流[4]　卧薪尝胆[5]

一诺千金[6]　一意孤行[7]　作法自弊[8]

③ 有的是从扬雄作品中概括而成的。如：

【群策群力】大家共同出主意、出力量。宋文天祥《己未上皇帝书》：“至如山岩之氓、市井之靡、刑余之流、盗贼之属，其胆勇力绝足以先登，其智辩机警足以间谍，使贪、使愚、使诈、使勇，则群策群力，皆吾屈也。”按：语本汉扬雄《法言·重黎》：“汉屈群策，群策屈群力。”

（4）从东汉语料概括而成的熟语

东汉时期的语料，到了宋代，从中概括形成了一些熟语。这些熟语的语料来源有：

① 有的是从班固著作中概括而成的。如：

【捕风捉影】比喻虚幻无实或无根据的臆测。《朱子语类》卷六九：“若有一豪之不实，如捕风捉影，更无下功处，德何由进？”按：语本《汉书·郊祀志下》：“听其言，洋洋满耳，若将可遇，求之，荡荡如系风捕景，终不可得。”

【水滴石穿】水滴能把石头滴穿，比喻小力量只要坚持不懈也能成功。宋罗大经《鹤林玉露》卷十：“张乖崖为崇阳令，一吏自库中出，视其鬓傍巾下有一钱，诘之，乃库中钱也……乖崖援笔判云：‘一日一钱，千日一千，绳锯木断，水滴石穿。’”按：语本《汉书·枚乘传》：“泰山之溜穿石……水非石之钻，索非木之锯，渐靡使之然也。”

---

[1]　按：语本《史记·李将军列传》：“会日暮，吏士皆无人色，而广意气自如，益治军。”

[2]　按：语本《史记·项羽本纪》：“秦始皇帝游会稽，渡浙江，梁与籍俱观。籍曰：‘彼可取而代也。’”

[3]　按：语本《史记·韩长孺列传》：“蒙狱吏田甲辱安国，安国曰：‘死灰独不复然乎？’”

[4]　按：语本《史记·屈原贾生列传》：“夫圣人者，不凝滞于物而能与世推移。举世混浊，何不随其流而扬其波？”又，又作“随波逐浪”。唐白居易《浪淘沙》词之六：“随波逐浪到天涯，迁客生还有几家？”

[5]　按：典出《史记·越王勾践世家》：“坐卧即仰胆，饮食亦尝胆。”

[6]　按：语本《史记·季布栾布列传》：“楚人谚曰：‘得黄金百斤，不如得季布一诺。’”

[7]　按：语本《史记·酷吏列传》：“禹为人廉倨，为吏以来，舍无食客。公卿相造请禹，禹终不报谢，务在绝知友宾客之请，孤立行一意而已。”

[8]　按：语本《史记·商君列传》：“发吏捕商君。商君亡至关下，欲舍客舍。客人不知其是商君也，曰：‘商君之法，舍人无验者坐之。’商君喟然叹曰：‘嗟乎！为法之敝，一至此哉！’”又，又作“作法自毙”。清蒲松龄《聊斋志异·余德》：“余笑起，飞一巨觥，酒方引满，蝶亦扬去。顷之，鼓又作，两蝶飞集余冠。余笑云：‘作法自毙矣。’”

这一类型的熟语，还有下面这些：

长治久安[1]　积薪厝火[2]　雷霆万钧[3]　千钧一发[4]　绳锯木断[5]

太阿倒持[6]　弹冠相庆[7]　先入为主[8]

② 有的是从牟融著作中概括而成的。如：

【对牛弹琴】比喻对不懂事理的人讲道理或言事。《五灯会元·惟简禅师》："问：'开口即失，闭口即丧，未审如何说。'师曰：'舌头无骨。'僧曰：'不会。'师曰：'对牛弹琴。'"按：语本汉牟融《理惑论》："公明仪为牛弹清角之操，伏食如故，非牛不闻，不合其耳矣。"

③ 有的是从东汉魏伯阳著作中概括而成的。如：

【鱼目混珠】比喻用假的东西冒充真的东西。宋张商英《宗禅辩》："今则鱼目混珠，熏莸共囿，羊质虎皮者多矣。"按：语本东汉魏伯阳《参同契》上："鱼目岂为珠，蓬蒿不成槚。"又，又作"鱼目混珎"、"鱼目间珠"。唐李白《鸣皋歌送岑征君》："蝘蜓嘲龙，鱼目混珎。"宋司马光《稷下赋》："珷玞乱玉，鱼目间珠，泥沙涨者其泉恩，莨莠茂者其谷芜。"

④ 有的是从东汉无名氏作品中概括而成的。如：

【狭路相逢】在很窄的路上遇见不易让开，多指仇人相遇难以相容。《景德传灯录·淄州水陆和尚》："狭路相逢时如何？"按：语出东汉无名氏《相逢行》[9]："相逢狭路间，道隘不容车。"

（5）从三国语料概括而成的熟语

三国时期的语料，到了宋代，从中概括形成了一些熟语。这些熟语的语料来

---

[1]　按：语本《汉书·贾谊传》："建久安之势，成长治之业。"

[2]　按：语本《汉书·贾谊传》："夫抱火厝之积薪之下而寝其上，火未及然，因谓之安。"

[3]　按：语本《汉书·贾山传》："雷霆之所击，无不摧折者；万钧之所压，无不糜灭者。"

[4]　按：语本《汉书·枚乘传》："夫以一缕之任，系千钧之重，上悬无极之高，下垂不测之渊，虽甚愚之人，犹知哀其将绝也。"

[5]　按：语本《汉书·枚乘传》："泰山之溜穿石，单极之绠断干。水非石之钻，索非木之锯，渐靡使之然也。"

[6]　按：语本《汉书·梅福传》："至秦则不然，张诽谤之网，以为汉驱除，倒持泰阿，授楚其柄。"

[7]　按：语本《汉书·王吉传》："吉与贡禹为友，世称'王阳在位，贡公弹冠'，言其取舍同也。"

[8]　按：语出《汉书·息夫躬传》："唯陛下观览古戒，反复参考，无以先入之语为主。"

[9]　按：《相逢行》是汉代的乐府古辞，始见于南朝徐陵选编的《玉台新咏》。汉代有西汉和东汉之分，我们把它处理为东汉作品。

源有：

① 有的是从曹操作品中概括而成的。如：

【称王称霸】谓自封为帝王或以首领自居，也比喻狂妄自大。宋汪元量《读史》诗："刘项称王称霸，关张无命无功。"按：语本三国魏曹操《让县自明本志令》："设使国家无有孤，不知当几人称帝，几人称王。"

② 有的是从诸葛亮作品中概括而成的。如：

【集思广益】集中众人的智慧，广泛吸取有益的意见。宋许月卿《次韵陈肇芳竿赠李相士》："集思广益真宰相，开诚布公肝胆倾。"按：语本三国蜀诸葛亮《教与军师长史参军掾属》："夫参署者，集众思，广忠益也。"

（6）从西晋语料概括而成的熟语

西晋时期的语料，到了宋代，从中概括形成了一些熟语。这些熟语的语料来源有：

① 有的是从陈寿著作中概括而成的。如：

【开诚布公】诚意待人，坦白无私。宋许月卿《次韵陈肇芳竿赠李相士》："集思广益真宰相，开诚布公肝胆倾。"按：语本西晋陈寿《三国志·蜀志·诸葛亮传论》："诸葛亮之为相国也……开诚心，布公道；尽忠益时者虽雠必赏，犯法怠慢者虽亲必罚，服罪输情者虽重必释，游辞巧饰者虽轻必戮。"

【如鱼得水】比喻得到跟自己很投合的人或适合自己的环境。宋王禹偁《杜伏威传赞》："初据江东，为英为雄，如虎啸风。终归帝里，为臣为子，如鱼得水。"按：语本《三国志·蜀志·诸葛亮传》："先主解之曰：'孤之有孔明，犹鱼之有水也。'"

② 有的是从傅玄著作中概括而成的。如：

【推己及人】用自己的心思来推想别人的心思。宋朱熹《与范直阁书》："学者之于忠恕，未免参校彼己，推己及人则宜。"按：语本西晋傅玄《傅子·仁论》："然夫仁者，益推己以及人也。"

③ 有的是从李密作品中概括而成的。如：

【急如星火】像流星一样急促闪过，形容非常急迫。宋王明清《挥麈后录》卷二："竭泽而渔，急如星火。"按：语本西晋李密《陈情表》："诏书切峻，责臣逋慢。郡县逼迫，催臣上道；州司临门，急于星火。"

【相依为命】互相依靠着生活，谁也离不开谁。宋文天祥《齐魏两国夫人行实》："先公不幸即世，璧兄弟扶枢归先庐，先夫人号痛欲绝。尔后与继祖母刘夫人相依为命。"按：语本西晋李密《陈情表》："母孙二人，更相为命。"

④ 有的是从刘伶作品中概括而成的。如：

【熟视无睹】经常看到却像不曾看见一样，形容漠不关心。宋林正大《括沁园春》词："静听无闻，熟视无睹，以醉为乡乐性真。"按：语本西晋刘伶《酒德颂》："静听不闻雷霆之声，熟视不睹泰山之形。"

（7）从东晋语料概括而成的熟语

东晋时期的语料，到了宋代，从中概括形成了一些熟语。这些熟语的语料来源有：

① 有的是从干宝著作中概括而成的。如：

【含沙射影】比喻暗中诽谤中伤。宋罗大经《鹤林玉露》卷四："诗意言君子或死或贬，唯小人得志，深畏其含沙射影也。"按：语本东晋干宝《搜神记》卷十二："汉光武中平中，有物处于江水，其名曰'蜮'，一曰'短狐'，能含沙射人。所中者则身体筋急，头痛，发热；剧者至死。"

② 有的是从葛洪著作中概括而成的。如：

【金屋藏娇】形容娶妻或纳妾。宋刘辰翁《意难忘·元宵雨》词："当年乐事朝朝。曾锦鞍呼妓，金屋藏娇。"按：典出东晋葛洪《汉武故事》[1]："帝以乙酉年七月七日生于猗兰殿。年四岁，立为胶东王。数岁，长公主嫖抱置膝上，问曰：'儿欲得妇不？'胶东王曰：'欲得妇。'长主指左右长御百余人，皆云不用。末指其女问曰：'阿娇好不？'于是乃笑对曰：'好！若得阿娇作妇，当作金屋贮之也。'"又，又作"金屋贮娇"。南朝梁费昶《长门怨》诗："金屋贮娇时，不言君不入。"

③ 有的是从鸠摩罗什著作中概括而成的。如：

【天花乱坠】比喻说话有声有色、动听而不切实际。《朱子语类》卷三五："凡他人之言，便做说得天花乱坠，我亦不信，依旧只执己是。"按：语本姚秦鸠摩罗什译《法华经·序品》："尔时世尊，四众围绕，供养恭敬尊重赞叹，为诸菩萨说大乘经……佛说此经已，结加趺坐，入于无量义处三昧，身心不动。是时天雨曼陀罗华、摩诃曼陀罗华、曼殊沙华、摩诃曼殊沙华，而散佛上及诸大众。"又，又作"天华乱坠"。《景德传灯录·令遵禅师》："聚徒一千二千，说法如云如雨，

---

[1] 按：《汉武故事》的作者有东汉班固、东晋葛洪、南朝王俭等说法，我们采用折中的办法，处理为东晋葛洪的作品。

讲得天华乱坠，只成个邪说争竞是非。"

④ 有的是从东晋无名氏著作中概括而成的。如：

【顽石点头】形容道理讲得透彻，使人心服。《五灯会元·黄龙南禅师法嗣·保宁圆玑禅师》："道源不远，性海非遥。但向己求，莫从他觅……直饶说得天花乱坠，顽石点头，算来多虚不如少实。"按：语本东晋无名氏《莲社高贤传·道生法师》："师被摈，南还，入虎丘山，聚石为徒。讲《涅盘经》，至阐提处，则说有佛性，且曰：'如我所说，契佛心否？'群石皆为点头，旬日学众云集。"

（8）从南朝语料概括而成的熟语

南朝时期的语料，到了宋代，从中概括形成了一些熟语。这些熟语的语料来源有：

① 有的是从宝志作品中概括而成的。如：

【作茧自缚】比喻做事反而使自己受困。宋陆游《书叹》诗："人生如春蚕，作茧自缚裹。"按：语出南朝梁宝志《志公和尚十四科颂·善恶不二》："菩萨散诞灵通，所作常含妙觉。声闻执法坐禅，如蚕吐丝自缚。"

② 有的是从范晔著作中概括而成的。如：

【广开言路】尽量创造条件，让人们有充分发表意见的机会。宋司马光《乞开言路札子》："臣愚以为今日所宜先者，莫若明下诏书，广开言路。"按：语出《后汉书·来历传》："朝廷广开言事之路，故且一切假贷。"

【志大才疏】志向大而能力低。宋苏轼《扬州到任谢表》之一："志大才疏，信天命而自遂；人微地重，恃圣眷以少安。"按：语本《后汉书·孔融传》："融负其高气，志在靖难，而才疏意广，迄无成功。"

③ 有的是从刘义庆著作中概括而成的。如：

【口若悬河】形容能言善辩，说话滔滔不绝。宋赵蕃《赠耆英见过》诗之一："髯曾暇能过我，诵诗口若悬河。"按：语本南朝宋刘义庆《世说新语·赏誉》："王太尉云：'郭子玄语议如悬河泻水，注而不竭。'"又，又写作"口如悬河"、"口似悬河"。《警世通言·钝秀才一朝交泰》："德称口如悬河，宾主颇也得合。"《三国演义》第四五回："假使苏秦、张仪、陆贾、郦生复出，口似悬河，舌如利刃，安能动我心哉！"

【窥豹一斑】比喻只见到事物的一小部分。宋李光《与胡邦衡书》："《三经新解》未能遍读，然尝鼎一脔，窥豹一斑，亦足见其大略矣。"按：语本《世说新语·方正》："王子敬数岁时，尝看诸门生樗蒲，见有胜负，因曰：'南风不竞。'

门生辈轻其小儿,乃曰:'此郎亦管中窥豹,时见一斑!'"

④ 有的是从刘遵作品中概括而成的。如:

【情不自禁】控制不住自己的感情。宋罗大经《鹤林玉露》卷十二:"项王有吞岳渎意气……然当垓下诀别之际,宝区血庙,了不经意,惟眷眷一妇人,悲歌怅饮,情不自禁。"按:语出南朝梁刘遵《七夕穿针》诗:"步月如有意,情来不自禁。"

(9)从唐代语料概括而成的熟语

唐代的语料,到了宋代,从中概括形成了一些熟语。这些熟语的语料来源有:

① 有的是从曹邺作品中概括而成的。如:

【平步青云】比喻一下子达到很高的地位。宋袁文《瓮牖闲评》卷三:"廉宣仲高才,幼年及第,宰相张邦昌纳为婿,当徽宗时自谓平步青云。"按:语本唐曹邺《杏园宴呈同年》诗:"一旦公道开,青云在平地。"又,又作"平地青云"、"平步青霄"、"平地登云"。金元好问《送端甫西行》诗:"渭城朝雨三年别,平地青云万里程。"元金仁杰《追韩信》第一折:"有一日平步青霄,不信鸿鹄同燕雀。"《金瓶梅词话》第二九回:"若你克我者为官鬼,必主平地登云之喜,添官进禄之荣。"

② 有的是从杜甫作品中概括而成的。如:

【秋高气爽】形容秋天天空晴朗,气候凉爽宜人。宋葛长庚《酹江月·罗浮赋别》词:"罗浮山下,正秋高气爽,凄凉风物。"按:语本唐杜甫《崔氏东山草堂》诗:"爱汝玉山草堂静,高秋爽气相鲜新。"又,又作"秋高气肃"。宋张抡《醉落魄·咏秋》词之四:"秋高气肃,西风又拂盈盈菊。"

【雾里看花】本形容老眼昏花,后比喻对事物看不真切。宋赵蕃《早到超果寺》诗:"雾里看花喜未昏,竹园啼鸟爱频言。"按:语本唐杜甫《小寒食舟中作》诗:"春水船如天上坐,老年花似雾中看。"

这一类型的熟语还有:白衣苍狗[1]   翻云覆雨[2]   弱不禁风[3]

③ 有的是从杜佑著作中概括而成的。如:

【声东击西】表面声言攻打东面,其实攻打的是西面。宋张纲《乞修战船札子》:"况虏情难测,左实右伪,声东击西。"按:语出唐杜佑《通典·兵六》:"声言击东,其实击西。"又,又作"声西击东"。明余继登《典故纪闻》卷十六:

---

[1] 按:语本唐杜甫《可叹》诗:"天上浮云如白衣,斯须改变如苍狗。"

[2] 按:语本唐杜甫《贫交行》:"翻手作云覆手雨,纷纷轻薄何须数!"

[3] 按:语本唐杜甫《江雨有怀郑典设》诗:"乱波纷披已打岸,弱云狼藉不禁风。"

"若彼声西击东，而我军出大同，未免顾彼失此。"

④ 有的是从房玄龄著作中概括而成的。如：

【少不更事】年轻阅历世事不多。宋罗大经《鹤林玉露·丙篇》卷一："又曰：'种榆水中央，成长何容易！截承金露盘，袅袅不自畏。'言少不更事之人，无所涵养，而骤膺拔擢，以当重任。"按：语本唐房玄龄《晋书·周顗传》："君少年未更事。"又，又作"少不经事"。刘丰《后生可爱》："所以在实际中，毛头小伙子干出一番大事业出来的也毕竟不少，'少不经事'的话不尽全对。"

【势如破竹】比喻节节胜利，毫无阻碍。《资治通鉴·后汉高祖天福十二年》："帝未决，使人谕指于弘肇，曰：'兵已及此，势如破竹，可进不可退。'"按：语本唐房玄龄《晋书·杜预传》："今兵威已振，譬如破竹，数节之后，皆迎刃而解。"又，又作"势如劈竹"。《三国演义》第十二回："曹操将得胜之兵，杀入城中，势如劈竹。"

⑤ 有的是从韩愈作品中概括而成的。如：

【耳濡目染】经常听到看到，无形之中受到影响。宋朱熹《己丑与汪尚书书》："耳濡目染，以陷溺其良心而不自知。"按：语本唐韩愈《清河郡公房公墓碣铭》："目擩耳染，不学以能。"

【轻车熟路】驾着轻快的车在熟路上行驶，比喻办事轻而易举。宋辛弃疾《贺新郎·和徐斯远下第谢诸公载酒相访韵》词："逸气轩眉宇。似王良，轻车熟路，骅骝欲舞。"按：语出唐韩愈《送石处士序》："若驷马驾轻车，就熟路，而王良、造父为之先后也。"又，又作"轻车熟道"。续范亭《莫干山》诗："轻车熟道寻秋去，偕友傍午发临安。"

这一类型的熟语，还有下面这些：

曾几何时[1]　　大声疾呼[2]　　焚膏继晷[3]　　挂一漏万[4]　　兼收并蓄[5]

---

[1]　按：语本唐韩愈《东都遇春》诗："尔来曾几时，白发忽满镜。"

[2]　按：语本唐韩愈《后十九日复上宰相书》："蹈水火者之求免于人也，不惟其父兄子弟之慈爱，然后呼而望之也；将有介于其侧者，虽其所憎怨，苟不至乎欲其死者，则将大其声疾呼，而望其仁之也。"

[3]　按：语本唐韩愈《进学解》："焚膏油以继晷，恒兀兀以穷年。"

[4]　按：语本唐韩愈《南山诗》："团辞试提挈，挂一念万漏。"又，又写作"掛一漏万"。清李渔《闲情偶寄·居室·联匾》："观子联匾之制，佳则佳矣，其如掛一漏万何？"

[5]　按：语本唐韩愈《进学解》："玉札丹砂，赤箭青芝，牛溲马勃，败鼓之皮，俱收并蓄，待用无遗者，医师之良也。"又，又写作"兼收并畜"。清黄宗羲《传是楼藏书记》："古来藏书者，亦不乏兼收并畜。"

深居简出[1]　问道于盲[2]　秀外惠中[3]　一视同仁[4]

⑥有的是从李白作品中概括而成的。如：

【笔走龙蛇】形容书法笔势矫健或文笔纵放自如。宋钱处仁《醉蓬莱》词："笔走龙蛇，句雕风月，好客敦高谊。"按：语本唐李白《草书歌行》："少年上人号怀素，草书天下称独步……悦悦如闻神鬼惊，时时只见龙蛇走。"

【一泻千里】形容文章气势奔放。宋李涂《文章精义》："唐子西文极庄重缜密，虽幅尺稍狭，无长江大河一泻千里之势，然最利初学。"按：语本唐李白《赠从弟宣州长史昭》诗："长川豁中流，千里泻吴会。"

⑦有的是从李浚著作中概括而成的。如：

【国色天香】本指牡丹花香色不凡，后多用来称美女。宋范成大《与至先兄游诸园看牡丹三日行遍》诗："欲知国色天香句，须是倚阑烧烛看。"按：语本唐李浚《松窗杂录》："上颇好诗，因问修己曰：'今京邑传唱牡丹花诗，谁为首出？'修己对曰：'臣尝闻公卿间多吟赏中书舍人李正封诗曰：天香夜染衣，国色朝酣酒。'"

⑧有的是从刘肃著作中概括而成的。如：

【生吞活剥】比喻生硬地抄袭或模仿。宋洪迈《容斋三笔·歌扇舞衣》："唐李义山诗云：'镂月为歌扇，裁云作舞衣。'同时人张怀庆窃为己作，各增两字云：'生情镂月为歌扇，出性裁云作舞衣。'致有生吞活剥之诮。"按：语本唐刘肃《大唐新语·谐谑》："李义府尝赋诗曰：'镂月成歌扇，裁云作舞衣。自怜回雪影，好取洛川归。'有枣强尉张怀庆好偷名士文章，乃为诗曰：'生情镂月成歌扇，出意裁云作舞衣。照镜自怜回雪影，时来好取洛川归。'人谓之谚曰：'活剥王昌龄，生吞郭正一。'"

【终南捷径】比喻便捷的门路或途径。宋刘克庄《水龙吟·己亥自寿》词之二："叹终南捷径，太行盘谷，用卿法、从吾好。"按：语本唐刘肃《大唐新语·隐逸》："将还，藏用指终南山谓之曰：'此中大有佳处，何必在远！'承桢徐

---

[1]　按：语本唐韩愈《送浮屠文畅师序》："夫兽深居而简出，惧物之为己害也。"

[2]　按：语本唐韩愈《答陈生书》："足下求速化之术，不于其人，乃以访愈，是所谓借听于聋，求道于盲。"

[3]　按：语本唐韩愈《送李愿归盘谷序》："曲眉丰颊，清声而便体，秀外而惠中。"又，又作"秀外慧中"。蔡东藩等《民国通俗演义》第四六回："是时洪女年方十九，秀外慧中。"

[4]　按：语本唐韩愈《原人》："是故圣人一视而同仁，笃近而举远。"

答曰：'以仆所观，乃仕宦捷径耳。'"

⑨ 有的是从刘禹锡作品中概括而成的。如：

【平地风波】比喻突然发生的纠纷或事故。宋苏辙《思归》诗："儿言世情恶，平地风波起。"按：语本唐刘禹锡及杜荀鹤。刘禹锡《竹枝词》："常恨人心不如水，等闲平地起波澜。"杜荀鹤《将过湖南经马当山庙因书三绝》之二："只怕马当山下水，不知平地有风波。"又，又作"平地生波"。明王錂《寻亲记·剖面》："正是漆为有用肤裂，龟因壳藤剜肠。只为奴家一貌，平地生波。"

⑩ 有的是从柳宗元作品中概括而成的。如：

【黔驴之技】比喻虚有其表，本领有限。宋李曾伯《代襄阃回陈总领贺转官》："秉钺专征，实愧严尤之三策；赐书增秩，已膺甘茂之十官。虽长蛇之势若粗雄，而黔驴之技已尽展。"按：语本唐柳宗元《三戒·黔之驴》："黔无驴，有好事者船载以入。至则无可用，放之山下。虎见之，庞然大物也，以为神……他日，驴一鸣，虎大骇，远遁，以为且噬己也，甚恐。然往来视之，觉无异能者。益习其声，又近出前后，终不敢搏。稍近益狎，荡倚冲冒，驴不胜怒，蹄之。虎因喜，计之曰：'技止此耳！'……断其喉，尽其肉，乃去。"又，又作"黔驴之伎"、"黔驴技孤"。宋欧阳修《亳州乞致仕第三表》："昔而少健，黔驴之伎已殚；今也病衰，驽马之疲难强。"明孙仁孺《东郭记·妾妇之道》："腐鼠堪惊，黔驴技孤，也应狼跋其胡。"

这一类型的熟语还有：背道而驰[1]　汗牛充栋[2]

⑪ 有的是从孟棨作品中概括而成的。如：

【破镜重圆】比喻夫妻离散或决裂后重又团聚或和好。宋苏轼《蝶恋花·佳人》词："破镜重圆人在否？章台折尽青青柳。"按：典出唐孟棨《本事诗·情感》。又，又作"破镜重合"。清纪昀《阅微草堂笔记·滦阳续录五》："破镜重合，古有其事，若夫再娶而仍元配，妇再嫁而未失节，载籍以来，未之闻也。"

【司空见惯】表示看惯了就不觉得奇怪。宋苏轼《满庭芳六首》词之二："人间何处有？司空见惯，应为寻常。"按：语本唐孟棨《本事诗·情感》："刘尚书禹锡罢和州……李司空罢镇在京，慕刘名，尝邀至第中，厚设饮馔。酒酣，命妙妓歌以送之。刘于席上赋诗曰：'……春风一曲《杜韦娘》。司空见惯浑闲事，断尽

---

[1]　按：语本唐柳宗元《〈杨评事文集〉后序》："其余各探一隅，相与背驰于道者，其去弥远。"
[2]　按：语本唐柳宗元《文通先生陆给事墓表》："其为书，处则充栋宇，出则汗牛马"。

江南刺史肠。'"

⑫有的是从宋之问作品中概括而成的。如：

【空中楼阁】比喻明澈通达、虚幻的事物或空想。《朱子语类》卷一百："问：'程子谓康节空中楼阁。'曰：'是看得四通八达，庄子比康节亦髣髴相似。'"按：语本唐宋之问《游法华寺》诗："空中结楼殿，意表出云霞。"

⑬有的是从姚思廉著作中概括而成的。如：

【一目十行】形容看书的速度极快。宋刘克庄《杂记六言诗》之二："五更三点待漏，一目十行读书。"按：语本唐姚思廉《梁书·简文帝纪》："读书十行俱下。"

（10）从五代语料概括而成的熟语

五代的语料，到了宋代，从中概括形成了一些熟语。这些熟语的语料来源，有的是从牛峤著作中概括而成的。如：

【天衣无缝】比喻诗文自然浑成或事物没有一点破绽。宋周密《浩然斋雅谈》卷中："对偶之佳者，曰'数点雨声风约住，一枝花影月移来'……数联皆天衣无缝，妙合自然。"按：语本《太平广记》卷六八引前蜀牛峤《灵怪录·郭翰》："稍闻香气渐浓，翰甚怪之，仰视空中，见有人冉冉而下，直至翰前，乃一少女……徐视其衣并无缝。翰问之，谓翰曰：'天衣本非针线为也。'"

（11）从宋代语料概括而成的熟语

宋代的语料，在宋代的同代，从中概括形成了一些熟语。这些熟语的语料来源有：

①有的是从欧阳修作品中概括而成的。如：

【磨穿铁砚】磨穿了铁铸的砚台，比喻读书勤奋。宋朱淑真《自责》诗之一："女子弄文诚可罪，那堪咏月更吟风。磨穿铁砚非吾事，绣折金针却有功。"按：典出宋欧阳修《新五代史·晋臣传·桑维翰》："初举进士，主司恶其姓，以为'桑'、'丧'同音。人有劝其不必举进士，可以从佗求仕者。维翰慨然，乃著《日出扶桑赋》以见志。又铸铁砚以示人曰：'砚弊则改而佗仕。'卒以进士及第。"

【水落石出】水位下降后石头显露出来，比喻事情真相大白。宋陆游《谢台谏启》："收真才于水落石出之后，坐销浮伪之风；察定理于舟行岸移之时，尽黜谲诬之巧。"按：语本宋欧阳修《醉翁亭记》："野芳发而幽香，佳木秀而繁阴，风霜高洁，水落而石出者，山间之四时也。"

【意在言外】暗中包含言辞的真正意义而没有明白说出来。宋胡仔《苕溪渔隐丛话后集·杜牧之》："此绝句极佳，意在言外，而幽怨之情自见，不待明言也。"按：语本宋欧阳修《六一诗话》："圣俞常语予曰：'……必能状难写之景，如在目前，含不尽之意，见于言外，然后为至矣。'"

②有的是从普济著作中概括而成的。如：

【痴人说梦】比喻凭妄想说不可靠或根本办不到的话。宋无名氏《爱日斋丛钞》卷三："始东坡诗云：'我笑陶渊明，种秫二顷半，妇言既不用，还有责子叹。'苏公肯亦效痴人说梦邪？"按：语本《五灯会元·龙门远禅师法嗣·乌巨道行禅师》："祖师西来，直指人心，见性成佛。痴人面前，不得不梦。"

③有的是从苏轼作品中概括而成的。如：

【过眼烟云】比喻很快就消逝的事物或事情。宋王十朋《县学别同舍》诗："伴人灯火情犹在，过眼烟云事已非。"按：语出宋苏轼《宝绘堂记》："譬之烟云之过眼，百鸟之感耳，岂不欣然接之，去而不复念也。"又，又写作"过眼云煙"。《二刻拍案惊奇》卷十九："尽道是用不尽的金银，享不完的福禄了。谁知过眼云煙，容易消歇。"

④有的是从辛弃疾作品中概括而成的。如：

【谈笑风生】形容谈话谈得高兴而有风趣。宋汪藻《鲍吏部集序》："风度凝远，如晋宋间人，谈笑风生，坐者皆屈。"按：语出宋辛弃疾《念奴娇·赠夏成玉》词："遐想后日蛾眉，两山横黛，谈笑风生颊。"

宋代已见的有来源的现代汉语熟语，有的来源的时代晚于宋代，来源于明居顶《续传灯录》[1]。如：

【头头是道】形容说话或做事有条理。宋严羽《沧浪诗话·诗法》："及其透彻，则七纵八横，信手拈来，头头是道矣。"按：语本明居顶《续传灯录·慧力洞源禅师》："方知头头方是道，法法本圆成。"

现代汉语中见于宋代的有来源的熟语，一般都是三音节、四音节的，但是也有个别是六音节的。这种类型的熟语，代表性的例证列举一些如下：

【不可同日而语】谓两者相差很大，不能相提并论。宋沈作喆《寓简》卷八："此虽迂钝，而他日学成，八面受敌，与涉猎者不可同日而语也。"按：语本《战

---

[1]　按：这种情况表明，成书于明代的"灯录"作品里的有些内容，应该是宋代的材料。这种情况的来源，也可以处理为宋代。

国策·赵策二》："夫破人之与破于人也，岂可同日而言之哉？"

（三）金代已见的指明了来源的现代汉语熟语举例

据我们的调查，现代汉语中见于金代的熟语，有的能够找到其来源。这些熟语的来源，按时代先后举例描述如下：

1. 从东汉语料概括而成的熟语

东汉时期的语料，到了金代，从中概括形成了一些熟语。这些熟语的语料来源，有的是从班固著作中概括而成的。如：

【无出其右】无人能超过他。金元好问《恒州刺史马君神道碑》："独君资禀聪悟，气量宏博，侪辈无出其右。"按：语出《汉书·高帝纪下》："贤赵臣田叔、孟舒等十人，召见与语，汉廷臣无能出其右者。"

2. 从南朝语料概括而成的熟语

南朝的语料，到了金代，从中概括形成了一些熟语。这些熟语的语料来源，有的是从范晔著作中概括而成的。如：

【大腹便便】形容肚子肥大凸出。金王若虚《贫士叹》诗："争如只使冗且愚，大腹便便饱粱肉。"按：语本《后汉书·边韶传》："韶口辩，曾昼日假卧，弟子私诮之曰：'边孝先，腹便便。懒读书，但欲眠。'"

3. 从唐代语料概括而成的熟语

唐代语料，到了金代，从中概括形成了一些熟语。这些熟语的语料来源，有的是从李中作品中概括而成的。如：

【咫尺天涯】距离虽然很近但却很难见到，形容难于见面。金段克己《临江仙·寿周景纯》词："鼻垩未除斤未运，相望咫尺天涯。"按：语本唐李中《宫词》之一："门锁帘垂月影斜，翠华咫尺隔天涯。"

四、五代宋金时期新增义项而书写形式古已有之的现代汉语熟语举例

五代宋金时期已见的现代汉语熟语，其书写形式在五代宋金以前就有了，但是其中的沿用至今的某一义项是五代宋金时期新兴的。这样的熟语主要是四音节的，偶尔也有一些三音节的。下面我们按这些熟语书写形式的出现时代的先后，分类描述如下：

（一）战国已见五代宋金增加新义的熟语举例

见于五代宋金的现代汉语熟语，有的是战国已有相应的书写形式而五代宋金增加沿用至今的新义。这类在战国就有了的书写形式，出现于战国的下列一些语料中：

1. 有的在《公羊传》中就出现了相应的书写形式。如：

【不一而足】表示所言事物不能尽举。《朱子语类》卷六三："到此已两月，蒙先生教诲，不一而足。"按：此语战国已见，义为不是一事一物可以满足。《公羊传·文公九年》："始有大夫，则何以不氏？许夷狄者，不一而足也。"

2. 有的在《国语》中就出现了相应的书写形式。如：

【旅进旅退】形容没有主见，随大流。宋王禹偁《待漏院记》："复有无毁无誉，旅进旅退，窃位而苟禄，备员而全身者，亦无所取焉。"按：此语战国已见，义为一同前进，一同后退。《国语·越语上》："吾不欲匹夫之勇也，欲其旅进旅退。"

3. 有的在《老子》中就出现了相应的书写形式。如：

【出生入死】形容冒生命危险，随时有死的可能。宋柳开《阙题》："赐臣步骑数千，令臣统帅行伍，必能为陛下出生入死，破敌摧坚。"按：此语战国已见，义为从出生到死去。《老子》："出生入死，生之徒十有三，死之徒十有三。"

【天网恢恢】比喻作恶者逃不出上天的惩罚。宋钱易《南部新书》："天地不长凶恶，蛇鼠不为龙虎，天网恢恢，去将何适？"按：此语战国已见，义为天道如大网笼罩一切。《老子》七三章："天网恢恢，疏而不失。"

4. 有的在《礼记》中就出现了相应的书写形式。如：

【发扬蹈厉】形容精神奋发，意气昂扬。宋陈亮《皇帝正谢表》："安静和平之福，用以宅心；发扬蹈厉之功，期于得士。"按：此语战国已见，义为威武的舞蹈动作。《礼记·乐记》："发扬蹈厉，大公之志也。"

5. 有的在《孟子》中就出现了相应的书写形式。如：

【不为已甚】指不做过分的事，适可而止。宋王安石《洪范传》："不言'攸好德，则锡之福'，而言'曰予攸好德，则锡之福'，何也？谓之皇极，而不为已甚。"按：此语战国已见，义为不做本分以外的事。《孟子·离娄下》："仲尼不为已甚者。"

【为富不仁】靠剥削发财的人没有好心肠。宋王应麟《困学纪闻·评诗》："山谷诗云：'能与贫人共年谷，必有明月生蚌胎。'为富不仁者可以警。"按：此语战国已见，义为要想富裕就不能仁慈。《孟子·滕文公上》："阳虎曰：'为富不仁矣，为仁不富矣。'"

6. 有的在《孝经》中就出现了相应的书写形式。如：

【开宗明义】指说话写文章开始时把主要的意思点明。《五灯会元·法云本禅师法嗣·慧林常悟禅师》："僧曰：'若不传法度众生，举世无由报恩者。未审传个甚么法！'师曰：'开宗明义章第一。'"按：此语战国已见，义为张本显理。《孝经·开宗明义章》："仲尼居，曾子侍。子曰：'先王有至德要道，以顺天下，民用和睦，上下无怨。汝知之乎？'"

7. 有的在《燕丹子》中就出现了相应的书写形式。如：

【一毛不拔】比喻非常吝啬。宋苏轼《答陈季常书》"乡谚有云缺口镊子者"自注："缺口镊子者，取一毛不拔。"按：此语战国已见，义为一根毛都不拔下来。《燕丹子》卷中："荆轲曰：'有鄙志，常谓心向意，投身不顾；情有异，一毛不拔。'"又，语本《孟子·尽心上》："杨子取为我，拔一毛而利天下，不为也。"

8. 有的在《周礼》中就出现了相应的书写形式。如：

【坐而论道】泛指坐下来空谈大道理。宋晁说之《晁氏客语》："道非忽遽可言，坐而论道，则神闲意定。"按：此语战国已见，义为王公大臣陪帝王议论政事。《周礼·考工记序》："国有六职，百工与居一焉。或坐而论道，或作而行之……坐而论道，谓之王公；作而行之，谓之士大夫。"

9. 有的在《左传》中就出现了相应的书写形式。如：

【予取予求】泛指任意索取。宋范仲淹《淡交若水赋》："甘言者不可不畏，澡行者予取予求。"按：此语战国已见，义为从我处求。《左传·僖公七年》："唯我知女，女专利而不厌，予取予求，不女疵瑕也。"

10. 有的在宋玉《风赋》中就出现了相应的书写形式。如：

【空穴来风】比喻流言飞语乘隙而入。宋孙光宪《北梦琐言》卷七："复有包贺者，多为麄鄙之句。至于'苦竹笋抽青橛子，石榴树挂小瓶儿'……虽好事者托以成之，亦空穴来风之义也。"按：此语战国已见，义为有了洞穴才有风进来。《文选·宋玉·〈风赋〉》："枳句来巢，空穴来风，其所托者然，则风气殊焉。"

（二）西汉已见五代宋金增加新义的熟语举例

见于五代宋金的现代汉语熟语，有的是西汉已有相应的书写形式而五代宋金增加沿用至今的新义。这类在西汉就有了的书写形式，有的在司马迁作品中就出现了相应的书写形式。如：

【陈陈相因】比喻因袭陈旧，缺乏创新。宋杨万里《眉山任公〈小丑集〉序》："庆历、元佑诸公，竞骛而先路，非近世陈陈相因，累累随行之作也。"按：此语西汉已见，义为陈谷逐年增积。《史记·平准书》："太仓之粟，陈陈相因，充溢露积于外，至腐败不可食。"

【一日千里】形容进展极快。宋叶适《答少詹书》："每见少詹厉志笃意，欲一日千里，未尝不赞叹。"按：此语西汉已见，义为马一日跑千里远。《史记·秦本纪》："徐偃王作乱，造父为缪王御，长驱归国，一日千里以救乱。"又，语本《庄子·秋水》："骐骥骅骝，一日而驰千里，捕鼠不如狸狌。"

（三）东汉已见五代宋金增加新义的熟语举例

见于五代宋金的现代汉语熟语，有的是东汉已有相应的书写形式而五代宋金增加沿用至今的新义。这类在东汉就有了的书写形式，出现于东汉的下列一些语料中：

1.有的在班固著作中就出现了相应的书写形式。如：

【约法三章】泛指订立简明的条款以便遵守。宋刘克庄《沁园春·寄竹溪》词："老子衰颓，晚与亲朋，约法三章。有谈除目者，勒回车马；谈时事者，麾出门墙。"按：此语东汉已见，义为简约的法规三章。《汉书·刑法志》："高祖初入关，约法三章。"又，语本《史记·高祖本纪》："与父老约，法三章耳：杀人者死，伤人及盗抵罪。"

2.有的在荀悦作品中就出现了相应的书写形式。如：

【瞻前顾后】形容顾虑过多，犹豫不决。《朱子语类》卷二："既是已前不曾做得，今便用下工夫去补填，莫要瞻前顾后，思量东西，少闲担阁一生，不知年岁之老。"按：此语东汉已见，义为虑事周密且做事谨慎。汉荀悦《汉纪序》："是以圣上穆然，惟文之恤，瞻前顾后，是绍是维。"又，又作"瞻前虑后"。清惜花主人《宛如约》第十一回："赵小姐帘前之约，我若一口应承，今日遭此强暴，便可挺身争辩，正悔当时瞻前虑后，失此灵机。"

（四）三国已见五代宋金增加新义的熟语举例

见于五代宋金的现代汉语熟语，有的是三国已有相应的书写形式而五代宋金增加沿用至今的新义。这类三国就有了的书写形式，有的出现于曹操作品中。如：

【老骥伏枥】比喻有志之士虽年老而仍有雄心壮志。宋陆游《闻虏乱有感》诗："羞为老骥伏枥悲，宁作枯鱼过河泣。"按：此语三国已见，义为老马伏在马槽里。三国魏曹操《步出夏门行》："老骥伏枥，志在千里。烈士暮年，壮心不已。"

（五）东晋已见五代宋金增加新义的熟语举例

见于五代宋金的现代汉语熟语，有的是东晋已有相应的书写形式而五代宋金增加沿用至今的新义。这类东晋就有了的书写形式，出现于东晋的下列一些语料中：

1. 有的在鸠摩罗什翻译作品中就出现了相应的书写形式。如：

【大慈大悲】形容人心肠慈善。宋张君房《云笈七签》卷四："圣人兴，大慈大悲，爱若赤子，随时化生，随宜救拔。"按：此语东晋已见，义为佛菩萨对众生广大的慈善心和怜悯心。姚秦鸠摩罗什译《大智度论》卷二七："大慈大悲者，四无量心中已分别，今当更略说：大慈与一切众生乐，大悲拔一切众生苦。"

2. 有的在王献之作品中就出现了相应的书写形式。如：

【应接不暇】形容事情太多，接待应付不过来。宋周辉《清波杂志》卷八："陶尚书谷奉使江南，恃才凌忽，议论间殆，应接不暇。"按：此语东晋已见，义为美景众多但却来不及欣赏。东晋王献之《镜湖帖》："镜湖澄澈，清流泻注；山川之美，使人应接不暇。"

（六）南北朝已见五代宋金增加新义的熟语举例

见于五代宋金的现代汉语熟语，有的是南北朝已有相应的书写形式而五代宋金增加沿用至今的新义。这类在南北朝就有了的书写形式，出现于南北朝的下列一些语料中：

1. 有的在南朝范晔著作中就出现了相应的书写形式。如：

【举案齐眉】形容夫妻相互敬爱。宋张孝祥《虞美人·赠卢坚叔》词："卢敖夫妇骖鸾侣，相敬如宾主。森然兰玉满尊前，举案齐眉乐事看年年。"按：此语南朝已见，义为举起托盘到达眉毛的位置。《后汉书·逸民传·梁鸿》："每归，妻为具食，不敢于鸿前仰视，举案齐眉。"

2. 有的在北周庾信作品中就出现了相应的书写形式。如：

【洞房花烛】指新婚之夜的喜庆景象。宋洪迈《容斋四笔·得意失意诗》："旧传有诗四句夸世人得意者云：久旱逢甘雨，他乡遇故知；洞房花烛夜，金榜挂名时。"按：此语北朝已见，本指深室中点着塑有龙凤图案的蜡烛。北周庾信《和咏舞》："洞房花烛明，燕余双舞轻。"

（七）唐代已见五代宋金增加新义的熟语举例

见于五代宋金的现代汉语熟语，有的是唐代已有相应的书写形式而五代宋金增加沿用至今的新义。这类在唐代就有了的书写形式，出现于唐代的下列一些语料中：

1. 有的在房玄龄著作中就出现了相应的书写形式。如：

【风声鹤唳】形容极端惊慌恐惧或自相惊扰。宋周辉《清波杂志》卷七："己酉终岁，灾屯无所不有，特未溘然，又留残喘，至今事定，却有风声鹤唳之警。"按：此语唐代已见，义为吹风的声音和鹤鸟的叫声。唐房玄龄《晋书·谢玄传》："闻风声鹤唳，皆以为王师已至。"

2. 有的在冯用之作品中就出现了相应的书写形式。如：

【画饼充饥】比喻用空想安慰自己。宋李清照《打马赋》："说梅止渴，稍苏奔竞之心；画饼充饥，少谢腾骧之志。"按：此语唐代已见，义为徒有虚名而无补于实用。唐冯用之《权论》："圣人知道德有不可为之时，礼义有不可施之时，刑名有不可威之时，由是济之以权也。其或不可为而为，则礼义如画饼充饥矣。"又，语本《三国志·魏志·卢毓传》："选举莫取有名，名如画地作饼，不可啖也。"

3. 有的在韩愈作品中就出现了相应的书写形式。如：

【一落千丈】形容地位、景况、声誉等下降得很快。宋王迈《上何帅启》："失势一落千丈强，自安蹇步；冲人决起百余尺，坐看群飞。"按：此语唐代已见，义为琴声忽然由高音下降为低音。唐韩愈《听颖师弹琴》诗："跻攀分寸不可上，失势一落千丈强。"

4. 有的在黄滔作品中就出现了相应的书写形式。如：

【八面玲珑】形容人世故圆滑，面面俱到，或善于应酬，各方面关系都能应付。宋夏元鼎《满庭芳》词："虽是无为清静，依然要八面玲珑。"按：此语唐代已见，义为四壁窗户轩敞、室内通彻明亮。唐黄滔《大唐福州报恩定光多宝塔碑记》："七层八面玲珑。"

5. 有的在李袭吉作品中就出现了相应的书写形式。如：

【金戈铁马】形容威武雄壮的军旅兵马。宋辛弃疾《永遇乐·京口北固亭怀古》词："想当年金戈铁马，气吞万里如虎。"按：此语唐代已见，义为战争、兵事。唐李袭吉《为周晋王贻梁祖书》："金戈铁马，蹂躏于明时。"

6. 有的在柳宗元作品中就出现了相应的书写形式。如：

【不绝如缕】形容声音或思绪微弱。宋苏轼《前赤壁赋》："余音袅袅，不绝如缕。"按：此语唐代已见，义为子孙衰落。唐柳宗元《寄许京兆孟容书》："荒隅中少士人女子，无与为婚，世亦不肯与罪大者亲昵。以是嗣续之重，不绝如缕。"

7.有的在卢言作品中就出现了相应的书写形式。如：

【之乎者也】形容半文不白的文章或话。宋文莹《湘山野录》卷中："太祖皇帝将展外城，幸朱雀门，亲自规画，独赵韩王普时从幸。上指门额问普曰：'何不只书朱雀门，须着"之"字安用?'普对曰：'语助。'太祖笑曰：'之乎者也，助得甚事?'"按：此语唐代已见，义为古汉语里常用的助词。《太平广记》卷二六一引唐卢言《卢氏杂说·李据》："又判决祗承人：'如此痴顽，岂合吃杖，决五下。'人有语曰：'岂合吃杖，不合决他。'李曰：'公何会，岂是助语，共之乎者也何别?'"

8.有的在吕岩作品中就出现了相应的书写形式。如：

【超凡入圣】比喻达到登峰造极、超越凡庸的境界。《朱子语类》卷八："就此理会得透，自可超凡入圣。"按：此语唐代已见，义为脱离凡尘、修道成仙。唐吕岩《七言》诗："举世若能知所寓，超凡入圣弗为难。"

【高谈阔论】漫无边际地大发议论，含贬义。宋高斯得《转对奏札》："夫所谓空言者，谓其高谈阔论，远于事情，揆诸古则不合，施于今则有害。"按：此语唐代已见，义为见地高超、范围广泛地谈论。唐吕岩《徽宗斋会》诗："高谈阔论若无人，可惜明君不遇真。"

9.有的在赵璘著作中就出现了相应的书写形式。如：

【忍俊不禁】忍不住笑。《五灯会元·大宁道宽禅师》："僧问：'饮光正见，为甚么见枯花却微笑?'师曰：'忍俊不禁。'"按：此语唐代已见，义为热衷于某事而不能克制自己。唐赵璘《因话录·征》："戏作考词状：当有千有万，忍俊不禁考上下。"又，又作"忍俊不住"。邹韬奋《萍踪寄语》二："张君幽默健谈，追述去年和他的夫人往甘肃时途中遇盗情形，令人忍俊不住。"

10.有的在郑处诲著作中就出现了相应的书写形式。如：

【虚有其表】表面上看来很好，实际不是如此。宋薛居正《旧五代史·崔协传》："协器宇宏爽，高谈虚论，多不近理，时人以为虚有其表。"按：此语唐代已见，义为仅仅有漂亮的外表。唐郑处诲《明皇杂录》下："唐中书舍人萧嵩长大多髯，玄宗命其起草诏书，不中玄宗之意。嵩既退，上掷其草于地，曰：'虚有其表耳。'"

五代宋金以前就出现了相应的书写形式而在五代宋金增加新义的现代汉语熟语，基本上都是四音节的，但是偶尔也有一些三音节的。如：

【抱佛脚】比喻事前无准备而临事慌忙应付。宋刘攽《中山诗话》："王丞相喜谐谑，一日，论沙门道，因曰：'投老欲依僧。'客遽对曰：'急则抱佛脚。'王曰：'投老欲依僧，是古诗一句。'客曰：'急则抱佛脚，是俗谚全语。上去投，下去脚，岂不的对也。'王大笑。"按：此语唐代已见，义为年老方信佛，求佛保佑。唐孟郊《读经》诗："垂老抱佛脚，教妻读黄经。"

五、五代宋金时期已见而大型工具书始见例证较晚的现代汉语熟语举例

五代宋金时期已见的现代汉语熟语，大型工具书始见例证较晚。这样的熟语主要是宋代的。代表性的例证举出一些如下：

【刚愎自用】倔强固执，自以为是。宋陈抟《心相编》："君子刚愎自用，小人行险侥幸。"按：《大词典》"刚愎自用"的始见例证是《明史·章纶传》："纶复独奏给事中王让不赴考察，且言明刚愎自用，己言多不见从，乞与明俱罢。"时代晚。又，本作"刚戾自用"，西汉已见。《史记·秦始皇本纪》："始皇为人，天性刚戾自用，起诸侯，并天下，意得欲从，以为自古莫及己。"

【纲举目张】比喻抓住主要环节，以带动其余。宋张洪等《朱子读书法·虚心涵泳》："乍看极是繁碎，久之纯熟贯通，纲举目张，有自然省力处。"按：此语《大词典》始见例证是清顾炎武《日知录·里甲》："《周礼》五家为比，比有长……五州为乡，乡有大夫。其间大小相维，轻重相制，纲举目张，周详细密，无以加矣。"时代晚。

【孤芳自赏】比喻自命清高，自我欣赏。宋张孝祥《念奴娇·过洞庭》词："应念岭表经年，孤芳自赏，肝胆皆冰雪。"按：此语《大词典》始见例证是清蒋士铨《空谷香·香生》："兰仙，你孤芳自赏，小劫乍经，此去尘寰，须索珍重。"时代晚。

【嘉言懿行】有教育意义的好言语和好行为，书面语。宋刘克庄《西山真文忠公行状》："若夫人之嘉言懿行、善政遗爱，盖有不胜书者。"按：此语《大词典》始见例证是清方苞《先母行略》："默默衔悲忧，遂成心疾，六十后患此，几二十年，每作，昼夜语不休，然皆幼所闻古嘉言懿行及侍父母时事，无涉鄙倍

者。"时代晚。

【灭此朝食】消灭掉敌人再吃早饭，形容痛恨敌人，要立即消灭。宋文天祥《对策·御试策一道》："陛下近者命发运兼宪合兵财而一其权，是将为灭此朝食之图矣。"按：此语《大词典》始见例证是《明史·王直传》："期灭此朝食，以雪不共戴天之耻。"时代晚。又，语本《左传·成公二年》："余姑剪灭此而朝食。"

六、五代宋金时期已见而大型工具书没有收录的现代汉语熟语举例

五代宋金时期已见的现代汉语熟语，《大词典》及《订补》一类的大型工具书没有收录。这样的熟语，主要是宋代的。我们举出一些例证如下：

【花前月下】指环境美好、适宜于男女幽会且谈情说爱的地方。宋灌圃耐得翁《都城纪胜·瓦舍众伎》："今又有'覆赚'，又且变花前月下之情及铁骑之类。"

【可乘之隙】可以利用的漏洞。宋晁补之《上皇帝论北事书》："当是时，皆有可乘之隙，而中国不取。"

【入乡随俗】到一个地方就要适应那里的风俗习惯。《五灯会元·大宁道宽禅师》："虽然如是，且道入乡随俗一句作么生道？"按：又作"入乡随乡"，唐代已见。《敦煌变文集·王昭君变文》："入乡随乡，到蕃里还立蕃家之名。"

【探本穷源】追本溯源。宋袁甫《中书舍人直前奏事札子》："然则探本穷源，又在陛下正身以率下而已。"按：又作"探本极源"、"探本求源"。明徐渭《季先生入祠祭文》："先生之于学，探本极源，既急于其大矣！"俞天白《危栏》："她几乎对什么都要探本求源，而且都是《十万个为什么》所没有收录的。"

七、五代宋金时期已见而大型工具书始见例证错误的现代汉语熟语举例

五代宋金时期已见的现代汉语熟语，大型工具书始见例证举例错误。这样的熟语主要是宋代的。代表性的例证举出一些如下：

【按兵不动】① 让军队驻扎下来暂不行动。《资治通鉴·后晋高祖天福七年》："黄敬忠将战，占者言时刻未利，按兵不动。"按：这一义项《大词典》的始见例证《吕氏春秋·召类》："赵简子按兵而不动。"其中的"按兵而不动"与词目

不符。

【大醇小疵】大体纯正，略有欠缺。宋姜夔《白石诗话》："不知诗病，何由能诗？不观诗法，何由知病？名家者各有一病，大醇小疵，差可耳。"按：此语《大词典》的始见例证是唐韩愈《读荀》："孟氏，醇乎醇者也；荀与杨，大醇而小疵。"例中的"大醇而小疵"与词目不符。

【一身是胆】形容胆量极大。宋无名氏《咸淳遗事》卷下："具官吕某，一身是胆，束发从戎，计多。"按：此语《大词典》始见例证是《三国志·蜀志·赵云传》"以云为翊军将军"裴松之注引《赵云别传》："先主明旦自来，至云营围视昨战处，曰：'子龙一身都是胆也。'"其中的"一身都是胆"与词目"一身是胆"不一致，举例不当。又，省作"一身胆"。周梅森《英雄出世》："正是个没事一身胆、逢事面团团的东西。"

【知人善任】识别部属并善于任用。宋曾巩《太祖皇帝总序》："盖太祖为人有大度，意豁如也，知人善任，使与汉高祖同，固然也。"按：这里的始见例证是汉班彪《王命论》："盖在高祖，其兴也有五：一曰帝尧之苗裔……五曰知人善任使。"其中的"任使"成词，当理解为"知人""善任使"。断句有误。

第三节　详尽罗列见于五代宋金时期
语料中的所有现代汉语熟语

五代宋金语料中已见的现代汉语熟语主要分为三音节熟语和四音节熟语两大类。

一、五代已见的现代汉语熟语的穷尽罗列

五代已见的现代汉语熟语总计25个，它们都是四音节的。除去前面代表性的15个例证外，剩余的10个全部罗列于下：

闭门造车	斗转星移	飞针走线	丰衣足食	风调雨顺
金科玉律	脍炙人口	立功赎罪	满城风雨	一席之地

二、宋代已见的现代汉语熟语的穷尽罗列

宋代已见的现代汉语熟语，分为三音节、四音节、五音节、六音节四种类型，六音节已经在代表性词语部分出现了，剩余的三种没有出现过的熟语全部罗列如下。

（一）宋代已见的现代汉语三音节熟语的穷尽罗列

宋代已见的现代汉语三音节熟语共 18 个。除去前面代表性的 5 个例证外，剩余的 13 个全部罗列于下：

不解事	不做声	打官司	打交道	尽人事	没来由
煞风景	使不得①	无奈何①	下工夫	占便宜①	做生活
做手脚					

（二）宋代已见的现代汉语四音节熟语的穷尽罗列

宋代已见的现代汉语四音节熟语共 603 个。除去前面代表性的 308 个例证外，剩余的 295 个四音节熟语，按音序全部罗列于下：

安分守己	安如盘石	安身立命	嗷嗷待哺	白日见鬼
百无一是	稗官野史	班门弄斧	半斤八两	半信半疑
半夜三更	抱头鼠窜	卑躬屈膝	悲欢离合	背水一战
本末倒置	闭门思过	闭月羞花	兵强马壮	补偏救弊
不动声色	不尴不尬	不计其数	不假思索	不刊之论
不可一世	不了了之	不期而然	不容置疑	不省人事①
不以为然	不易之论	残编断简	柴米油盐	超然物外①
彻头彻尾	称孤道寡	成家立业	赤手空拳	出头露面①
处之泰然	穿云裂石	窗明几净	春秋笔法	从容不迫
粗茶淡饭	寸草不留	打成一片	大惊小怪	大兴土木
大义凛然	待人接物	当局者迷	刀耕火种	倒海翻江
得不偿失	德高望重	等而下之	低声下气	滴水成冰
地覆天翻②	地老天荒	颠来倒去	颠沛流离	颠扑不破
点石成金	顶天立地	洞天福地	独一无二	断简残编
恩断义绝	翻来覆去①	翻来覆去②	返老还童	方兴未艾
纷至沓来	焚琴煮鹤	丰功伟绩	风餐露宿	风花雪月①

风平浪静	风清弊绝	峰回路转	逢场作戏	浮家泛宅
福至心灵	付之一笑	改头换面	甘心情愿	肝胆相照
感激涕零	狗苟蝇营	孤注一掷	骨瘦如柴	光风霁月
光明磊落	光明正大	国计民生	国泰民安	过目成诵
根深叶茂	觥筹交错	好大喜功	浩如烟海	洪水猛兽
胡思乱想	湖光山色	花好月圆[1]	花言巧语①	欢天喜地
挥金如土	回心转意	魂飞魄散	魂牵梦萦	火烧眉毛
祸不单行	饥不择食	急流勇退	纪事本末	霁月光风
假仁假义	将错就错	将功补过	将心比心	矫揉造作
脚踏实地	结发夫妻	截长补短	锦上添花	尽如人意
惊世骇俗	惊涛骇浪①	就事论事	绝无仅有	尖酸刻薄
举目无亲	开门见山	可想而知	空前绝后	宽宏大度
来日方长	劳民伤财	老成持重	老态龙钟	老于世故
雷厉风行	冷言冷语	冷眼旁观	冷语冰人	离乡背井
理屈词穷	理所当然	励精图治	利欲熏心	流星赶月
露宿风餐	满腹经纶	满面春风	满载而归	漫不经意
忙里偷闲	毛举细故	眉来眼去[2]	勉为其难	名不虚传
名副其实	名缰利锁[3]	明辨是非	明正典刑	逆来顺受
年富力强	念念不忘	念念有词①	鸟语花香	排山倒海
皮肤之见	胼手胝足	妻离子散	气象万千	千疮百孔
千方百计	千奇百怪	前所未有	前无古人	窃窃私语
青天霹雳	轻而易举	轻举妄动	轻重倒置	轻重缓急
求全责备	千军万马	人情世故	人微言轻	忍气吞声
日积月累	日月如梭	如出一辙	如泣如诉	茹苦含辛

---

　　[1]　按：《大词典》说语出宋晁端礼《行香子》词："愿花长好，人长健，月长圆。"不确。张先的生卒年是 990—1078 年，而晁端礼的生卒年是 1064—1113 年，早于晁端礼出生 74 年的张先已用此语。

　　[2]　按：此语也可形容暗中勾结。鲁彦周《廖仲恺》二八："有的是社会地位高了，怕革命了；也有的和军阀、帝国主义眉来眼去，暗中勾勾搭搭。"

　　[3]　按：《现代汉语词典》第 6 版第 906 页收"名缰利锁"而未收"名韁利锁"，《大词典》收"名韁利锁"而未收"名缰利锁"。

日甚一日	三教九流[1]	三生有幸	山明水秀	生龙活虎
诗情画意	十八罗汉	十字街头	世态炎凉	适可而止
手忙脚乱	受宠若惊	水到渠成	水米无交	死去活来
死于非命	随声附和	恃强凌弱	泰山北斗	天寒地冻
听其自然	痛改前非	痛痒相关	涂脂抹粉[2]	拖泥带水
泰然处之	贪多务得②	投其所好	万里长城	万人空巷
万紫千红	枉费心机	为所欲为	惟妙惟肖	无所事事
无所作为	五劳七伤[3]	五日京兆[4]	物以类聚	喜出望外
显而易见	笑逐颜开	心口如一	心平气和	信手拈来
行云流水	虚位以待	雪上加霜	寻死觅活	循规蹈矩
循序渐进	休戚相关	言外之意	一臂之力	一倡百和
一尘不染①	一脉相承	一丝不挂	一网打尽	一息尚存
一知半解	因陋就简	勇往直前	有求必应	有声有色
有头有尾	与日俱增	语无伦次	一刻千金	一言难尽
依然故我	再生父母	在天之灵	张三李四	仗义执言
招兵买马	朝思暮想	正大光明	正人君子	政通人和
志同道合	众口难调	装神弄鬼①	自欺欺人	自食其力
自食其言	自私自利	自言自语	纵横捭阖	罪大恶极
坐吃山空	张皇失措	指腹为婚	志得意满	锱铢必较

（三）宋代已见的现代汉语五音节熟语的穷尽罗列

宋代已见的现代汉语五音节熟语共 1 个，即：

不期然而然

---

[1] 按：三教指儒教、佛教、道教，九流指儒家、道家、阴阳家、法家、名家、墨家、纵横家、杂家、农家九种流派。

[2] 按：也比喻粉饰丑恶的东西。鲁迅《野草·一觉》："我照作品的年月看下去，这些不肯涂脂抹粉的青年们的魂灵便依然屹立在我眼前。他们是绰约的，是纯真的。"

[3] 按：五劳指心、肝、脾、肺、肾的劳损，七伤指心、肝、脾、肺、肾、形、态的损伤。

[4] 按：典出《汉书·张敞传》：汉京兆尹张敞，因杨恽案受牵连，贼捕掾絮舜以为敞即将免官，不肯为敞办案，曰："今五日京兆耳，安能复案事？"敞收舜下狱，告舜曰："五日京兆竟何如？"遂将舜处死。

三、金代已见的现代汉语熟语的穷尽罗列

金代已见的现代汉语熟语总计 13 个，它们都是四音节熟语。除去前面代表性的 4 个例证外，剩余的 9 个全部罗列于下：

措手不及	出乖弄丑	海枯石烂	好事多磨	牛刀小试
七情六欲	人困马乏	兔死狐悲	星移物换	

第四节　本章小结

1. 本章论述的是见于五代宋金时期的现代汉语熟语。

2. 五代宋金时期的汉语熟语分为广义的和狭义的两类。广义的五代宋金熟语指的是在这一时期的语料中使用的熟语，而狭义的五代宋金熟语指的是五代宋金时期语料中的新兴熟语。我们的研究属于广义的五代宋金熟语。

3. 研究五代宋金时期的汉语熟语，代表性的语料有 449 种。其中专书语料有 128 种，单篇作品语料有 321 种。

4. 五代宋金时期已见的现代汉语熟语 659 个，占现代汉语熟语结构总数的 9.66%。

5. 五代宋金时期已见的现代汉语熟语分为三音节熟语、四音节熟语、五音节熟语、六音节熟语四类。其中，三音节熟语 18 个，四音节熟语 639 个，五音节熟语 1 个，六音节熟语 1 个。

6. 五代宋金时期已见的这 659 个现代汉语熟语，绝大多数是这个时期新兴的，这为我们研究五代宋金时期的汉语新兴熟语划定了一个范围，使得我们的研究范围缩小了，针对性更强了。随着五代宋金语言研究的深入，其中也有个别词语的时代还可以提前。毕竟中国的古籍 8 万多种，浩如烟海，没有哪一个人的研究能够全部查完这些语料。

第十二章

元代已见的现代汉语熟语

元代从元太祖到元顺帝，总共经历了 18 个皇帝。时间从公元 1206 年到公元 1368 年，共 162 年。

元代已见的现代汉语熟语 259 个，占现代汉语熟语结构总数的 3.80%。其中，三音节 12 个，四音节 243 个，六音节 2 个，七音节 1 个，八音节 1 个。

第一节　研究元代熟语的代表性语料概述

元代的语料，分为专书语料和单篇作品语料两大类。

研究元代的熟语，代表性的专书语料大约有 83 位作者 120 部专书。现代汉语的熟语，见于元代专书语料中的有 220 个。具体分布概述如下：

白朴《墙头马上》1 个、《梧桐雨》1 个，陈以仁《存孝打虎》1 个，戴善夫《风光好》1 个，范康《竹叶舟》3 个，高文秀《谇范叔》1 个、《渑池会》4 个、《遇上皇》[1]1 个，宫天挺《范张鸡黍》[2]1 个、《七里滩》[3]1 个，关汉卿《陈母教子》1 个、《单刀会》5 个、《窦娥冤》3 个、《蝴蝶梦》3 个、《救风尘》1 个、《哭存孝》1 个、《鲁斋郎》1 个、《裴度还带》1 个、《双赴梦》1 个、《四春园》1 个、《调风月》1 个、《望江亭》1 个，黄溍《日损斋笔记》1 个，纪君祥《赵氏孤儿》1 个，金仁杰《追韩信》1 个，康进之《李逵负荆》4 个，柯丹邱《荆钗记》3 个，

---

[1]　按：《遇上皇》，全称为《好酒赵元遇上皇》。本研究采用简称。

[2]　按：《范张鸡黍》，全称为《死生交范张鸡黍》。本研究采用简称。

[3]　按：《七里滩》，全称为《严子陵垂钓七里滩》。本研究采用简称。

孔学诗《东窗事犯》1个，李寿卿《度柳翠》1个，李文蔚《蒋神灵应》1个、《圯桥进履》1个、《燕青博鱼》1个，李行道《灰阑记》2个，李五《虎头牌》1个，刘唐卿《降桑椹》3个，刘埙《隐居通议》4个，马端临《文献通考》1个，马致远《汉宫秋》2个、《黄粱梦》1个、《荐福碑》1个、《任风子》1个，乔吉《金钱记》3个、《扬州梦》1个、《两世姻缘》3个，清茂《宗门统要续集》2个，秦简夫《东堂老》2个、《剪发待宾》1个，《全元散曲》2个，尚仲贤《柳毅传书》1个、《气英布》1个，施惠《幽闺记》3个，石德玉《秋胡戏妻》1个、《紫云庭》1个，石子章《竹坞听琴》1个，史九敬先《庄周梦》1个，苏天爵《元朝名臣事略》1个，孙仲章《勘头巾》2个，脱脱《金史》2个、《宋史》13个，王实甫《丽春堂》1个、《破窑记》1个、《西厢记》9个，王晔《桃花女》4个，吴昌龄《东坡梦》1个、《张天师》1个，无名氏《抱妆盒》1个，无名氏《碧桃花》1个，无名氏《博望烧屯》2个，无名氏《陈州粜米》4个，无名氏《打董达》1个，无名氏《冻苏秦》4个，无名氏《度柳翠》1个，无名氏《冯玉兰》1个，无名氏《隔江斗智》3个，无名氏《合同文字》1个，无名氏《活拿萧天佑》1个，无名氏《举案齐眉》2个，无名氏《来生债》1个，无名氏《连环计》5个，无名氏《刘弘嫁婢》1个，无名氏《马陵道》1个，无名氏《盆儿鬼》1个，无名氏《七国春秋平话》1个，无名氏《秦并六国平话》3个，无名氏《三国志平话》2个，无名氏《神奴儿》3个，无名氏《桃花女》2个，无名氏《玩江亭》1个，无名氏《梧桐叶》1个，无名氏《小孙屠》1个，无名氏《小尉迟》1个，无名氏《谢金吾》3个，无名氏《延安府》1个，无名氏《渔樵记》2个，无名氏《冤家债主》2个，无名氏《鸳鸯被》3个，无名氏《朱砂担》1个，无名氏《赚蒯通》3个，无名氏《醉写赤壁赋》1个，武汉臣《老生儿》1个、《生金阁》1个、《玉壶春》2个，萧德祥《杀狗劝夫》3个，杨暹《西游记》4个、《刘行首》3个，杨显之《酷寒亭》2个、《潇湘雨》2个，杨载《诗法家数》1个，杨梓《豫让吞炭》2个，岳伯川《铁拐李》1个，张国宾《薛仁贵》1个，张寿卿《红梨花》1个，赵汸《葬书问对》1个，曾瑞《留鞋记》2个，郑光祖《老君堂》1个、《三战吕布》1个、《伊尹耕莘》1个、《周公摄政》1个，郑廷玉《楚昭公》2个、《看钱奴》1个。

　　研究元代的熟语，代表性的单篇作品语料大约有31位作者36篇作品。现代汉语的熟语，见于元代单篇作品语料中的有39个。具体分布概述如下：

　　陈草庵《山坡羊》1个，贯云石《斗鹌鹑·佳偶》1个，侯克中《题韩蕲王世忠卷后》1个，胡天游《闻李帅逐寇复州治》1个，胡助《月食遇雨》1个，李祁《黄河清剑铭》1个，凌云翰《木兰花慢·赋白莲和宇舜臣韵》1个，刘将孙《安湖书院题辞》1个，刘庭信《一枝花·秋景怨别》1个，刘因《孝子田君墓表》1个，刘致《端正好·上高监司》4个，陆文圭《〈词源〉跋》1个，钱霖《哨遍》1个，乔吉《卖花声·世情》1个、《赏花时·风情》1个、《醉太平·渔樵闲话》1个、《玉交枝·闲适》1个，同恕《儒林郎冯君墓志铭》1个，王进之《春日田园杂兴》1个，王炎午《祭御史萧方厓文》1个，王恽《表忠观碑始末记》1个、《挽李子阳》之二1个、《紫山先生易直解序》1个，魏初《送杨季海》1个，吴弘道《梅花引》1个，无名氏《水仙子·冬》1个，无名氏《月照庭·问花》1个，鲜于必仁《折桂令·画》1个，杨果《采莲女》1个，杨载《赵孟頫行状》1个，耶律楚材《三学寺改名圆明仍请予为功德主因作疏》1个，叶李《得家书老母未允迎侍之请有怀而作》1个，尹廷高《送无外僧弟归奉庐墓》1个，于伯渊《点绛唇》1个，张可久《折桂令·湖上饮别》1个，张养浩《天净沙》1个。

这些语料是研究元代熟语的主要语料。对它们进行深入研究，可以发现，现代汉语的熟语，从广义的历史层次来看，大约有259个已经在元代出现了。

第二节　见于元代的代表性的现代汉语熟语举例

我们所说的见于元代的代表性的熟语，指的是元代的某些熟语，在书写形式上前代、同代或后代有多种同义写法，或者在来源上有些特点，或者元代已见而有的大型工具书没有收录或虽然收录但是始见例证偏晚或举例错误，或者书写形式元代以前就有但是元代增加了沿用至今的新义，等等。这些类型的熟语，它们都需要做些说明。我们的说明全部采用按语的形式，在每个熟语的后面注明。本部分的内容，按音序排列。见于元代的代表性的现代汉语熟语分类举例如下。

一、元代已见的具有异形写法的现代汉语熟语举例

据我们的调查，现代汉语中见于元代的有些熟语，前代、后代、同代有同义、近义等多种写法出现。这样的熟语主要是四音节的，也有一些三音节的。其中又可分为下面一些类型：

（一）具有一种异形写法的熟语

1. 一种异形写法的三音节熟语

元代的三音节熟语，除了约定俗成的书写形式外，有的还有另外一种异形写法。这些异形写法的三音节熟语，分为元代的同代和元代以后的时代两种情况：

（1）有的出现于元代的同代语料中。如：

【使不得】② 不可以。元柯丹丘[1]《荆钗记·参相》："朝纲选法咱把掌，使不得祸到临头烧好香。"按：又作"使不的"。元无名氏《刘弘嫁婢》第一折："我如今一脚的出了这门，使不的你可使人来赶我……可使不的你摆酒着人与我和劝。"

（2）有的出现于元代以后的明代。如：

【吃官司】旧时指被控告受处罚或关进监狱。元无名氏《鸳鸯被》第一折："便吃官司我也拼得替你官司死。"按：又写作"喫官司"。《水浒传》第三九回："你哥哥误题了反诗，在这里喫官司，未知如何。"

2. 一种异形写法的四音节熟语

元代的四音节熟语，除了约定俗成的书写形式外，有的还有一种异形写法。这些熟语的异形写法，有的出现于元代以前的各个历史时期，有的出现于元代的同代，有的出现于元代以后的各个历史时期：

（1）出现于元代以前的各个历史时期的具有一种异形写法的四音节熟语

这些异形写法涉及元代以前的各个历史时期，有战国、西汉、东晋、南朝、唐代、宋代、金代等。

① 有的另一种异形写法出现于战国。如：

【功成名就】功绩和名声都已取得。元范康《竹叶舟》第二折："你则说做官的功成名就，我则说出家的延年益寿。"按：又写作"功成名遂"，战国已见。《墨子·修身》："名不徒生，而誉不自长。功成名遂，名誉不可虚假。"

【知己知彼】对敌我双方的情况都有透彻了解。元高文秀《渑池会》第三折："但上阵要知己知彼，若相持千战千赢。"按：又作"知彼知己"，战国已见。《孙子·谋攻》："知彼知己者，百战不殆。"

② 有的另一种异形写法出现于西汉。如：

【福无双至】幸运的事不会连续到来，旧时谚语。元施惠《幽闺记·逆旅萧条》："倾家荡业任飘零，受尽苦和辛。雁行中断，鸾俦生拆，无限伤情，穷途更

---

[1]　按：元曲《荆钗记》的作者柯丹邱，又作"柯丹丘"。

多灾病，囊底已无缗。怎般正是福无双至，祸不单行。"按：又作"福不重至"，西汉已见。汉刘向《说苑·权谋》："此所谓福不重至，祸必重来者也。"

【孝子贤孙】指孝顺的、有德行的子孙后辈。元刘唐卿《降桑椹》第五折："圣人喜的是义夫节妇，爱的是孝子贤孙。"按：又作"孝子顺孙"，西汉已见。汉刘向《说苑·辨物》："吾欲言死者有知也，恐孝子顺孙妨生以送死也。"

③ 有的另一种异形写法出现于东晋。如：

【起死回生】使死人或死东西复活，比喻医术高明或形容挽救了看来没有希望的事情。元无名氏《博望烧屯》第一折："此人才欺管乐，智压孙吴，论医起死回生，论卜知凶定吉。"按：又写作"起死廻生"，晋代已见。晋葛洪《神仙传·太玄女》："行三十六术甚效，起死廻生，救人无数。"

④ 有的另一种异形写法出现于南朝。如：

【感恩戴德】感激别人的恩德。元苏天爵《元朝名臣事略·枢密赵文正公》："今闻其父已死，诚立之为王，遣送回国，世子必感恩戴德，愿修臣职。"按：又写作"感恩怀德"。《三国志·魏志·齐王芳传》"勇过聂政，功逾介子，可谓杀身成仁，释生取义者矣"南朝宋裴松之注："古之舍生取义者，必有理存焉，或感恩怀德，投命无悔，或利害有机，奋发以应会，诏所称聂政、介子是也。"

⑤ 有的另一种异形写法出现于唐代。如：

【飞黄腾达】本指马飞驰，比喻官职、地位升得很快。元无名氏《刘弘嫁婢》第三折："李春郎飞黄腾达，赖长者恩荣德化。"按：又写作"飞黄腾踏"，唐代已见。唐韩愈《符读书城南》诗："飞黄腾踏去，不能顾蟾蜍。"

【根深蒂固】比喻根基深厚牢固，不可动摇。元耶律楚材《三学寺改名圆明仍请予为功德主因作疏》："根深蒂固常联万叶之芳，地久天长永祝一人之庆。"按：又写作"根深蔕固"，唐代已见。唐欧阳詹《曲江池记》："将天意尚伺其根深蔕固，可与终毕者而命处之。"

【烟消云散】比喻事物消失殆尽。元张养浩《天净沙》曲："更着十年试看，烟消云散，一杯谁共歌欢？"按：又作"烟消雾散"，唐代已见。唐鲍溶《李夫人歌》："宫漏丁丁夜向晨，烟销雾散愁方士。"

⑥ 有的另一种异形写法出现于宋代。如：

【盛气凌人】威严的气势逼人。《元诗纪事·赵孟頫〈讥留梦炎诗〉》引元杨载《赵孟頫行状》："李论事厉声色，盛气凌人，若好己胜者，刚直太过，故多怨焉。"按：又作"盛气临人"，宋代已见。宋楼钥《敷文阁学士宣奉大夫汪公行状》:"时户部侍郎李公椿年建议行经界,选公为龙游县覆实官,约束严峻,已量之田隐藏亩步,不以多寡率至黥配,盛气临人,无敢忤者。"

【水中捞月】比喻白费气力,毫无成果。元杨暹《刘行首》第三折:"恰便似沙里淘金,石中取火,水中捞月。"按:又作"水中捉月"。《景德传灯录·永嘉真觉禅师》:"镜里看形见不难,水中捉月争拈得。"

【众口一词】许多人都说同样的话。元郑光祖《周公摄政》第一折:"天降灾三年不雨,民失业四海逃生;听众口一词可坏,会诸侯八百来盟。"按:又作"众口一辞",宋代已见。宋欧阳修《濮议》卷四:"众口一辞,纷然不止。"

⑦ 有的另一种异形写法出现于金代。如:

【唇枪舌剑】形容言辞锋利,争辩激烈。元乔吉《赏花时·风情》套曲:"伏唇枪舌剑吹毛,不是我骋粗豪,强霸着月夜花朝,围你在垓心里怎地逃?"按:又写作"屑枪舌剑",金代已见。金丘处机《神光灿》词之一:"不在屑枪舌剑,人前斗,惺惺广学多知。"还可写作"屑鎗舌剑"。明王錂《春芜记·解嘲》:"他要相凌并,故把这屑鎗舌剑陷你在锦阵花营。"

(2) 出现于元代同代的具有一种异形写法的四音节熟语

具有一种异形写法的元代四音节熟语,有的另一种异形写法出现于元代同代关汉卿、乔吉、武汉臣、宫天挺、马谦斋、郑廷玉、郑光祖、无名氏、李爱山等人的作品中。如:

【打家劫舍】到人家里抢劫财物。元武汉臣《玉壶春》第四折:"见俫子撅天扑地,不弱如打家劫舍杀人贼。"按:又写作"打家截舍"。元关汉卿《绯衣梦》第二折:"某裴炎的便是,一生好打家截舍。"

【狐朋狗党】勾结在一起的坏人。元关汉卿《单刀会》第三折:"他那黑暗暗的藏,我须索紧紧的防。都是些狐朋狗党!"按:又作"狗党狐朋"。元乔吉《金钱记》第一折:"我是个诗坛酒社文章士,不比那狗党狐朋恶少年。"

这一类型的熟语,还有下面这些:

苦尽甘来[1]　乐极生悲[2]　龙争虎斗[3]　马到成功[4]

---

[1] 按:又作"苦尽甜来"。元武汉臣《玉壶春》第三折:"你休烦恼,少不的先忧后喜,苦尽甜来。"

[2] 按:又作"乐极悲生"。元宫天挺《范张鸡黍》第四折:"人都道我暮景桑榆,合有些峥嵘气象。可正是乐极悲生,今日个泰来否往。"

[3] 按:又作"龙争虎闹"。元马谦斋《柳营曲·楚汉遗事》:"楚霸王,汉高皇,龙争虎闹几战场。"

[4] 按:又作"马到功成"。元郑廷玉《楚昭公》第四折:"只愿你马到功成,奏凯而还。"

眉清目秀[1]　舌剑唇枪[2]　洗耳恭听[3]　心惊胆战[4]　隐姓埋名[5]

（3）出现于元代以后的各个历史时期的具有一种异形写法的四音节熟语

元代以后的各个历史时期有明代、清代、20世纪3个时期。

① 有的另一种异形写法出现于明代。如：

【狐群狗党】比喻勾结在一起的坏人。元尚仲贤《气英布》第四折："咱若不是扶刘锄项，逐着那狐群狗党，兀良怎显得咱这颗面当王。"按：又作"狗党狐群"。明无心子《金雀记·投崖》："羞杀你狗党狐群，我怎肯丧志污红粉。"

【昏天黑地】① 形容天色昏暗。元关汉卿《调风月》第二折："没人将我拘管收拾，打千秋，闲斗草，直到个昏天黑地。"按：又写作"昏天暗地"。《古今小说·张道陵七试赵升》："鬼帅再变五色云雾，昏天暗地。"

这一类型的熟语，还有下面这些：

皮开肉绽[6]　如雷贯耳[7]　三心二意[8]　谈天说地[9]　咬牙切齿[10]

② 有的另一种异形写法出现于清代。如：

【大彻大悟】彻底醒悟。元郑光祖《伊尹耕莘》楔子："盖凡升天之时，先参贫道：授与仙诀，大彻大悟后，方得升九天朝真而观元始。"按：又写作"大澈大悟"。清刘鹗《老残游记续集遗稿》第四回："到这时候，我仿佛大澈大悟了

---

[1]　按：又作"眉清目朗"。元郑光祖《伊尹耕莘》第一折："真乃是眉清目朗，可怎生流落在村庄深巷。"

[2]　按：又作"舌剑唇鎗"。元武汉臣《玉壶春》第二折："使心猿意马，逞舌剑唇鎗，着那等嫩鸽鹩脑着忙，讪杓俇手脚慌张。"

[3]　按：又作"洗耳拱听"。元宫天挺《范张鸡黍》第一折："哥哥才学，与在下不同，有什么名人古书，前皇后代，哥哥讲说些儿，小官洗耳拱听。"

[4]　按：又作"心惊胆颤"。元无名氏《秦并六国平话》卷上："王翦见李牧归城不出，持兵克日攻城。城前发喊，惊得赵王心惊胆颤，文武诸将仓皇无计。"

[5]　按：又作"隐名埋姓"。元李爱山《寿阳曲·厌纷》曲："离京邑，出凤城，山林中隐名埋姓。"

[6]　按：又作"皮伤肉绽"。《水浒传》第一〇七回："觑定滕戣，只一石子飞来，正中面门，皮伤肉绽，鲜血迸流，翻身落马。"

[7]　按：又作"如雷灌耳"。《三国演义》第八回："闻将军之名，如雷灌耳。"

[8]　按：又作"三心两意"。《醒世恒言》卷三："九阿姐，你休得三心两意。"

[9]　按：又作"谭天说地"。《醒世恒言·钱秀才错占凤凰俦》："钱青见那先生学问平常，故意谭天说地，讲论古今，惊得先生一字俱无。"

[10]　按：又作"咬牙恨齿"。《西游记》第八六回："八戒闻言，咬牙恨齿，忍不住举起钯，把那坟冢，一顿筑倒。"

不是?"

【独占鳌头】科举时代称中状元,比喻占首位或居第一名。元无名氏《陈州粜米》楔子:"殿前曾献升平策,独占鳌头第一名。"按:又写作"独占鼇头"。清洪亮吉《北江诗话》卷三:"又俗语谓状元独占鼇头,语非尽无稽。胪传毕,赞礼官引东班状元、西班榜眼二人,前趋至殿墀下,迎殿试榜。抵陛,则状元稍前,进立中陛石上,石正中镌升龙及巨鼇,盖警跸出入所由,即古所谓螭头矣。俗语所本以此。"

这一类型的熟语,还有下面这些:

高攎贵手[1]　闲云野鹤[2]　心灰意懒[3]　咬文嚼字[4]　一笔勾消[5]

③ 有的另一种异形写法出现于 20 世纪。如:

【层见叠出】接连不断地多次出现。元马端临《文献通考·经籍五二》:"于是缘业之说,因果之说,六根、六尘、四大、十二缘生之说,层见叠出,宏远微妙。"按:又写作"层见迭出"。李大钊《战后之世界潮流》:"劳工阶级将出许多失业的人,无论何人都已首肯,到处失业的人,已竟层见迭出了。"

【推三阻四】以各种借口推托、阻挠。元无名氏《鸳鸯被》第一折:"非是我推三、推三阻四;这事情应难、应难造次。"按:又作"推三推四"。马烽等《吕梁英雄传》第二七回:"你这家伙胆小怕死,还推三推四咧!你不敢去,我一个人也敢去!"

这一类型的熟语还有:有口难分[6]

(二) 具有两种异形写法的熟语

元代的四音节熟语,除了约定俗成的书写形式外,有的还有两种异形写法。这些熟语的两种异形写法,有的出现于元代的同代,有的出现于元代以后的各个时代:

---

[1]　按:又作"高抬贵手"。《镜花缘》第三七回:"众宫娥听了,因想起当日启奏打肉各事,惟恐记恨,一齐叩头,只求王妃高抬贵手,莫记前仇。"

[2]　按:又作"闲云野鹤"。《儿女英雄传》第二十回:"那姑娘穿了这一身缟素出来,越发显得如闲云野鹤一般,有个飘然出世光景。"

[3]　按:又作"心灰意冷"。清吴樾《与妻书》:"吾知其将死之际,未有不心灰意冷。"

[4]　按:又作"龂文嚼字"。清杨懋建《京尘杂录·长安观花记》:"然对客无龂文嚼字态。"

[5]　按:又作"一笔勾销"。《野叟曝言》第一四三回:"驸马既如此说,便把前事一笔勾销。"

[6]　按:又作"有口难辩"。张书绅《正气歌》六:"证据确凿,铁证如山,有口难辩,抓进牢去,判了十五年徒刑。"

1.元代同代的具有两种异形写法的四音节熟语

见于元代的现代汉语四音节熟语，有的在元代就同时出现两种不同的异形写法。如：

【走投无路】比喻处境困难，没有出路。元杨显之《潇湘雨》第三折："淋的我走投无路……怎当这头直上急簌簌雨打，脚底下滑擦擦泥淤。"按：又作"走投没路"、"走投无计"。元秦简夫《东堂老》第三折："你如今走投没路，我和你去李家叔叔讨口饭儿吃咱。"元无名氏《杀狗劝夫》第二折："似这雪呵教冻苏秦走投无计，王子猷也索访戴空回。"

2.元代以后的时代出现的具有两种异形写法的四音节熟语

见于元代的现代汉语四音节熟语，有的在元代以后的各个历史时期，出现了两种不同的书写形式：

（1）有的两种异形写法都出现于明代。如：

【伶牙俐齿】形容能说会道。元吴昌龄《张天师》第三折："你休那里便伶牙俐齿，讲三千四。"按：又写作"伶牙利齿"、"怜牙俐齿"。《封神榜》第三九回："所仗伶牙利齿云，要想说转昏君意，只怕有些万不能。"明天然痴叟《石点头·瞿凤奴情愆死盖》："又见方氏怜牙俐齿，是个长舌妇人，恐怕真个弄出些事来，反为不美。"

【明火执仗】打着火把、拿着武器公开活动，比喻抢劫或肆无忌惮地做坏事。元无名氏《盆儿鬼》第二折："我在这瓦窑居住，做些本分生涯，何曾明火执仗，无非赤手求财。"按：又写作"明火执杖"、"明火持杖"。《西游记》第四十回："那借金银人，身贫无计，结成凶党，明火执杖，白日杀上我门，将我财帛尽情劫掳，把我父亲杀了。"明王守仁《申明赏罚以厉人心疏》："虽不系聚众草贼，但系有名强盗，肆行劫掠，贼势凶恶，或白昼拦截，或明火持杖，不拘人数多少，一面设法缉捕，实时差人申报合干上司，并具申本部知会处置。"

这一类型的熟语还有：毛骨悚然[1]

（2）有的两种异形写法，一种出现于明代，一种出现于清代。如：

【铜筋铁骨】比喻身体十分健壮。元杨暹《西游记》第二本第九出："我盗了太上老君炼就金丹，九转炼得铜筋铁骨，火眼金睛。"按：又作"铜觔铁肋"、"铜

---

[1] 按：又作"毛骨竦然"、"毛骨耸然"。明无名氏《鸣凤记·夫妇死节》："骇得俺毛骨竦然。"《醒世恒言·三孝廉让产立高名》："许武连两个指头，说将出来。言无数句，使听者毛骨耸然。"

筋铁肋"。明宋濂《秦士录》："弼环视四体，叹曰：'天生一具铜觔铁肋。'"清魏秀仁《花月痕》第四回："毋论回民不是铜筋铁肋，试想草枯水涸，人马如何走得去呢？"

（3）有的两种异形写法，都同时出现于清代。如：

【铜牆铁壁】比喻十分坚固、不可摧毁的事物。元无名氏《谢金吾》楔子："孩儿此一去，随他铜牆铁壁，也不怕不拆倒了他的。"按：又作"铜城铁壁"、"铜墙铁壁"。清严如煜《三省边防备览·策略》："民间之作寨堡者，亦饬令彷效为之，处之铜城铁壁矣。"清陈端生《再生缘》第六回："隐身符，暗藏鱼尾金冠内，那怕铜墙铁壁中。"

（4）有的两种异形写法，一种出现于清代，一种出现于20世纪。如：

【为非作歹】做各种坏事。元尚仲贤《柳毅传书》第二折："我且拏起来，只一口将他吞于腹中，看道可还有本事为非作歹哩。"按：又作"为非做歹"、"为非作恶"。清徐震《照世杯·走安南玉马换猩绒》："他又不是那种不学好的，就是出去顽要，又不曾为非做歹，玷辱你做官的名声！"洪深《青龙潭》第三幕："骇得他们胆小葸葸地不敢为非作恶。"

3.元代以前和元代以后两种不同时代的混合型的具有两种异形写法的四音节熟语

现代汉语中见于元代的具有两种异形写法的四音节熟语，有的出现于元代以前和元代以后的混合时代。即：两种异形写法，一种出现于元代以前的五代，一种出现于元代以后的明代。如：

【损人利己】损害别人而使自己得利。元无名氏《陈州粜米》第一折："只待要损人利己惹人憎。"按：又作"损人益己"、"损人肥己"。《旧唐书·陆元方传》："为政者理则可矣，何必严刑树威。损人益己，恐非仁恕之道。"《初刻拍案惊奇》卷十八："如今这些贪人，拥着娇妻美妾，求田问舍，损人肥己，搬斤播两，何等肚肠！"

4.元代和元代以后两种不同时代的混合型的具有两种异形写法的四音节熟语

现代汉语中见于元代的具有两种异形写法的四音节熟语，有的出现于元代和元代以后的混合时代：

（1）两种异形写法，一种出现于元代，一种出现于元代以后的明代。如：

【惹草拈花】男子乱搞男女关系。元王实甫《西厢记》第二本楔子："我从来斩钉截铁常居一，不是恁惹草拈花没揣三。"按：又作"惹草粘花"、"惹草沾花"。

元杨立斋《哨遍》套曲："五代史止是谈些更变，三国志无过说些战伐，也不希咤，终少些团香弄玉，惹草粘花。"明汪廷讷《狮吼记·奇妒》："我非无斩钉截铁刚方气，都只为惹草沾花放荡情。"

（2）两种异形写法，一种出现于元代，一种出现于元代以后的清代。如：

【顺水推舟】比喻顺应趋势办事。元康进之《李逵负荆》第三折："你休得顺水推舟，偏不许我过河拆桥。"按：又作"顺水推船"、"顺水行舟"。元关汉卿《窦娥冤》第三折："天地也，做得个怕硬欺软，却元来也这般顺水推船。"《红楼梦》第四回："小的听见老爷补升此任，系贾府王府之力；此薛蟠即贾府之亲：老爷何不顺水行舟，做个人情，将此案了结，日后也好去见贾王二公。"

（三）具有四种异形写法的熟语

元代的四音节熟语，除了约定俗成的书写形式外，有的还有四种异形写法。这些熟语的四种异形写法，有的出现于元代以后的明代和清代。如：

【知书达礼】指有文化修养，懂礼貌。元无名氏《冯玉兰》第一折："只我这知书达礼当恭谨，怎肯出乖露丑遭谈论。"按：又作"知书知礼"、"知书通礼"、"知书识礼"、"知文达礼"。明高明《琵琶记·牛氏规奴》："更羡他知书知礼，是一个不趋跄的秀才。"《水浒传》第一一六回："看了柴进、燕青出言不俗，知书通礼，先自有八分欢喜。"《红楼梦》第五四回："既说是世宦书香大家子的小姐，又知礼读书，连夫人都知书识礼的。"清张南庄《何典》第十回："你既这等知文达礼，晓得敬重我……便饶你性命。"

（四）具有五种异形写法的熟语

元代的四音节熟语，除了约定俗成的书写形式外，有的还有五种异形写法。元代的具有五种异形写法的熟语的不同写法，可以分为两种情况：

1. 五种异形写法，有的出现于元代以前的南朝、唐代、宋代和元代以后的明代、清代五个时代。如：

【遗臭万年】坏名声流传下去，永远被人唾骂。元脱脱《宋史·林勋程珌等传赞》："若乃程珌之窃取富贵，梁成大、李知孝甘为史弥远鹰犬，遗臭万年者也。"按：又作"遗臭万载"、"遗臭万代"、"遗臭万世"、"遗臭千年"、"遗臭千秋"。南朝宋刘义庆《世说新语·尤悔》："既不能流芳后世，亦不足复遗臭万载邪！"唐高适《后汉贼臣董卓庙议》："母妻屠戮，种族无留，悬首燃脐，遗臭万代。"宋谢采伯《密斋笔记》卷一："公不丧心病狂，奈何一旦为此，若不早改图，必且遗臭万世。"明邵璨《香囊记·强婚》："岂不闻李氏断臂，清风满耳如生；文君夜奔，遗臭千年未泯。"清侯方域《拟思宗改元廷臣谢表》："姑念放麑，使御魍魉之鬼，拥戴称颂，悬金石不刊之书，令其遗臭千秋。"

2. 五种异形写法，有的出现于元代以前的宋代、元代的同代、元代以后的清代及现代四个时代。如：

【游手好闲】游荡成性，好逸恶劳。元高文秀《遇上皇》第一折："打骂你孩儿，有甚勾当，又不曾游手好闲，惹下祸殃。"按：又作"遊手好闲"、"遊手好閒"、"游手好閒"、"游手偷閒"、"游手偷闲"。宋无名氏《新编五代史平话·梁史上》："各自少年不肯学习经书，专事遊手好闲。"元无名氏《杀狗劝夫》楔子："我不打别的，我打你个遊手好閒、不务生理的弟子孩儿。"清王韬《代上广州冯太守书》："游手好閒之徒，得有所归。"太平天国洪仁玕《资政新篇》："诚以游手偷閒，所以长其心之淫欲；劳心劳力，所以增其量之所不能。"李石曾《驳〈时报〉论中国今日不能提倡共产主义》："然使智而贤者，积终岁之勤劬，曾不得一享其利，而游手偷闲之辈反得以坐享其成，而无匮乏之慢，更何人尽心于殖产之途者？"

二、元代已见的具有缩略形式的现代汉语熟语举例

现代汉语中见于元代的熟语，有的缩略为双音节和三音节两种类型：

（一）双音缩略式熟语

元代熟语中的双音节缩略形式，有先省称后全称的情况：

1. 有的熟语在元代以前的西汉就已经有双音节缩略形式了，到了元代才出现四音节全称形式。如：

【画地为牢】比喻只许在指定的范围内活动。元岳伯川《铁拐李》第一折："他每都指山卖磨，将百姓画地为牢。"按：省作"画地"，西汉已见。《文选·邹阳〈上书吴王〉》："臣闻秦倚曲台之宫，悬衡天下，画地而人不犯，兵加胡越。"又，"画地为牢"这一书写形式西汉已见，义为在地上画圈当监牢。汉司马迁《报任少卿书》："故有画地为牢，势不可入，削木为吏，议不可对，定计于鲜也。"

2. 有的熟语在元代以前的宋代就已经有双音节缩略形式了，到了元代才出现四音节全称形式。如：

【抛砖引玉】比喻用粗浅的、不成熟的意见引出别人高明的、成熟的意见，

谦辞。元贯云石《斗鹌鹑·佳偶》套曲："他道是抛砖引玉，俺却道因祸得福。"
按：省作"抛塼"。宋苏轼《与朱康叔书》："谨作小楷一本寄上，却求为书，抛
塼之谓也。"又，又写作"抛甓引玉"，宋代已见。《五灯会元·南泉愿禅师法
嗣·赵州从谂禅师》："师云：'比来抛甓引玉，却引得个墼子。'"

（二）三音缩略式熟语

元代熟语中的三音节缩略形式，有先省称后全称、先全称后省称、元代全称
省称并存三种情况。

1.先省称后全称

见于元代的现代汉语三音节熟语，有的在元代以前的唐代就已经有三音节缩
略形式了，到了元代才出现四音节全称形式。如：

【无价之宝】极珍贵的东西。元王实甫《丽春堂》第一折："我这珠衣是无价
之宝哩！"按：省作"无价宝"。唐周昙《季札》诗："宝剑徒称无价宝，行心更贵
不欺心。"

2.先全称后省称

见于元代的现代汉语三音节熟语，有的在元代以后的清代才有三音节缩略形
式，元代是四音节全称形式。如：

【汗马功劳】战功。元无名氏《赚蒯通》第四折："只因汗马功劳大，封做平
阳万户侯。"按：省作"汗马功"。清冯桂芬《振威将军广东陆路提督干勇巴鲁图
正定郭公暨配李夫人合葬墓志铭》："往时所谓骁勇名将，以汗马功闻天下者半已
前卒，存者仅数人。"又，语本《韩非子·五蠹》："弃私家之事而必汗马之劳，
家困而上弗论，则穷矣。"

3.元代全称省称并存

见于元代的现代汉语三音节熟语，有的在元代同时具有三音节的省称和四音
节的全称两种形式。如：

【黄道吉日】迷信认为宜于办事的好日子。元无名氏《连环计》第四折："禀
上太师，今日是黄道吉日，满朝众公卿都在银台门，敦请太师入朝授禅。"按：
又省作"黄道日"。元方回《寓杭久无诗长至后偶赋怀归五首呈仁近仲实》诗：
"野曝尚分黄道日，春耕欲老紫阳山。"

三、元代已见的指明了来源的现代汉语熟语举例

据我们的调查，现代汉语中见于元代的熟语，有的能够找到其来源。这样的熟语绝大多数是四音节的，也有一些三音节的，个别的也有六音节、八音节的。这些熟语的来源，按时代先后分类描述如下：

（一）从商周语料概括而成的熟语

商周时期的语料，到了元代，从中概括形成了一些熟语。这些熟语的语料来源，有的是从《诗经》中概括而成的。如：

【耳提面命】形容教诲殷切，要求严格。元刘埙《隐居通议·骈俪二》："耳提面命，颇有得于父师。"按：语本《诗·大雅·抑》："匪面命之，言提其耳。"

【衣冠楚楚】形容穿戴整齐漂亮。元无名氏《冻苏秦》第四折："想当初风尘落落谁怜悯，到今日衣冠楚楚争亲近。"按：语本《诗·曹风·蜉蝣》："蜉蝣之羽，衣裳楚楚。"又，又作"衣冠济楚"、"衣冠齐楚"。元王实甫《西厢记》第二本第二折："衣冠济楚庞儿俊，可知道引动俺莺莺。"《醒世恒言·吴衙内邻舟赴约》："那太医衣冠齐楚，气宇轩昂。"

（二）从战国语料概括而成的熟语

战国时期的语料，到了元代，从中概括形成了一些熟语。这些熟语的语料来源有：

1. 有的是从伪《古文尚书》中概括而成的。如：

【恶贯满盈】作恶极多，已到末日。元无名氏《朱砂担》第四折："你今日恶贯满盈，有何理说？"按：语本《尚书·泰誓上》："商罪贯盈，天命诛之。"

2. 有的是从《关尹子》中概括而成的。如：

【夫唱妇随】比喻夫妻相互配合，行动一致。元无名氏《举案齐眉》第三折："秀才，你怎生这般说，岂不闻夫唱妇随也呵。"按：语本《关尹子·三极》："天下之理，夫者唱，妇者随。"

3. 有的是从《韩非子》中概括而成的。如：

【孤掌难鸣】比喻力量单薄，难以成事。元宫天挺《七里滩》第三折："虽然你心明圣，若不是云台上英雄并力，你独自个孤掌难鸣。"按：语本《韩非子·功名》："人主之患在莫之应，故曰：一手独拍，虽疾无声。"

4. 有的是从《礼记》中概括而成的。如：

【谨言慎行】说话小心，行动谨慎。元脱脱《宋史·李穆传》："质厚忠恪，谨言慎行，所为纯至，无有矫饰。"按：语本《礼记·缁衣》："故言必虑其所终，而行必稽其所敝，则民谨于言而慎于行。"

【人存政举】谓为政在乎得人，得其人则善政行。元刘致《端正好·上高监司》套曲："自古道人存政举思他前辈，至今日法出奸生笑煞老夫，公道也私乎？"按：语本《礼记·中庸》："文武之政，布在方策。其人存，则其政举。其人亡，则其政息。"

5. 有的是从《论语》中概括而成的。如：

【见义勇为】看到正义的事便勇敢地去做。元脱脱《宋史·欧阳修传》："天资刚劲，见义勇为，虽机阱在前，触发之不顾。"按：语本《论语·为政》："见义不为，无勇也。"

6. 有的是从《孟子》中概括而成的。如：

【得道多助】符合道义者能得到多数人的帮助。元陈草庵《山坡羊》曲："劝渔家，共樵家，从今莫讲贤愚话，得道多助失道寡，贤，也在他，愚，也在他。"按：语出《孟子·公孙丑下》："得道者多助，失道者寡助。寡助之至，亲戚畔之；多助之至，天下顺之。"

7. 有的是从《难经》中概括而成的。如：

【望闻问切】中医诊断疾病的四种方法。元施惠《幽闺记·抱羔离鸾》："[末]翁大医你还要看症真仔细下药。[净]这等待我再望闻问切。"按：这一术语来源于《难经·六十一难》："望而知之者，望见其五色而知其病；闻而知之者，闻其五音以别其病；问而知之者，问其所欲五味，以知其病所起所在也；切脉而知之者，诊其寸口，视其虚实，以知其病，病在何脏腑也。"[1]

8. 有的是从《晏子春秋》中概括而成的。如：

【千虑一失】指聪明人即使反复考虑，也难免会有失误的地方。《宋史·杨业等传论》："常胜之家，千虑一失。"按：语本《晏子春秋·杂下十八》："婴闻之：圣人千虑，必有一失；愚人千虑，必有一得。"

9. 有的是从《庄子》中概括而成的。如：

【井底之蛙】比喻见识狭小的人。元关汉卿《裴度还带》第二折："如今有等

---

[1] 按：《难经》是古代的中医著作，又名《黄帝八十一难经》、《八十一难》，作者传说是战国的秦越人扁鹊。

轻薄之子，重色轻贤，真所为井底之蛙耳。"按：语本《庄子·秋水》："井鼃不可以语于海者，拘于虚也。"

【望洋兴叹】本指在伟大的事物面前感叹自己的藐小，比喻做事力量不够而感到无可奈何。元刘埙《隐居通议·诗歌五》："真能笼乾坤万里于一咏之内，千古吟人，望洋兴叹。"按：语本《庄子·秋水》："望洋向若而叹曰：'野语有之曰：闻道百以为莫己若者，我之谓也。'"

10. 有的是从《左传》中概括而成的。如：

【从长计议】指不急于作出决定，慢慢地设法解决。元李行道《灰阑记》楔子："且待女孩儿到来，慢慢的与他从长计议，有何不可?"按：语本《左传·僖公四年》："卜人曰：'筮短龟长，不如从长。'"

这一类型的熟语还有：怙恶不悛[1]　木本水源[2]

11. 有的是从战国的《左传》一书中的不同的两个部分概括而成的。如：

【吉人天相】指上天保佑好人。元王晔《桃花女》第一折："哥哥，你只管依着他做去，吉人天相，到后日我同女孩儿来贺你也。"按：语本《左传·宣公三年》和《昭公四年》。《宣公三年》："石癸曰：'吾闻，姬、姞耦，其子孙必蕃。姞，吉人也。'"《昭公四年》："晋楚唯天所相，不可与争。"

来源于战国的元代熟语，一般都是四音节的。偶尔也有一些六音节的熟语。如：

【此一时彼一时】时间不同，情况也不同，不能相提并论。元王实甫《西厢记》第五本第二折："此一时彼一时，佳人才思，俺莺莺世间无二。"按：语本《孟子·公孙丑下》："彼一时，此一时也。五百年必有王者兴，其间必有名世者。"

（三）从东汉语料概括而成的熟语

东汉时期的语料，到了元代，从中概括形成了一些熟语。这些熟语的语料来源有：

1. 有的是从崔瑗作品中概括而成的。如：

【说长道短】指议论他人的好坏是非。元无名氏《神奴儿》第一折："俺倒不言语，他倒说长道短的。"按：语本东汉崔瑗《座右铭》："无道人之短，无说己

---

[1]　按：语本《左传·隐公六年》："长恶不悛，从自及也。"

[2]　按：语本《左传·昭公九年》："我在伯父，犹衣服之有冠冕，木水之有本原，民人之有谋主也。"

之长。"

2. 有的是从《汉书》中概括而成的。如:

【按图索骥】按照图像寻找良马,比喻按照线索去寻找。元赵汸《葬书问对》:"每见一班按图索骥者,多失于骊黄牝牡,苟非其人神定识超,未必能造其微也。"按:语本《汉书·梅福传》:"今不循伯者之道,乃欲以三代选举之法,取当时之士,犹察伯乐之图,求骐骥于市,而不可得,亦已明矣。"又,又作"按图索骏",宋代已见。宋周密《癸辛杂识后集·向氏书画》:"贾大喜,因遣刘诱以利禄,遂按图索骏,凡百余品皆六朝神品。"

这一类型的熟语还有:忘恩负义[1]　先斩后奏[2]

（四）从西晋语料概括而成的熟语

西晋时期的语料,到了元代,从中概括形成了一些熟语。这些熟语的语料来源,有的是从《三国志》中概括而成的。如:

【三顾茅庐】指诚心诚意地一再邀请。元马致远《荐福碑》第一折:"我住着半间儿草舍,再谁承望三顾茅庐。"按:语本《三国志·蜀志·诸葛亮传》:"先帝不以臣卑鄙,猥自枉屈,三顾臣于草庐之中,咨臣以当世之事,由是感激,遂许先帝以驱驰。"又,又作"三顾草庐"。《南史·袁昂传》:"〔明帝〕谓曰:'我昔以卿有美名,亲经相诣。'昂答曰:'陛下在田之日,遂蒙三顾草庐。'"

（五）从东晋语料概括而成的熟语

东晋时期的语料,到了元代,从中概括形成了一些熟语。这些熟语的语料来源有:

1. 有的是从戴逵作品中概括而成的。如:

【鹤立雞群】比喻人的才能或仪表在一群人中显得很突出。元无名氏《举案齐眉》第二折:"父亲呵,你休错认做蛙鸣井底,鹤立雞群。"按:语本《艺文类聚》卷九十引东晋戴逵《竹林七贤论》:"嵇绍入洛,或谓王戎曰:'昨于稠人中始见嵇绍,昂昂然若野鹤之在雞群。'"又,又作"鹤立鸡群"。清方文《哭从子直之》诗:"二子才调各不同,一者豪放一谦冲。所性虽殊雅相善,翘然鹤立鸡群。"

2. 有的是从葛洪著作中概括而成的。如:

---

[1]　按:语本《汉书·张敞传》:"舜本臣敞素所厚吏……背恩忘义,伤化薄俗。"

[2]　按:语本《汉书·申屠嘉传》:"嘉谓长史曰:'吾悔不先斩错乃请之,为错所卖。'"

【桑田沧海】比喻世事变化很大。元王进之《春日田园杂兴》诗："桑田沧海几兴亡，岁岁东风自扇扬。"按：语本晋葛洪《神仙传·麻姑》："麻姑自说云：'接侍以来，已见东海三为桑田，向到蓬莱水浅，浅于往者会时略半也，岂将复还为陵陆乎！'"

这一类型的熟语还有：明镜高悬[1]

3. 有的是从支昙谛作品中概括而成的。如：

【飞蛾扑火】比喻自寻死路，自取灭亡。元杨显之《潇湘雨》第二折："他走了，我一向寻他不着，他今日自来投到，岂不是飞蛾扑火，自讨死吃的。"按：语本东晋支昙谛《赴火蛾赋》："悉达有言曰：'愚人贪身，如蛾投火。'诚哉斯言，信而有征也……烛耀庭宇，灯朗幽房，纷纷群飞，翩翩来翔，赴飞焰而体燋，投煎膏而身亡。"

4. 有的是从东晋作品和商周作品两个时代不同的两部书中的不同内容共同概括而成的。如：

【九牛二虎之力】比喻很大的力量。元郑光祖《三战吕布》第三折："兄弟，你不知他靴尖点地，有九牛二虎之力，休要放他小歇。"按：语本东晋张湛《列子》和《诗经》。《列子·仲尼》："吾之力者，能裂犀兕之革，曳九牛之尾。"《诗·邶风·简兮》："有力如虎，执辔如组。"

5. 有的是从东晋作品和战国作品两部作品的不同内容共同概括而成的。如：

【鲁鱼亥豕】泛指书籍传写刊印中的文字错误。元黄溍《日损斋笔记·辩史》："去古既远，经史中鲁鱼亥豕，若此者不一。"按：语本东晋葛洪《抱朴子》和《吕氏春秋》。"鲁鱼"出自晋葛洪《抱朴子·遐览》："谚曰：'书三写，鱼成鲁，虚成虎。'""亥豕"出自《吕氏春秋·察传》："有读史记者曰：'晋师三豕涉河。'子夏曰：'非也，是己亥也。夫己与三相近，豕与亥相似。'"

（六）从南朝语料概括而成的熟语

南朝时期的语料，到了元代，从中概括形成了一些熟语。这些熟语的语料来源有：

1. 有的是从求那跋陀罗作品中概括而成的。如：

---

[1] 按：语本《西京杂记》卷三："高祖初入咸阳宫，周行库府，金玉珍宝，不可称言。其尤惊异者……有方镜，广四尺，高五尺九寸，表里有明，人直来照之，影则倒见。以手扪心而来，则见肠胃五脏，历然无碍。人有疾病在内，则掩心而照之，则知病之所在。又有女子邪心，则胆张心动。秦始皇常以照宫人，胆张心动者则杀之"。

【借花献佛】比喻拿别人的东西做人情。元萧德祥《杀狗劝夫》[1]楔子："既然哥哥有酒，我们借花献佛，与哥哥上寿咱！"按：语本南朝宋求那跋陀罗译《过去现在因果经》一："今我女弱不能得前，请寄二花以献于佛。"

2. 有的是从《司马徽别传》中概括而成的。如：

【好好先生】指不问是非曲直、一团和气、只求相安无事的人。元无名氏《水仙子·冬》曲："随时达变变峥嵘，混俗和光有甚争，只不如胡卢蹄每日相逐趁，到能够吃肥羊饮巨觥，得便宜是好好先生。"按：语本《世说新语·言语》"南郡庞士元闻司马德操在颍川"刘孝标注引《司马徽别传》："居荆州，知刘表性暗，必害善人，乃括囊不谈议。时人有以人物问徽者，初不辨其高下，每辄言'佳'。其妇谏曰：'人质所疑，君宜辨论，而一皆言"佳"，此人所以咨君之意乎？'徽曰：'如君所言亦复"佳"。'其婉约逊遁如此。"[2]

3. 有的是从南朝的作品和南朝以前的东晋作品两部不同的作品中混合概括而成的。如：

【降龙伏虎】比喻战胜强大的势力。元马致远《黄粱梦》一折："出家人长生不老，炼药修真，降龙伏虎，到大来悠哉也呵。"按：语本《高僧传》和《抱朴子》。南朝梁慧皎《高僧传·神异下·涉公》："能以秘呪呪下神龙。"《后汉书·方术传下·徐登》"又赵炳，字公阿，东阳人，能为越方"李贤注引《抱朴子》："道士赵炳，以气禁人，人不能起。禁虎，虎伏地，低头闭目，便可执缚。"

（七）从唐代语料概括而成的熟语

唐代的语料，到了元代，从中概括形成了一些熟语。这些熟语的语料来源有：

1. 有的是从白居易作品中概括而成的。如：

【笑里藏刀】比喻外表和气，心里阴险狠毒。元吴弘道《梅花引》套曲："不做美相知每早使伎俩，左右拦障，笑里藏刀，雪上加霜。"按：语本唐白居易《新乐府·天可度》："君不见：孝义府之辈笑欣欣，笑中有刀潜杀人！"又，又作"笑里暗藏刀"、"笑处藏刀"。元岳伯川《铁拐李》第一折："我见先，他见后。他临行，我放刁，笑里暗藏刀，代官来到，不道咱轻放了。"清李渔《蜃中楼·点差》："威权震主，势焰熏人，笑处藏刀，毒性有如蜂虿。"

---

[1] 按：全称为《贤达妇杀狗劝夫》、《杨氏女杀狗劝夫》、《王修然断杀狗劝夫》。

[2] 按：《司马徽别传》的作者不知，其书的产生时代不明确。我们至迟可以暂时处理为引者刘孝标所在的南朝时代。

2. 有的是从房玄龄著作中概括而成的。如：

【蟾宫折桂】比喻科举应试及第。元施惠《幽闺记·士女随迁》："镇朝经暮史，寐晚兴夙，拟蟾宫折桂之梯步。"按：语本唐房玄龄《晋书·郄诜传》："武帝于东堂会送，问诜曰：'卿自以为何如？'诜对曰：'臣举贤良对策，为天下第一，犹桂林之一枝，昆山之片玉。'"

【得意忘形】形容浅薄之人高兴得失去常态、忘乎所以。元鲜于必仁《折桂令·画》曲："手挂掌坳，得意忘形，眼兴迢遥。"按：语本唐房玄龄《晋书·阮籍传》："嗜酒能啸，善弹琴。当其得意，忽忘形骸。"

3. 有的是从韩愈作品中概括而成的。如：

【力挽狂澜】比喻尽力挽回险恶的局面。元王恽《挽李子阳》诗之二："笔端力挽狂澜倒，袖里亲携太华来。"按：语本唐韩愈《进学解》："障百川而东之，回狂澜于既倒。"

这一类型的熟语还有：弱肉强食[1]　先睹为快[2]

4. 有的是从李白作品中概括而成的。如：

【刻骨铭心】比喻牢记在心，永远不忘。元刘致《端正好·上高监司》套曲："万万人感恩知德，刻骨铭心。"按：语本唐李白《上安州李长史书》："深荷王公之德，铭刻心骨。"又，又写作"刻骨镂心"。《西游记》第八七回："那郡侯闻言，急忙行礼道：'孙老爷说那里话！今此一场，乃无量无边之恩德……虽刻骨镂心，难报万一。'"

5. 有的是从孟郊作品中概括而成的。如：

【藕断丝连】比喻表面上好像断了关系，实际上仍有牵连。元凌云翰《木兰花慢·赋白莲和宇舜臣韵》词："奈花老房空，荫存心苦，藕断丝连。"按：语本唐孟郊《去妇》诗："妾心藕中丝，虽断犹牵连。"又，又作"藕断丝联"，宋代已见。宋黄机《满庭芳·次仁和韵时欲之官永兴》词："人道郴阳无雁，奈情钟藕断丝联。"

6. 有的是从杨炯作品中概括而成的。如：

【气冲牛斗】形容怒气、冤气极盛。元高文秀《渑池会》第四折："恼的我发乍冲冠，怒的我气冲牛斗。"按：语本唐杨炯《杜袁州墓志铭》："宝剑之沉，夜气

---

[1]　按：语本唐韩愈《送浮屠文畅师序》："夫兽深居而简出，惧物之为己害也，犹且不能脱焉。弱之肉，强之食。"

[2]　按：语本唐韩愈《与少室李拾遗书》："若景星凤皇之始见也，争先睹之为快。"

冲于牛斗。"又，又作"气冲斗牛"。《三侠五义》第二十回："南侠闻听，气冲斗牛。赶出篱门，一伸手把那人揪住。"

（八）从宋代语料概括而成的熟语

宋代的语料，到了元代，从中概括形成了一些熟语。这些熟语的语料来源有：

1. 有的是从《二程遗书》中概括而成的。如：

【谈虎色变】比喻一提到可怕的事情连脸色都变了。元王炎午《祭御史萧方厓文》："谈虎色变，公亦流涕。"按：语本《二程遗书》卷二上："真知与常知异。常见一田夫，曾被虎伤，有人说虎伤人，众莫不惊，独田夫色动异于众。若虎能伤人，虽三尺童子莫不知之，然未尝真知。真知须如田夫乃是。"

2. 有的是从《景德传灯录》中概括而成的。如：

【泥牛入海】比喻一去不复返。元尹廷高《送无外僧弟归奉庐墓》诗："泥牛入海无消息，万壑千崖空翠寒。"按：语本《景德传灯录·潭州龙山和尚》："洞山又问和尚：'见个什么道理，便住此山？'师云：'我见两个泥牛斗入海，直至如今无消息。'"

3. 有的是从邵雍作品中概括而成的。如：

【弄假成真】本来是假的，结果却变成真事。元无名氏《隔江斗智》第二折："那一个掌亲的怎知道弄假成真，那一个说亲的早做了藏头露尾。"按：语本宋邵雍《弄笔吟》："弄假像真终是假，将勤补拙总输勤。"

4. 有的是从欧阳修作品中概括而成的。如：

【探囊取物】比喻轻易办成某件事。元无名氏《连环计》第一折："要夺汉家天下，如探囊取物，亦有何难。"按：语本宋欧阳修《新五代史·南唐世家·李煜》："中国用吾为相，取江南如探囊中物尔。"

5. 有的是从郑文宝作品中概括而成的。如：

【打草惊蛇】比喻采取机密行动时惊动了对方。元白朴《墙头马上》第三折："谁更敢倒凤颠鸾，撩蜂剔蝎，打草惊蛇，坏了咱墙头上传情简帖。"按：语本宋郑文宝《南唐近事》："王鲁为当涂宰，颇以资产为务，会部民连状诉主簿贪贿于县尹，鲁乃判曰：'汝虽打草，吾已蛇惊。'为好事者口实焉。"

6. 有的是从朱熹著作中概括而成的。如：

【假公济私】借公家的名义或力量谋取私人的利益。元无名氏《陈州粜米》第一折："他假公济私，我怎肯和他干罢了也呵！"按：语本《朱子语类》卷一三六："太宗诛建成比于周公诛管蔡，只消以公私断之。周公全是以周家天下为心，太宗则假公义以济私欲者也。"

来源于宋代语料的元代熟语，一般都是四音节的。偶尔也有一些八音节的熟语。如：

【成也萧何败也萧何】比喻事情的成败都出于同一个人。元无名氏《赚蒯通》第一折："这非是我成也萧何败也萧何，做恁的反复勾当。"按：语本宋洪迈《容斋续笔·萧何绐韩信》："韩信为人告反，吕后欲召，恐其不就，乃与萧相国谋，诈令人称陈豨已破，绐信曰：'虽病强入贺。'信入，即被诛。信之为大将军，实萧何所荐，今其死也，又出其谋，故俚语有'成也萧何败也萧何'之语。"

（九）从元代语料概括而成的熟语

元代本身的语料，在同代也概括形成了一些熟语。这些熟语的语料来源，有的是从李文蔚作品中概括而成的。如：

【三更半夜】深夜。元无名氏《桃花女》第一折："等到三更半夜，拜告北斗星官去。"按：语出《宋史·赵昌言传》："四人者日夕会昌言第。京师为之语曰：'陈三更，董半夜'。"又，又作"深更半夜"。元李文蔚《燕青博鱼》第三折："兄弟，深更半夜，你唤我做什么？"

四、元代新增义项而书写形式古已有之的现代汉语熟语举例

元代已见的现代汉语熟语，其书写形式在元代以前就有了，但是其中的沿用至今的某一义项是元代新兴的。这样的熟语主要是四音节的，偶尔也有七音节的。按这些熟语书写形式的出现时代的先后，我们分类描述如下：

（一）战国已见元代增加新义的熟语

见于元代的现代汉语熟语，有的是战国已有相应的书写形式而元代增加沿用至今的新义。这类熟语，有的书写形式在《左传》中就出现了。如：

【城下之盟】泛指被迫签订的屈辱条约。元脱脱《宋史·寇准传》："城下之盟，《春秋》耻之。澶渊之举，是城下之盟也。以万乘之贵，而为城下之盟，其何耻如之！"按：此语战国已见，义为敌人兵临城下时被迫接受的屈辱盟约。《左传·桓公十二年》："楚伐绞……大败之，为城下之盟而还。"

（二）北朝已见元代增加新义的熟语

见于元代的现代汉语熟语，有的是北朝已有相应的书写形式而元代增加沿用

至今的新义。这类熟语，有的书写形式在《颜氏家训》中就出现了。如：

【残杯冷炙】指残剩的酒肉。元乔吉《卖花声·世情》曲："尖风薄雪，残杯冷炙，掩青灯竹篱茅舍。"按：此语北朝已见，义为权贵的施舍。北齐颜之推《颜氏家训·杂艺》："不可令有称誉，见役勋贵，处之下坐，以取残杯冷炙之辱。"

（三）唐代已见元代增加新义的熟语

见于元代的现代汉语熟语，有的是唐代已有相应的书写形式而元代增加沿用至今的新义。这类在唐代就有了的书写形式，出现于下列一些唐代语料中：

1. 有的在《敦煌变文集》中就出现了相应的书写形式。如：

【唯我独尊】认为只有自己最了不起。元无名氏《连环计》第一折："孤家看来，朝里朝外，唯我独尊。"按：此语唐代已见，义为对释迦牟尼的称颂。《敦煌变文集·太子成道经卷一》："是时夫子诞生太子已了，无人扶接。其此太子东西南北，各行七步，莲花捧足。一手指天，一手指地，口云天上天下，唯我独尊。"

2. 有的在房玄龄著作中就出现了相应的书写形式。如：

【梨园弟子】唐以后泛指戏曲演员。元无名氏《月照庭·问花》套曲："铅华满树添妆次，远胜梨园弟子。"按：此语唐代已见，义为唐玄宗时梨园宫廷歌舞艺人的统称。唐王昌龄《殿前曲》之二："胡部笙歌西殿头，梨园弟子和《凉州》。"又，又写作"梨园子弟"。清和邦额《夜谭随录·倩霞》："藩府多梨园子弟，皆极一时之选，有贴旦名珍儿者，尤姣媚。"

【明目张胆】形容公开做坏事。元脱脱《宋史·儒林传五·胡宏》："臣下僭逆，有明目张胆显为负逆者，有协赞乱贼为之羽翰者，有依随两端欲以中立自免者，而陛下顾虑畏惧，宽之不敢以为讨。"按：此语唐代已见，义为有胆识而敢作敢为。唐房玄龄《晋书·王敦传》："今日之事，明目张胆为六军之首，宁忠臣而死，不无赖而生矣。"

3. 有的在韩愈作品中就出现了相应的书写形式。如：

【牛溲马勃】比喻微贱而有用的东西。元脱脱《宋史·吴潜传》："愿陛下笃任元老，以为医师；博采众益，以为医工。使臣辈得以效牛溲马勃之助，以不辱陛下知人之明。"按：此语唐代已见，义为至贱而可入药的车前草和马屁菌。唐韩愈《进学解》："玉札丹砂，赤箭青芝，牛溲马勃，败鼓之皮，俱收并蓄，待用无遗者，医师之良也。"

【青天白日】白天。元王晔《桃花女》第一折："如今这青天白日，关着铺门，像什么模样?"按:此语唐代已见,义为青天和白日。唐韩愈《同水部张员外籍曲江春游寄白二十二舍人》诗:"漠漠轻阴晚自开,青天白日映楼台。"

4. 有的在孟郊作品中就出现了相应的书写形式。如:

【春风得意】形容官场腾达或事业顺心得意的样子。元乔吉《金钱记》第四折:"我见他春风得意长安道,因此上迎头儿将女婿招。"按:此语唐代已见,义为在春风轻拂中洋洋自得。唐孟郊《登科后》诗:"春风得意马蹄疾,一日看尽长安花。"

唐代已见元代增加新义的现代汉语熟语,基本上都是四音节的,但是偶尔也有一些七音节的。如:

【心有灵犀一点通】比喻彼此心意相通。元于伯渊《点绛唇》套曲:"花月巧梳妆,脂粉娇调弄,没乱杀看花的眼睛,更那堪心有灵犀一点通。"按:此语唐代已见,义为恋爱双方心心相印。唐李商隐《无题》诗之一:"身无彩凤双飞翼,心有灵犀一点通。"

(四) 宋代已见元代增加新义的熟语

见于元代的现代汉语熟语,有的是宋代已有相应的书写形式而元代增加沿用至今的新义。这类在宋代就有了的书写形式,出现于下列一些宋代语料中:

1. 有的在《景德传灯录》中就出现了相应的书写形式。如:

【枯木逢春】比喻重获生机。元刘致《端正好·上高监司》套曲:"众饥民共仰。似枯木逢春,萌芽再长。"按:此语宋代已见,义为枯树遇到了春天又有了生命力。《景德传灯录·唐州大乘山和尚》:"僧问:'枯木逢春时如何?'师曰:'世间稀有。'"

【三头六臂】比喻本领出众。元无名氏《马陵道》第四折:"总便有三头六臂天生别,到其间那里好藏遮。"按:此语宋代已见,义为神道三个头、六条臂的形状。《景德传灯录·善昭禅师》:"三头六臂擎天地,忿怒那咤扑帝钟。"

2. 有的在《五灯会元》中就出现了相应的书写形式。如:

【你死我活】形容斗争十分激烈。元无名氏《度柳翠》第一折:"世俗人没来由争长竞短,你死我活。"按:此语宋代已见,义为不是你死就是我活。《五灯会元·国清行清禅师》:"穷厮煎,饿厮炒,大海只将折箸搅。你死我活,猛火燃铛煮佛。"

3. 有的在周密作品中就出现了相应的书写形式。如:

【以毒攻毒】比喻用不良事物本身的矛盾来反对不良事物。元清茂《宗门统要续集·睦州龙兴陈尊宿》："以毒攻毒，以楔出楔，还他睦州老漠始得。"按：此语宋代已见，义为用含有毒性的药物治疗毒疮等疾病。宋周密《云烟过眼录·鲜于伯几枢所藏》："国咄犀，乃蛇角也。其性至毒，而能解毒，盖以毒攻毒也。"

4.有的在朱熹作品中就出现了相应的书写形式。如：

【粗枝大叶】比喻粗疏、不精细。元石德玉《紫云庭》第一折："娘呵！我看不的你这般粗枝大叶，听不的你那里野调山声。"按：此语宋代已见，义为简略概括。《朱子语类》卷七八："《书序》恐不是孔安国做，汉文粗枝大叶，今《书序》细腻，只似六朝时文字。"

【讳疾忌医】比喻掩饰缺点错误而不愿改正。元胡助《月食遇雨》诗："市人闻此言，开口笑哈哈，或疑上天公，讳疾忌医深阔埋。"按：此语宋代已见，义为隐瞒疾病不愿医治。宋朱熹《与田侍郎书》："此须究其根原，深加保养，不可归咎求节，讳疾忌医也。"

五、元代已见而大型工具书始见例证较晚的现代汉语熟语举例

元代已见的现代汉语熟语，大型工具书始见例证较晚。这样的熟语代表性的例证举出一些如下：

【打哑谜】指说话隐晦，使人一时不易明白。元史九敬先《庄周梦》第二折："猜呆禅，打哑谜，能参透其中意。"按：此语《大词典》始见例证是沙汀《困兽记》三："'哎呀，你们是在打哑谜啦？'章桐忽然做嘴做脸的叫了。"时代晚。

【盖棺论定】一个人的是非功过到死后才能做出结论。元王恽《紫山先生易直解序》："知命随时，从容中道，盖棺论定，皆曰紫山旷达英迈士也。"按：此语《大词典》始见例证是《明史·刘大夏传》："人生盖棺论定，一日未死，即一日忧责未已。"时代晚。

六、元代已见而大型工具书没有收录的现代汉语熟语举例

元代已见的现代汉语熟语，《大词典》一类的大型工具书没有收录。这样的熟语，我们举出一些例证如下：

【生财有道】很有发财的办法。元钱霖《哨遍》套曲："怕不是堆金积玉连城富，眨眼早野草闲花满地愁。干生受，生财有道，受用无由。"

【倘来之物】无意中得到的或不应该得的钱财。元秦简夫《东堂老》第三折：“忠孝是立身之本，这钱财是倘来之物。”按：省作“傥来物”。宋宋祁《新唐书·纪王慎传》：“况荣宠贵盛，傥来物也，可恃以凌人乎！”又，典出《庄子·缮性》：“轩冕在身，非性命也。物之傥来，寄者也。”

【阴山背后】偏僻冷落的地方。元无名氏《三国志平话》卷上：“天公交俺宣陛下，在报冤殿中交我王阴司为君，断得阴间无私，交你做阳间天子。断得不是，贬在阴山背后，永不为人。”

七、元代已见而大型工具书始见例证错误的现代汉语熟语举例

元代已见的现代汉语熟语，大型工具书始见例证举例错误。这样的熟语代表性的例证举出一些如下：

【寸草春晖】比喻子女报答不尽父母养育之恩。元叶李《得家书老母未允迎侍之请有怀而作》诗：“孤松岁晚风霜操，寸草春晖母子心。”按：此语《大词典》的举例是明何景明《过先人墓示彭天章》诗：“此身如寸草，何以答春晖。”其中没有“寸草春晖”一语，与词目不符。又，语本唐孟郊《游子吟》：“慈母手中线，游子身上衣。临行密密缝，意恐迟迟归。谁言寸草心，报得三春晖！”

第三节　详尽罗列见于元代语料中的所有现代汉语熟语

元代语料中已见的现代汉语熟语，主要分为三音节熟语和四音节熟语两大类。

一、元代已见的现代汉语三音节熟语的穷尽罗列

元代已见的现代汉语三音节熟语共 12 个，除去前面代表性的 3 个例证外，剩余的 9 个全部罗列于下：

抱粗腿　　打寒战　　狗吃屎　　没意思①　　撒酒风　　献殷勤
一场空　　有的是　　做买卖

二、元代已见的现代汉语四音节熟语的穷尽罗列

元代已见的现代汉语四音节熟语共 243 个。除去前面代表性的 124 个例证外，剩余的 119 个熟语，按音序全部罗列于下：

安营扎寨	八拜之交	八面威风	拔刀相助	半死不活②
半推半就	兵荒马乱	兵临城下	拨云见日	背井离乡
笨鸟先飞	餐风宿露	藏头露尾	长吁短叹	重生父母
愁云惨雾	出乖露丑	砥柱中流	掂斤播两	雕梁画栋
丢盔卸甲	东倒西歪①	断子绝孙	鹅行鸭步	非同小可
飞蛾投火	风花雪月②	风卷残云	风言风语①	改邪归正
歌舞升平	固执己见	光前裕后	鬼使神差	过河拆桥
后会有期	虎头蛇尾	花容月貌	回光返照①	回头是岸
火上浇油	疾言厉色	挤眉弄眼	肩摩踵接	将计就计
交头接耳	金蝉脱壳	惊天动地①	锦心绣腹	酒肉朋友
九流三教	九霄云外	宽洪大量	郎才女貌	里应外合
两面三刀	两全其美	两袖清风	玲珑剔透②	灵丹妙药
流离失所	镂骨铭心	马不停蹄	面黄肌瘦	明媒正娶
摩拳擦掌	磨拳擦掌	莫名其妙	目瞪口呆	难兄难弟[1]
泥塑木雕	爬梳剔抉	平心而论	旗开得胜	起承转合[2]
气吞山河	屈打成招	人命关天	人心不古	沙里淘金[3]
三阳开泰[4]	丧心病狂	舍生忘死	舍死忘生	深更半夜
深宅大院	神机妙算	十恶不赦	数一数二	水火无情
损兵折将	泰然自若	腾云驾雾①	天姿国色	头疼脑热
惟我独尊	未卜先知	瓮中捉鳖	无计可施	误打误撞

---

[1]　按：这个熟语中的"难"，音 nàn。

[2]　按："起"是开端，"承"是承接上文加以申述，"转"是转折，"合"是结束全文。

[3]　按：也比喻从大量材料中选取精华。茅盾《〈诗论〉管窥》："人人都承认应该这样做，但是未必人人都认真下功夫去'沙里淘金'。"

[4]　按：《易》十月为坤卦，纯阴之象。十一月为复卦，一阳生于下；十二月为临卦，二阳生于下；正月为泰卦，三阳生于下；冬去春来，阴消阳长，有吉亨之象。

兴妖作怪	星移斗转	羞花闭月	鸭步鹅行	摇旗呐喊①
耀武扬威	衣锦荣归	衣食父母	倚老卖老	一般见识
一贫如洗	油头粉面	有机可乘	有隙可乘	沾亲带故
斩尽杀绝	自高自大	足智多谋	左右开弓[1]	

第四节　本章小结

1. 本章论述的是见于元代的现代汉语熟语。

2. 元代的熟语分为广义的和狭义的两类。广义的元代熟语指的是在元代的语料中使用的熟语，而狭义的元代熟语指的是元代语料中的新兴熟语。我们的研究属于广义的元代熟语。

3. 研究元代的汉语熟语，代表性的语料约有 156 种。其中专书语料约有 120 种，单篇作品语料约有 36 种。

4. 元代已见的现代汉语熟语 259 个，占现代汉语熟语结构总数的 3.80%。

5. 元代已见的现代汉语熟语分为三音节熟语、四音节熟语、六音节熟语、七音节熟语、八音节熟语五种类型。其中，三音节熟语 12 个，四音节熟语 243 个，六音节熟语 2 个，七音节熟语 1 个，八音节熟语 1 个。

6. 元代已见的这 259 个现代汉语熟语，绝大多数是这个时代新兴的，这为我们研究元代的汉语新兴熟语划定了一个大致的范围，使得我们的研究具有很强的针对性。不过，随着元代语言研究的进一步深入，其中也有个别熟语的时代还可以提前到元代以前。

---

[1]　按：此语始见于元曲。在元曲语料的处理上，凡是比较长的元曲，我们处理为专书语料；元曲中的套曲，我们处理为单篇作品。

第十三章

明代已见的现代汉语熟语

明代从明太祖朱元璋到明思宗朱由检，总共经历了 17 个皇帝。时间从公元 1368 年到公元 1644 年，总计 276 年。

明代已见的现代汉语熟语 621 个，占现代汉语熟语结构总数 6819 个的 9.11%。其中，三音节熟语 26 个，四音节熟语 588 个，五音节熟语 2 个，六音节熟语 3 个，七音节熟语 2 个。

第一节　研究明代熟语的代表性语料概述

明代的语料，分为专书语料和单篇作品语料两大类。

研究明代的熟语，代表性的专书语料大约有 121 位作者 143 部专书。现代汉语的熟语，见于明代专书语料中的有 531 个。具体分布概括如下：

毕万《竹叶舟》1 个，陈汝元《金莲记》2 个，陈与郊《灵宝刀》1 个，陈子龙《兵垣奏议》1 个，崔时佩等《南西厢记》1 个，董说《西游补》1 个，范文若《鸳鸯棒》1 个，方汝浩《禅真后史》1 个，明风月轩入玄子《柳花传》1 个，冯梦龙《东周列国志》6 个、《古今小说》16 个、《挂枝儿》[1]1 个、《警世通言》21 个、《醒世恒言》32 个、《喻世明言》5 个、《智囊补》1 个，冯惟敏《不伏老》1 个，高明《琵琶记》3 个，何良俊《四友斋丛说》3 个，洪楩《清平山堂话本》2 个，胡广《性理大全书》[2]1 个，胡文焕《群音类选》1 个，胡应麟《少室山房

---

[1]　按：《挂枝儿》是冯梦龙收集整理的明代民歌汇编，可视为专书。

[2]　按：《性理大全书》又名《性理大全》，明胡广等奉敕编撰，总计 70 卷。

笔丛》2个、《诗薮》3个、《诗薮续编》1个，贾凫西《木皮词》2个，贾仲名《金安寿》1个，江盈科《雪涛谐史》1个，蒋一葵《长安客话》1个，焦竑《玉堂丛语》2个，金木散人《鼓掌绝尘》2个，居顶《续传灯录》3个，兰陵笑笑生《金瓶梅词话》[1]23个，郎瑛《七修类稿》2个、《七修续稿》1个，李开先《宝剑记》2个，李清《三垣笔记》2个、《梼杌闲评》[2]1个，李贽《焚书》[3]1个、《史纲评要》1个、《四书评》1个、《续焚书》1个，梁辰鱼《浣纱记》4个，凌蒙初《初刻拍案惊奇》29个、《二刻拍案惊奇》24个，刘若愚《酌中志》2个，陆采《怀香记》3个、《明珠记》1个，陆人龙《型世言》1个，罗贯中《三国演义》[4]43个，罗懋登《三宝太监西洋记通俗演义》1个，吕毖《明宫史》[5]2个，吕坤《呻吟语》1个，吕天成《齐东绝倒》1个，茅僧昙《苏园翁》1个，茅维《醉新丰》1个，梅鼎祚《玉合记》2个，孟称舜《郑节度残唐再创》1个，祁彪佳《远山堂曲品》1个，瞿佑《剪灯新话》1个，阮大铖《燕子笺》2个，邵灿《香囊记》1个，沈采《千金记》2个，沈宠绥《度曲须知》1个，沈德符《野获编》[6]11个、《野获编补遗》1个，沈璟《双鱼记馆》1个、《桃符记》1个，沈自晋《望湖亭》1个，施耐庵《水浒传》57个，史盘《鹣钗记》1个，宋濂《元史》4个，孙仁孺《东郭记》1个，孙柚《琴心记》1个，汤显祖《牡丹亭》5个、《紫钗记》1个，陶宗仪《辍耕录》1个，天然痴叟《石点头》3个，田汝成《西湖游览志余》1个，田艺蘅《留青日札》1个，汪珂玉《珊瑚网》1个，汪廷讷《三祝记》3个、《种玉记》2个，王衡《郁轮袍》2个，王錂《春芜记》1个，王世贞《艺苑卮言》2个，王守仁《传习录》3个，王廷相《雅述》1个，王玉峰《焚香记》1个，文秉《先拨志始》1个，吴炳《疗妒羹》1个、《情邮记》1个，吴承恩《西游记》42个，吴元泰等《四游记》4个，无名氏《白兔记》2个，无名氏《彩楼记》1个，无名氏《后西游记》1个，无名氏《明成化说唱词话丛刊》1

---

[1]　按：《金瓶梅词话》和《金瓶梅》的作者都署名为明兰陵笑笑生，《金瓶梅词话》是《金瓶梅》现存最早的版本，其中有大量的诗词曲赋一类的韵文。

[2]　按：《梼杌闲评》又名《明珠缘》，作者不详，但是多数人认为作者是明代李清。

[3]　按：《焚书》又名《李氏焚书》，是李贽的哲学、文学类著作。

[4]　按：《三国演义》的全称为《三国志通俗演义》。

[5]　按：《明宫史》是明人吕毖从明代宦官刘若愚的24卷本的《酌中志》中选出第16卷到第20卷后的一个新的书名，所以《明宫史》的作者有刘若愚和吕毖两种说法。

[6]　按：《野获编》的全称为《万历野获编》。

个，无名氏《鸣凤记》[1]9个，无名氏《贫富兴衰》1个，无名氏《人中画》[2]1个，无名氏《四贤记》3个，无名氏《霞笺记》1个，无名氏《英烈传》1个，无名氏《摘锦奇音》1个，无名氏《珍珠记》[3]1个，无名氏《赠书记》1个，吾丘瑞《运甓记》[4]1个，西湖居士《明月环》1个，谢谠《四喜记》1个，谢诏《风月梦》1个，谢榛《四溟诗话》1个，熊大木《杨家将演义》1个，徐复祚《一文钱》1个，徐霖《绣襦记》[5]1个，徐学谟《归有园麈谈》1个，徐仲由《杀狗记》1个，许三阶《节侠记》1个，许仲琳《封神演义》[6]27个，许自昌《水浒记》1个，姚子翼《遍地锦》1个，叶权《贤博编》1个，叶宪祖《鸾鎞记》2个、《丹桂钿合》1个，余继登《典故纪闻》3个，俞弁《逸老堂诗话》1个，豫章醉月子《精选雅笑》1个，袁宏道《广庄》1个、《锦帆集》1个，月榭主人《钗钏记》[7]1个，张景《飞丸记》1个，张纶《林泉随笔》1个，张四维《双烈记》2个，张萱《疑耀》1个，赵弼《效颦集》1个，郑之文《旗亭记》1个，周晖《金陵琐事》1个，周履靖《锦笺记》1个，周清原《西湖二集》5个，朱鼎《玉镜台记》1个，朱国祯《涌幢小品》1个，朱权《荆钗记》1个，朱有燉《新编宣平巷刘金儿复落娼》1个。

研究明代的熟语，代表性的单篇作品语料大约有49位作者90篇作品。现代汉语的熟语，见于明代单篇作品语料中的有90个。具体分布概括如下：

陈子龙《论召对内降疏》1个、《议财用》1个，程敏政《忠义会疏》1个，范景文《革大户行召募疏》1个，方孝孺《复郑好义书》之三1个，冯惟敏《端正好·徐我亭归田》1个、《端正好·邑斋初度自述》1个，高攀龙《申严宪约责成州县疏》1个、《圣明亟垂轸恤疏》1个，归有光《隆庆元年浙江程策四道》1

---

[1]　按：《鸣凤记》的作者有三种说法：一是王世贞，见于毛晋《古今传奇总目》；一是王世贞及其门人，见于焦循《曲海总目提要》；一是无名氏，见于吕天成《曲品》。《大词典》在《鸣凤记》作者的标注中，既有无名氏，又有王世贞。本研究统一处理为明无名氏。

[2]　按：《人中画》的时代不明，有明代、清代的说法，我们处理为明代无名氏之作。

[3]　按：《珍珠记》又名《米记》、《珍珠米记》、《高文举珍珠记》，作者不知。

[4]　按：《运甓记》的作者吾丘瑞，有的又作"吾邱瑞"。

[5]　按：《绣襦记》的作者，有的观点认为是明代万历年间的薛近兖。

[6]　按：《封神演义》又名《封神传》、《商周列国全传》、《武王伐纣外史》，俗称《封神榜》。作者许仲琳，有的又作陈仲琳。

[7]　按：《钗钏记》的作者有两说：一是明代戏剧家王玉峰，一是明代的月榭主人。有的观点又认为，月榭主人即王玉峰的别号。

个、《太仆寺新立题名记》1个，海瑞《督抚条例》1个、《方孝孺临麻姑仙坛记跋》1个、《示府县状不受理》1个、《协济夫役民壮申文》1个、《赠吴颐庵贰尹句容序》1个、《筑城申文》1个，姜士昌《〈汲冢周书〉序》1个，康海《端正好·秋兴次前韵》1个，李东阳《记龙生九子》1个，李开先《雪蓑道人传》1个，李贽《覆邓石阳书》1个、《复焦漪园书》1个、《与友朋书》1个、《与周友山书》1个、《杂说》1个、《子由〈解老〉序》1个，林潞《江陵救时之相论》1个，凌蒙初《潭曲杂札》1个，刘基《书绍兴府达鲁花赤九十子阳德政诗后》1个、《惜余春慢·咏子规》词1个，刘子钟《〈萨天锡诗集〉序》1个，卢象升《与少司成吴葵庵书》之二1个，孟称舜批语1个，倪元璐《请毁要典疏》1个，戚元佐《议处宗藩疏》1个，钱子正《有弟久不见》1个，任三宅《复耆民汪源论设塘长书》1个，申佳胤《端午日凤楼侍宴》1个，宋濂《先府君蓉峰处士阡表》1个、《〈徐教授文集〉序》1个，孙传庭《官兵苦战斩获疏》1个，唐顺之《春坊中允方泉李君墓表》1个、《答俞教谕》1个、《寄黄士尚书》1个、《条陈蓟镇练兵事宜》1个、《与陈苏山职方》1个，王守仁《告谕安义等县渔户》1个、《示徐曰仁应试》1个、《防制省城奸恶牌》1个，王彦泓《龙友尊慈七十寿歌》1个，温纯《寿张硕人七十序》1个，徐光启《恭承新命谨陈急切事宜疏》1个、《拟缓举三殿及朝门工程疏》1个、《钦奉明旨条画屯田疏》1个、《疏辩》1个、《闻风愤激直献刍荛疏》1个，徐渭《送通府王公序》1个、《谢督府胡公启》1个，杨涟《劾魏忠贤二十四大罪疏》1个，杨慎《李白墓志》1个，余应登《年终汇奏灾异疏》1个，袁宏道《示度门时新修玉泉寺》1个、《与兰泽云泽叔书》1个，袁无涯《水浒全书发凡》[1]1个，袁宗道《李卓吾》1个，张岱《五异人传》1个、《与胡季望书》1个，张煌言《甲辰九月感怀在狱中作》1个、《上延平王书》1个，张居正《答河道吴自湖计河漕书》1个、《答蓟镇巡抚周乐轩书》1个、《答应天张按院》1个、《答阅边郜文川言战守功阀》1个、《请重修〈大明会典〉疏》1个、《谢遣中使趣召并赐银八宝等物疏》1个、《辛未会试程策二》1个、《与李太仆渐庵论治体》1个，张鼐《读卓吾老子书述》1个，张铖《〈何大复先生遗集〉序》1个，章懋《答东阳徐子仁》1个，曾异《与卓珂月书》1个，邹缉《奉天殿灾疏》1个，周顺昌《与文湛持孝廉书》1个，朱开先《水风卧吟楼记》1个，朱之瑜《答安东守约书》之六1个、《答安东守约问三十四条》之三四1个、

---

[1]　按：袁无涯《水浒全书发凡》的全称是《忠义水浒全书发凡》。

《答小宅生顺书》之七 1 个、《与冈崎昌纯书》之二 1 个、《元旦贺源光国书八首》之六 1 个。

这些语料是研究明代熟语的主要语料。对它们进行深入研究，可以发现，现代汉语的熟语，从广义的历史层次来看，大约有 621 个已经在明代出现了。

第二节　见于明代的代表性的现代汉语熟语举例

我们所说的见于明代的代表性的熟语，指的是明代的某些熟语，在书写形式上前代、同代或后代有多种同义写法，或者在来源上有些特点，或者明代已见而有的大型工具书没有收录或虽然收录但是始见例证偏晚或举例错误、或失收相应的义项，或者书写形式明代以前就有但是明代增加了沿用至今的新义，等等。这些类型的熟语，它们都需要做些说明。我们的说明全部采用按语的形式，在每个熟语的后面注明。本部分的内容，按音序排列。见于明代的代表性的现代汉语熟语举例如下。

一、明代已见的具有异形写法的现代汉语熟语举例

据我们的调查，现代汉语中见于明代的有些熟语，前代、后代、同代有同义、近义等多种写法出现。这样的熟语主要是四音节的，也有少量三音节的。其中又可分为四类：

（一）具有一种异形写法的熟语

1. 一种异形写法的三音节熟语

明代的三音节熟语，除了约定俗成的书写形式外，有的还有另外一种异形写法。这些三音节熟语的异形写法，分为明代以前、明代的同代和明代以后三种情况：

（1）有的出现于明代以前的战国。如：

【背水阵】背水列阵，比喻处于死里求生的境地。明谢榛《四溟诗话》卷三："观子直写胸中所蕴，由于气胜，效背水阵之法，久而虽熟，未必皆完篇也。"按：又作"背水陈"，战国已见。《尉缭子·天官》："按天官曰：'背水陈为绝地，向阪陈为废军。'"

（2）有的出现于明代的同代语料。如：

【装门面】比喻为了表面好看而加以粉饰点缀。《金瓶梅词话》第七四回："左右是你的老婆，替你装门面的。"按：又作"妆门面"。明王錂《寻亲记·伤生》："〔净〕杀了黄德，把尸首抬在周羽后门首。〔丑〕爹又来没志气，我家杀人，倒与周羽妆门面。"

（3）有的出现于明代以后的 20 世纪。如：

【吃閒饭】只吃饭而不做事。《二刻拍案惊奇》卷十："在城有一伙破落户管闲事吃閒饭的没头鬼光棍。"按：又作"吃闲饭"。周立波《山那面人家》："我不是来吃闲饭、依靠人的。我是过来劳动的。"

2. 一种异形写法的四音节熟语

明代的四音节熟语，除了约定俗成的书写形式外，有的还有一种异形写法。这些熟语的异形写法，有的出现于明代以前的各个历史时期，有的出现于明代的同代，有的出现于明代以后的清代、现代。

（1）出现于明代以前的各个历史时期的具有一种异形写法的四音节熟语

这些异形写法涉及明代以前的各个历史时期，有西汉、东汉、东晋、南朝、北朝、唐代、宋代、金代、元代等。

① 有的另一种异形写法出现于汉代。如：

【安如泰山】形容极其平安稳固。《三国演义》第四五回："孔明曰：'亮虽居虎口，安如泰山。'"按：又作"安如太山"，西汉已见。汉焦赣《易林·坤之中孚》："安如太山，福禧屡臻。虽有豺虎，不致危身。"

【改恶从善】不再作恶，重新做人。明王守仁《告谕安义等县渔户》："务益兴行礼让，讲信修睦，以为改恶从善者之倡。"按：又作"改恶为善"，东汉已见。《礼记·中庸》"明则动，动则变"汉郑玄注："动，动人心也；变，改恶为善也。"

② 有的另一种异形写法出现于东晋。如：

【坐享其成】自己不出力而享受别人劳动的成果。明徐渭《谢督府胡公启》："畴知白璧之双遗，竟践黄金之一诺；传闻始觉，坐享其成。"按：又作"坐享其功"，东晋已见。晋袁宏《后汉纪·章帝纪下》："鲜卑奉顺威灵，斩获北单于名王已下万计，中国坐享其功，而百姓不知其劳。汉兴功烈，于斯为盛。"

③ 有的另一种异形写法出现于南北朝。如：

【手无寸铁】形容手里没有任何武器。明许仲琳《封神榜》第九六回："单言哪吒自从在白骨洞被石矶娘娘收了法宝，手无寸铁，无奈驾遁光飞奔乾元山而来。"按：又作"手无寸刃"，南朝已见。南朝宋刘敬叔《异苑》卷十："香年十四，手无寸刃，直搋虎颈，丰遂得免。"

【心无二用】做事必须专心，注意力不能分散。明王守仁《示徐曰仁应试》："今人入场有志气局促不舒展者，是得失之念为之病也。夫心无二用，一念在得，一念在失，一念在文字，是三用矣，所事宁有成耶？"按：又作"心不两用"，北朝已见。北齐刘昼《新论·专学》："使左手画方，右手画圆，令一时俱成，虽执规矩之心，回剟刾之手，而不能者，由心不两用，则手不并运也。"

④ 有的另一种异形写法出现于唐代。如：

【喜气洋洋】形容非常欢乐的样子。《水浒传》第十三回："杨志喜气洋洋，下了马，便向厅前来拜谢恩相。"按：又作"喜气扬扬"，唐代已见。唐司空图《障车文》："满盘罗馅，大榼酒浆。儿郎伟，总担将归去，教你喜气扬扬。"

【煮鹤焚琴】把鹤煮来吃、把琴当柴烧，比喻做煞风景的事。《水浒传》第三八回："正是怜香惜玉无情绪，煮鹤焚琴惹是非。"按：又作"煮鹤烧琴"，唐代已见。唐韦鹏翼《戏题盱眙壁》诗："自从煮鹤烧琴后，背却青山卧月明。"

这一类型的熟语，还有下面这些：

故态复萌[1]　金口玉言[2]　铭心刻骨[3]　气壮山河[4]　若隐若现[5]
天昏地暗①[6]　相生相克[7]

⑤ 有的另一种异形写法出现于宋金时代。如：

---

[1]　按：又作"故态复还"，唐代已见。唐刘禹锡《砥石赋》："故态复还，宝心再起。"

[2]　按：又作"金口玉音"。唐房玄龄《晋书·夏侯湛传》："今乃金口玉音，漠然沉默。"

[3]　按：又作"铭心镂骨"，唐代已见。唐柳宗元《谢除柳州刺史表》："铭心镂骨，无报上天。"

[4]　按：又作"气壮河山"，唐代已见。唐张说《〈洛州张司马集〉序》："族高辰象，气壮河山，神作铜钩，天开金印。"

[5]　按：又作"若隐若显"，唐代已见。唐太宗《大唐三藏圣教序》："无灭无生，历千劫而不古；若隐若显，运百福而长今。"

[6]　按：又作"天昏地黑"，唐代已见。唐韩愈《龙移》诗："天昏地黑蛟龙移，雷惊电激雄雌随。"

[7]　按：又作"相生相剋"，唐代已见。唐李靖《李卫公问对》卷中："文之以术数相生相剋之义。"

【大言不惭】说大话而不觉羞愧。《水浒传》第一〇一回："今日圣驾未临时，犹俨然上坐谈兵，大言不惭，病狂丧心。"按：又作"大言不愧"，宋代已见。《论语·宪问》"其言之不怍，则为之也难"宋朱熹集注："大言不愧，则无必为之志，而不自度其能否矣。"

【鳞次栉比】形容房屋等像鱼鳞和梳子齿那样密密地依次排列。明蒋一葵《长安客话·古榆关》："墩台守望，虽鳞次栉比，而柳栅沙沟，冲突道侧，行旅患之。"按：又作"鳞次相比"，宋代已见。宋沈括《梦溪笔谈·神奇》："细视之，乃群小蛤，鳞次相比，绸缪巩固。"

这一类型的熟语，还有下面这些：

骇人听闻[1]　秦楼楚馆[2]　树大招风[3]　随风转舵[4]　贪得无厌[5]

唾手可得[6]　望风而逃[7]

⑥有的另一种异形写法出现于元代。如：

【寸步难行】形容行动极为困难。明吕天成《齐东绝倒》第三出："也还是小心天下去得，大胆寸步难行。"按：又作"寸步难移"，元代已见。元郑廷玉《楚昭公》第四折："想当年在小舟中，寸步难移。"

【扶危济困】对处境危急、困难的人给以救济帮助。《水浒传》第三八回："多听的江湖上来往的人说兄长清德，扶危济困，仗义疏财。"按：又作"扶危救困"，元代已见。元无名氏《魏征改诏》第三折楔子："今日个扶危救困休辞惮，疾便的牵战马上雕鞍。"

这一类型的熟语，还有下面这些：

---

[1]　按：又作"骇人闻听"。宋朱熹《答詹帅书》之三："浙中近年怪论百出，骇人闻听，坏人心术。"

[2]　按：又作"秦楼谢馆"，金代已见。金董解元《西厢记诸宫调》卷一："秦楼谢馆鸳鸯幄，文流稍足有声价。"

[3]　按：又作"树高招风"，宋代已见。《五灯会元·太平懃禅师法嗣·何山守珣禅师》："悟推师入水，遽问曰：'牛头未见四祖时如何？'师曰：'潭深鱼聚。'悟曰：'见后如何？'师曰：'树高招风。'"

[4]　按：又作"随风倒舵"，宋代已见。宋陆游《醉歌》："相风使帆第一筹，随风倒舵更何忧。"

[5]　按：又作"贪婪无厌"。宋苏轼《梁工说》："工日治其决，更增益剂量，其贪婪无厌。"

[6]　按：又作"唾手可取"，宋代已见。宋宋祁《新唐书·褚遂良传》："但遣一二慎将，付锐兵十万，翔旆云辀，唾手可取。"

[7]　按：又作"望风而遁"，宋代已见。《太平广记》卷一九〇引宋孙光宪《北梦琐言》："戎车未届，乃先以帛，书军号其上，仍书一符，于邮亭递之，以壮军声。蛮酋惩交趾之败，望风而遁。"

官报私仇[1]　官官相护[2]　夸大其词[3]　离经叛道[4]　石沉大海[5]

疏财仗义[6]　贪赃枉法[7]　心惊肉跳[8]　眼捷手快[9]　一表非凡[10]

有眼无珠[11]　仗义疏财[12]　知疼着热[13]

（2）出现于明代的同代的具有一种异形写法的四音节熟语

具有一种异形写法的明代四音节熟语，有的另一种异形写法出现于明代同代的《初刻拍案惊奇》、《典故纪闻》、《后西游记》、《古今小说》、《三宝太监西洋记通俗演义》、《隋唐演义》、《水浒传》、《四游记》、《西游记》、《醒世恒言》、崔元吉《田间四时行乐诗跋》、李东阳《杂记》、孙柚《琴心记》等语料中。如：

【半生不熟】① 没有完全成熟或未烹煮至可食用的程度。明许仲琳《封神榜》第九十回：“龙筋揉透才能好，半生不熟给不的人。”按：又作“半生半熟”。《初刻拍案惊奇》卷三一：“丢儿揭开锅盖看时，这鸡还是半生半熟。”

---

[1]　按：又作“官报私雠”，元代已见。元无名氏《神奴儿》第四折：“你为甚么将这李德义来揪捁捆打？必然官报私雠。”

[2]　按：又作“官官相为”，元代已见。元关汉卿《蝴蝶梦》第二折：“你都官官相为倚亲属，更做道国戚皇族。”

[3]　按：又作“夸大其辞”，元代已见。元脱脱《宋史·王祖道传》：“蔡京开边，祖道欲乘时缴富贵，诱王江酉、杨晟免等使纳土，夸大其辞。”

[4]　按：又作“离经畔道”，元代已见。元费唐臣《贬黄州》第一折：“且本官志大言浮，离经畔道，见新法之行，往往行诸吟咏。”

[5]　按：又作“石沈大海”，元代已见。元王实甫《西厢记》第四本第一折：“他若是不来，似石沈大海。”

[6]　按：又作“疏财仗义”，元代已见。元刘君锡《来生债》第四折：“则为我救困扶危，疏财仗义，都做了注福消愆。”

[7]　按：又作“贪赃坏法”，元代已见。元无名氏《陈州粜米》第二折：“自从刘衙内保举他两个孩儿去陈州开仓粜米，谁想那两个到的陈州，贪赃坏法，饮酒非为。”

[8]　按：又作“心惊肉战”，元代已见。元无名氏《争报恩》第三折：“不知怎么，这一会儿心惊肉战，这一双好小脚儿，再走也走不动了。”

[9]　按：又作“眼明手捷”。元无名氏《盆儿鬼》第三折：“想起俺少时节眼明手捷，体快身轻；到如今老了也腰曲头低。”

[10]　按：又作“一表非俗”，元代已见。元秦简夫《东堂老》第三折：“他生在无忧愁太平时务，空生得貌堂堂一表非俗。”

[11]　按：又作“有眼无瞳”。元史九敬先《庄周梦》第一折：“都只因气送了人，到底成何用。谁知你有眼无瞳。”

[12]　按：又作“仗义疏财”，元代已见。元郑廷玉《忍字记》楔子：“这个员外必是个仗义疏财的人。”

[13]　按：又作“知疼着痒”，元代已见。元李致远《还牢末》第三折：“苦也啰你没了亲娘，偏留着二娘，把你来打的个不成模样。常言道隔层肚皮隔垛墙，怎想他知疼着痒？”

【顿足捶胸】边跺脚边击打胸脯，形容情绪激烈的样子。明金木散人《鼓掌绝尘》第二七回："老夫人听了，顿足捶胸道：'叔叔，原来他两个做出这场丑事来，教我的老面皮放在那里！'"按：又作"顿足搥胸"。《四游记·东游记》第七回："只见杨子哀号哽咽，顿足搥胸，抚棺长恨，欲拔剑自刎。"

【惹火烧身】比喻招来灾祸使自身受害。明罗懋登《三宝太监西洋记通俗演义》第四一回："火母道：'你今日出阵，也要煮吃于我么？'天师道：'你自家惹火烧身，那个要来煮你？'"按：又作"惹焰烧身"。《水浒传》第二一回："祸福无门，惟人自召；披麻救火，惹焰烧身。"

这一类型的熟语，还有下面这些：

顾此失彼[1]　横征暴敛[2]　进退两难[3]　茅塞顿开[4]　眉开眼笑[5]

妻儿老小[6]　无拘无束[7]　闲言碎语②[8]　一模一样[9]　溢于言表[10]

油嘴滑舌[11]　指手画脚[12]　装腔作势[13]

---

[1]　按：又作"顾彼失此"。明余继登《典故纪闻》卷十六："若彼声西击东，而我军出大同，未免顾彼失此。"

[2]　按：又作"横征暴歛"。明李东阳《杂记·孟子直解》："反替他取民米粟，比往日又加了一倍，横征暴歛，日甚一日。"

[3]　按：又作"进退双难"。明孙柚《琴心记·家徒四壁》："可怪进退双难，羝羊触藩偏困。"

[4]　按：又作"茅塞顿启"。明崔元吉《田间四时行乐诗跋》："甲寅秋，始执经讲下，不旬日，茅塞顿启。"

[5]　按：又作"眉花眼笑"。《西游记》第二回："孙悟空在旁闻讲，喜得他抓耳挠腮，眉花眼笑。"

[6]　按：又写作"妻儿老少"。明冯梦龙《古今小说·汪信之一死救全家》："引了妻儿老少，和刘青等心腹三十余人，径投望江县天荒湖来。"

[7]　按：又作"无束无拘"。明褚人获《隋唐演义》第十五回："你看这荒郊野外，走马射箭，舞剑抢枪，无束无拘，多少快活。"

[8]　按：又作"闲言闲语"。《醒世恒言·钱秀才错占凤凰俦》："若得贤弟亲迎回来，成就之后，不怕他闲言闲语。"

[9]　按：又作"一模二样"。《初刻拍案惊奇》卷十五："又或有将金银珠宝首饰来解的，他看得金子有十分成数便一模二样，暗地里打造来换了。"

[10]　按：又作"溢于言外"。明徐师曾《文体明辨序说·论诗》："'君向潇湘我向秦'，不言怅别，而怅别之意溢于言外；'凝碧池边奏管弦'，不言亡国，而亡国之痛溢于言外。"

[11]　按：又作"油嘴油舌"。《西游记》第三六回："你这游方的和尚，便是有些油嘴油舌的说话。"

[12]　按：又作"指手划脚"。《水浒传》第七五回："见这李虞候、张干办在宋江前面指手划脚，你来我去，都有心要杀这厮。"

[13]　按：又作"装腔做势"。明无名氏《后西游记》第十九回："我若去讲人情，倘他装腔做势，未免损伤体面。"

（3）出现于明代以后的具有一种异形写法的四音节熟语

明代以后的时代有清朝、20世纪两个时期。

① 有的另一种异形写法出现于清代贺贻孙《诗筏》、蒋士铨《一片石》、李渔《比目鱼·误禽》、厉鹗《〈江西诗社宗派图录〉跋》及《折桂令》词、汪琬《与周处士书》、熊文举《与减斋书》、《白雪遗音》、《常语寻源》、《儿女英雄传》、《官场现形记》、《红楼梦》、《镜花缘》、《三侠五义》、《说岳全传》、《文明小史》、《夜谭随录》、《阅微草堂笔记》等语料中。如：

【不亢不卑】不高傲，也不自卑。形容对人的态度或言语得体。明朱之瑜《答小宅生顺书》之七："圣贤自有中正之道，不亢不卑，不骄不谄，何得如此也！"按：又作"不抗不卑"。《红楼梦》第五六回："他这远愁近虑，不抗不卑，他们奶奶就不是和咱们好，听他这一番话，也必要自愧的变好了。"

【穿针引线】比喻从中牵线撮合。明周清原《西湖二集·吹凤箫女诱东墙》："万乞吴二娘怎生做个方便，到黄府亲见小姐询其下落，做个穿针引线之人。"按：又作"穿鍼引线"。清郑志鸿《常语寻源》卷下："世谓媒介为引线人，为人牵说事情者曰穿鍼引线。"

这一类型的熟语，还有下面这些：

大相径庭[1]　　公报私仇[2]　　狗仗人势[3]　　可歌可泣[4]
眉高眼低[5]　　三长两短[6]　　善罢甘休[7]　　赏心悦目[8]

---

[1]　按：又作"大相逕庭"。清厉鹗《〈江西诗社宗派图录〉跋》："嗟呼！几何不与吕公论世尚友之旨大相逕庭也哉！"

[2]　按：又作"公报私雠"。清李渔《比目鱼·误禽》："想是我家男子得罪了谭官人，所以公报私雠，想出法来害他。"

[3]　按：又作"狗傍人势"。清蒋士铨《一片石·访墓》："我把你这狗傍人势的奴才，我是服张天师管的，你那个老头儿，又不是道纪司，我怕他怎的。"

[4]　按：又作"可泣可歌"。清熊文举《与减斋书》："盖才本于情，情深而才具赴，每一落纸，便觉欲飞欲舞，可泣可歌。"

[5]　按：又作"眉高眼下"。清华广生《白雪遗音·马头调·世态炎凉》："世态炎凉如作戏，眉高眼下，且自不提。"

[6]　按：又作"三长四短"。清钱彩《说岳全传》第十三回："你功名未遂，空手归乡，已是不幸；若再有三长四短，叫为兄的回去怎生见你令尊令堂之面？"

[7]　按：又作"善罢干休"。《儿女英雄传》第二五回："听书的又如何肯善罢干休？"

[8]　按：又作"赏心惬目"。清贺贻孙《诗筏》："后代名家诗文，偶取数首诵之，非不赏心惬目，及诵全集，则渐令人厌，又使人不欲再诵。"

十拿九稳[1]　　手疾眼快[2]　　甜言蜜语[3]　　望其项背[4]

销声匿迹[5]　　一枕黄粱[6]　　赞不绝口[7]　　张灯结彩[8]

指不胜屈[9]　　抓耳挠腮①[10]　　抓耳挠腮②[11]

②有的另一种异形写法出现于 20 世纪的《困兽记》、《太阳照在桑干河上》、《文汇报》、《小说选刊》、陈石峻《泽玛姬》、茅盾《大题小解》、陶成章《浙案纪略》、陶行知《创设乡村幼稚园宣言书》、夏衍《我们在困难中行进》、许地山《桃金娘》等语料中。如：

【白日做梦】比喻幻想不可能实现。明豫章醉月子《精选雅笑·送匾》："以为必中而遍问星相者，亦是白日做梦。"按：又作"白日作梦"。《小说选刊》1981 年第 4 期："他们有时间顾得上你么？你这不是明明白白的痴心妄想，白日作梦么？"

【娇生惯养】在备受宠爱和纵容中长大。明许仲琳《封神榜》第四回："老夫只有这子女，娇生惯养在家中。岂能肯，将女纳与昏君去，招惹诸侯耻在中？"按：又作"骄生惯养"。《文汇报》2007 年 9 月 16 日："她不无感慨地说：'现在的

---

[1]　按：又作"十擎九稳"。《儿女英雄传》第十回："四则如此一行，只怕这事倒有个十擎九稳也不见得。"

[2]　按：又作"手急眼快"。清石玉昆《三侠五义》第八回："张爷手急眼快，斜刺里就是一腿，道人将将躲过。"

[3]　按：又作"甜嘴蜜舌"。《红楼梦》第三五回："你不用和我甜嘴蜜舌的了，我都知道啊！"

[4]　按：又作"望其肩项"。清汪琬《与周处士书》："议论之超卓雄伟，真有与《诗》《书》六艺相表里者，非后世能文章家所得望其肩项也。"

[5]　按：又作"销声匿迹"。清纪昀《阅微草堂笔记·滦阳消夏录六》："徐公盛时，销声匿迹。衰气一至，无故侵陵。"

[6]　按：又作"一枕邯郸"。清厉鹗《折桂令·赋得客帐梦封侯》词："李将军得遇高皇，万里名扬，万户勋偿。一枕邯郸，总是荒唐。"

[7]　按：又作"赞口不绝"。清石玉昆《三侠五义》第六一回："丁大爷听了，越想越是，不由的赞口不绝。"

[8]　按：又作"张灯结綵"。《官场现形记》第三四回："打尖住宿，一齐都预备公馆。有些还张灯结綵，地方官自己出来迎接。"

[9]　按：又作"指不胜偻"。清和邦额《夜谭随录·吴喆》："奇遇之多，指不胜偻，若今日所眂，未数数觏也。"

[10]　按：又作"抓耳搔腮"。清李汝珍《镜花缘》第十八回："多九公只急的抓耳搔腮，不知怎样才好。"

[11]　按：又作"抓耳搔腮"。清李伯元《文明小史》第五一回："饶鸿生那里经见过这种境界？直喜得他抓耳搔腮。"

孩子难带，个个都是骄生惯养的独生儿，又吃不起苦……不像我们小时候，是在贫寒中磨砺长大的。'"

【天昏地暗】③形容程度深、非常厉害。明许仲琳《封神榜》第二一六回："只见近御官拉着三个孕妇，满门家眷，瞧看的军民哭的天昏地暗。"按：又作"天昏地黑"。陶行知《创设乡村幼稚园宣言书》："试一看乡村生活，当农忙之时，主妇更是要忙得天昏地黑。"

这一类型的熟语，还有下面这些：

横冲直撞[1]　　眼疾手快[2]　　一面之词[3]　　一往无前[4]　　义正词严[5]

争先恐后[6]　　铢两悉称[7]

现代汉语中见于明代的具有一种异形写法的熟语，基本上都是四音节的。但是，偶尔也有一些六音节的。如：

【当面锣对面鼓】比喻面对面地争论或商谈。《金瓶梅词话》第五一回："他听见俺娘说不拘几时要对这话，他也就慌了，要是我，你两个当面锣对面鼓的对不是！"按：又作"当面鼓对面锣"。《儿女英雄传》第九回："就说媳妇儿也罢，也有这样当面鼓对面锣的说亲的吗？"

（二）具有两种异形写法的熟语

明代的四音节熟语，除了约定俗成的书写形式外，有的还有两种异形写法。这些熟语的两种异形写法，有的出现于明代的同代，有的出现于明代以后的时代，有的出现于明代的前代和明代，有的出现于明代的前代和明代以后的时代：

---

[1]　按：又作"横冲直闯"。沙汀《困兽记》三："他有一种脾气，凡事只需听凭感情横冲直闯一阵……丝毫不管他所说的做的是否妥当。"

[2]　按：又作"眼急手快"。陈石峻《泽玛姬·金娃错和银娃错》："协达娃在旁边眼急手快……没等糌粑团子落到银娃错的身上，一伸手就把糌粑团子抢在手中。"

[3]　按：又作"一面之辞"。丁玲《太阳照在桑干河上》四十："那时有些人是听了张正典一面之辞，还以为刘满硬要换地。"

[4]　按：又作"一往直前"。陶成章《浙案纪略》第四章第二节："其行事也，常鼓一往直前之气，而不虑其他。"

[5]　按：又作"义正辞严"。夏衍《我们在困难中行进》："要求于剧本的是一套义正辞严的道理，一百个'不可'，一千个'不得'，戏剧非有'教育意义'不可，不得'与抗战无关'。"

[6]　按：又作"争前恐后"。许地山《桃金娘》："大家一听金娘要回来，好像吃了什么兴奋药，都争前恐后地搭竹架子，把各家存着的茅草搬出来。"

[7]　按：又作"铢两相称"。茅盾《大题小解》："于是指出何者为适如其分，铢两相称，何者被强调了非特殊点而忽略了特殊点，何者甚至被拉扯成为'四不像'。"

1. 明代以前的具有两种异形写法的四音节熟语

见于明代的现代汉语四音节熟语，有的在明代以前的唐代、五代就出现了两种不同的异形写法。如：

【栉比鳞次】像梳子的齿和鱼的鳞那样密密地排列着，形容密集。明宋濂《元史·河渠志三》："岸善崩者，密筑江石以护之，上植杨柳，旁种蔓荆，栉比鳞次，赖以为固。"按：又作"栉比鳞臻"、"栉比鳞差"，唐五代已见。唐范摅《云溪友议》卷六："真娘者，吴国之佳人也，时人比于钱唐苏小小。死葬吴宫之侧，行客感其华丽，竞为诗题于墓树，栉比鳞臻。"五代王定保《唐摭言·慈恩寺题名游赏赋咏杂纪》："迩来林栖谷隐，栉比鳞差。"

2. 明代以后的时代出现的具有两种异形写法的四音节熟语

见于明代的现代汉语四音节熟语，有的在明代以后的时期出现了两种不同的书写形式：

（1）有的两种异形写法，都同时出现于清代。如：

【争风喫醋】因争夺同一异性而互相争斗。《醒世恒言·两县令竞义婚孤女》："那月香好副嘴脸，年已长成。倘或有意留他，也不见得。那时我争风喫醋便迟了。"按：又作"争风吃醋"、"争锋吃醋"。《儒林外史》第四五回："争风吃醋，打吵起来。"《红楼梦》第六九回："凤丫头倒好意待他，他倒这样争锋吃醋，可知是个贱骨头。"

（2）有的两种异形写法，一种出现于清代，一种出现于 20 世纪。如：

【死心塌地】形容主意已定，绝不改变。《三国演义》第八八回："丞相若肯放兄弟回去，收拾家下亲丁，和丞相大战一场，那时擒得，方才死心塌地而降。"按：又作"死心落地"、"死心踏地"。《儿女英雄传》第十回："安公子这几个头，真是磕了个死心落地的。"老舍《骆驼祥子》十五："要不这么冤你一下，你怎会死心踏地的点头呢？"又，"死心塌地"一语元代已见，义为心里踏实。元无名氏《鸳鸯被》第四折："这洛阳城刘员外，他是个有钱贼，只要你还了时，方才死心塌地。"

【一笔抹杀】比喻轻率地把优点、成绩等全部否定。明沈德符《野获编·刑部·嘉靖大狱张本》："而世宗独断，直谓议礼新贵所昭雪，即跖跻亦必曾史，遂将前后爰书一笔抹杀。"按：又作"一笔抹撒"、"一笔抹煞"。清袁枚《随园诗话》卷七："唐以前，未有不熟精《文选》理者……宋人以八代为衰，遂一笔抹撒，而诗文从此平弱矣。"徐特立《研究历史的目的与方法》："康梁是否寻得了真理是另一个问题，可是对于他们在某一个时候追求真理的热忱和劳绩，我们现在是不该一笔抹煞的。"

（3）有的两种异形写法，都出现于 20 世纪。如：

【抓破脸皮】比喻感情破裂，公开争吵。《醒世恒言·李玉英狱中诉冤》："李雄见打得这般光景，暴躁如雷，翻天作地，闹将起来。那婆娘索性抓破脸皮，反要死要活，分毫不让。"按：又作"抓破脸子"、"抓破面皮"。张天翼《清明时节》二："我一直忍住了没跟人抓破脸子，你莫逼得太狠。"老舍《二马》第五段二："我忍了这么些日子了，他一点看不出来。我知道不抓破面皮的跟他说，他要命也不明白我们的事情，非说不可了！"

【浓粧艳抹】形容女子妆饰艳丽。《水浒传》第二五回："武大一病五日，不能够起。更兼要汤不见，要水不见，每日叫那妇人不应；又见她浓粧艳抹了出去，归来时便面颜红色。"按：又作"浓妆艳抹"、"浓装艳抹"。巴金《家》三十："她穿得比以前漂亮，而且是浓妆艳抹，还戴了一副长耳坠。"洪深《民间的戏剧艺术》："女的仍由男的装扮，浓装艳抹，妖娆非常。"

3. 明代以前和明代两种不同时代的混合型的具有两种异形写法的四音节熟语

现代汉语中见于明代的具有两种异形写法的四音节熟语，有的出现于明代以前和明代以后的混合时代：

（1）两种异形写法，一种出现于明代以前的东汉，一种出现于明代。如：

【听天由命】听任事态自然发展变化不作主观努力。明沈自晋《望湖亭》第二折："这个也要尽其在人，说不得听天由命。"按：又作"听天任命"、"听天委命"。东汉无名氏《孔丛子·鸮赋》："祸福无门，唯人所求，听天任命，慎厥所修。"明屠隆《彩毫记·汾阳报恩》："我们学道之人听天委命，不可怕死。"

（2）两种异形写法，一种出现于明代以前的南朝，一种出现于明代。如：

【齐心协力】众人一心，共同努力。《初刻拍案惊奇》卷二四："过不多时，众人齐心协力，山岭庙也自成了。"按：又作"齐心同力"、"齐心并力"。《后汉书·王常传》："即引兵与汉军及新市、平林合。于是诸部齐心同力，锐气益壮，遂俱进，破杀甄阜、梁丘赐。"《水浒传》第六七回："卢俊义拜谢道：'上托兄长虎威，深感众头领之德，齐心并力，救拔贱体，肝胆涂地，难以报答！'"

（3）两种异形写法，一种出现于明代以前的唐代，一种出现于明代。如：

【泾渭分明】泾、渭二水清浊异流汇而不混，比喻优劣是非非常明显。《古今小说·滕大尹鬼断家私》："他胸中渐渐泾渭分明，瞒他不得了。"按：又作"泾渭自分"、"泾渭自明"。唐李德裕《刘公神道碑铭》:"遇物而泾渭自分,立诚而风雨如晦。"明沈德符《野获编·续编小引》:"然咏歌太平,无非圣朝佳话,间有稍关时事者,其泾渭自明。"

(4)两种异形写法,一种出现于明代以前的宋代,一种出现于明代。如:

【惹是生非】引起麻烦或争端。《喻世明言》卷三六:"如今再说一个,安分守己,并不惹是生非。"按:又作"惹是招非"、"惹事生非"。《京本通俗小说·志诚张主管》:"孩儿,你许多时不行这条路,如今去端门看灯,从张员外门前过,又去惹是招非。"《古今小说·宋四公大闹禁魂张》:"如今再说一个富家,安分守己,并不惹事生非。"

这一类型的熟语还有:面面相觑[1]   一差二错[2]

4. 明代以前和明代以后两种不同时代的混合型的具有两种异形写法的四音节熟语

现代汉语中见于明代的具有两种异形写法的四音节熟语,有的出现于明代以前和明代以后的混合时代:

(1)两种异形写法,一种出现于明代以前的三国,一种出现于明代以后的现代。如:

【如饥似渴】形容要求非常迫切。《古今小说·范巨卿鸡黍死生交》:"吾儿一去,音信不闻,令我悬望,如饥似渴。"按:又作"如渴如饥"、"如饥如渴"。三国魏嵇康《兄秀才公穆入军赠诗》之十四:"思我良朋,如渴如饥,愿言不获,怆矣其悲。"吴运铎《把一切献给党·永远前进》:"我如饥如渴地读着各种文学书和理论书,也学了外科医药知识。"

(2)两种异形写法,一种出现于明代以前的宋代,一种出现于明代以后的现代。如:

【一蹶不振】比喻一遭到挫折就不能再振作起来。明李清《三垣笔记·崇祯》:"故以君子与小人角,犹胜负半,惟君子与君子角,而以小人乘其蔽,则一

---

[1] 按:又作"面面厮觑"、"面面相看"。宋无名氏《京本通俗小说·碾玉观音》:"到家中问丈人丈母,两个面面厮觑。"《水浒传》第二六回:"四家邻舍,都面面相看,不敢不依他,只得都上楼去坐了。"

[2] 按:又作"一差二误"、"一差二忒"。宋无名氏《京本通俗小说·快嘴李翠莲记》:"罢,罢,我两口也老了,管你不得,只怕有些一差二误,被人耻笑。"《水浒传》第七八回:"你年纪高大了,不堪与国家出力,当枪对敌,恐有些一差二忒,枉送了你一世清名。"

蹶不振之道也。"按：又作"一跌不振"、"一蹶不兴"。宋叶梦得《避暑录话》卷下："房次律为宰相，当中原始乱时，虽无大功，亦无甚显过，罢黜盖非其罪。一跌不振，遂至于死。"孙中山《兴中会章程》："乃以庸奴误国，涂毒苍生，一蹶不兴，如斯之极。"

【众星捧月】许多星星环绕月亮，比喻许多个体拥戴一个核心。明许仲琳《封神榜》第一回："保护圣驾往前走，犹如那，众星捧月争几分。"按：又作"众星攒月"、"众星拱月"。《五灯会元·清凉益禅师法嗣·黄山良匡禅师》："问：'众星攒月时如何？'师曰：'唤甚么作月？'"徐迟《搜尽奇峰打草稿》："而在那个主要工程的位置上，则缀有一粒大红宝石。在它的周围又如众星拱月，环绕着好些较小的红宝石。"

(3) 两种异形写法，一种出现于明代以前的元代，一种出现于明代以后的清代。如：

【转弯抹角】① 沿着弯弯曲曲的路走。《水浒传》第三回："三个人转弯抹角，来到州桥之下一个潘家有名的酒店。"按：又作"转湾抹角"、"转弯磨角"。元秦简夫《东堂老》第一折："转湾抹角，可早来到李家门首。"清李汝珍《镜花缘》第八二回："小春姐姐把'爽爽快快'读做'霜霜快快'，把'转弯磨角'读做'转弯磨禄'，满口都是古音。"

(4) 两种异形写法，一种出现于明代以前的元代，一种出现于明代以后的现代。如：

【一表人才】形容人相貌英俊，风度潇洒。《古今小说·蒋兴哥重会珍珠衫》："只笑那下路客人，空自一表人才，不识货物。"按：又作"一表人物"、"一表人材"。元关汉卿《望江亭》第一折："放着你这一表人物，怕没有中意的丈夫嫁一个么！"曹禺《王昭君》第二幕："他生得一表人材，浓眉大眼，眉眼里甚至有些俊俏。"

5. 明代和明代以后两种不同时代的混合型的具有两种异形写法的四音节熟语

现代汉语中见于明代的具有两种异形写法的四音节熟语，有的出现于明代和明代以后的混合时代：

(1) 两种异形写法，一种出现于明代，一种出现于清代。如：

【花枝招展】比喻妇女打扮得十分艳丽。《金瓶梅词话》第三一回："两个唱的，打扮出来，花枝招展。"按：又作"花枝招颭"、"花枝招颤"。《醒世恒言·乔太守乱点鸳鸯谱》："那女子的尖尖趫趫，凤头一对，露在湘裙之下，莲步轻移，如花枝招飐一般。"清陈忱《水浒后传》第四回："冯舍人见了，慌忙起身，偷眼一觑，花枝招飐，态度轻盈，魂不附体，倒身便拜。"

【轻口薄舌】形容说话轻佻刻薄。《二刻拍案惊奇》卷四十："痴妮子！只知与那酸子相厚，这酸子轻口薄舌，专会做词。"按：又作"轻口轻舌"、"轻嘴薄舌"。《二刻拍案惊奇》卷九："你不理他便罢，不要十分轻口轻舌的冲撞他。"《红楼梦》第三五回："袭人听了话内有因，素知宝钗不是轻嘴薄舌奚落人的，自己想起上日王夫人的意思来，便不再提了。"

这一类型的熟语还有：如梦初醒[1]　响彻云霄[2]

（2）两种异形写法，一种出现于明代，一种出现于现代。如：

【轻手轻脚】形容走路时脚放得很轻。《西游记》第七七回："你看他轻手轻脚，走到金銮殿下。"按：又作"轻手软脚"、"轻手蹑脚"。《醒世恒言·吴衙内邻舟赴约》："忽听得贺司户船中剪刀声响，遂悄悄的轻手软脚，开了窗儿，跨将出去。"老舍《骆驼祥子》六："他想轻手蹑脚的进去，别教虎姑娘看见。"

【涎皮赖脸】厚着脸皮跟人纠缠惹人厌烦的样子。明李开先《宝剑记》第十四出："你在这青堂屋舍里坐的，到也自在，你这等涎皮赖脸的，俺管监的吃风！"按：又作"涎脸涎皮"、"涎皮涎脸"。《金瓶梅词话》第二一回："月娘看不上，说道：'你真个恁涎脸涎皮的！'"茅盾《子夜》十六："八个代表简直气破了肚皮。他们的嗓子也叫骂哑了，他们对于这涎皮涎脸的周仲伟简直没有办法。"

（三）具有三种异形写法的熟语

明代的四音节熟语，除了约定俗成的书写形式外，有的还有三种异形写法。这些熟语的三种异形写法，情况又有多种：

1.三种异形写法，一种出现于唐代，一种出现于元代，一种出现于明代。如：

【棋逢对手】比喻双方本领不相上下。《西游记》第四六回："虎力大仙道：'陛下，左右是棋逢对手，将遇良材。'"按：又作"棋逢敌手"、"棊逢对手"、"棊逢敌手"。唐尚颜《怀陆龟蒙处士》诗："事免伤心否，棋逢敌手无。"元无名氏

---

[1]　按：又作"如梦初觉"、"如梦方醒"。明冯梦龙《东周列国志》第一百回："信陵君如梦初觉，再拜称谢。"《儿女英雄传》第八回："张金凤这才得明白这姑娘的始末根由。就连安公子也是此时如梦方醒。"

[2]　按：又作"响彻云际"、"响彻云表"。明袁宏道《吴游记·虎丘》："一夫登场，四座屏息，音若细发，响彻云际。"清王韬《淞滨琐话·仙井》："兰香亦鼓云和之瑟，音韵悠扬，响彻云表。"

《百花亭》第二折："高君也咱两个棊逢对手。"《水浒传》第三四回："两个就清风山下厮杀，真乃是棊逢敌手难藏幸，将遇良才好用功。"

2. 三种异形写法，一种出现于宋代，两种出现于元代。如：

【牵肠挂肚】形容非常挂念，很不放心。《二刻拍案惊奇》卷十七："既然舍人已有了亲事，老身去回复了小娘子，省得他牵肠挂肚，空想坏了。"按：又作"牵肠惹肚"、"牵肠割肚"、"牵肠肚"。宋王之道《惜奴娇》词："从前事、不堪回顾。怎奈冤家，抵死牵肠惹肚。"元白朴《小石调·恼煞人》曲："为忆小卿，牵肠割肚，凄惶悄然无底末。"元杜仁杰《耍孩儿·喻情》套曲："王屠倒脏牵肠肚。"

3. 三种异形写法都出现于元代。如：

【信口开河】随口乱说一气。明许仲琳《封神榜》第二〇回："话说姜国母伸玉腕揪住妲己的青丝，坐在他身上，谁知妖妃在下面连哭带嚷，信口开河往外乱语。"按：又作"信口开合"、"信口开喝"、"信口开呵"。元关汉卿《鲁斋郎》第四折："你休只管信口开合，絮絮聒聒。"元张养浩《新水令·辞官》套曲："非是俺全身远害，免教人信口开喝。"元尚仲贤《气英布》第一折："你待要着死撞活，将功折过，你休那里信口开呵！"

4. 三种异形写法都出现于明代。如：

【家长里短】家庭日常生活琐事，方言。《西游记》第七五回："行者心惊道：'这一关了门，他再问我家长里短的事，我对不来，却不弄走了风，被他拿住？'"按：又作"家长礼短"、"家长裡短"、"家常里短"。《西游记》第四二回："他问我甚么家长礼短，少米无柴的话说，我也好信口捏脓答他。"明胡文焕《群音类选·气张飞·老鸨训女》："家长裡短将他劝，迟疾早晚随他便。"《醒世姻缘传》第十五回："到后面见了爹娘，说了些家常里短的话。"

【慢条斯理[1]】形容动作缓慢，不慌不忙。明风月轩入玄子《柳花传》第七回："这么要紧的事，你倒还站着无事，慢条斯理！"按：又作"慢条丝礼"、"慢条厮礼"、"慢条斯礼"。《金瓶梅词话》第十一回："你问他，我去时还在厨房里雌着，等他慢条丝礼儿才和面儿。"《金瓶梅词话》第十二回："那春梅只顾不进房来，叫了半日，才慢条厮礼，推开房门进来。"《金瓶梅词话》第三十回："一

---

[1]　按：此语《大词典》的始见例证是王实甫《西厢记·闹简》清金圣叹批语："写红娘从张生边来入闺中，慢条斯理，如在意如不在意，一心便谓自今以后，三人一心，更无嫌疑者。"时代可以提前到明代。

个风火事，还像寻常慢条斯礼儿的。"

5.三种异形写法，两种出现于清代，一种出现于现代。如：

【额手称庆】以双手合掌加额，表示庆幸。明冯梦龙《东周列国志》第三七回："文公至绛，国人无不额手称庆。百官朝贺，自不必说。"按：又作"额手相庆"、"额手庆"、"额庆"。清王韬《淞滨琐话·卢双月》："泥金高揭，邻里喧哗，挤庭下几满。喜极入告，额手相庆。"清沈起凤《谐铎·虎痴》："母女方额手庆，忽一虎曳尾而来，径登堂上。"《"五四"爱国运动资料·学生终止罢课之宣言》："欧战告终，暴德颠仆，吾人方额庆正义人道之将可白于天下。"

（四）具有四种异形写法的熟语

现代汉语中见于明代的四音节熟语，除了约定俗成的书写形式外，有的还有四种异形写法。这些熟语的四种异形写法，又可以分为如下一些类型：

1.四种异形写法，一种出现于唐代，一种出现于宋代，一种出现于明代，一种出现于现代。如：

【螳臂当车】螳螂举起前腿想挡住车子前进，比喻自不量力，必然招致失败。明无名氏《四贤记·解绶》："劝恩台妆聋做哑，休得要螳臂当车。"按：又作"螳螂拒辙"、"蟷臂扼辙"、"蟷臂当辙"、"螳臂挡车"。《敦煌变文集·庐山远公话》卷二："但贱奴今问法师，似荧光竞日，螳螂拒辙。"宋王谠《唐语林·补遗一》："是知真人之兴，非英雄所觊，况非英雄乎！人臣之谬思乱者，乃蟷臂扼辙耳。"明蒋一葵《长安客话·斗促织》："蟷臂当辙横，怒蛙致凭轼。"李一《荆宜施鹤光复记》："武汉义师之崛起也，以一隅而待北方数省之兵，盖有螳臂挡车之势，危莫甚焉。"又，典出《庄子·人间世》："汝不知夫螳蜋乎？怒其臂以当车辙，不知其不胜任也。"

2.四种异形写法，两种出现于宋代，两种出现于清代。如：

【游山玩水】游览玩赏自然风景。《古今小说·明悟禅师赶五戒》："每与源游山玩水，吊古寻幽，赏月吟风，怡情遣兴。"按：又作"遊山玩水"、"遊山翫水"、"游山玩景"、"游山问水"。宋朱熹《与陈师中书》："熹闰月二十七日受代，即日出城，遊山玩水。"《五灯会元·临济宗·汾阳善昭禅师》："想计他从上来行脚，不为遊山翫水，看州府奢华，片衣口食，皆为圣心未通。"《红楼梦》第四回："虽也上过学，不过略识几个字，终日惟有斗鸡走马，游山玩景而已。"清西周生《醒世姻缘传》第八八回："你们是个闲人，到处里游山问水的顽要。俺只做生意的人，针头削铁，有闲空工夫？"

3.四种异形写法，一种出现于元代，一种出现于清代，两种出现于现代。如：

【片甲不存】形容全军覆灭。明梁辰鱼《浣纱记·死忠》："我夫差收楚服越……昨遣太宰先领一枝军去，与齐战于艾陵之上，杀得他片甲不存。"按：又作"片甲不回"、"片甲不留"、"片甲无存"、"片甲不还"。元无名氏《三国志平话》卷中："张飞笑曰：'吾用一计，使曹公片甲不回。'"清钱彩、金丰《说岳全传》第二三回："为兄的在此札营，意欲等候番兵到来，杀他一个片甲不留。"郁达夫《今年的双十节》："一鼓下长沙，绕常德而袭沙市，入衡阳而夺桂林的迷梦，不消说，早已被我们的守军，粉碎得片甲无存。"叶圣陶《倪焕之》十二："我们要转移社会、改善社会，就得迎上前去，同这班东西接战，杀得他们片甲不还！"

4.四种异形写法，一种出现于元代，两种出现于明代，一种出现于现代。如：

【装聋作哑】装做耳聋口哑，形容故意不理睬。明李贽《与友朋书》："周装聋作哑，得老子之体，是故与之语清净宁一之化，无为自然之用，如以石投水，不相逆也。"按：又作"妆聋作哑"、"妆聋做哑"、"装聋做哑"、"装聋装哑"。元马致远《青衫泪》第四折："则这白侍郎正是我生死的冤家。从头认，都不差，可怎生妆聋作哑。"明沈璟《双鱼记·玉悴》："你心粗胆大，与他人交口共喧哗。怎教我妆聋做哑？"明徐复祚《红梨记·诉衷》："乔打扮，身儿诈，这些时且装聋做哑，是必莫把这春心漏与他。"茅盾《小巫》一："菱姐几次三番乘机会说起娘在上海不知道是怎样过日子，老爷只是装聋装哑。"

5.四种异形写法，两种出现于清代，两种出现于现代。如：

【死气白赖】厚着脸皮没完没了地纠缠，方言。《金瓶梅词话》第七二回："不是韩嫂儿死气白赖在中间拉着我，我把贼没廉耻雌汉的淫妇，口里肉也掏出他的来。"按：又作"死乞白赖"、"死求白赖"、"死乞百赖"、"死求百赖"。《醒世姻缘传》第三二回："这可亏了他三个死乞白赖的拉住我。"《儿女英雄传》第十六回："俗话说的：'天下无难事'，只怕死求白赖，或者竟拦住他也不可知。"梁斌《播火记》六："他只好年有年礼，节有节礼，死乞百赖巴结上冯老兰。"孔厥等《新儿女英雄传》第四回："你死求百赖的叫我出去，出去干什么呀？"

二、明代已见的具有缩略形式的现代汉语熟语举例

现代汉语中见于明代的熟语，有的有缩略形式，这些缩略形式可以分为下面一些类型：

（一）一种写法的双音缩略式熟语

明代熟语中的双音缩略形式，可以分为先省称后全称、先全称后省称、全称省称同时出现等多种情况：

1. 有的熟语在明代以前的东汉就已经有双音节的省称形式了，到了明代才出现四音节的全称形式。如：

【王母娘娘】神话女神西王母的通称。《西游记》第五回："一朝，王母娘娘设宴，大开宝阁，瑶池中做'蟠桃盛会'。"按：省作"王母"，东汉已见。汉张衡《思玄赋》："聘王母于银台兮，羞玉芝以疗饥。"

【否极泰来】"否"、"泰"是《易》的两个卦名，天地不交、万物闭塞谓之"否"，天地交、万物通谓之"泰"。比喻厄运到了尽头好运就来了。明冯梦龙《古今小说·杨八老越国奇逢》："否极泰来，天教他主仆相逢。"按：省作"否泰"。《玉台新咏·古诗〈为焦仲卿妻作〉》："否泰如天地，足以荣汝身。"又，又作"否极泰回"。明沈采《千金记·漏贼》："想何年甚时，否极泰回，夫荣妻贵。"

2. 有的熟语在明代既有四音节的全称形式又有双音节的省称形式两种形式并存的情况。如：

【披星戴月】形容早出晚归，辛勤劳动。《初刻拍案惊奇》卷三五："披星戴月，早起晚眠。"按：省作"披星"。明孙仁孺《东郭记·与其妾讪其良人而相泣于庭中》："中庭款步自心疑，怎披星而出又复见星辉。"又，又作"披星带月"，唐代已见。唐吕岩《七言》诗之九四："击剑夜深归甚处，披星带月折麒麟。"

3. 有的熟语在明代是四音节、三音节的全称形式，到了明代以后的现代出现了双音节的省称形式。如：

【虾兵蟹将】神话中龙王的兵将，比喻不中用的兵将和爪牙。《四游记·洞宾二败太子》："即令虾兵蟹将十员，一齐上岸，来擒洞宾。"按：省作"虾兵"。卞之琳《翻一个浪头·得过且过大家都不得过》："前一批虾兵给他们写过照：摔脱了皮靴，追小鸭逃命，开坦克都永远向背后架炮。"

【坐月子】妇女产后一个月内休息调养身体，口语。《西游记》第五三回："哥哥，洗不得澡。坐月子的人弄了水浆致病。"按：省作"坐月"。毛泽东《才溪乡调查》："病的，放哨的，在合作社工作出外办货的，女子坐月的，共约百分之二十没有到。"

（二）两种写法的双音缩略式熟语

明代熟语中的双音节省称形式，有的一个四音节熟语具有两种双音节省称形式。这两种双音节的省称形式都出现于明代以前的宋代、元代，明代才有四音节的全称形式出现。如：

【搜索枯肠】形容竭力思索。明邵璨《香囊记·琼林》："老夫如今年迈，没心绪搜索枯肠，偷今换古，就把老年登科作一首。"按：省作"搜肠"、"搜枯"。宋陈与义《对酒》诗："陈留春色撩诗思，一日搜肠一百回。"《元诗纪事》卷四一引《兰溪遗事》："问其观主，亦曰樵隐，其扁书曰'鹊华友'，若有所契者。搜枯不及，缅想向者无名氏所赠诗，以志于壁。"[1]

（三）三音缩略式熟语

明代熟语中的三音节缩略形式，有的是在明代以前的宋代就有三音节的省称了，明代才出现四音节的全称。如：

【四大皆空】佛教指世界上的一切事物都由地、水、火、风四大构成，都是空虚的。明徐复祚《一文钱》第三出："贫僧四大皆空，五蕴非有。只这身子，还不是贫僧的。"按：省作"四大空"，宋代已见。宋苏轼《答子由颂》："五蕴皆非四大空，身心河岳尽圆融。"

（四）一种双音缩略式和一种三音缩略式的混合形式缩略熟语

明代熟语中的缩略形式，有的一个四音节熟语同时具有双音和三音两种缩略式。其中的三音出现于明代以前的元代，双音出现于明代以后的现代。如：

【血光之灾】迷信的人指被杀的灾难。《水浒传》第六一回："吴用道：'员外这命，目下不出百日之内必有血光之灾！家私不能保守，死于刀剑之下。'"按：省作"血光灾"、"血光"。元李直夫《虎头牌》第四折："打的你哭啼啼，湿肉伴干柴。也是你老官人合受血光灾。"《中国民间故事选·"老佛迷"拜师傅》："眼看血光临头你还不悟，我现在就要去阎王那里，把你的原身交给他去。"

---

[1]　按：《兰溪遗事》时代不明，因为是《元诗纪事》中的引用，我们暂时把它处理为元代作品。

三、明代已见的指明了来源的现代汉语熟语举例

据我们的调查，现代汉语中见于明代的熟语，有的能够找到其来源。这样的熟语基本上都是四音节的，也有个别是六音节、七音节的。这些熟语的来源，按时代先后举例描述如下：

（一）从商周语料概括而成的熟语

商周时期的语料，到了明代，从中概括形成了一些熟语。这些熟语的语料来源有：

1. 有的是从《今文尚书》中概括而成的。如：

【洞若观火】形容观察事物非常清楚。明林潞《江陵救时之相论》："又谕以朝意，当以某辞入告，某策善后，勇怯强弱，进退疾徐，洞若观火。"按：语本《尚书·盘庚上》："今汝聒聒……不惕予一人，予若观火。"

【日理万机】一天要处理成千上万件事务，形容政务繁忙。明余继登《典故纪闻》卷二："朕日理万机，不敢斯须自逸，诚思天下大业以艰难得之，必当以艰难守之。"按：语本《尚书·皋陶谟》："兢兢业业，一日二日万几。"又，又作"日有万机"、"日理万几"、"日总万几"、"日览万机"。宋司马光《进〈资治通鉴〉表》："每患迁固以来，文字繁多，自布衣之士，读之不遍；况于人主，日有万机，何暇周览？"明余继登《典故纪闻》卷三："人君日理万几，听断之际，岂能一一尽善？"《典故纪闻》卷四："朕日总万几，所行得失，非从人言，何由以知？故广开言路，以来众言，言有善者则奖而用之，言之非实，亦不之罪。"《典故纪闻》卷一："太祖谓侍臣曰：'朕念创业之艰难，日不暇食，夜不安寝。'侍臣对曰：'陛下日览万机，未免有劳圣虑。'"

2. 有的是从《诗经》中概括而成的。如：

【爱莫能助】虽然同情，却限于条件无从帮助。《警世通言·王安石三难苏学士》："荆公开言道：'子瞻左迁黄州，乃圣上主意，老夫爱莫能助。'"按：语本《诗·大雅·烝民》："我仪图之，维仲山甫举之，爱莫助之。"又，此语《汉语大词典订补》所举的始见例证是宋阳枋《上淮阃赵信庵论时政书》："未能一见君子颜色，乃欲摭简编中古人陈烂兵法，冒渎高明，多见其不知量，故以致爱莫能助之之意云尔，惟国公宽谅之。"其中的"爱莫能助"不词，当断句为"爱莫能助之"。

【未雨绸缪】趁着天没有下雨先修房屋门窗，比喻事先做好准备。明高攀龙《申严宪约责成州县疏》："天下多事之时，二者实为未雨绸缪之计，不可忽也。"按：语本《诗·豳风·鸱鸮》："迨天之未阴雨，彻彼桑土，绸缪牖户。"

这一类型的熟语还有：不稂不莠[1]　惩前毖后[2]　天作之合[3]　属垣有耳[4]

3. 有的是从《周易》六十四卦中概括而成的。如：

【群龙无首】比喻一群人中没有领头的人。明沈德符《野获编·科场二·阁试》："至丙辰而群龙无首，文坛丧气。"按：语本《易·乾》："见群龙，无首，吉。"

4. 有的是从商周的作品及战国的作品两个时代两部不同的书中混合概括而成的。如：

【和衷共济】比喻同心协力克服困难。明陈子龙《论召对内降疏》："在陛下渊衷，以方谕大臣和衷共济，恐宪臣戆直，奏对之际，复生异同。"按：语本《尚书》和《国语》。《尚书·皋陶谟》："同寅协恭和衷哉。"《国语·鲁语下》："夫苦匏不材于人，共济而已。"

（二）从战国语料概括而成的熟语

战国时期的语料，到了明代，从中概括形成了一些熟语。这些熟语的语料来源有：

1. 有的是从《管子》中概括而成的。如：

【隔墙有耳】比喻墙外有人偷听，秘密泄漏了。明史盘《鹣钗记·支思》："悄地潜行，防隔墙有耳。"按：语本《管子·君臣下》："古者有二言：'墙有耳，伏寇在侧。'墙有耳者，微谋外泄之谓也。"

2. 有的是从《韩非子》中概括而成的。如：

【守株待兔】比喻不主动努力而希望得到意外收获。明冯梦龙《古今小说·杨八老越国奇逢》："妾闻治家以勤俭为本，守株待兔，岂是良图？乘此壮年，正堪跋踄，速整行李，不必迟疑也。"按：语本《韩非子·五蠹》："宋人有耕田者，田中有株，兔走，触柱折颈而死，因释其耒而守株，冀复得兔。兔不可

---

[1]　按：语本《诗·小雅·大田》："既坚既好，不稂不莠。"又，又写作"不郎不秀"。明田艺蘅《留青日札·沈万三秀》："元时称人以郎、官、秀为等第，至今人之鄙人曰不郎不秀，是言不高不下也。"

[2]　按：语本《诗·周颂·小毖》："予其惩而毖后患。"

[3]　按：语本《诗·大雅·大明》："文王初载，天作之合。"

[4]　按：语本《诗·小雅·小弁》："君子无易由言，耳属于垣。"

复得，而身为宋国笑。今欲以先王之政，治当世之民，皆守株之类也。"又，此语东汉已见，义为死守狭隘经验而不知变通。汉王充《论衡·宣汉》："以已至之瑞，效方来之应，犹守株待兔之蹊，藏身破罝之路也。"

这一类型的熟语还有：兵不厌诈[1] 一鸣惊人[2]

3. 有的是从《老子》中概括而成的。如：

【目迷五色】比喻事物错综复杂，分辨不清。明沈德符《野获编·科场三·国师阅文偈误》："盖文字至此时已无凭据，即萧刘两法眼，亦目迷五色矣。"按：语本《老子》："五色令人目盲。"

【无中生有】凭空编造。《水浒传》第四一回："你这厮在蔡九知府后堂且会说黄道黑，拨置害人，无中生有撺掇他。"按：语本《老子》："天下万物生于有，有生于无。"

4. 有的是从《礼记》中概括而成的。如：

【夜不闭户】夜间不关闭门户睡觉，形容社会风气好。《三国演义》第八七回："两川之民，忻乐太平，夜不闭户，路不拾遗。"按：语本《礼记·礼运》："谋闭而不兴，盗窃乱贼而不作，故外户而不闭，是谓大同。"

【隐恶扬善】隐瞒人的坏处而表扬他的好处。《醒世恒言·乔太守乱点鸳鸯谱》："你若三朝便回，隐恶扬善，也不见得事败。"按：语本《礼记·中庸》："舜好问而好察迩言，隐恶而扬善。"

5. 有的是从《论语》中概括而成的。如：

【从井救人】跟着跳到井里去救人，比喻冒极大危险去拯救别人。《醒世恒言·刘小官雌雄兄弟》："那岸上看的人，虽然有救捞之念，只是风水利害，谁肯从井救人。"按：语本《论语·雍也》："仁者，虽告之曰：'井有仁焉。'其从之也?"

来源于战国语料的明代熟语，一般都是四音节的。偶尔也有一些六音节的熟语。如：

【杀鸡焉用牛刀】比喻不必大材小用或小题大做。《水浒传》第八五回："常言道：'杀鸡焉用牛刀。'那里消得正统军自去。"按：语本《论语·阳货》："夫子莞尔而笑曰：'割鸡焉用牛刀!'"

---

[1] 按：语本《韩非子·难一》："战阵之间，不厌诈伪。"

[2] 按：语本《韩非子·喻老》："虽无飞，飞必冲天；虽无鸣，鸣必惊人。"又，此语西汉已见，义为一次鸣叫使人感到惊讶。《史记·滑稽列传》："此鸟不飞则已，一飞冲天；不鸣则已，一鸣惊人。"

6. 有的是从《吕氏春秋》中概括而成的。如：

【池鱼之殃】比喻因牵连而无端遭到的灾祸。明瞿佑《剪灯新话·三山福地志》："汝宜择地而居，否则恐预池鱼之殃。"按：语本《吕氏春秋·必己》："宋桓司马有宝珠，抵罪出亡，王使人问珠之所在，曰：'投之池中。'于是竭池而求之，无得，鱼死焉。此言祸福之相及也。"又，此语的来源还有《淮南子》、《风俗通》。《淮南子·说山训》："楚王亡其猿，而林木为之残；宋君亡其珠，池中鱼为之殚。"《太平广记》卷四六六引汉应劭《风俗通》："城门失火，祸及池鱼。旧说，池仲鱼，人姓字也，居宋城门，城门失火，延及其家，仲鱼烧死。又云：宋城门失火，人汲取池中水，以沃灌之。池中空竭，鱼悉露死。喻恶之滋，并伤良谨也。"

【一窍不通】比喻一点也不懂。《醒世恒言·徐老仆义愤成家》："这萧颖士又非黑漆皮灯，泥塞竹管，是那一窍不通的蠢物。"按：语本《吕氏春秋·过理》："杀比干而视其心，不适也。孔子闻之曰：'其窍通，则比干不死矣。'"

7. 有的是从《孟子》中概括而成的。如：

【杯水车薪】比喻力量微小，无济于事。明徐光启《闻风愤激直献刍荛疏》："且寥寥数人，仅挟数器，杯水车薪，何济于事？"按：语本《孟子·告子上》："今之为仁者，犹以一杯水救一车薪之火也。"

这一类型的熟语还有：却之不恭[1]　事半功倍[2]

8. 有的是从《荀子》中概括而成的。如：

【坐怀不乱】形容男子正派，虽与女子同处而无惑乱。《金瓶梅词话》第五六回："其实，水秀才原是坐怀不乱的，若哥哥请他来家，凭你许多丫头小厮同眠同宿。"按：典出《荀子·大略》："子夏贫，衣若县鹑。人曰：'子何不仕？'曰：'诸侯之骄我者，吾不为臣；大夫之骄我者，吾不复见。柳下惠与后门者同衣而不见疑，非一日之闻也。争利如蚤甲而丧其掌。'"

9. 有的是从《战国策》中概括而成的。如：

【裹足不前】形容有所顾虑而止步不前。《三国演义》第十六回："天下智谋之士，闻而自疑，将裹足不前，主公谁与定天下乎？"按：语本《战国策·秦策三》："是以杜口裹足，莫肯乡秦耳！"

---

[1] 按：语本《孟子·万章下》："'却之却之为不恭'，何哉？"

[2] 按：语本《孟子·公孙丑上》："万乘之国，行仁政，民之悦之，犹解倒悬也，故事半古之人，功必倍之，惟此时为然。"

【画蛇添足】比喻做多余的事，反而有害无益。《三国演义》第一一〇回："将军功绩已成，威声大震，可以止矣。今若前进，倘不如意，正如画蛇添足也。"按：语本《战国策·齐策二》："楚有祠者，赐其舍人卮酒。舍人相谓曰：'数人饮之不足，一人饮之有余，请画地为蛇，先成者饮酒。'一人蛇先成，引酒且饮之，乃左手持卮，右手画蛇曰：'吾能为之足。'未成，一人之蛇成，夺其卮曰：'蛇固无足，子安能为之足？'遂饮其酒。为蛇足者，终亡其酒。"

这一类型的熟语还有：米珠薪桂[1]　羽毛未丰[2]　左支右绌[3]

10.有的是从《庄子》中概括而成的。如：

【学富五车】形容读书多，学问大。《古今小说·闲云庵阮三偿冤债》："请个先生教他读书，到一十六岁，果然学富五车，书通二酉。"按：语本《庄子·天下》："惠施多方，其书五车。"

【亦步亦趋】比喻没有主见，事事模仿。明朱之瑜《元旦贺源光国书八首》之六："今乃怡怡然亦步亦趋，恐非持满保泰之道也。"按：语本《庄子·田子方》："夫子步亦步，夫子趋亦趋，夫子驰亦驰，夫子奔逸绝尘，而回瞠若乎后矣。"又，又作"亦趋亦步"。清章学诚《文史通义·言公下》："兹及为矩为规，亦趋亦步。"

这一类型的熟语，还有下面这些：

初生之犊[4]　姑妄听之[5]　能者多劳[6]　随乡入乡[7]　游刃有余[8]

11.有的是从《左传》中概括而成的。如：

【不足为训】不值得作为遵循的准则。明胡应麟《诗薮续编·国朝上》："君诗如风螭巨鲸，步骤虽奇，不足为训。"按：语本《左传·僖公二十八年》："以臣

---

[1]　按：语本《战国策·楚策三》："楚国之粮贵于玉，薪贵于桂。"

[2]　按：语本《战国策·秦策一》："秦王曰：'寡人闻之，毛羽不丰满者，不可以高飞。'"

[3]　按：语本《战国策·西周策》："我不能教子支左屈右。"

[4]　按：语本《庄子·知北游》："德将为汝美，道将为汝居，汝瞳焉如新生之犊而无求其故！"

[5]　按：语本《庄子·齐物论》："予尝为女妄言之，女以妄听之。"

[6]　按：语本《庄子·列御寇》："巧者劳而智者忧，无能者无所求。"

[7]　按：语本《庄子·山木》："入其俗，从其令。"又，又作"随乡入俗"。明汤显祖《邯郸记·望幸》："则怕珍羞不齐，老皇帝也只得随乡入俗了。"

[8]　按：语本《庄子·养生主》："彼节者有间，而刀刃者无厚；以无厚入有间，恢恢乎其于游刃必有余地矣。"又，又作"游刃余地"、"遊刃有余"。宋苏轼《书吴道子画后》："出新意于法度之中，寄妙理于豪放之外，所谓游刃余地，运斤成风，盖古今一人而已。"明袁宏道《与管宁初书》："才令虽当繁剧，而才足以副之，用刀不折，遊刃有余，力量气魄，件件过人。"

召君，不可以训。"

【藏垢纳污】包藏污垢，常比喻包容坏人坏事。明刘若愚《酌中志·忧危竑议前纪》："至今读之者，无不魂惊发竖，愈见神庙圣度，真如海岳之藏垢纳污靡不包容者。"按：语本《左传·宣公十五年》："川泽纳污，山薮藏疾，瑾瑜匿瑕，国君含垢，天之道也。"

这一类型的熟语还有：食言而肥[1]　噬脐莫及[2]　退避三舍[3]

12. 有的是从战国及其以后的西汉两个时代两部不同的书中混合概括而成的。如：

【身体力行】亲身体验，努力实行。明章懋《答东阳徐子仁》："合而观之，皆可得其要矣。但不能身体力行，则虽有所见，亦无所用。"按：语本《礼记》和《淮南子》。《礼记·中庸》："力行近乎仁。"《淮南子·泛论训》："圣人以身体之。"

（三）从西汉语料概括而成的熟语

西汉时期的语料，到了明代，从中概括形成了一些熟语。这些熟语的语料来源有：

1. 有的是从东方朔作品中概括而成的。如：

【管窥蠡测】比喻眼界狭小，见识短浅。明张纶《林泉随笔》："一耳目之管窥蠡测，又焉得遍观而尽识也。"按：语本汉东方朔《答客难》："以筦窥天，以蠡测海，以筳撞钟，岂能通其条贯，考其文理，发其音声哉。"

2. 有的是从刘安著作中概括而成的。如：

【居高临下】形容处于有利的地位。明海瑞《筑城申文》："古人设险守国，必其上可以树干橹、集士卒，设有不虞，居高临下，胜算在我。"按：语本刘安《淮南子·原道训》："登高临下，无失所秉。"

3. 有的是从刘胜作品中概括而成的。如：

【天崩地裂】天崩塌，地裂陷，形容变化巨大。《醒世恒言·大树坡义虎送

---

[1]　按：语本《左传·哀公二十五年》："公宴于五梧。武伯为祝，恶郭重，曰：'何肥也?'季孙曰：'请饮彘也! 以鲁国之密迩仇雠，臣是以不获从君，克免于大行，又谓重也肥。'公曰：'是食言多矣，能无肥乎?'"

[2]　按：语本《左传·庄公六年》："亡邓国者，必此人也。若不早图，后君噬齐。"又作"噬脐无及"、"噬脐何及"，唐代已见。唐高彦休《唐阙史·卢相国指挥镇州事》："一失其机，噬脐无及。"《隋书·李密传》："但今英雄竞起，实恐他人我先，一朝失之，噬脐何及。"

[3]　按：语本《左传·僖公二十三年》："公子若反晋国，则何以报不谷？……对曰：'若以君之灵，得反晋国。晋、楚治兵，遇于中原，其辟君三舍。'"

亲》：“忽地刮喇的一声响亮，如天崩地裂，一件东西向前而坠。”按：语本《西京杂记》卷六引西汉刘胜《文木赋》：“王子见知，乃命班尔；载斧伐斯。隐如天崩，豁如地裂。”

4. 有的是从司马迁著作中概括而成的。如：

【暗度陈仓】比喻暗中进行活动。《金瓶梅词话》第七十回：“此是哥明修栈道，暗度陈仓的计策。”按：典出《史记·高祖本纪》：“正月，项羽自立为西楚霸王，王梁楚地九郡，都彭城。负约，更立沛公为汉王，王巴、蜀、汉中，都南郑……汉王之国，项王使卒三万人从，楚与诸侯之慕从者数万人，从杜南入蚀中。去辄烧绝栈道，以备诸侯盗兵袭之，亦示项羽无东意……八月，汉王用韩信之计，从故道还，袭雍王章邯。邯迎击汉陈仓，雍兵败，还走；止战好畤，又复败，走废丘。汉王遂定雍地。东至咸阳，引兵围雍王废丘，而遣诸将略定陇西、北地、上郡。”

这一类型的熟语，还有下面这些：

胶柱鼓瑟[1]　劳苦功高[2]　明珠暗投[3]　锐不可当[4]　丧家之犬[5]

兔死狗烹[6]　一决雌雄[7]　招摇过市[8]

5. 有的是从司马相如作品中概括而成的。如：

【望风披靡】形容军队丧失战斗意志，远远看到对方的盛大气势就溃散了。明宋濂《元史·张荣传》：“荣驰之，望风披靡，夺战船五十艘。”按：语本汉司马相如《上林赋》：“应风披靡，吐芳扬烈。”又，又作“望风而靡”。明邵璨《香囊记·败兀》：“将士望风而靡，三四十万军马不剩得一二。”

---

　　[1]　按：语本《史记·廉颇蔺相如列传》：“王以名使括，若胶柱而鼓瑟耳。括徒能读其父书传，不知合变也。”

　　[2]　按：语本《史记·项羽本纪》：“劳苦而功高如此，未有封侯之赏，而听细说，欲诛有功之人。”

　　[3]　按：语本《史记·鲁仲连邹阳列传》：“臣闻明月之珠，夜光之璧，以闇投人于道路，人无不按剑相眄者。何则？无因而至前也。”又，又作“明珠夜投”、“明珠投暗”。梁启超《译印政治小说序》：“《六经》虽美，不通其义，不识其字，则如明珠夜投，按剑而怒矣。”鲁迅《南腔北调集·为了忘却的记念》：“但一面又很为我的那两本书痛惜：落到捕房的手里，真是明珠投暗了。”

　　[4]　按：语本《史记·淮阴侯列传》：“此乘胜而去国远斗，其锋不可当。”

　　[5]　按：语本《史记·孔子世家》：“孔子适郑，与弟子相失，孔子独立郭东门。郑人或谓子贡曰：‘东门有人，其颡似尧，其项类皋陶，其肩类子产，然自要以下不及禹三寸，累累若丧家之狗。’”

　　[6]　按：语本《史记·越王勾践世家》：“范蠡遂去，自齐遗大夫种书曰：‘蜚鸟尽，良弓藏；狡兔死，走狗烹。越王为人长颈鸟喙，可与共患难，不可与共乐。子何不去？’”

　　[7]　按：语本《史记·项羽本纪》：“愿与汉王挑战，决雌雄。”

　　[8]　按：语本《史记·孔子世家》：“居卫月余，灵公与夫人同车，宦者雍渠参乘，出，使孔子为次乘，招摇市过之。”

6. 有的是从扬雄作品中概括而成的。如：

【年高德劭】年纪大，品德好。明张四维《双烈记·访道》："终南山有一隐士，年高德劭，时望所尊，人皆称为成公。"按：语本汉扬雄《法言·孝至》："吾闻诸传：'老则戒之在得'，年弥高而德弥劭者，是孔子之徒与！"又，又作"年高德卲"、"年高德韶"。宋秦观《代贺吕司空启》："年高德卲而臣节益峻，功成名遂而帝眷愈隆。"鲁迅《彷徨·长明灯》："坐在首座上的是年高德韶的郭老娃，脸上已经皱得如风干的香橙。"

7. 有的是从西汉的作品及西汉以后的南朝作品两个时代两部不同的书中混合概括而成的。如：

【期期艾艾】形容口吃。明王世贞《艺苑卮言》卷五："祝希哲如吃人气迫，期期艾艾；又如拙工制锦，丝理多恨。"按：语本《史记》及《世说新语》。《史记·张丞相列传》："昌为人口吃，又盛怒，曰：'臣口不能言，然臣期期知其不可。'"南朝宋刘义庆《世说新语·言语》："邓艾口吃，语称艾艾。"

（四）从东汉语料概括而成的熟语

东汉时期的语料，到了明代，从中概括形成了一些熟语。这些熟语的语料来源有：

1. 有的是从班固作品中概括而成的。如：

【不足挂齿】不值得一提。明崔时佩等《南西厢记·北堂负约》："贼子之败夫，皆夫人之福也。万一杜将军不至，我辈皆无脱死之计。此皆往事，不足挂齿。"按：语本《汉书·叔孙通传》："此特群盗鼠窃狗盗，何足置齿牙间哉？"

【厝火积薪】把火放在柴堆下，比喻潜伏着极大危机。明刘若愚《酌中志·忧危竑议后纪》："是何言哉？今之事势，正贾生所谓厝火积薪之时也。"按：语本《汉书·贾谊传》："夫抱火厝之积薪之下而寝其上，火未及燃，因谓之安，方今之势，何以异此。"

这一类型的熟语还有：釜底抽薪[1]　强弩之末[2]　推心置腹[3]

---

[1]　按：语本《汉书·枚乘传》："欲汤之沧，一人炊之，百人扬之，无益也，不如绝薪止火而已。"

[2]　按：语本班固《汉书·韩安国传》："且臣闻之，冲风之衰，不能起毛羽；强弩之末，力不能入鲁缟。"又，又作"彊弩之末"。《三国志·蜀志·诸葛亮传》："曹操之众，远来疲弊，闻追豫州，轻骑一日一夜行三百余里，此所谓'彊弩之末，势不能穿鲁缟'者也。"

[3]　按：语本班固《东观汉记·光武帝纪》："萧王推赤心置人腹中，安得不投死！"又，又作"推心致腹"，宋代已见。宋王禹偁《请撰大行皇帝实录表》："故得百万之师，如臂使指，亿兆之众，推心致腹。"

2.有的是从无名氏《古诗十九首》中概括而成的。如：

【如胶似漆】形容感情深厚，难分难舍。《二刻拍案惊奇》卷十一："满生与朱氏门当户对，年貌相当，你敬我爱，如胶似漆。"按：语本东汉无名氏《古诗十九首·孟冬寒气至》："以胶投漆中，谁能别离此。"又，又作"如胶投漆"、"如胶如漆"。清和邦额《夜谭随录·丘生》："遂相与绸缪，如胶投漆。"《镜花缘》第六四回："兼之八个姊妹自从一同赴考，郡县取中之后，真是如胶如漆，就像粘住一般，再也离不开。"

3.有的是从《乐府诗集》中的东汉无名氏的《鸡鸣》中概括而成的。如：

【李代桃僵】比喻以此代彼或代人受过。《二刻拍案惊奇》卷三八："诗云：李代桃僵，羊易牛死。世上冤情，最不易理。"按：典出《乐府诗集·相和歌辞三·鸡鸣》："桃在露井上，李树在桃旁，虫来啮桃根，李树代桃殭。树木身相代，兄弟还相忘！"[1]

4.有的是从赵岐著作中概括而成的。如：

【少年老成】人虽然年轻却很老练。《警世通言·苏知县罗衫再合》："朝中大小官员，见他少年老成，诸事历练，甚相敬重。"按：语本东汉赵岐《三辅决录·韦康》："韦元将年十五，身长八尺五寸，为郡主簿。杨彪称曰：'韦主簿年虽少，有老成之风，昂昂千里之驹。'"

（五）从三国语料概括而成的熟语

三国时期的语料，到了明代，从中概括形成了一些熟语。这些熟语的语料来源，有的是从诸葛亮作品中概括而成的。如：

【鞠躬尽瘁】小心谨慎地贡献出自己的全部精力。明宋濂《先府君蓉峰处士阡表》："祖妣夫人与显考鞠躬尽瘁，誓勿蹒其门。"按：语本三国蜀诸葛亮《后出师表》："臣鞠躬尽力，死而后已，至于成败利钝，非臣之明所能逆睹也。"又，省作"鞠躬"。清李载《遥赠阎古古先辈》诗："鞠躬讵肯输诸葛，断指终期报贺兰。"

【坐以待毙】比喻不采取积极行动而等候失败。《水浒传》第一〇八回："杨志、孙安、卞祥与一千军士，马罢人困，都于树林下坐以待毙。"按：语本三国蜀诸葛亮《后出师表》："然不伐贼，王业亦亡，惟坐而待亡，孰与伐之。"又，

---

[1]　按：这里的《鸡鸣》，没有标明时代。《乐府诗集》注明是"古辞"，又说是"魏晋乐所奏"。据此，本研究将其处理为东汉作品。

省作"坐毙"。宋蔡绦《铁围山丛谈》卷二："十万大师瘴厉腹疾，死者八九……盖逖承望丞相风指，因致坐毙。"又，又作"坐而待毙"，宋代已见。《资治通鉴·后汉隐帝乾祐二年》："若以此时翻然改图，朝廷必喜，自可不失富贵，孰与坐而待毙乎？"

（六）从西晋语料概括而成的熟语

西晋时期的语料，到了明代，从中概括形成了一些熟语。这些熟语的语料来源有：

1. 有的是从陈寿著作中概括而成的。如：

【变生肘腋】比喻变乱发生在内部或身旁。明刘基《书绍兴府达鲁花赤九十子阳德政诗后》："万一变生肘腋，子将安之？"按：语本陈寿《三国志·蜀志·法正传》："亮答曰：'主公之在公安也，北畏曹公之强，东惮孙权之逼，近则惧孙夫人生变于肘腋之下，当斯之时，进退狼跋。'"

2. 有的是从陆机作品中概括而成的。如：

【秀色可餐】形容女子姿容美丽。明孙柚《琴心记·赍金买赋》："小姐，你不惟秀色可餐，这文词益妙，真个女相如也。"按：语本西晋陆机《日出东南隅行》："鲜肤一何润，秀色若可餐。"又，又作"秀可餐"、"秀色堪餐"，宋代已见。宋陆游《山行》诗："山光秀可餐，溪水清可啜。"宋柳永《爱恩深》[1]词："黄花开淡泞，细香明艳尽天与，助秀色堪餐。"

3. 有的是从司马亮作品中概括而成的。如：

【小家碧玉】小户人家的年轻美貌的女子。明范文若《鸳鸯棒·慕凤》："小家碧玉镜慵施，赵娣停灯臂支粟。"按：语本《乐府诗集·清商曲辞·碧玉歌二》："碧玉小家女，不敢攀贵德。"[2]

（七）从东晋语料概括而成的熟语

东晋时期的语料，到了明代，从中概括形成了一些熟语。这些熟语的语料来源，有的是从葛洪著作中概括而成的。如：

【沧海桑田】大海变成农田，农田变成大海，比喻世事变化巨大。明刘基

---

[1]　按：柳永的《爱恩深》，一本写作《受恩深》。

[2]　按：这里的《碧玉歌》的作者有两说：一是西晋的汝南王司马亮：《乐府诗集》引《乐苑》："《碧玉歌》者，宋汝南王所作也。"中国历史上的刘宋时代没有汝南王，当为西晋的卫将军司马亮，他在咸宁三年（277 年）改封汝南王；一是东晋的玄言诗人孙绰：这是《玉台新咏》的观点，但是学术界根据文风比较民歌化的特点，认为不是。本研究采用西晋说。

《惜余春慢·咏子规》词："沧海桑田有时，海若未枯，愁应无已。"按：语本晋葛洪《神仙传·王远》："麻姑自说云：'接待以来，已见东海三为桑田。'"

【奇花异草】希奇少见的花草。明袁宏道《与兰泽云泽叔书》："奇花异草，危石孤岑。"按：语本东晋葛洪《西京杂记》卷三："奇树异草，靡不具植。"又，又作"奇花异卉"。明唐顺之《永嘉袁君芳洲记》："奇花异卉，至不易生之物。"

（八）从南朝语料概括而成的熟语

南朝时期的语料，到了明代，从中概括形成了一些熟语。这些熟语的语料来源有：

1. 有的是从范晔作品中概括而成的。如：

【披荆斩棘】① 比喻扫除前进道路上的困难和障碍。明无名氏《鸣凤记·二相争朝》："况此河套一方，沃野千里，我祖宗披荆斩棘，开创何难！"按：语本《后汉书·冯异传》："为吾披荆棘，定关中。"

这一类型的熟语还有：车水马龙[1] 体大思精[2]

2. 有的是从刘义庆作品中概括而成的。如：

【别无长物】没有多余的东西，形容俭朴。《二刻拍案惊奇》卷三九："其家乃是个穷人，房内止有一张大几，四下一看，别无长物。"按：语本南朝宋刘义庆《世说新语·德行》："王恭从会稽还，王大看之。见其坐六尺簟，因语恭：'卿东来，故应有此物，可以一领及我。'恭无言，大去后，即举所坐者送之。既无余席，便坐荐上。后大闻之，甚惊，曰：'吾本谓卿多，故求耳。'对曰：'丈人不悉恭，恭作人无长物。'"

【咄嗟立办】呼吸之间马上办成，形容办事迅速。明张岱《五异人传》："其内弟督兵江干，伯凝为之措粮饷，校鎗棒，立营伍，讲阵法。真有三头六臂，千手千眼所不能尽为者，而伯凝以一瞽目之人，掉臂为之，无不咄嗟立办。"按：语本《世说新语·汰侈》："石崇为客作豆粥，咄嗟便办。"

3. 有的是从钟嵘作品中概括而成的。如：

【千篇一律】本指诗文公式化，泛指事物形式陈旧呆板。明王世贞《艺苑卮言》卷四："晚更作知足语，千篇一律。"按：语本南朝梁钟嵘《诗品》卷中："谢

---

[1] 按：语本范晔《后汉书·皇后纪上·明德马皇后》："前过濯龙门上，见外家问起居者，车如流水，马如游龙。"

[2] 按：语本南朝宋范晔《狱中与诸甥侄书》："此书行，故应有赏音者。纪传例为举其大略耳，诸细意甚多。自古体大而思精，未有此也。"

康乐云：'张公虽复千篇，犹一体耳。'"

（九）从北朝语料概括而成的熟语

北朝时期的语料，到了明代，从中概括形成了一些熟语。这些熟语的语料来源，有的是从庾信作品中概括而成的。如：

【饮水思源】比喻不忘本。明温纯《寿张硕人七十序》："硕人笃生，太和之余。饮水思源，其赋《关雎》。"按：语本北周庾信《征调曲》："落其实者思其树，饮其流者怀其源。"

（十）从唐代语料概括而成的熟语

唐代的语料，到了明代，从中概括形成了一些熟语。这些熟语的语料来源有：

1. 有的是从白居易作品中概括而成的。如：

【望眼欲穿】形容盼望殷切。明西湖居士《明月环·诘环》："小姐望眼欲穿，老身去回复小姐去也。"按：语本唐白居易《江楼夜吟元九律诗》："白头吟处变，青眼望中穿。"又，又作"望眼将穿"、"望眼穿"。明杨珽《龙膏记·空访》："娘子，我早上遣人去访小姐消息，如何还不见来也……教我愁肠空转，望眼将穿。"明祁麟佳《错转轮》第二出："王兄来也，俺望眼穿哩。"

2. 有的是从杜甫作品中概括而成的。如：

【日暮途穷】天色晚、路走到尽头，比喻到了末日。《古今小说·杨谦之客舫遇侠僧》："杨益道：'蛮烟瘴疫，九死一生，欲待不去，奈日暮途穷，去时必陷死地，烦乞赐教。'"按：语本唐杜甫《投赠哥舒开府翰二十韵》："几年春草歇，今日暮途穷。"

【寻花问柳】指嫖娼。《金瓶梅词话》第八一回："他两个成日寻花问柳，饮酒取乐。"按：语本唐杜甫《严中丞枉驾见过》诗："元戎小队出郊垧，问柳寻花到野亭。"又，此语宋代已见，义为游赏风景。宋王质《银山寺和宗禅师四季诗·春》："寻花问柳山前后，隐隐钟声暮已传。"

3. 有的是从房玄龄作品中概括而成的。如：

【势不可当】来势迅猛，不可抵挡。《三国演义》第七三回："马超士卒，蓄锐日久，到此耀武扬威，势不可当。"按：语本唐房玄龄《晋书·郗鉴传》："群逆纵逸，其势不可当，可以算屈，难以力竞。"

【如坐针毡】形容心神不宁。《三国演义》第二三回："王子服等四人面面相觑，如坐针毡。"按：语本《晋书·杜锡传》："性亮直忠烈，屡谏愍怀太子，言辞恳切，太子患之。后置针著锡常所坐处毡中，刺之流血。"

4. 有的是从韩愈作品中概括而成的。如：

【驾轻就熟】比喻对事情熟悉，做起来很容易。明徐光启《恭承新命谨陈急切事宜疏》："熟谙兵机，经历世务，驱之行阵，不在虓阚搏击之科，俾以训齐，实有驾轻就熟之用。"按：语本唐韩愈《送石处士序》："若驷马驾轻车就熟路，而王良、造父为之先后也。"

【落井下石】比喻乘人危急时加以打击陷害。明李贽《续焚书·答来书》[1]："若说叔台从而落井下石害我，则不可。"按：语本唐韩愈《柳子厚墓志铭》："一旦临小利害，仅如毛发比，反眼若不相识；落陷阱，不一引手救，反挤之，又下石焉者，皆是也。"又，又作"落阱下石"。沙汀《困兽记》三："毫无疑义，他是误解了牛祚，以为对方在落阱下石。"

这一类型的熟语还有：异曲同工[2] 杂乱无章[3]

5. 有的是从李延寿著作中概括而成的。如：

【一箭双雕】比喻一举两得。明居顶《续景德传灯录·慧海仪禅师》[4]："万人胆破沙场上，一箭双雕落碧空。"按：语本唐李延寿《北史·长孙晟传》："尝有二雕飞而争肉，因以箭两只与晟，请射取之。晟驰往，遇雕相攫，遂一发双贯焉。"

6. 有的是从柳宗元作品中概括而成的。如：

【鸡犬不宁】形容骚扰或打闹得十分厉害，连鸡狗都得不到安宁。明茅维《醉新丰》第二折："无奈这些牌皂索诈，所到之处，鸡犬不宁。"按：语本唐柳宗元《捕蛇者说》："哗然而骇者，虽鸡犬不得宁焉。"

7. 有的是从吕温作品中概括而成的。如：

【审时度势】了解时势的特点，估计情况的发展。明张居正《与李太仆渐庵论治体》："然审时度势，政固宜尔，且受恩深重，义当死报，虽怨诽有所弗恤也。"按：语本唐吕温《诸葛武侯庙记》："乃知务开济之业者，未能审时定势，大顺人心，而克观厥成，吾不信也。"

8. 有的是从裴休作品中概括而成的。如：

【镜花水月】镜中花水中月，比喻虚幻的景象。明周履靖《锦笺记·闻讣》：

---

[1] 按：《续焚书》是李贽死后由门人汪本轲编辑而成的作品。

[2] 按：语本唐韩愈《进学解》："子云、相如，同工异曲。"

[3] 按：语本唐韩愈《送孟东野序》："其为言也，乱杂而无章。"

[4] 按：《续景德传灯录》即《续传灯录》，明僧人居顶撰。

"镜花水月难凭取，空惹愁千缕。"按：语本唐裴休《唐故左街僧录内供奉三教谈论引驾大德安国寺上座赐紫方袍大达法师元秘塔碑铭》："峥嵘栋梁，一旦而摧。水月镜像，无心去来。"

9. 有的是从王颛作品中概括而成的。如：

【风驰电掣】形容像刮风和闪电那样迅速。明张四维《双烈记·访道》："袖中三尺剑，叹空自光芒贯日，倘一时离匣，风驰电掣，扫除妖魅。"按：语本唐王颛《怀素上人草书歌》："忽作风驰如电掣，更点飞花兼散雪。"

10. 有的是从姚思廉著作中概括而成的。如：

【厚此薄彼】重视或优待一方，轻视或冷遇另一方。明袁宏道《广庄·养生主》："皆吾生即皆吾养，不宜厚此薄彼。"按：语本姚思廉《梁书·贺琛传》："并欲薄于此而厚于彼，此服虽降，彼服则隆。"

11. 有的是从张彦远著作中概括而成的。如：

【画龙点睛】比喻在关键处用精辟的词句点明要旨，使内容更加生动有力。明张鼐《读卓吾老子书述》："夫一古人之书耳，有根本者下笔鉴定，则为画龙点睛；无根本者妄意标指，则为刻舟记剑。"按：语本唐张彦远《历代名画记·张僧繇》："武帝崇饰佛寺，多命僧繇画之……金陵安乐寺四白龙不点眼睛，每云：'点睛即飞去。'人以为妄诞，固请点之。须臾，雷电破壁，两龙乘云腾去上天，二龙未点眼者见在。"

（十一）从五代语料概括而成的熟语

五代的语料，到了明代，从中概括形成了一些熟语。这些熟语的语料来源，有的是从《旧唐书》中概括而成的。如：

【目不识丁】连丁字都不认识，形容人不识字或没有学问。明杨涟《劾魏忠贤二十四大罪疏》："金吾之堂，口皆乳臭；诰敕之馆，目不识丁。"按：语本《旧唐书·张弘靖传》："今天下无事，汝辈挽得两石力弓，不如识一丁字。"

（十二）从宋代语料概括而成的熟语

宋代的语料，到了明代，从中概括形成了一些熟语。这些熟语的语料来源有：

1. 有的是从范公偁作品中概括而成的。如：

【名落孙山】指考试失败或选拔落选，婉辞。明叶宪祖《鸾鎞记·合谱》："但教名落孙山外，任取诗名宋问前。"按：语本宋范公偁《过庭录》："吴人孙山，滑稽才子也。赴举他郡，乡人托以子偕往。乡人子失意，山缀榜末，先归。乡人问其子得失，山曰：'解名尽处是孙山，贤郎更在孙山外。'"

2. 有的是从洪迈著作中概括而成的。如：

【河东狮吼】比喻妒悍的妻子发怒，并借以嘲笑惧内的人。明无名氏《四贤记·挑斗》："鹭鸶行状黄昏后，也曾闻河东狮吼。"按：语本宋洪迈《容斋三笔·陈季常》："陈慥字季常……自称'龙丘先生'，又曰'方山子'。好宾客，喜畜声妓，然其妻柳氏绝凶妒，故东坡有诗云：'龙丘居士亦可怜，谈空说有夜不眠。忽闻河东师子吼，拄杖落手心茫然。'"河东是柳姓的郡望，暗指陈妻柳氏；狮子吼，佛家比喻威严，陈慥好谈佛，所以苏东坡借佛家语戏之。

3. 有的是从刘过作品中概括而成的。如：

【人定胜天】人力能够战胜自然。《喻世明言》卷九："此是人定胜天，非相法之不灵也。"按：语本宋刘过《襄阳歌》："人定兮胜天，半壁久无胡日月。"

4. 有的是从陆游作品中概括而成的。如：

【一笑置之】笑一笑就把它搁在一边，表示不拿它当回事。明沈德符《野获编·内阁二·大臣被论》："如丁未戊申间，李九我之为宗伯，次揆赵南渚世卿之为大司农，真是两袖清风，而言者至以篦篦蔑之。主上素重二人冰蘗，简注最久，见此等疏，直一笑置之耳。"按：语本宋陆游《书梦》诗："一笑俱置之，浮生故多难。"又，或说语本宋惠洪《题所录诗》："欲焚去之，又念英之好学，为一笑而置之。"

5. 有的是从欧阳修作品中概括而成的。如：

【两败俱伤】争斗的双方都受到损失。明沈德符《野获编·外郡·灵岩山》："一山之废兴不足论，二官之贞贪不必问，即二吴侬之是非，亦不暇辨。独宦游此地者别无他隙，因山人争构起见，两败俱伤。"按：语本宋欧阳修《新五代史·宦者传论》："虽有圣智不能与谋，谋之而不可为，为之而不可成，至其甚，则俱伤而两败。"

【呼朋引类】招引气味相投的人做某事，贬义。《初刻拍案惊奇》卷八："有一等做举人秀才的，呼朋引类，把持官府，起灭词讼。"按：语本宋欧阳修《憎苍蝇赋》："奈何引类呼朋，摇头鼓翼。"

6. 有的是从司马光著作中概括而成的。如：

【口蜜腹剑】比喻阴险的人嘴甜心毒。明无名氏《鸣凤记·南北分别》："这厮口蜜腹剑，正所谓愠怨而友者也。"按：语本司马光《资治通鉴·唐玄宗天宝元年》："李林甫为相……尤忌文学之士，或阳与之善，啖以甘言而阴陷之。世谓李林甫'口有蜜，腹有剑'。"

7. 有的是从苏轼作品中概括而成的。如：

【暗送秋波】本指女子暗中以眉目传情，引申为献媚取宠，暗中勾结。明冯梦龙《挂枝儿·私窥》："眉儿来，眼儿去，暗送秋波。"按：语本宋苏轼《百步洪》诗之二："佳人未肯回秋波，幼舆欲语防飞梭。"

【虚应故事】照例应付，敷衍了事。明唐顺之《条陈蓟镇练兵事宜》："其帅臣常如天威临之而不敢不尽力于教练，其士卒常如天威临之而不敢不尽力于演习，无有敢肆欺于圣鉴之所不及而虚应故事者矣。"按：语本宋苏轼《御试制科策》："所为亲策贤良之士者，以应故事而已，岂以臣言为真足以有感于陛下耶！"

8. 有的是从文及翁作品中概括而成的。如：

【花花世界】指灯红酒绿的繁华场所。《金瓶梅词话》第一回："话说宋徽宗皇帝政和年间，朝中宠信高、杨、童、蔡四个奸臣，以致天下大乱，黎民失业，百姓倒悬，四方盗贼蜂起，罡星下生人间，搅乱大宋花花世界，四处反了四大寇。"按：语本宋文及翁《贺新郎·西湖》："回首洛阳花世界，烟渺黍离之地。"

9. 有的是从宋无名氏作品中概括而成的。如：

【才高八斗】形容富于文才。明陈汝元《金莲记·偕计》："不佞姓苏，名轼，字子瞻，眉州眉山人也。学富五车，才高八斗。"按：典出宋无名氏《释常谈·八斗之才》："文章多谓之八斗之才，谢灵运尝曰：'天下才有一石，曹子建独占八斗，我得一斗，天下共分一斗。'"

10. 有的是从晓莹作品中概括而成的。如：

【血口喷人】比喻用恶毒的话来诬蔑别人。明许仲琳《封神榜》第三十回："苍天呀，苍天呀！我姜后造下什么冤仇冤孽，今日被这条杀剐的囚徒如此血口喷人，害的我受此狠毒的非刑？"按：语本《通俗常言疏证·言语》引宋晓莹《罗湖野录》："崇觉空尝颂野狐话曰：'含血喷人，先污其口。'"

11. 有的是从辛弃疾作品中概括而成的。如：

【无病呻吟】比喻文艺作品缺乏真情实感，矫揉造作。明李贽《复焦漪园书》："文非感时发已，或出自家经画康济，千古难易者，皆是无病呻吟，不能工。"按：语本宋辛弃疾《临江仙·老去浑身无著处》词："百年光景百年心，更欢须叹息，无病也呻吟。"

12. 有的是从周敦颐作品中概括而成的。如：

【弊绝风清】弊害之事绝迹，不正之风廓清。明汤显祖《牡丹亭·劝农》：

"恭喜本府杜太爷管治三年，慈祥端正，弊绝风清。"按：语本宋周敦颐《拙赋》："上安下顺，风清弊绝。"

13.有的是从朱熹作品中概括而成的。如：

【面红耳赤】形容因紧张、急躁、害羞等而脸上发红的样子。《初刻拍案惊奇》卷三："东山用尽平生之力，面红耳赤，不要说扯满，只求如初八夜头的月，再不能勾。"按：语本朱熹《朱子语类》卷二九："今人有些小利害，便至于头红耳赤；子文却三仕三已，略无喜愠。"又，又作"面红颈赤"、"面红耳热"。《醒世恒言·灌园叟晚逢仙女》："倘有不达时务的，捉空摘了一花一蕊，那老儿便要面红颈赤，大发喉急。"《初刻拍案惊奇》卷二十："可怜裴兰孙是个娇滴滴的闺中处子，见了一个蓦生人，也要面红耳热的。"

这一类型的熟语还有：如坐春风[1]　肆无忌惮[2]　一了百了[3]

来源于宋代语料的明代熟语，一般都是四音节的。偶尔也有一些七音节的。如：

【打破砂锅问到底】比喻追根究底。明无名氏《英烈传》[4]第三一回："这善人又问说：'怎么称师父为"金箔"？其中必有缘故。'那道人又笑了一声，便道：'你定要打破砂锅问到底？'"按：语本宋黄庭坚《拙轩颂》："觅巧了不可得，拙从何来？打破沙盆一问，狂子因此眼开，弄巧成拙，为蛇画足，何况头上安头，屋下安屋，毕竟巧者有余，拙者不足。"又，又写作"打破砂锅璺到底"。元王实甫《破窑记》第二折："[吕蒙正云]端的是谁打了来？[正旦唱]打破砂锅璺到底，俺爷抱着一套御寒衣，他两口儿都来到这里。"

（十三）从元代语料概括而成的熟语

元代的语料，到了明代，从中概括形成了一些熟语。这些熟语的语料来源有：

1.有的是从李翀作品中概括而成的。如：

【有目共睹】形容极其明显。明程敏政《忠义会疏》："伏以忠义如日月之在

---

[1]　按：语本宋朱熹《伊洛渊源录》卷四："朱公掞见明道于汝州，踰朏归。语人曰：'光庭在春风中坐了一月。'"

[2]　按：语本宋朱熹《与王龟龄》："遗君后亲之论交作，肆行无所忌惮。"

[3]　按：语本《朱子语类》卷八："有资质甚高者，一了一切了，即不须节节用工也。"

[4]　按：《英烈传》又名《皇明英烈传》、《皇明开运英武传》、《云合奇踪》，作者有明代的郭勋、徐渭两种说法，但是都不是定论。本研究处理为明代无名氏。

天，有目共睹。"按：语本元李翀《日闻录》："日月东出而西没，有目者所共睹。"又，又作"有目共见"。清陈确《大学辨一·翠薄山房帖》："《大学》纷纷言先言后，有目共见。"

2. 有的是从马端临著作中概括而成的。如：

【燃眉之急】像火烧眉毛那样紧急，比喻非常紧迫的情况。《水浒传》第三五回："我如今不知便罢，既是天教我知了，正是度日如年，燃眉之急。"按：语本马端临《文献通考·市籴二》："元祐初，温公入相，诸贤并进用，革新法之病民者，如救眉燃，青苗、助役其尤也。"又，省作"燃眉"。明屠隆《彩毫记·颁诏云梦》："济燃眉，功德应深；散缠头，怀抱聊开。"

3. 有的是从脱脱著作中概括而成的。如：

【一筹莫展】比喻一点办法也想不出来。明唐顺之《与陈苏山职方》："盖部中只见其报功而不知其为衰庸阘懦、一筹莫展之人也。"按：语本元脱脱《宋史·蔡幼学传》："多士盈庭而一筹不吐。"

（十四）从明代语料概括而成的熟语

明代本身的语料，在明代也概括形成了一些熟语。这些熟语的语料来源，有的是从王逵作品中概括而成的。如：

【阴错阳差】比喻因各种偶然因素而造成了差错。明汤显祖《牡丹亭·圆驾》："这底是前亡后化，抵多少阴错阳差。"按：语本明王逵《蠡海集·历数》："阴错阳差，有十二月，盖六十甲子分为四段，自甲子、己卯、甲午、己酉，各得十五辰。"

四、明代新增义项而书写形式古已有之的现代汉语熟语举例

明代已见的现代汉语熟语，其书写形式在明代以前就有了，但是其中的沿用至今的某一义项是明代新兴的。这样的熟语主要是四音节的，下面我们按这些熟语书写形式的出现时代的先后，分类描述如下。

（一）商周已见明代增加新义的熟语

见于明代的现代汉语熟语，有的是商周已有相应的书写形式而明代增加沿用至今的新义。这类熟语，有的书写形式在《诗经》中就出现了。如：

【求之不得】想找都找不到。《醒世恒言·陈多寿生死夫妻》："喜得男家愿退，许了一万个利市，求之不得。"按：此语周代已见，义为寻找没有找到。《诗·周

南·关雎》："求之不得，寤寐思服。"

（二）战国已见明代增加新义的熟语

见于明代的现代汉语熟语，有的是战国已有相应的书写形式而明代增加沿用至今的新义。这类在战国就有了的书写形式，出现于战国的下列一些语料中：

1. 有的在宋玉《对楚王问》中就出现了相应的书写形式。如：

【阳春白雪】泛指高深的、不通俗的文学艺术。《西游记》第六四回："长老听了，赞叹不已道：'真是阳春白雪，浩气冲霄！弟子不才，敢再起两句。'"按：此语战国已见，义为战国时楚国的高雅歌曲名。战国宋玉《对楚王问》："其为《阳阿》、《薤露》，国中属而和者数百人，其为《阳春》、《白雪》，国中属而和者不过数十人而已。"

2. 有的在《古文尚书》中就出现了相应的书写形式。如：

【暴殄天物】任意糟蹋东西。《警世通言·钝秀才一朝交泰》："王涯丞相听罢，叹道：'我平昔暴殄天物如此，安得不败？'"按：此语战国已见，义为残害灭绝万物。《尚书·武成》："今商王受无道，暴殄天物，害虐烝民。"

3. 有的在《论语》中就出现了相应的书写形式。如：

【空空如也】形容什么都没有。明海瑞《赠吴颐庵贰尹句容序》："乡人一接颐庵而归曰，衙中空空如也，柴马俸钱外，无从有毫厘之入。"按：此语战国已见，义为一无所知。《论语·子罕》："子曰：'吾有知乎哉？无知也。有鄙夫问于我，空空如也。我叩其两端而竭焉。'"

4. 有的在《孟子》中就出现了相应的书写形式。如：

【自怨自艾】指悔恨。《醒世恒言·张孝基陈留认舅》："过迁渐渐自怨自艾，懊悔不迭。"按：此语战国已见，义为悔恨自己的过错并想要改正。《孟子·万章上》："三年，太甲悔过，自怨自艾，于桐处仁迁义，三年，以听伊尹之训己也，复归于亳。"

【引而不发】比喻善于引导和控制。明宋濂《元史·儒学传一·黄泽》："又惧学者得于创闻，不复致思，故所著多引而不发。"按：此语战国已见，义为拉满弓弦而不发箭。《孟子·尽心上》："大匠不为拙工废绳墨，羿不为拙射变其彀率。君子引而不发，跃如也。"

5. 有的在《左传》中就出现了相应的书写形式。如：

【呜呼哀哉】指死亡或完蛋，诙谐语。《警世通言·桂员外途穷忏悔》："施济忽遭一疾，医治不痊，呜呼哀哉了。"按：此语战国已见，义为悲痛。《左传·哀公十六年》："呜呼哀哉! 尼父，无自律。"

战国已见明代增加新义的现代汉语熟语，基本上都是四音节的，但是偶尔也有一些三音节的。如：

【三不知】泛指什么都不知道。《二刻拍案惊奇》卷三："桂娘一定在里头，只作三不知闯将进去，见他时再作道理。"按：此语战国已见，义为对事情的开始、中间、结束不知道。《左传·哀公二十七年》："君子之谋也，始、衷、终皆举之，而后入焉。今我三不知而入之，不亦难乎?"

（三）西汉已见明代增加新义的熟语

见于明代的现代汉语熟语，有的是西汉已有相应的书写形式而明代增加沿用至今的新义。这类在西汉就有了的书写形式，出现于西汉的下列一些语料中：

1. 有的在东方朔作品中就出现了相应的书写形式。如：

【谈何容易】说起来怎么这么容易，表示事情做起来并不像说的那么简单。《喻世明言》卷一二："拟把名花比，恐傍人笑我谈何容易。"按：此语西汉已见，义为在君王面前谈说不能轻易从事。汉东方朔《非有先生论》："先生曰：于戏，可乎哉? 可乎哉? 谈何容易!"

2. 有的在司马迁著作中就出现了相应的书写形式。如：

【完璧归赵】比喻原物完整无损地归还本人。明汪廷讷《种玉记·促晤》："再休思重会兰房，那虏骑如云不可当。便得个完璧归赵也，怕花貌老风霜。"按：此语西汉已见，义为把完整的璧玉拿回赵国。《史记·廉颇蔺相如列传》："城入赵而璧留秦；城不入，臣请完璧归赵。"

（四）东汉已见明代增加新义的熟语

见于明代的现代汉语熟语，有的是东汉已有相应的书写形式而明代增加沿用至今的新义。这类在东汉就有了的书写形式，出现于东汉的下列一些语料中：

1. 有的在班固著作中就出现了相应的书写形式。如：

【实事求是】从实际出发，不夸大、不缩小、正确地对待和处理问题。明张居正《辛未会试程策二》："其所以振刷综理者，皆未尝少越于旧法之外，惟其实事求是，而不采虚声。"按：此语东汉已见，义为弄清事实求得正确的结论。《汉书·河间献王刘德传》："河间献王德以孝景前二年立，修学好古，实事求是。"

2. 有的在魏伯阳著作中就出现了相应的书写形式。如：

【立竿见影】比喻立见功效。明许仲琳《封神演义》第七八回："你说你莲花化身，清净无为，其如五行变化，立竿见影。"按：此语东汉已见，义为在阳光下竖起竹竿立刻就可看到影子。东汉魏伯阳《参同契》："立竿见影，呼谷传响。"

（五）晋代已见明代增加新义的熟语

见于明代的现代汉语熟语，有的是晋代已有相应的书写形式而明代增加沿用至今的新义。这类在晋代就有了的书写形式，出现于晋代的下列一些语料中：

1. 有的在西晋白法祖翻译作品中就出现了相应的书写形式。如：

【五体投地】比喻佩服到了极点。明卢象升《与少司成吴葵庵书》之二："倘一昌言于朝，某当五体投地，延企何如！"按：此语西晋已见，义为双肘、双膝及头一起着地的佛教行礼方式。西晋白法祖译《佛般泥洹经》卷下："太子五体投地，稽首佛足。"

2. 有的在东晋鸠摩罗什翻译作品中就出现了相应的书写形式。如：

【不可思议】形容事物无法想象或难以理解。明李贽《杂说》："意者宇宙之内，本自有如此可喜之人，如化工之于物，其工巧自不可思议尔。"按：此语东晋已见，义为思维和言语所不能达到的微妙境界。姚秦鸠摩罗什译《维摩诘经·不思议品》："诸佛菩萨有解脱名不可思议。"

（六）南朝已见明代增加新义的熟语

见于明代的现代汉语熟语，有的是南朝已有相应的书写形式而明代增加沿用至今的新义。这类熟语，有的书写形式在沈约著作中就出现了。如：

【无隙可乘】没有空子可钻。明李贽《与周友山书》："正兵法度森严，无隙可乘，谁敢邀堂堂而击正正，以取灭亡之祸欤？"按：此语南朝已见，义为严谨周密。南朝梁沈约《宋书·律历志下》："冲之随法兴所难辩折之曰：'臣少锐愚尚……其五，臣其历七曜，咸始上元，无隙可乘。'"

（七）唐代已见明代增加新义的熟语

见于明代的现代汉语熟语，有的是唐代已有相应的书写形式而明代增加沿用至今的新义。这类在唐代就有了的书写形式，出现于唐代的下列一些语料中：

1. 有的在《敦煌变文集》中就出现了相应的书写形式。如：

【张牙舞爪】形容恶人猖狂凶恶的样子。《初刻拍案惊奇》卷八："有一等做公子的，倚靠着父兄势力，张牙舞爪，诈害乡民。"按：此语唐代已见，义为猛兽的凶相。《敦煌变文集·孔子项托相问书》附录二《新编小儿难孔子》："鱼生三日游于江湖，龙生三日张牙舞爪。"

2. 有的在韩愈作品中就出现了相应的书写形式。如：

【百孔千疮】比喻弊病弱点很多。明高攀龙《圣明亟垂轸恤疏》："户、工部百孔千疮之时，决不能及此。"按：此语唐代已见，义为残破缺漏非常严重。唐韩愈《与孟尚书书》："汉氏已来，群儒区区修补，百孔千疮，随乱随失。"

3. 有的在李群玉作品中就出现了相应的书写形式。如：

【落花流水】比喻惨败。《西游记》第六三回："这厮锐气挫了！被我那一路钯，打进去时，打得落花流水，魂飞魄散。"按：此语唐代已见，形容残春的景象。唐李群玉《奉和张舍人送秦炼师归岑公山》："兰浦苍苍春欲暮，落花流水思离襟。"[1]

4. 有的在魏征著作中就出现了相应的书写形式。如：

【开天辟地】指宇宙开始。《警世通言·三现身包龙图断冤》："开天辟地罕曾闻，从古至今希得见。"按：此语唐代已见，义为盘古氏开辟天地创立世界。唐魏征《隋书·音乐志中》："开天辟地，峻岳夷海。"

（八）宋代已见明代增加新义的熟语

见于明代的现代汉语熟语，有的是宋代已有相应的书写形式而明代增加沿用至今的新义。这类在宋代就有了的书写形式，出现于宋代的下列一些语料中：

1. 有的在道原著作中就出现了相应的书写形式。如：

【单刀直入】比喻说话直截了当，不绕弯子。明朱之瑜《答安东守约问三十四条》之三四："文字最难单刀直入，然直须要有力，一声便要喝得响亮。"按：此语宋代已见，义为认定目标、勇猛精进。宋道原《景德传灯录·旻德和尚》："若是作家战将，便须单刀直入，莫更如何若何。"

2. 有的在洪咨夔作品中就出现了相应的书写形式。如：

【山穷水尽】比喻走投无路，陷入绝境。《警世通言》卷四十："却说那符使引真君再转一弯抹一角，正是行到山穷水尽处，看看在长沙府贾玉井中而出。"按：此语宋代已见，义为山和水到了尽头。宋洪咨夔《龙州免运粮夫碑跋》："山穷水尽之邦，刀耕火种之俗。"又，又作"山穷水绝"，宋代已见。宋陆游《冬夜吟》："饥鸿病鹤自无寐，山穷水绝谁为邻。"

3. 有的在孙光宪著作中就出现了相应的书写形式。如：

【狗尾续貂】比喻以坏续好，前后不相称。明无名氏《霞笺记·得笺窥认》[2]："年兄所作甚佳，小弟勉吟在上，只是狗尾续貂，未免蝇污白璧。"按：此

---

[1]　按：这里的"思离襟"，有的版本作"怨离襟"，有的版本又作"怨离琴"。

[2]　按：《霞笺记》这一书名有两个意思：一是明代杂剧，作者不知；一是据明代杂剧改编而成的清代小说，作者也不知，这一意义的《霞笺记》又名《情楼迷史》。

语宋代已见，义为封爵太滥。宋孙光宪《北梦琐言》卷十八："乱离以来，官爵过滥，封王作辅，狗尾续貂。"

4.有的在宋无名氏作品中就出现了相应的书写形式。如：

【呼幺喝六】① 掷色子时的叫喊声，泛指赌博喧哗声。《水浒传》第一〇四回："掷色的，在那里呼幺喝六；撮钱的，在那里唤字叫背。"按：此语宋代已见，义为高声喧嚷。宋无名氏《满江红·贺人开酒店药铺》词："商家醴，须君曲。怀英笼，须君蓄。且饶人大卖，呼幺喝六。"

宋代已见明代增加新义的现代汉语熟语，基本上都是四音节的，但是偶尔也有一些五音节的。如：

【树倒猢狲散】比喻为首的人倒台后随从的人也就四处逃散，贬义。《初刻拍案惊奇》卷二二："若是富贵之人，一朝失势，落魄起来，这叫故'树倒猢狲散'，光景着实难堪了。"按：此语宋代已见，义为树子倒下猢狲逃走。宋庞元英《谈薮·曹咏妻》："宋曹咏依附秦桧，官至侍郎，显赫一时。依附者甚众，独其妻兄厉德斯不以为然。咏百端威胁，德斯卒不屈。及秦桧死，德斯遣人致书于曹咏，启封，乃《树倒猢狲散赋》一篇。"

（九）元代已见明代增加新义的熟语

见于明代的现代汉语熟语，有的是元代已有相应的书写形式而明代增加沿用至今的新义。这类在元代就有了的书写形式，出现于元代的下列一些语料中：

1.有的在刘一清作品中就出现了相应的书写形式。如：

【东窗事发】比喻阴谋败露，自食恶果。《警世通言·计押番金鳗产祸》："那周三在路上思量：'我早间见那做娘的打庆奴，晚间押蕃归，却打发我出门。莫是东窗事发？若是这事走漏，须教我吃官司，如何计结？'"按：此语元代已见，义为东面窗户下密谋的事情被人发现。元刘一清《钱塘遗事·东窗事发》："秦桧欲杀岳飞，于东窗下谋。其妻王氏曰：'擒虎易，放虎难。'其意遂决。后桧游西湖，舟中得疾，见一人披发厉声曰：'汝误国害民，我已诉于天，得请于帝矣。'桧遂死。未几，子熺亦死。夫人思之，设醮，方士伏章，见熺荷铁枷，因问秦太师所在，熺曰：'吾父见在酆都。'方士如言而往，果见桧与万俟卨俱荷铁枷，备受诸苦。桧曰：'可烦传语夫人，东窗事发矣。'"

2.有的在元无名氏作品中就出现了相应的书写形式。如：

【兴风作浪】比喻挑起事端。明陈与郊《灵宝刀·府主平反》："有一虞候陆谦，常常与小人来往，惯会兴风作浪，簸是扬非，想必他于中交构。"按：此语元代已见，义为水怪掀起狂风巨浪作祟。元无名氏《锁魔镜》第一折："河内有一健蛟，兴风作浪，损害人民。"

3. 有的在杨暹作品中就出现了相应的书写形式。如：

【火眼金睛】指能洞察一切的眼力。《西游记》第四十回："我老孙火眼金睛，认得好歹。"按：此语元代已见，义为孙行者能识别妖魔鬼怪的眼睛。元杨暹《西游记》第三本第九出："我盗了太上老君炼就金丹，九转炼得铜筋铁骨，火眼金睛，鍮石屁眼，摆锡鸡巴。"

五、明代已见而大型工具书始见例证较晚的现代汉语熟语举例

明代已见的现代汉语熟语，大型工具书始见例证较晚。这样的熟语代表性的例证举出一些如下：

【胆大包天】极言胆子很大，不知畏惧。明许仲林《封神榜》第四七回："纣王在坐上越思越想越发气恼，心中又恨两个逆子胆大包天，擅敢持刀杀父。"按：此语《大词典》的始见例证是清天花才子《快心编初集》第三回："你胆大包天，敢在本道面前匿主出头！"时代晚。

【躬逢其盛】亲身参加了盛会或盛举。明归有光《隆庆元年浙江程策第四道》："兹者明诏采取遗事，诸生幸得躬逢其盛。"按：此语《大词典》始见例证是《儒林外史》第四一回："这样盛典，可惜来迟了，不得躬逢其盛。"时代晚。又，语本唐王勃《滕王阁序》："童子何知，躬逢胜饯。"

【见钱眼开】见到钱眼睛就睁大，形容非常贪婪，口语。《金瓶梅》第八十回："院中唱的，以卖俏为活计，将脂粉作生涯……弃旧迎新，见钱眼开，自然之理。"按：此语《大词典》始见例证是清李渔《比目鱼·挥金》："自古道见钱眼开，我兑下一千两银子，与他说话的时节，就拿来摆在面前，他见了自然动火。"时代晚。

【摩肩接踵】肩挨肩、脚碰脚，形容人多拥挤。明沈德符《万历野获编·雪浪被逐》："雪浪自此汗漫江湖，曾至吴越间，士女如狂，受戒礼拜者，摩肩接踵，城郭为之罢市。"按：此语《大词典》始见例证是清倦圃野老《庚癸纪略·辛酉》："十二月二十日，连日市上贼众往来，昼夜摩肩接踵，食物昂贵，从来未有。"时代晚。又，语本唐皇甫湜《编年纪传论》："从汉至今，代以更八，年几历千，其间贤人摩肩，史臣继踵，推古今之得失，论述作之利病。"

六、明代已见而大型工具书没有收录的现代汉语熟语举例

明代已见的现代汉语熟语，有的大型工具书没有收录。下面所举熟语，都是明代已见而《大词典》及《订补》没有收录的：

【赤身裸体】光着身体。《三国演义》第八四回："次日，吴班引兵到关前搦战，耀武扬威，辱骂不绝；多有解衣卸甲，赤身裸体，或睡或坐。"

【泛家浮宅】形容长期生活在水上，漂浮不定。明袁宏道《锦帆集·尺牍·龚惟长先生》："泛家浮宅，不知老之将至。"

【覆盆之冤】盆子翻过来里面阳光照不到，比喻无处申诉的沉冤。明张居正《答应天张按院》："辱示运宜被劫事。倾苏、松按院已直将本官论劾，若不得大疏存此说，则覆盆之冤谁与雪之？"按：语本晋葛洪《抱朴子·辨问》："是责三光不照覆盆之内也。"

【好善乐施】喜欢做善事，乐于拿财物给人。《初刻拍案惊奇》卷三三："夫妻两口，为人疏财仗义，好善乐施，广有田庄地宅。"

【漏网之鱼】比喻侥幸逃脱的罪犯。《水浒传》第三回："这鲁提辖忙忙似丧家之犬，急急如漏网之鱼，行过了几处州府。"

【落叶归根】比喻事物总有一定的归宿，多指客居他乡的人终究要回到故乡。明无名氏《鸣凤记·林遇夏舟》："今年遇赦回来，正是落叶归根，丰城剑回。"

【没奈何】实在没有办法，无可奈何。明无名氏《白兔记·挨磨》："向磨房愁眉锁，受劳碌也是没奈何。"

【听风是雨】比喻只听到一点风声就当做真的。明朱有墩《新编宣平巷刘金儿复落娼》："他都待将无作有，说短道长，听风是雨，数黑论黄。"

【徒劳无功】白费力气，没有成就或好处。明熊大木《杨家将演义》第一五回："若与死战，徒劳无功，不如设计胜之。"

【委决不下】迟疑而决定不下来。《三国演义》第三四回："吾欲废长立幼，恐碍于礼法；欲立长子，争奈蔡氏族中，皆掌军务，后必生乱：因此委决不下。"按：《大词典》没有收录"委决不下"而收录"委决"。在"委决"的举例中有"委决不下"。

七、明代已见而大型工具书始见例证错误的现代汉语熟语举例

明代已见的现代汉语熟语，大型工具书始见例证举例错误。这样的熟语代表性的例证举出一些如下：

【半路出家】谓成年后才去做和尚、尼姑，比喻中途改业，不是科班出身。《西游记》第四九回："我的儿，你真个有些灵感，怎么就晓得我是半路出家的？"按：此语《大词典》的始见例证是《京本通俗小说·错斩崔宁》："先前读书，后来看看不济，却去改业做生意。便是半路上出家的一般。"其中的"半路上出家"与词目不一致。

【得陇望蜀】比喻贪心不足。明无名氏《鸣凤记·忠佞异议》："使他知我假途灭虢之计，消彼得陇望蜀之谋，岂非一举而两得乎？"按：此语《大词典》的始见例证是唐李白《古风》之二三："物苦不知足，得陇又望蜀。"其中"得陇又望蜀"与词目不一致。又，语本《东观汉记·隗嚣传》："西城若下，便可将兵，南击蜀虏。人苦不知足，既平陇，复望蜀，每一发兵，头鬓为白。"

【耳目一新】所见、所闻都感到新鲜。明叶权《贤博编》："杨升庵该博之士，见今人尽学唐诗，流入庸鄙，深可厌恶，独取六朝清新流丽之语，使耳目一新。"按：此语《大词典订补》的始见例证是宋周密《齐东野语·诛韩本末》："王居安在馆中，与同舍大言曰：'数日之后，耳目当一新矣。'"其中的"耳目当一新"与词目不一致。

八、明代已见而大型工具书没有相应的义项的现代汉语熟语举例

明代已见的现代汉语熟语，《大词典》没有相应的义项。这样的熟语，代表性的例证举出一些如下：

【呼幺喝六】②形容盛气凌人的样子，方言。《喻世明言》卷四十："张千、李万初时还好言好语，过了扬子江，到徐州起旱，料得家乡已远，就做出嘴脸来，呼幺喝六，渐渐难为他夫妻两个来了。"

第三节 详尽罗列见于明代语料中的所有现代汉语熟语

明代语料中已见的现代汉语熟语分为三音节、四音节、五音节、六音节、七音节等多种类型。其中最主要的是三音节和四音节。除去前面代表性的例证外，各种熟语全部罗列于此。

一、明代已见的现代汉语三音节熟语的穷尽罗列

明代已见的现代汉语三音节熟语共 26 个。除去前面代表性的 6 个例证外，剩余的 20 个全部罗列于下：

抱不平	不过意	凑份子①	打抽丰	打寒噤	打前站
打秋风	耳朵软	发利市②	翻白眼	过日子	怀鬼胎
卖人情	没意思②	送人情②	耍把戏①	托人情	招女婿
做人情	做生意				

二、明代已见的现代汉语四音节熟语的穷尽罗列

明代已见的现代汉语四音节熟语共 588 个。除去前面代表性的 287 个例证外，剩余的 301 个熟语，按音序全部罗列于下：

碍手碍脚	安邦定国	百发百中②	百依百顺	百折不回
白头偕老	卑鄙龌龊	本乡本土	必由之路	变幻莫测
兵来将挡	博大精深	不白之冤	不成体统	不打自招
不攻自破	不好意思①	不好意思②	不可理喻	不伦不类
不三不四①	不三不四②	不识抬举	不痛不痒	不省人事②
不在话下	不知死活	不治之症	插翅难飞	插科打诨
茶余饭饱	姹紫嫣红	才疏学浅	残羹剩饭	残篇断简
长驱直入	草菅人命	惩一戒百	痴心妄想	吃回头草
赤胆忠心	重见天日	锄强扶弱	触目惊心	出口伤人
出人意料	处治思乱	捶胸顿足	村夫俗子	打情骂俏

大吃一惊	大发雷霆	大海捞针	大快人心	大模大样
担惊受怕	等闲视之	低三下四	滴水不漏	颠三倒四
调兵遣将	调虎离山	东倒西歪②	动手动脚①	动手动脚②
独木难支	断井颓垣	顿开茅塞	峨冠博带	饿虎扑食
恩将仇报	反客为主	飞来横祸	肺腑之言	分门别类
分文不取	风中之烛	凤毛麟角	逢凶化吉	佛口蛇心
改换门庭①	赶尽杀绝	感恩图报	高风亮节	各行其是
各执一词	拐弯抹角①	广种薄收	鬼斧神工[1]	鬼头鬼脑
过街老鼠[2]	过意不去	海外奇谈	和盘托出	横七竖八
虎背熊腰	花拳绣腿	花团锦簇	花言巧语②	怀才不遇
缓兵之计	灰心丧气	昏天黑地②	昏头昏脑	混世魔王
活灵活现	活龙活现	火居道士	即景生情	继往开来
家家户户	夹七夹八	兼容并蓄	江洋大盗	叫苦连天
借刀杀人	借题发挥	金碧辉煌	金鸡独立	筋疲力尽
经史子集	救苦救难	克敌制胜	绝处逢生	决一雌雄
决一死战	孔孟之道	口碑载道	口诛笔伐	快马加鞭
宽宏大量	狼心狗肺	狼烟四起	劳师动众	力排众议
理直气壮	里勾外连[3]	怜香惜玉	连中三元①	恋恋不舍
两相情愿[4]	临阵脱逃	零敲碎打	淋漓尽致	玲珑剔透①
另眼相看	六神无主	龙生九子	龙潭虎穴	麻木不仁
瞒天过海	漫山遍野	漫不经心	茫无头绪	毛手毛脚
没大没小	没头没脑①[5]	没头没脑②	没头没脑③	门里出身

---

[1] 按：又简称为"鬼斧工"。清丘逢甲《题兰史泛槎图》诗之六："骇目新传鬼斧工，飞轮何时走艨艟。"

[2] 按：此语的来源，清人有说明。清翟灏《通俗编·兽畜》："《慎子》：'一兔过街，百人逐之。'按，流俗有过街老鼠语，似承此而讹。"

[3] 按：又作"里勾外联"，《大词典》未收录这一书写形式。

[4] 按：又写作"两厢情愿"，这一书写形式清代已见而《大词典》未收。清钱锡宝《梼杌萃编》第十六回："我生平的女色都是花了银钱来的，他要我的财我才取他的色，彼此说明白两厢情愿，就同做买卖一样有甚么，不像人家诡计花言去骗来的。"

[5] 按：又可作"没头脑"。宋罗大经《鹤林玉露》："朱文公云：李白见永王璘反，便从臾之诗人没头脑至于如此。"

闷闷不乐	面目全非	民脂民膏[1]	名垂青史	没齿难忘
漠不关心	木雕泥塑	目不暇给	目中无人	难分难解①
难分难解②	难解难分①	难舍难分	男盗女娼	囊空如洗
能工巧匠	年深日久	宁死不屈	牛郎织女①	旁观者清
蓬荜生辉	披头散发	屁滚尿流	片言只语	片纸只字
平铺直叙	欺软怕硬	七老八十	弃暗投明	气急败坏
前仰后合	强词夺理	切肤之痛	倾箱倒箧	青红皂白
青面獠牙	晴天霹雳	情同手足	情投意合	穷年累月
全始全终	人山人海	人声鼎沸	如花似锦	山高水低
山珍海味[2]	设身处地	失魂落魄	十全十美	誓不两立
搜肠刮肚	手到擒来	水磨工夫	水性杨花	顺水人情
缩手缩脚②	思前想后	四平八稳	泰山压顶	逃之夭夭[3]
提心吊胆	天马行空	天旋地转②	铁案如山	铁壁铜墙
通情达理	童颜鹤发	头重脚轻	徒子徒孙	玩世不恭
万不得已	忘其所以	围魏救赵	瓮中之鳖	物伤其类
无法无天	无米之炊	无时无刻	无事生非	舞文弄墨②
五短身材	五黄六月	五花大绑	五内如焚	喜笑颜开
细皮嫩肉	先来后到	先礼后兵	闲言碎语①	笑容可掬
心慌意乱	心怀鬼胎	心怀叵测	腥风血雨	形只影单
雅俗共赏	掩人耳目	阳奉阴违	养精蓄锐	摇身一变
摇摇欲坠	夜长梦多	衣冠禽兽	疑神疑鬼	一呼百应
一马当先	一脉相传	一命呜呼	一气呵成①	一丝一毫
一无是处	一五一十	移花接木	以讹传讹	以卵击石
意气用事	因祸得福	莺歌燕舞	优柔寡断	有口无心
有气无力	有言在先	渔人之利	远走高飞	朝秦暮楚

---

[1]　按：又说成"民膏民脂"，宋代已见。宋张唐英《蜀梼杌》卷下："四年五月，昶著《官箴》颁于郡国曰：'……下民易虐，上天难欺。赋舆是切，军国是资。朕之爵赏，固不踰尔。尔俸尔禄，民膏民脂。为人父母，罔不仁慈。特为尔戒，体朕深思。'"

[2]　按：又说成"山珍海错"、"山珍海胥"。唐韦应物《长安道》诗："山珍海错弃藩篱，烹犊炰羔如折葵。"明吴承恩《谖堂永日图序》："山珍海胥、鼎食宫居者，大夫之养也。"

[3]　按：此语的谐音周代已见，义为桃树茂盛。《诗·周南·桃夭》："桃之夭夭，灼灼其华。"

招降纳叛	郑重其事	正颜厉色	正中下怀	支离破碎
知书达礼	置之不理	众目昭彰	纵虎归山	珠圆玉润
自得其乐	自顾不暇	自鸣得意	左道旁门	坐地分赃
坐立不安				

三、明代已见的现代汉语五音节熟语的穷尽罗列

明代已见的现代汉语五音节熟语共 2 个，除去前面代表性的 1 个例证外，剩余的 1 个如下，即：

三百六十行

四、明代已见的现代汉语六音节熟语的穷尽罗列

明代已见的现代汉语六音节熟语共 3 个，除去前面代表性的 2 个例证外，剩余的 1 个如下，即：

生米做成熟饭

五、明代已见的现代汉语七音节熟语的穷尽罗列

明代已见的现代汉语七音节熟语共 2 个，除去前面代表性的 1 个例证外，剩余的 1 个如下，即：

不管三七二十一

第四节　本章小结

1. 本章论述的是见于明代的现代汉语熟语。

2. 明代熟语分为广义的和狭义的两类。广义的明代熟语指的是在明代的语料中使用的熟语，而狭义的明代熟语指的是明代语料中的新兴熟语。我们的研究属于广义的明代熟语。

3. 研究明代的汉语熟语，代表性的语料约有 233 种。其中专书语料 143 种，

单篇作品语料 90 种。

4. 明代已见的现代汉语熟语 621 个，占现代汉语熟语结构总数的 9.11%。

5. 明代已见的现代汉语熟语分为三音节熟语、四音节熟语、五音节熟语、六音节熟语、七音节熟语五种类型。其中，三音节熟语 26 个，四音节熟语 588 个，五音节熟语 2 个，六音节熟语 3 个，七音节熟语 2 个。

6. 明代已见的这 621 个现代汉语熟语，绝大多数是明代新兴的，这为我们研究明代汉语新兴熟语划定了一个大致的范围，使得我们的研究更加有针对性。当然，随着明代汉语研究成果的不断出现，其中也有个别明代新兴熟语的时代还可以提前到明代以前。

第十四章

清代已见的现代汉语熟语

清代从清太祖到宣统皇帝，总共经历了 12 个皇帝。清代建国时间是公元 1616 年，当时叫后金，公元 1636 年改国号为清，入关时间是公元 1644 年。因此，清代的统治时间从公元 1616 年到公元 1911 年，总计 295 年。在我们的研究中，清代时间只算到 1899 年即 20 世纪以前。

清代已见的现代汉语熟语[1]1085 个，占现代汉语熟语结构总数的 15.91%。清代熟语又分为熟语及类熟语两种类型。所谓类熟语指的是现代汉语的熟语体系中，有一类熟语是新兴的学科专用术语和对新的社会现象的概括归纳的用语。哲学社会科学和自然科学的不断发展，新生事物的不断涌现，出现了一些行业术语和对社会现象进行概括归纳的用语。这些术语和用语，介于词与句子之间，不能划分词性，但是经常连在一起使用，这样的术语和用语我们称之为类熟语。现代汉语词汇体系中的类熟语，20 世纪以前的语料中比较少，20 世纪以来的语料中比较多。

清代已见的现代汉语熟语 1075 个。其中，三音节熟语 106 个，四音节熟语 954 个，五音节熟语 8 个，六音节熟语 5 个，七音节熟语 1 个，八音节熟语 1 个。清代已见的现代汉语类熟语 10 个。其中，三音节类熟语 1 个，四音节类熟语 9 个。

---

[1]　按：本研究从清代部分开始，涉及类熟语的概念及数量统计。

第一节 研究清代熟语的代表性语料概述

清代的语料，分为专书语料和单篇作品语料两大类。

研究清代的熟语，代表性的专书语料大约有 179 位作者 226 部专书。现代汉语的熟语和类熟语，见于清代专书语料中的有 935 个。具体分布概括如下：

百一居士《壶天录》6 个，毕沅《续资治通鉴》2 个，采蘅子《虫鸣漫录》2 个，曹去晶《姑妄言》[1]1 个，曹雪芹《红楼梦》105 个，陈忱《水浒后传》3 个，陈端生《再生缘》1 个，陈鸿墀《全唐文纪事》1 个，陈康祺《郎潜纪闻》2 个，陈朗《雪月梅传》1 个，陈其元《庸闲斋笔记》2 个，陈森《品花宝鉴》2 个，陈廷焯《白雨斋词话》6 个，程麟《此中人语》2 个，褚人获《隋唐演义》6 个、《坚瓠补集》1 个、《坚瓠十集》1 个，《大清律例》1 个，得硕亭《草珠一串》[2]2 个，荻岸山人《平山冷燕》[3]1 个、《玉娇梨》[4]3 个，方东树《大意尊闻》1 个，方玉润《星烈日记》[5]1 个，冯班《钝吟杂录》1 个，富察敦崇《燕京岁时记》1 个，顾张思《土风录》1 个，光绪年间《玉田县志》2 个，郭继泰《带印奇冤郭公传》1 个，郭小亭《济公全传》2 个，韩邦庆《海上花列传》1 个，何刚德《客座偶谈》1 个，和邦额《夜谭随录》9 个，洪炳文《警黄钟》1 个，洪升《长生殿》2 个，胡承谱《续只麈谭》1 个，华广生《白雪遗音》6 个，华伟生《开国奇冤》2

---

[1] 按：《姑妄言》是清代雍正八年（1730）三韩曹去晶所写的百万字的长篇章回小说，有 24 回和 60 回两种手抄本，但是从来没有见于文献记载。60 回手抄本国内有残本，24 回手抄本全本被俄罗斯天文学家康·安·斯卡奇科夫于道光年间（1849—1859）出使北京时收购并带回俄罗斯。1941 年，上海优生学会限量印刷了上海藏书家周越然发现的 60 回手抄本的三回残本中的两回，这是《姑妄言》的首次公开出版。1964 年 24 回本的全本被俄罗斯汉学家李福清发现，1997 年台湾大英百科股份有限公司出版 24 回本的全本《姑妄言》，使得在海外沉睡 150 多年的这本中国古籍重新回到国内。1999 年中国文联出版公司出版《姑妄言》洁本，1999 年内蒙古远方出版社出版张文思点校的《姑妄言》。

[2] 按：《草珠一串》又名《京都竹枝词》，总计 108 首。作者为清代嘉庆时期的得硕亭，又名得舆。

[3] 按：《平山冷燕》又名《四才子书》，法译本叫《两个有才学的年青姑娘》。

[4] 按：《玉娇梨》又名《双美奇缘》，法译本叫《两个表姐妹》。它与《平山冷燕》的作者都是一人，即荑荻散人，又名荻岸山人、荻岸散人。所以在引书的时候，荻岸山人、荻岸散人这两种写法的作者都有。其时代有的认为是明代，有的认为是清代。本研究统一处理为清代。

[5] 按：方玉润的《星烈日记》，又名《星烈日记汇要》，总计 40 卷，可视为专书语料。

个，黄钧宰《金壶浪墨》3 个、《金壶七墨》1 个，黄六鸿《福惠全书》2 个，黄丕烈《士礼居藏书题跋记续》1 个，黄协埙《锄经书舍零墨》1 个，黄遵宪《己亥杂诗》[1]1 个，纪昀《阅微草堂笔记》14 个，江藩《汉学师承记》2 个，蒋士铨《第二碑》3 个、《桂林霜》1 个、《临川梦》2 个、《雪中人》1 个，孔尚任《桃花扇》6 个，李百川《绿野仙踪》4 个，李斗《扬州画舫录》1 个，李伯元《官场现形记》[2]45 个、《活地狱》2 个、《南亭笔记》1 个、《文明小史》4 个、《中国现在记》1 个，李慈铭《越缦堂读书记》1 个，李重华《贞一斋诗说》1 个，李鉴堂《俗语考原》1 个，李绿园《歧路灯》[3]24 个，李汝珍《镜花缘》39 个，李渔《比目鱼》3 个、《蜃中楼》3 个、《风筝误》3 个、《合影楼》1 个、《怜香伴》1 个、《奈何天》4 个、《十二楼》2 个、《闲情偶寄》6 个、《意中缘》1 个、《玉搔头》2 个，李雨堂《万花楼杨包狄演义》1 个，李玉《清忠谱》1 个、《永团圆》1 个，里人何求《闽都别记》[4]1 个，厉鹗《东城杂记》1 个，梁绍壬《两般秋雨盦随笔》4 个，梁廷枏《曲话》2 个，梁同书《直语补证》1 个，梁章钜《归田琐记》3 个、《浪迹丛谈》2 个，刘鹗《老残游记》9 个、《老残游记续集遗稿》1 个，刘坤一《书牍》1 个，刘銮《五石瓠》1 个，刘熙载《艺概》1 个，刘献廷《广阳杂记》2 个，陆以湉《冷庐杂识》1 个，洛日生《海国英雄记》1 个，冒襄《影梅庵忆语》1 个，欧阳兆熊《水窗春呓》1 个，彭养鸥《黑籍冤魂》2 个，皮锡瑞《经学历史》1 个，平步青《霞外攟屑》4 个，蒲松龄《聊斋志异》21 个、《磨难曲》1 个，钱彩等《说岳全传》8 个，钱大昕《十驾斋养新录》2 个，钱泳《履园丛话》5 个，青城子《志异续编》1 个，清代《十朝圣训》1 个，容闳《西学东渐记》1 个，阮葵生《茶余客话》1 个，蕊珠旧史《京尘杂录》2 个、《上海小刀会起义史料汇编》2 个，邵振华《侠义佳人》1 个，沈德潜《说诗晬语》1 个，沈复《浮生六记》2 个，省三子《跻春台》1 个，盛大士《溪山卧游录》1 个，石玉昆《龙图耳录》1 个、《三侠五义》16 个，舒位《修箫谱》1 个，随缘

---

[1] 按：黄遵宪（1848—1905）的己亥是 1899 年，他的《己亥杂诗》总计 89 首，可处理成专书语料。黄遵宪的《己亥杂诗》深受龚自珍（1792—1841）《己亥杂诗》的影响，龚自珍的《己亥杂诗》总计 315 首，龚自珍的己亥是 1839 年，早于黄遵宪 60 年。

[2] 按：作者李伯元，字宝嘉，所以有的引文作李宝嘉。

[3] 按：《歧路灯》的作者原名李海观，字孔堂，号碧圃老人、绿园，所以在作者的署名上有李绿园、李海观两种不同的书写形式。

[4] 按：《闽都别记》又名《双峰梦》、《闽都佳话》，是福建地方文学作品，创作于乾嘉时期，作者里人何求。

下士《林兰香》[1]2个，孙承泽《天府广记》1个，孙道乾《小螺庵病榻忆语》2个，孙希孟《轰天雷》2个，孙雨林《皖江血》1个，《太平天国资料》1个，贪梦道人《彭公案》1个，谭嗣同《仁学》1个，《天地会诗歌选》1个，王昶《湖海诗传》1个，王夫之《读四书大全说》2个、《读通鉴论》1个、《张子正蒙注》1个，王浚卿《冷眼观》4个，王梦吉《济公全传》1个，王士禛《池北偶谈》2个、《师友诗传录》1个，王韬《淞隐漫录》5个、《弢园文录》1个，王廷绍《霓裳续谱》1个，王元榜《庚癸纪略》1个，王筠《菉友肊说》1个，王晫《看花述异记》1个，魏秀仁《花月痕》5个，魏源《默觚》3个、《圣武记》1个，文康《儿女英雄传》87个，吴敬梓《儒林外史》40个，吴炽昌《客窗闲话续集》3个，吴趼人《二十年目睹之怪现状》[2]37个、《糊涂世界》1个、《近十年之怪现状》1个、《九命奇冤》2个、《痛史》2个、《瞎骗奇闻》1个，吴谦《医宗金鉴》1个，吴乔《围炉诗话》2个，吴荣光《吾学录初编》1个，吴璇《飞龙全传》1个，无垢道人《八仙全传》2个，无名氏《病玉缘》1个，无名氏《官场维新记》1个，无名氏《好逑传》1个，无名氏《麟儿报》[3]1个，无名氏《施公案》[4]1个，无名氏《说唐》[5]4个，无名氏《隋唐遗事》[6]1个，无名氏《天雨花》[7]3个，无名氏《小五义》[8]3个，无名氏《续小五义》[9]1个，无名氏《续儿女英雄传》1个，

---

[1] 按：《林兰香》又名《第二奇书》、《美益奇观孝义传》，清代康熙年间模仿《金瓶梅》而写的世情小说，对众多人物、景物的细致描写，为《红楼梦》开了先河。作者不知，有的写作随缘下士，有的写作无名氏。

[2] 按：《二十年目睹之怪现状》的作者原名吴宝震，字茧人，号沃尧。"茧人"后改作"趼人"。所以，在标示作者时，吴趼人、吴沃尧两种说法都有。称"吴趼人"是以字命名，称"吴沃尧"是以号命名。一说吴沃尧是他的原名。

[3] 按：《麟儿报》的全称是《新编绣像簇新小说麟儿报》，又名《葛仙翁全传》，作者为清代无名氏。

[4] 按：《施公案》是清代乾嘉时期的民间通俗公案小说，又名《五女七贞》、《施公案传》、《施案奇闻》、《百断奇观》，作者不知。

[5] 按：《说唐》的全称有《说唐演义全传》、《说唐全传》、《说唐传》，作者不知。今存最早刻本乾隆癸卯本（1783）的卷首有乾隆元年（1736）如莲居士的序，所以有的书又把作者标为如莲居士。

[6] 按：《隋唐遗事》作者不知，暂时处理为引书者所在的清代。

[7] 按：《天雨花》是明清时期的弹词作品，作者有陶贞怀、徐致和、刘淑英、无名氏等说法，没有定论。本研究处理为清代无名氏。

[8] 按：《小五义》的全称是《忠烈小五义传》，又名《续忠烈侠义传》，是《三侠五义》的续书，作者不知。

[9] 按：《续小五义》又名《忠烈续小五义传》、《三续忠烈侠义传》，是《三侠五义》的续书，作者不知。最早的刊本是光绪十七年（1891）北京文光楼124回刊本。

无名氏《缀白裘》3 个，西湖墨浪子《西湖佳话》[1]2 个，西周生《醒世姻缘传》10 个，夏敬渠《野叟曝言》21 个，夏纶《杏花村》1 个，湘灵子《轩亭冤》2 个，筱波山人《爱国魂》1 个，徐震《照世杯》1 个，许奉恩《里乘》[2]1 个，许秋垞《闻见异辞》1 个，宣鼎《夜雨秋灯录》5 个，薛福成《出使四国日记》1 个、《庸盦笔记》3 个，薛雪《一瓢诗话》3 个，颜光敏《颜氏家藏尺牍》1 个，杨潮观《东莱郡暮夜却金》1 个，杨掌生《京尘杂录》1 个，叶廷管《吹网录》3 个、《鸥陂渔话》2 个，叶燮《原诗》2 个，叶稚斐《吉庆图》[3]1 个，义水《富尔敦发明轮船弹词》1 个，余成教《石园诗话》1 个，余怀《板桥杂记》2 个，俞万春《荡寇志》10 个，俞樾《茶香室丛钞》1 个、《茶香室三钞》1 个、《春在堂随笔》1 个、《古书疑义举例》1 个、《七侠五义》[4]1 个、《右台仙馆笔记》1 个，浴日生《海国英雄记》1 个，袁枚《随园诗话》6 个、《随园诗话补遗》3 个，张潮《幽梦影》1 个，张春帆《九尾龟》2 个，张岱《石匮书》1 个、《陶庵梦忆》1 个，张集馨《道咸宦海见闻录》1 个，张南庄《何典》5 个，张廷玉《明史》24 个，章学诚《文史通义》1 个，昭梿《啸亭杂录》7 个、《啸亭续录》2 个，赵翼《廿二史札记》1 个、《瓯北诗话》16 个，曾朴《孽海花》24 个，郑观应《盛世危言》4 个，中国近代史资料丛刊《太平天国》2 个，中国近代史资料丛刊《鸦片战争》1 个，周亮工《读画录》1 个、《书影》1 个，周中孚《郑堂札记》2 个，邹必显《飞跎全传》2 个，邹容《革命军》2 个，邹弢《三借庐笔谈》1 个，朱克敬《瞑庵杂识》2 个，朱庭珍《筱园诗话》2 个，朱彝尊《经义考》1 个，珠泉居士《续板桥杂记》1 个，壮者《扫迷帚》4 个。

研究清代的熟语，代表性的单篇作品语料大约有 86 位作者 149 篇作品。现代汉语的熟语和类熟语，见于清代单篇作品语料中的有 150 个。具体分布概括如下：

曹寅《题胡静夫藏僧渐江画》1 个，陈确《丙戌年蚕谣》序 1 个、《复吴裒仲书》1 个、《书蔡伯蜚便面》1 个，陈天华《论中国宜改创民主政体》1 个，陈

---

[1]　按：《西湖佳话》的全称是《西湖佳话古今遗迹》，成书于康熙十二年（1673），作者署名有西湖墨浪子、古吴墨浪子、墨浪子三种。

[2]　按：《里乘》又名《兰苕馆外史》，清代文言笔记小说，共 190 篇。

[3]　按：叶稚斐的《吉庆图》，有的又引作《吉庆图传奇》。

[4]　按：《七侠五义》是俞樾对石玉昆《三侠五义》的改编，是《三侠五义》的众多版本之一，总计 120 回。所以在作者的署名上，有石玉昆、俞樾两种写法。

维崧《贺新凉·题曹实庵珂雪词》1个，戴名世《〈道墟图诗〉序》1个，戴震《孟子字义疏证·原善序》1个，丁叔雅《将归岭南留别》1个，端方《请平汉满畛域密折》1个，鹅湖逸士《老狐谈历代丽人记》1个，方苞《刁赠君墓表》1个、《都察院副都御史巡抚贵州刘公墓表》1个、《修复双峰书院记》1个，冯桂芬《请减苏松太浮粮疏》1个、《与许抚部书》1个、《再启李宫保》1个，龚自珍《别辛丈人文》1个、《论私》1个、《送钦差大臣侯官林公序》1个、《与秦敦夫书》1个、《尊隐》1个，顾炎武《答徐甥公肃书》1个、《广宋遗民录序》1个、《与三侄书》1个，郭麐《摸鱼儿》1个，洪仁玕《英杰归真》1个，洪升《〈长生殿〉自序》1个，侯方域《南省策》1个、《新迁颜鲁公碑记》1个，黄景仁《别亦园诸君》1个、《除夕述怀》1个、《满江红·吴大帝庙》1个、《邵二云自江上归余姚》1个、《题赤桥庵上人画梅》1个，黄宗羲《陈乾初先生墓志铭》1个、《陕西巡抚都察院右副都御史玄若高公墓志铭》1个、《亡儿阿寿圹志》1个、《赠编修弇玉吴君墓志铭》1个、《郑禹梅刻稿序》1个、《朱人远墓志铭》1个、《子刘子行状上》1个，纪昀《〈水经注〉目录后校记》1个，蒋弱六用语1个，蒋士铨《京师乐府词·鸡毛房》1个，李保泰评语1个，李慈铭《读郁永河〈采硫日记〉》1个，李调元《诰授中宪大夫永定河道韫山陈公墓志铭》1个，李鸿章《置办外国铁厂机器折》1个，李颙《与布抚台书》1个，梁章钜《致刘次白抚部书》1个，林则徐《奉旨前往广东查办海口事件传牌稿》1个、《会奏英国趸船及应逐烟贩现已驱逐并饬取切结情形折》1个、《体察洋面堵截情形折》1个，刘大櫆《金节母传》1个，刘坤一《复郭善臣》1个、《复刘荫渠》1个、《致荣中堂》1个，吕留良《答徐瑞生书》1个、《戊戌房书序》1个、《与高旦中书》1个、《与钱孝直书》1个、《与施愚山书》1个，清陆陇其《与陈蔼公书》1个，陆诒经《〈小螺庵病榻忆语〉题词》1个，陆玉书《谕讼师》1个，毛际可《〈今世说〉序》1个，毛奇龄《禹庙》1个，梅曾亮《总兵刘公清家传》1个，钱谦益《跋留庵》1个、《答某书》1个、《高念祖〈怀寓堂诗〉序》1个、《汲古阁毛氏新刻十七史序》1个、《刘氏两节妇墓表》1个、《耦耕堂诗序》1个、《玉川子歌》1个，清摄政王谕1个，秋瑾《吊吴烈士樾》1个、《光复军起义檄稿》1个，丘逢甲《南园感事诗序》1个、《为潮人士衍说孔教于蛇浦伯瑶见访有诗次韵答之》1个，任安上《与吴拜经书》1个，容闳《予之教育计划》1个，邵长蘅《守城行纪时事也》1个，盛宣怀《上张香帅书》1个，谭嗣同《致汪康中》1个，汤斌《睢沭二邑秋灾情形疏》1个，唐才常《上欧阳中鹄书》之四1个，唐梦赉《〈聊斋志异〉序》1个，唐孙华《鹰坊歌与夏重恺功同赋》1个，汪孝农等《致曾少卿书》1个，王庆澜《一江风·以退笔封于冢中诔之以辞》1个，王士禛《与魏允中书》1个，王韬《土胜俄不足恃》1个，魏源《筹海篇》1个、《寰海》之十1个、《拟进呈〈元史新编〉序》1个、《〈书古微〉序》1个，翁方纲《格调论下》1个，吴乔《答万季埜诗问》1个，吴伟业《夜游虎丘·试剑石》1个，吴沃尧《历史小说总序》1个、《杂说》1个，无名氏《覃怀任氏五宗世传家谱·总序》[1]1个，徐枋《与曾青藜书》1个，许叶芬《红楼梦辨》1个，薛福成《〈出使四国公牍〉序》1个、《观巴黎油画记》1个、《强邻环伺谨陈愚计疏》1个、《请豁除旧禁招徕华民疏》1个，阎尔梅《上史阁部书》1个，颜邦城《三刻〈黄门家训〉小引》1个，杨潮观《汲长孺矫诏发仓》1个，杨伦《〈杜诗镜铨〉序》1个，杨豫成《劝戒词》1个，姚鼐《慧居寺》1个，尹会一《答刘古衡书》1个、《与赵广文》1个，余怀《〈板桥杂记〉序》1个，俞樾《顾子山〈眉绿楼词〉序》1个，袁枚《答陕西抚军毕秋帆先生书》1个、《寄房师邓逊斋先生》1个、《与金匮令书》1个、《与钱竹初书》1个、《与庆晴村都统》1个，恽敬《答顾研麓书》之二1个、《杂记》1个，恽向《题自作画册》1个，查慎行《朝会乐器歌》1个、《豆腐诗和杨芝田宫坊》之四1个，张潮《虞初新志》评语1个，张岱《家传》1个、《募修岳鄂王祠墓疏》1个，张穆《与陈颂南书》1个，赵翼《数月内频送南雷述庵淑斋诸人赴京补官戏作》之一1个、《题岫云女史双清阁诗本》之四1个、《吴谷人祭酒枉过草堂邀稚存味辛同集》之四1个、《杨雪珊自长垣归来出示近作叹赏不足诗以志爱》1个、《自戏》1个，曾国藩《复吴南屏书》1个、《家训喻纪泽》1个、《致刘孟容书》1个，郑燮《板桥自序》1个、《与金农书》1个，周亮工《题菊帖后》1个、《袁周合刻稿序》1个，朱琦《读王子寿论史诗广其义》诗之四1个、《书欧阳永叔答尹师鲁书后》1个，朱用纯《治家格言》2个。

这些语料是研究清代熟语的主要语料。对它们进行深入研究，可以发现，现代汉语的熟语，从广义的历史层次来看，大约有1085个已经在清代出现了。

---

[1] 按：此序时代不明，依照引文习惯及家谱的编写时间，可处理为清代作品。

第二节 见于清代的代表性的现代汉语熟语举例

我们所说的见于清代的代表性的熟语，指的是清代的某些熟语，在书写形式上前代、同代或后代有多种同义写法，或者在来源上有些特点，或者清代已见而有的大型工具书没有收录，或者收录但是始见例证偏晚或举例错误，或者书写形式清代以前就有但是清代增加了沿用至今的新义，等等。这些类型的熟语，它们都需要做些说明。我们的说明全部采用按语的形式，在每个熟语的后面注明。本部分的内容，按音序排列。见于清代的代表性的现代汉语熟语举例如下。

一、清代已见的具有异形写法的现代汉语熟语举例

据我们的调查，现代汉语中见于清代的有些熟语，前代、同代、后代有同义、近义等多种写法出现。这样的熟语主要是四音节的，也有少量三音节、五音节、六音节的。其中又可分为下面一些类型。

（一）具有一种异形写法的熟语

1.一种异形写法的三音节熟语

清代已见的现代汉语三音节熟语，除了约定俗成的书写形式外，有的还有另外一种异形写法。这些三音节熟语的异形写法，分为清代以前、清代的同代和清代以后三种情况：

（1）有的三音节熟语的一种异形写法出现于清代以前的元明时代。如：

【吃白食】白吃别人的饭食，方言。《何典》第二回："专一在地党上扎火囤，拿讹头，吃白食诈人的。"按：又作"喫白食"，明代已见。《醒世恒言·卖油郎独占花魁》："那人姓卜名乔，正是莘善的近邻，平昔是个游手游食，不守本分，惯喫白食、用白钱的主儿。"

【打擂台】设台比武。清钱彩《说岳全传》第六九回："这三个说要去打擂台，我看他们相貌威风，必然有些本事。"按：又作"打擂台"。元高文秀《黑旋风》第一折："那泰安山神州庙有一等打擂台赌本事的，要与人厮打。"

这一类型的熟语还有：气不忿[1]　手不稳[2]

（2）有的三音节熟语的一种异形写法出现于清代。如：

【行方便】给人以便利。清李渔《意中缘·毒诓》："好事逼人来，天与行方便，红裙情愿配袈裟，不待旁人劝。"按：又作"行个方便"。《二十年目睹之怪现状》第一〇五回："大爷，我再不敢胡说了！求你行个方便罢！"

【咬耳朵】凑近人耳边低声说话不让人听见，口语。《官场现形记》第十五回："因为统领睡了觉，不敢高声，都凑上去同周老爷咬耳朵。"按：又作"咬耳朵"。清蘧园《负曝闲谈》第十四回："包占赢与他啧啧的咬耳朵，张媛媛似理不理的。"

（3）有的三音节熟语的一种异形写法出现于清代以后的现代。如：

【卷铺盖】比喻辞职或被解雇离开工作地点。《官场现形记》第二十回："黄三溜子回去，又把小当差的骂了一顿，定要叫他卷铺盖。"按：又作"捲铺盖"。曹禺《北京人》第一幕："你们收拾不收拾？不收拾我就捲铺盖滚蛋。"

这一类型的熟语还有：打瞌睡[3]　敲竹槓[4]

2. 一种异形写法的四音节熟语

清代已见的现代汉语四音节熟语，除了约定俗成的书写形式外，有的还有一种异形写法。这些熟语的异形写法，有的出现于清代以前的各个历史时期，有的出现于清代的同代，有的出现于清代以后的 20 世纪。

（1）出现于清代以前的各个历史时期的具有一种异形写法的四音节熟语

这些异形写法涉及到的清代以前的历史时期有战国、西汉、东汉、三国、东晋、南北朝、隋唐五代、宋代、明代等。

① 有的另一种异形写法出现于战国。如：

【攻其不备】趁敌方没有防备时进行袭击。清魏源《圣武记》卷八："攻其不备，决可克复。"按：又作"攻其无备"，战国已见。《孙子·计》："攻其无备，出

---

[1]　按：又作"气不愤"，明代已见。《金瓶梅词话》第十一回："论起春梅又不是你房里丫头，你气不愤还教他伏侍大娘就是了。"

[2]　按：又作"手脚不稳"，明代已见。《西游记》第三九回："你这猴子手脚不稳，我把这还魂丹送你一丸罢。"

[3]　按：又作"打磕睡"。鲁迅《彷徨·离婚》："船便在新的静寂中继续前进；水声又很听得出了，潺潺的。八三开始打磕睡了。"

[4]　按：又作"敲竹杠"。鲁迅《书信集·致郑振铎》："《木刻纪程》是用原木版印的，因为版面不平，被印刷厂大敲竹杠，上当不浅。"

其不意。"

【秣马厉兵】喂饱战马、磨快兵器，比喻做好作战准备。清毕沅《续资治通鉴·宋真宗咸平三年》："然后深沟高垒，秣马厉兵，为战守之备。"按：又作"秣马利兵"，战国已见。《左传·成公十六年》："搜乘补卒，秣马利兵，修陈固列，蓐食申祷，明日复战。"

②有的另一种异形写法出现于西汉。如：

【百川归海】众水奔流趋向大海，比喻无数分散的事物都汇集到一处。清毛奇龄《禹庙》诗："一自百川归海后，长留风雨在江东。"按：又作"百川朝海"。汉焦赣《易林·谦之无妄》："百川朝海，流行不止，道虽辽远，无不到者。"

【相得益彰】互相帮助和补充，更能显出好处。清周亮工《袁周合刻稿序》："先生有得贤之誉，弟子获稽古之荣，发声扬烈，相得益彰。"按：又作"相得益章"，西汉已见。西汉王褒《圣主得贤臣颂》："明明在朝，穆穆列布，聚精会神，相得益章。"

这一类型的熟语还有：深闭固拒[1]　相提并论[2]

③有的另一种异形写法出现于东汉。如：

【焦头烂额】比喻处境狼狈或十分窘迫。清李汝珍《镜花缘》第一二回："幸而官事了结，花却无穷浪费，焦头烂额，已属不堪。"按：又作"燋头烂额"，东汉已见。《汉书·霍光传》："今论功而请宾，曲突徙薪亡恩泽，燋头烂额为上客耶？"又，"焦头烂额"这一书写形式东汉已见，义为被火烧伤得很严重。《淮南子·说山训》"淳于髡之告失火者，此其类"汉高诱注："淳于髡，齐人也。告其邻，突将失火，使曲突徙薪。邻人不从，后竟失火。言者不为功；救火者焦头烂额为上客。"

这一类型的熟语还有：高不可攀[3]　五方杂处[4]

④有的另一种异形写法出现于三国。如：

【魂不守舍】形容精神恍惚、心神不定。《红楼梦》第九八回："我看宝玉竟

---

[1]　按：又作"深闭固距"，西汉已见。汉刘歆《移书让太常博士》："今则不然，深闭固距，而不肯试，猥以不诵绝之，欲以杜塞余道，绝灭微学。"

[2]　按：又作"相提而论"，西汉已见。《史记·魏其武安侯列传》："相提而论，是自明扬主上之过。"

[3]　按：又作"高不可登"，东汉已见。汉陈琳《为曹洪与魏文帝书》："且夫墨子之守，萦带为垣，高不可登。"

[4]　按：又作"五方杂厝"，东汉已见。《汉书·地理志下》："是故五方杂厝，风俗不纯。"

是魂不守舍，起动是不怕的。”按：又作“魂不守宅”，三国已见。《三国志·魏志·管辂传》“闻晏扬皆诛，然后舅氏乃服”裴松之注引三国魏管辰《管辂别传》：“何之视候，则魂不守宅，血不华色。”

⑤ 有的另一种异形写法出现于晋代。如：

【蟠根错节】树木根节盘绕交错，比喻事情繁难复杂。清黄宗羲《赠编修弁玉吴君墓志铭》：“然君以为章句细微，无关重轻，所贵乎学者，必当为世所倚仗，蟠根错节，取定俄顷。”按：又作“盘根错节”，晋代已见。东晋袁宏《后汉纪·安帝纪一》：“难者不避，易者必从，臣之节也。不遇盘根错节，无以别坚利，此乃吾立功之秋，怪吾子以此相劳也。”

这一类型的熟语还有：秘而不宣[1]　唇齿相依[2]

⑥ 有的另一种异形写法出现于南北朝。如：

【后起之秀】后出现的或新成长起来的优秀人物。清余怀《板桥杂记·丽品》：“崔科，后起之秀，目未见前辈典型，然有一种天然韶令之致。”按：又作“后来之秀”，南朝已见。南朝宋刘义庆《世说新语·赏誉》：“范豫章谓王荆州：‘卿风流儁望，真后来之秀。’”

【潜移默化】人的思想、性格因受各种因素的影响无形中起了变化。清龚自珍《与秦敦夫书》：“士大夫多瞻仰前辈一日，则胸长一分邱壑；长一分邱壑，则去一分鄙陋；潜移默化，将来或去或处，所以益人家邦移风易俗不少矣。”按：又作“潜移暗化”，北朝已见。北齐颜之推《颜氏家训·慕贤》：“人在少年，神情未定，所与款狎，熏渍陶染，言笑举动，无心于学，潜移暗化，自然似之。”

这一类型的熟语还有：云蒸霞蔚[3]　足不出户[4]

⑦ 有的另一种异形写法出现于隋唐五代。如：

【俯首帖耳】形容驯服、恭顺。清蒲松龄《聊斋志异·阿霞》：“景俯首帖耳，

---

[1] 按：又作“祕而不宣”，晋代已见。《三国志·吴志·吕蒙传》“遂拜蒙母，结友而别”裴松之注引西晋虞溥《江表传》：“密为肃陈三策，肃敬受之，祕而不宣。”

[2] 按：又作“脣齿相依”，晋代已见。《三国志·魏志·鲍勋传》：“王师屡征而未有所克者，盖以吴蜀脣齿相依，凭阻山水，有难拔之势故也。”

[3] 按：又作“云兴霞蔚”。南朝宋刘义庆《世说新语·言语》：“顾长康从会稽还，人问山川之美，顾云：‘千岩竞秀，万壑争流，草木蒙笼其上，若云兴霞蔚。’”

[4] 按：又作“足不踰户”。南朝梁萧子显《南齐书·高逸传·何求》：“仍住吴，居波若寺，足不踰户，人莫见其面。”

口不能道一词。"按：又作"俛首帖耳"。唐韩愈《应科目时与人书》："若俛首帖耳、摇尾而乞怜者，非我之志也。"

【脑满肠肥】形容不劳而食的人吃得很饱，养的很肥。清陆以湉《冷庐杂识·星查兄诗》："君不见黄头郎君久待诏，脑满肠肥托权要。"按：又作"肠肥脑满"，唐代已见。唐李百药《北齐书·琅邪王俨传》："琅邪王年少，肠肥脑满，轻为举措，长大自不复然，愿宽其罪。"

这一类型的熟语，还有下面这些：

飞短流长[1]　肥头大耳[2]　监守自盗[3]　履险如夷[4]　庞然大物[5]

味同嚼蜡[6]　摇头晃脑[7]

⑧ 有的另一种异形写法出现于宋代。如：

【大智若愚】才智极高的人不炫耀自己，表面上看来好像愚笨。清薛福成《庸盦笔记·骆文忠公遗爱》："或谓骆公生平不以经济自命，其接人神气浑穆，人视之固粥粥无能，而所至功成，所居民爱，在楚在蜀，自有诸贤拥护而效其长，岂其大智若愚耶？"按：又作"大智如愚"，宋代已见。宋苏轼《贺欧阳少师致仕启》："大勇若怯，大智如愚。"

【灰头土脸】方言。① 满头、满脸粘上尘土的样子。《醒世姻缘传》第十四回："晁大舍送了珍哥到监，自己讨了保，灰头土脸，瘸狼渴疾，走到家中，见了妹子，叙了些打官司的说话。"按：又作"灰头土面"，宋代已见。宋葛长庚《菊花新》词："灰头土面，千河水，把我如何洗？"

这一类型的熟语，还有下面这些：

---

[1]　按：又作"飞流短长"，唐代已见。唐沈亚之《送韩北渚赴江西序》："故有谀言顺容积微之谗，以基所毁，四邻之地，更劲递笑，飞流短长，天下闻矣。"

[2]　按：又作"肥头大面"。《太平广记》卷二百六十引隋侯白《启颜录·殷安》："汝肥头大面，不识今古。噇，食无意智，不作宰相而何！"

[3]　按：又作"监主自盗"，五代已见。《旧唐书·杨炎传》："更召他吏绳之，曰：'监主自盗，罪绞。'"

[4]　按：又作"履险若夷"，唐代已见。《晋书·姚苌载记》："董率大众，履险若夷，上下咸允，人尽死力。"

[5]　按：又作"龐然大物"，唐代已见。唐柳宗元《三戒·黔之驴》："虎见之，龐然大物也。"

[6]　按：又作"味如嚼蜡"，唐代已见。唐般剌密帝《楞严经》卷八："我无欲心，应汝行事，于横陈时，味如嚼蜡。"

[7]　按：又作"摇头摆脑"，五代已见。后周王朴《太清神鉴》卷四："坐而转身回面者毒，坐而摇头摆脑者狡。"

百废俱举[1]　　对症下药[2]　　瓜熟蒂落[3]　　呼之欲出[4]

牵强附会[5]　　耸人听闻[6]　　水涨船高[7]　　心驰神往[8]

羊肠小道[9]　　依样葫芦[10]

⑨ 有的另一种异形写法出现于明代。如：

【各持己见】各自坚持自己的意见。清黄钧宰《金壶浪墨·堪舆》："甚至徒毁其师，子讥其父，各持己见，彼此相非。"按：又作"各执己见"，明代已见。《古今小说·明悟禅师赶五戒》："两人终日谈论，依旧各执己见，不相上下。"

【目空一切】什么都不放在眼里，形容骄傲自大。清李汝珍《镜花缘》第五二回："但他恃着自己学问，目空一切，每每把人不放眼内。"按：又作"目空一世"，明代已见。明焦竑《李氏〈焚书〉序》："宏甫快口直肠，目空一世，愤激过甚，不顾人有忤者。"

这一类型的熟语，还有下面这些：

---

[1]　按：又作"百废具举"。宋王明清《挥麈录》卷一："吴明可帅会稽，百废具举，独不传书。"

[2]　按：又作"对证下药"，宋代已见。《朱子语类》卷四一："克己复礼，便是捉得病根，对证下药。"

[3]　按：又作"瓜熟蒂落"，宋代已见。宋张君房《云笈七签》卷五六："如二仪分三才，体地法天，负阴抱阳，喻瓜熟蒂落，啐啄同时。"

[4]　按：又作"呼之或出"。宋苏轼《郭忠恕画赞》："空蒙寂历，烟雨灭没，恕先在焉，呼之或出。"

[5]　按：又作"牵强附合"。《朱子语类》卷六七："后来诸公解，只是以己意牵强附合，终不是圣人意。"

[6]　按：又作"耸动听闻"，宋代已见。宋周密《齐东野语·洪君畴》："首疏以正心格君为说，且曰：'职臣在宪府，不惟不能奉承大臣风旨，亦不敢奉承陛下风旨。'固已耸动听闻矣。"

[7]　按：又作"水长船高"，宋代已见。《五灯会元·芭蕉清禅师法嗣·芭蕉继彻禅师》："水长船高，泥多佛大。"

[8]　按：又作"心往神驰"，宋代已见。宋欧阳修《祭杜祁公文》："自公之丧，道路嗟咨。况于愚鄙，久辱公知，系官在朝，心往神驰。"

[9]　按：又作"羊肠鸟道"，宋代已见。《五灯会元·谷隐聪禅师法嗣·明州伏锡山修己禅师》："羊肠鸟道无人到，寂寞云中一个人。"

[10]　按：又作"依样画葫芦"，宋代已见。宋魏泰《东轩笔录》卷一："谷不能平，乃俾其党与，因事荐引，以为'久在词禁，宣力实多'，亦以微伺上旨。太祖笑曰：'颇闻翰林草制，皆检前人旧本，改换词语，此乃俗所谓"依样画葫芦"耳，何宣力之有？'"

归心似箭[1]　呼天抢地[2]　积重难返[3]　借水行舟[4]　揆情度理[5]

巧立名目[6]　日久天长[7]　三番五次[8]　深入浅出[9]　识文断字[10]

小题大做[11]　一帆风顺[12]　寅吃卯粮[13]　贼头贼脑[14]

（2）出现于清代同代的具有一种异形写法的四音节熟语

清代已见的具有一种异形写法的现代汉语四音节熟语，有的另一种异形写法出现于清代同代的专书语料和单篇作品语料中。

① 另一种异形写法出现于清代同代的专书语料

清代已见的现代汉语四音节熟语的另一种异形写法，涉及到的清代同代的专书语料有曹雪芹《红楼梦》、陈康祺《郎潜纪闻》、陈裴之《香畹楼忆语》、崔述

---

[1]　按：又作"归心如箭"。《金瓶梅词话》第五五回："留连了八九日，西门庆归心如箭，便叫玳安收拾行李。"

[2]　按：又作"呼天叩地"。《警世通言·宿香亭张浩遇莺莺》："今张浩忽背前约，使妾呼天叩地，无所告投。"

[3]　按：又作"积重难反"，明代已见。明张居正《陈六事疏》："近来风俗人情，积习生弊，有颓靡不振之渐，有积重难反之几，若不稍加改易，恐无以新天下之耳目，一天下之心志。"

[4]　按：又作"借水推船"，明代已见。《警世通言·金明池吴清逢爱爱》："狱官借水推船，权把吴清收监，候病痊再审，二赵取保在外。"

[5]　按：又作"揆理度情"，明代已见。明刘若愚《酌中志·辽左弃地》："揆理度情，大有未便。"

[6]　按：又作"巧立名色"，明代已见。明李贽《三大士像议》："我这里佛自解放光，不似世上一等魍魉匠、魍魉僧巧立名色，诳人钱财也。"

[7]　按：又作"日久岁长"，明代已见。《初刻拍案惊奇》卷十七："我虽是不好嫁得你出家人，只是认做兄妹往来，谁禁得我？这便可以日久岁长的了。"

[8]　按：又作"三番两次"，明代已见。《西游记》第二六回："我等当夜走脱，又被他赶上，依然笼了。三番两次，其实难逃，已允了他医树。"

[9]　按：又作"深入显出"，明代已见。明朱之瑜《与释独立书》之二："鸿论深入显出，切中事机，据理辩驳，虽有利口，无所复置其喙。"

[10]　按：又作"识文谈字"。明无名氏《薛苞认母》第二折："孩儿也，你是个识文谈字的人。"

[11]　按：又作"小题大作"，明代已见。明杨聪《玉堂荟记》卷上："既被提入京，欲伸前志，每为范木渐所阻，迨范去艰去，而成遂奏揭纷出，小题大作矣。"

[12]　按：又作"一帆顺风"，明代已见。《水浒传》第四一回："三只大船载了许多人马头领，却投穆太公庄上行，一帆顺风，早到岸边埠头。"

[13]　按：又作"寅支卯粮"，明代已见。明毕自严《蠲钱粮疏》："大都民间止有此物力，寅支卯粮，则卯年之通势也。"

[14]　按：又作"贼头鼠脑"，明代已见。《西游记》第三一回："八戒道：'哥啊，我晓得。你贼头鼠脑的，一定又变作个甚么东西儿跟着我听的。'"

《读风偶识》、和邦额《夜谭随录》、纪昀《阅微草堂笔记》、李百川《绿野仙踪》、李宝嘉《中国现在记》、李汝珍《镜花缘》、刘鹗《老残游记》、平步青《霞外攟屑》、蒲松龄《聊斋志异》、蓬园《负曝闲谈》、沈复《浮生六记》、石玉昆《三侠五义》、宋荦《漫堂说诗》、魏秀仁《花月痕》、文康《儿女英雄传》、吴敬梓《儒林外史》、吴趼人《二十年目睹之怪现状》及《糊涂世界》、西周生《醒世姻缘传》、夏燮《中西纪事》、薛福成《筹洋刍议》、延君寿《老生常谈》、袁枚《随园诗话》及《随园诗话补遗》、张岱《跋寓山注》、张集馨《道咸宦海见闻录》、昭梿《啸亭杂录》、郑观应《盛世危言》，等等。如：

【斑驳陆离】色彩斑斓绚丽的样子。清郑燮《板桥自序》："有时说经，亦爱其斑驳陆离，五色炫烂。"按：又作"斑駮陆离"。清蒲松龄《聊斋志异·古瓶》："器大可合抱，重数十斤，侧有双环，不知何用，斑駮陆离。"

【卑不足道】谓卑微藐小，不值得一谈。清阎尔梅《上史阁部书》："又好读古人书，遇古人有气谊、事功、文章者，辄慨然欣慕，其卑不足道者，心鄙夷之。"按：又作"卑卑不足道"。清宋荦《漫堂说诗》："其后有'江湖'、'四灵'徐照、翁卷等，专攻晚唐五言，益卑卑不足道。"

这一类型的熟语，还有下面这些：

别树一帜[1]	缠緜悱恻[2]	呆头呆脑[3]	独出心裁[4]
沸反盈天[5]	浮光掠影[6]	各抒己见[7]	回光返照②[8]

---

[1] 按：又作"别树一旗"。清袁枚《随园诗话》卷七："唐义山、香山、牧之、昌黎，同学杜者；今其诗集，都是别树一旗。"

[2] 按：又作"缠绵悱恻"。清陈裴之《香畹楼忆语》："前读君寄幼香之作，缠绵悱恻，如不胜情。"

[3] 按：又作"獃头獃脑"。《儒林外史》第十二回："姓杨的杨老头子来讨帐，住在庙里，獃头獃脑，口里说甚么天文地理，经纶匡济的混话。"

[4] 按：又作"独出新裁"。清袁枚《随园诗话补遗》卷十二："松江提督张云翼以公侯世职，而《严滩》一首，独出新裁。"

[5] 按：又作"沸反连天"。清钱彩等《说岳全传》第六七回："那黑虎带来的两员偏将，给散了众军羊酒，仍回到殿上，听得里面沸反连天，拔出腰刀抢进来。"

[6] 按：又作"浮光略影"。清冯班《钝吟老人杂录·严氏纠谬》："沧浪论诗，止是浮光略影，如有所见，其实脚跟未曾点地。"

[7] 按：又作"各抒所见"。清郑观应《盛世危言·议院》："中国历代帝王继统，分有常尊，然而明良喜起，吁咈赓歌，往往略分言情，各抒所见。"

[8] 按：又作"迴光返照"。《红楼梦》第九八回："此时李纨见黛玉略缓，明知是迴光返照的光景，却料着还有一半天的耐头。"

畸轻畸重[1]　　狼狈为奸[2]　　临阵磨枪[3]　　流言蜚语[4]

明察暗访[5]　　蹑手蹑脚[6]　　迫不及待[7]　　如数家珍[8]

若即若离[9]　　三天两头[10]　　深仇大恨[11]　　神不守舍[12]

细针密缕[13]　　心花怒放[14]　　寻根究底[15]　　言简意赅[16]

---

[1]　按：又作"畸重畸轻"。清薛福成《筹洋刍议·约章》："两国议和不能无约，约章行之既久，恐有畸重畸轻之事，以致两国之有偏损也。"

[2]　按：又作"狼狈为姦"。清夏燮《中西纪事·互市档案》："惟十三洋行与公司交通既久，狼狈为姦，反以为不便。"

[3]　按：又作"临阵磨鎗"。《红楼梦补》第七回："刚才兰哥儿来说起开科的话，要跟着他叔叔同去下场，他听了忽然高兴，急巴巴的临阵磨鎗呢。"

[4]　按：又作"流言飞语"。清和邦额《夜谭随录·修鳞》："流言飞语，何足凭信。"

[5]　按：又作"明查暗访"。清刘鹗《老残游记》第十八回："差你往齐东村明查暗访，这十三条命案是否服毒？有什么别样案情？限一个月报命。"

[6]　按：又作"蹑手蹑足"。《花月痕》第十三回："小丫鬟等更蹑手蹑足的在外间收拾那粉盒妆盏，不敢大声说一句话，倒弄得内外静悄悄的。"

[7]　按：又作"迫不可待"。清李百川《绿野仙踪》第二九回："迫不可待者，即令官吏带银子，按户稽查，量其家大小人口若干，先与银若干，使其度命。"

[8]　按：又作"如数家物"。清张岱《跋寓山注》之一："主人作注，不事铺张，不事雕绘，意随景到，笔借目传。如数家物，如写家书，如殷殷诏语家之儿女僮婢。"

[9]　按：又作"若离若即"。清陈康祺《郎潜纪闻》卷十："大抵总宪戆直凌人，岳岳觥觥，朝士必多未满，而与和相若离若即，又未尝不稍敛其锋棱，一时众口诋諆，遂有师相门生之谤。"

[10]　按：又作"三头两日"。《醒世姻缘传》第六回："一切日用盘缠，三头两日俱是通州差人送来。"

[11]　按：又作"深雠大恨"。清和邦额《夜谭随录·铁公鸡》："沽酒市肉，日与宾客欢宴，一似与银钱二物有深雠大恨者，必欲尽力消耗之而后已。"

[12]　按：又作"神不收舍"。清沈复《浮生六记·坎坷记愁》："芸曰：'连日梦我父母放舟来接，闭目即飘然上下，如行云雾中，殆魂离而躯壳存乎？'余曰：'此神不收舍，服以补剂，静心调养，自能安痊。'"

[13]　按：又作"细针密线"。清延君寿《老生常谈》："以工部之才为律诗，其细针密线有如此，他可类推。"

[14]　按：又作"心花怒发"。清蘧园《负曝闲谈》第十四回："黄子文以为是有情于他，喜得心花怒发，意蕊横飞。"

[15]　按：又作"寻根问底"。《二十年目睹之怪现状》第四回："至于内中暧昧情节，谁曾亲眼见来，何必去寻根问底！"

[16]　按：又作"言简意该"。清崔述《读风偶识》卷一："夫《论语》所载孔子论诗之言多矣，若《关雎》、《思无邪》章，诵《诗三百》以及《兴观群怨》、《周南》、《召南》等章，莫不言简意该，义深词洁。"

养痈遗患[1] 　　一板一眼[2] 　　一相情愿[3] 　　移樽就教[4]

义愤填膺[5] 　　语重心长[6] 　　贼眉鼠眼[7] 　　肘腋之患[8]

蛛丝马迹[9]

②另一种异形写法出现于清代同代的单篇作品语料

清代已见的现代汉语四音节熟语的另一种异形写法，涉及到的清代同代的单篇作品语料有管同《范增论上》、李渔《怜香伴·搜挟》及《与赵声伯文学》、谭嗣同《代拟上谕》，等等。如：

【任劳任怨】做事不辞劳苦，不怕埋怨。清颜光敏《颜氏家藏尺牍·劳副都之辨》："惟存一矢公矢慎之心，无愧屋漏，而闱中任劳任怨，种种非笔所能尽。"按：又作"任怨任劳"。清李渔《怜香伴·搜挟》："正是国家隆重之典，仕路清浊之源，非徒任怨任劳，还要其难其慎。"

【趋之若鹜】像鸭子一样成群跑过去，比喻很多人争着去追逐。《孽海花》第二七回："白云观就是他纳贿的机关，高道士就是他作恶的心腹，京外的官员，那个不趋之若鹜呢！"按：又作"趋之如鹜"。清李渔《与赵声伯文学》："蝇头之利几何，而此辈趋之如鹜。"

---

[1] 按：又作"养痈贻患"。清纪昀《阅微草堂笔记·槐西杂志一》："博善化之虚名，溃散决裂乃至于此。养痈贻患，我之谓也夫！"

[2] 按：又作"一板三眼"。清吴趼人《糊涂世界》卷六："如今的时势，就是孔圣人活过来，一板三眼的去做，也不过是个书呆子罢了。"

[3] 按：又作"一厢情愿"。清张集馨《道咸宦海见闻录》："讷中堂也做过总督，何以一厢情愿？"

[4] 按：又作"移罇就教"。清李汝珍《镜花缘》第二四回："多九公道：'也罢，我们移罇就教罢。'"

[5] 按：又作"义愤填胸"。《儿女英雄传》第五回："把白脸儿狼、傻狗二人商量的伤天害理的这段阴谋听了个仔细，登时义愤填胸。"

[6] 按：又作"语长心重"。清张集馨《道咸宦海见闻录·朋僚函札·向荣来函》："新正十六日接展书书，诸切注饰，语长心重，有如面谈。"

[7] 按：又作"贼眉贼眼"。清石玉昆《三侠五义》第三回："正说话间，只见小和尚左手拿一只灯，右手提一壶茶走进来，贼眉贼眼，将灯放下，又将茶壶放在桌上。"

[8] 按：又作"肘胁之患"。清昭梿《啸亭杂录·王文端》："明张差之事，殷鉴犹存，吾见上时必当极力言之，以除肘胁之患。"

[9] 按：又作"蛛丝马迹"。清平步青《霞外攟屑·里事·倪文正公与弟献汝二书》："考清张廷玉《明史》者，亦无由于蛛丝马迹之中，尽得当日情事也。"

这一类型的熟语还有：无足轻重[1]　营私舞弊[2]

（3）出现于清代以后的 20 世纪的具有一种异形写法的四音节熟语

清代已见的具有一种异形写法的现代汉语四音节熟语，有的另一种异形写法出现于 20 世纪的专书语料和单篇作品语料中。

① 另一种异形写法出现于 20 世纪的专书语料

清代已见的现代汉语四音节熟语的另一种异形写法，涉及的 20 世纪的专书语料有巴金《秋》、郭沫若《孔雀胆》及《蒲剑集》、老舍《小坡的生日》、鲁迅《二心集》及《华盖集续编》、罗普《东欧女豪杰》、马烽等《吕梁英雄传》、马南邨《燕山夜话》、茅盾《清明前后》、瞿秋白《饿乡纪程》、苏曼殊《遯迹记》、孙锦标《通俗常言疏证》、张枬等《辛亥革命前十年间时论选集》、姚雪垠《李自成》、赵尔巽《清史稿》、周立波《暴风骤雨》，等等。如：

【吃现成饭】比喻不劳而获，坐享其成。《官场现形记》第二三回："虽然道台核准了已经一年有余，他却一直不引见、不到省，仍旧在老子任上当少爷，吃现成饭。"按：又作"喫现成饭"。孙锦标《通俗常言疏证·饮食》："喫现成饭。《四弦秋剧》：'你看那些喫现成饭的，到饥寒时，百样去向人求乞，有谁顾盼来？'"

【狗血喷头】形容骂得很厉害。《儒林外史》第三回："被胡屠户一口啐在脸上，骂了一个狗血喷头。"按：又作"狗血淋头"。巴金《秋》三七："他们睡得正香，你敢去吵醒他们，一定要骂得你狗血淋头。"

这一类型的熟语，还有下面这些：

唇焦舌敝[3]　鬼蜮伎俩[4]　慌手慌脚[5]　精疲力竭[6]　哭丧着脸[7]

---

　　[1]　按：又作"无足重轻"。清管同《范增论上》："夫以匹夫取暴主天下，其名甚正，而必借助于无足重轻之楚后，以自成其篡弑之名，而使天下得以借口。"

　　[2]　按：又作"营私作弊"。清谭嗣同《代拟上谕》："总期民隐尽能上达，督抚无从营私作弊为要。"

　　[3]　按：又作"唇焦舌敝"。罗普《东欧女豪杰》第二回："自此，那个合群大会也期满散了，菲亚又往各地村落，逢人说项，唇焦舌敝，语不离宗，一连跑了一个多月。"

　　[4]　按：又作"鬼蜮技俩"。鲁迅《华盖集续编·并非闲话（三）》："古人常说'鬼蜮技俩'，其实世间何尝真有鬼蜮，那所指点的，不过是这类东西罢了。"

　　[5]　按：又作"慌手忙脚"。老舍《小坡的生日》十二："嘓拉巴唧向小姑娘一点头，慌手忙脚的跑出去。"

　　[6]　按：又作"精疲力尽"。瞿秋白《饿乡纪程》十三："走得精疲力尽，想找一辆马车，也找不着。"

　　[7]　按：又作"哭丧脸"。鲁迅《二心集·关于翻译的通信》："对着这样的哭丧脸，你同他说什么呢？"

评头品足[1] 浅尝辄止[2] 认贼作父[3] 三灾八难[4] 杀一儆百[5]
事过境迁[6] 痌瘝在抱[7] 无孔不入[8] 相形见绌[9] 心狠手辣[10]
一语破的[11] 真知灼见[12]

② 另一种异形写法出现于20世纪的单篇作品语料

清代已见的现代汉语四音节熟语的另一种异形写法，涉及的20世纪的单篇作品语料有《花城》1981年第1期、李大钊《唯物史观在现代史学上的价值》、刘白羽《一个温暖的雪夜》、刘伯承《回顾长征》、刘心武《写在水仙花旁》、茅盾《擒·纵》、孙中山《〈民报〉发刊词》，等等。如：

【适得其反】结果与希望正相反。清魏源《筹海篇·议守上》："今议防堵者，莫不曰：'御诸内河不若御诸海口，御诸海口不若御诸外洋。'不知此适得其反

[1] 按：又作"评头论脚"。周立波《暴风骤雨》第二部二七："她们的眼睛老瞅着新娘，有时也看看新郎，她们肩挨着肩，手拉着手，评头论脚，叽叽嘈嘈地小声地吵嚷个不休。"

[2] 按：又作"浅嚐辄止"。《辛亥革命前十年间时论选集·拟设国粹学堂启》："今后生小子，入学肄业，辄束书不观；日惟骛于功令利禄之途，卤莽灭裂，浅嚐辄止，致士风日趋于浅陋。"

[3] 按：又作"认贼为父"。苏曼殊《遯迹记》："先是余家既亡，怅怅无之。大盗更迫我侪，为供奔走。测彼居心，是畜猎犬之技。斯时认贼为父，自残梵裔者，亦复不少。"

[4] 按：又作"三灾六难"。马烽等《吕梁英雄传》第二四回："谁家也有三灾六难哩！互相帮助嘛！"

[5] 按：又作"杀一警百"。郭沫若《孔雀胆》第三幕："斩草除根，杀一警百，这正是根本的办法。"

[6] 按：又作"事过景迁"。马南邨《燕山夜话·"放下即实地"》："到了事实完全弄清楚的时候，有些问题又事过景迁了，心里感到十分懊恼。"

[7] 按：又作"痌瘝在抱"。《清史稿·仁宗纪》："朕痌瘝在抱，每直省报灾，无不立霈恩施，多方赈恤。"

[8] 按：又作"无空不入"。茅盾《清明前后》第四幕："种种法规，一切措施，马上又变活了，投机是满天飞跃，无空不入。"

[9] 按：又作"相形见拙"。郭沫若《蒲剑集·"民族形式"商兑》："皮簧剧在戏剧构成上也占着超越的地位，但把来和近代小说与近代话剧比较，由于内容的陈旧，是不免相形见拙的。"

[10] 按：又作"心辣手狠"。姚雪垠《李自成》第一卷第十九章："可旺今年才二十二岁，但心辣手狠，超过他的义父。"

[11] 按：又作"一语中的"。马南邨《燕山夜话·交友待客之道》："这是把虚心看做交友待客的根本态度，真可谓一语中的，抓住了要害。"

[12] 按：又作"真知卓见"。郭沫若《盲肠炎·向自由王国飞跃》："我的旧信稿，不敢说是甚么真知卓见，不过在此提供出来，聊以供朋友们的讨论罢了。"又，"真知灼见"这一书写形式明代已见，义为真正知道且确实看见。《警世通言·王安石三难苏学士》："真知灼见者尚且有误，何况其他！"

也。"按：又作"适居其反"。李大钊《唯物史观在现代史学上的价值》："这都是大错特错，唯物史观及于人生的影响乃适居其反。"

【欲擒故纵】比喻为了更好地控制而故意放松一步。《儿女英雄传》第十三回："无如他著书的，要作这等欲擒故纵的文章。"按：又作"欲擒先纵"。茅盾《擒·纵》："真正老于世情的老奸巨猾，大概都会行使'欲擒先纵'的法门。"

这一类型的熟语，还有下面这些：

丢三落四[1]　　渺无人烟[2]　　舌敝唇焦[3]　　冤家路窄[4]　　振聋发聩[5]

清代已见的具有一种异形写法的现代汉语熟语，基本上都是三音节、四音节的，但是偶尔也有一些六音节的。如：

【八字没见一撇】比喻事情毫无眉目、未见端绪，口语。《儿女英雄传》第二九回："不然，姐姐只想，也有个'八字ル没见一撇ル'，我就敢冒冒失失把姐姐合他画在一幅画儿的道理吗？"按：又作"八字不见两撇"。《通俗常言疏证》卷三："《通俗编》：'朱子《与刘子澄书》：圣贤已是八字打开了，人不自领会。'按今有'八字不见两撇'之谚，似又因于此。凡事无端绪者，谓之八字不曾见两撇。"

【陈谷子烂芝蔴】比喻陈旧而无关紧要的东西，俗谚。《红楼梦》第四五回："可是我胡涂了！正经说的都没说，且说此'陈谷子烂芝蔴'的。"按：又作"陈谷子烂芝麻"。老舍《四世同堂》二："在祁老人呢，他，第一，需要个年老的朋友，好有个地方去播放他的陈谷子烂芝麻。"

（二）具有两种异形写法的熟语

清代已见的现代汉语熟语，除了约定俗成的书写形式外，有的还有两种异形写法。这些熟语的两种异形写法，按时代的不同，又分为以下一些类型：

---

[1]　按：又作"丢三拉四"。刘白羽《一个温暖的雪夜》："老是这样死活不顾，老是这样丢三拉四，这毛病什么时候能改改！"

[2]　按：又作"渺无人烟"。刘伯承《回顾长征》："长征中，红军斩关夺隘……跋涉了渺无人烟的草原。"

[3]　按：又作"舌敝唇枯"。孙中山《〈民报〉发刊词》："近时志士，舌敝唇枯，惟企强中国以比欧美。"

[4]　按：又作"冤家路狭"。《花城》1981年第1期："啊！她不就是……天哪！这真是冤家路狭啊！"

[5]　按：又作"震聋发聩"。刘心武《写在水仙花旁》一："一旦有满足这种要求的作品出现，形同震聋发聩，会引起强烈的反响。"

1.清代以前的时代出现的具有两种异形写法的四音节熟语

见于清代的现代汉语四音节熟语，有的在清代以前就出现了两种不同的异形写法。这些不同的异形写法，按时代的不同可以分为以下这些类型：

（1）一种异形写法见于西汉，一种异形写法见于东晋。如：

【貌合神离】表面关系密切而实际上怀有二心。清宣鼎《夜雨秋灯录·得新忘旧》："自有此宠复，神意即淡然，偶有酬对，亦只貌合神离耳。"按：又作"貌合心离"、"貌合行离"。旧题西汉黄石公《素书·遵义》："貌合心离者孤，亲谗远忠者亡。"东晋葛洪《抱朴子·勤求》："口亲心疏，貌合行离。"

（2）一种异形写法见于西汉，一种异形写法见于宋代。如：

【义无反顾】在道义上勇往直前不退缩。清胡承谱《续只麈谭·世袭云骑尉朱庆锦》："先是，守备赴援时，语其妇孙氏、江氏曰：'我以王事义无反顾，尔曹可早自为计。'"按：又作"义不反顾"、"义无返顾"。《史记·司马相如列传》："夫边郡之士，闻烽举燧燔，皆摄弓而驰，荷兵而走，流汗相属，唯恐居后，触白刃，冒流矢，义不反顾，计不旋踵，人怀怒心，如报私雠。"宋张孝祥《代揔得居士与叶参政》："王、戚、李三将忠勇自力，义无返顾。"

（3）一种异形写法见于南朝，一种异形写法见于元代。如：

【南征北战】形容转战南北，经历了许多战斗。清如莲居士《说唐》第十五回："我家世代忠良，我们赤心为国，南征北战，平定中原。"按：又作"南征北伐"、"南征北讨"。南朝梁沈约《宋书·傅亮传》："我首唱大义，复兴皇室，南征北伐，平定四海，功成业著，遂荷九锡。"元无名氏《昊天塔》第一折："想老夫幼年时，南征北讨，东荡西除，到今日都做了一场春梦也。"

（4）一种异形写法见于北朝，一种异形写法见于唐代。如：

【星罗棋布】形容多而密集。清魏秀仁《花月痕》第四九回："淮南北胜兵，星罗棋布。"按：又作"星罗棊布"、"星罗碁布"。北朝东魏无名氏《中岳嵩阳寺碑》："塔殿宫堂，星罗棊布。"唐刘轲《玄奘塔铭》："至于星罗碁布，五法三性……各有攸处，曾未暇也。"

（5）一种异形写法见于唐代，一种异形写法见于宋代。如：

【繁文缛节】繁琐的礼节，比喻繁琐多余的事项。清魏源《默觚下·治篇十一》："以深虑远计为狂愚，以繁文缛节为足黼太平。"按：又作"繁文缛礼"、"繁文末节"。唐元稹《王永太常博士制》："朕明年有事于南郊，谒清宫，朝太庙，繁文缛礼，予心懵然。"《朱子语类》卷四一："为国以礼之礼，却不只是繁文末节。"

（6）两种异形写法都见于宋代。如：

【含血喷人】比喻用恶毒的话诬蔑别人。清李玉《清忠谱·叱勘》："你不怕刀临头颈，还思含血喷人。"按：又作"含血噀人"、"含血濆人"。《五灯会元·黄龙新禅师法嗣·崇觉空禅师》："含血噀人，先污其口。百丈野狐，失头狂走。蓦地唤回，打个筋斗。"宋晓莹《罗湖野录》卷二："含血濆人，先污其口。"

【平心静气】心情平和，态度冷静。《红楼梦》第七四回："凤姐道：'太太快别生气，若被别人觉察了，保不定老太太不知道。且平心静气，暗暗访察，才得确实。'"按：又作"平心定气"、"平心易气"。宋吕本中《官箴》："又如监司郡守严刻过当者，须平心定气与之委曲详尽，使之相从而后已。"《朱子语类》卷三三："横渠论看诗，教人平心易气求之，到他说诗，又却不然。"

（7）一种异形写法见于元代，一种异形写法见于明代。如：

【眼花缭乱】眼睛看到复杂纷繁的东西感到迷乱。《儒林外史》第二十回："匡大被他这一番话说得眼花缭乱，浑身都酥了，一总都依他说。"按：又作"眼花撩乱"、"眼花历乱"。元王实甫《西厢记》第一本第一折："颠不剌的见了万千，似这般可喜娘的庞儿罕曾见，则着人眼花撩乱口难言，魂灵儿飞在半天。"《初刻拍案惊奇》卷三六："参成世界总游魂，错认讹闻各有因。最是天公施巧处，眼花历乱使人浑。"

【装模作样】故意做样子给人看。《二十年目睹之怪现状》第九五回："外面虽是雷厉风行，装模作样，其实说到他的内情，只要有钱送给他，便万事全休的了。"按：又作"妆模作样"、"装模做样"。元无名氏《冻苏秦》第三折："百般妆模作样，讪笑寒酸魈魈。"明李贽《史纲评要·唐纪·景云元年》："还有一等装模做样如泥塑、如木雕的五经。未尝不扫地。要知。要知。"

（8）两种异形写法都见于明代。如：

【偷鸡摸狗】② 男子乱搞男女关系。《红楼梦》第四四回："成日家偷鸡摸狗，腥的、臭的，都拉了你屋里去。"按：又作"偷鸡盗狗"、"偷鸡吊狗"。《金瓶梅词话》第六回："不比先前在王婆茶坊里，只是偷鸡盗狗之欢。"《古今小说·任孝子烈性为神》："你放声哭起来，你的丈夫必然打发你归家去。我每日得和你同欢同乐，却强如偷鸡吊狗，暂时相会。"

这一类型的熟语还有：柳眉倒竖[1]　引狼入室[2]

2. 清代的同代出现的具有两种异形写法的四音节熟语

见于清代的现代汉语四音节熟语，有的在清代的同代出现了两种不同的书写形式：

（1）两种异形写法，一种见于《官场现形记》，一种见于《野叟曝言》。如：

【恼羞成怒】因烦恼羞愧到了极点而发怒。《红楼梦》第七一回："这婆子一则吃了酒，二则被这丫头揭着弊病，便恼羞成怒了。"按：又作"恼羞变怒"、"老羞成怒"。清李伯元《官场现形记》第三十回："冒得官见他如此的说法，不禁恼羞变怒，喝令左右：'替我赶他出去！'"《野叟曝言》第五三回："此事原不能做番景王，莫如少为圆融，勿使老羞成怒，则王法尚不至尽废也。"

（2）两种异形写法，一种见于《儿女英雄传》，一种见于《镜花缘》。如：

【闲情逸致】闲适的情致。蒲松龄《聊斋志异·道士》清但明伦评："道士何为闲情逸致而作此剧？"按：又作"闲情逸致"、"闲情逸志"。《儿女英雄传》第三八回："老爷这趟出来，是闲情逸致，正要问问沿途的景物。"《镜花缘》第八四回："要知世间好事甚多，谁有那些闲情逸志去做。"

3. 清代以后的 20 世纪出现的具有两种异形写法的四音节熟语

见于清代的现代汉语四音节熟语，有的在清代以后的 20 世纪出现了两种不同的书写形式：

（1）两种异形写法，一种见于许地山作品，一种见于臧克家作品。如：

【眉飞色舞】形容高兴或得意的神情。清梁章钜《浪迹丛谈·少穆尚书赠联》："甫踰月，少穆果手制二十八字长联见寄，并缀以长跋，词翰双美，感愧交并。时方辑录《楹联余话》，得又增一美谈，不禁眉飞色舞也。"按：又作"眉飞目舞"、"眉飞色悦"。许地山《黄昏后》："这老人家在灯光之下说得眉飞目舞。"臧克家《迎春辞》诗："在和一九七六年告别的前夜，大伙儿聚在一块把希望叙说，激情满怀，眉飞色悦，打倒了'四人帮'，心里多么快活！"

----

[1] 按：又作"柳眉踢竖"、"柳眉剔竖"。《水浒传》第二一回："只见那婆惜柳眉踢竖，星眼圆睁，说道：'老娘拿是拿了，只是不还你！'"《金瓶梅词话》第五八回："登时柳眉剔竖，星眼圆睁，叫春梅打着灯，把角门闩了，拿大棍把那狗没高低只顾打。"

[2] 按：又作"引虎入室"、"引狗入寨"。明冯梦龙《东周列国志》第十七回："楚王自引兵径入息宫，来寻息妫。息妫闻变，叹曰：'引虎入室，吾自取也。'"明古狂生《醉醒石》第三回："一说与众人知道，岂不被人看破了？如何不引起人勾骗之心，这分明是钱秀才自己引狗入寨也。"

（2）两种异形写法，一种见于鲁迅著作，一种见于曹禺著作。如：

【一塌糊涂】形容乱到不可收拾的地步或糟糕到了极点。《孽海花》第三十回："与其顾惜场面硬充好汉，到临了弄的一塌糊涂，还不如一老一实，揭破真情，自寻生路。"按：又作"一榻胡涂"、"一塌胡涂"。鲁迅《书信集·致曹靖华》："《铁流》在北平有翻版了，坏纸错字，弄得一榻胡涂。"曹禺《北京人》第二幕："我的运气不好，处处倒霉，碰钉子，事业一到我手里就莫名其妙地弄得一塌胡涂。"

4.清代以前和清代两种不同时代的混合型的具有两种异形写法的四音节熟语

现代汉语中见于清代的具有两种异形写法的四音节熟语，有的出现于清代以前和清代以后的混合时代：

（1）两种异形写法，一种出现于清代以前的南朝，一种出现于清代。如：

【屋上架屋】比喻重叠或不必要的重复。清冯班《钝吟杂录·正俗》："必如所云，则乐府之文，所谓床上安床，屋上架屋，古人已具，何赘剩耶？"按：又作"屋下架屋"、"屋上起屋"。《世说新语·文学》："庾仲初作《扬都赋》成……人人竞写，都下纸为之贵。谢太傅云：'不得尔，此是屋下架屋耳。事事拟学，而不免俭狭。'"清张岱《答袁箨庵书》："兄作《西楼》，只一情字。《讲技》、《错梦》、《抢姬》、《泣试》，皆是情理所有，何尝不闹热，何尝不出奇，何取于节外生枝，屋上起屋耶？"

（2）两种异形写法，一种出现于清代以前的元代，一种出现于清代。如：

【调三窝四】搬弄是非，挑拨离间。《红楼梦》第六三回："晴雯笑道：'你如今也学坏了，专会调三窝四。'"按：又作"调三斡四"、"调三惑四"。元吴昌龄《张天师》第三折："你休那里便伶牙俐齿，调三斡四，说人好歹，讦人暧昧。"《红楼梦》第十回："恼的是那狐朋狗友，搬是弄非、调三惑四。"

（3）两种异形写法，一种出现于清代以前的明代，一种出现于清代。如：

【狼吞虎咽】形容吃东西又猛又急。清李海观《歧路灯》第四六回："绍闻只得陪差人吃饭，只呷了几口汤儿，看那差人狼吞虎咽的吃。"按：又作"虎咽狼吞"、"狼吞虎嚼"。《西游记》第六二回："你看八戒放开食嗓，真个是虎咽狼吞，将一席果菜之类，吃得罄尽。"清陈忱《水浒后传》第五回："走了这半天，肚中饥馁，狼吞虎嚼吃了一回。"

【通权达变】为适应客观情况的变化，采取适合实际需要的灵活办法。《儿女英雄传》第二八回："按古礼，媳妇每日谒见翁姑，这些东西还该随身佩带的，只是如今人心不古,你若带在身上,大家必哗以为怪,只好通权达变,放在手下备用罢。"按:又作"通时达变"、"通时合变"。明宋濂《遥授李思齐江西行省左丞诰》:"及我师入关,乃西往临洮,已而率士马之众纳款辕门,去危而就安,转祸而为福……可谓通时达变之豪杰矣。"清梅曾亮《复上汪尚书书》:"立者非他,通时合变,不随俗为陈言者是已。"

【指桑骂槐】比喻表面骂 A 而实际骂 B。《红楼梦》第五九回:"你老别指桑骂槐。"按:又作"指桑树骂槐树"、"指桑说槐"。《金瓶梅词话》第六二回:"他每日那边指桑树骂槐树,百般称快。"《红楼梦》第六九回:"众丫头媳妇无不言三语四,指桑说槐,暗相讥刺。"

5. 清代以前和清代以后两种不同时代的混合型的具有两种异形写法的四音节熟语

现代汉语中见于清代的具有两种异形写法的四音节熟语,异形写法有的出现于清代以前和清代以后的混合时代:

(1) 两种异形写法,一种出现于清代以前的唐代,一种出现于现代。如:

【韬光养晦】比喻隐藏才能不使外露。清俞万春《荡寇志》第七六回:"贤侄休怪老夫说,似你这般人物,不争就此罢休。你此去,须韬光养晦,再看天时。"按:又作"韬光用晦"、"韬光隐晦"。唐黄滔《知白守黑赋》:"圣人所以立言于彼,垂训于后,将令学者得韬光用晦之机,不使来人有衒实矜华之丑。"郭沫若《〈虎符〉附录·写作缘起》:"这也与其说是由于信陵君的悲观、失望而至于消极,倒宁可说是由于魏王的猜忌、残忍,而使他不得不韬光隐晦的。"

(2) 两种异形写法,一种出现于清代以前的明代,一种出现于现代。如:

【打躬作揖】旧时礼节,弯身抱拳,上下摆动,表示恭敬。《儒林外史》第十六回:"阿叔道:'好呀!老二回来了?穿的恁厚厚敦敦的棉袄!又在外边学得恁知礼,会打躬作揖!'"按:又作"打恭作揖"、"打拱作揖"。明李贽《因记往事》:"嗟乎!平居无事,只解打恭作揖,终日匡坐,同于泥塑。"瞿秋白《乱弹·水陆道场》:"小百姓气愤不过,抓住一两个流氓,打他们一顿;立刻就会有人出来打拱作揖的说:'赔罪,赔罪,对不起!'"

【无精打彩】形容不高兴,提不起劲儿。《红楼梦》第二七回:"自觉无味,转身回来,无精打彩的卸了残妆。"按:又作"无精打采"、"无精嗒彩"。明许仲琳《封神榜》第一五三回:"且说魔礼红见中军官出去,自己无精打采,心中纳闷。"老舍《骆驼祥子》十八:"枝条一动也懒得动的,无精嗒彩的低垂着。"

6. 清代和清代以后两种不同时代的混合型的具有两种异形写法的四音节熟语

现代汉语中见于清代的具有两种异形写法的四音节熟语，异形写法有的出现于清代和清代以后的混合时代：

（1）两种异形写法，一种出现于清代曹雪芹的著作，一种出现于现代孙犁的作品。如：

【分斤掰两】形容为人小气，过分计较。《儿女英雄传》第十五回："不是我说句分斤掰两的话咧，舅爷有什么高亲贵友该请到他华府上去？"按：又作"分金掰两"、"分斤拨两"。《红楼梦》第四五回："真真泥腿光棍，专会打细算盘，分金掰两的。"孙犁《村歌》："可是俺们那组，都说大家既是合适，才组织到一块，不愿意分斤拨两的，显着薄气。"

（2）两种异形写法，一种出现于清代梁章钜的作品，一种出现于现代鲁迅的著作。如：

【面面俱到】各方面都照顾到，十分周全。清李伯元《官场现形记》第五七回："他八股做得精通，自然办起事来亦就面面俱到了。"按：又作"面面皆到"、"面面圆到"。清梁章钜《楹联续话·挽词》："后数日而部行新令始至，复令改制一联，云：'来去有前因，遗范难忘联襼日；宽严能并济，新恩惜在盖棺时。'则面面皆到矣。"鲁迅《朝花夕拾·无常》："所以看客对于他们不很敬畏，也不大留心，除了念佛老妪和她的孙子们为面面圆到起见，也照例给他们一个'不胜屏营待命之至'的仪节。"

（3）两种异形写法，一种出现于清代秋瑾的作品，一种出现于现代郭沫若的著作。如：

【蒸蒸日上】比喻事业天天向上发展。清陈康祺《郎潜纪闻》卷十三："两浙人士省愆悔过，士风丕变，谕准照旧应试，前后三年，浇漓尽革。况今涵濡圣泽几二百年，宜风气蒸蒸日上也。"按：又作"蒸蒸日盛"、"蒸蒸日进"。清秋瑾《〈中国女报〉发刊辞》："自兹以后，行见东瀛留学界，蒸蒸日盛矣。"郭沫若《文艺论集·天才与教育》："大凡一国的政治濒于破产的时候，那一国的文化却转有蒸蒸日进的可能。"

（4）两种异形写法，一种出现于清代文康的著作，一种出现于现代朱自清的著作。如：

【身败名裂】地位丧失，名声败坏。清李绿园《歧路灯》第二三回："看来许多举人、进士做了官，往往因几十两银子的贿，弄一个身败名裂。"按：又作

"身败名隳"、"身废名裂"。《儿女英雄传》第三二回："否则浪得虚名，毕竟才无足取，甚而至于弄得身败名隳的都有。"朱自清《经典常谈·〈史记〉〈汉书〉》："他觉得自己已经身废名裂，要发抒意中的郁结，只有这一条通路。"

（5）两种异形写法，一种出现于清代夏燮的著作，一种出现于现代郭沫若的著作。如：

【格杀勿论】将犯罪拒捕的人当场打死而不以杀人论罪。清林则徐《体察洋面堵截情形折》："无论内地何项船只，驶近夷路，概行追击，倘敢逞凶拒捕，格杀勿论。"按：又作"格杀弗论"、"格杀无论"。清夏燮《中西纪事·粤民义师》："洋人入其界者，登时格杀弗论。"郭沫若《中国史稿》第五编第三章第三节："清政府以'格杀无论'对付人民，人民也以'格杀无论'对待卖国贼。"

（6）两种异形写法，一种出现于清代曾朴的著作，一种出现于现代聂绀弩的作品。如：

【直截了当】简单爽快。清冯桂芬《再启李宫保》："奏疏体裁以直截了当为贵。"按：又作"直捷了当"、"直接了当"。《孽海花》第三四回："与其做委屈的牺牲，宁可直捷了当的做一次彻底的牺牲。"聂绀弩《关于知识分子》："因为反正无法挽救，倒不如各人知趣，早点'卖身投靠'的直接了当。"

清代已见的具有两种异形写法的现代汉语熟语，基本上都是四音节的，但是偶尔也有一些三音节、五音节的。如：

【栽跟头】② 比喻失败或出丑。清无名氏《小五义》第二五回："为死为活都是为的我的儿子，命不要了都使得，也不能叫我那儿子出去栽跟头。"按：又作"栽更头"、"栽跟斗"。田汉《关汉卿》第四场："您是我们杂剧界领路的人，最好把大家领上阳光大道……别领羊肠小道，别人辛苦，自己也容易栽更头。"周而复《上海的早晨》第一部第一章："你有丰富的经验，看香港市场的变化，决定自己的行动，别人保不住会在'汇丰'手里栽跟斗，你一定会站得稳稳的。"

【装样子】装模作样，俗语。清李鉴堂《俗语考原·装幌子》："北人以事物专饰外观谓之装幌子。亦曰装样子。"按：又作"装潢子"、"装幌子"。清翟灏《通俗编·艺术》："《能改斋漫录》云：'俗以罗列于前者，谓之装潢子。'乃云装幌子耳。幌子者，市肆之幖，取喻张扬之意。"又，省称"装幌"。《二刻拍案惊奇》卷三九："苏州新兴百柱帽，少年浮浪的无不戴着装幌。"

【银样镴枪头】比喻表面看起来还不错，实际上却不中用。《红楼梦》第二三回："呸！原来是苗而不秀，是个银样镴枪头。"按：又作"银样镴鎗头"、"银样蜡枪头"。元王实甫《西厢记》第四本第二折："我弃了部署不收，你元来苗而不秀。呸！你是个银样镴鎗头。"《品花宝鉴》第八回："原来是银样蜡枪头，这么不中用，一说就不敢了！"

（三）具有三种异形写法的熟语

清代已见的现代汉语四音节熟语，除了约定俗成的书写形式外，有的还有三种异形写法。这些熟语的三种异形写法，情况又有多种：

1. 三种异形写法，一种出现于唐代，两种出现于明代。如：

【时来运转】时机来临命运开始好转。清华广生《白雪遗音·马头调·麻衣神相》："奴怎比韩氏素梅，生在烟花，时来运转，贵人提拔，才把君恩拜。"按：又作"时来运往"、"时来运至"、"时来运旋"。唐李百药《北齐书·文宣帝纪》："且时来运往，妫舜不暇以当阳，世革命改，伯禹不容于北面，况于寡薄，而可踟蹰。"明沈采《千金记·北追》："老丞相言之当也。倘时来运至。一朝荣显。"明王玉峰《焚香记·相决》："问何年是你的时来运旋？你如今到这部位就好了。目下渐开颜，喜红鸾宣朗，将调锦瑟朱弦。"

2. 三种异形写法，都出现于明代。如：

【抚今追昔】接触眼前的事物而引起对往事的追思。清周亮工《题菊帖后》："抚今追昔，泪且涔涔透纸背矣。"按：又作"抚今悼昔"、"抚今思昔"、"抚今痛昔"，明代已见。明陈子龙《张邵阳诔》："抚今悼昔，怆然悲鸣。"明袁宏道《书念公碑文后》："抚今思昔，泪与之俱。"明陈汝元《金莲记·释愤》："感惠忘仇，抚今痛昔。"

3. 三种异形写法，两种出现于清代，一种出现于现代。如：

【没精打采】形容精神不振，情绪低落。《老残游记》第五回："那人才没精打采的开了一间房门，嘴里还说：'茶水饭食都没有的，客人没地方睡，在这里将就点罢。'"按：又作"没精打彩"、"没精塌彩"、"没精没彩"。《红楼梦》第三一回："王夫人见宝玉没精打彩，也只当是金钏儿昨日之事，他没好意思的。"《醒世姻缘传》第二一回："过了几日，那片云渐渐的没精塌彩，又渐渐的生起病来。"刘半农《饿》诗："他饿了：他静悄悄的立在门口；他也不想什么，只是没精没彩，把一个指头放在口中咬。"

（四）具有四种异形写法的熟语

清代已见的现代汉语四音节熟语，除了约定俗成的书写形式外，有的还有四种异形写法。这些熟语的四种异形写法，又可以分为如下一些类型：

1.四种异形写法，一种出现于明代，三种出现于清代。如：

【饔飧不继】吃了早餐没有晚饭，形容穷困，书面语。清朱用纯《治家格言》："虽饔飧不继，犹有余欢。"按：又作"饔飧不给"、"饔飧不继"、"饔飧不济"、"饔飧不给"。明朱国祯《涌幢小品·天下第一》："锱铢无所取，至饔飧不给，部民有馈白粲者，严却之。"清珠泉居士《续板桥杂记·丽品》："既而生以旅邸久居，饔飧不继，姬闻而招致之。"清石玉昆《三侠五义》第十一回："今既饔飧不济，我这里有白银十两，暂且拿去使用。"清谭嗣同《仁学》二二："衰国之民，饔飧不给，裋褐不完。"

2.四种异形写法，一种出现于明代，一种出现于清代，两种出现于现代。如：

【诘屈聱牙】形容文句艰涩，读起来不通顺畅达。清薛福成《〈出使四国公牍〉序》："中西文法，截然不同，颇有诘屈聱牙之嫌。"按：又作"诘曲聱牙"、"诘屈謷牙"、"诘诎聱牙"、"诘谲聱牙"。明宋濂《文原》："予窃怪世之为文者，不为不多，骋新奇者，钩摘隐伏，变更庸常，甚至不可句读，且曰：不诘曲聱牙非古文也。"清陈田《明诗纪事戊签》："其间独照之匠，若荆川、遵岩、震川变秦汉为欧曾，易诘屈謷牙为字顺文从，允矣。"鲁迅《集外集拾遗补编·破恶声论》："且又日鼓舞之以报章，间协助之以书籍，中之文词，虽诘诎聱牙，难于尽晓，顾究亦输入文明之利器也。"鲁迅《译文序跋集·〈域外小说集〉序》："我看这书的译文，不但句子生硬，诘谲聱牙，而且也有极不行的地方，委实配不上再印。"

（五）具有六种异形写法的熟语

清代已见的现代汉语四音节熟语，除了约定俗成的书写形式外，有的还有六种异形写法。这六种异形写法，两种出现于清代以前的南朝、唐代，三种出现于清代，一种出现于20世纪。如：

【弦外之音】比喻言外之意。清袁枚《随园诗话》卷八："如作近体短章，不是半吞半吐，超超元箸，断不能得弦外之音，甘余之味。"按：又作"弦外之意"、"絃外之意"、"絃外之音"、"弦外有音"、"弦外音"、"弦外之响"。南朝宋范晔《狱中与诸甥侄书》："弦外之意，虚响之音，不知所从而来。"《南史·范晔传》："吾于音乐，听功不及自挥，但所精非雅声为可恨，然至于一绝处，亦复何异邪。其中体趣，言之不可尽。絃外之意，虚响之音，不知所从而来。"清袁枚

《随园诗话》卷三："东坡近体诗，少蕴酿烹炼之功，故言尽而意亦止，绝无絃外之音，味外之味。"清张谦宜《絸斋诗谈》卷五："《司空主簿琴席》，弦外有音。"清沈德潜《唐诗别裁集·李白》："七言绝句，以语近情遥，含吐不露为贵；只眼前景，口头语，而有弦外音，使人神远。太白有焉。"王国维《人间词话》第一部分四二："古今词人格调之高无如白石，惜不于意境上用力，故觉无言外之味，弦外之响。"

二、清代已见的具有缩略形式的现代汉语熟语举例

现代汉语中见于清代的熟语，有的有缩略形式，这些缩略形式可以分为下面一些类型：

（一）一种写法的双音缩略式熟语

清代熟语中的双音缩略形式，可以分为先全称后省称、全称省称同时出现等类型：

1.有的熟语在清代以前的明代就已经有双音节的省称形式了，到了清代才出现三音节的全称形式。如：

【做生日】庆祝生日。《儒林外史》第三一回："那年门下父亲在日，他家接过我的戏去与老太太做生日。"按：省作"做生"，明代已见。《古今小说·蒋兴哥重会珍珠衫》："光阴迅速，又到七月初七日了，正是三巧儿的生日。婆子清早备下两盒礼，与他做生。"

2.有的熟语在清代既有四音节的全称形式又有双音节的省称形式两种形式并存。如：

【鸠形鹄面】形容人因饥饿而很瘦的样子。清黄景仁《别亦园诸君》诗："鸠形鹄面忽阗入，不逢唾哕翻遭怜。"按：又省作"鸠鹄"。清顾彩《庚申春日记所见》诗："如何催科吏，程限不暂爽，鞭挞鸠鹄民，驱令供军饷。"

【披麻戴孝】父母居丧，子女服重孝。《儒林外史》第五回："第三日成服，赵氏定要披麻戴孝，两位舅爷断然不肯。"按：省作"披麻"。清孔尚任《桃花扇·闲话》："史公答了回书，特著左懋第披麻扶杖，前去哭灵。"又，又作"披麻带孝"，元代已见。元无名氏《冤家债主》第二折："你也想着一家儿披麻带孝为何由，故来这灵堂寻斗殴。"

这一类型的熟语还有：油腔滑调[1]　芸芸众生[2]

（二）两种写法的双音缩略式熟语

清代熟语中的双音节缩略形式，有的一个四音节熟语具有两种双音缩略形式。这两种双音节的缩略形式，一种出现于清代，一种出现于现代。如：

【沁人心脾】吸入芳香、新鲜空气或喝了清凉饮料使人感到舒适，形容优美的诗文、乐曲等给人以清新、爽朗的感觉。清赵翼《瓯北诗话·摘句》："今摘取古来佳句沁人心脾者，随所得笔之。"按：省作"沁脾"、"沁心"。清金农《携客步至七柿滩望樊山》诗："沁脾向花水，张腋立风林。"王西彦《刀俎上》："他简直感觉到沁心的快乐。"

（三）一种写法的三音缩略式熟语

清代熟语中的三音缩略形式，可以分为先缩略后全称、先全称后缩略、全称缩略同时出现等多种情况：

1.有的熟语在清代以前的元代、明代就已经有三音节省称形式了，到了清代才出现四音节全称形式。如：

【呕心沥血】形容费尽心思和精力。清夏敬渠《野叟曝言》第七八回："而欲如寿之呕心沥血，出鬼入神，以成此千古无偶、万世不磨之大文，断不能矣。"按：省作"呕心血"。《三国演义》第三七回："徽笑曰：'元直欲去，自去便了，何又惹他出来呕心血也？'"

【说不过去】指不合情理。《儿女英雄传》第二五回："姑娘欲待不理，想了又想，这是在自己家祠堂里，礼上真说不过去。"按：省作"说不过"。元无名氏《小尉迟》第四折："你说番将是你孩儿，只怕说不过么。"

2.有的熟语在清代既有四音节全称形式又有三音节省称形式两种形式并存的情况。如：

【有头有脸】比喻有名誉、有威信。《红楼梦》第七四回："太太那边的人我也都见过，就只没看见你这么个有头有脸大管事的奶奶！"按：省作"有头脸"。《红楼梦》第四三回："又叫请姑娘们并宝玉，那府里珍儿媳妇并赖大家的等有头脸管事的媳妇也都叫了来。"

3.有的熟语在清代是四音节全称形式，到了清代以后的现代出现了三音节的

---

[1]　按：省作"油腔"。清李渔《意中缘·诳姻》："我家小姐自从京里回来，那些冰人月老是不离门，把男子的才貌说得天花乱坠，谁想走到面前，不是读死书的秀才，就是卖油腔的浪子。"

[2]　按：省作"芸生"。清赵翼《园居》诗之三："芸生信蕃变，物理渺难格。"

省称形式。如：

【鬼迷心窍】比喻因迷恋某种事物而认识不清，思维能力削弱。清李绿园
《歧路灯》第六十回："谭绍闻道：'一时鬼迷心窍了，后悔不及，只是自此以后，
永不干这事就罢。'"按：又省作"鬼迷心"。马烽《三年早知道》："我知道我错
了，犯这个错也是一时鬼迷心了。"

【捏一把汗】形容心情紧张。《儿女英雄传》第三三回："安太太方才见老爷
说公子慌的有些外务，正捏一把汗，怕丈夫动气，儿子吃亏。"按：又省作"捏
把汗"。莫伸《人民的歌手》："最初一霎那，她眼睛几乎不知往哪儿落才好，显
得既紧张又拘束。我不由暗暗为她捏把汗。"

（四）两种写法的三音缩略式熟语

清代熟语中的三音节缩略形式，有的具有两种三音节缩略写法。这两种三音
节缩略写法，一种见于清代，一种见于20世纪。如：

【跑马卖解】旧时指在奔跑的马上献艺，以此赚钱谋生。清李绿园《歧路灯》
第六三回："一声谣出，一连数日之内，也有说跑马卖解送殡的，也有说扎高抬
送殡的。"按：省作"跑解马"、"跑马解"。《红楼梦》第五一回："你就这么'跑
解马'的打扮儿，伶伶俐俐的出去了不成？"邓友梅《烟壶》十四："那惊险利落
之处，在跑马解的沧州人那里都是看不到的。"

（五）两种双音缩略式和一种三音缩略式的混合形式缩略熟语

清代熟语中的省称形式，有的一个四音节熟语同时具有双音和三音两种缩略
式。其中的两种双音省称形式出现于清代以前的唐代、五代，三音的缩略式出现
于清代以后的现代。如：

【探骊得珠】趁骊龙睡觉时把手伸到它的颔下摘得宝珠，比喻做事紧扣主题、
抓住关键。清陈其元《庸闲斋笔记·蒋振生书法论》："其书法论一篇，聚古人大
旨于数百言之中，如探骊得珠，觉前贤纷纷议论，均为饶舌矣。"按：省作"探
珠"、"探骊"、"探骊珠"。唐李白《赠丹阳横山周处士惟长》诗："抱石耻献玉，
沉泉笑探珠。"后蜀何光远《鉴诫录·四公会》："白公览诗曰：'四人探骊，吾子
先获其珠，所余鳞甲何用？'三公于是罢唱。"程善之《寄洪棣臣金陵》诗："倾
觞尽醉狂歌呼，兴酣题句探骊珠。"又，语本《庄子·列御寇》："河上有家贫恃
纬萧而食者，其子没于渊，得千金之珠。其父谓其子曰：'取石来锻之！夫千金
之珠，必在九重之渊而骊龙颔下，子能得珠者，必遭其睡也。使骊龙而寤，子尚
奚微之有哉！'"

三、清代已见的指明了来源的现代汉语熟语举例

据我们的调查，现代汉语中见于清代的熟语，有的能够找到其来源。这样的熟语基本上都是四音节的，个别也有三音节、五音节、八音节的。这些熟语的来源，按时代先后举例描述如下。

（一）从商周语料概括而成的熟语

商周时期的语料，到了清代，从中概括形成了一些熟语。这些熟语的语料来源有：

1. 有的是从《诗经》中概括而成的。如：

【必恭必敬】十分恭敬貌。《官场现形记》第四四回："大家必恭必敬，声息俱无，静听大帅的吩咐。"按：语本《诗·小雅·小弁》："维桑与梓，必恭敬止。"

【鹊巢鸠占】比喻强占别人的房屋、土地、妻室等。清蒋士铨《第二碑·题坊》："验先朝牒状，红泥出印床，无奈鹊巢鸠占，不认关防。"按：语本《诗·召南·鹊巢》："维鹊有巢，维鸠居之。"又，又作"鹊巢鸠主"、"鹊巢鸠居"、"鹊巢鸠踞"、"鹊巢鸠据"。清蒋士铨《贺新凉·再迭韵柬心斋匏斋》词："百虫堘户争衔土。费商量、虎威狐假，鹊巢鸠主。"清纪昀《阅微草堂笔记·滦阳续录二》："宗室敬亭先生，英郡王五世孙也。著《四松堂集》五卷，中有《拙鹊亭记》曰：'鹊巢鸠居，谓鹊巧而鸠拙也。'"清黄六鸿《福惠全书·刑名·奸情总论》："甚至鹊巢鸠踞，故为失昼之枭，蛇与龟盘，反作旁观之鳖，此其纵容抑勒无耻之甚者也。"清纪昀《阅微草堂笔记·如是我闻二》："夫鹊巢鸠据，事理本直。"

这一类型的熟语，还有下面这些：

鸠占鹊巢[1]　投桃报李[2]　兄弟阋墙[3]　遇人不淑[4]　筑室道谋[5]

---

　　[1]　按：语本《诗·召南·鹊巢》："维鹊有巢，维鸠居之。"又，又作"鸠居鹊巢"，唐代已见。唐刘知几《史通·表历》："且其书上自庖牺，下穷嬴氏，不言汉事，而编入《汉书》，鸠居鹊巢，茑施松上，附生疣赘，不知剪截，何断而为限乎。"

　　[2]　按：语本《诗·大雅·抑》："投我以桃，报之以李。"

　　[3]　按：语本《诗·小雅·常棣》："兄弟阋于墙，外御其务。"

　　[4]　按：语本《诗·王风·中谷有蓷》："有女仳离，条其啸矣；条其啸矣，遇人之不淑矣。"

　　[5]　按：语本《诗·小雅·小旻》："如彼筑室于道谋，是用不溃于成。"又，省作"筑室"。清魏源《圣武记》卷一："盈廷筑室，蝍蟝蠚沸。"再，又作"筑舍道傍"。《资治通鉴·晋孝武帝太元七年》："此所谓筑舍道傍，无时可成。"

2. 有的是从《周易》六十四卦中概括而成的。如：

【防患未然】在祸患发生之前就加以预防。清张廷玉《明史·于谦传》："中原多流民，设遇岁荒，啸聚可虞。乞敕内外守备各巡抚加意整饬，防患未然。"按：语本《易·既济》："君子以思患而豫防之。"又，又作"防患于未然"，唐代已见。唐陆贽《论两河及淮西利害状》："非止排难于变切，亦将防患于未然。"

【朝乾夕惕】形容终日勤奋、谨慎而不敢懈怠。清王夫之《张子正蒙注·乐器》："不执一，则存省愈严，陟降一心，德业一致，此朝乾夕惕，存神尽性之密用，作圣之功，于斯至矣。"按：语本《易·乾》："君子终日乾乾，夕惕若厉，无咎。"

3. 有的是从商周的作品及战国的作品两个时代两部不同的书中混合概括而成的。如：

【同仇敌忾】全体一致地仇恨敌人。清魏源《寰海》诗之十："同仇敌忾士心齐，呼市俄闻十万师。"按：语本《诗经》和《左传》。《诗·秦风·无衣》："与子同仇。"《左传·文公四年》："诸侯敌王所忾。"又，又作"同雠敌忾"、"同仇敌忾"。清赵翼《阅邸抄大获全胜喜赋》诗之二："都是国家培养出，同雠敌忾到儿童。"鲁迅《且介亭杂文二集·五论"文人相轻"——明术》："读者大众的对于某一作者，是未必和'批评'或'批判'者同仇敌忾的。"

4. 有的是从商周的作品《周易》六十四卦及战国的《周易》十翼两个不同时代的两部不同的书中混合概括而成的。如：

【触类旁通】掌握了某一事物规律，就能推知同类事物。清章学诚《文史通义·诗话》："触类旁通，启发实多。"按：语本《易·乾》和《易·系辞上》。《易·乾》："六爻发挥，旁通情也。"《易·系辞上》："引而伸之，触类而长之。"

（二）从战国语料概括而成的熟语

战国时期的语料，到了清代，从中概括形成了一些熟语。这些熟语的语料来源有：

1. 有的是从《楚辞》中概括而成的。如：

【颠倒黑白】形容故意歪曲事实，混淆是非。清昭梿《啸亭续录·张夫子》："余尝读明臣奏疏，至有毁公为李陵、卫律者，真所谓颠倒黑白矣！"按：语本《楚辞·九章·怀沙》："变白以为黑兮，倒上以为下。"

2. 有的是从《尔雅》中概括而成的。如：

【微乎其微】形容非常少或非常小。清杨伦《杜诗镜铨·白丝行》眉批引清蒋弱六："写妙技不觉说入自家语，微乎其微。"按：语本《尔雅·释训》："式微式微者，微乎微者也。"

3. 有的是从《鬼谷子》中概括而成的。如：

【言多必失】话说多了就难免出错。清朱用纯《治家格言》[1]："处世戒多言，言多必失。"按：语本《鬼谷子·本经符》："言多必有数短之处。"

4. 有的是从《管子》中概括而成的。如：

【不翼而飞】②形容运行或传播迅速。清龚自珍《尊隐》："百宝万货，人功精英，不翼而飞，府于京师。"按：语本《管子·戒》："无翼而飞者，声也；无根而固者，情也。"

【见异思迁】看见别的事物就改变主意，比喻意志不坚定、喜爱不专一。清袁枚《与庆晴村都统》："名教中自有乐地，何必见异思迁。"按：语本《管子·小匡》："少而习焉，其心安焉，不见异物而迁焉。"

5. 有的是从《国语》中概括而成的。如：

【如火如荼】比喻旺盛、热烈。清宣鼎《夜雨秋灯录·一度风流千贯钱》："观剧者，如火如荼，几几乎万人空巷斗新妆也。"按：语本《国语·吴语》："万人以为方阵，皆白裳、白旗、素甲、白羽之矰，望之如荼……左军亦如之，皆赤裳、赤旗、丹甲、朱羽之矰，望之如火。"

【欲壑难填】形容贪婪的欲望大得难以满足。清李伯元《文明小史》第十二回："我们的银钱有限，他们的欲壑难填，必至天荆地棘，一步难行。"按：语本《国语·晋语八》："叔鱼生，其母视之，曰：'是虎目而豕喙，鸢肩而牛腹，溪壑可盈，是不可餍也，必以贿死。'"

6. 有的是从《韩非子》中概括而成的。如：

【滥竽充数】比喻没有真才实学而混在行家里充数。《儿女英雄传》第三五回："方今朝廷正在整饬文风，自然要清真雅正，一路拔取真才。若止靠着才气，摭些陈言，便不好滥竽充数了。"按：典出《韩非子·内储说上》："齐宣王使人吹竽，必三百人。南郭处士请为王吹竽，宣王悦之，廪食以数百人。宣王死，闵王立。好一一听之，处士逃。"

【老马识途】比喻阅历多的人富有经验，熟悉情况，能起引导作用。清钱谦

---

[1]　按：朱用纯（1627—1698）号柏庐，他的《治家格言》又名《朱子治家格言》、《朱子家训》，是清代以来很有影响的蒙学读物。总计 500 多字，本研究处理为单篇作品语料。又，朱用纯的生卒年，有的标为 1617—1688 年，有的标为生卒年不详。

益《高念祖〈怀寓堂诗〉序》："念祖以余老马识途，出其行卷，以求一言。"按：语本《韩非子·说林上》："管仲、隰朋从于桓公而伐孤竹，春往冬返，迷惑失道，管仲曰：'老马之智可用也。'乃放老马而随之，遂得道。"又，此语明代已见，义为年老的马认识路。明冯梦龙《东周列国志》第二一回："臣闻老马识途，无终与山戎连界，其马多从漠北而来，可使虎儿斑择老马数头，观其所往而随之，宜可得路也。"

7. 有的是从《老子》中概括而成的。如：

【虚怀若谷】胸怀像山谷那样深而且宽广，形容十分谦虚。清陈确《复吴裒仲书》："读教益，知虚怀若谷，求益无方，弥深感叹。"按：语本《老子》："古之善为士者，微妙玄通，深不可识……敦兮其若朴，旷兮其若谷。"

8. 有的是从《礼记》中概括而成的。如：

【穷原竟委】深入探求事物的本末。清张穆《与陈颂南书》："愿稍敛征逐之迹，发架上书，择其切于实用者一二端，穷原竟委，殚心研贯，一事毕，更治一事。"按：语本《礼记·学记》："三王之祭川也，皆先河而后海，或源也，或委也，此之谓务本。"又，又作"穷源竟委"。清章学诚《文史通义·永清县志舆地图序例》："马、班以来，二千年矣，曾无创其例者，此则穷源竟委，深为百三十篇惜矣。"

【人浮于事】工作人员的数目超过工作的需要。《儿女英雄传》第二四回："他从前就在邺州衙门，如今在兄弟这里，人浮于事，实在用不开。"按：语本《礼记·坊记》："故君子与其使食浮于人也，宁使人浮于食。"

这一类型的熟语还有：悖入悖出[1]　不可终日[2]　我行我素[3]

9. 有的是从《论语》中概括而成的。如：

【随心所欲】任凭心意去做自己想做的事。《红楼梦》第九回："宝玉终是个不能安分守理的人，一味的随心所欲，因此发了癖性。"按：语本《论语·为政》："七十而从心所欲，不逾矩。"

【望而生畏】看见了就害怕。清昭梿《啸亭杂录·博尔奔察》："上放烟火，有

---

[1] 按：语本《礼记·大学》："是故财聚则民散，财散则民聚。是故言悖而出者，亦悖而入；货悖而入者，亦悖而出。"

[2] 按：语本《礼记·表记》："君子不以一日使其躬，儳焉如不终日。"

[3] 按：语本《礼记·中庸》："君子素其位而行，不愿乎其外。素富贵行乎富贵，素贫贱行乎贫贱，素夷狄行乎夷狄，素患难行乎患难，君子无入而不自得焉。"

被烟熏嗽者，博笑曰：'此乃素被黄烟所熏怕者，故望而生畏也。'"按：语本《论语·尧曰》："君子正其衣冠，尊其瞻视，俨然人望而畏之，斯不亦威而不猛乎？"

这一类型的熟语还有：不咎既往[1]　一隅三反[2]

10.有的是从《吕氏春秋》中概括而成的。如：

【因噎废食】比喻因为怕出问题而索性不干。清张廷玉《明史·李贤传》："虑中饱而不贷，坐视民死，是因噎废食也。"按：语本《吕氏春秋·荡兵》："夫有以饐死者，欲禁天下之食，悖。"

11.有的是从《孟子》中概括而成的。如：

【出尔反尔】指前后言行自相矛盾，反复无常。清无名氏《好逑传》[3]第十一回："今幸那本章赶回来了，故特请世兄来看，方知本院不是出尔反尔，盖不得已也。"按：语本《孟子·梁惠王下》："曾子曰：'戒之戒之！出乎尔者，反乎尔者也。'"又，此语宋代已见，义为你如何对待别人，别人也如何对待你。宋范仲淹《窦谏议录》："阴阳之理，大抵不异，为善为恶，出尔反尔，天网恢恢，疏而不漏。"

这一类型的熟语，还有下面这些：

解民倒悬[4]　明察秋毫[5]　水深火热[6]　习而不察[7]　言近旨远[8]

12.有的是从《慎子》中概括而成的。如：

【集腋成裘】比喻积少成多。《儿女英雄传》第三回："如今弄多少是多少，也只好是'集腋成裘'了。"按：语本《慎子·知忠》："故廊庙之材，盖非一木之枝也；粹白之裘，盖非一狐之皮也。"

13.有的是从《荀子》中概括而成的。如：

---

[1]　按：语本《论语·八佾》："成事不说，遂事不谏，既往不咎。"

[2]　按：语本《论语·述而》："举一隅不以三隅反，则不复也。"

[3]　按：《好逑传》又名《第二才子好逑传》、《侠义风月传》，明清时期小说，作者不详，有的署名为名教中人。本研究处理为清代无名氏。

[4]　按：语本《孟子·公孙丑上》："当今之时，万乘之国行仁政，民之悦之，犹解倒悬也。"又，省作"解民悬"。太平天国洪秀全《斩邪留正》诗："手握乾坤杀伐权，斩邪留正解民悬。"

[5]　按：语出《孟子·梁惠王上》："明足以察秋毫之末"。

[6]　按：语本《孟子·梁惠王下》："箪食壶浆以迎王师，岂有他哉？避水火也。如水益深，如火益热，亦运而已矣。"

[7]　按：语出《孟子·尽心上》："行之而不著焉，习矣而不察焉，终身由之而不知其道者，众也。"

[8]　按：语出《孟子·尽心下》："言近而指远者，善言也。"又，作"言近指远"，元代已见。元宗宝《〈坛经〉跋》："其言近指远，词坦义明，诵者各有所获。"

【开源节流】比喻在财政经济上增加收入，节约开支。清朱克敬《瞑庵杂识》卷二："军兴十余年，东南财赋之区，概遭蹂躏，开源节流，两穷于术。"按：语本《荀子·富国》："百姓时和、事业得叙者，货之源也；等赋府库者，货之流也。故明主必谨养其和，节其流，开其源，而时斟酌焉，潢然使天下必有余而上不忧不足。"

14. 有的是从《晏子春秋》中概括而成的。如：

【直言不讳】直截了当地说，没有丝毫顾虑。《儿女英雄传》第三二回："九哥，你既专诚问我，我便直言不讳。你要这宗东西，也不必等到你二百岁后。"按：语本《晏子春秋·外篇上二二》："晏子相景公，其论人也，见贤而进之，不同君所欲；见不善则废之，不辟君所爱；行己而无私，直言而无讳。"又，又作"直言无讳"、"直言勿讳"。唐房玄龄《晋书·刘波传》："臣鉴先征，窃维今事，是以敢肆狂瞽，直言无讳。"清张廷玉《明史·弋谦传》："尔群臣勿以前事为戒，于国家利弊、政令未当者，直言勿讳。"

15. 有的是从《战国策》中概括而成的。如：

【南辕北辙】要到南方去，却驾车往北走，比喻行动和目的相反。清魏源《〈书古微〉序》："南辕北辙，诬圣师心，背理害道，不可胜数。"按：典出《战国策·魏策四》："魏王欲攻邯郸，季梁谏曰：'今者臣来，见人于大行，方北面而持其驾。'告臣曰：'我欲之楚。'臣曰：'君之楚，将奚为北面？'曰：'吾马良。'曰：'马虽良，此非楚之路也。'曰：'吾用多。'臣曰：'用虽多，此非楚之路也。'曰：'吾御者善。'此数者愈善而离楚愈远耳。今王动欲成霸王，举欲信于天下。恃王国之大，兵之精锐，而攻邯郸，以广地尊名，王之动愈数，而离王愈远耳。犹至楚而北行也。"

【鹬蚌相争】比喻双方相持不下而让第三者得利。清湘灵子《轩亭冤·哭墓》："波翻血海全球悯，问谁敢野蛮法律骂强秦？笑他鹬蚌相争演出风云阵。"按：语本《战国策·燕策二》："赵且伐燕，苏代为燕谓惠王曰：'今者臣来，过易水，蚌方出曝，而鹬啄其肉，蚌合而拑其喙。鹬曰："今日不雨，明日不雨，即有死蚌。"蚌亦谓鹬曰："今日不出，明日不出，即有死鹬。"两者不肯相舍，渔者得而并禽之。今赵且伐燕，燕赵久相支，以弊大众，臣恐强秦之为渔父也。'"又，又作"鹬蚌相危"、"鹬蚌相持"。北齐魏收《为东魏檄梁文》："鹬蚌相危，我乘其弊。"元尚仲贤《气英布》第二折："权待他鹬蚌相持俱毙日，也等咱渔人含笑再中兴。"

这一类型的熟语还有：返璞归真[1]　狡兔三窟[2]

16. 有的是从《周易》的十翼中概括而成的。如：

【见仁见智】指对同一问题各有各的见解。清杨豫成《劝戒词》："任人见仁见智，识大识小，开卷一一会悟之。"按：语本《易·系辞上》："仁者见之谓之仁，知者见之谓之知。"又，又作"见智见仁"。清纪昀《阅微草堂笔记·滦阳消夏录六》："《易》道广大，无所不包，见智见仁，理原一贯。"

17. 有的是从《庄子》中概括而成的。如：

【东施效颦】比喻盲目模仿以致效果很坏。《红楼梦》第三十回："若真也葬花，可谓东施效颦了。不但不为新奇，而且更是可厌。"按：典出《庄子·天运》："故西施病心而颦其里，其里之丑人见而美之，归亦捧心而颦其里。其里之富人见之，坚闭门而不出；贫人见之，絜妻子而去之走。"

【甘拜下风】表示诚心佩服，自认不如。清和邦额《夜谭随录·三官保》："君神人也，吾等甘拜下风矣。"按：语本《庄子·在宥》："广成子南首而卧，黄帝顺下风膝行而进，再拜稽首而问。"

这一类型的熟语，还有下面这些：

姑妄言之[3]　满坑满谷[4]　神乎其神[5]　失之交臂[6]　太仓一粟[7]

薪尽火传[8]　心服口服[9]　虚与委蛇[10]　贻笑大方[11]　昭然若揭[12]

---

[1]　按：语本《战国策·齐策四》："归真反璞，则终身不辱也。"

[2]　按：语本《战国策·齐策四》："狡兔有三窟，仅得免其死耳；今君有一窟，未得高枕而卧也；请为君复凿二窟。"

[3]　按：语本《庄子·齐物论》："予尝为女妄言之，女以妄听之。"

[4]　按：语本《庄子·天运》："在谷满谷，在坑满坑。"

[5]　按：语本《庄子·天地》："故深之又深而能物焉，神之又神而能精焉。"

[6]　按：语本《庄子·田子方》："吾终身与汝交一臂而失之。"又，又作"失诸交臂"。郭沫若《历史人物·鲁迅与王国维》："这些往事，我今天来重提，只是表明我自己的遗憾。我与鲁迅的见面，真真可以说是失诸交臂。"

[7]　按：语本《庄子·秋水》："计四海之在天地之间也，不似礨空之在大泽乎？计中国之在海内，不似稊米之在大仓乎？"

[8]　按：语本《庄子·养生主》："指穷于为薪，火传也，不知其尽也。"又，省作"薪传"。清唐孙华《送门人时期五贡入太学》诗："练川文笔旧称雄，太仆薪传应未烬。"

[9]　按：语本《庄子·寓言》："利义陈乎前，而好恶是非直服人之口而已矣。使人乃以心服，而不敢蕳立，定天下之定。"

[10]　按：语出《庄子·应帝王》："乡吾示之以未始出吾宗，吾与之虚而委蛇。"

[11]　按：语本《庄子·秋水》："吾长见笑于大方之家。"

[12]　按：语出《庄子·达生》："今汝饰知以惊愚，修身以明污，昭昭乎若揭日月而行也。"

18. 有的是从《左传》中概括而成的。如：

【鞭长莫及】鞭子虽然很长，但是不应该打到马肚上，比喻力所不能及。清昭梿《啸亭续录·魏柏乡相公》："滇、黔、蜀、粤地方边远，今将满兵遽撤，恐一旦有变，有鞭长莫及之虞。"按：语本《左传·宣公十五年》："古人有言曰：'虽鞭之长，不及马腹。'"

【藏污纳垢】包藏污垢，常以喻包容坏人坏事。清孙雨林《皖江血·定计》："收回那十八省剩水残山，洗尽这二百年藏污纳垢。"按：语本《左传·宣公十五年》："川泽纳污，山薮藏疾，瑾瑜匿瑕，国君含垢，天之道也。"

这一类型的熟语，还有下面这些：

不辨菽麦[1]　除恶务尽[2]　尔诈我虞[3]　好整以暇[4]　敬谢不敏[5]

名列前茅[6]　数典忘祖[7]　叹为观止[8]　以儆效尤[9]

19. 有的是从战国的《荀子》、《大戴礼记》及《左传》、《战国策》同代两部不同的书中混合概括而成的。如：

【前车之鉴】比喻当作失败的前任的失败教训。清陈忱《水浒后传》第二五回："前车之鉴，请自三思。"按：语本《荀子》、《大戴礼记》。《荀子·成相》："前车已覆，后未知更何觉时。"《大戴礼记·保傅》："鄙语曰：……前车覆，后车诫。"又，又作"前辙可鉴"、"前车可鉴"。宋陈亮《与石应之书》："惟兄勉之，无失朋友之望，前辙可鉴。"鲁迅《二心集·〈艺术论〉译本序》五："有时句法也大约受些影响，而且前车可鉴，使我屡免于误译，这是应当十分感谢的。"再，省

---

[1]　按：语本《左传·成公十八年》："周子有兄而无慧，不能辨菽麦。"

[2]　按：语本《左传·哀公元年》："臣闻'树德莫如滋，除害莫如尽'。"

[3]　按：语出《左传·宣公十五年》："我无尔诈，尔无我虞。"

[4]　按：语本《左传·成公十六年》："曰臣之使于楚也，子重问晋国之勇。臣对曰：'好以众整。'曰：'又何如？'臣对曰：'好以暇。'"

[5]　按：语本《左传·襄公三十一年》："赵文子曰：'信，我实不德。而以隶人之垣以赢诸侯，是吾罪也。'使士文伯谢不敏焉"。

[6]　按：语出《左传·宣公十二年》："蒍敖为宰，择楚国之令典，军行，右辕，左追蓐，前茅虑无，中权，后劲。"

[7]　按：典出《左传·昭公十五年》："籍父其无后乎！数典而忘其祖。"

[8]　按：语本《左传·襄公二十九年》："见舞《韶箾》者，曰：'德至矣哉，大矣！如天之无不帱也，如地之无不载也，虽甚盛德，其蔑以加于此矣。观止矣！若有他乐，吾不敢请已。'"又，又作"叹观止"。清钱泳《履园丛话·古迹·石钟山》："若江宁之燕子矶、镇江之金焦两山……皆不足奇，得此而叹观止矣。"

[9]　按：语本《左传·庄公二十一年》："郑伯效尤，其亦将有咎！"

作"前鉴"、"前车"。汉荀悦《申鉴·政体》:"前鉴既明,后复申之。"清孙枝蔚《咏物体·蝗》:"雨蠡于宋灾必记,盖以宋公为前车。"

【趾高气扬】形容骄傲自大、得意忘形的样子。清孔尚任《桃花扇·设朝》:"旧黄扉,新丞相,喜一旦趾高气扬,廿四考中书模样。"按:语本《左传》和《战国策》。《左传·桓公十三年》:"楚屈瑕伐罗,斗伯比送之。还,谓其御曰:'莫敖必败,举趾高,心不固矣。'"《战国策·齐策三》:"今何举足之高,志之扬也?"

20.有的是从战国、西汉及战国、南朝不同时代两部不同的书中混合概括而成的。如:

【春风化雨】比喻良好教育的普及与深入。《儿女英雄传》第三七回:"骥儿承老夫子的春风化雨,遂令小子成名。"按:语本《孟子》和《说苑》。《孟子·尽心上》:"有如时雨化之者。"汉刘向《说苑·贵德》:"吾不能以春风风人,吾不能以夏雨雨人,吾穷必矣。"

【同室操戈】比喻内部争斗。清许秋垞《闻见异辞·王孝廉幻术》:"汝等嗜财如此,致同室操戈,何不念仁亲为宝欤?"按:语本《左传》和《后汉书》。《左传·昭公元年》:"执戈逐之,及冲,击之以戈。"《后汉书·郑玄传》:"康成入吾室,操吾矛,以伐我乎!"

来源于战国语料的清代熟语,一般都是四音节的。偶尔也有一些八音节的。如:

【差之毫厘谬以千里】开始相差一小点,结果就会造成很大的错误。清朱彝尊《经义考·易纬·通卦验》:"冯椅曰,馆阁本《通卦验》有云,正其本而万物理,失之毫厘,差以千里。汉儒引之,作君子正其始万物理,差之毫厘谬以千里。"按:语本《汉书·司马迁传》所引《周易》:"故《易》曰:'差以豪牦,谬以千里。'"又,"谬"又作"缪"。《论语·先进》"过犹不及"宋朱熹集注:"夫过不及,均也。差之毫厘缪以千里。"

(三)从西汉语料概括而成的熟语

西汉的语料,到了清代,从中概括形成了一些熟语。这些熟语的语料来源有:

1.有的是从贾谊作品中概括而成的。如:

【反唇相讥】受到指责不服,反过来讽刺对方。清俞樾《古书疑义举例·误增不字义》:"于是知不善读书而率臆妄改,皆与古人反唇相讥也。"按:语本汉贾谊《治安策》："妇姑不相说，则反唇而相稽。"

2. 有的是从刘安著作中概括而成的。如：

【一叶知秋】比喻发现一点预兆就料到事物发展的趋向。清俞樾《茶香室丛钞·梧叶报秋》："一叶知秋，虽古有此说，然安能应声飞落？"按：语本《淮南子·说山训》："以小明大，见一叶落而知岁之将暮，睹瓶中之冰而知天下之寒。"又，省作"一叶秋"。唐元稹《赋得九月尽》："霜降三旬后，萱余一叶秋。"

【圆颅方趾】圆头方足，指人类。清查慎行《朝会乐器歌》："圆颅方趾悉受吏，丹砮白雉争来王。"按：语本《淮南子·精神训》："故头之圆也象天，足之方也象地。"又，又作"圆首方足"，唐代已见。《隋书·高祖纪上》："八极九野，万方四裔，圆首方足，罔不乐推。"

3. 有的是从刘向著作中概括而成的。如：

【叶公好龙】比喻表面爱好某事物而实际并不真爱好。清王士禛《与魏允中书》："叶公好龙，畏其真者。"按：语本汉刘向《新序·杂事五》："叶公子高好龙，钩以写龙，凿以写龙，屋室雕文以写龙。于是天龙闻而下之，窥头于牖，施尾于堂。叶公见之，弃而还走，失其魂魄，五色无主。是叶公非好龙也，好夫似龙而非龙者也。"又，此语唐代已见，义为爱好专一就必能如愿。唐李延寿《南史·郑鲜之传》："昔叶公好龙而真龙见，燕昭市骨而骏足至。"

4. 有的是从刘歆作品中概括而成的。如：

【微言大义】精微的语言和深奥的道理。清钱谦益《汲古阁毛氏新刻十七史序》："古者六经之学，专门名家，各守师说，圣贤之微言大义，纲举目张。"按：语出汉刘歆《移书让太常博士》："乃夫子没而微言绝，七十子卒而大义乖。"又，又作"微言大谊"。清魏源《〈书古微〉序》："《书古微》何为而作也？所以发明西汉《尚书》今、古文之微言大谊，而辟东汉马郑古文之凿空无师传也。"

5. 有的是从司马迁著作中概括而成的。如：

【不赞一词】本指文章写得很好，别人不能再添一句话，后用为一言不发之意。《二十年目睹之怪现状》第八三回："倒是侯制军屡次劝他，他却是说到续娶的话，并不赞一词，只有垂泪。"按：语本《史记·孔子世家》："至于为《春秋》，笔则笔，削则削，子夏之徒，不能赞一辞。"

【海市蜃楼】①海上或沙漠地区的光线经过空气层发生显著折射时，把远处景物显示在空中或地面而形成的各种奇异景象，因古人误认为蜃吐气而成，故名。清华广生《白雪遗音·剪靛花·九座楼》："姐儿房中绣枕头……绣的是海市蜃楼。"按：语出《史记·天官书》："海旁蜄气象楼台，广野气成宫阙然。云气各象其山川人民所聚积。"

这一类型的熟语，还有下面这些：

后来居上[1]　价值连城[2]　毛遂自荐[3]　破釜沉舟[4]　徒托空言[5]

网开一面[6]　夜郎自大[7]　一言九鼎[8]　因势利导[9]　纸上谈兵[10]

锥处囊中[11]　作壁上观[12]

6.有的是从扬雄作品中概括而成的。如：

----

[1]　按：语本《史记·汲郑列传》："陛下用群臣如积薪耳，后来者居上。"又，此语唐代已见，义为资格浅的新进反居资格老的旧臣之上。《周书·艺术传·黎景熙》："后来居上，则致积薪之讥。"

[2]　按：语出《史记·廉颇蔺相如列传》："赵惠文王时，得楚和氏璧。秦昭王闻之，使人遗赵王书，愿以十五城请易璧。"

[3]　按：典出《史记·平原君虞卿列传》："秦之围邯郸，赵使平原君求救，合从于楚，约与食客门下有勇力文武备具者二十人偕……得十九人，余无可取者，无以满二十。门下有毛遂者，前，自赞於平原君曰：'遂闻君将合从于楚，约与食客门下二十人偕，不外索。今少一人，愿君即以遂备员而行矣。'"

[4]　按：语本《史记·项羽本纪》："项羽乃悉引兵渡河，皆沈船，破釜甑，烧庐舍，持三日粮，以示士卒必死，无一还心。"又，又作"破釜沈舟"，明代已见。明史可法《请出师讨贼疏》："聚才智之精神，枕戈待旦；合方州之物力，破釜沈舟。"再，省作"破釜"，明代已见。明张煌言《北回示将吏》诗："同仇计左矣，遗老思深哉！破釜烝徒义，持筹参佐才。"

[5]　按：语出《史记·太史公自序》："子曰：'我欲载之空言，不如见之于行事之深切著明也。'"又，又作"徒讬空言"。清李伯元《文明小史》第四六回："我在西报上，看见这种议论，也不止一次了，耳朵里闹闹吵吵，也有两三年了，光景是徒讬空言罢？"

[6]　按：语本《史记·殷本纪》："汤出，见野张网四面，祝曰：'自天下四方，皆入吾网。'汤曰：'嘻，尽之矣！'乃去其三面，祝曰：'欲左，左；欲右，右。不用命，乃入吾网。'诸侯闻之，曰：'汤德至矣，及禽兽。'"又，又作"网开三面"。唐刘禹锡《贺赦表》："泽及八荒，网开三面。"再，省作"网开"。《旧唐书·昭宗纪》："是以雷解而羲文象德，网开而汤化归仁，用彼怀柔，式存彝范。"

[7]　按：语本《史记·西南夷列传》："滇王与汉使者言曰：'汉孰与我大？'及夜郎侯亦然。以道不通，故各以为一州主，不知汉广大。"

[8]　按：语本《史记·平原君列传》："毛先生一至楚而使赵重于九鼎大吕。"

[9]　按：语本《史记·孙子吴起列传》："彼三晋之兵素悍勇而轻齐，齐号为怯，善战者因其势而利导之。"

[10]　按：典出《史记·廉颇蔺相如列传》："括徒能读其父书传，不知合变也。"又，又作"纸上谭兵"。清魏源《圣武记》卷十三："今日动笑纸上谭兵，不知纸上之功，即有深浅，有一二分之见，有六七分之见，有十分之见。"

[11]　按：典出《史记·平原君虞卿列传》："夫贤士之处世也，譬若锥之处囊中，其末立见。"又，省作"锥囊"。三国魏曹植《求自试疏》："昔毛遂，赵之陪隶，犹假锥囊之喻以痖立功。"

[12]　按：语本《史记·项羽本纪》："诸侯军救巨鹿下者十余壁，莫敢纵兵。及楚击秦，诸将皆从壁上观。"

【波谲云诡】比喻事物变化多端，难以预料。清李汝珍《镜花缘》第十八回："当日孔子既没，儒分为八，其他纵横捭阖，波谲云诡。"按：语本汉扬雄《甘泉赋》："于是大厦云谲波诡，摧摧而成观。"

【言为心声】言语是思想感情的表达。清龚自珍《别辛丈人文》："我思孔烦，言为心声。"按：语本汉扬雄《法言·问神》："故言，心声也；书，心画也。声画形，君子小人见矣。"

7. 有的是从西汉作品及宋代作品两个不同时代的两部不同的书中混合概括而成的。如：

【唾面自干】别人吐口水在自己脸上不擦掉而让它自己干，形容极度容忍侮辱而不加以反抗。清李汝珍《镜花缘》第三八回："唐敖道：'若讲能够忍耐的，莫若本朝去世不久的娄师德了：他告诉兄弟，教他唾面自干。'"按：语本《尚书大传》和《新唐书》。《尚书大传》卷三："骂女毋叹，唾女毋干。"宋宋祁《新唐书·娄师德传》："其弟守代州，辞之官，教之耐事。弟曰：'人有唾面，絜之乃已。'师德曰：'未也。絜之，是违其怒，正使自干耳。'"

来源于西汉语料的清代熟语，一般都是四音节的。偶尔也有一些三音节、五音节的。如：

【壁上观】置身事外、坐观成败。清王韬《土胜俄不足恃》："及今日讨土之乱，伐罪吊民，俄为有辞，英亦环顾诸邦，无足为指臂、腹心之用者，则亦惟作壁上观耳。"按：语本《史记·项羽本纪》："诸侯军救巨鹿下者十余壁，莫敢纵兵。及楚击秦，诸将皆从壁上观。"

【大鱼吃小鱼】比喻大吃小，强凌弱。清李伯元《活地狱》楔子："衙门里的人，一个个是饿虎饥鹰，不叫他们敲诈百姓，敲诈那个呢？俗语说的好：大鱼吃小鱼，小鱼吃鰕子。"按：语本汉刘向《说苑·指武》："大之伐小，强之伐弱，犹大鱼之吞小鱼也。"

【坐山观虎斗】比喻不介入双方的争斗，俟机从中获利。《红楼梦》第六九回："凤姐虽恨秋桐，且喜借他先可发脱二姐，用'借刀杀人'之法，'坐山观虎斗'，等秋桐杀了尤二姐，自己再杀秋桐。"按：语出《史记·张仪列传》："庄子欲刺虎，馆竖子止之，曰：'两虎方且食牛，食甘必争，争则必斗，斗则大者伤，小者死，从伤而刺之，一举必有双虎之名。'卞庄子以为然，立须之。有顷，两虎果斗，大者伤，小者死。庄子从伤者而刺之，一举果有双虎之功。"

（四）从东汉语料概括而成的熟语

东汉时期的语料，到了清代，从中概括形成了一些熟语。这些熟语的语料来源有：

1. 有的是从班固著作中概括而成的。如：

【大功告成】指巨大的工程或重要的任务宣告完成。清梅曾亮《总兵刘公清家传》："八年大功告成，入觐赐诗，取民所呼青天者以为句。"按：语本《汉书·王莽传上》："十万众并集，平作二旬，大功毕成。"

【如日中天】比喻事物正发展到十分兴盛的阶段。清丘逢甲《为潮人士衍说孔教于鮀浦伯瑶见访有诗次韵答之》："重提孔子尊王义，如日中天万象看。"按：语本《汉书·董仲舒传》："故桀、纣暴谩，谗贼并进，贤知隐伏，恶日显，国日乱，晏然自以如日在天，终陵夷而大坏。"

这一类型的熟语，还有下面这些：

惩一警百[1]　剑拔弩张[2]　目不窥园[3]　如芒在背[4]　如鸟兽散[5]

相反相成[6]　一发千钧[7]　遇事生风[8]

2. 有的是从蔡邕作品中概括而成的。如：

【默默无闻】不出名，没有人知道。清宣鼎《夜雨秋灯录·陶邑官亲》："其官亲某，向司征比，默默无闻。"按：语本汉蔡邕《释诲》："连光芒于白日，属类气于景云，时逝岁暮，默而无闻。"

---

[1]　按：语本《汉书·尹翁归传》："翁归治东海明察……其有所取也，以一警百，吏民皆服，恐惧改行自新。"

[2]　按：语本《汉书·王莽传下》："省中相惊传，勒兵至郎署，皆拔刃张弩。"又，此语南朝已见，义为书画笔法崛奇雄健。南朝梁袁昂《古今书评》："韦诞书如龙威虎振，剑拔弩张。"

[3]　按：语出《汉书·董仲舒传》："少治《春秋》，孝景时为博士。下帷讲诵，弟子传以久次相授业，或莫见其面。盖三年不窥园，其精如此。"

[4]　按：语出《汉书·霍光传》："宣帝始立，谒见高庙，大将军光从骖乘。上内严惮之，若有芒刺在背。"又，又作"如芒刺背"。《封神演义》第七回："心下踌躇，坐卧不安，如芒刺背。"

[5]　按：语本《汉书·李陵传》："今无兵复战，天明坐受缚矣！各鸟兽散，犹有得脱归报天子者。"

[6]　按：语出《汉书·艺文志》："仁之与义，敬之与和，相反而皆相成也。"

[7]　按：语本《汉书·枚乘传》："夫以一缕之任，系千钧之重，上县无极之高，下垂不测之渊，虽甚愚之人，犹知哀其将绝也。"

[8]　按：语本《汉书·赵广汉传》："见事风生，无所回避。"又，又作"遇事风生"、"遇事生端"。宋陈亮《送吴允成运干序》："三山吴允成，少以气自豪，出手取科目，随辄得之。来尉永康，遇事风生。"《中国民间故事选·秧状元》："他常常遇事生端，专找岔子。"

3. 有的是从孔融作品中概括而成的。如：

【不胫而走】形容事物传布迅速，风行一时。清赵翼《瓯北诗话·白香山诗》："文人学士既叹为不可及，妇人女子亦喜闻而乐诵之。是以不胫而走，传遍天下。"按：语本汉孔融《论盛孝章书》："珠玉无胫而自至者，以人好之也，况贤者之有足乎？"

4. 有的是从牟融作品中概括而成的。如：

【少见多怪】见闻少，遇到不常见的事感到奇怪。清郑燮《与金农书》："赐示《七夕诗》可谓词严义正，脱盖前人窠臼……我辈读书怀古，岂容随声附和乎！世俗少见多怪，闻言不信，通病也。"按：语本汉牟融《理惑论》："谚云：'少所见，多所怪，睹駃驼，言马肿背。'"

5. 有的是从许慎作品中概括而成的。如：

【向壁虚造】比喻不根据事实而捏造。清李慈铭《越缦堂读书记·春秋公羊通义》："二传虽已多疏舛，然各有师授，非向壁虚造之谈。"按：语本汉许慎《〈说文解字〉序》："鲁恭王坏孔子宅，而得《礼记》、《尚书》、《春秋》、《论语》、《孝经》……而世人大共非訾，以为好奇者也，故诡更正文，乡壁虚造不可知之书，变乱常行，以耀于世。"又，又作"嚮壁虚造"。清俞樾《茶香室四钞·黎氏字学》："按黎氏既家传古学，必非嚮壁虚造者，惜其所正定文字不传。"

6. 有的是从应劭著作中概括而成的。如：

【杯弓蛇影】比喻疑神疑鬼，自相惊扰。清纪昀《阅微草堂笔记·如是我闻四》："况杯弓蛇影，恍惚无凭，而点缀铺张，宛如目睹。"按：典出汉应劭《风俗通·怪神·世间多有见怪惊怖以自伤者》："予之祖父郴为汲令，以夏至日请见主簿杜宣，赐酒。时北壁上有悬赤弩，照于杯中，其形如蛇。宣畏恶之，然不敢不饮，其日便得腹腹痛切，妨损饮食，大用羸露，攻治万端，不为愈。后郴因事过至宣家窥视，问其变故，云畏此蛇，蛇入腹中。郴还听事，思惟良久，顾见悬弩，必是也。则使门下史将铃下侍徐扶辇载宣于故处设酒，杯中故复有蛇，因谓宣：'此壁上弩影耳，非有他怪。'宣意遂解，甚夷怿，由是瘳平。"又，又作"盃弓蛇影"。清程麟《此中人语·行素堂》："又某乙游堂中，自言生平未尝信怪，且谓甲系盃弓蛇影也。"

7. 有的是从张衡作品中概括而成的。如：

【与世长辞】人去世。清蒲松龄《聊斋志异·贾奉雉》："行将遁迹山林，与世长辞矣。"按：语本汉张衡《归田赋》："追渔父以同嬉，超埃尘以遐逝，与世事乎长辞。"

8.有的是从东汉作品及宋代作品两个时代两部不同的书和文章中混合概括而成的。如：

【囚首垢面】形容久不梳洗和洗脸，好像囚犯一样。清和邦额《夜谭随录·新安富人》："女又引两青衣械一人至，囚首垢面。"按：语本《汉书》和宋苏洵作品。《汉书·王莽传上》："阳朔中，世父大将军凤病，莽侍疾，亲尝药，乱首垢面，不解衣带连月。"宋苏洵《辨奸论》："囚首丧面而谈诗书，此岂情也哉？"

（五）从三国语料概括而成的熟语

三国时期的语料，到了清代，从中概括形成了一些熟语。这些熟语的语料来源有：

1.有的是从曹操作品中概括而成的。如：

【无懈可击】形容十分严密。清吴乔《围炉诗话》："一篇诗只立一意，起手、中间、收结互相照应，方得无懈可击。"按：语出《孙子·计》"攻其无备，出其不意"三国魏曹操注："击其懈怠，出其空虚。"

2.有的是从诸葛亮作品中概括而成的。如：

【如虎添翼】比喻强大的得到援助后更强大，凶恶的得到援助更凶恶。《醒世姻缘传》第六三回："教得个女儿如虎添翼一般，那里听薛夫人的解劝。"按：语本三国蜀诸葛亮《心书·兵机》："将能执兵之权，操兵之势，而临群下，譬如猛虎加之羽翼而翱翔四海，随所遇而施之。"又，又作"如虎得翼"、"如虎生翼"、"如虎傅翼"。明冯梦龙《东周列国志》第三五回："二狐有将相之才，今从重耳，如虎得翼。"《三国演义》第三九回："今玄德得诸葛亮为辅，如虎生翼矣。"梁启超《中国积弱溯源论》第二节："及出而武断乡曲，则如虎傅翼，择肉而食。"

（六）从西晋语料概括而成的熟语

西晋时期的语料，到了清代，从中概括形成了一些熟语。这些熟语的语料来源有：

1.有的是从陆机作品中概括而成的。如：

【顾影自怜】顾望身影自己怜惜自己，形容处境孤苦、潦倒失意。清杨掌生《京尘杂录·长安看花记》："江潭憔悴，顾影自怜。"按：语本晋陆机《赴洛道中作》诗之一："伫立望故乡，顾影凄自怜。"

【穷形尽相】形容丑态毕露。《二十年目睹之怪现状》第四一回回目："破资财穷形极相，感知己沥胆披肝。"按：语本《文选·陆机〈文赋〉》："虽弃方而遯圆，期穷形而尽相。"又，此语唐代已见，义为描写刻画十分生动逼真。唐卢照邻《益州长史胡树礼为亡女造画赞》："穷形尽相，陋燕壁之含丹。"

2. 有的是从司马彪作品中概括而成的。如：

【放虎归山】比喻放走敌人，贻患无穷。清钱彩等《说岳全传》第三一回："倘他逃走了去，岂不是放虎归山？"按：语本《三国志·蜀志·刘巴传》"俄而先主定益州，巴辞谢罪负，先主不责"裴松之注引西晋司马彪《零陵先贤传》："璋遣法正迎刘备，巴谏曰：'备，雄人也，入必为害，不可内也。'既入，巴复谏曰：'若使备讨张鲁，是放虎于山林也。'璋不听。"

3. 有的是从西晋作品及唐代作品两个时代两种不同的语料中混合概括而成的。如：

【千锤百炼】② 比喻对诗文等再三精心修改。清赵翼《瓯北诗话·李青莲诗》："诗家好作奇句警语，必千锤百炼而后能成。"按：语本西晋刘琨作品和唐皮日休作品。西晋刘琨《重赠卢谌》诗："何意百炼刚，化为绕指柔。"唐皮日休《刘枣强碑》："百岁有是业者，雕金篆玉，牢奇笼怪。百锻为字，千炼成句，虽不追躅太白，亦后来之佳作也。"

（七）从东晋语料概括而成的熟语

东晋时期的语料，到了清代，从中概括形成了一些熟语。这些熟语的语料来源有：

1. 有的是从佛陀耶舍的作品中概括而成的。如：

【昙花一现】比喻稀有的事物或显赫一时的人物出现不久就消失。清陆诒经《〈小螺庵病榻忆语〉题词》："昙花一现只忽忽，玉瘁兰凋感谢公。"按：语本后秦佛陀耶舍等译《长阿含经·游行经》："告诸比丘，汝等当观，如来时时出世，如优昙钵花时一现耳。"

2. 有的是从昙无谶的作品中概括而成的。如：

【盲人摸象】比喻看问题不全面，以偏概全。清刘献廷《广阳杂记》卷四："孙恺不知翻经切纬之意，广收杂物，金矢一囊，四呼如盲人摸象，仅得一肢，以为全体，而所得者是真非赝。"按：典出北凉昙无谶译《大般涅盘经》卷三二："尔时大王，即唤众盲各各问言：'汝见象耶？'众盲各言：'我已得见。'王言：'象为何类？'其触牙者即言象形如芦菔根，其触耳者言象如箕，其触头者言象如石，其触鼻者言象如杵，其触脚者言象如木臼，其触脊者言象如床，其触腹者言象如瓮，其触尾者言象如绳。"

3. 有的是从陶潜作品中概括而成的。如：

【聊胜于无】比没有稍好一些。《官场现形记》第四五回："王二瞎子一听仍是衙门里的人，就是声光比账房差些，尚属慰情聊胜于无。"按：语本东晋陶潜《和刘柴桑》："弱女虽非男，慰情聊胜无。"

这一类型的熟语还有：世外桃源[1]　欣欣向荣[2]

4. 有的是从王羲之作品中概括而成的。如：

【一波三折】比喻文章结构曲折起伏。清刘熙载《艺概·文概》："余谓大苏文一泻千里，小苏文一波三折。"按：语本晋王羲之《题卫夫人笔阵图后》："每作一波，常三过折笔。"又，此语宋代已见，义为写字笔画曲折多姿。《宣和书谱·太上内景神经》："然其一波三折笔之势，亦自不苟。"

5. 有的是从习凿齿著作中概括而成的。如：

【乐不思蜀】泛指乐而忘返。清王韬《淞隐漫录·海底奇境》："如果没于洪涛，获此妙境，真觉此间乐不思蜀矣。"按：语本《三国志·蜀志·后主传》"后主举家东迁，既至洛阳"裴松之注引东晋习凿齿《汉晋春秋》："司马文王与禅宴，为之作故蜀技，旁人皆为之感怆，而禅喜笑自若……他日，王问禅曰：'颇思蜀否？'禅曰：'此间乐，不思蜀。'"

6. 有的是从张湛著作中概括而成的。如：

【杞人忧天】比喻不必要的忧虑。清邵长蘅《守城行纪时事也》诗："纵令消息未必真，杞人忧天独苦辛。"按：语本《列子·天瑞》："杞国有人，忧天地崩坠，身亡所寄，废寝食者。"又，又作"杞国之忧"、"杞国忧天"、"杞人之忧"、"杞天之虑"。宋岳珂《桯史·岁星之祥》："时虏初退，师尚宿留淮泗。朝议凛凛，惧其反旆。士大夫皆有杞国之忧。"明何景明《田子行》："丹诚不回白日照，杞国忧天独劳苦。"清钱谦益《上高阳师相书》："以谦益之将隐也，杞人之忧，不敢以告人，而效其一二于师门，并以为别。"鲁迅《而已集·忧"天乳"》："我曾经也有过'杞天之虑'，以为将来中国的学生出身的女性，恐怕要失去哺乳的能力，家家须雇乳娘。"再，省作"杞忧"、"杞天忧"。明李贽《答周柳塘书》：

[1]　按：典出晋陶潜《桃花源记》："自云先世避秦时乱，率妻子邑人来此绝境，不复出焉，遂与外人间隔。问今是何世，乃不知有汉，无论魏晋。"
[2]　按：语本晋陶潜《归去来辞》："木欣欣以向荣，泉涓涓而始流。"又，此语宋代已见，义为草木生长茂盛貌。宋司马光《和范景仁宿憩鹤寺》："最爱欣欣向荣木，每来相见不相疏。"

"此皆平日杞忧太重之故，吾独憾山农不能终身滚滚也。"吕志伊《镇山楼远眺》诗："怕向彩云深处望，西南半壁杞天忧。"

这一类型的熟语还有：歧路亡羊[1]　余音绕梁[2]

（八）从南朝语料概括而成的熟语

南朝时期的语料，到了清代，从中概括形成了一些熟语。这些熟语的语料来源有：

1.有的是从范晔著作中概括而成的。如：

【不修边幅】不注意衣服、容貌的整洁。清李斗《扬州画舫录·虹桥录上》："其年短髯，不修边幅。"按：语本《后汉书·马援传》："公孙不吐哺走迎国士，与图成败，反修饰边幅，如偶人形。此子何足久稽天下士乎？"又，又作"不脩边幅"，五代已见。《旧唐书·文苑传下·温庭筠》："初至京师，人士翕然推重。然士行尘杂，不脩边幅。"

【引经据典】引用经书典籍中的内容。清张岱《家传》："走笔数千言，皆引经据典，断案如老吏。"按：语本《后汉书·荀爽传》："爽皆引据大义，正之经典。"

这一类型的熟语，还有下面这些：

釜底游鱼[3]　乐此不疲[4]　万众一心[5]　仰人鼻息[6]　朝发夕至[7]

2.有的是从费昶作品中概括而成的。如：

---

　　[1]　按：典出《列子·说符》："杨子之邻人亡羊，既率其党，又请杨子之竖追之。杨子曰：'嘻！亡一羊何追者之众？'邻人曰：'多歧路。'既反，问：'获羊乎？'曰：'亡之矣。'曰：'奚亡之？'曰：'歧路之中又有歧焉，吾不知所之，所以反也。'……心都子曰：'大道以多歧亡羊，学者以多方丧生。'"

　　[2]　按：语本东晋张湛《列子·汤问》："昔韩娥东之齐，匮粮，过雍门，鬻歌假食，既去，而余音绕梁欐，三日不绝。"

　　[3]　按：语出《后汉书·张纲传》："若鱼游釜中，喘息须臾间耳。"

　　[4]　按：语本《后汉书·光武帝纪下》："每旦视朝，日仄乃罢。数引公卿、郎、将讲论经理，夜分乃寐。皇太子见帝勤劳不怠，承间谏曰：'陛下有禹汤之明，而失黄老养性之福，愿颐爱精神，优游自宁。'帝曰：'我自乐此，不为疲也。'"

　　[5]　按：语本《后汉书·傅燮传》："今率不习之人，越大陇之阻，将十举十危，而贼闻大军将至，必万人一心。"

　　[6]　按：语本《后汉书·袁绍传》："袁绍孤客穷军，仰我鼻息，譬犹婴儿在股掌之上，绝其哺乳，立可饿杀。"又，省作"仰鼻息"。清张廷玉《明史·高倬传》："文衡肮脏成性，必不能仰鼻息于中官。"

　　[7]　按：语出《后汉书·乌桓传》："居止近塞，朝发穹庐，暮至城郭，五郡民庶，家受其辜。"

【穷极无聊】穷困到极点无所依托，比喻无事可做显得无聊。清李海观《歧路灯》第四四回："先二日还往街头走走，走的多了，亦觉没趣。穷极无聊，在店中结识了弄把戏的抢州孙海仙。"按：语本南朝梁费昶《思公子》诗："虞卿亦何命，穷极若无聊。"

3. 有的是从江淹作品中概括而成的。如：

【五光十色】形容色彩鲜艳、式样繁多。《二十年目睹之怪现状》第四八回："全都穿着细狐、洋灰鼠之类，那面子更是五光十色。"按：语本南朝梁江淹《丽色赋》："五光徘徊，十色陆离。"

4. 有的是从刘勰著作中概括而成的。如：

【兴高采烈】兴致高，情绪热烈。清丘逢甲《南园感事诗序》："与会者皆兴高采烈，以为此乐不减古人。"按：语出南朝梁刘勰《文心雕龙·体性》："叔夜俊侠，故兴高而采烈。"又，又作"兴高彩烈"。鲁迅《准风月谈·华德焚书异同论》："这里的黄脸干儿们，也听得兴高彩烈。"

5. 有的是从刘义庆著作中概括而成的。如：

【标新立异】提出新的见解，表示与众不同。清褚人获《隋唐演义》第三一回："但今作者，止取体艳句娇，标新立异而已，原没甚骨力规则。"按：语本南朝宋刘义庆《世说新语·文学》："支道林在白马寺中，将冯太常共语，因及《逍遥》，支卓然标新理于二家之表，立异义于众贤之外。"

【难兄难弟】[1]讥讽两人都同样低劣。清李渔《蜃中楼·阃闹》："一个不通文理，一个不达时务，真是难兄难弟。"按：语本南朝宋刘义庆《世说新语·德行》："陈元方子长文，有英才，与季方子孝先各论其父功德，争之不能决。咨之太丘。太丘曰：'元方难为兄，季方难为弟。'"又，此语唐代已见，义为兄弟两人才德俱佳而难分高下。《北史·宋隐等传论》："正玄难兄难弟，信为美哉！"

【掷地有声】形容说话豪迈有力。《镜花缘》第八一回："此等灯谜，可谓掷地有声了。"按：语本南朝宋刘义庆《世说新语·文学》："孙兴公作《天台赋》成，以示范荣期云：'卿试掷地，要作金石声！'"又，又作"掷地金声"、"掷地赋声"。明王錂《春芜记·访友》："文章日就，何惭掷地金声。"明郑若庸《玉玦记·赴试》："腰印能如季士稀，恐掷地赋声难比。"再，省作"掷地"、"掷金"、"掷金声"。唐羊士谔《都城从事萧员外寄海梨花诗尽绮丽至惠然远及》诗："掷

---

[1] 按：这个熟语中的"难"，音 nán。

地好词凌彩笔，浣花春水腻鱼笺。"唐钱起《和范郎中宿直中书晓玩清池赠南省同僚两垣遗补》："六义惊摛藻，三台响掷金。"清吴伟业《周栎园有墨癖漫赋》之一："含香词赋掷金声，家住玄都对管城。"

这一类型的熟语，还有下面这些：

琳琅满目[1]　拾人牙慧[2]　一木难支[3]　一往情深[4]　引人入胜[5]

煮豆燃萁[6]　自惭形秽[7]

6. 有的是从沈约著作中概括而成的。如：

【乘风破浪】比喻人的志向远大，气魄雄伟，奋勇前进。《孽海花》第二四回："东海湄，扶桑涘，欲往从之多蛇豕！乘风破浪从此始。"按：语本《宋书·宗悫传》："悫少时，炳问其志。悫答曰：'愿乘长风破万里浪。'"

【顾盼自雄】形容自以为了不起。清余怀《〈板桥杂记〉序》："长板桥边，一吟一咏，顾盼自雄。"按：语出《宋书·范晔传》："跃马顾盼，自以为一世之雄。"又，又作"顾盼自豪"。蔡东藩等《民国通俗演义》第三六回："袁总统得此奇袭，未免顾盼自豪。"

7. 有的是从萧纲作品中概括而成的。如：

【字里行间】字句中间。清无名氏《官场维新记》第二回："老弟上的条陈，第一要不拘成格，字里行间，略带些古文气息，方能中肯。"按：语本南朝梁简文帝《答新渝侯和诗书》："垂示三首，风云吐于行间，珠玉生于字里。"

8. 有的是从萧统作品中概括而成的。如：

---

[1]　按：语本南朝宋刘义庆《世说新语·容止》："有人诣王太尉，遇安丰、大将军、丞相在坐，往别屋见季胤、平子。还语人曰：'今日之行，触目见琳琅珠玉。'"又，又作"琳琅触目"。唐杨炯《左武卫将军成安子崔献行状》："诏赐御食，并锦被一张，常服一袭，杂彩百五十段……琳琅触目，日月在怀。"

[2]　按：语本《世说新语·文学》："殷中军云：康伯未得我牙后慧。"

[3]　按：语本《世说新语·任诞》："元裒如北厦门，拉攞自欲坏，非一木所能支。"

[4]　按：语本《世说新语·任诞》："桓子野每闻清歌，辄唤奈何！谢公闻之曰：'子野可谓一往有深情。'"又，又作"一往而深"。明汤显祖《〈牡丹亭记〉题词》："情不知所起，一往而深，生者可以死，死者可以生。"

[5]　按：语本《世说新语·任诞》："王卫军云，酒正自引人著胜地。"

[6]　按：典出《世说新语·文学》："文帝尝令东阿王七步中作诗，不成者行大法。应声便为诗曰：'煮豆持作羹，漉菽以为汁。萁在釜下然，豆在釜中泣。本自同根生，相煎何太急。'帝深有惭色。"又，又作"煮豆然萁"，宋代已见。宋晁补之《阎子常携琴入村》："四体虽勤口餔众，煮豆然萁穷奈何！"

[7]　按：语本《世说新语·容止》："珠玉在侧，觉我形秽。"

【变本加厉】原意是在本来的基础上更加发展，后多形容情况比原来更加严重。《二十年目睹之怪现状》第六八回："大约当日河工极险的时候，曾经有人提倡神明之说，以壮那工人的胆，未尝没有小小效验；久而久之，变本加厉，就闹出这邪说诬民的举动来了。"按：语本南朝梁萧统《〈文选〉序》："盖踵其事而增华，变其本而加厉，物既有之，文亦宜然。"

【踵事增华】继续以前的事业并更加发展。清张廷玉《明史·舆服志一》："东都乃有九斿、云罕、旒冕、绚屦之仪物，踵事增华，日新代异。"按：语本南朝梁萧统《〈文选〉序》："若夫椎轮为大辂之始，大辂宁有椎轮之质，增冰为积水所成，积水曾微增冰之凛，何哉？盖踵其事而增华，变其本而加厉，物既有之，文亦宜然。"

9. 有的是从萧衍作品中概括而成的。如：

【劳燕分飞】比喻别离。清王韬《淞隐漫录·尹瑶仙》："其谓他日劳燕分飞，各自东西，在天之涯地之角耶？"按：典出《乐府诗集·杂曲歌辞八·东飞伯劳歌》："东飞伯劳西飞燕，黄姑织女时相见。"[1]又，省作"劳燕"。叶圣陶《前途》："惟自辞师他适，互为劳燕，非第无接席之雅，亦且莫通音问。"

10. 有的是从萧子显著作中概括而成的。如：

【天悬地隔】比喻相差悬殊。《红楼梦》第五五回："真真一个娘肚子里跑出这样天悬地隔的两个人来。"按：语出南朝梁萧子显《南齐书·陆厥传》："一人之思，迟速天悬；一家之文，工拙壤隔。"又，又作"天悬壤隔"，唐代已见。《隋书·卢思道传》："妍蚩愚智之辩，天悬壤隔；行己立身之异，入海登山。"

这一类型的熟语还有：前因后果[2]　量体裁衣[3]

11. 有的是从殷芸作品中概括而成的。如：

【腰缠万贯】形容人非常富有。清蒋士铨《雪中人·营巢》："蓦地腰缠万贯来，要于平地起楼台。"按：语本南朝梁殷芸《小说》："有客相从，各言所志，或愿为扬州刺史，或愿多赀财，或愿骑鹤上升。其一人曰：'腰缠十万贯，骑鹤上

---

[1]　按：《乐府诗集·杂曲歌辞八·东飞伯劳歌》是根据民歌改编的一首七言古诗，其作者有争论。明代胡应麟《诗薮》、明陆时雍《诗镜总论》、清王夫之《古诗评选》、清陈祚明《采菽堂古诗选》等书中都把作者处理为南朝梁武帝萧衍，本研究也采用此观点。

[2]　按：语本《南齐书·高逸传论》："今树以前因，报以后果，业行交酬，连璅相袭。"

[3]　按：语本《南齐书·张融传》："手诏赐融衣曰：'……今送一通故衣，意谓虽故，乃胜新也。是吾所著，已令裁减称卿之体。'"

扬州。'欲兼三者。"

（九）从北朝语料概括而成的熟语

北朝时期的语料，到了清代，从中概括形成了一些熟语。这些熟语的语料来源有：

1. 有的是从北朝民歌中概括而成的。如：

【扑朔迷离】形容事物错综复杂，不易看清真相。清梁绍壬《两般秋雨盦随笔·无题诗》："钩辀格磔浑难语，扑朔迷离两不真。"按：典出《乐府诗集·横吹曲辞五·木兰诗之一》："雄兔脚扑朔，雌兔眼迷离。两兔傍地走，安能辨我是雄雌。"

2. 有的是从魏收著作中概括而成的。如：

【箭在弦上】比喻事情到了不得不做或话不得不说的时候。清夏敬渠《野叟曝言》第六五回："况玉佳志在剿逆，此日出门，如箭在弦上，不得不发。"按：语出《太平御览》卷五九七引北齐魏收《魏书》："陈琳作檄，草成。呈太祖。太祖先苦头风，是日疾发，卧读琳所作，翕然而起，曰：'此愈我疾病。'太祖平邺，谓陈琳曰：'君昔为本初作檄书，但罪孤而已，何乃上及父祖乎？'琳谢曰：'矢在弦上，不得不发。'太祖爱其才，不咎。"

3. 有的是从颜之推著作中概括而成的。如：

【迭床架屋】比喻重复累赘。清恽敬《答顾研麓书》之二："尊大人集已有三序……如敬再作，是迭床架屋，深可不必。"按：语本北齐颜之推《颜氏家训·序致》："魏晋已来，所著诸子，理重事复，递相模敩，犹屋下架屋，床上施床耳。"又，又作"叠床架屋"。清袁枚《随园诗话补遗》卷六："咏桃源诗，古来最多，意义俱被说过，作者往往有叠床架屋之病，最难出色。"

4. 有的是从杨衒之著作中概括而成的。如：

【狐狸尾巴】比喻终究要暴露出来的坏人的本来面目。清壮者《扫迷帚》第十三回："惜此女尚无人发覆，所以狐狸尾巴还未显出。"按：语本北魏杨衒之《洛阳伽蓝记·法云寺》："孙岩娶妻三年，不脱衣而卧。岩私怪之，伺其睡，阴解其衣，有毛长三尺，似野狐尾，岩惧而出之。"

5. 有的是从庾信作品中概括而成的。如：

【藏龙卧虎】比喻潜藏着人才或不同寻常的人。清郭小亭《济公全传》[1]第一六四回："再说临安城乃藏龙卧虎之地。"按：语本北周庾信《同会河阳公新造

---

[1]　按：郭小亭《济公全传》的全称是《评演济公传》，总计240回。

山池聊得寓目》：“暗石疑藏虎，盘根似卧龙。”

（十）从唐代语料概括而成的熟语

唐代的语料，到了清代，从中概括形成了一些熟语。这些熟语的语料来源有：

1. 有的是从白居易作品中概括而成的。如：

【源远流长】① 源头远，流程长。清张廷玉《明史·徐贞明传》：“卢沟发源于桑干，滹沱发源于泰戏，源远流长。”按：语本唐白居易《海州刺史裴君夫人李氏墓志铭》：“夫源远者流长，根深者枝茂。”

这一类型的熟语还有：不识之无[1]　事倍功半[2]

2. 有的是从般刺密帝著作中概括而成的。如：

【现身说法】比喻用自己的经历为例证对人进行讲解或劝导。《儿女英雄传》第五回：“如今现身说法，就拿我讲，两个指头就轻轻儿的给你提进来了。”按：语本唐般刺密帝《楞严经》卷六：“我于彼前，皆现其身，而为说法，令其成就。”又，此语宋代已见，义为佛或菩萨现出各种身形向人说法。《景德传灯录·释迦牟尼佛》：“亦于十方界中现身说法。”

【想入非非】思想进入虚幻世界，完全脱离实际。《官场现形记》第四七回：“施大哥好才情，真要算得想入非非的了。”按：语本《楞严经》卷九：“于无尽中发宣尽性，如存不存，若尽非尽，如是一类，名为非想非非想处。”

3. 有的是从常建作品中概括而成的。如：

【万籁俱寂】形容四周非常寂静，没有一点声音。清蒲松龄《聊斋志异·山魈》：“辗转移时，万籁俱寂，忽闻风声隆隆，山门豁然作响。”按：语本唐常建《题破山寺后禅院》诗：“万籁此俱寂，但余钟磬音。”

4. 有的是从曹邺作品中概括而成的。如：

【一手遮天】形容依仗权势，玩弄手法瞒上欺下。清张岱《石匮书·马士英阮大铖传》[3]：“弘光好酒喜内，日导以荒淫，毫不省外事，而士英一手遮

---

[1] 按：语本唐白居易《与元九书》：“仆始生六七月时，乳母抱弄于书屏下，有指‘无’字、‘之’字示仆者，仆虽口未能言，心已默识。”

[2] 按：语本唐白居易《为人上宰相书》：“盖得之，则不啻乎事半而功倍也，失之，则不啻乎事倍而功半也。”

[3] 按：张岱（1597—1680）是明末清初学者，明代的时间是 1368—1644 年，清代的时间是 1616—1911 年。按明朝的时间算，他在明朝生活了 47 岁；按清朝的时间算，他在清朝生活了 63 岁。如果明朝的时间算到 1616 年，那么他在明朝生活了 19 岁。所以，他归为明代人、清代人都可以。本研究把他归为清代人。又，张岱卒年说法多样，这里采用胡益民的看法，详见胡益民《张岱卒年及〈明史纪事本末〉作者问题再考辨》，《复旦学报》（社会科学版）2004 年第 5 期。

天，靡所不为矣。"按：语本唐曹邺《读李斯传》诗："难将一人手，掩得天下目。"

5.有的是从杜甫作品中概括而成的。如：

【发人深省】启发人们深刻思考而醒悟。清张潮《虞初新志·金忠洁公传》评："命末死于忠义者，较前代为独盛，特存此一编，以当清夜闻钟，发人深省。"按：语本唐杜甫《游龙门奉先寺》诗："欲觉闻晨钟，令人发深省。"

这一类型的熟语还有：别开生面[1]　衮衮诸公[2]

6.有的是从杜牧作品中概括而成的。如：

【付之一炬】点一把火，指全部烧掉。清钱泳《履园丛话·艺能·著棋》："人生数十年，光阴迅速，则又何必做此废事弃业、忘寝与食之勾当耶……《桃花泉棋谱》、《弈理指归》诸书，直可付之一炬。"按：语本唐杜牧《阿房宫赋》："戍卒叫，函谷举，楚人一炬，可怜焦土。"

7.有的是从《敦煌变文集》中概括而成的。如：

【狗急跳墙】比喻走投无路时不顾后果地行动。《红楼梦》第二七回："今儿我听了他的短儿，人急造反，狗急跳墙，不但生事，而且我还没趣。"按：语出《敦煌变文集·燕子赋》："人急烧香，狗急蓦墙。"

8.有的是从房玄龄著作中概括而成的。如：

【东山再起】指退隐复仕或失势后重新得势。《儿女英雄传》第三九回："或者圣恩高厚，想起来，还有东山再起之日，也未可知。"按：典出唐房玄龄《晋书·谢安传》："谢安……少有重名。初辟司徒府，除佐著作郎，并以疾辞。寓居会稽……累违朝旨，高卧东山……顷之征拜侍中，迁吏部尚书、中护军……进安中书监、骠骑将军、录尚书事……顷之，加司徒，后军文武尽配大府，又让不拜……安虽受朝寄，然东山之志始末不渝，每形于言色。"

【投鞭断流】比喻人马众多，力量强大。清黄宗羲《陕西巡抚都察院右副都御史玄若高公墓志铭》："汉水之隈，高公苍止。千里风霾，投鞭断流。"按：语本唐房玄龄《晋书·苻坚载记下》："以吾之众旅，投鞭于江，足断其流，何险之足恃？"又，省作"投鞭"，唐代已见。唐李白《登金陵冶城西北谢安墩》诗："投鞭可填江，一扫不足论。"

---

[1]　按：语本唐杜甫《丹青引》："凌烟功臣少颜色，将军下笔开生面。"

[2]　按：语出唐杜甫《醉时歌》："诸公衮衮登台省，广文先生官独冷。"

这一类型的熟语还有：察察为明[1]　洛阳纸贵[2]　骑虎难下[3]

9. 有的是从韩愈作品中概括而成的。如：

【不平则鸣】指遇到不公正的待遇，就要发出不满的呼声。《红楼梦》第五八回："怨不得芳官，自古道'物不平则鸣。'"按：语本唐韩愈《送孟东野序》："大凡物不得其平则鸣。"

【再接再厉】一次又一次地继续努力。清百一居士《壶天录》卷下："西人跑马，所以赌胜负也……载驰载驱，再接再厉，聿观厥成。"按：语本唐韩愈孟郊《斗鸡联句》："一喷一醒然，再接再砺乃。"

这一类型的熟语，还有下面这些：

刺刺不休[4]　入主出奴[5]　啼饥号寒[6]　无理取闹[7]　摇尾乞怜[8]

语焉不详[9]

10. 有的是从李白作品中概括而成的。如：

【付之东流】比喻完全葬送或落空。清陈确《丙戌年蚕谣》序："故窭人不支，至有中道废弃者，并十一之偿付之东流矣！"按：语本唐李白《梦游天姥吟留别》诗："世间行乐亦如此，古来万事东流水。"

【两小无猜】男孩女孩天真无邪地一起玩耍而没有猜疑。清蒲松龄《聊斋志异·江城》："翁有女，小字江城，与生同甲，时皆八九岁，两小无猜，日共嬉戏。"按：语本唐李白《长干行》之一："郎骑竹马来，遶床弄青梅，同居长干里，两小无嫌猜。"

---

[1]　按：语本《晋书·皇甫谧传》："若乃圣帝之创化也，参德乎二皇，齐风乎虞夏，欲温温而和畅，不欲察察而明切也。"

[2]　按：典出《晋书·左思传》：左思作《三都赋》，构思十年，赋成，不为时人所重。及皇甫谧为作序，张载、刘逵为作注，张华见之，叹为"班张之流也"，于是豪富之家争相传写，洛阳纸价因之昂贵。

[3]　按：语本《晋书·温峤传》："今之事势，义无旋踵，骑猛兽，安可中下哉！"

[4]　按：语出唐韩愈《送殷员外序》："出门惘惘，有离别可怜之色。持被入直三省，丁宁顾婢子，语刺刺不能休。"

[5]　按：语本唐韩愈《原道》："其言道德仁义者，不入于杨，则入于墨；不入于老，则入于佛。入于彼，必出于此。入者主之，出者奴之。"

[6]　按：语出唐韩愈《进学解》："冬暖而儿号寒，年丰而妻啼饥。"

[7]　按：语本唐韩愈《答柳柳州食虾蟆》诗："鸣声相呼和，无理只取闹。"

[8]　按：语出唐韩愈《应科目与时人书》："若俯首帖耳，摇尾而乞怜者，非我之志也。"

[9]　按：语本唐韩愈《原道》："荀与扬也，择焉而不精，语焉而不详。"

11. 有的是从李复言作品中概括而成的。如：

【月下老人】媒人的代称。《红楼梦》第五七回："若是月下老人不用红线拴的，再不能到一处。"按：典出唐李复言《续玄怪录·定婚店》："赤绳子耳。以系夫妻之足，及其生，则潜用相系，虽雠敌之家，贵贱悬隔，天涯从宦，吴楚异乡，此绳一系，终不可逃。"又，又作"月下老儿"。《红楼梦》第五七回："管姻缘的有一位月下老儿，预先注定，暗里只用一根红丝，把这两个人的脚绊住。"再，省作"月下老"。《醒世恒言·吴衙内邻舟赴约》："若是五百年前合为夫妇，月下老赤绳系足，不论幽期明配，总是前缘判定，不亏行止。"

12. 有的是从李浚作品中概括而成的。如：

【天香国色】比喻美丽的女子。清陈端生《再生缘》第二一回："款款纤腰垂玉带，溶溶粉额映乌纱。起来缓缓辞金殿，分明是，一朵天香国色花。"按：语本唐李浚《松窗杂录》："会春暮内殿赏牡丹花，上颇好诗，因问修己曰：'今京邑传唱牡丹花诗谁为首出？'修己对曰：'臣尝闻公卿间多吟赏中书舍人李正封诗，曰："天香夜染衣，国色朝酣酒。"'"又，此语金代已见，义为牡丹的色香都非他花可比。金元好问《兰文仲郎中见过》诗："水碧金膏步兵酒，天香国色洛阳花。"

13. 有的是从李咸用作品中概括而成的。如：

【晨钟暮鼓】比喻令人警悟的话。清宣鼎《夜雨秋灯录·玉红册》："三复此编，可当晨钟暮鼓，唤醒众生。"按：语本唐李咸用《山中》诗："朝钟暮鼓不到耳，明月孤云长挂情。"又，此语宋代已见，义为时日推移。宋陆游《短歌行》："百年鼎鼎世共悲，晨钟暮鼓无休时。"

14. 有的是从李延寿著作中概括而成的。如：

【戴高帽子】比喻吹捧、恭维别人。《镜花缘》第二七回："老父闻说此处最喜奉承，北边俗语叫作爱戴高帽子；今日也戴，明日也戴，满头尽是高帽子。"按：语本《北史·儒林传下·熊安生》："道晖好着高翅帽、大屐，州将初临，辄服以谒见。仰头举肘，拜于屐上，自言学士比三公。"

15. 有的是从柳完元作品中概括而成的。如：

【掉以轻心】轻率，不重视。清陈其元《庸闲斋笔记·折狱须慎》："夫钱债，讼狱中细事耳，使尔日掉以轻心，不几致死一命乎！"按：语本唐柳完元《答韦中立论师道书》："故吾每为文章，未尝敢以轻心掉之。"

16. 有的是从孟郊作品中概括而成的。如：

【走马看花】比喻匆忙和粗浅地观察事物。清吴乔《围炉诗话》卷三："唐诗情深词婉,故有久久吟思莫知其意者。若走马看花,同于不读。"按:语本唐孟郊《登科后》诗:"昔日龌龊不足花,今朝放荡思无涯。春风得意马蹄疾,一日看尽长安夸。"[1]又,此语宋代已见,义为得意、愉快的心情。宋杨万里《叶叔羽集同年九人于樱桃园》诗:"走马看花才几日,晓星残月半无人。"

17. 有的是从聂夷中作品中概括而成的。如:

【剜肉医疮】比喻只顾眼前,用有害的方法来救急。清张廷玉《明史·魏呈润传》:"是犹剜肉医疮,疮未瘳而肉先溃。"按:语本唐聂夷中《伤田家》诗:"二月卖新丝,五月粜新谷。医得眼前疮,剜却心头肉。"又,又作"剜肉补疮",宋代已见。宋朱熹《乞蠲减星子县税钱第二状》:"必从其说,则势无从出,不过剜肉补疮,以欺天罔人。"

18. 有的是从裴铏著作中概括而成的。如:

【为虎作伥】比喻作恶人的帮凶。清筱波山人《爱国魂·骂奴》:"为虎作伥,无复生人之气。"按:语本《太平广记》卷第四百三十引唐裴铏《传奇·马拯》:"此是伥鬼,被虎所食之人也,为虎前呵道耳。"

19. 有的是从秦韬玉作品中概括而成的。如:

【为人作嫁】比喻空为别人辛苦忙碌。《红楼梦》第九五回:"何必为人作嫁?"按:语本唐秦韬玉《贫女》诗:"苦恨年年压金线,为他人作嫁衣裳。"

20. 有的是从颜真卿作品中概括而成的。如:

【力透纸背】① 形容书法遒劲有力。清黄景仁《题赤桥庵上人画梅》诗:"惨惨著花二三萼,力透纸背非人功。"按:语本唐颜真卿《张长史十二意笔法记》:"其用锋,常欲使其透过纸背,此成巧之极矣。"

21. 有的是从姚思廉著作中概括而成的。如:

【吞云吐雾】形容吸鸦片或吸烟后吐出浓重烟雾的样子。清彭养鸥《黑籍冤魂》第一回:"那富贵的人家,依旧的吞云吐雾,一些也不要着急。"按:语本唐姚思廉《梁书·沈约传》:"始餐霞而吐雾,终凌虚而倒影。"

22. 有的是从张鷟作品中概括而成的。如:

【请君入瓮】以其人之道还治其人之身。清蒲松龄《聊斋志异·席方平》:

---

[1] 按:这里的《登科后》诗的内容是依照《大词典》缩印本第5757页的引文。有的版本"花"与"夸"位置互换。

"当掬西江之水，为尔涮肠；即烧东壁之床，请君入瓮。"按：语本《太平广记》卷一二一引唐张鷟《朝野金载·周兴》："唐秋官侍郎周兴，与来俊臣对推事。俊臣别奉进止鞫兴，兴不之知也。及同食，谓兴曰：'囚多不肯承，若为作法？'兴曰：'甚易也。取大瓮，以炭四面炙之，令囚人处之其中，何事不吐！'即索大瓮，以火围之，起谓兴曰：'有内状勘老兄，请兄入此瓮。'兴惶恐叩头，咸即款伏。"

23.有的是从朱景玄作品中概括而成的。如：

【双管齐下】本指画画时两管笔同时并用，比喻两方面同时进行。清壮者《扫迷帚》第二四回："小弟愚见，原思双管齐下，一边将迷信关头，重重勘破；一边大兴学堂，归重德育，使人格日益高贵。"按：语本唐朱景玄《唐朝名画录·张藻》："惟松树特出古今，能用笔法。尝以手握双管，一时齐下，一为生枝，一为枯枝。"

（十一）从五代语料概括而成的熟语

五代的语料，到了清代，从中概括形成了一些熟语。这些熟语的语料来源有：

1.有的是从刘昫著作中概括而成的。如：

【罄竹难书】比喻罪恶太多，难以说完。清张廷玉《明史·邹维琏传》："忠贤大奸大恶，罄竹难书。"按：语本《旧唐书·李密传》："罄南山之竹，书罪未穷；决东海之波，流恶难尽。"

2.有的是从王仁裕著作中概括而成的。如：

【梦笔生花】比喻杰出的写作才能。清得硕亭《草珠一串》："帝京景物大无边，梦笔生花写不全。"按：典出五代王仁裕《开元天宝遗事·梦笔头生花》："李太白少时，梦所用之笔，头上生花，后天才赡逸。名闻天下。"

（十二）从宋代语料概括而成的熟语

宋代的语料，到了清代，从中概括形成了一些熟语。这些熟语的语料来源有：

1.有的是从晁补之作品中概括而成的。如：

【胸有成竹】比喻做事之前已有全盘考虑。《二十年目睹之怪现状》第一〇五回："但是看承辉的神情，又好像胸有成竹一般。"按：语本宋晁补之《赠文潜甥杨克一学文与可画竹求诗》："与可画竹时，胸中有成竹。"

2.有的是从陈亮作品中概括而成的。如：

【同床异梦】比喻虽然在一起做事但各有打算。清钱谦益《玉川子歌》："同床异梦各不知，坐起问景终谁是。"按：语本宋陈亮《乙巳春答朱元晦秘书书》："同床各做梦，周公且不能学得，何必一一说到孔明哉！"又，又作"同床各梦"，明代已见。明袁宏道《新买得画舫将以为庵因作舟居诗》之七："莫把古人来比我，同床各梦不相干。"

3. 有的是从程颢著作中概括而成的。如：

【见猎心喜】比喻看见别人做的正是自己以往所喜好的，不由心动想要试一试。清梁绍壬《两般秋雨盦随笔·陶篁村》："乾隆甲寅，春田以新补弟子员入场。先生见猎心喜，意欲重携铅椠。"按：语本《二程遗书》卷七："明道年十六七时，好田猎。十二年，暮归，在田野间见田猎者，不觉有喜心。"

4. 有的是从程颐话语中概括而成的。如：

【家喻户晓】每家每户都知道。清薛福成《请豁除旧禁招徕华民疏》："约章初立之时，未及广布明文，家喻户晓。"按：语本《论语·泰伯》"民可使由之，不可使知之"朱熹集注引宋程颐曰："圣人设教，非不欲人家喻而户晓也，然不能使之知，但能使之由之尔。"又，又作"家谕户晓"，宋代已见。宋楼钥《缴郑熙等免罪》："以言求人，曾未闻有所褒表，而据有免罪之旨，不可以家谕户晓，必有轻议于下者。"

【因材施教】针对学习人的能力、性格等具体情况而施行不同的教育。清郑观应《盛世危言·女教》："将中国诸经列传训诫女子之书，别类分门，因材施教。"按：语本《论语·为政》"子游问孝……子夏问孝"朱熹集注引宋程颐曰："子游能养而失于敬，子夏能直义而或少温润之色，各因其材之高下与其所失而告之，故不同也。"

5. 有的是从道原著作中概括而成的。如：

【佛头着粪】比喻美好的事物被亵渎、玷污。《二十年目睹之怪现状》第四十回："香奁体我作不来，并且有他的珠玉在前，我何敢去佛头着粪！"按：语本《景德传灯录·如会禅师》："崔相公入寺，见鸟雀于佛头上放粪，乃问师曰：'鸟雀还有佛性也无？'师云：'有。'崔云：'为什么向佛头上放粪？'师云：'是伊为什么不向鹞子头上放？'"

【敲骨吸髓】比喻残酷地剥削。清冯桂芬《请减苏松太浮粮疏》："向来暴敛横征之吏，所谓敲骨吸髓者，至此而亦无骨可敲、无髓可吸矣。"按：语本《景德传灯录·菩提达磨》："昔人求道，敲骨取髓，刺血济饥。"又，又作"敲骨剥髓"、"敲骨榨髓"。明许仲琳《封神演义》第二九回："未闻有身为大臣逢君之恶，蛊惑天子，残虐万民，假天子之命令，敲骨剥髓，尽民之力肥润私家……如今兄者。"柯岩《天涯何处无芳草》："一个是被资本主义原始积累敲骨榨髓，受尽欺凌的阿琦婆。"

这一类型的熟语还有：独具只眼[1]　　狮子搏兔[2]　　贼去关门[3]

6. 有的是从李颀作品中概括而成的。如：

【海阔天空】比喻说话议论漫无边际。清李伯元《文明小史》第四二回："刘齐礼初入花丛，手舞足蹈，也不知如何是好，海阔天空，信口乱说。"按：语本《诗话总龟》前集卷三十引宋李颀《古今诗话》："题诗于竹曰：'大海从鱼跃，长空任鸟飞。'"又，此语唐代已见，义为天地辽阔、无边无际。唐刘氏瑶《暗离别》诗："青鸾脉脉西飞去，海阔天空不知处。"

7. 有的是从吕大钧作品中概括而成的。如：

【痛不欲生】形容悲痛到了极点。清钱谦益《刘氏两节妇墓表》："可教虽自伤为子无状，痛不欲生，然生者之不愧可知也。"按：语出宋吕大钧《吊说》："其恻怛之心、痛疾之意不欲生。"

8. 有的是从普济著作中概括而成的。如：

【当头棒喝】比喻促人醒悟的打击或警告。清百一居士《壶天录》卷下："《书》云：'作善降祥。'此定理也。为晚近人当头棒喝，实有明征。"按：语本《五灯会元·黄檗运禅师法嗣·临济义玄禅师》："上堂，僧问：'如何是佛法大意？'师亦竖拂子，僧便喝，师亦喝。僧拟议，师便打。"

【有口皆碑】比喻人人称颂。《老残游记》第三回："宫保的政声，有口皆碑，那是没有得说的了。"按：语本《五灯会元·宝峰文禅师法嗣·太平安禅师》："劝君不用镌顽石，路上行人口似碑。"

9. 有的是从钱希言作品中概括而成的。如：

【张冠李戴】比喻认错了对象或弄错了事实。清孙承泽《天府广记·锦衣

---

[1] 按：语本《景德传灯录·普愿禅师》："师拈起球子，问僧云：'那个何似遮个？'对云：'不似。'……师云：'许你具一只眼。'"

[2] 按：语本《景德传灯录·诸方杂举征拈代别悟》："僧问老宿云：'师子捉兔亦全其力，捉象亦全其力，未审全个什么力？'"又，又作"狮象搏兔"。清黄宗羲《〈称心寺志〉序》："沾沾卷石之菁华，一花之开落，与桑经郦注争长黄池，则是狮象搏兔，皆用全力尔。"

[3] 按：语本《景德传灯录·法瑶宗一禅师》："僧曰：'若不遇于师，几成走作。'师曰：'贼去后关门。'"

卫》："彼卑官小卒，以衙门为活计，惟知嗜利，鲜有良心……甚至张冠李戴，增少为多，或久禁暗处，或苦打屈服。"按：语本宋钱希言《戏瑕》卷三："张公帽儿李公戴。"

10.有的是从司马光著作中概括而成的。如：

【怒不可遏】愤怒难以抑制，形容愤怒到了极点。《二十年目睹之怪现状》第二七回："藩台怒不可遏，便亲自去拜臬台。"按：语本《资治通鉴·后唐明宗天成二年》："严惶怖求哀，知祥曰：'众怒不可遏。'遂揖下，斩之。"

【剖腹藏珠】破开肚子藏入珍珠，比喻轻重倒置。清李渔《闲情偶寄·词曲·结构》："以词曲相传者，犹不及什一，盖千百人一见者也。凡有能此者，悉皆剖腹藏珠，务求自秘。"按：语本宋司马光《资治通鉴·唐太宗贞观元年》："上谓侍臣曰：'吾闻西域贾胡得美珠，剖身以藏之，有诸?'侍臣曰：'有之。'"

11.有的是从宋祁著作中概括而成的。如：

【庸人自扰】本来没有问题而自己自找麻烦。《儿女英雄传》第二二回："据我说书的看起来，那庸人自扰倒也自扰的有限；独这一班兼人好胜的聪明朋友，他要自扰起来，更自可怜!"按：语本宋宋祁《新唐书·陆象先传》："天下本无事，庸人扰之为烦耳。"

12.有的是从苏轼作品中概括而成的。如：

【稍纵即逝】稍一放松就过去，形容时间、机会等极易失去。清薛福成《出使四国日记·光绪十七年正月初六日》："盖因地球与众星转移不息，若以有定之镜窥之，未免稍纵即逝。"按：语本宋苏轼《文与可画筼筜谷偃竹记》："执笔熟视，乃见其所欲画者，急起从之，振笔直遂，以追其所见，如兔起鹘落，少纵则逝矣。"又，又作"稍纵则逝"。清郎廷槐等《师友诗传录》："当其触物兴怀，情来神会，机括跃如，如兔起鹘落，稍纵则逝矣。"

【雪泥鸿爪】鸿雁在雪泥上踏过留下的痕迹，比喻往事遗留下的痕迹。清钱谦益《耦耕堂诗序》："吾两人游迹，雪泥鸿爪，已茫然如往刼事。"按：语本宋苏轼《和子由渑池怀旧》："人生到处知何似? 应似飞鸿踏雪泥。泥上偶然留指爪，鸿飞那复计东西?"又，又作"雪鸿指爪"、"雪中鸿爪"、"雪泥鸿迹"。明王世贞《与徐子与书》之十五："雪鸿指爪，又未知竟落何地也。"清陈维崧《水调歌头·题友人词并示方邺大匡》词："万象雪中鸿爪，一过已忘情。"清冯珍《摸鱼子·寄戴受兹》词："去年曾记深宵语，也算雪泥鸿迹。"

这一类型的熟语还有：庐山真面[1]　难能可贵[2]　万马齐喑[3]　鸦雀无声[4]

13. 有的是从苏洵作品中概括而成的。如：

【养尊处优】生活在尊贵、优裕的环境中。清李汝珍《镜花缘》第五四回："父亲孤身在外，无人侍奉，甥女却在家中养尊处优，一经想起，更是坐立不宁。"按：语本宋苏洵《上韩枢密书》："天子者，养尊而处优，树恩而收名，与天下为喜乐者也。"

【一蹴而就】形容事情轻而易举，一下就能完成。清吴沃尧《历史小说总序》："从前所受皆为大略，一蹴而就于繁赜，毋乃不可。"按：语本宋苏洵《上田枢密书》："天下之学者，孰不欲一蹴而造圣人之域。"又，又作"一蹴而成"、"一蹴而得"。邹韬奋《什么事不可能》："赖奥维一九○三年的飞机也还不是一蹴而成的。"茅盾《路》十二："现在，他们认为胜利不能一蹴而得，必须用持久战。"

14. 有的是从陶谷作品中概括而成的。如：

【纸醉金迷】比喻奢侈豪华的享乐生活。《孽海花》第七回："船上扎着无数五色的彩球，夹着各色的鲜花，陆离光怪，纸醉金迷，舱里却坐着袅袅婷婷花一样的人儿，抱着琵琶弹哩。"按：语本宋陶谷《清异录·居室》："有一小室，窗牖焕明，器皆金饰，纸光莹白，金彩夺目，所亲见之，归语人曰：'此室暂憩，令人金迷纸醉。'"

15. 有的是从魏了翁作品中概括而成的。如：

【无微不至】形容待人非常细心周到。清孙道乾《小螺庵病榻忆语》："张姬爱儿如己出；姬病，儿侍奉汤药，无微不至。"按：语本宋魏了翁《辞免督视军马乞以参赞军事从丞相行奏札》："臣窃念主忧臣辱，义不得辞，局蹐受命，退而差辟官吏、条列事目、调遣将士，凡所以为速发之计者，靡微不周。"

16. 有的是从悟明作品中概括而成的。如：

【做贼心虚】做了坏事怕人觉察而心里不安。《二十年目睹之怪现状》第六十

---

[1]　按：语出宋苏轼《题西林壁》诗："横看成岭侧成峰，远近高低各不同。不识庐山真面目，只缘身在此山中。"

[2]　按：语出宋苏轼《荀卿论》："子路之勇，子贡之辩，冉有之智，此三子者，皆天下之所谓难能而可贵者也。"

[3]　按：语本宋苏轼《三马图赞》序："时西域贡马……振鬣长鸣，万马皆瘖。"又，又作"万马齐瘖"。清龚自珍《己亥杂诗》之一二五："九州生气恃风雷，万马齐瘖究可哀！"

[4]　按：语本宋苏轼《绝句三首》之三："天风吹雨入阑干，乌鹊无声夜向阑。"又，又作"鸦鹊无声"。清吴趼人《痛史》第二回："此时只觉得静悄悄的鸦鹊无声。"

回："这个毛病，起先人家还不知道，这又是他们做贼心虚弄穿的。"按：语本宋悟明《联灯会要·重显禅师》："却顾侍者云：'适来有人看方丈么?'侍者云：'有。'师云：'作贼人心虚。'"

17.有的是从辛弃疾作品中概括而成的。如：

【小巧玲珑】形容小而灵巧、精致。清吴趼人《近十年之怪现状》第十九回："那船上敞了两面船窗，放下鲛绡帘子，陈设了小巧玲珑的紫檀小桌椅。"按：语本宋辛弃疾《临江仙·戏为山园苍壁解嘲》词："莫笑吾家巷壁小，棱层势欲摩空。相知唯有主人翁。有心雄泰华，无意巧玲珑。"

18.有的是从杨万里作品中概括而成的。如：

【别具只眼】具有独到的见解。清陈廷焯《白雨斋词话》卷七："玉田《词源》二卷……下卷自音谱以至杂论，选词不多，别具只眼，洵可为后学之津梁。"按：语本宋杨万里《送彭元忠》诗："近来别具一只眼，要踏唐人最上关。"

19.有的是从叶适作品中概括而成的。如：

【尧天舜日】比喻太平盛世。清梁章钜《致刘次白抚部书》："仰见圣明覆载无私，洞鉴于万里之外。俾滨海臣庶均各安耕凿于尧天舜日之中，为之额手称庆。"按：语本宋叶适《代薛瑞明上遗表》："岩栖穴处，未尝不戴于尧天；气尽形销，无复再瞻于舜日。"又，又作"尧年舜日"，宋代已见。宋陆游《夜宴即席作》诗："尧年舜日乐未央，非子之故为谁狂?"

20.有的是从朱熹著作中概括而成的。如：

【精益求精】比喻力求更加精工美好。清赵翼《瓯北诗话·七言律》："盖事之出于人为者，大概日趋于新，精益求精，密益加密，本风会使然。"按：语本《论语·学而》《诗》云：如切如磋，如琢如磨"宋朱熹集注："言治骨角者，既切之而复磋之；治玉石者，既琢之而复磨之；治之已精，而益求其精也。"

【深恶痛绝】厌恶、痛恨到了极点。清王夫之《读四书大全说·论语·子路篇一》："盖灵公之于其子，非真有深恶痛绝之心，受制于悍妻而不能不逐之耳。"按：语出《孟子·尽心下》"斯可谓之乡愿矣"宋朱熹集注："过门不入而不恨之，以其不见亲就为幸，深恶而痛绝之也。"又，又作"深恶痛疾"、"深恶痛嫉"。朱自清《历史在战斗中》："从讽刺的深恶痛疾到玩世的无可无不可，本只相去一间。"鲁迅《伪自由书·以夷制夷》："揭开了'以华制华'的黑幕，他们竟有如此的深恶痛嫉，莫非真是太伤了此辈的心么?"

这一类型的熟语还有：顺理成章[1]　无动于中[2]

21. 有的是从宋代的著作及元代的著作两个时代两部不同的书中混合概括而成的。如：

【苦口婆心】形容怀着好心再三恳切地进行规劝。《儿女英雄传》第十六回："这种人若不得个贤父兄、良师友苦口婆心的成全他，唤醒他，可惜那至性奇才，终归名堕身败。"按：语本《景德传灯录》和《宋史》。《宋史·赵普传》："忠言苦口，三复来奏。"《景德传灯录·泉州道匡禅师》："问：'学人根思迟回，乞师曲运慈悲，开一线道。'师曰：'遮个是老婆心。'"

也有个别见于清代的现代汉语熟语，来源于与宋代同时的金代语料。如：

【人云亦云】形容没有主见，随声附和。清魏秀仁《花月痕》第七回："这富川居士也算嗜好与俗殊咸酸，不肯人云亦云哩。"按：语本金蔡松年《槽声同彦高赋》诗："糟床过竹春泉句，他日人云吾亦云。"

（十三）从元代语料概括而成的熟语

元代的语料，到了清代，从中概括形成了一些熟语。这些熟语的语料来源有：

1. 有的是从刘唐卿作品中概括而成的。如：

【油煎火燎】形容非常焦急。清蒲松龄《磨难曲·二瞽作笑》："闻的信，甚担忧，哭号啕，不自由，油煎火燎真难受。"按：语本元刘唐卿《降桑椹》第二折："俺母亲眼睁睁病枕难熬，我可便心似油煎，身如火燎。"

2. 有的是从脱脱著作中概括而成的。如：

【好高骛远】比喻不切实际地追求过高、过远的目标。清吕留良《与钱孝直书》："其根大约在好高骛远，事事求出人头地。"按：语出元脱脱《宋史·道学传一·程颢》："病学者厌卑近而骛高远，卒无成焉。"

3. 有的是从赵孟頫作品中概括而成的。如：

【巧夺天工】精巧胜过天然，形容技艺巧妙。《野叟曝言》第四七回："谢道蕴《咏雪》，有'柳絮因风'之句，妙在贫女意中想出，入情入理，而柳絮柳絮是一是二，浑然无迹，可谓巧夺天工。"按：语本元赵孟頫《赠放烟火者》诗：

---

[1]　按：语本《朱子语类》卷十九："文者，顺理而成章之谓也。"

[2]　按：语本《论语·述而》"不义而富且贵，于我如浮云"宋朱熹集注："其视不义之富贵，如浮云之无有，漠然无所动于其中也。"又，又作"无动于衷"。老舍《不成问题的问题》："神圣的抗战，死了那么多的人，流了那么多的血，他都无动于衷。"

"人间巧艺夺天工，炼药燃灯清昼同。"

（十四）从明代语料概括而成的熟语

明代的语料，到了清代，从中概括形成了一些熟语。这些熟语的语料来源有：

1. 有的是从居顶著作中概括而成的。如：

【胸无点墨】形容读书太少，文化水平太低。清褚人获《隋唐演义》第十七回："倚着门荫，少不得做了官，目不识丁，胸无点墨。"按：语本明居顶《续传灯录·天童净全禅师》："师自讚曰：'匙挑不上个村夫，文墨胸中一点无。曾把虚空揣出骨，恶声赢得满江湖。'"

2. 有的是从罗贯中著作中概括而成的。如：

【锦囊妙计】封在锦囊中的神妙计策，比喻预先安排下的应付意外、解救危急的有效方法。《儿女英雄传》第二六回："况又受了公婆的许多锦囊妙计，此时转比何玉凤来的气壮胆粗。"按：语本《三国演义》第五四回："汝保主公入吴，当领此三个锦囊，囊中有三条妙计，依次而行。"又，省作"锦囊计"。川剧《谭记儿·定计》："妾身自有锦囊计，要使他满船空载明月归！"

3. 有的是从王逵作品中概括而成的。如：

【阴差阳错】比喻因偶然因素而造成了差错。《孽海花》第三四回："这回革命的事，几乎成功。真是谈督的官运亨通，阴差阳错里倒被他糊里糊涂的扑灭了。"按：语本明王逵《蠡海集·历数》："阴错阳差，有十二月，盖六十甲子分为四段，自甲子、己卯、甲午、己酉，各得十五辰。甲子之前三辰，值辛酉、壬戌、癸亥为阴错；己卯之前三辰，值丙子、丁丑、戊寅为阳差；甲午之前三辰，值辛卯、壬辰、癸巳为阴错；己酉之前三辰，值丙午、丁未、戊申为阳差。盖四段中，每段除十二辰，各余三辰，三四亦得十二辰，是为阴错阳差也。甲子、甲午为阳辰，故有阴错；己卯、己酉为阴辰，故有阳差也。"

4. 有的是从朱国祯作品中概括而成的。如：

【承前启后】承接前者，引出后者。清薛雪《一瓢诗话》："大凡诗中好句，左瞻右顾，承前启后，不突不纤。"按：语本明朱国祯《涌幢小品·曾有庵赠文》："公承前草创，启后规模，比之功德，重之永永。"

（十五）从清代语料概括而成的熟语

清代本身的语料，在同代也概括形成了一些熟语。这些熟语的语料来源，有的是从王士祯作品中概括而成的。如：

【一鳞半爪】比喻零星片段事物。清叶廷管《鸥陂渔话·莪洲公诗》："身后著作，年久多散佚，余遍为搜罗，仅得诗三帙，丛残不具首尾，于诸集殆不过一鳞半爪耳。"按：语本清王士禛《谈龙录》："神龙者屈伸变化，固无定体，恍惚望见者，第指其一鳞一爪，而龙之首尾完好，故宛然在也。"又，又作"一鳞一爪"、"一鳞片爪"。朱自清《日常生活的诗》："批评陶诗，用的正是现代的语言，一鳞一爪，虽然不是全韵，表现着陶诗给予现代的我们的影像。"《王西彦小说选·自序》："现在重读自己这一鳞片爪时，就愈益感觉到，对那个暴风雨前的黑暗时代，我们实在太需要宏伟的史诗了。"

四、清代新增义项而书写形式古已有之的现代汉语熟语举例

清代已见的现代汉语熟语，其书写形式在清代以前就有了，但是其中的沿用至今的某一义项是清代新兴的。这样的熟语主要是四音节的，也有一些三音节的。下面我们按这些熟语书写形式出现时代的先后，分类描述如下：

（一）商周已见清代增加新义的熟语

见于清代的现代汉语熟语，有的是商周已有相应的书写形式而清代增加沿用至今的新义。这类熟语，有的书写形式在《诗经》中就出现了。如：

【风雨如晦】比喻社会黑暗混乱。清顾炎武《广宋遗民录序》："古之人学焉而有所得，未尝不求同志之人，而况当沧海横流、风雨如晦之日乎？"按：此语周代已见，本指风雨交加白天如同黑暗一样昏暗。《诗·郑风·风雨》："风雨如晦，鸡鸣不已。"

【高高在上】形容地位高而脱离群众，不深入实际。清袁枚《答陕西抚军毕秋帆先生书》："虽钦迟仰止，发于秉夷，而高高在上者，未必知人间之有此畸士也。"按：此语周代已见，义为所处极高。《诗·周颂·敬之》："敬之敬之，天维显思，命不易哉！无曰高高在上，陟降厥士，日监在兹。"

这一类型的熟语还有：硕大无朋[1]　无声无臭[2]　小心翼翼[3]

---

[1]　按：此语周代已见，义为容貌佼好、德行广博又不拉帮结伙。《诗·唐风·椒聊》："椒聊之实，蕃衍盈升。彼其之子，硕大无朋。"又，又作"硕大无比"。曹禺《日出》第一幕："下面的裤子也硕大无比，裤管总在地上磨擦着。"

[2]　按：此语周代已见，义为没有声音也没有气味。《诗经·大雅·文王》："上天之载，无声无臭。"

[3]　按：此语周代已见，义为恭敬谨慎。《诗·大雅·大明》："维此文王，小心翼翼。昭事上帝，聿怀多福。"

（二）战国已见清代增加新义的熟语

见于清代的现代汉语熟语，有的是战国已有相应的书写形式而清代增加沿用至今的新义。这类在战国就有了的书写形式，出现于战国的下列一些语料中：

1.有的在《穀梁传》中就出现了相应的书写形式。如：

【讳莫如深】把事情瞒得很紧，不肯走漏一点消息。清叶廷管《吹网录·闭城门大搜扬雄待诏二事芟正文留考异》："惟雄之自述，一则曰客，再则曰杨庄，于王氏之推毂，绝口不言，岂自以进由权贵，故讳莫如深耶？"按：此语战国已见，义为令人痛心的大事隐瞒不言。《穀梁传·庄公三十二年》："公子庆父如齐。此奔也，其曰'如'，何也？讳莫如深，深则隐。苟有所见，莫如深也。"

2.有的在《韩非子》中就出现了相应的书写形式。如：

【长袖善舞】形容有财势有手腕的人善于钻营。清张集馨《道咸宦海见闻录》："庆阳粮台，闻派杨简侯，粮台老手也，无米为炊，不比江南之长袖善舞。"按：此语战国已见，义为有所凭借事情容易成功。《韩非子·五蠹》："鄙谚曰：'长袖善舞，多钱善贾。'此言多资之易为工也。"

3.有的在《礼记》中就出现了相应的书写形式。如：

【听而不闻】形容漠不关心。清李汝珍《镜花缘》第九十回："这个大家都知，就只再芳姐姐一心只想学课，只怕是听而不闻。"按：此语战国已见，义为听了但是没有听进去。《礼记·大学》："心不在焉，视而不见，听而不闻，食而不知其味。"

【心广体胖】心情舒畅，身体健壮。清李渔《奈何天·形变》："都是他自己积德，感动神明，故此有这心广体胖的效验。"按：此语战国已见，义为心中坦然身体舒泰。《礼记·大学》："富润屋，德润身，心广体胖，故君子必诚其意。"

4.有的在《孟子》中就出现了相应的书写形式。如：

【始作俑者】比喻坏事或恶劣风气的创始人。清李汝珍《镜花缘》第七九回："你要提起'左手如托泰山'这句，真是害人不浅！当日不知那个始作俑者，忽然用了'托'字，初学不知，往往弄成大病，实实可恨！"按：此语战国已见，义为开始用俑殉葬的人。《孟子·梁惠王上》："仲尼曰：'始作俑者，其无后乎！'为其象人而用之也。"

5.有的在《吴子》中就出现了相应的书写形式。如：

【兴师动众】发动很多人做某件事。《红楼梦》第四七回："今儿偶然吃了一次亏，妈妈就这样兴师动众。"按：此语战国已见，指为进行战争而动员百姓。

《吴子·励士》："夫发号布令而人乐闻，兴师动众而人乐战，交兵接刃而人乐死，此三者人主之所恃也。"

6.有的在《周易》十翼中就出现了相应的书写形式。如：

【乐天知命】比喻安于现状，没有忧虑。清夏敬渠《野叟曝言》第一三回："母亲乐天知命，以为定数如此，不甚介意。"按：此语战国已见，义为顺应天道而安守命运的安排。《易·系辞上》："乐天知命，故不忧。"

7.有的在《庄子》中就出现了相应的书写形式。如：

【大而无当】大而不切实用。清宣鼎《夜雨秋灯录·骗子一》："匠曰：'材料已旧，大而无当，将必改为小用。'"按：此语战国已见，义为言辞夸大、不着边际。《庄子·逍遥游》："肩吾问于连叔曰：'吾闻言于接舆，大而无当，往而不返，吾惊怖其言，犹河汉而无极也。'"

8.有的在宋玉《对楚王问》中就出现了相应的书写形式。如：

【下里巴人】泛指通俗的、普及性的文学艺术。清李绿园《歧路灯》第十回："谭、娄纯正儒者，那得动意于下里巴人。"按：此语战国已见，义为古代民间通俗歌曲。《文选·宋玉〈对楚王问〉》："客有歌于郢中者，其始曰《下里巴人》，国中属而和者数千人……其为《阳春白雪》，国中属而和者数十人。"

（三）西汉已见清代增加新义的熟语

见于清代的现代汉语熟语，有的是西汉已有相应的书写形式而清代增加沿用至今的新义。这类在西汉就有了的书写形式，出现于西汉的下列一些语料中：

1.有的在刘安著作中就出现了相应的书写形式。如：

【好自为之】自己妥善处置。清王韬《淞隐漫录·四奇人合传》："此时正大丈夫建功立业之秋，愿勿以儿女子为念。行矣李君，好自为之！"按：此语西汉已见，义为喜欢自己做。《淮南子·主术训》："君人者不任能，而好自为之，则智日困而自负其责也。"

2.有的在司马迁著作中就出现了相应的书写形式。如：

【数见不鲜】指某种现象经常看见。清洪升《〈长生殿〉自序》："从来传奇家非言情之文，不能擅场；而近乃子虚乌有，动写情词赠答，数见不鲜，兼乖典则。"按：此语西汉已见，义为时时来见不要有不鲜之物。《史记·郦生陆贾列传》："一岁中往来过他客，率不过再三过，数见不鲜，无久慁公为也。"

（四）东汉已见清代增加新义的熟语

见于清代的现代汉语熟语，有的是东汉已有相应的书写形式而清代增加沿用至今的新义。这类在东汉就有了的书写形式，出现于东汉的下列一些语料中：

1. 有的在班固著作中就出现了相应的书写形式。如：

【登堂入室】比喻学问等由浅入深达到更高的水平或境界。清李渔《闲情偶寄·声容·习技》："乘其爱看之时，急觅传奇之有情节、小说之无破绽者，听其翻阅，则书非书也，不怒不威而引人登堂入室之明师也。"按：此语东汉已见，义为学艺造诣精绝且深得师传。《汉书·艺文志》："诗人之赋丽以则，辞人之赋丽以淫。如孔氏之门人用赋也，则贾谊登堂，相如入室矣，如其不用何？"

2. 有的在王充著作中就出现了相应的书写形式。如：

【鸡犬升天】比喻一人得势，同他有关系的人也跟着沾光。清蒋士铨《第二碑·上冢》："苍苔满径，残碑一棱，漫携他鸡犬升天，作践这膻脂埋井。"按：此语东汉已见，义为刘安的鸡、狗吃了剩下的仙药升上了天。汉王充《论衡·道虚》："淮南王刘安坐反而死，天下并闻，当时并见，儒书尚有言其得道仙去，鸡犬升天者。"

（五）晋代已见清代增加新义的熟语

见于清代的现代汉语熟语，有的是晋代已有相应的书写形式而清代增加沿用至今的新义。这类晋代就有了的书写形式，有的出现于东晋陶潜作品中。如：

【不求甚解】对事物不认真、不求深入理解。《儿女英雄传》第二四回："姑娘听了，也不求甚解，但点点头。"按：此语东晋已见，义为读书只求领会要旨而不刻意在字句上花工夫。东晋陶潜《五柳先生传》："不慕利，好读书，不求甚解，每有会意，欣然忘食。"

（六）南朝已见清代增加新义的熟语

见于清代的现代汉语熟语，有的是南朝已有相应的书写形式而清代增加沿用至今的新义。这类在南朝就有了的书写形式，出现于南朝的下列一些语料中：

1. 有的在陆倕作品中就出现了相应的书写形式。如：

【地久天长】形容爱情永久不变。清洪升《长生殿·定情》："惟愿取恩情美满，地久天长。"按：此语南朝已见，义为历时悠久。南朝梁陆倕《石阙铭》："暑来寒往，地久天长。"

2. 有的在南朝无名氏著作中就出现了相应的书写形式。如：

【偃旗息鼓】比喻停止批评、攻击。《官场现形记》第十八回："但是煌煌天使，奉旨而来，难道就此偃旗息鼓，一问不问吗？"按：此语至迟南朝已见，义为军队隐蔽行动不暴露目标。《三国志·蜀志·赵云传》"成都既定，以云为翊军将军"裴松之注引《赵云别传》[1]："云入营，更大开门，偃旗息鼓，公军疑云有伏兵，引去。"

3. 有的在萧子显著作中就出现了相应的书写形式。如：

【寄人篱下】比喻依靠别人过活。《红楼梦》第九十回："薛蝌回到自己屋里，吃了晚饭，想起邢岫烟住在贾府园中，终是寄人篱下；况且又穷，日用起居不想可知。"按：此语南朝已见，义为借居他人门下。南朝梁萧子显《南齐书·张融传》："丈夫当删《诗》《书》，制礼乐，何至因循寄人篱下。"

（七）唐代已见清代增加新义的熟语

见于清代的现代汉语熟语，有的是唐代已有相应的书写形式而清代增加沿用至今的新义。这类在唐代就有了的书写形式，出现于唐代的下列一些语料中：

1. 有的在佛陀多罗翻译著作中就出现了相应的书写形式。如：

【不即不离】既不亲近，也不疏远。《儿女英雄传》第二九回："到了夫妻之间便合他论房帏资格，自己居右，处得来天然合拍，不即不离。"按：此语唐代已见，义为诸法相状虽异而性体则一。唐佛陀多罗译《圆觉经》卷上："不即不离，无缚无脱。始知众生本来成佛，生死涅盘犹如昨梦。"

2. 有的在韩愈作品中就出现了相应的书写形式。如：

【不可收拾】形容事情坏到不可挽回的地步。清张廷玉《明史·杨涟传》："从来乱臣贼子，只争一念，放肆遂至不可收拾。"按：此语唐代已见，义为无法整顿。唐韩愈《送高闲上人序》："泊与淡相遭，颓堕委靡，溃败不可收拾。"

【盘马弯弓】比喻先做出惊人的架势，却不立即行动。清刘坤一《复郭善臣》："尽数聚歼，所伤实多，仁人所不忍出，是以盘马弯弓，蓄胜后动。"按：此语唐代已见，义为驰马盘旋、张弓欲射。唐韩愈《雉带箭》诗："将军欲以巧伏人，盘马弯弓惜不发。"

3. 有的在李百药著作中就出现了相应的书写形式。如：

【不甚了了】泛指不大清楚。清纪昀《阅微草堂笔记·滦阳消夏录一》："闻阁上有人絮语，似是论诗，窃讶此间少文士，那得有此，因谛听之，终不甚了了。"按：此语唐代已见，义为不大明白事理。唐李百药《北齐书·永安王浚传》："文宣末年多酒，浚谓亲近曰：'二兄旧来不甚了了，自登祚已后，识解

---

[1]　按：《赵云别传》的作者不知，本书的时代至少可以处理为引用者裴松之所在的时代即南朝。

顿进。'"

4. 有的在李贺作品中就出现了相应的书写形式。如：

【石破天惊】比喻文章或议论新奇惊人。清吴伟业《夜游虎丘·试剑石》诗："石破天惊出匣时，中宵气共斗牛期。"按：此语唐代已见，义为乐声高亢激越、惊天动地。唐李贺《李凭箜篌引》："女娲炼石补天处，石破天惊逗秋雨。"

5. 有的在李延寿著作中就出现了相应的书写形式。如：

【飞扬跋扈】骄横放肆。清蒲松龄《聊斋志异·席方平》："飞扬跋扈，狗脸生六月之霜；隳突叫号，虎威断九衢之路。"按：此语唐代已见，义为意气举动而不受约束。唐李延寿《北史·齐纪上·高祖神武帝》："景专制河南十四年矣，常有飞扬跋扈志。"

6. 有的在裴休作品中就出现了相应的书写形式。如：

【心心相印】彼此心意一致。清尹会一《答刘古衡书》："数年相交，久已心心相印。"按：此语唐代已见，义为不依赖言语以心互相印证。唐裴休《唐故圭峰定慧禅师传法碑》："但心心相印，印印相契，使自证知光明受用而已。"

7. 有的在王昌龄作品中就出现了相应的书写形式。如：

【一片冰心】形容心地纯洁，不羡慕荣华富贵。清杨潮观《东莱郡暮夜却金》："岂不知大人一片冰心，但行李往来，用犒从者，亦属交际常情。"按：此语唐代已见，义为一片洁白的心。唐王昌龄《芙蓉楼送辛渐》诗之二："寒雨连江夜入吴，平明送客楚山孤。洛阳亲友如相问，一片冰心在玉壶。"

8. 有的在唐无名氏作品中就出现了相应的书写形式。如：

【鱼龙混杂】比喻好人和坏人混在一起。《红楼梦》第九四回："现在人多手乱，鱼龙混杂，倒是这么着，他们也洗洗清。"按：此语唐代已见，义为鱼和龙混在一起。唐无名氏《渔父》词："风搅长空浪搅风，鱼龙混杂一川中。"

9. 有的在元稹作品中就出现了相应的书写形式。如：

【曾经沧海】比喻曾经经历过很大的场面，眼界开阔，经验丰富。《儿女英雄传》第三一回："请教，一个曾经沧海的十三妹，这些个玩意儿可有个不在行的?"按：此语唐代已见，义为曾经经过沧海。唐元稹《离思》诗之四："曾经沧海难为水，除却巫山不是云。取次花丛懒回顾，半缘修道半缘君。"

10. 有的在张怀瓘作品中就出现了相应的书写形式。如：

【入木三分】比喻见解深刻。清赵翼《杨雪珊自长垣归来出示近作叹赏不足诗以志爱》："入木三分诗思锐，散霞五色物华新。"按：此语唐代已见，义为笔力劲健。《说郛》卷八七引唐张怀瓘《书断·王羲之》:"王羲之书祝版,工人削之,笔入木三分。"

(八) 宋代已见清代增加新义的熟语

见于清代的现代汉语熟语,有的是宋代已有相应的书写形式而清代增加沿用至今的新义。这类在宋代就有了的书写形式,出现于宋代的下列一些语料中:

1. 有的在邓椿作品中就出现了相应的书写形式。如:

【攒三聚五】三五成堆或成群地聚集在一起。《红楼梦》第五二回:"暖阁之中有一玉石条盆,里面攒三聚五栽着一盆单瓣水仙。"按:此语宋代已见,义为古代画竹叶的一种方法,即三五片竹叶成组。宋邓椿《画继·张昌嗣》:"每作竹,必乘醉大呼,然后落笔……然有愧宅相者,攒三聚五,太拘拘耳。"

2. 有的在刘子寰作品中就出现了相应的书写形式。如:

【官样文章】徒具形式、内容空虚、照例敷衍的陈词滥调。《官场现形记》第十八回:"下来之后,便是同寅接风,僚属贺喜。过年之时,另有一番忙碌。官样文章,不必细述。"按:此语宋代已见,义为堂皇典雅的应试文字。宋刘子寰《沁园春·庆叶镇》词:"摘烟雾,引天机织组,官样文章。"

3. 有的在楼钥作品中就出现了相应的书写形式。如:

【老气横秋】② 形容人无朝气、暮气沉沉的样子。《二十年目睹之怪现状》第七十回:"众人取笑了一回,见新人老气横秋的那个样子,便纷纷散去。"按:此语宋代已见,义为树木苍老挺拔的气势。宋楼钥《题杨子元琪所藏东坡古木》诗:"东坡笔端游戏,槎牙老气横秋。"

4. 有的在苏轼著作中就出现了相应的书写形式。如:

【傍人门户】比喻依赖他人,不能自立。《红楼梦》第一〇九回:"邢姑娘是妈妈知道的,如今在这里也很苦。娶了去,虽说咱们穷,究竟比他傍人门户好多着呢。"按:此语宋代已见,义为依靠在别人的门上。宋苏轼《东坡志林》卷十二:"桃符仰视艾人而骂曰:'汝何等草芥,辄居我上!'艾人俯而应曰:'汝已半截入土,犹争高下乎?'桃符怒,往复纷然不已。门神解之曰:'吾辈不肖,方傍人门户,何暇争闲气耶!'"

5. 有的在王谠著作中就出现了相应的书写形式。如:

【沆瀣一气】比喻臭味相投的人结合在一起,贬义。清和邦额《夜谭随录·某太医》:"天之报施老奴者,如此不爽,纵有百子,亦必沆瀣一气,岂复有以德报怨者?"按:此语宋代已见,义为崔沆、崔瀣意气相投。宋王谠《唐语林》

卷七:"崔相沆知贡举,得崔瀣。时榜中同姓,崔瀣最为沆知。谈者曰:'座主门生,沆瀣一气。'"

6. 有的在王楙著作中就出现了相应的书写形式。如:

【前仆后继】形容英勇斗争不怕牺牲。清秋瑾《吊吴烈士樾》诗:"前仆后继人应在,如君不愧轩辕孙。"按:此语宋代已见,义为前面的倒下了,后面的紧跟上来。宋王楙《野客丛书·后宫嫔御》:"情欲之不可制如此,故士大夫以粉白黛绿丧身殒命何可胜数,前仆后继,曾不知悟。"

7. 有的在朱熹论著中就出现了相应的书写形式。如:

【别有用心】言论中另有不可告人的企图。《二十年目睹之怪现状》第九九回:"王太尊也是说他办事可靠,那里知道他是别有用心的呢!"按:此语宋代已见,义为另外使用心力。宋朱熹《与刘子澄书》:"近觉向来为学,实有向外浮泛之弊,不惟自误,而误人亦不少。方别寻得一头绪,似差简约端的,始知文字言语之外,真别有用心处。"

【舍己为人】为了他人的利益牺牲个人的利益。清李百川《绿野仙踪》第三回:"你若不敢担承,我们那个肯做此舍己为人的呆事。"按:此语宋代已见,义为放弃自己的见解去迎合别人。《论语·先进》"夫子喟然叹曰吾与点也"宋朱熹集注:"曾点之学……而其言志,则又不过即其所居之位,乐其日用之常,初无舍己为人之意。"

宋代已见清代增加新义的现代汉语熟语,基本上都是四音节的,但是偶尔也有一些三音节的。如:

【好说话】脾气好,容易通融。《官场现形记》第十三回:"现在看了上司的脸嘴还不算,还要看奴才的脸嘴!我老爷也太好说话了!"按:此语宋代已见,义为好的言辞。《朱子语类》卷一二〇:"如入市见铺席上都是好物事,只是自家没钱买得;如书册上都是好说话,只是自家无奈他何。"

【走江湖】闯荡江湖,靠武艺、杂技或医卜星相谋生。《儿女英雄传》第十四回:"他本是走江湖的人,什么不在行的。"按:此语宋代已见,义为奔走四方。宋张世南《〈游宦纪闻〉序》:"及壮,走江湖无宁岁。"

(九) 元代已见清代增加新义的熟语

见于清代的现代汉语熟语,有的是元代已有相应的书写形式而清代增加沿用至今的新义。这类在元代就有了的书写形式,出现于元代的下列一些语料中:

1. 有的在脱脱著作中就出现了相应的书写形式。如:

【白山黑水】泛指我国东北地区。清唐孙华《鹰坊歌与夏重恺功同赋》："白山黑水出异产，在昔辽代曾穷搜。"按：此语元代已见，义为长白山和黑龙江的合称。元脱脱《金史·世纪序》："生女直地有混同江、长白山，混同江亦号黑龙江，所谓'白山黑水'是也。"

2. 有的在纪君祥作品中就出现了相应的书写形式。如：

【暮鼓晨钟】寺庙中晚击鼓、早撞钟以劝人精进修持，比喻使人警醒的语言。清颜邦城《三刻〈黄门家训〉小引》："是深之可为格致诚正之功者，此训也；浅之可为动静语默之范者，此训也；谁不奉为暮鼓晨钟也哉？"按：此语元代已见，义为形容时光推移。元纪君祥《赵氏孤儿》第二折："程婴，你只依着我便了，我委实的捱不彻暮鼓晨钟。"

元代已见清代增加新义的现代汉语熟语，基本上都是四音节的，但是偶尔也有一些三音节的。如：

【莫须有】表示凭空捏造。清孔尚任《桃花扇·辞院》："这也是莫须有之事，况阮老先生罢闲之人，国家大事也不可乱讲。"按：此语元代已见，义为恐怕有。元脱脱《宋史·岳飞传》："狱之将上也，韩世忠不平，诣桧诘其实。桧曰：'飞子云与张宪书虽不明，其事体莫须有。'世忠曰：'莫须有三字何以服天下？'"

（十）明代已见清代增加新义的熟语

见于清代的现代汉语熟语，有的是明代已有相应的书写形式而清代增加沿用至今的新义。这类在明代就有了的书写形式，出现于明代的下列一些语料中：

1. 有的在贾凫西作品中就出现了相应的书写形式。如：

【平头正脸】形容相貌端正。《红楼梦》第四六回："这个大老爷，真真太下作了！略平头正脸的，他就不能放手了。"按：此语明代已见，义为千人一面。明贾凫西《木皮散人鼓词·引子》："混杂的几般色相，直死歪生，欺软怕硬；若要平头正脸，便无世界。"

2. 有的在罗贯中著作中就出现了相应的书写形式。如：

【初出茅庐】比喻初涉世致用，阅历不深。清李渔《风筝误·蛮征》："虽然是初出茅庐，这戎事与军机似曾经惯。"按：此语明代已见，义为刚刚走出茅草屋。《三国演义》第三九回："直须惊破曹公胆，初出茅庐第一功。"

3. 有的在施耐庵著作中就出现了相应的书写形式。如：

【大刀阔斧】比喻办事果断而有魄力。《儿女英雄传》第二一回："姑娘向来大刀阔斧，于些小事，不大留心。"按：此语明代已见，义为军队威猛的气势。

《水浒传》第四七回："摇旗呐喊，擂鼓鸣锣，大刀阔斧，杀奔祝家庄来。"

4.有的在陶宗仪著作中就出现了相应的书写形式。如：

【三姑六婆】比喻不务正业的妇女。《红楼梦》第一百十二回："我说那三姑六婆是再要不得的！我们甄府里从来是一概不许上门的。"按：此语明代已见，义为三类"姑"和六类"婆"。明陶宗仪《辍耕录》卷十："三姑六婆。三姑者，尼姑、道姑、卦姑也；六婆者，牙婆、媒婆、师婆、虔婆、药婆、稳婆也。盖与三刑六害同也。人家有一于此，而不致奸盗者，几希矣。若能谨而远之，如避蛇蝎，庶乎净宅之法。"

5.有的在吴承恩著作中就出现了相应的书写形式。如：

【光天化日】比喻大家都看得很清楚的地方。《儒林外史》第十九回："如此恶棍，岂可一刻容留于光天化日之下！为此，牌仰该县，即将本犯拿获，严审究报。"按：此语明代已见，义为大庭广众或清明光亮的场所。《西游记》第三回："果然那厢有座城市，六街三市，万户千门，来来往往，人都在光天化日之下。"

6.有的在许仲琳著作中就出现了相应的书写形式。如：

【移山倒海】形容人的力量和气魄的伟大。中国近代史资料丛刊《太平天国·天理要论》："人之力有限，极之不能扶千斤，齐之不能移山倒海。"按：此语明代已见，义为法术高妙。明许仲琳《封神演义》第三六回："善能移山倒海，惯能撒豆成兵。"

明代已见清代增加新义的现代汉语熟语，基本上都是四音节的，但是偶尔也有一些三音节的。如：

【金不换】形容事物极其宝贵，不能用黄金换取。清褚人获《坚瓠补集·后戏目诗》："喜称人心金不换，万年欢赏赤松游。"按：此语明代已见，义为三七这种药草。明李时珍《本草纲目·草一·三七》："彼人言其叶左三右四，故名三七，盖恐不然。或云本名山漆，谓其能合金疮，如漆黏物也，此说近之。金不换，贵重之称也。"

【一把手】②能干的人。清李绿园《歧路灯》第十回："我心中虽极为歆羡，却从来不曾妄为攀援，流落到那走声气的路上，叫旁观者夸是官场一把手。"按：此语明代已见，义为用手一下子握住。《金瓶梅词话》第三回："王婆一把手取过历头来，挂在墙上。"

五、清代已见而大型工具书始见例证较晚的现代汉语熟语举例

清代已见的现代汉语熟语，大型工具书始见例证较晚。这样的熟语代表性的例证举出一些如下：

【胡搅蛮缠】不讲道理，胡乱纠缠。清邵振华《侠义佳人》一："胡搅蛮缠地说了这些闲篇儿，谁来听你！"按：此语《大词典》始见例证是袁静《伏虎记》第十四回："这家伙怎么这么不讲道理，胡搅蛮缠。"时代晚。

【看风使舵】比喻跟着情势转变方向，贬义。清夏敬渠《野叟曝言》第五九回："即衣冠名教中，讲说道学、夸谈经济者，少什么看风使帆、临危下石之人？"按：此语《大词典》始见例证是骆宾基《胶东的"暴民"》九："他们懂得看风使舵，也懂得看眉眼搭话。"时代晚。又，又作"看风使帆"，宋代已见。《五灯会元·天依怀禅师法嗣·法云法秀禅师》："看风使帆，正是随波逐浪。"

【若无其事】好像没有那么回事，形容不动声色。清夏静渠《野叟曝言》第三一回："两人本属三贞九烈，性定不摇，石氏虽差一间，却被璇姑提醒，便觉若无其事，不多时俱已熟睡。"按：此语《大词典》始见例证是叶圣陶《线下·潘先生在难中》："希望家长们能体谅这一层意思，若无其事地依旧把子弟送来：这不仅是家庭和学校的益处，也是地方和国家的荣誉。"时代晚。

六、清代已见而大型工具书没有收录的现代汉语熟语举例

清代已见的现代汉语熟语，大型工具书没有收录。下面所举熟语都是清代已见而《大词典》及《订补》没有收录：

【洞烛其奸】看透对方的阴谋诡计。清张廷玉《明史·董传策传》："嵩稔恶误国，陛下岂不洞烛其奸。"

【光彩照人】形容人或事物十分美好，令人注目。清夏敬渠《野叟曝言》第一一一回："况我有易容丸在此，令其脸泛桃红，光彩照人，包管一些也看不出。"按：又作"光采照人"，明代已见。《警世通言》卷三二："于是脂粉香泽，用意修饰，花钿绣袄，极其华艳，香风拂拂，光采照人。"

【尖嘴猴腮】形容人面部瘦削、相貌丑陋。《儒林外史》第三回："像你这尖

嘴猴腮，也该撒抛尿自己照照！"

【揭竿而起】指人民武装暴动起义。清昭梿《啸亭杂录·杨诚斋军门》："公尝入觐见，其署篆者暴虐，激变营兵，乱军蒲大芳揭竿而起。"按：语本汉贾谊《过秦论》："斩木为兵，揭竿为旗，天下云集响应，嬴粮而景从。"

【盘根问底】盘问事情的根由底细。《镜花缘》第四四回："无如林之洋虽在海外走过几次，诸事并不留心，究竟见闻不广，被小山盘根问底，今日也谈，明日也谈，腹中所有若干故典，久已告竣。"

【平头百姓】普通百姓。《儒林外史》第三回："若是家门口这些做田的，扒粪的，不过是平头百姓。"

【气冲霄汉】形容怒气极盛。《三侠五义》第六九回："仔细一看，却是安人之物，不由的气冲霄汉，直奔卧室去了。"

【他山攻错】比喻拿别人的长处补救自己的短处。《孽海花》第一八回："借他山攻错之资，集世界交通之益，翘盼旌旗，勿吝金玉。"按：语本《诗·小雅·鹤鸣》："它山之石，可以为错。"

【叹观止矣】指赞叹看到的事物好到极点。清钱泳《履园丛话·古迹·石钟山》："若江宁之燕子矶、镇江之金焦两山……皆不足奇，得此而叹观止矣。"按：语出《左传·襄公二十九年》："吴公子札来聘……见舞《韶箾》者，曰：'德至矣哉，大矣！如天之无不帱也，如地之无不载也。虽甚盛德，其蔑以加于此矣，观止矣。若有他乐，吾不敢请已。'"

【天外有天】比喻学问、技艺等没有止境。清无名氏《小五义》第九四回："他也并不知道老道那一口什么宝剑，他也不知道天外有天，人外有人。"按：语本《敦煌曲·何满子四首》之四："金河一去路千千，欲到天边更有天。马上不知何处变，回来未半早经年。"

【鸦片战争】1840—1842 年英国对中国发动的以中国禁止英商贩卖鸦片为借口的侵略战争。清无名氏《名人轶事》"郑孝子"："众上其事于都统，沿途具夫役，给驿马，护孝子负骨以归。时鸦片战争之前四岁也。"

【知根知底】知道根底或内情。清石玉昆《三侠五义》第七九回："必须知根知底之人前去出首。"

【一席话】一番话。《儒林外史》第十三回："一席话，说得蘧公孙如梦方醒。"

七、清代已见而大型工具书始见例证错误的现代汉语熟语举例

清代已见的现代汉语熟语，《大词典》始见例证举例错误。这样的熟语代表性的例证举出一些如下：

【拜天地】新郎新娘叩拜天地，旧时结婚仪式程序之一。清李百川《绿野仙踪》第二一回："北方娶亲，总要拜拜天地。许寡妇为自己孀居，家中又无长亲，众客委派尹鹅头领不换夫妇拜天地主礼，烧化香纸。"按：此语《大词典》的第一个例证是《古今小说·金玉奴棒打薄情郎》："掌礼人在槛外喝礼，双双拜了天地，又拜了丈人、丈母，然后交拜礼毕，送归洞房做花烛筵席。"其中的"拜了天地"与词头不符。

【打照面】① 对面相见。清洪升《长生殿·禊游》："净、副净作打照面，净回马急下。"按：这一义项《大词典》的始见例证是金董解元《西厢记诸宫调》卷一："当时张生……与那五百年疾憎的冤家，正打个照面儿。"例证中的"打个照面儿"与词目不符。

【露马脚】比喻隐秘的事实真相泄露出来。《官场现形记》第七回："如果照本抄誊，倘若抚宪传问起来，还不出这几个人的出典，就要露马脚。"按：此语《大词典》的始见例证是元无名氏《陈州粜米》第三折："这老儿不好惹，动不动先斩后闻，这一来则怕我们露出马脚来了。"其中的"露出马脚"与词目不一致。

【绰绰有余】形容很宽裕，用不完。清郑观应《盛世危言·防边上》："今东三省，崇山峻岭所在俱有，诚使其险要，多筑土垒，则进攻退守，绰绰有余。"按：此语《大词典》的始见例证是《新唐书·杨行密传》："孙端据和州，赵晖屯上元，结此二人以图宣州，我绰绰有余力矣。"其中断句有误，当为"我/绰绰/有/余力/矣"，而非"我/绰绰有余/力矣"。

【七窍生烟】形容气愤或焦急到了极点。清如莲居士《说唐》第三十回："邱瑞闻言，急得七窍生烟，一些主意全无。"按：此语《大词典》的始见例证是明许仲琳《封神演义》第四八回："太师闻报，破了两阵，只急得三尸神暴跳，七窍内生烟。"其中的"七窍内生烟"与词目不一致。

【天伦之乐】家庭中亲人团聚的欢乐。《二十年目睹之怪现状》第八回："想到继之此时在里面叙天伦之乐，自己越发难过。"按：此语《大词典》的始见例证是唐李白《春夜宴从弟桃花园序》："会桃花之芳园，序天伦之乐事。"其中的

"天伦之乐"不辞，当断句为"天伦之乐事"。

　　【文以载道】谓用文章来说明道。清曾国藩《致刘孟容书》："周濂溪氏称文以载道，而以虚车讥俗儒。夫虚车诚不可，无车又可以行远乎？"按：此语《大词典》的始见例证是宋周敦颐《通书·文辞》："文所以载道也，轮辕饰而人弗庸，徒饰也，况虚车乎？"其中的"文所以载道"，与词目不一致。

八、清代已见而大型工具书没有例证的现代汉语熟语举例

　　清代已见的现代汉语熟语，《大词典》没有例证。这样的熟语代表性的例证举出一些如下：

　　【民族主义】② 三民主义的一个组成部分。清陈天华《论中国宜改创民主政体》："即以目近而言，民族主义提倡以来，起而应之者，如风之起，如水之涌，不可遏抑。"

　　【吆五喝六】② 形容盛气凌人的样子。清钱彩《说岳全传》第四八回："那温奇收住了棒道：'你这个将军，好不知事务，只管的吆五喝六，叫我如何使得出这盘头顶盖来？'"

第三节　详尽罗列见于清代语料中的所有现代汉语熟语

　　清代已见的现代汉语熟语分为熟语及类熟语两种类型。清代已见的现代汉语熟语有三音节熟语、四音节熟语、五音节熟语、六音节熟语、七音节熟语、八音节熟语六种类型。清代已见的现代汉语类熟语有三音节熟语、四音节熟语两种类型。除去前面代表性的例证外，各种熟语及类熟语全部罗列于此。

一、清代已见的现代汉语三音节熟语的穷尽罗列

　　清代已见的现代汉语三音节熟语共 106 个。除去前面代表性的 22 个例证外，剩余的 84 个，按音序全部罗列于下：

摆架子	拜把子	避风头	变戏法	不得劲②	不得劲③
不尽然	不起眼	不要紧①	不要脸	不在乎	不作声

插杠子	撑门面	吃独食②	出份子①	出乱子	穿小鞋
闯江湖	凑热闹①	打把势①[1]	打把势②[2]	打场子	打光棍
打哈哈	打饥荒	打算盘②	打天下①	打通关	打圆场
打油诗[3]	打主意	斗心眼	发利市①	发脾气	干瞪眼
灌米汤	活见鬼	见世面	讲价钱①	交白卷①	开口子①
拉皮条	老着脸[4]	撩蹶子[5]	留余地	买关节	卖关节
卖关子②	满天飞	没事人	面对面	拿架子	闹饥荒②
闹乱子	闹新房	拍马屁	拍胸脯	赔不是	碰钉子
普天下	惹是非	认不是	伸懒腰	实打实	使绊子②
使眼色	说闲话②	送人情①	守活寡	掏腰包①	讨人嫌
讨生活	套交情	跳布札[6]	跳加官	行人情	寻短见
寻开心	有日子①	扎耳朵	栽跟头①	钻门子	做满月

二、清代已见的现代汉语四音节熟语的穷尽罗列

清代已见的现代汉语四音节熟语共954个。除去前面代表性的486个例证外，剩余的468个，按音序全部罗列于下：

哀鸿遍野	唉声叹气	爱不释手	安民告示	安然无恙
安之若素	黯然神伤	暗无天日	按兵不动②	白云苍狗
百家争鸣①	百口莫辩	百里挑一	百思不解	百无禁忌
百无聊赖	摆龙门阵	搬弄是非	半壁江山	半路夫妻

---

[1] 按：又作"打把式"，清代已见，这一写法《大词典》无例证。清无名氏《小五义》第四九回："分众人到里边一看，是打把式的，地下放着全是假兵器，竹板刀、山檀木棍算长家伙。"

[2] 按：又作"打把式"，这一写法《大词典》无例证。

[3] 按：相传这种诗体是唐代张打油所创。明杨慎《升庵诗话》卷十四："唐人有张打油作《雪诗》云：'江山一笼统，井上黑窟窿。黄狗身上白，白狗身上肿。'"

[4] 按："老着脸"与"老着脸皮"同，《大词典》收"老着脸"而未收"老着脸皮"，《现代汉语词典》收"老着脸皮"而未收"老着脸"。

[5] 按："撩蹶子"同"尥蹶子"。《大词典》收"撩蹶子"而未收"尥蹶子"，《现代汉语词典》收"尥蹶子"而未收"撩蹶子"。常杰森《雍正剑侠图》第五八回："没想到千里雪内一盏灯挺厉害，一抬屁股，一尥蹶子，噼里啪啦，把老雷家的这些马都给踢一边去了。"

[6] 按："布札"是藏语的音译，义为恶鬼。

半死不活① 抱残守缺[1] 暴跳如雷 卑躬屈节 悲天悯人

笨手笨脚 逼上梁山 鼻青脸肿 壁垒森严 笔墨官司

比肩接踵 鞭辟入里 遍体鳞伤 别具匠心 别具一格

别有风味 冰天雪地 波澜壮阔 不甘寂寞 不拘一格

不堪设想 不可开交 不劳而获 不露声色 不落窠臼

不情之请 不胜枚举 不是玩的 不祧之祖 不闻不问

不由自主 不置可否 插翅难逃 惨不忍睹 疮痍满目

沧海一粟 长歌当哭 长话短说 长篇大论 畅所欲言

操之过急 瞠目结舌 称兄道弟 层出不穷 层出迭见

承先启后 成年累月 成千累万 诚心诚意 惩一儆百

趁火打劫 吃哑巴亏 持之以恒 充耳不闻 重振旗鼓

愁眉苦脸 出人头地 出神入化 除暴安良 触景生情

传宗接代 吹灰之力 存亡绝续 搓手顿足 猝不及防

答非所问 打抱不平 打退堂鼓 大处落墨 大动干戈

大风大浪 大手大脚 大天白日 大公无私② 大摇大摆

大有可为 大有人在 大张旗鼓 待理不理 戴罪立功

殚精竭虑 胆大妄为 当行出色 当机立断 当头一棒①

当头一棒② 得寸进尺 得天独厚 得意洋洋 灯红酒绿

等量齐观 等米下锅② 地大物博 顶礼膜拜 顶头上司

东拉西扯 动人心魄 斗方名士 独断独行 独辟蹊径

独树一帜 断线风筝 多此一举 恩同再造 耳鬓厮磨

耳软心活 发聋振聩 法不责众 翻天覆地② 防不胜防

飞檐走壁 飞檐走脊 风刀霜剑 风和日丽 风起云涌①

风烛残年 奉为圭臬 扶危定乱 抚躬自问 附庸风雅[2]

感同身受 刚正不阿 高头大马① 高瞻远瞩 格格不入

各有千秋 公事公办 公诸同好 攻守同盟① 攻无不克

勾魂摄魄 狗头军师 孤家寡人 姑息养奸 骨鲠在喉

古道热肠 古色古香 冠冕堂皇 光怪陆离 光宗耀祖

---

[1]　按：这里的"缺"，一本写作"阙"。

[2]　按："风雅"本指《诗经》中的《国风》、《大雅》、《小雅》，泛指文化。

归根结蒂　滚瓜烂熟　果不其然　海底捞针　海市蜃楼②
毫无二致　喝西北风　黑更半夜　横行霸道　横生枝节
烘云托月　鸿篇巨制　红男绿女　呼吸相通　狐朋狗友
胡说八道　胡作非为　花红柳绿②　花花公子　花说柳说
花天酒地　滑头滑脑　画虎类犬　化险为夷　划一不二①
话里有话　缓不济急　黄毛丫头　黄袍加身　恍如隔世
昏天黑地③　昏天黑地④　绘声绘色　绘声绘影　绘影绘声
火上加油　祸国殃民　鸡毛蒜皮　饥寒交迫　嫉恶如仇
积非成是　积铢累寸　吉光片羽　急公好义　急中生智
几次三番　家常便饭①　家常便饭②　尖嘴薄舌　坚不可摧
坚苦卓绝　艰苦卓绝　江河日下　江郎才尽　匠心独运
娇小玲珑　捷足先登　接二连三　结党营私　借风使船
金玉良言　金字招牌　精明强干　斤斤计较　谨小慎微
久而久之　咎由自取　居心叵测　举重若轻　看破红尘
磕头碰脑②　刻不容缓　空口无凭　哭天抹泪　苦心孤诣
狼奔豕突　老谋深算　老羞成怒　冷若冰霜　力竭声嘶
力透纸背②　例行公事　怜贫惜老　良师益友　良莠不齐
两世为人　聊备一格　另起炉灶①　另起炉灶②　溜之大吉
溜之乎也　炉火纯青　屡次三番　略识之无[1]　马仰人翻
买空卖空①　满不在乎　满打满算　满山遍野　没轻没重
没日没夜　没头苍蝇　美不胜收　美中不足　门户之见
妙手回春　名垂千古　莫明其妙　莫衷一是　模棱两可
目不忍睹　目不暇接　木已成舟　拿刀动杖　耐人寻味
南腔北调　男男女女　难分难舍　难解难分②　难言之隐
能说会道　能言善辩　泥沙俱下　拈花惹草　鸟枪换炮
判若天渊　旁敲侧击　袍笏登场　皮包骨头　片瓦无存
平起平坐　平易近人②　破口大骂　奇光异彩　奇谈怪论
泣不成声　恰如其分　千锤百炼①　枪林弹雨　轻车简从

---

[1]　按：据《新唐书·白居易传》的记载，白居易生下来七个月时就认得"之"、"无"两个字，后遂指识字不多的人。

轻描淡写　　轻嘴薄舌　　秦镜高悬　　擒贼擒王　　情窦初开
情急智生　　情真意切　　穷家富路　　穷途末路　　人地生疏
人老珠黄　　人仰马翻　　入不敷出　　入情入理　　如意算盘
乳臭未干　　煞费苦心　　山南海北　　山清水秀　　三六九等
闪烁其词　　丧尽天良　　声情并茂　　神差鬼使　　神工鬼斧
神来之笔　　食古不化　　实至名归　　拾金不昧　　舐犊情深
事出有因　　事在人为　　首屈一指　　水乳交融　　说一不二①
说一不二②　　缩手缩脚①　　硕果仅存　　丝丝入扣　　斯文扫地
死皮赖脸　　鼠肚鸡肠　　鼠目寸光　　熟能生巧　　俗不可耐
酸甜苦辣　　天差地远　　天长日久　　天翻地覆②　　天高地厚②
天壤之别　　天渊之别　　条分缕析　　铁面无私　　偷工减料
偷梁换柱　　偷天换日　　投石问路　　推本溯源　　推陈出新
脱口而出　　挖空心思　　歪打正着　　万念俱灰　　望穿秋水
望而却步　　望风捕影　　望文生义　　委曲求全　　温文尔雅
稳扎稳打①　　问长问短　　问心无愧　　瓮声瓮气　　乌烟瘴气
无独有偶　　无关宏旨　　无关痛痒　　无济于事　　无能为力
无奇不有　　无伤大雅　　无私有弊　　五花八门　　五行八作
五颜六色　　嘻皮笑脸　　嬉皮笑脸　　惜老怜贫　　熙来攘往
息事宁人②　　息息相关　　息息相通　　瑕瑜互见　　下不为例
先天不足　　小小不言　　心安理得　　心宽体胖　　心急如焚
心灵手巧　　心照不宣　　形销骨立　　形影不离　　性命交关
性情中人　　休戚与共　　绣花枕头　　虚席以待　　喧宾夺主
悬崖勒马　　严丝合缝　　言出法随　　言归正传　　言之凿凿
洋洋大观　　养痈成患　　一本万利　　一唱百和　　一技之长
一见钟情　　一来二去　　一年到头　　一拍即合　　一丝不苟
一天到晚　　一纸空文　　贻人口实　　以假乱真　　异乎寻常
异想天开　　因小失大　　阴阳怪气　　硬着头皮　　油盐酱醋
有生以来　　有生之年　　遇难成祥　　跃然纸上　　跃跃欲试
杂七杂八　　张口结舌　　招摇撞骗　　责无旁贷　　真凭实据
针锋相对　　震古烁今　　知法犯法　　知情达理　　直眉瞪眼①
置若罔闻　　置身事外　　质疑问难　　指名道姓　　至理名言

钟灵毓秀	众擎易举	诛心之论	著书立说	装神弄鬼②
桌椅板凳	自不量力	自告奋勇	自命不凡	自圆其说
字斟句酌	走马观花	罪有应得		

三、清代已见的现代汉语五音节熟语的穷尽罗列

清代已见的现代汉语五音节熟语共 8 个。除去前面代表性的 3 个例证外，剩余的 5 个，按音序全部罗列于下：

板板六十四	病急乱投医	墙倒众人推	无风不起浪	二一添作五

四、清代已见的现代汉语六音节熟语的穷尽罗列

清代已见的现代汉语六音节熟语共 5 个。除去前面代表性的 2 个例证外，剩余的 3 个，按音序全部罗列于下：

吃不了兜着走	井水不犯河水	不费吹灰之力

五、清代已见的现代汉语七音节熟语的穷尽罗列

清代已见的现代汉语七音节熟语共 1 个，即：
此地无银三百两[1]

六、清代已见的现代汉语类熟语的穷尽罗列

清代已见的现代汉语类熟语 10 个。其中，三音节类熟语 1 个，四音节类熟语 9 个。这些类熟语涉及的语义内容有民间舞蹈、金融机构、佛教殿堂名称、真菌、中医症状、痢疾等症状、会计报销、语言学、文学等方面的定型表述法。除去前面代表性的 1 个四音节例证"鸦片战争"外，剩余的 9 个类熟语，按音序全部罗列于下：

---

[1]　按：语本民间故事：有人把银子埋藏地下，上面留字写道："此地无银三百两。"邻人阿二偷走了银子，也留字写道："隔壁阿二不曾偷。"

跑旱船　　保险公司　　大雄宝殿　　冬虫夏草　　角弓反张

里急后重　实报实销　　象形文字　　侦探小说

第四节　本章小结

1. 本章论述的是见于清代的现代汉语熟语。

2. 清代熟语分为广义的和狭义的两类。广义的清代熟语指的是在清代的语料中使用的熟语，而狭义的清代熟语指的是清代语料中的新兴熟语。我们的研究属于广义的清代熟语。

3. 研究清代的汉语熟语，代表性的语料约有 375 种。其中专书语料 226 种，单篇作品语料 149 种。

4. 清代已见的现代汉语熟语结构 1085 个，占现代汉语熟语结构总数的 15.91%。

5. 清代已见的现代汉语熟语分为熟语和类熟语两类。熟语 1075 个，类熟语 10 个。熟语中，有三音节熟语 106 个、四音节熟语 954 个、五音节熟语 8 个、六音节熟语 5 个、七音节熟语 1 个、八音节熟语 1 个。类熟语中，有三音节类熟语 1 个、四音节类熟语 9 个。

6. 清代已见的这 1085 个现代汉语熟语结构，绝大多数是这个时代新兴的，这为我们研究清代汉语的新兴熟语划定了一个大致的范围，使得我们的研究更有目的性。当然，随着清代语言研究成果的不断深入，其中也有个别熟语的时代还可以提前到清代以前。

第四编

20 世纪以来的汉语
新兴熟语结构

20 世纪以来的时间指的是从 1900 年到现在，总计 119 年。

判定 20 世纪以来汉语新兴熟语及类熟语的大致依据有以下几个方面：《大词典》以 20 世纪以来的文献作为始见例证的熟语结构，《大词典》中没有例证而见于《现代汉语词典》的熟语结构，《大词典》中没有某一义项而这一义项又见于《现代汉语词典》的熟语结构，《大词典》中没有收录而《现代汉语词典》收录的熟语结构，同时再参考已有的有代表性的一些研究成果及电子语料库。

根据这些标准，我们调查得出了 20 世纪以来的现代汉语新兴熟语结构 3337 个，占现代汉语熟语结构总数的 48.94%。

第十五章

《大词典》有 20 世纪文献为始见例证的现代汉语新兴熟语结构

专书词汇、断代词汇的研究中，在进行比较的时候，要判定一个时代的新兴熟语，一般所采用的方法是：对照已有的研究成果，主要是大型工具书及电子语料库[1]，再参考有代表性的已有研究成果。如果这些成果的始见例证是引自所研究的语料，就可以大致把它暂时确定为那个时代的新兴词。我们研究现代汉语的熟语的历史层次，属于断代词汇的研究范畴，也采用这样的方式。凡是《大词典》以 20 世纪以来的文献作为始见例证的熟语，我们就把它暂时确定为 20 世纪以来的汉语新兴熟语。

据此原则，我们调查出了《大词典》以 20 世纪文献作为始见例证的现代汉语新兴熟语及类熟语 1422 个，占现代汉语熟语结构总数的 20.85%。有 20 世纪文献为始见例证的现代汉语新兴熟语又分为熟语及类熟语两种类型。有 20 世纪文献为始见例证的现代汉语新兴熟语 1151 个，占现代汉语熟语结构总数的 16.88%。其中，二音节熟语 1 个，三音节熟语 269 个，四音节熟语 860 个，五音节熟语 11 个，六音节熟语 6 个，七音节熟语 4 个。有 20 世纪文献为始见例证的现代汉语新兴类熟语 271 个，占现代汉语熟语结构总数的 3.97%。其中，三音节类熟语 5 个，四音节类熟语 260 个，五音节熟语 6 个。

---

[1] 大型工具书帮助我们准确理解词义及其出现时代，电子语料库帮助我们对其始见时代进行进一步验证。当然，电子语料库也不是定论，因为没有哪一种电子语料库把中国的约 8 万种古籍全部收完。《国学大师》电子语料库中的"古籍全文检索系统"涉及的古籍也只有 2 万种，约为中国古籍的 1/4。

第一节　研究 20 世纪熟语结构的代表性语料概述

要研究 20 世纪以来的汉语新兴熟语及类熟语，主要的语料应该是 20 世纪以来产生的代表性的现当代文学作品，如长篇小说、中篇小说、短篇小说、散文集、诗集、随笔、序跋、报刊，等等。其中又分为专书语料和单篇作品语料两类。

研究 20 世纪以来的汉语新兴熟语及类熟语，代表性的专书语料约有 223 位作者 435 部专书。20 世纪以来的汉语新兴熟语及类熟语，大型工具书有 20 世纪以来的专书语料例证的 847 个。具体分布概括如下：

艾芜《百炼成钢》1 个、《春天的雾》1 个、《南行记》1 个、《石青嫂子》1 个，巴金《创作回忆录》1 个、《春》1 个、《第四病室》1 个、《光明集》1 个、《家》2 个、《随想录》2 个、《探索集》3 个、《忆》1 个，碧野《没有花的春天》2 个，冰心《关于女人》1 个、《再寄小读者》1 个，蔡东藩等《民国通俗演义》3 个，曹靖华《飞花集》1 个，曹禺《北京人》4 个、《日出》7 个、《王昭君》1 个，陈白尘《大风歌》1 个，陈残云《山谷风烟》5 个，陈登科《赤龙与丹凤》3 个、《风雷》2 个、《活人塘》2 个、《破壁记》2 个，陈天华《狮子吼》2 个，陈荫荣《兴唐传》[1]1 个，谌容《懒得离婚》1 个，大群《小矿工》1 个，戴光中《赵树理传》1 个，邓拓《燕山夜话》1 个，邓一光《我是太阳》1 个，邓友梅《那五》1 个、《烟壶》1 个，丁玲《杜晚香》1 个、《太阳照在桑干河上》4 个、《韦护》1 个，都梁《亮剑》1 个，杜鹏程《保卫延安》3 个、《年青的朋友》2 个、《在和平的日子里》2 个，端木蕻良《科尔沁旗草原》1 个，范文澜等《中国通史》3 个，方之《内奸》1 个，费孝通《访美掠影》1 个，冯德英《苦菜花》1 个、《迎春花》1 个，冯骥才《雕花烟斗》1 个、《神鞭》1 个，冯玉祥《我的生活》2 个，冯增敏《红色娘子军》1 个，傅雷《傅雷家书》2 个，高阳《慈禧前传》1 个、《胭脂

---

[1]　按：《兴唐传》又名《大隋唐》、《隋唐》、《说唐前传》、《兴唐全传》，是根据清朝古典小说《说唐》改变而成的长篇传统评书。北京的评书《隋唐》以清末评书大王双厚坪所说为最有名，可惜底本没有流传下来。20 世纪 30 年代北京评书演品正三在家传《隋唐》的基础上，找到了双厚坪《隋唐》的讲授大纲，融为一体，颇有代表性。后来，其学生陈荫荣在此基础上再进行加工整理，取名《兴唐传》，并于 1984 年由中国曲艺出版社出版。

井》1 个，高云览《小城春秋》3 个，格非《人面桃花》1 个，《革命回忆录》1 个，耿可贵《孙中山与宋庆龄》1 个，《工人歌谣选》1 个，谷峪《新事新办》1 个，古华《芙蓉镇》1 个，古龙《长干行》1 个，顾笑言等《李宗仁归来》1 个，关仁山《风暴潮》1 个，管桦《惩罚》1 个、《上学》1 个，郭澄清《大刀记》5 个，郭继泰《带印奇冤郭公传》1 个，郭沫若《蔡文姬》1 个、《创造十年》1 个、《洪波曲》5 个、《红旗歌谣》1 个、《海涛集》1 个、《奴隶制时代》1 个、《屈原》1 个、《苏联纪行》2 个、《文艺论集》1 个、《我的童年》2 个、《行路难》1 个、《雄鸡集》1 个、《羽书集》1 个、《中国古代社会研究》1 个、《中国史稿》4 个，韩静霆《市场角落的"皇帝"》1 个，浩然《洪涛曲》1 个、《乐土》2 个、《艳阳天》7 个，何其芳《画梦录》1 个，何满子《画虎十年》1 个、《将进酒》1 个、《三五成群集》1 个，贺敬之等《白毛女》1 个，洪广思《阶级斗争的形象历史》1 个，洪深《电影戏剧表演术》1 个、《戏剧导演的初步知识》1 个、《这就是"美国的生活方式"》1 个、《少奶奶的扇子》1 个、《电影戏剧的编剧方法》1 个、《鸡鸣早看天》1 个，沪剧《罗汉钱》1 个，华而实《汉衣冠》1 个，黄兴涛《文化史的视野》1 个，霍达《红尘》1 个，贾平凹《春女》1 个，蒋子龙《乔厂长上任记》3 个、《一个工厂秘书的日记》1 个、《阴阳交接》1 个，锦云等《笨人王老大》1 个，京剧《杜鹃山》3 个，京剧《红色娘子军》2 个，京剧《将相和》1 个，京剧《猎虎记》2 个，京剧《龙江颂》1 个，京剧《奇袭白虎团》1 个，京剧《沙家浜》1 个，京剧《乌龙院》1 个，峻青《海啸》1 个、《秋色赋》[1]2 个，康有为《大同书》2 个，康濯《东方红》2 个、《水滴石穿》1 个、《太阳升起的时候》1 个，柯蓝《浏河十八湾》1 个，柯绍忞《清史稿》[2]4 个，柯云路《龙年档案》1 个，克非《春潮急》2 个，孔厥《新儿女英雄传》2 个、《新儿女英雄续传》1 个，孔庆东《空山疯语》1 个，老舍《茶馆》8 个、《二马》4 个、《鼓书艺人》1 个、《老张的哲学》4 个、《柳屯的》1 个、《骆驼祥子》12 个、《龙须沟》3 个、《女店员》3 个、《神拳》1 个、《四世同堂》29 个、《蜕》1 个、《文学概论讲义》1 个、

---

[1]　按：峻青的《秋色赋》有两种：一种是 1962 年的单篇抒情散文《秋色赋》，一种是 1963 年作家出版社出版的散文集《秋色赋》。本研究统计《秋色赋》中的熟语，包括两种情况。

[2]　按：《清史稿》的编写时间是 1914—1927 年，总计 536 卷，是民国初年设立的清史馆编写的记述清代历史的未定稿。清史馆的馆长是赵尔巽（1844—1927），《清史稿》的参编者有 100 多人，总成是柯绍忞（1850—1933）。所以在记录《清史稿》的主编时，有的写作赵尔巽，有的写作柯绍忞。

《西望长安》1个、《赵子曰》2个、《正红旗下》2个、《抓药》1个，李必光《神舟飞天》1个，李存葆《山中，那十九座坟茔》1个，李国文《冬天里的春天》2个，李劼人《暴风雨前》1个、《大波》1个、《死水微澜》1个、《天魔舞》1个，李六如《六十年的变迁》1个，李晓明等《平原枪声》2个，李英儒《野火春风斗古城》1个，梁斌《播火记》5个、《红旗谱》5个，梁启超《管子传》1个、《论中国学术思想变迁之大势》1个、《新民说》3个、《新中国未来记》1个、《意大利建国三杰传》1个，梁实秋《雅舍小品》3个，林汉达《上下五千年》1个，林雪《双枪老太婆》1个，林雨《刀尖》1个，刘白羽《第二个太阳》1个、《红旗》1个，刘波泳《秦川儿女》1个，刘大海《郭兰英》1个，刘大杰《中国文学发展史》2个，刘厚明《黑箭》1个，刘绍棠《狼烟》2个、《小荷才露尖尖角》2个、《烟村四五家》2个、《渔火》1个，刘心武《栖凤楼》2个、《天梯之声》1个，刘醒龙《分享艰难》1个，刘亚舟《男婚女嫁》1个，柳青《创业史》9个、《铜墙铁壁》1个，陆地《美丽的南方》1个，鲁光《中国姑娘》1个，鲁迅《而已集》2个、《二心集》6个、《坟》6个、《故事新编》1个、《花边文学》7个、《华盖集》7个、《华盖集续编》6个、《集外集》5个、《集外集拾遗补编》1个、《两地书》4个、《呐喊》2个、《南腔北调集》5个、《彷徨》3个、《且介亭杂文》9个、《且介亭杂文二集》5个、《且介亭杂文末编》3个、《热风》5个、《三闲集》3个、《书信集》8个、《伪自由书》3个、《朝花夕拾》2个、《中国小说史略》1个、《准风月谈》5个，路遥《早晨从中午开始》1个、《平凡的世界》1个、《人生》1个，罗惇曧《文学源流》1个，罗广斌《红岩》1个、《在烈火中得到永生》1个，罗普《东欧女豪杰》[1]1个，马烽等《吕梁英雄传》2个，马加《在祖国的东方》1个，马可《夫妻识字》1个，马南邨《燕山夜话》2个，茅盾《动摇》1个、《锻炼》2个、《腐蚀》1个、《虹》1个、《幻灭》2个、《秋收》1个、《三人行》1个、《霜叶红似二月花》2个、《脱险杂记》1个、《夜读偶记》1个、《赵先生想不通》1个、《子夜》10个，毛泽东《党委会的工作方法》[2]2个、《反对本本

---

[1] 按：《东欧女豪杰》是一部反映俄国19世纪70年代革命民粹派的改革小说，总计5回，于1902年11月至1903年初连载于《新小说》1—5号。作者有岭南羽衣女士和罗普两种说法。据阿英《小说二谈》所引的金翼谋《香艳诗话》的观点，岭南羽衣女士即广东人张竹君；据冯自由《革命逸史》第二集的观点，《东欧女豪杰》的作者是中国留学早稻田大学的第一人罗普。现今学界倾向性的观点是罗普。

[2] 毛泽东的作品，凡是发行了单行本的，我们也按专书计算。

主义》3 个、《反对党八股》1 个、《反对自由主义》3 个、《改造我们的学习》3 个、《关于农业合作化问题》1 个、《关于正确处理人民内部矛盾的问题》6 个、《关于中华人民共和国宪法草案》1 个、《湖南农民运动考察报告》2 个、《介绍一个合作社》2 个、《论持久战》4 个、《论反对日本帝国主义的策略》1 个、《论联合政府》4 个、《论人民民主专政》1 个、《论十大关系》4 个、《矛盾论》4 个、《〈农村调查〉的序言和跋》2 个、《评国民党十一中全会和三届二次国民参政会》1 个、《实践论》4 个、《统一战线中的独立自主问题》1 个、《为动员一切力量争取抗战胜利而斗争》2 个、《新民主主义论》1 个、《星星之火，可以燎原》1 个、《学习和时局》1 个、《在陕甘宁边区参议会的演说》1 个、《在省市自治区党委书记会议上的讲话》2 个、《在延安文艺座谈会上的讲话》2 个、《中国革命和中国共产党》10 个、《中国革命战争的战略问题》3 个、《中国共产党在民族战争中的地位》4 个、《中国农村社会主义高潮》1 个、《中国社会各阶级的分析》6 个，《捻军故事集》1 个，《农谚选》1 个，欧阳山《高干大》1 个、《三家巷》3 个，欧阳予倩《孔雀东南飞》1 个、《忠王李秀成》1 个、《不要忘了》1 个，彭湃《海丰农民运动》1 个，溥仪《我的前半生》1 个，钱锺书《围城》8 个，秦牧《长河浪花集》1 个、《长街灯语》1 个、《艺海拾贝》6 个，秦瘦鸥《秋海棠》1 个，秦兆阳《在田野上前进》1 个，曲波《林海雪原》1 个，瞿白音《南下列车》1 个，瞿秋白《赤都心史》2 个、《海上述林》1 个、《乱弹》1 个、《论大众文艺》1 个、《论文学革命及语言文字问题》1 个、《文艺杂著续辑》1 个，《全国优秀短篇曲艺集》1 个，任光椿《戊戌喋血记》1 个，茹志鹃《高高的白杨树》1 个，阮章竞《漳河水》1 个，沙陆墟《魂断梨园》1 个，沙汀《闯关》1 个、《风浪》1 个、《困兽记》1 个、《淘金记》1 个、《祖父的故事》1 个，沈从文《八骏图》1 个、《从文自传》1 个、《大小阮》1 个、《老实人》1 个，石峻《中国近代思想史参考资料简编》1 个，石三友《金陵野史》1 个，司马文森《风雨桐江》1 个，苏曼殊《断鸿零雁记》[1]2 个，孙犁《白洋淀纪事》2 个、《编辑笔记》1 个、《澹定集》1 个、《秀露集》2 个、《芸斋梦余》1 个，孙中山《建国方略》1 个、《民权主义》1 个、《民生主义》2 个、《民族主义》1 个、《行易知难》1 个、《太平天国歌谣传说集》1 个、《太平天国故事歌谣选》2 个，檀林《旧都遗梦》1 个，汤颐琐《黄绣球》4

---

[1]　按：《断鸿零雁记》1912 年出版，写的是作者自己的身世和爱情，被称为"民国初年第一部成功之作"。

个，唐兰《中国文字学》1个，唐双宁《书法——人类精神的心电图》2个，陶菊隐《袁世凯演义》1个，田汉《关汉卿》1个、《洪水》2个、《芦沟桥》1个、《名优之死》1个，田战省《影响人类进程的100个科学发现》1个，铁凝《笨花》1个，王火《战争和人》3个，王力《汉语史稿》1个，王利器《颜氏家训集解》1个，王蒙《蝴蝶》1个、《轮下》1个、《青春万岁》1个、《悠悠寸草心》1个，王士美《铁旋风》1个，王小波《万寿寺》1个，王镇《枪》1个，韦君宜《露沙的路》1个，魏风等《刘胡兰》1个，魏钢焰《宝地·宝人·宝事》1个，魏巍《东方》6个、《火凤凰》2个、《山雨》2个，闻一多《神话与诗》2个，吴晗《灯下集》2个、《朱元璋传》1个，吴玉章《论辛亥革命》1个，吴运铎《把一切献给党》2个，吴祖光《一辈子——吴祖光回忆录》2个，吴组缃《山洪》1个，向春《煤城怒火》2个，夏骏等《居住改变中国》1个，夏丏尊等《文心》1个，夏衍《风雨故人情》2个、《秋瑾传》1个、《心防》1个，萧军《五月的矿山》4个，萧乾《老报人余笔》1个、《一本褪色的相册》1个，萧三《革命民歌集》1个，萧逸《千面郎君》1个，谢觉哉《不惑集》1个，徐迟《哥德巴赫猜想》2个，徐铸成《旧闻杂谈》1个、《旧闻杂忆》1个、《旧闻杂忆续篇》1个，许博渊《澳洲札记》2个，薛暮桥《中国社会主义经济问题研究》1个，鄢国培《漩流》1个，杨沫《芳菲之歌》1个、《青春之歌》6个，杨朔《北线》1个、《三千里江山》2个，杨荫深《事物掌故丛谈》1个，杨玉如《辛亥革命先著记》1个，姚雪垠《长夜》1个、《李自成》3个，叶圣陶《倪焕之》1个，赢宗季女《六月霜》1个，余秋雨《寻觅中华》1个，俞平伯《人生不过如此》2个，袁静《伏虎记》1个，袁鹰《悲欢》1个，战宝文《大庆战歌》1个，张恨水《春明外史》1个、《金粉世家》1个、《啼笑因缘》1个、《五子登科》1个，张鸿《续孽海花》2个，张洁《沉重的翅膀》2个，张天民《创业》1个，张天翼《包氏父子》1个、《大林和小林》1个、《温柔制造者》1个，张贤亮《灵与肉》1个、《男人的一半是女人》1个、《肖尔布拉克》1个，张友鸾《秦淮粉墨图》1个，张周《步履艰难的中国》2个，赵剑秋等《孙安动本》2个，赵树理等《"锻炼、锻炼"》2个、《李家庄的变迁》1个、《李有才板话》1个、《三里湾》2个、《邪不压正》1个，赵月华《左手曾国藩右手胡雪岩》1个，郑振铎《桂公塘》1个、《黄公俊之最后》1个，《中国歌谣资料》2个，《中国共产党中央委员会关于建国以来党的若干历史问题的决议》1个，《中国人民政治协商会议共同纲领》2个，中国近代史资料丛刊《辛亥革命》3个，《中国民歌资料》1个，《中华人民共和国海商法》1个，

《中华人民共和国宪法》2 个，《中华人民共和国刑法》2 个，《中华人民共和国刑事诉讼法》1 个，周大新《第二十幕》1 个，周而复《白求恩大夫》1 个、《上海的早晨》9 个，周立波《暴风骤雨》25 个、《山乡巨变》3 个，周作人《看云集》1 个、《知堂回想录》1 个，朱秀海《穿越死亡》1 个，朱艳丽《幽默大师林语堂》1 个，朱自清《经典常谈》2 个，濯缨《新新外史》1 个，邹韬奋《患难余生记》5 个、《经历》4 个、《抗战以来》3 个、《萍踪寄语》3 个、《萍踪忆语》1 个、《事业管理与职业修养》1 个。

研究 20 世纪的新兴熟语及类熟语，代表性的单篇作品语料约有 360 位作者的 557 篇作品。20 世纪的汉语新兴熟语及类熟语，大型工具书有 20 世纪以来的单篇作品语料例证 586 个。具体分布概括如下：

阿城《树王》1 个，阿英《从〈反美华工禁约文学集〉看中国人民早期的反美斗争》1 个、《从上海事变说到报告文学》1 个、《关于瞿秋白的文学遗著》1 个、《晚清文学丛钞·说唱文学卷叙例》1 个、《小品文谈》1 个，艾明之《雨》1 个，艾纳《新事旧编》1 个，艾青《〈艾青诗选〉自序》2 个、《光的赞歌》1 个、《在浪尖上》1 个，艾芜《荣归》1 个、《游成都文殊院有感》1 个，安正福《敌后插刀》1 个，巴金《〈巴金选集〉后记》1 个、《关于〈长生塔〉》1 个、《关于〈家〉》1 个、《人间最美好的感情》1 个、《〈随想录〉后记》1 个、《〈随想录〉总序》1 个、《谈〈春〉》1 个、《〈探索集〉后记》1 个、《小骗子》1 个、《〈序跋集〉跋》1 个、《作家要有勇气，文艺要有法制》1 个，白丁《李堡散记》1 个，白桦《我歌唱如期归来的秋天》1 个，《报刊文摘》1 篇 1 个，《北京日报》[1]2 篇 2 个，冰心《咱们的五个孩子》1 个，曹靖华《点苍山下金花娇》1 个、《尾尾"没六"洞中来》1 个，曹禺《半日的"旅行"》1 个，蔡元培《普通教育和职业教育》1 个、《在国语传习所的演说》2 个，常贵田《喇叭声声》1 个，陈白尘《无声的旅行》1 个，陈朝玉等《使人恨·逗人乐·惹人爱》1 个，陈春生《壬寅洪全福广州举义记》1 个，陈靖等《云岭雪海》1 个，陈平原《旧年人物·前言》1 个，陈毅《记淮海前线见闻》1 个、《十年》1 个、《在第二次亚非会议筹备会议上的发言》1 个，陈忠实《信任》1 个，《出版工作》1 个，达理《路障》1 个，《当代》2 期 2 个，邓拓《从石涛的一幅山水画说起》1 个，邓小平《打破帝国主义封锁之道》1个、《党和国家领导制度的改革》3个、《悼伯承》1个、《关于科学和教育工作的几点意见》1个、《建设强大的现代化正规化的革命军队》1个、《目前的形势和任务》1个、《在中央军委全体会议上的讲话》1个，邓颖超《坚定不移地搞好党风》1个，邓子恢等《闽西暴动与红十二军》1个，丁玲《延安文艺座谈会的前前后后》1个、《在医院中》1个，丁易《择婿》1个，董必武《广州起义三十周年纪念》1个，《读书》1篇1个，杜澎《双窝车》1个，《法制日报》1篇1个，樊纲《危机就在那里，你怎么可能不受影响》1个，樊增祥《〈东溪草堂词选〉自序》1个，方靖四《致胡适书》1个，方毅《读〈攻关〉》1个，方志敏《清贫》2个、《狱中纪事》1个，丰子恺《忆儿时》1个，冯亦代《乡思》1个，傅抱石《〈郑板桥集〉前言》1个，高晓声《"漏斗户"主》1个，公刘《太阳的家乡》1个，《工人日报》1篇1个，古直《冷圃曲》1个，光未然《英雄钻井队》1个，《光明日报》5篇5个，郭沫若《残春及其他》1个、《朝鲜抗美一周年》1个、《当前诗歌中的主要问题——答诗刊社问》1个、《〈沸羹集〉序》1个、《就目前创作中的几个问题答〈人民文学〉编者问》1个、《伟大的爱国诗人——屈原》1个，郭守微《论国粹无阻于欧化》1个，郭小川《保卫我们的党》1个、《登九山》1个、《团泊洼的秋天》1个、《忆延安》1个，韩怀智《天津城下歼败将》1个，韩少功《第四十三页》1个，何其芳《理性与历史》1个，何香凝《孙中山与廖仲恺》1个，《红旗飘飘·编者的话》1个，胡采《〈在和平的日子里〉序》1个，胡锦涛《在中央人口资源环境工作座谈会上的讲话》1个，胡适《〈国学季刊〉发刊宣言》1个，胡耀邦《全面开创社会主义现代化建设的新局面》1个，胡也频《光明在我们的面前》1个，《湖南日报》1篇1个，《花城》6期12个，华罗庚《略谈我对数学的认识》1个，荒芜《说一首揭批江青的诗》1个，黄庆云《波浪》1个，黄玉振《精明人的苦恼》1个，黄远庸《新年所感》1个、《政界内形记》1个，徽知《从〈春秋〉与〈自由谈〉说起》1个，吉学霈《要不准的数字》1个，江泽民《在毛泽东同志诞辰一百周年纪念大会上的讲话》1个，蒋弼《小罗子》1个，蒋子龙《创作笔记》1个，《解放军报》2篇2个，《解放日报》8篇8个，焦国标《学府》1个，金近《他叫"东郭先生"》1个，金涛《什么是白夜》1个，《经济日报》1篇1个，康有为《上清帝第五书》1个，柯岩《在九月九日的黎明》1个、《追赶太阳的人》1个，孔捷生《因为有了她》1个，老舍《青年作家应有的修养》1个、《我怎样写〈老张的哲学〉》1个、《〈无名高地有了名〉后记》1个，雷颐《语言的力量》1个，《历史研究》

1 篇 1 个，李大钊《庶民的胜利》1 个、《我的马克思主义观》2 个、《这一周》1 个，李凡民《延河儿女》1 个，李季《周总理啊大庆儿女想念你》1 个，李健吾《看戏十年》1 个，李琳等《勤俭办社，建设山区》1 个，李佩甫《送你一朵苦楝花》1 个，李一《荆宜施鹤光复记》1 个，李一氓《读〈陈毅诗选〉》1 个，李运抟《文学"大众化"的虚假性》1 个，梁启超《爱国论》1 个、《本馆第一百册祝辞》1 个、《初归国演说辞》1 个、《二十世纪之巨灵——托辣斯》1 个、《关税权问题》1 个、《过渡时代论》1 个、《将来百论》1 个、《〈刘蜕集〉跋》1 个、《卢梭学案》1 个、《乐利主义泰斗边沁之学说·边沁之政法论》1 个、《论各国干涉中国财政之动机》1 个、《论小说与群治之关系》1 个、《论正统》1 个、《论资政院之天职》1 个、《灭国新法论》1 个、《外交欤内政欤》1 个、《外债平议》2 个、《为国会期限问题敬告国人》1 个、《匈加利爱国者噶苏士传》1 个、《再驳某报之土地国有论》2 个、《中国法理学发达史论》1 个，梁晓声《溃疡》1 个，廖鲁言《一九五九年农业战线的任务》1 个，廖仲恺《辞财政部长职通电》1 个、《对黄埔军校第三期入伍生训话》1 个、《中国人民在领土和新国家建设上之关系》1 个，林默涵《〈53—55 年短篇小说选〉序言》1 个，刘白羽《红太阳颂》1 个、《石油英雄之歌》1 个，刘半农《〈半农杂文〉自序》1 个、《读〈海上花列传〉》1 个，刘宾雁《一个人和他的影子》1 个，刘道一《驱满酋必先杀汉奸论》1 个，刘梦溪《文学是战斗的》1 个，刘少奇《对华北记者团的谈话》1 个、《关于新中国的经济建设方针》1 个，刘绍棠《草莽》1 个、《花街》1 个，刘心武《经历恐怖》1 个，刘亚洲《关于格林讷达的对话》1 个，逯斐《夜航》1 个，陆文夫《清高》1 个，鲁迅《〈花边文学〉序言》1 个、《〈伪自由书〉后记》1 个，吕剑《"悼"议》1 个，玛拉沁《祖国啊，母亲!》1 个，马烽《结婚现场会》1 个，马识途《老三姐》1 个，茅盾《搬的喜剧》1 个、《长春南关行》1 个、《创作生涯的开始》1 个、《过封锁线》1 个、《送考》2 个、《我们这文坛》1 个、《小说新潮栏宣言》1 个、《一个女性》1 个、《雨天杂写》1 个，毛泽东《别了，司徒雷登》1 个、《反对党内的资产阶级思想》1 个、《反对日本进攻的方针、办法和前途》1 个、《给陈毅同志谈诗的一封信》1 个、《关于反法西斯的国际统一战线》1 个、《关于农业互助合作的两次谈话》1 个、《集中优势兵力，各个歼灭敌人》1 个、《纪念白求恩》1 个、《坚定地相信群众的大多数》1 个、《纠正土地改革宣传中的"左"倾错误》1 个、《抗日时期的经济问题和财政问题》1 个、《抗日战争胜利后的时局和我们的方针》1 个、《念奴娇·鸟儿问答》1 个、《农业合作化的一场辩论和当前的阶级斗争》1个、《评西北大捷兼论解放军的新式整军运动》1个、《青年团的工作要照顾青年的特点》1个、《人的正确思想是从那里来的?》1个、《三大运动的伟大胜利》1个、《事情正在起变化》1个、《为人民服务》1个、《为争取千百万群众进入抗日民族统一战线而斗争》1个、《我们党的一些历史经验》2个、《向国民党的十点要求》1个、《迎接中国革命的新高潮》1个、《在晋绥干部会议上的讲话》1个、《在中共八届二中全会上的讲话》1个、《在中国共产党第八届中央委员会第二次全体会议上的讲话》3个、《在中国共产党全国代表会议上的讲话》1个、《在中国共产党全国宣传工作会议上的讲话》1个、《整顿党的作风》6个、《支持美国黑人抗暴斗争的声明》1个、《质问国民党》1个、《〈中国农村的社会主义高潮〉的按语》1个、《中国人民解放军布告》1个,苗培时《矿山烈火》1个,莫应丰《黑洞》1个,《南方周末》1篇1个,聂绀弩《壁画》1个、《读鲁迅先生的〈二十四孝图〉》1个、《关于知识分子》1个、《脚印》1个、《鲁迅——思想革命与民族革命的倡导者》1个、《乡下人的风趣》1个,聂荣臻《努力开创我国科技工作的新局面》1个,牛川等《一个游击区的模范生产合作社》1个,钱基博《辛亥革命运动中之蔡锷》1个,乔迈《三门李轶闻》1个,秦牧《奇迹泉》1个、《衰老》1个、《鲜花百态和艺术风格》1个,秦兆阳《回答》1个,瞿秋白《大灾星》1个、《〈鲁迅杂感选集〉序言》1个、《论翻译》1个、《〈马克思文艺论底断篇〉后记》1个、《人才易得》1个、《十月革命前俄罗斯文学》1个、《文艺的自由和文学家的不自由》1个、《迎头经》1个、《〈子夜〉和国货年》1个,屈兴栋《血战剑门关》1个,《人民日报》44篇44个,《人民文学》7期7个,柔石《为奴隶的母亲》1个,茹志鹃《澄河边上》1个,沙汀《范老老师》1个、《呼嚎》2个,《陕西日报》1篇1个,《上海文化艺术报》1篇1个,韶华《沧海横流》1个,《申江服务导报》1篇1个,《深圳特区报》1篇1个,沈从文《〈长河〉题记》1个,沈耀庭《细腻流畅,饶有兴味》1个,石震《踏察记事》1个,《十月》2期2个,《诗刊》1篇1个,宋振庭《我骄傲:我是中国人》1个,《收获》2期2个,苏晨《落霞》1个,粟裕《南昌起义前后片断》1个,孙犁《山地回忆》1个,孙中山《大亚洲主义》1个、《党员不可存心做官发财》1个、《革命成功个人不能有自由团体要有自由》1个、《革命军之责任》1个、《革命原起》1个、《革命最后一定成功》1个、《世界道德的新潮流》1个、《中国问题的真解决》1个,汤吉夫《希望》1个,陶尔夫《伐木者的旅行》1个,陶斯亮《一封终于发出的信》1个,陶行知《自动学校小影》1个,陶铸

《松树的风格》1个，《体育报》1篇1个，田连元《新的采访》1个，万国儒《踩电铃》1个，汪曾祺《落魄》1个，王蒙《漫话文学创作特性探讨中的一些思想方法问题》1个，王蕤《夏天的经历》1个，王文《樊家窑的石雷阵》1个，王西彦《春寒》1个、《黄昏》1个、《老太婆伯伯》1个、《人的世界》1个、《乡下朋友》1个，王朝闻《凤姐的个性与共性》1个、《需要尊重》2个，王钟麒《论小说与改良社会之关系》[1]1个、《中国历代小说史论》1个，王仲方《〈骗子列传〉序》1个，魏巍《走在时间的前面》1个，《文汇报》32篇32个，闻捷《小香》1个，闻一多《说舞》1个、《死水》1个、《文艺与爱国》1个，文斋《"小八拉子"和大官僚》1个，吴强《写作〈红日〉的几点感受》1个，吴玉章《从甲午战争前后到辛亥革命前后的回忆》2个，西戎《宋老大进城》1个，习平等《披荆斩棘的人》1个，夏衍《不要笑得太早》1个、《对改编问题答客问》1个、《解放思想，勤学苦练》1个、《生活·题材·创作》1个、《戏剧抗战三年间》1个、《〈新华日报〉及其他》1个、《应该重视电视这一传播工具》1个、《左翼十年》1个，肖凤《豆芽菜和小松树》1个，肖复兴《牧神午后》1个，萧乾《草原即景》1个，萧殷《桃子又熟了……》1个，《小说选刊》2篇2个，《小说月报》1篇1个，谢觉哉《青年人怎样锻炼自己》1个、《书同文，语同音》1个、《一支不平凡的生产队伍》1个、《知识青年参加体力劳动问题》1个，谢雪畴《长江飞渡记》1个，《新华文摘》2篇2个，《新华月报》3篇3个，《新民晚报》8篇8个，《新闻晨报》1篇1个，《新闻出版报》1篇1个，星翁用语1个，邢四娃《"军火田"》1个，徐迟《长江大桥的美是社会主义的美》1个、《草原上的钻机》1个、《汉水桥头》1个、《火中的凤凰》2个、《井冈山记》1个、《在高炉上》1个，徐怀中《西线轶事》2个，徐特立《读书日记一则》1个、《对青年人的几点希望》1个、《教育讲座》1个、《让革命的红旗世代相传》1个，许涤新《周总理战斗在重庆》1个，许世友《万源保卫战》1个，续范亭《国难严重中纪念国庆》1个、《警告中国抗战营垒内的奸细分子》1个、《秦桧归来》1个，《羊城晚报》2篇2个，杨朔《春雷一声》1个、《春子姑娘》1个、《大旗》1个、《熔炉》1个、《石油城》1个、《桃树园》1个、《雪花飘在满洲》1个、《印度情思》1个、《"阅微草堂"的真面目》1个，杨啸天《参加第九镇南京起义》1个，杨义《中国叙事学的文化阐释》1个，叶圣陶《坝上一天》1个、《穷愁》1个、《我

---

[1] 按：又作王无生。王钟麒（1880—1913），字毓仁，号无生，小说家、评论家。

们的骄傲》1个、《游临潼》1个，叶紫《行军散记》1个、《夜哨线》1个，沂忻《女丐长伴白宫眠》1个，郁达夫《超山的梅花》1个、《瓢儿和尚》1个，袁鹰《渡船》1个，臧克家《老舍永在》1个，曾克《战地婚筵》1个，詹才芳《笑俘强敌十万》1个，张爱玲《谈吃与画饼充饥》1个，张斌《紫丁香》1个，张洁《含羞草》1个、《祖母绿》1个，张书绅《正气歌》1个，张天翼《路》1个，张一弓《犯人李铜钟的故事》1个，章炳麟《书十九路军御日本事》1个、《答梦庵书》1个、《致张继、于右任书》1个，赵紫阳《今后五年的主要任务》1个，郑九蝉《县委大楼的"劳金"》1个，郑振铎《纪念"七·七"节》1个、《苏州赞歌》1个、《漩涡》1个、《杂谈》1个，《钟山》1个，《中国青年报》2篇2个，《中国商业报》1篇1个，《中国青年》3篇3个，钱穆《中国文学论丛》1个，周卜颐《纪念在现代城市规划上的远见卓识》1个、《树立"文明"和"文化"的新概念》1个，周恩来《关于西安事变的三个电报》1个、《论统一战线》1个、《政府工作报告（一九五四年)》1个、《政府工作报告（一九六四年)》1个，周立波《金戒指》1个、《山那面人家》1个、《一个伟大文献的诞生》1个、《张闰生夫妇》2个，周原《把握艺术"特殊的色彩"》1个，周作人《南园记》1个、朱德《纪念党的四十周年》1个、《母亲的回忆》1个，朱光斗《神枪手》1个、朱自清《房东太太》1个、《回来杂记》1个、《历史在战斗中》1个、《论老实话》2个、《论通俗化》1个、《三祝报章文学》1个、《闻一多先生怎样走着中国文学的道路》1个，邹韬奋《糊涂虫假认真》1个、《三十年前的民主运动》1个、《欧战爆发与远东的关系》1个、《我们的灯塔》1个、《无政府与民主政治》1个、《消弭内战的唯一途径》1个，《足球》1篇1个，祖慰《被礁石划破的水流》1个，《作家》1期1个，左齐《南泥湾屯垦》1个，左泥《治水》1个。

这些语料是研究20世纪汉语新兴熟语结构具有代表性的重要语料。对它们进行深入研究，可以发现，20世纪以来的现代汉语新兴熟语及类熟语，从广义的历史层次来看，大约有1422个可以从这些材料中找到，它们基本上都是20世纪新出现的。

第二节 《大词典》以 20 世纪文献为始见例证的
代表性的现代汉语熟语举例

我们所说的《大词典》有 20 世纪文献为始见例证的代表性的熟语，指的是这些有 20 世纪文献为始见例证的某些熟语，在书写形式上前代、同代有多种同义写法，或者在来源上有些特点，或者 20 世纪已见而有的大型工具书没有收录或虽然收录但是始见例证偏晚或举例错误，或者书写形式 20 世纪以前就有但是20 世纪增加了沿用至今的新义，等等。这些类型的熟语，它们都需要做些说明。我们的说明全部采用按语的形式，在每个熟语的后面注明。本部分的内容，按音序排列。有 20 世纪例证为始见例证的代表性的汉语新兴熟语举例如下。

一、有 20 世纪文献为始见例证的具有异形写法的 20 世纪新兴熟语举例

据我们的调查，《大词典》有 20 世纪文献为始见例证的某些 20 世纪新兴熟语，前代、同代有同义、近义等多种异形写法出现。这样的熟语主要是四音节的，也有一些三音节的，个别的还有五音节、七音节的。它们可分为下面一些类型。

（一）具有一种异形写法的 20 世纪新兴熟语举例

1.具有一种异形写法的 20 世纪新兴三音节熟语举例

《大词典》有 20 世纪文献为始见例证的 20 世纪新兴三音节熟语，除了约定俗成的书写形式外，有的还有另外一种异形写法。这些新兴三音节熟语的另外一种异形写法，分为 20 世纪以前和 20 世纪同代两种情况：

（1）出现在 20 世纪以前的各个历史时期的具有一种异形写法的新兴三音节熟语

这些具有一种异形写法的三音节熟语，涉及 20 世纪以前的历史时期有宋代、明代、清代等。

① 有的另一种异形写法出现于宋代。如：

【吃干饭】比喻只吃饭不干事或只会吃饭不会干事。李大钊《庶民的胜利》：

"凡是不做工吃干饭的人，都是强盗。"按：又作"喫干饭"。宋王君玉《杂纂》："喫干饭。疾睡着。"

② 有的另一种异形写法出现于明代。如：

【吃白饭】③ 光吃饭不做事。碧野《没有花的春天》第十二章："喂，你那个新来的阿潮，是到队上来吃白饭的吗？"按：又作"喫白饭"，明代已见。《二刻拍案惊奇》卷二六："我家养这一群鹅在家里，等他在家早晚看看也好的，不得喫白饭。"

这一类型的熟语还有：为什么[1]

③ 有的另一种异形写法出现于清代。如：

【闹着玩】② 用言语或行动戏弄人。周立波《暴风骤雨》第二部十八："你当这是闹着玩？这是祖辈千秋的大事。"按：又作"闹着顽"，清代已见。《二十年目睹之怪现状》第八六回："昨夜吃酒的时候，被蕐卿闹着顽，要了去带在手上，这本是常有的事。"

这一类型的熟语还有：悄没声[2]

（2）出现在 20 世纪同代的具有一种异形写法的新兴三音节熟语

有 20 世纪文献为始见例证的 20 世纪新兴三音节熟语的另一种异形写法，涉及 20 世纪以来的语料有曹禺《雷雨》、陈登科《赤龙与丹凤》、孔厥等《新儿女英雄传》、孙锦标《通俗常言疏证》、孙犁《白洋淀纪事》、周立波《阿金的病》，等等。如：

【刮地皮】比喻贪官污吏搜刮民财。鲁迅《华盖集·这个与那个（二）》："捧得他连自己也忘其所以，结果是渐渐变成老官僚一样，动手刮地皮。"按：又作"括地皮"。孙锦标《通俗常言疏证·朝署》："《山堂肆考》：'王知训帅宣州，性贪婪，因入觐赐宴，伶人戏作绿衣火面如鬼。或问何为者，答曰：吾宣州土地也。问何故来此。曰：王知训入觐，和地皮卷来，故得至此。'今人以贪官为'括地皮'本此。"

【捅漏子】引起纠纷。《全国优秀短篇曲艺集·唐僧行贿》："猴儿哥呀，你千万别去捅漏子，因小失大划不来！"按：又作"捅楼子"。曹禺《雷雨》第四

---

[1] 按：又作"为甚么"，明代已见。《二刻拍案惊奇》卷十："那小业种来时，为甚么就认了他？"

[2] 按：又作"悄默声"，清代已见。《儿女英雄传》第三九回："只见他上前拜了两拜，笑嘻嘻的说道：'老爷子，怎么也不赏个信儿，悄默声儿的就来了。'"

幕："你又要给我捅楼子?"[1]

这一类型的熟语,还有下面这些:

触楣头[2] 拉近乎[3] 一锅煮[4] 睁眼瞎[5]

2.具有一种异形写法的 20 世纪新兴四音节熟语举例

有 20 世纪文献为始见例证的 20 世纪新兴四音节熟语,除了约定俗成的书写形式外,有的还有另外一种异形写法。这些新兴四音节熟语的另外一种异形写法,分为 20 世纪以前和 20 世纪同代两种情况:

（1）出现于 20 世纪以前的各个历史时期的具有一种异形写法的新兴四音节熟语

这些具有一种异形写法的新兴四音节熟语,涉及 20 世纪以前的各个历史时期有战国、三国、北朝、隋唐、宋代、元代、明代、清代等。

① 有的另一种异形写法出现于战国。如:

【归真返璞】去其外饰,还其本真。梁实秋《雅舍小品·头发》:"其实归真返璞,是很崇高的理想。"按:又作"归真反璞",战国已见。《战国策·齐策四》:"归真反璞,则终身不辱。"

这一类型的熟语还有:日以继夜[6]

② 有的另一种异形写法出现于三国。如:

【时不我待】时间不等人,要抓紧时间。曹靖华《飞花集·智慧开花烂如锦》:"忽而念及时不我待,只得像拉起一根'葛条',不顾首尾,匆匆割取眼前一段,以救燃眉之急了。"按:又作"时不我与"。三国魏嵇康《幽愤》诗:"实耻讼免,时不我与。"又,语出《论语·阳货》:"日月逝矣,岁不我与。"

---

[1] 按:"捅漏子"、"捅楼子"即"捅娄子"。《大词典》收"捅漏子"、"捅楼子"而未收"捅娄子",《现代汉语词典》收"捅娄子"而未收"捅漏子"、"捅楼子",参见《现代汉语词典》第 6 版第 1309 页。贾平凹《浮躁》第二十九章:"樊伯就对小水说:'小水,说这话要捅娄子的。'"

[2] 按:又作"触霉头"。周立波《阿金的病》:"阿金,你真触霉头。"

[3] 按:又作"拉近胡"。孙犁《白洋淀纪事·村歌下篇》:"你是地主,我是贫农,我们不是一家子,你不要和我拉近胡。"

[4] 按:又作"一锅烩"。孔厥等《新儿女英雄传》第十二回:"而这一带的土地呢,又绝大部分都集中在宋氏三霸的手里;清算了他家的土地,剩下的也就不多了。所以群众要求'一锅烩',要求'并一步走',这领导上是可以考虑的!"

[5] 按:又作"睁眼瞎子"。陈登科《赤龙与丹凤》五:"我们两家子,祖祖辈辈没有个识字的人,能叫孩子识两个字,总比我们这些睁眼瞎子强吧!"

[6] 按:又作"日夜相继",战国已见。《国语·吴语》:"孤日夜相继,蜀匐就君。"

这一类型的熟语还有：以柔克刚[1]

③ 有的另一种异形写法出现于北朝。如：

【载歌载舞】形容尽情欢乐。徐迟《草原上的钻机》："蒙、汉民族举行了好多次联欢大会，载歌载舞。"按：又作"载歌且舞"，北朝已见。《乐府诗集·北齐南郊乐歌·昭夏乐》："饰牲举兽，载歌且舞，既舍伊脯，致精灵府。"

④ 有的另一种异形写法出现于隋唐。如：

【感人肺腑】形容使人的内心深受感动。常贵田《喇吧声声》："轻重缓急，悠扬悦耳，动人心弦，感人肺腑。"按：又作"感人肺肝"，唐代已见。唐刘禹锡《唐故相国李公集序》："今考其文，至论事疏，感人肺肝，毛发皆耸。"

这一类型的熟语还有：闻风丧胆[2]   只言片语[3]

⑤ 有的另一种异形写法出现于宋代。如：

【囫囵吞枣】把枣子整个吞下，比喻在学习上不分析、不选择地笼统接受。茅盾《夜读偶记·理想和现实》："缺乏辨别力的青年，囫囵吞枣地读了《红楼梦》，的确会产生一些不健康的思想情绪。"按：又作"鹘仑吞枣"，宋代已见。宋朱熹《答许顺之书》："今动不动便先说个本末精粗无二致，正是鹘仑吞枣。"

【众所周知】大家都知道。袁静《伏虎记》第五四回："小秀才的表演是众所周知、人所公认的，只是报了个题目，就赢得了一阵掌声。"按：又作"众所共知"，宋代已见。宋包拯《请选用提转长吏官》："如江西路刘纬、利州路李熙辅，皆智识庸昧，众所共知，其提点刑狱，亦未甚得人。"

这一类型的熟语，还有下面这些：

俯仰由人[4]   坚韧不拔[5]   金刚怒目[6]

---

[1] 按：又作"以柔制刚"，三国已见。三国蜀诸葛亮《将苑》："善将者，其刚不可折，其柔不可卷，故以弱制强，以柔制刚。"

[2] 按：又作"闻风破胆"，唐代已见。唐李德裕《授张仲武东面招抚回鹘使制》："故能望影揣情，已探致虏之术；岂止闻风破胆，益坚慕义之心。"

[3] 按：又作"只句片言"，隋代已见。隋江总《皇太子太学讲碑》："含毫落纸，动八阕之歌谣；只句片言，谐五声之节奏。"

[4] 按：又作"俯仰随人"，宋代已见。宋苏轼《送李公恕赴阙》诗："安能终老尘土下，俯仰随人如桔槔。"

[5] 按：又作"坚忍不拔"，宋代已见。宋苏轼《晁错论》："古之立大事者，不惟有超世之才，亦必有坚忍不拔之志。"

[6] 按：又作"金刚努目"，宋代已见。《太平广记》卷一七四引宋庞元英《谈薮·薛道衡》："隋吏部侍郎薛道衡，尝游钟山开善寺，谓小僧曰：'金刚何为努目？菩萨何为低眉？'小僧答曰：'金刚努目，所以降伏四魔；菩萨低眉，所以慈悲六道。'道衡怃然不能对。"

责有攸归[1]

⑥ 有的另一种异形写法出现于元代。如:

【半生不熟】② 不熟悉;不熟练。茅盾《过封锁线》:"五个中间的老徐能说几句半生不熟的广府话。"按:又作"半生半熟",元代已见。元元怀《拊掌录》:"北都有妓女美色,而举止生梗,土人谓之生张八……野赠之诗曰:'君为北道生张八,我是西州熟魏三,莫怪尊前无笑语,半生半熟未相谙。'座客大发一噱。"

【万古长青】永远像春天的草木一样欣欣向荣。徐迟《井冈山记》八:"井冈山呵,井冈山……你是一座革命的丰碑,屹立于世界,屹立于宇宙间,万古长青!"按:又作"万古长春",元代已见。元无名氏《谢金吾》第四折:"也论功增封食邑,共皇家万古长春。"

⑦ 有的另一种异形写法出现于明代。如:

【白手起家】形容原来无基础或条件很差而创出一番事业。谢觉哉《一支不平凡的生产队伍》:"很多社或组只利用了一部分救济款作资金甚至是白手起家的。"按:又作"白手成家",明代已见。《古今小说·滕大尹鬼断家私》:"多少白手成家的,如今有屋住,有田种,不算没根基了,只要自己去挣持。"

【指鸡骂狗】比喻表面上骂 A,实际上骂 B。周立波《暴风骤雨》第一部十:"郭全海听见话里有刺……从容地说道:'李大嫂子,别指鸡骂狗,倒是谁白吃白喝?你骂谁,嘴里得清楚一点。'"按:又作"指猪骂狗",明代已见。《金瓶梅词话》第十一回:"百般指猪骂狗,欺侮俺娘儿们。"

这一类型的熟语还有:气贯长虹[2]　推诚相见[3]　有口难辩[4]

⑧ 有的另一种异形写法出现于清代。如:

【按步就班】按照条理或遵循一定的程序。鲁迅《书信集·致陶亢德》:"学校却按步就班,没有这弊病。"按:又作"按部就班",清代已见。《歧路灯》第九九回:"我一发劳动小相公大笔写个书名签儿,按部就班,以便观书者指名以

---

[1]　按:又作"责有所归",宋代已见。宋司马光《休要疏》:"夫公卿所荐举,牧伯所纠劾,或谓之贤者而不贤,谓之有罪而无罪,皆有迹可见,责有所归,故不敢大为欺罔。"

[2]　按:又作"气贯虹霓",明代已见。明冯梦龙《古今小说·范巨卿鸡黍死生交》:"于维巨卿,气贯虹霓,义高云汉。"

[3]　按:又作"推诚相信",明代已见。《三国演义》第八五回:"臣与蜀主,推诚相信,知臣本心,必不肯杀臣之家小也。"

[4]　按:又作"有口难辨",明代已见。《古今小说·陈御史巧勘金钗钿》:"劳劳叨叨的说个不休,孟夫人有口难辨,倒被他缠住身子,不好动身。"

求，售书者认签而给。"

【别出心裁】独创一格，与众不同。鲁迅《且介亭杂文·门外文谈》："不画刀背，也显不出刀口来，这时就只好别出心裁，在刀口上加一条短棍，算是指明'这个地方'的意思，造了'刅'。"按：又作"别出新裁"，清代已见。清顾观光《武陵山人杂著·杂说》："敖继公释《仪礼》，屏弃古注，别出新裁，于经文有难通处，不以为衍文，即以为脱简。"

这一类型的熟语，还有下面这些：

重整旗鼓[1]　　春华秋实[2]　　断壁残垣[3]　　愤世疾俗[4]

欢蹦乱跳[5]　　回肠荡气[6]　　猫哭老鼠[7]　　宁缺毋滥[8]

品头论足[9]　　骑马找马[10]　　黔驴技穷[11]　　若明若暗[12]

---

　　[1]　按：又作"重振旗鼓"，清代已见。清湘灵子《轩亭冤·惊梦》："依欲重振旗鼓，烦你拟篇男女平权文劝戒女子。"

　　[2]　按：又作"春花秋实"，清代已见。清钱泳《履园丛话·梦幻·永和银杏》："扬州钞关官署东隅，有银杏树一株，其大数围，直干凌霄，春花秋实。"又，"春华秋实"一语清代已见，义为文采和品行学问好。清龚自珍《〈鸿雪因缘图记〉序》："宦辙所至，宏奖士类，进其春华秋实之士而扬抝之。"

　　[3]　按：又作"断壁颓垣"，清代已见。《二十年目睹之怪现状》第一○八回："抬头一看，只见断壁颓垣，荒凉满目，看那光景是被火烧的。"

　　[4]　按：又作"愤世嫉俗"，清代已见。清戴名世《与刘大山书》："仆古文多愤世嫉俗之作，不敢示世人，恐以言语获罪。"

　　[5]　按：又作"欢进乱跳"，清代已见。《儿女英雄传》第三二回："匀出你们欢进乱跳这俩去买瓦；留下房上滚下来的，合炉坑里掏出来的那俩，先把这院子破瓦拣开，院子给人家打扫干净了，也省得人家含怨。"

　　[6]　按：又作"迴肠荡气"，清代已见。清梁绍壬《两般秋雨盦随笔·周芷卿》："芷卿艳思绮想，终以此等事迴肠荡气，不永其志，惜哉！"

　　[7]　按：又作"貓哭老鼠"，清代已见。清翟灏《通俗编·俚语对句》："鸭见耆糠空欢喜，貓哭老鼠假慈悲。"

　　[8]　按：又作"宁缺勿滥"，清代已见。清李绿园《歧路灯》第五回："喜诏上保举贤良一事，是咱学校中事。即令宁缺勿滥，这开封是一省首府，祥符是开封首县，却是断缺不得的。"

　　[9]　按：又作"品头题足"，清代已见。清蒲松龄《聊斋志异·阿宝》："遥见有女子憩树下，恶少年环如墙堵……女起遽去。众情颠倒，品头题足，纷纷若狂。"

　　[10]　按：又作"骑马寻马"，清代已见。《官场现形记》第二一回："如果收了我的实收，他自然照应我。彼时间骑马寻马，只要弄到一笔大大的银款，赚上百十两扣头，就有在里头了。"

　　[11]　按：又作"黔驴技尽"，清代已见。清朱之瑜《答王师吉书》："特恐黔驴技尽，为诸乡亲羞耳。"

　　[12]　按：又作"若明若昧"，清代已见。清俞正燮《癸巳类稿·以畜寡人义》："此等若明若昧之论，作记者无由知之。"

首善之区[1]　　纹丝不动[2]　　吴侬软语[3]　　眼高手低[4]

眼皮底下[5]　　遥相呼应[6]

有 20 世纪文献为始见例证的具有一种异形写法的 20 世纪新兴熟语,基本上都是三音节、四音节的,但是偶尔也有一些五音节、七音节的。如:

【换汤不换药】比喻形式改变而实质不变。马南邨《燕山夜话·文章长短不拘》:"把一大篇改成几小篇,表面看去,文章似乎很短,但在实际上不过是为短而短,内容仍旧换汤不换药。"按:又作"换汤弗换药",清代已见。清张南庄《何典》第三回:"那郎中看了,依旧换汤弗换药的拿出两个纸包来。"

【长江后浪推前浪】比喻人或事的新旧代谢。郭沫若《朝鲜抗美一周年》:"经过几次补充,师团的番号没有变,但人员呢已经是'长江后浪推前浪'了。"按:又作"长江后浪催前浪",元代已见。元孔学诗《东窗事犯》第三折:"果然道长江后浪催前浪,今日立起新君换旧君。"

(2)出现于 20 世纪同代的具有一种异形写法的新兴四音节熟语

20 世纪新兴的具有一种异形写法的四音节熟语,有的另一种异形写法出现于 20 世纪以来的专书语料和单篇作品语料中。

① 新兴四音节熟语的另一种异形写法出现于 20 世纪以来的专书语料

这些有 20 世纪文献为始见例证的新兴四音节熟语的另一种异形写法,涉及到的 20 世纪以来的专书语料有巴金《探索与回忆》、曹禺《原野》、浩然《艳阳天》、峻青《秋色赋》、康濯《东方红》、老舍《骆驼祥子》、梁启超《论中国成文法编制之沿革得失》、鲁迅《坟》及《马上日记》、瞿秋白《饿乡纪程》、沙汀《困兽记》、孙犁《秀露集》、孙中山《民权主义》及《民族主义》、王传盛等《少

---

　[1] 按:又作"首善之地",清代已见。清钱谦益《贺朱进士叙》:"辇毂之下,首善之地,得一士焉。"

　[2] 按:又作"纹丝没动"。清石玉昆《三侠五义》第五一回:"一眼却瞧见包兴在那里张罗救火,急忙问道:'印官看视三宝如何?'包兴道:'方才看见了,纹丝没动'。"

　[3] 按:又作"吴侬娇语"。《二十年目睹之怪现状》第七六回:"他们叫来侍酒的,都是南班子的人,一时燕语莺声,尽都是吴侬娇语。"

　[4] 按:又作"眼高手生",清代已见。清陈确《与吴仲木书》:"譬操觚家一味研穷体理,不轻下笔,终是眼高手生,鲜能入彀。"

　[5] 按:又作"眼皮子底下",清代已见。《醒世姻缘传》第四八回:"四爷,你要肯拿,这眼皮子底下就有一个卖私盐的都把势哩!"

　[6] 按:又作"遥呼相应",清代已见。清毕沅《续资治通鉴·宋宁宗嘉定六年》:"蒙古尽驱其家属来攻,父子兄弟,往往遥呼相应,由是人无固志,故所至郡邑皆下。"

年铁血队》、吴晗《朱元璋传》、姚雪垠《李自成》、郑振铎《桂公塘》、周立波《暴风骤雨》等等。如：

【陈词滥调】陈旧、空泛的言词。萧乾《老报人余笔·随想录》："伦敦一家报社的编辑部发给每个工作人员一部《本报禁用词汇》，里边开列了记者经常使用的一些陈词滥调，诸如'众所周知'。"按：又作"陈辞滥调"。吴晗《朱元璋传》第七章三："逢年过节和皇帝生日以及皇家有喜庆时所上的表笺，照例由学校教官代作，虽然都是陈辞滥调，因为说的都是颂扬话，朱元璋很喜欢阅读。"

【吃里爬外】比喻受一方的好处，却暗为另一方效劳。鲁迅《且介亭杂文末编·"立此存照"（四）》引高越天文："凡一班吃里爬外、枪口向内的狼鼠之辈，读此亦当憬然而悟矣。"按：又作"吃里扒外"。周立波《暴风骤雨》第一部六："人心隔肚皮，备不住有那吃里扒外的家伙走风漏水，叫韩老六跑了。"

这一类型的熟语，还有下面这些：

改朝换代[1]　　故弄玄虚[2]　　黑灯瞎火[3]　　火冒三丈[4]　　愣头愣脑[5]
迫在眉睫[6]　　破罐破摔[7]　　煽风点火[8]　　丧魂落魄[9]　　顺风转舵[10]

---

[1]　按：又作"改朝换姓"。孙中山《民权主义》第一讲："中国历代改朝换姓的时候，兵权大的就争皇帝，兵权小的就争王争侯。"

[2]　按：又作"故弄虚玄"。沙汀《困兽记》十一："他既不满意吕康的故弄虚玄，对于吴楣也有一点讨厌，觉得他太张巴，太繁琐。"

[3]　按：又作"黑灯下火"。老舍《骆驼祥子》十二："你始终也没进去。黑灯下火的教我和太太瞎抓。"

[4]　按：又作"火冒三尺"。姚雪垠《李自成》第一卷第十五章："当自成在路上才得到报告时，他不禁火冒三尺，恨恨地骂了一声：'该死！'"

[5]　按：又作"楞头楞脑"。曹禺《原野》第二幕："干妈，虎子傻，说话楞头楞脑，没分寸。"

[6]　按：又作"迫于眉睫"。梁启超《论中国成文法编制之沿革得失》第五章："于新法典编纂之必要迫于眉睫。"

[7]　按：又作"破罐子破摔"。周立波《暴风骤雨》第二部十七："娘们走道以后，好些年来，他自轻自贱，成了习惯，破罐子破摔，不想学好了。"

[8]　按：又作"搧风点火"。康濯《东方红》第十三章："'不过我觉着你们的积极性怕还不够高……气魄也不够大！'县长又半真半假地搧风点火。"

[9]　按：又作"丧魂失魄"。鲁迅《坟·未有天才之前》："自从新思潮来到中国以后，其实何尝有力，而一群老头子，还有少年，却已丧魂失魄的来讲国故了。"

[10]　按：又作"顺风使舵"。浩然《艳阳天》第三部第一二三章："自己是按着新形势新特点，坚持自己的看法呢，还是看着县委的意图，来一个委屈求全、顺风使舵呢？这真是左右为难的事儿。"

缩头缩脑①[1]　贤妻良母[2]　摇鹅毛扇[3]　一盘散沙[4]　应运而生[5]

振振有词[6]　装疯卖傻[7]　龇牙咧嘴①[8]　龇牙咧嘴②[9]

② 新兴四音节熟语的另一种异形写法出现于 20 世纪以来的单篇作品语料

这些有 20 世纪文献为始见例证的新兴四音节熟语的另一种异形写法，涉及到的 20 世纪以来的单篇作品语料有蔡元培《就任北京大学校长之演说》、管桦《在妇产院里》、郭沫若《文化上的友谊竞赛》、贺敬之《桂林山水歌》、李大钊《大哀篇》、秦牧《漫记端木蕻良》、朱可等《深深的绿巷》、《诗刊》、《文汇报》，等等。如：

【刮目相看】用新眼光看人。鲁迅《伪自由书·航空救国三愿》："只有航空救国较为别致，是应该刮目相看的。"按：又作"刮目相见"。蔡元培《就任北京大学校长之演说》："士别三日，刮目相见，况时阅数载，诸君较昔当必为长足之进步矣。"

【坑绷拐骗】指以欺骗手段捞取钱财，陷害他人。魏风等《刘胡兰》："整天价坑绷拐骗，每日里逛逛游游。"按：又作"坑蒙拐骗"。《文汇报》1986 年 7 月 19 日："坑蒙拐骗发不了大财，发了小财也长不了。"

---

[1]　按：又作"缩头缩颈"。瞿秋白《饿乡纪程》十三："远远一条长街只看见三四个人，蹀躞着，缩头缩颈歪斜着走。"

[2]　按：又作"贤母良妻"。鲁迅《坟·寡妇主义》："在女子教育，则那时候最时行，常常听到嚷着的，是贤母良妻主义。"

[3]　按：又作"摇羽毛扇"。孙犁《秀露集·耕堂读书记一》："小说和戏剧上的诸葛亮，几百年来在群众中，形成了一个固定的形象，即所谓摇羽毛扇的人物。"

[4]　按：又作"一片散沙"。孙中山《民族主义》第一讲："但是中国的人，只有家族和宗族的团体，没有民族的精神，所以虽有四万万人结合成一个中国，实在是一片散沙。"

[5]　按：又作"应运而起"。鲁迅《马上日记·一九二六年六月二十五日》："自从西医割掉了梁启超的一个腰子以后，责难之声风起云涌了……同时，'中医了不得论'也就应运而起。"又，"应运而生"这一书写形式唐代已见，义为顺应天命降生。唐王勃《益州夫子庙碑》："大哉神圣，与时回薄。应运而生，继天而作。"

[6]　按：又作"振振有辞"。巴金《探索与回忆·究竟属于谁?》："这些人振振有辞、洋洋得意，经常发号施令，在大小会上点名训人，仿佛真理就在他们的手里。"

[7]　按：又作"装疯作傻"。郑振铎《桂公塘》八："贾余庆在饮酒中间，装疯作傻，诋骂南朝人物无所不至，用以献媚于铁木儿。"

[8]　按：又作"呲牙咧嘴"。峻青《秋色赋·故乡杂忆》："在那些血腥的日子里，潍河两岸上的狗，吃死尸都吃红了眼，见了生人就呲牙咧嘴。"

[9]　按：又作"呲牙咧嘴"。王传盛等《少年铁血队》六："进了木屋，小个子特务，呲牙咧嘴地喊着：'啊唷，屋里好冷哪!'"

这一类型的熟语，还有下面这些：

千儿八百[1]　　千姿百态[2]　　天南地北②[3]　　下马看花[4]　　一锤定音[5]

争权夺利[6]　　直来直去②[7]

（二）具有两种异形写法的 20 世纪新兴熟语举例

《大词典》有 20 世纪文献为始见例证的 20 世纪新兴熟语，除了约定俗成的书写形式外，有的还有两种异形写法。这些 20 世纪新兴熟语的两种异形写法，按时代的不同，又分为以下一些类型：

1.20 世纪以前的时代出现的具有两种异形写法的熟语

《大词典》有 20 世纪文献为始见例证的 20 世纪新兴熟语，有的在清代以前就出现了两种不同的异形写法。这些不同的异形写法，按时代的不同可以分为以下一些类型：

（1）一种异形写法见于战国，一种异形写法见于南朝。如：

【唯利是图】只贪图财利，别的什么都不顾。徐迟《火中的凤凰》："他们唯利是图，以低价得到精品，以高价向外兜售。"按：又作"唯利是视"、"唯利是求"。《左传·成公十三年》："余虽与晋出入，余唯利是视。"南朝梁沈约《齐故安陆昭王碑》："征赋严切，唯利是求。"

（2）一种异形写法见于宋代，一种异形写法见于元代。如：

【走南闯北】形容四处闯荡，阅历丰富。老舍《龙须沟》第二幕："这年月呀，女人尊贵啦，跟男人一样可以走南闯北的。"按：又作"走南跳北"、"走南料北"。宋无名氏《错立身》戏文第十二出："投东摸西，将一个表子依随，走南

---

[1]　按：又作"千八百"。管桦《在妇产院里》："小乡庄儿，开天辟地千八百年还没有过医院呢。"

[2]　按：又作"千姿万态"。贺敬之《桂林山水歌》："望不尽，千姿万态独秀峰。"

[3]　按：又作"天南海北"。秦牧《漫记端木蕻良》："和他在一起，觉得很自在，很安详，可以天南海北、无拘无束地聊天。"

[4]　按：又作"下马观花"。郭沫若《文化上的友谊竞赛》："毛主席要我们'下马观花'，我看我们便应该有组织、有计划地实际下马。"

[5]　按：又作"一槌定音"。朱可等《深深的绿巷》："一张张笑脸，圆的、长的、苦的、甜的，都来请示，都来要求指点迷津。真神，一槌定音，无处不响。"

[6]　按：又作"争权攘利"。李大钊《大哀篇》："钻营运动、争权攘利之不暇，奚暇计及民生哉？"

[7]　按：又作"直去直来"。《诗刊》1977 年第 12 期："诗贵曲折有波澜，不要直去直来没味道。"

跳北，典了衣衫，卖了马匹。"元杨暹《刘行首》第四折："笑杀儿曹，走南料北，空叹英雄，争高竞低。"

（3）一种异形写法见于宋代，一种异形写法见于清代。如：

【邪门歪道】指不正当的途径。张贤亮《肖尔布拉克》："'去去去！'他说，'看你样子挺老实，原来也搞邪门歪道。这儿不要你，你上别处去吧！'"按：又作"邪魔外道"、"邪门外道"。宋朱熹《答许顺之书》："如熹辈如今只是见得一大纲如此，不至堕落邪魔外道。"清翁方纲《石洲诗话》卷二："顾逋翁歌行，邪门外道：直不入格。"

（4）一种异形写法见于元代，一种异形写法见于明代。如：

【三亲六故】泛指亲戚和故旧。梁斌《播火记》第一卷第二章："春兰娘在屋子里说：'谁家没个三亲六故，谁家没个青黄不接的时候？'"按：又作"三亲六眷"、"三亲四眷"。元关汉卿《鲁斋郎》第一折："那里管三亲六眷。"《警世通言·赵春儿重旺曹家庄》："次日真个到三亲四眷家去了一巡。"

（5）两种异形写法都见于明代。如：

【偷鸡摸狗】① 偷窃。碧野《没有花的春天》第九章："大兵们看着从老百姓的身上榨不出什么油水，他们就干起偷鸡摸狗的勾当。"按：又作"偷鸡盗狗"、"偷鸡吊狗"。《水浒传》第四六回："小人如今在此，只做得些偷鸡盗狗的勾当，几时是了。"《初刻拍案惊奇》卷三六："他有一个儿子，叫做牛黑子，是个不本分的人，专一在赌博行、厮扑行中走动，结识那一班无赖子弟，也有时去做些偷鸡吊狗的勾当。"

这一类型的熟语还有：调嘴学舌[1]

（6）两种异形写法都见于清代。如：

【翻箱倒柜】形容彻底地翻寻搜检。杨朔《桃树园》："接着翻箱倒柜，搜出两颗子弹皮，连人带赃一起抓到刘庭芳院去。"按：又作"翻箱倒笼"、"翻箱倒箧"，清代已见。《红楼梦》第九四回："闹了大半天，毫无影响，甚至翻箱倒笼，实在没处去找。"《二十年目睹之怪现状》第四回："船上买办又仗着洋人势力，硬来翻箱倒箧的搜了一遍。"

---

[1]　按：又作"调嘴弄舌"、"调嘴调舌"，明代已见。明洪楩《清平山堂话本·快嘴李翠莲记》："这早晚，东方将亮了，还不梳妆完，尚兀子调嘴弄舌！"《金瓶梅词话》第四八回："打的经济鲫鱼般跳。骂道：'怪短命！谁和你那等调嘴调舌的！'"

这一类型的熟语还有：现世报[1]

2. 20 世纪同代出现的具有两种异形写法的熟语

《大词典》有 20 世纪文献为始见例证的 20 世纪新兴熟语，有的在 20 世纪出现了两种不同的异形写法。这些不同的异形写法，又可以分类如下：

（1）两种异形写法，一种见于蔡东藩著作，一种见于鲁迅作品。如：

【投井下石】比喻乘人之危加以陷害。梁斌《播火记》十六："草野朋友，没有什么政治的约束，平时追逐酒肉，事情一来，就投井下石。"按：又作"投阱下石"、"投石下井"。蔡东藩《后汉通俗演义》第三十回："宋扬削职归里，最可恨的是郡县有司，投阱下石，更将扬砌入罪案，捕系狱中。"鲁迅《坟·论"费厄泼赖"应该缓行》："他日复来，仍旧先咬老实人开手，'投石下井'，无所不为，寻起原因来，一部分就正因为老实人不'打落水狗'之故。"又，语出唐韩愈《柳子厚墓志铭》："一旦临小利害，仅如毛发比，反眼若不相识。落陷阱，不一引手救，反挤之，又下石焉者，皆是也。"

（2）两种异形写法，一种见于陈独秀作品，一种见于黄世仲小说。如：

【追本溯源】追究事物发生的根源。石三友《金陵野史·圆明园与基泰工程司》："说到这八座模型，追本溯源，不能不提到北洋政府时的总长朱启钤。"按：又作"追本求源"、"追本穷源"。陈独秀《今日中国之政治问题》："目下政治上一切不良的现象，追本求源，都是'武人不守法律'为恶因中之根本恶因。"黄世仲《洪秀全演义》第二回："果然追本穷源，查鸦片进口，都由华商发售。"

（3）两种异形写法，一种见于郭澄清小说，一种见于陆星儿文章。如：

【正经八百】严肃认真，方言。张天民《创业》第二章："秦发愤却当了真，正经八百地：'抗美援朝的时候起的。'"按：又作"正经八本"、"正经八板"。郭澄清《大刀记》第十八章："可是，我们干革命，只要正经八本地干，哪有不忙的时候儿？"陆星儿《北大荒人物速写》："铁娃把孩子塞给了秀娟，披着的棉衣也甩到了炕上，正经八板地坐了起来。"

（4）两种异形写法，一种见于峻青作品，一种见于李劼人作品。如：

[1] 按：又作"见世报"、"现世现报"。《醒世姻缘传》第二七回："见世报的老砍头的！做秀才时不怕天不怕地的，做了官倒怕起人来了！"《红楼梦》第三五回："那世里造了来的业，这会子现世现报。"又，"现世报"这一书写形式明代已见，义为现世即得恶报的坏人。明沈德符《野获编·果报·现报》："今骂人有现世报之说，意为俚说耳。"

【劈头盖顶】正对着头部，形容来势迅猛。杨朔《春雷一声》："革命象一声春雷似的，劈头盖顶压上来了。"按：又作"劈头盖脑"、"劈头劈脑"。峻青《海啸》第三章十二："突然，一个巨大的浪头劈头盖脑地打了下来。"李劼人《天魔舞》第二十章："动不动便是耳光棍子，甚至扁担之类，可以打得死人的家伙，劈头劈脑打下来。"

（5）两种异形写法，一种见于周立波小说，一种见于沈从文作品。如：

【添油加醋】比喻在转述别人的话时添上原来没有的内容。屈兴栋《血战剑门关》："我们这些当通信兵的，常在首长身边转，把听来的一些话，添油加醋相互传说着。"按：又作"添醋加油"、"添盐着醋"。周立波《山乡巨变》上七："她是担心符癞子首先把事情吵开，又添醋加油，把真象歪曲，引起他所看中的人的难以解释的误会。"沈从文《王谢子弟》："律师添盐着醋把一些大人物的话转来转去说给七爷听。"

3. 20 世纪以前和 20 世纪两个不同时代的混合型的具有两种异形写法的新兴熟语

《大词典》有 20 世纪文献为始见例证的 20 世纪新兴熟语，有的还有两种异形写法。这两种异形写法的时代分为 20 世纪以前和 20 世纪以来的混合时代：

（1）两种异形写法，一种出现于宋代，一种出现于现代。如：

【添枝加叶】比喻在转述别人的话时添上原来没有的内容。方之《内奸》："事隔二十几年，不知是谁又把老话翻了出来，掐头去尾，添枝加叶。"按：又作"添枝接叶"、"添枝增叶"。宋朱熹《答黄子耕书》："格物致知只是穷理，圣贤欲为学者说尽曲折，故又立此名字，今人反为名字所惑，生出重重障碍，添枝接叶无有了期。"郑振铎《中国俗文学史》第三章第六节："当时五言诗正是一个新体，有文人便用之来添枝增叶的改写了一遍。"

（2）两种异形写法，一种出现于明代，一种出现于现代。如：

【通风报信】向别人暗中传递消息。汤颐琐《黄绣球》第二十回："那掌柜的说他恶毒，跟手叫送棺材到陈府上去的通风报信，一面地保就在内看守了这掌柜的。"按：又作"通风讨信"、"通风报讯"。明沈鲸《双珠记·京邸叙亲》："宫城中不比民家，虽皇后贵妃，难与父母往来，况宫女禁闭在内，谁能通风讨信。"秦牧《愤怒的海》六："徐大奎进城到县衙门去了，芹姊觑了便，才赶回来通风报讯给我们。"

这一类型的熟语还有：油头滑脑[1]

（3）两种异形写法，一种出现于清代，一种出现于现代。如：

【墨守成规】本指墨翟善于守城，后用来形容因循守旧、不肯改进。李六如《六十年的变迁》第一卷第四章二："你也是一个军佐吧，如果破格把他介绍进来做同志，就会更加有利，不能墨守成规。"按：又作"墨守成法"、"墨守陈规"。清王韬《瓮牖余谈·犹太古历说》："而至今，中法每不如西法之密，何哉？盖用心不专，率皆墨守成法，未能推陈出新耳。"陶行知《办公原则》："昔之办公者，埋首不求改进，墨守陈规，自封固步，使学问与事业判若鸿沟，一若无相联之必要者。"

这一类型的熟语还有：束手束脚[2]

（三）具有三种异形写法的 20 世纪新兴熟语举例

《大词典》有 20 世纪文献为始见例证的 20 世纪新兴熟语，除了约定俗成的书写形式外，有的还有三种异形写法。这些熟语的三种异形写法，情况又有多种：

1. 三种异形写法，一种出现于宋代，一种出现于明代，一种出现于 20 世纪。如：

【翻跟头】身体向下翻转仍复原状。曹禺《日出》第四幕："有时乐得在我面前直翻跟头。"按：又作"翻筋斗"、"翻觔斗"、"翻跟斗"。宋欧阳修《归田录》卷二："相国寺前，熊翻筋斗；望春门外，驴舞《柘枝》。"《西游记》第五六回："行者翻觔斗，竖蜻蜓，疼痛难禁。"瞿秋白《乱弹·新英雄》："戏台上的武生会翻跟斗，也可以使看戏的人大声喝彩。"

2. 三种异形写法，一种出现于宋代，一种出现于清代，一种出现于 20 世纪。如：

【旁门左道】指非正统的学术流派或宗教派别。《颜氏家训·风操》"偏傍之书，死有归杀"王利器集解："卢文弨曰：'偏傍之书，谓非正书。'案：即谓旁门

---

[1] 按：又作"油头滑脸"、"油头滑面"。《醒世恒言·张淑儿巧智脱杨生》："正看之间，有小和尚疾忙进报。随有中年和尚油头滑脸，摆将出来。"老舍《四世同堂》六三："招弟的那一群油头滑面的小鬼听到这消息，也准备拼命给若霞喊倒好儿，作为抵抗。"

[2] 按：又作"束手缚脚"、"束手束足"。清张南庄《何典》第八回："冒失鬼一味粗心浮气，目中无人，到处以强为胜，一遇鬼谷先生，早已束手缚脚，有力无用处。"艾芜《百炼成钢》第二章："就是该死的炉顶化了，限制了他，使他在调整煤气空气方面，简直束手束足，不敢随便动一下指头。"

左道之书。"按：又作"旁门小道"、"旁门外道"、"旁门邪道"。宋姚宽《西溪丛语》卷上："苏溪作歌之意，正谓旁门小道，似是而非者。"清郑燮《〈花间堂诗草〉跋》："盖谭诗论文，有粗鄙熟烂者，有旁门外道者，有泥古至死不悟者，最足损人神智。"萧乾《一本褪色的相册·〈鱼饵·论坛·阵地〉》："你如去反击，他求之不得；他就是想靠旁门邪道一举'成名'。"

3. 三种异形写法，两种出现于清代，一种出现于 20 世纪。如：

【贫嘴薄舌】说话尖酸刻薄让人讨厌。鲁迅《花边文学·奇怪》："那么，远处，或是将来的人，恐怕大抵要以为这是作者贫嘴薄舌，随意捏造，以挖苦他所不满的人们的罢。"按：又作"贫嘴恶舌"、"贫嘴贱舌"、"贫嘴滑舌"。《红楼梦》第四五回："若是生在贫寒小户人家，作个小子，还不知怎么下作贫嘴恶舌的呢。"《红楼梦》第二五回："黛玉道：'什么诙谐！不过是贫嘴贱舌的讨人厌罢了。'"刘绍棠《蒲柳人家》八："荷妞说：'打明天清早起，不许你再跟大姑娘小媳妇儿贫嘴滑舌。'"

这一类型的熟语还有：瞬息万变[1]

（四）具有五种异形写法的 20 世纪新兴熟语举例

《大词典》有 20 世纪文献为始见例证的 20 世纪新兴熟语，除了约定俗成的书写形式外，有的还有五种异形写法。这五种异形写法，一种出现于宋代，四种出现于 20 世纪。如：

【瘦骨嶙峋】形容十分瘦。高云览《小城春秋》第十八章："秀苇看见一个光着上身、瘦骨嶙峋的童工，提着一簸箕的泥灰，在一条悬空吊着的跳板上，吃力的走着。"按：又作"瘦骨棱嶒"、"瘦骨伶仃"、"瘦骨零丁"、"瘦骨棱棱"、"瘦骨嶙嶙"。宋汪元量《东平官舍》诗："晓鞭驿马入东州，瘦骨棱嶒怯素秋。"高云览《小城春秋》第二六章："这牢房比较大点、亮点，里面关着一个瘦骨伶仃的老头儿。"《中国民间故事选·老爷和奴才》："牧人看见奶牛瘦骨零丁的样子，很生气。"周立波《暴风骤雨》第一部九："他屋里的，瘦骨棱棱的，一天愁到黑，愁米、愁柴又愁盐。"柳青《创业史》第一部题叙："两只瘦骨嶙嶙的长手，亲昵昵地抚摸着站在她身前寸步不离娘的宝娃的头。"

---

[1]　按：又作"瞬息百变"、"瞬息千变"、"瞬息万状"。清朱克敬《雨窗消意录》甲部卷二："军情移步换形，瞬息百变，胜负之机，间不容发。"清郑观应《盛世危言·书吏》："有例外之案，其间影响百端，瞬息千变。"廖仲恺《致蒋介石函电》之五："盖时事瞬息万状，而尤以军队情形为然，非日夕与各方消息接触，恐少逊随机应变之妙用。"

二、有 20 世纪文献为始见例证的具有缩略形式的 20 世纪新兴熟语举例

《大词典》有 20 世纪文献为始见例证的 20 世纪新兴熟语,有的有缩略形式。这些缩略形式,可以分为下面一些类型:

(一)一种写法的双音缩略式熟语

《大词典》有 20 世纪文献为始见例证的新兴熟语的双音省称或缩略形式,按音节分为三音节、四音节两大类,按时代分为先全称后省称、全称省称同时出现等类型:

1. 有 20 世纪文献为始见例证的新兴三音节熟语的双音缩略形式

(1) 20 世纪新兴的三音节熟语,在 20 世纪以前的清代就已经有双音节的省称形式了,到了 20 世纪才出现三音节的全称形式。如:

【摆摊子】① 在街边或市场上陈列货物出售。老舍《龙须沟》第一幕:"街上全是泥,你怎么摆摊子呢?"按:省作"摆摊",清代已见。清黄六鸿《福惠全书·杂课·门摊税》:"凡城市临街、铺面前隙地,有支棚摆摊,卖杂货生理者,晚则收归,早则铺设。"

这一类型的熟语还有:赌东道[1]

(2) 20 世纪新兴的三音节熟语,在 20 世纪既有三音节的全称形式又有双音节的省称形式,两种形式并存。如:

【拉后腿】比喻利用亲密关系或感情牵制别人行动。曾克《战地婚筵》:"老婆是给自己娶的,对象就要好生注意注意。要是自己决心革命一辈子,找个拉后腿的就不行。"按:又省作"拉腿"。《人民日报》1974 年 1 月 9 日:"西部地区上去了,对全县促进很大;上不去,对全县拉腿也大。"

这一类型的熟语还有:假嗓子[2]

2. 有 20 世纪文献为始见例证的新兴四音节熟语的双音缩略形式

(1) 20 世纪新兴的四音节熟语,在 20 世纪以前的南朝、宋代、明代就已经

---

[1] 按:省作"赌东"。《镜花缘》第七六回:"紫芝道:'我同青钿妹妹赌东,要到各处查查人数。'周庆覃道:'姐姐为何赌东?'紫芝把上项话说了。国瑞征道:'这个东道,你如何同他赌?'"

[2] 按:省作"假嗓"。巴金《家》二九:"因为在他们的公馆里也有人常常叫了卖唱的瞎子进来,用他的假嗓唱这一类的小调。"

有双音节的省称形式了，到了 20 世纪才出现四音节的全称形式。如：

【云泥之别】相差像天空的云和地下的泥，比喻高低差别悬殊。钱锺书《围城》八："现在呢，她高高在上，跟自己的地位简直是云泥之别。"按：省作"云泥"。南朝梁荀济《赠阴梁州》诗："云泥已殊路，暄凉讵同节。"又，又作"云泥之差"。郭沫若《石鼓文研究·古拓二种之比较》："举与民国八年上海艺苑真赏社所印行安氏别本相比较，固大有云泥之差，而视'天一阁本'亦远有上下床之别。"再，语出《后汉书·逸民传·矫慎》："遗书以观其志曰：'仲彦足下，勤处隐约，虽乘云行泥，栖宿不同，每有西风，何尝不叹！'"

这一类型的熟语还有：杀人越货[1]　众矢之的[2]

（2）20 世纪新兴的四音节熟语，在 20 世纪既有四音节的全称形式，又有双音节的省称形式，两种形式并存。如：

【披荆斩棘】② 比喻克服创业中的种种艰难。朱自清《闻一多先生怎样走着中国文学的道路》："这却正见出他是在开辟着一条新的道路；而那披荆斩棘，也正是一个斗士的工作。"按：省作"披荆"。郑泽《夏日感兴次钝根韵即以奉寄》："披荆羡熊绎，筚路翩来栖。"又，又作"劈荆斩棘"。尧山壁《西柏坡颂诗》："劈荆斩棘开新路，社会主义展宏图。"

（二）一种写法的三音缩略式熟语

有 20 世纪文献为始见例证的新兴四音节熟语的三音省称形式，在 20 世纪以前的宋代、清代就已经有三音省称形式了，到了 20 世纪才出现四音节全称形式。如：

【相濡以沫】比喻同处困境，相互救助。梁启超《外债平议》："或低首下心，求其民之相濡以沫。"按：省作"相濡沫"。宋苏轼《和王晋卿》："欲书加餐字，远托西飞鹄。谓言相濡沫，未足救沟渎。"又，此语战国已见，义为用口沫互相湿润。《庄子·大宗师》："泉涸，鱼相与处于陆，相呴以湿，相濡以沫，不如相忘于江湖。"

【钻牛角尖】比喻费力研究没有意义的问题。李一氓《读〈陈毅诗选〉》："我只这样提一下，多说就钻牛角尖了。"按：省作"钻牛角"，清代已见。清赵翼

---

[1]　按：省作"杀越"。宋曾巩《饮归亭记》："其不幸杀越剽攻，骇惊闾巷。"又，语本《书·康诰》："杀越人于货，暋不畏死，罔弗憝。"

[2]　按：省作"众的"，明代已见。明瞿共美《天南逸史·庚辰永历四年春正月》："每一令出，五人自伐其功，遂为众的，道路以目。"

《杜诗双声迭韵谱》诗："是知本天籁，岂钻牛角僻。"

（三）既有双音缩略式又有三音缩略式的混合式缩略熟语

有 20 世纪文献为始见例证的新兴四音节熟语，在 20 世纪以前的唐代就同时具有双音和三音两种缩略式，到了 20 世纪才出现四音的全称形式。如：

【鹦鹉学舌】比喻没有主见，只是一味地跟着别人学，贬义。浩然《艳阳天》第一三一章："他甚至于非常顽固地想：这不是真的，这是鹦鹉学舌，韩百安这种人，决不会这么容易被萧长春'同化'过去。"按：省作"鹦鹉舌"、"鹦舌"。唐元稹《寄赠薛涛》诗："言语巧偷鹦鹉舌，文章分得凤凰毛。"唐元稹《哭女樊四十韵》："撩风妩鹦舌，凌露触兰英。"又，语本《景德传灯录·越州大殊慧海和尚》："僧问：'何故不许诵经，唤作客语？'师曰：'如鹦鹉只学人言，不得人意。经传佛意，不得佛意而但诵，是学语人，所以不许。'"再，又作"鹦鹉学语"。明张岱《石匮书后集·列帝纪论》："以故侍从之臣，止有唯唯否否，如鹦鹉学语。随声附和而已耳。"

三、有 20 世纪文献为始见例证的指明了来源的新兴熟语举例

有 20 世纪文献为始见例证的新兴熟语，有的能够找到其来源。这样的熟语基本上都是四音节的，个别也有五音节的。这些熟语的来源，按时代先后举例描述如下：

（一）从商周语料概括而成的熟语

商周时期的语料，到了 20 世纪，从中概括形成了一些新兴熟语。这些新兴熟语的语料来源有：

1. 有的是从《诗经》中概括而成的。如：

【梦寐以求】睡梦中都想着寻找，形容迫切地希望。曹靖华《尾尾"没六"洞中来》："我们所处的原是千百年来，人类梦寐以求的传说中的现实呵！"按：语本《诗经·周南·关雎》："窈窕淑女，寤寐求之；求之不得，寤寐思服。"

2. 有的是从《今文尚书》中概括而成的。如：

【星火燎原】比喻开始弱小的新生事物有旺盛的生命力和广阔发展前途。毛泽东《星星之火，可以燎原》："中国是全国都布满了干柴，很快就会燃成烈火。'星火燎原'的话，正是时局发展的适当的描写。"按：语本《尚书·盘庚上》："若火之燎于原，不可向迩，其犹可扑灭。"又，此语明代已见，义为小火花可以

引起燎原大火。明贺逢圣《致族人书》："天下事皆起于微，成于慎。微之不慎，星火燎原，蚁穴溃堤。"

（二）从战国语料概括而成的熟语

战国时期的语料，到了 20 世纪，从中概括形成了一些新兴熟语。这些新兴熟语的语料来源有：

1.有的是从《穀梁传》中概括而成的。如：

【马齿徒长】谦称自己虚度年华，没有成就。姚雪垠《李自成》第一卷第二九章："张大经说：'今日承蒙垂青，得与将军联宗，不胜荣幸。大经碌碌半生，马齿徒长，怎好僭居兄位！'"按：语本《穀梁传·僖公二年》："荀息牵马操璧而前曰：'璧则犹是也，而马齿加长矣。'"又，又作"马齿徒增"，清代已见。清王韬《淞隐漫录·阿怜阿爱》："自妾识君，已四五年矣，蛾眉易老，马齿徒增，尚未能择人而事，自拔于火坑。"

【微不足道】藐小得不值一提。艾青《光的赞歌》八："作为一个微不足道的人，天文学数字中的一粒微尘……也能反映出比本身更大的光。"按：语本《穀梁传·隐公七年》："其不言逆，何也？逆之道微，无足道焉尔。"

2.有的是从《古文尚书》中概括而成的。如：

【任人唯贤】任用德才兼备的人，而不管他跟自己关系是否密切。毛泽东《中国共产党在民族战争中的地位》："共产党的干部政策，应是以能否坚决地执行党的路线、服从党的纪律、和群众有密切的联系、有独立的工作能力、积极肯干、不谋私利为标准，这就是'任人唯贤'的路线。"按：语本《尚书·咸有一德》："任官惟贤材，左右惟其人。"

【一心一德】思想统一，行动一致。毛泽东《反对日本进攻的方针、办法和前途》："共产党人一心一德，忠实执行自己的宣言。"按：语本《尚书·泰誓中》："乃一德一心，立定厥功，惟克永世。"

3.有的是从《老子》中概括而成的。如：

【哀兵必胜】因受压而悲愤的一方，定能克敌制胜。《解放日报》1946 年 11 月 3 日："正由于哀兵必胜，骄兵必败，涟水城郊就成为蒋军的坟墓。"按：语本《老子》第六十九章："故抗兵相加，哀者胜矣。"

4.有的是从《礼记》中概括而成的。如：

【美轮美奂】形容房屋的高大和众多。邹韬奋《萍踪寄语》八："我们经过一个美轮美奂的宏丽华厦的区域，开车的告诉我们说这是西人和本地富翁的住宅区域。"按：语本《礼记·檀弓下》："晋献文子成室，晋大夫发焉。张老曰：'美哉轮焉，美哉奂焉！'"

这一类型的熟语还有：径情直遂[1]

5. 有的是从《论语》中概括而成的。如：

【夫子自道】本意是说别人而事实上却正说了自己。郭沫若《创造十年》四："我虽然不曾自比过歌德，但我委实自比过屈原。就在那一年所做的《湘累》，实际上就是'夫子自道'。"按：语本《论语·宪问》："子曰：'君子道者三，我无能焉：仁者不忧，知者不惑，勇者不惧。'子贡曰：'夫子自道也。'"

这一类型的熟语还有：临危授命[2]　愚不可及[3]

6. 有的是从《孟子》中概括而成的。如：

【失道寡助】违背正义得不到多数人的支持。毛泽东《论持久战》十一："由于中国战争的进步性、正义性而产生出来的国际广大援助，同日本的失道寡助又恰恰相反。"按：语本《孟子·公孙丑下》："得道者多助，失道者寡助。寡助之至，亲戚畔之；多助之至，天下顺之。"

这一类型的熟语还有：取长补短[4]　同流合污[5]

7. 有的是从《孙子》中概括而成的。如：

【风雨同舟】比喻共同度过困难。廖仲恺《辞财政部长职通电》："诸公热诚毅力，十部仲恺，当有善法，济此艰难。庶几风雨同舟，危亡共拯。"按：语本《孙子·九地》："夫吴人与越人相恶也，当其同舟而济，遇风，其相救也如左右手。"

8. 有的是从《荀子》中概括而成的。如：

【后发制人】先让一步，使自己处于有利地位后再制服对方。毛泽东《中国

---

[1]　按：语本《礼记·檀弓下》："有直情而径行者，戎狄之道也。"又，又作"径行直遂"，清代已见。清程麟《此中人语·守节》："观此可见守节之难，所以朝廷不设再醮之禁，与其慕虚名而贻中菁羞，不若径行直遂之为愈也。"

[2]　按：语本《论语·宪问》："见利思义，见危授命。"

[3]　按：语本《论语·公冶长》："子曰：'宁武子邦有道则知，邦无道则愚；其知可及也，其愚不可及也。'"又，此语晋代已见，义为大智若愚而非常人所能及。《三国志·魏志·荀攸传》："智可及，愚不可及，虽颜子、宁武不能过也。"

[4]　按：语本《孟子·滕文公上》："今滕绝长补短，将五十里也，犹可以为善国。"

[5]　按：语本《孟子·尽心下》："同乎流俗，合乎污世。"又，此语宋代已见，义为随俗浮沉。宋朱熹《答胡季随书》："细看来书，似已无可得说……如此则更说甚讲学，不如同流合污，著衣吃饭，无所用心之省事也。"

革命战争的战略问题》第五章第三节："楚汉成皋之战、新汉昆阳之战……秦晋
淝水之战等等有名的大战，都是双方强弱不同，弱者先让一步，后发制人，因而
战胜的。"按：语本《荀子·议兵》："后之发，先之至，此用兵之要术也。"

9. 有的是从《战国策》中概括而成的。如：

【远交近攻】指待人、处世的一种手段。张恨水《金粉世家》第二四回回目：
"远交近攻一家连竹阵，上和下睦三婢闹书斋。"按：语本《战国策·秦策三》：
"王不如远交而近攻，得寸则王之寸，得尺亦王之尺也。今舍此而远攻，不亦
缪乎？"

【坐收渔利】坐收渔人之利，比喻利用别人之间的矛盾轻易地从中取利。艾
纳《新事旧编》："骑虎难下，正好，让我慢慢来个坐收渔利。"按：语本《战国
策·燕策二》："今者臣来，过易水，蚌方出曝，而鹬啄其肉，蚌合而拑其喙。鹬
曰：'今日不雨，明日不雨，即有死蚌。'蚌亦谓鹬曰：'今日不出，明日不出，即
有死鹬。'两者不肯相舍，渔者得而并禽之。"

10. 有的是从《周易》的十翼中概括而成的。如：

【诲淫诲盗】[1]指引诱人去干盗窃奸淫等坏事。爱新觉罗·溥仪《我的前半
生》第九章："文化方面是腐败的，电影也是诲淫诲盗的多。"按：语本《易·系
辞上》："慢藏诲盗，冶容诲淫。"

11. 有的是从《庄子》中概括而成的。如：

【呆若木鸡】形容因恐惧或惊讶而发楞的样子。曹禺《日出》第二幕："黄省
三（呆若木鸡，低得几乎听不见的声音）：李先生……李先生，我要活着。"按：
语本《庄子·达生》："鸡虽有鸣者，已无变矣，望之似木鸡矣，其德全矣，异鸡
无敢应者，反走矣。"

这一类型的熟语还有：如蚁附膻[2] 望尘莫及[3]

12. 有的是从《左传》中概括而成的。如：

【尔虞我诈】互不信任，互相欺骗。任光椿《戊戌喋血记》第十七章："国

---

[1] 按：又作"诲盗诲淫"，宋代已见，这一书写形式《大词典》没有收录。宋丁易东《易象
义》卷十四："此又言慢藏之，诲盗冶容之。诲淫葢坎为盗，六三动则互兑为少女之说。故以诲盗诲
淫言之，欲其谨动也。"

[2] 按：语本《庄子·徐无鬼》："蚁慕羊肉，羊肉膻也。"

[3] 按：语本《庄子·田子方》："夫子奔逸绝尘，而回瞠若乎后矣。"又，又作"望尘不及"，
南朝已见。《后汉书·赵咨传》："复拜东海相，之官，道经荥阳，令敦煌曹暠，咨之故孝廉也，迎路
谒候。咨不为留，暠送至亭次，望尘不及。"

内，南方各会党首领之间，也是互相猜忌，勾心斗角，尔虞我诈，令人烦恼。"按：语本《左传·宣公十五年》："我无尔诈，尔无我虞。"

【治丝而棼】理丝找不到头绪会越理越乱，比喻解决问题方法不正确使问题更加复杂。梁启超《乐利主义泰斗边沁之学说·边沁之政法论》："夫政出多门，非国家之福也。既有下院以代表民意，而复以上院掣肘之，是治丝而棼也。"按：语本《左传·隐公四年》："臣闻以德和民，不闻以乱。以乱，犹治丝而棼之也。"[1]

这一类型的熟语，还有下面这些：

奉若神明[2]　取精用宏[3]　取精用弘[4]　人莫予毒[5]　甚嚣尘上[6]
玩火自焚[7]

来源于《左传》的20世纪新兴熟语，一般都是四音节的。偶尔也有一些五音节的。如：

【一问三不知】指对所问一无所知。谢雪畴《长江飞渡记》："平时光会贪污，逍遥浪荡；谈到行军打仗的事，那就一问三不知。"按：语本《左传·哀公二十七年》："文子曰：'吾乃今知所以亡。君子之谋也，始、衷、终皆举之，而后入焉。今我三不知而入之，不亦难乎！'"

（三）从西汉语料概括而成的熟语

西汉的语料，到了20世纪，从中概括形成了一些新兴熟语。这些新兴熟语的语料来源有：

1.有的是从董仲舒著作中概括而成的。如：

【急功近利】急于谋求目前的成效和利益。章炳麟《答梦庵书》："而急功近

---

[1]　按："治丝而棼"即"治丝益棼"，《大词典》收"治丝而棼"而未收"治丝益棼"，《现代汉语词典》收"治丝益棼"而未收"治丝而棼"，参见《现代汉语词典》第6版第1680页。又，"治丝益棼"语本元吴莱《渊颖吴先生集》12："孰能有以大公至正之道一正之哉？不然犹治乱丝益棼之也。"

[2]　按：语本《左传·襄公十四年》："敬之如神明。"

[3]　按：语本《左传·昭公七年》："蕞尔国，而三世执其政柄，其用物也弘矣，其取精也多矣。"

[4]　按：语本《左传·昭公七年》："蕞尔国，而三世执其政柄，其用物也弘矣，其取精也多矣。"

[5]　按：语本《左传·宣公十二年》："及楚杀子玉，公喜而后可知也。曰：'莫余毒也已。'是晋再克而楚再败也，楚是以再世不竞。"

[6]　按：语本《左传·成公十六年》："楚子登巢车以望晋军……曰：'甚嚣，且尘上矣。'"

[7]　按：语本《左传·隐公四年》："夫兵，犹火也，弗戢，将自焚也。"

利，不避声色，则阳明学为之厉阶。"按：语本汉董仲舒《春秋繁露·对胶西王》："仁人者正其道不谋其利，修其理不急其功。"

2. 有的是从桓宽著作中概括而成的。如：

【一孔之见】比喻狭隘片面的见解。罗惇曧《文学源流·论墨子》："籀其所沦，宁悖儒家，坿和肆诋，诚一孔之见也。"按：语本汉桓宽《盐铁论·相刺》："持规而非矩，执准而非绳，通一孔，晓一理，而不知权衡。"

3. 有的是从刘安著作中概括而成的。如：

【削足适履】比喻不合理地迁就现成条件。鲁迅《三闲集·怎么写》："倘作者如此牺牲了抒写的自由，即使极小部分，也无异于削足适履的。"按：语本《淮南子·说林训》："夫所以养而害所养，譬犹削足而适履，杀头而便冠。"又，又作"削趾适屦"，清代已见。清和邦额《夜谭随录·董如彪》："姊姊作奇想，便强人削趾适屦。"

4. 有的是从刘向著作中概括而成的。如：

【爱惜羽毛】喻珍惜自己的名声。张鸿《续孽海花》第四三回："现在龚老夫子位望不逊江陵，然谨谨自守……将来结果至多成为爱惜羽毛的清流，决不能为救时的宰相。"按：语本汉刘向《说苑·杂言》："夫君子爱口，孔雀爱羽，虎豹爱爪。"

5. 有的是从司马迁著作中概括而成的。如：

【得意扬扬】形容十分得意的样子。郑振铎《漩涡》："刚才我看见他和胡宗预从教务室出来，得意扬扬的，公然的扬言道，某某人是去定的了。"按：语本《史记·管晏列传》："意气扬扬，甚自得也。"

【相见恨晚】只恨相见得太晚。形容一见如故，意气极其相投。《花城》1981年增刊第 4 期："吴非发现，逗趣地：'怎么样，黎小姐，有没有相见恨晚的意思?'"按：语本《史记·平津侯主父列传》："天子召见三人，谓曰：'公等皆安在? 何相见之晚也。'"

这一类型的熟语，还有下面这些：

患难与共[1]　　名山事业[2]　　判若鸿沟[3]　　三足鼎立[4]

---

[1]　按：语本《史记·越王句践世家》："越王为人长颈鸟喙，可与共患难，不可与共乐。"

[2]　按：语本《史记·太史公自序》："以拾遗补艺，成一家之言……藏之名山，副在京师，俟后世圣人君子。"

[3]　按：语本《史记·高祖本纪》："项羽恐，乃与汉王约，中分天下，割鸿沟而西者为汉，鸿沟而东者为楚。"

[4]　按：语本《史记·淮阴侯列传》："莫若两利而俱存之，参分天下，鼎足而居。"又，又作"三分鼎足"，南朝已见。《后汉书·窦融传》："欲三分鼎足，连横合纵，亦宜以时定。"

异军突起[1]

6.有的是从扬雄作品中概括而成的。如：

【习非成是】对于某些错的事情习惯了反认为是对的。梁启超《新民说》八："中国数千年来，误此见解，习非成是。"按：语本汉扬雄《法言·学行》："习乎习，以习非之胜是，况习是之胜非乎？"

7.有的是从西汉作品及东汉作品两个时代两种不同的语料中混合概括而成的。如：

【偏听偏信】只听信一方面的话。陈残云《山谷风烟》第六章："老冯，你不要偏听偏信。"按：语本《史记》和《潜夫论》。《史记·鲁仲连邹阳列传》："故偏听生奸，独任成乱。"《潜夫论·明暗》："君之所以明者，兼听也；其所以暗者，偏信也。"

【深文周纳】泛指不根据事实而牵强附会地妄加罪名。鲁迅《华盖集续编·可惨与可笑》："这也许是'刀笔吏'式的深文周纳。"按：语本《史记》和《汉书》。《史记·酷吏列传》："与赵禹共定诸律令，务在深文，拘守职之吏。"《汉书·路温舒传》："上奏畏却，则锻炼而周内之。"又，又作"深文周内"，清代已见。清钱谦益《兵部尚书李公神道碑》："小大之狱，必以情本伦常依法比，不为深文周内。"

8.有的是从西汉作品及唐代作品两个时代两种不同的语料中混合概括而成的。如：

【仙山琼阁】比喻奇异美妙的境界。毛泽东《念奴娇·鸟儿问答》词："借问君去何方？雀儿答道：有仙山琼阁。"按：语本《史记》和《长恨歌》。《史记·封禅书》："自威、宣、燕昭使人入海求蓬莱、方丈、瀛洲。此三神山者，其傅在勃海中……盖尝有至者，诸仙人及不死之药皆在焉。其物禽兽尽白，而黄金银为宫阙。未至，望之如云；及到，三神山反居水下。临之，风辄引去，终莫能至云。"唐白居易《长恨歌》："忽闻海上有仙山，山在虚无缥缈间。楼阁玲珑五云起，其中绰约多仙子。"又，又作"仙山楼阁"，清代已见。清龚自珍《己亥杂诗》之二六八："仙山楼阁寻常事，兜率甘迟十劫生。"

---

[1] 按：语本《史记·项羽本纪》："少年欲六婴便为王，异军苍头特起。"又，又作"异军特起"，清代已见。清陈田《明诗纪事丁签·李梦阳》："空同出而异军特起，台阁坛坫移于郎署。"

（四）从东汉语料概括而成的熟语

东汉时期的语料，到了 20 世纪，从中概括形成了一些新兴熟语。这些新兴熟语的语料来源有：

1. 有的是从班固著作中概括而成的。如：

【因循守旧】沿袭老的一套不求改变。康有为《上清帝第五书》："若徘徊迟疑，因循守旧，一切不行，则幅员日割，手足俱缚，腹心已刲，欲为偏安，无能为计。"按：语本《汉书·循吏传序》："光因循守职，无所改作。"

这一类型的熟语还有：非驴非马[1]　固若金汤[2]　修旧利废[3]

2. 有的是从服虔的话语中概括而成的。如：

【债台高筑】形容欠债很多。康有为《大同书》甲部第三章："又或商业倒闭，士子落魄，债台高筑而莫避，田庐尽卖而无归，则有局天蹐地，寻死自尽者矣。"按：语本《汉书·诸侯王表序》"有逃责之台"颜师古注引汉服虔曰："周赧王负责，无以归之，主迫责急，乃逃于此台，后人因以名之。"

3. 有的是从王符著作中概括而成的。如：

【吠影吠声】比喻不明察事物的真伪而盲目附和。梁启超《管子传》第一章："孟子当时或亦有为而发，为此过激之言。而后之陋儒，并孟子之所以自信者而亦无之，乃反吠影吠声。撅至迂极腐之末论，以诋謷管子。"按：语本汉王符《潜夫论·贤难》："谚曰：'一犬吠形，百犬吠声'，世之疾此，固久矣哉！吾伤世之不察真伪之情也。"又，又可写作"吠形吠声"，清代已见。清吴士玉《御定子史精华》卷一二六："吠形吠声。"再，"吠形吠声"这一书写形式《大词典》无例证。

4. 有的是从赵晔著作中概括而成的。如：

【甘之如饴】比喻甘心情愿地承受艰难、痛苦。聂绀弩《脚印》："有了这样一个时候，无论什么恶运也敢迎受，无论什么危境也敢闯入，死或死以上的一切，都可以熟视无睹，甘之如饴的吧。"按：语本汉赵晔《吴越春秋·句践归国

---

[1]　按：语本《汉书·西域传下·渠犁》："后数来朝贺，乐汉衣服制度，归其国，治宫室，作徼道周卫，出入传呼，撞钟鼓，如汉家仪。外国胡人皆曰：'驴非驴，马非马，若龟兹王，所谓骡也。'"

[2]　按：语本《汉书·蒯通传》："必将婴城固守，皆为金城汤池，不可攻也。"

[3]　按：语本《汉书·司马迁传》："幽厉之后，王道缺，礼乐衰，孔子修旧起废，论《诗》《书》，作《春秋》，则学者至今则之。"

外传》："尝胆不苦甘如荠，令我采葛以作丝。"

5.有的是从朱浮作品中概括而成的。如：

【亲痛仇快】亲人痛心而仇人快意。续范亭《秦桧归来》："秦桧把岳飞和好多将士，调回去以'莫须有'三字狱加以杀害了。岳家军遭散瓦解了，金人于是额手称庆，长驱直下矣。此种亲痛仇快之事，至今犹有人效而行之，真是无耻极了。"按：语本汉朱浮《为幽州牧与彭宠书》："凡举事无为亲厚者所痛，而为见雠者所快。"

（五）从三国语料概括而成的熟语

三国时期的语料，到了 20 世纪，从中概括形成了一些新兴熟语。这些新兴熟语，有的是从诸葛亮作品中概括而成的。如：

【临危受命】在危难之时接受任命。夏衍《心防》第三幕："临危受命于先，哪儿能临阵脱逃于后？"按：语本三国蜀诸葛亮《前出师表》："受任于败军之际，奉命于危难之间。"

（六）从西晋语料概括而成的熟语

西晋时期的语料，到了 20 世纪，从中概括形成了一些新兴熟语。这些新兴熟语，有的是从司马彪作品中概括而成的。如：

【髀肉复生】比喻长久安逸，无所作为。陈春生《壬寅洪全福广州举义记》："缵泰自乙未革命失败，久有髀肉复生之感……不禁跃跃欲动。"按：语本《三国志·蜀志·先主传》"荆州豪杰归先主者日益多，表疑其心，阴御之"裴松之注引西晋司马彪《九州岛春秋》："备住荆州数年，尝于表坐起至厕，见髀里肉生，慨然流涕。还坐，表怪问备，备曰：'吾常身不离鞍，髀肉皆消。今不复骑，髀里肉生。日月若驰，老将至矣，而功业不建，是以悲耳。'"

（七）从东晋语料概括而成的熟语

东晋时期的语料，到了 20 世纪，从中概括形成了一些新兴熟语。这些新兴熟语的语料来源有：

1.有的是从符朗作品中概括而成的。如：

【与虎谋皮】比喻所商量的事跟对方的利害冲突，绝对达不到目的。孙中山《大亚洲主义》："要请在亚洲的欧洲人，都是和平的退回我们的权利，那就像与虎谋皮，一定是做不到的。"按：语本《太平御览》卷二○八引东晋符朗《符子》："欲为千金之裘，而与狐谋其皮；欲具少牢之珍，而与羊谋其羞。言未卒，狐相率逃于重丘之下，羊相呼藏于深林之中，故周人十年不制一裘，五年不具一牢。"又，又作"与狐谋皮"。清魏源《上江苏巡抚陆公论海漕书》："如此时即奏筹散遣漕船水手之议，是为千金之裘而与狐谋皮，不惟无益而反有碍也。"

2. 有的是从鸠摩罗什作品中概括而成的。如：

【细水长流】② 比喻不间断地一点一滴地做某件事。刘心武《栖凤楼》一二："请他们代笔，给姥爷写去了一封又一封的信，内容虽然很简短，也极雷同，却细水长流，在此以前不曾中断。"按：语本《通俗编·地理》引姚秦鸠摩罗什译《遗教经》："汝等常勤精进，譬如小水常流，则能穿石。"

3. 有的是从孙盛著作中概括而成的。如：

【信口雌黄】不顾事实，随口乱说。聂绀弩《读鲁迅先生的〈二十四孝图〉》："许多东西，说是帝王所发明，一面固然由于古人的愚昧，不知那些东西从何而来，强作解事的信口雌黄，一面也应该是一种大的欺骗。"按：语本《文选·刘峻〈广绝交论〉》"雌黄出其唇吻，朱紫由其月旦"李善注引东晋孙盛《晋阳秋》："王衍，字夷甫，能言，于意有不安者，辄更易之，时号口中雌黄。"

（八）从南朝语料概括而成的熟语

南朝时期的语料，到了 20 世纪，从中概括形成了一些新兴熟语。这些新兴熟语的语料来源有：

1. 有的是从范晔著作中概括而成的。如：

【重蹈覆辙】比喻不吸取以往的教训，重犯过去的错误。路遥《平凡的世界》（下）三五章："再要开办砖场，决不能重蹈覆辙！"按：语本《后汉书·窦武传》："今不虑前事之失，复循覆车之轨。"

【噤若寒蝉】形容不敢说话。嬴宗季女《六月霜》[1]："而吾乡士夫，顾噤若寒蝉，仆窃深以为耻。"按：语本《后汉书·杜密传》："刘胜位为大夫，见礼上宾，而知善不荐，闻恶无言，隐情惜己，自同寒蝉，此罪人也。"

这一类型的熟语还有：举足轻重[2]　握手言欢[3]　饮鸩止渴[4]

2. 有的是从刘义庆著作中概括而成的。如：

---

[1]　按：《六月霜》的作者又作静观子。该书是近代改良小说，初版于宣统 3 年即 1911 年。

[2]　按：语本《后汉书·窦融传》："权在将军，举足左右，便有轻重。"

[3]　按：语本《后汉书·李通传》："及相见，共语移日，握手极欢。"

[4]　按：语本《后汉书·霍谞传》："譬犹疗饥于附子，止渴于酖毒，未入肠胃，已绝咽喉。"又，又作"饮鸩解渴"。中国近代史资料丛刊《辛亥革命·武昌起义清方档案·清吏条陈》："此时危急情形，等于然眉，若再持新军为保卫，无异饮鸩解渴，其危险有不忍言者。"

【盲人瞎马】瞎子骑着瞎马，比喻景况非常危险。鲁迅《华盖集·北京通信》："然而向青年说话可就难了，如果盲人瞎马，引入危途，我就该得谋杀许多人命的罪孽。"按：语本南朝宋刘义庆《世说新语·排调》："桓南郡与殷荆州语次，因共作了语……复作危语。桓曰：'矛头淅米剑头炊。'殷曰：'百岁老翁攀枯枝。'顾曰：'井上辘轳卧婴儿。'殷有一参军在坐云：'盲人骑瞎马，夜半临深池。'"

【卿卿我我】形容男女间非常亲昵。徽知《从〈春秋〉与〈自由谈〉说起》："至'礼拜六'所刊的文字，十九是卿卿我我，哀哀唧唧的小说。"按：语本《世说新语·惑溺》："王安丰妇常卿安丰。安丰曰：'妇人卿婿，于礼为不敬，后勿复尔。'妇曰：'亲卿爱卿，是以卿卿。我不卿卿，谁当卿卿！'遂恒听之。"

这一类型的熟语还有：如堕烟海[1]

3. 有的是从任昉著作中概括而成的。如：

【杳如黄鹤】比喻人或物下落不明。鲁迅《彷徨·弟兄》："'昨天局长到局了没有？''还是杳如黄鹤。'"按：语本《艺文类聚》卷六三引南朝梁任昉《述异传》："憩江夏鹄鹤楼上，望西南有物，飘然降自云汉，俄顷已至，乃驾鹤之宾也。鹤止户侧，仙者就席，羽衣虹裳，宾主欢对。辞去，跨鹤腾空，眇然烟灭。"

（九）从唐代语料概括而成的熟语

唐代的语料，到了 20 世纪，从中概括形成了一些新兴熟语。这些新兴熟语的语料来源有：

1. 有的是从杜佑著作中概括而成的。如：

【无往不胜】无论到哪里，没有不胜利的。京剧《红色娘子军》第二场："连长，我们军民一心，就无往不胜！"按：语本《通典·食货二》："以此乘吴，无往而不克矣。"

2. 有的是从杜甫作品中概括而成的。如：

【饱经风霜】谓经历过许多艰难困苦。周立波《暴风骤雨》第一部六："说到这里，他的饱经风霜的发红的老眼里掉下泪水了。"按：语本唐杜甫《怀锦水居止》诗之二："层轩皆面水，老树饱经霜。"

3. 有的是从杜牧作品中概括而成的。如：

---

[1]　按：语本南朝宋刘义庆《世说新语·赏誉》："王仲祖、刘真长造殷中军谈，谈竟俱载去。刘谓王曰：'渊源真可！'王曰：'卿故堕其云雾中。'"

【豆蔻年华】指少女的青春年华，一般是十三、四岁。鲁迅《且介亭杂文二集·论"人言可畏"》："一遇到女人，可就要发挥才藻了，不是'徐娘半老，风韵犹存'，就是'豆蔻年华，玲珑可爱'。"按：语本唐杜牧《赠别》诗："娉娉袅袅十三余，豆蔻梢头二月初。"

4. 有的是从房玄龄著作中概括而成的。如：

【饱以老拳】痛打，尽情地揍。彭湃《海丰农民运动》第七节："余坤等无法照付，即饱以老拳，拿之至公平墟。"按：语本唐房玄龄《晋书·石勒载记下》："孤往日厌卿老拳，卿亦饱孤毒手。"

【座无虚席】座位没有空着的，形容出席的人很多。《革命回忆录·回忆西安莲湖食堂》："莲湖公园游人甚多，食堂也常常是座无虚席。"按：语本唐房玄龄《晋书·王浑传》："时吴人新附，颇怀畏惧。浑抚循羁旅，虚怀绥纳，座无空席，门不停宾，于是江东之士莫不悦附。"又，又作"坐无虚席"。航鹰《开市大吉》："从早到晚，长椅上都是坐无虚席。"

5. 有的是从韩愈作品中概括而成的。如：

【寥若晨星】稀少得好像早晨的星星，形容数量少。孙中山《建国方略》二："资本家之在中国，寥若晨星，亦仅见于通商口岸耳。"按：语本唐韩愈《华山女》诗："黄衣道士亦讲说，座下寥落如明星。"

【崭露头角】比喻突出地显露出才能和本领。欧阳山《三家巷》一八〇："她现在不是妒忌张纪文么？不是妒忌他崭露头角么？"按：语本唐韩愈《柳子厚墓志铭》："虽少年，已自成人，能取进士第，崭然见头角焉。"

这一类型的熟语还有：弃旧图新[1] 视若无睹[2] 众目睽睽[3]

6. 有的是从贾岛作品中概括而成的。如：

【无师自通】没有老师的传授指导而自己能够通晓。郭沫若《我的童年》第一篇三："他的无师自通的中医，一方面得着别人的信仰，一方面他也好像很有坚决的自信。"按：语本唐贾岛《送贺兰上人》诗："无师禅自解，有格句堪夸。"

7. 有的是从孔颖达著作中概括而成的。如：

【莫测高深】没法揣测究竟高深到什么程度，比喻言行使人难以理解。鲁迅

---

[1] 按：语本唐韩愈《上宰相书》："忽将弃其旧而新是图，求老农老圃而为师。"

[2] 按：语本唐韩愈《应科目时与人书》："是以有力者遇之，熟视之若无睹也。其死其生，固不可知也。"

[3] 按：语本唐韩愈《郓州溪堂诗序》："公私扫地赤立，新旧不相保持，万目睽睽。"

《华盖集·这个与那个（二）》："象不在十二生肖之内，似乎不近情理罢，但这是我替他设想的法子罢了，知县当然别有我们所莫测高深的妙法在。"按：语本《易·蒙》"利贞"唐孔颖达疏："言人虽怀圣德，若隐默不言，人则莫测其浅深，不知其大小。"

8.有的是从李白作品中概括而成的。如：

【青梅竹马】形容男女儿童之间两小无猜的情状。欧阳予倩《孔雀东南飞》第四场："我与你自幼本相爱，青梅竹马两无猜。"按：语本唐李白《长干行》之一："郎骑竹马来，绕床弄青梅。同居长干里，两小无嫌猜。"

这一类型的熟语还有：付诸东流[1]

9.有的是从李延寿著作中概括而成的。如：

【背信弃义】不守信用和道义。毛泽东《关于反法西斯的国际统一战线》："德国法西斯统治者已于六月二十二日进攻苏联，此种背信弃义的侵略罪行，不仅是反对苏联的，而且也是反对一切民族的自由和独立的。"按：语本《北史·周纪下·高祖武帝》："背惠怒邻，弃信忘义。"

这一类型的熟语还有：多如牛毛[2]　徐娘半老[3]

（十）从宋代语料概括而成的熟语

宋代的语料，到了20世纪，从中概括形成了一些新兴熟语。这些新兴熟语的语料来源有：

1.有的是从黄庭坚作品中概括而成的。如：

【老气横秋】①形容人摆老资格，自以为了不起的样子。老舍《赵子曰》第三："'是你的老大哥！哈哈！'赵子曰老气横秋的用食指弹了弹烟灰，真带出一些老大哥的派头。"按：语本宋黄庭坚《次韵德孺惠贶秋字之句》："少日才华接贵游，老来忠义气横秋。"

2.有的是从惠洪作品中概括而成的。如：

【解铃系铃】比喻由谁引起的麻烦，仍须由谁去解决。方靖四《致胡适书》："正因为是伟人，才有勇气纠正自己的错误，而此种纠正自己错误之举，将博得举世的同情，则所谓'君子之过如日月之蚀'，'解铃系铃'，我们对先生寄以无

---

[1]　按：语本唐李白《梦游天姥吟留别》诗："世间行乐亦如此，古来万事东流水。"又，又作"付之东流"。明宋应星《野议·风俗议》："其不得也，则数年心力膏血，付之东流。"

[2]　按：语本《北史·文苑传序》："及明皇御历，文雅大盛，学者如牛毛，成者如麟角。"

[3]　按：语本《南史·后妃传下·梁元帝徐妃》："徐娘虽老，犹尚多情。"

穷的希望!"按：语本宋惠洪《林间集》："虎项下金铃，何人解得……大众何不道：'系者解得。'"又作"解铃须用系铃人"、"解铃还须系铃人"、"解铃还是系铃人"。明王錂《春芜记·忤奸》："常言道：解铃须用系铃人。当初是他两个说他进去，如今依先要这两个说他出来。"清华生《滇越铁路问题》："解铃还须系铃人。责有攸归，义无旁贷。"《红楼梦》第九十回："心病终须心药治，解铃还是系铃人。"

3. 有的是从陆游作品中概括而成的。如：

【敝帚自珍】比喻东西虽不好，自己却很珍惜。梁启超《本馆第一百册祝辞》："菲葑不弃，敝帚自珍。"按：语本宋陆游《初夏幽居》诗之二："寒龟不食犹能寿，弊帚何施亦自珍。"

4. 有的是从米芾作品中概括而成的。如：

【厚古薄今】指学术研究中重视古代而轻视现代的一种现象。吴晗《灯下集·厚今薄古和古为今用》："几十年来的旧中国的学术界，笼罩着一片厚古薄今的气氛。"按：语本宋米芾《蚕赋》："由斯而言，则予之功，非欲厚古而薄今，时之异也。"

5. 有的是从苏轼作品中概括而成的。如：

【含辛茹苦】忍受辛苦。邹韬奋《经历》四四："以沈先生的地位，尽可以做'老太爷'享福了，但是这位'老少年'为着救国运动，宁愿含辛茹苦，抛弃他个人的一切幸福。"按：语本宋苏轼《中和胜相院记》："其始学之，皆入山林，践荆棘蛇虺，袒裸雪霜，或刲割屠脍，燔烧烹煮，以肉饲虎豹鸟乌蚊蚋，无所不至，茹苦含辛，更百千万亿生而后成。"

6. 有的是从张耒作品中概括而成的。如：

【雨后春笋】比喻新生事物大量涌现。邹韬奋《患难余生记》第二章："实施宪政的提案有如雨后春笋。"按：语本宋张耒《食笋》诗："荒林春雨足，新笋迸龙雏。"

来源于宋代的 20 世纪有例证的新兴熟语一般都是四音节的，但是也有个别的是五音节的。如：

【铁杵磨成针】比喻有恒心肯努力，做任何事情都能成功。汤颐琐《黄绣球》第十回："拼着些坚忍工夫，做到铁杵磨成针的地位，看似发达得迟，实在收效最速。"按：语本宋祝穆《方舆胜览·眉州·磨针溪》："在象耳山下，世传李太白读书山中，未成弃去，过是溪，逢老媪方磨铁杵，问之，曰：'欲作针。'太白感其意，还，卒业。"又，又作"铁杵磨鍼"、"铁杵磨针"。明沈鲸《双珠记·举途乡谊》："龙头属老成，苦工夫积累，铁杵磨鍼。"清西周生《醒世姻缘传》第三三回："必定有那齐人般的一副面孔……祝鮀般的一副舌头，娄师德的一副忍性，还得那铁杵磨针的一段工夫。"

四、20 世纪新增义项而书写形式古已有之的现代汉语熟语举例

《大词典》有 20 世纪文献为始见例证的新兴熟语，有的在 20 世纪增加了新义，但是它们的书写形式在 20 世纪以前就有了。这样的熟语主要是四音节的，也有一些三音节、五音节甚至七音节的。下面我们按这些熟语书写形式的出现时代的先后，分类描述如下：

（一）战国已见 20 世纪增加新义的熟语

《大词典》有 20 世纪文献为始见例证的新兴熟语，有的是战国已有相应的书写形式而 20 世纪增加了新义。这类在战国就有了的书写形式，出现于战国的下列一些语料中：

1.有的在《管子》中就出现了相应的书写形式。如：

【以人为本】把人民的利益作为一切工作的出发点和落脚点。胡锦涛《在中央人口资源环境工作座谈会上的讲话》："坚持以人为本，全面、协调、可持续的发展观，是我们以邓小平理论和'三个代表'重要思想为指导，从新世纪新阶段党和国家事业发展全局出发提出的重大战略思想。"按：此语战国已见，义为以人为根本。《管子·霸言》："夫霸王之所始也，以人为本。本理则国固，本乱则国危。"

2.有的在《孟子》中就出现了相应的书写形式。如：

【大而化之】做事情马虎、不细心。邓小平《悼伯承》："伯承最反对军事指挥上墨守成规，粗枝大叶，大而化之。"按：此语战国已见，义为光大德业以便教化万民。《孟子·尽心下》："充实而有光辉之谓大，大而化之之谓圣。"

【与人为善】善意帮助别人。夏衍《风雨故人情·克农同志二三事》："提到他，总的印象是与人为善，和蔼可亲。"按：此语战国已见，义为同别人一起做好事。《孟子·公孙丑上》："取诸人以为善，是与人为善者也。"

3.有的在《庄子》中就出现了相应的书写形式。如：

【吐故纳新】比喻扬弃不好的而吸收好的。鲁迅《集外集·说鉬》："最人涅

伏，吐故纳新，败果既落，新葩欲吐。"按：此语战国已见，义为吐出浊气而吸纳清气。《庄子·刻意》："吹呴呼吸，吐故纳新，熊经鸟申，为寿而已矣。"

4. 有的在《左传》中就出现了相应的书写形式。如：

【筚路蓝缕】形容创业艰辛。梁启超《过渡时代论》六："故必有大刀阔斧之力，乃能收筚路蓝缕之功。"按：此语战国已见，义为坐着柴车并且穿着破衣服。《左传·宣公十二年》："筚路蓝缕，以启山林。"

（二）东晋已见 20 世纪增加新义的熟语

《大词典》有 20 世纪文献为始见例证的新兴熟语，有的是东晋已有相应的书写形式而 20 世纪增加了新义。这类在东晋就有了的书写形式，出现于东晋的下列一些语料中：

1. 有的在葛洪著作中就出现了相应的书写形式。如：

【治病救人】比喻批评别人的缺点、错误以帮助他改正。毛泽东《整顿党的作风》："对待思想上的毛病和政治上的毛病，决不能采用鲁莽的态度，必须采用'治病救人'的态度，才是正确有效的方法。"按：此语晋代已见，义为治疗疾病以挽救病人。晋葛洪《神仙传·沈羲》："沈羲，吴郡人，学道于蜀，能治病救人，甚有恩德。"

2. 有的在鸠摩罗什译经中就出现了相应的书写形式。如：

【不二法门】比喻独一无二的门径、方法。梁启超《论小说与群治之关系》："度世之不二法门，岂有过此！"按：此语晋朝已见，义为平等而无差异之至道。晋鸠摩罗什译《维摩诘经·入不二法门品》："如我意者，于一切法无言无说，无示无识，离诸问答，是为入不二法门。"

3. 有的在虞预著作中就出现了相应的书写形式。如：

【不见经传】比喻没有来历或没有名气。邹韬奋《经历》五五："名字不见经传的文人也不见得都是驯伏的羔羊。"按：此语东晋已见，义为经传上没有记载。《三国志·吴志·虞陆张骆陆吾朱传》"在南十余年，年七十卒。归葬旧墓，妻子得还"裴松之注引东晋虞预《会稽典录》："余姚严遵，王莽数聘，抗节不行，光武中兴，然后俯就，矫手不拜，志陵云日。皆著于传籍，较然彰明，岂如巢、许，流俗遗谭，不见经传者哉?"又，"不见经传"的"经传上没有记载"这一义项，《大词典》的始见例证是宋罗大经《鹤林玉露》卷六："俗语云：'但存方寸地，留与子孙耕。'指心而言也。三字虽不见于经传，却亦甚雅。"其中的"不见于经传"与词目不一致。

（三）南北朝已见 20 世纪增加新义的熟语

《大词典》有 20 世纪文献为始见例证的新兴熟语，有的是南北朝已有相应的书写形式而 20 世纪增加了新义。这类在南北朝就有了的书写形式，出现于南北朝的下列一些语料中：

1.有的在求那毗地著作中就出现了相应的书写形式。如：

【生老病死】泛指生活中生育、养老、医疗、殡葬等事。傅雷《傅雷家书·一九六一年二月六日上午》："我们的哲学、文学，即使是悲观的部分，也不是基督教式的一味投降，或者用现代语说，一味的'失败主义'。而是人类一般对生老病死、春花秋月的慨叹，如古乐府及我们全部诗词中提到人生如朝露一类的作品。"按：此语南朝已见，义为人生的四苦。南朝齐求那毗地译《百喻经·治秃喻》："世间之人，亦复如是。为生老病死之所侵恼，欲求长生不死之处。"

2.有的在沈约著作中就出现了相应的书写形式。如：

【短兵相接】比喻面对面的激烈斗争。鲁迅《两地书·致许广平（二）》："但恐怕也有时会逼到非短兵相接不可的，这时候，没有法子，就短兵相接。"按：此语南朝已见，义为敌我逼近时用短兵器交战。《宋书·南平穆王铄传》："遂登尸陵城，短兵相接……杀伤万计。"

3.有的在颜之推著作中就出现了相应的书写形式。如：

【妄下雌黄】指乱改文字或乱下结论。周作人《南园记》："向来文人不能这样作，却喜欢妄下雌黄，说千百年前人的好坏，我想这怕不是书房里多做史论的缘故么？"按：此语北朝已见，义为胡乱地用雌黄色标记错误。北齐颜之推《颜氏家训·勉学》："校定书籍，亦何容易？自扬雄、刘向方称此职耳。观天下书未遍，不得妄下雌黄。"

（四）唐代已见 20 世纪增加新义的熟语

《大词典》有 20 世纪文献为始见例证的新兴熟语，有的是唐代已有相应的书写形式而 20 世纪增加了新义。这类在唐代就有了的书写形式，出现于唐代的下列一些语料中：

1.有的在杜牧作品中就出现了相应的书写形式。如：

【钩心斗角】比喻各用心机，互相排挤。鲁迅《两地书·致许广平（十五）》："但他人谁会想到他为了争一点无聊名声，竟肯如此钩心斗角，无所不至呢。"按：此语唐代已见，义为建筑物或图纸的结构精巧工致。唐杜牧《阿房宫赋》：

"廊腰缦回，檐牙高啄，各抱地势，钩心斗角。"

2. 有的在韩鄂作品中就出现了相应的书写形式。如：

【柳暗花明】比喻在困境中看到希望。梁启超《外交欤内政欤》："我们读西洋史，真是越读越有趣，处处峰回路转，时时柳暗花明。"按：此语唐代已见，义为绿柳成荫、繁花灿烂的景象。唐韩鄂《岁华纪丽·春》："风暖而燕南雁北，日酥而柳暗花明。"

3. 有的在韩愈诗中就出现了相应的书写形式。如：

【轩然大波】比喻大的纠纷或风潮。梁启超《将来百论》九："此实最近外交界之轩然大波也。"按：此语唐代已见，义为高高涌起的波浪。唐韩愈《岳阳楼别窦司直》诗："轩然大波起，宇宙隘而妨。"

4. 有的在皇甫枚作品中就出现了相应的书写形式。如：

【暴风骤雨】比喻声势浩大、发展迅猛的革命群众运动。周立波《暴风骤雨》第一部一："废除几千年来的封建制度，要一场暴风骤雨。这不是一件平平常常的事情。"按：此语唐代已见，义为来势急遽而猛烈的风雨。唐皇甫枚《三水小牍》卷下："询之父老，云：大中初，斯地忽暴风骤雨，襄丘陵震屋瓦，一夕而止，遂有兹山。"

5. 有的在郑谷诗中就出现了相应的书写形式。如：

【千丝万缕】比喻彼此间的关系错综复杂或感情、思绪纷繁。毛泽东《中国革命和中国共产党》二："带买办性的大资产阶级，是直接为帝国主义国家的资本家服务并为他们所豢养的阶级，他们和农村中的封建势力有着千丝万缕的联系。"按：此语唐代已见，义为柳条根数多得数不清。唐郑谷《柳》诗："会得离人无限意，千丝万缕惹春风。"

唐代已有相应书写形式而 20 世纪增加新义的新兴熟语，基本上都是四音节的，但是偶尔也有一些三音节、五音节的。如：

【有意思】① 有意义。郁达夫《瓢儿和尚》："或者还是他在看的那一本经，实在是有意思得很，故而把他的全部精神都占据了去的缘故呢。"按：此语唐代已见，义为意趣、思致不同世俗。唐李延寿《南史·齐晋安王子懋》："诸子中最为清恬，有意思，廉让好学。"

【更上一层楼】比喻更加提高一步。臧克家《老舍永在》："他身兼好多职务，多得连他自己一口也说不清楚，工作紧张，交往繁忙，座上客常满，情况较诸抗战时期在重庆主持'抗协'的时候，更上一层楼了。"按：此语唐代已见，义为再登上一层楼。唐王之涣《登鹳雀楼》诗："欲穷千里目，更上一层楼。"

（五）宋代已见 20 世纪增加新义的熟语

《大词典》有 20 世纪文献为始见例证的新兴熟语，有的是宋代已有相应的书写形式而 20 世纪增加了新义。这类在宋代就有了的书写形式，出现于宋代的下列一些语料中：

1. 有的在《二程外书》中就出现了相应的书写形式。如：

【一团和气】指态度温和而缺乏原则，贬义。毛泽东《反对自由主义》："自由主义有各种表现……或者轻描淡写地说一顿，不作倾底解决，保持一团和气。"按：此语宋代已见，义为态度十分和蔼。《二程外书》卷十二："明道先生坐如泥塑人，接人则浑是一团和气。"

2. 有的在葛长庚词中就出现了相应的书写形式。如：

【脱胎换骨】比喻彻底改变立场、观点。毛泽东《坚定地相信群众的大多数》："我们说要脱胎换骨。"按：此语宋代已见，义为脱去凡胎、凡骨变成圣胎、仙骨。宋葛长庚《沁园春·赠胡葆元》词："白雪漫天，黄芽满地，服此刀圭永驻颜。常温养，便脱胎换骨，身在云端。"

3. 有的在彭龟年文章中就出现了相应的书写形式。如：

【青黄不接】比喻人力、物力暂时缺乏。胡适《〈国学季刊〉发刊宣言》："在这青黄不接的时期，只有三五个老辈在那里支撑门面。"按：此语宋代已见，义为陈粮已经吃完而新粮还未接上。宋彭龟年《乞权住湖北和籴疏》："臣已令本府将现籴未足米数，且权住籴，以待回降，庶使青黄不接之交，留得此米，接济百姓。"

【一定之规】比喻已经打定的主意。浩然《艳阳天》第五一章："这件事情，我有一定之规。"按：此语宋代已见，义为一定的规则。宋彭龟年《应诏论雷雨为灾奏》："惟庙议无一定之规，故出令有二三之惑。"

4. 有的在邵雍诗中就出现了相应的书写形式。如：

【谢天谢地】泛指感谢或庆幸。王西彦《黄昏》："谢天谢地，还是牵回来啦！"按：此语宋代已见，义为受到天地神灵保佑处境顺利而进行感谢。宋邵雍《训世孝弟诗》之十一："每日清晨一炷香，谢天谢地谢三光。"

5. 有的在苏轼诗中就出现了相应的书写形式。如：

【明日黄花】比喻失去应时作用的事物。郭沫若《〈沸羹集〉序》："这里有些是应景的文章，不免早已有明日黄花之感。"按：此语宋代已见，义为重阳节后

没有欣赏价值的菊花。宋苏轼《九日次韵王巩》："相逢不用忙归去，明日黄花蝶
也愁。"

6.有的在韦骧作品中就出现了相应的书写形式。如：

【下车伊始】比喻刚到工作的地方。毛泽东《〈农村调查〉的序言和跋》："有
许多人，'下车伊始'，就哇喇哇喇地发议论，提意见，这也批评，那也指责，
其实这种人十个有十个要失败。"按：此语宋代已见，义为官吏初到任所。宋韦
骧《贺知衢州陈朝请礼上状》："下车伊始，已聆善政之传。趋节匪朝，行听优恩
之被。"

7.有的在宋无名氏《宣和遗事》中就出现了相应的书写形式。如：

【天罗地网】比喻严密包围。杜鹏程《保卫延安》第八章："我军在岔口地区
的千山万壑里，又摆下天罗地网。"按：此语宋代已见，义为天空地面遍张罗网。
《宣和遗事》前集："才离阴府恓惶难，又值天罗地网灾。"

8.有的在晏殊词中就出现了相应的书写形式。如：

【蜻蜓点水】比喻做事肤浅不深入。费孝通《访美掠影·应用压倒理论》：
"我要和他们交流，那就必须弄清楚这些新名词，这却不是这一个月蜻蜓点水式
的访问所能做到的。"按：此语宋代已见，义为蜻蜓飞行水面产卵，尾部触水即
起。宋晏殊《渔家傲》词："嫩绿堪裁红欲绽，蜻蜓点水鸟游畔。"又，语出唐杜
甫《曲江》诗之二："穿花蛱蝶深深见，点水蜻蜓款款飞。"

9.有的在叶梦得著作中就出现了相应的书写形式。如：

【十字路口】比喻在重大问题上需要对去向作出选择的境地。鲁迅《华盖
集·北京通信》："但不幸我竟力不从心，因为我自己也正站在歧路上，——或者
说得较有希望些：站在十字路口。"按：此语宋代已见，义为道路纵横交叉的地
方。宋叶梦得《避暑录话》卷下："致远时有所怀，忽忿然作色曰：'吾谓僧亦未
是明眼人，不食肉安足道。何以不待其末年，执之十字路口，痛与百掴，方为
快意。'"

10.有的在俞文豹著作中就出现了相应的书写形式。如：

【近水楼台】比喻由于近便而获得优先的机会。聂绀弩《鲁迅——思想革命
与民族革命的倡导者》："〔日本〕处于东方，是中国的紧邻，所谓近水楼台，侵
略中国，比其它的帝国主义更为方便。"按：此语宋代已见，义为接近水的楼台。
宋俞文豹《清夜录》："范文正公镇钱唐，兵官皆被荐，独巡检苏麟不见录，乃献
诗云：'近水楼台先得月，向阳花木易为春。'公即荐之。"

11.有的在张先词中就出现了相应的书写形式。如：

【和风细雨】比喻方式方法温和而不粗暴。毛泽东《在中国共产党第八届中央委员会第二次全体会议上的讲话》四："以后凡是人民内部的事情，党内的事情，都要用整风的方法，用批评和自我批评的方法来解决，而不是用武力来解决。我们主张和风细雨。"按：此语宋代已见，义为微风小雨。宋张先《八宝装》词："花阴转，重门闭，正不寒不暖，和风细雨，困人天气。"

12.有的在周敦颐作品中就出现了相应的书写形式。如：

【不蔓不枝】比喻言谈或文章简洁明快，不拖泥带水。鲁迅《二心集·做古人和做好人的秘诀》："做下去，年深月久之后，先生就不再删改你的文章了，只在篇末批些'有书有笔，不蔓不枝'之类，到这时候，即可以算作'通'。"按：此语宋代已见，义为莲茎直而无分枝蔓生。宋周敦颐《爱莲说》："中通外直，不蔓不枝。"

13.有的在朱熹论著中就出现了相应的书写形式。如：

【不偏不倚】保持公正，不偏袒任何一方。鲁迅《华盖集续编·送灶日漫笔》："在现今的世上，要有不偏不倚的公论，本来是一种梦想；即使是饭后的公评，酒后的宏议，也何尝不可姑妄听之呢。"按：此语宋代已见，义为中庸之道适得其中而无偏颇。《礼记·中庸》"中庸"宋朱熹题解："中者，不偏不倚、无过不及之名。"

宋代已有相应书写形式而 20 世纪增加新义的新兴熟语，基本上都是四音节的，但是偶尔也有一些三音节的。如：

【开后门】比喻利用职务给予不应有的好处。巴金《随想录·怀念萧珊》："想尽办法一直到逝世前三个星期，靠开后门她才住进医院。"按：此语宋代已见，义为留退路。《朱子语类》卷一〇五："除非那人做工夫大段严迫，然后劝他勿迫切。如人相杀，未曾交锋，便要引退。今未曾做工夫在，便要开后门。然亦不解迫切，只是不曾做，做着时不患其迫切。"

（六）元代已见 20 世纪增加新义的熟语

《大词典》有 20 世纪文献为始见例证的新兴熟语，有的是元代已有相应的书写形式而 20 世纪增加了新义。这类在元代就有了的书写形式，出现于元代的下列一些语料中：

1.有的在关汉卿作品中就出现了相应的书写形式。如：

【阳关大道】比喻有光明前途的道路。秦牧《艺海拾贝·毒物和药》："对某些人是险阻道路的事情，对某些人却可以是阳关大道。"按：此语元代已见，义为康庄大道。元关汉卿《哭存孝》第四折："存孝也，则你这一灵儿休忘了阳关大道。"

2. 有的在李好古作品中就出现了相应的书写形式。如：

【妖魔鬼怪】比喻各色各样的邪恶势力。魏巍《东方》第一部第二章："你们这些妖魔鬼怪，想当初是多么凶恶，多么猖狂呵！"按：此语元代已见，义为妖怪和魔鬼。元李好古《张生煮海》第一折："安知他不是个妖魔鬼怪？"

3. 有的在尚仲贤作品中就出现了相应的书写形式。如：

【顺手牵羊】比喻顺便拿走别人的东西。汤颐琐《黄绣球》第三回："这一天见来的很是不少，黄通理更代为踌躇，怕的是越来越多，容不下去，而且难免有趁火打劫，顺手牵羊的事。"按：此语元代已见，义为顺便行事毫不费力。元尚仲贤《单鞭夺槊》第二折："我也不听他说，是我把右手带住马，左手揪着他眼扎毛，顺手牵羊一般牵他回来了。"

4. 有的在脱脱著作中就出现了相应的书写形式。如：

【犬牙交错】泛指局面错综复杂。毛泽东《论持久战》五六："这样看来，长期而又广大的抗日战争，是军事、政治、经济、文化各方面犬牙交错的战争，这是战争史上的奇观。"按：此语元代已见，义为交界处如同狗牙一样参差不齐。元脱脱《宋史·俞充传》："环州田与夏境犬牙交错，每获必遭掠，多弃弗理。"又，又作"犬牙相错"，东汉已见。《汉书·中山靖王刘胜传》："诸侯王自以骨肉至亲，先帝所以广封连城，犬牙相错者，为盘石宗也。"

5. 有的在王实甫作品中就出现了相应的书写形式。如：

【大吹大擂】比喻大肆宣扬。鲁迅《热风·所谓"国学"》："遗老有钱，或者也不过聊以自娱罢了，而商人便大吹大擂的借此获利。"按：此语元代已见，义为鼓乐齐作。元王实甫《丽春堂》第四折："赐你黄金千两，香酒百瓶，就在丽春堂大吹大擂，做一个喜庆的筵席。"

6. 有的在无名氏《小孙屠》中就出现了相应的书写形式。如：

【得过且过】不负责任，办事马虎。毛泽东《反对自由主义》："办事不认真，无一定计划，无一定方向，敷衍了事，得过且过，做一天和尚撞一天钟。"按：此语元代已见，义为只要能度日就无他求。元无名氏《小孙屠》戏文第四出："孩儿，我听得道你要出外打旋，怕家中得过且过，出去做甚的？"

7. 有的在元代散曲中就出现了相应的书写形式。如：

【呼风唤雨】比喻具有左右局面的非凡本领。老舍《柳屯的》:"也许有人还相信她会呼风唤雨呢!"按:此语元代已见,义为形容神仙或道士等的大法力。《全元散曲·一枝花·乌夜啼》:"饮刀圭习真土,将龙虎来擒伏,呼风唤雨。"

8.有的在岳伯川作品中就出现了相应的书写形式。如:

【借尸还魂】比喻已经没落或死亡的事物、势力、思想等假托别的名义重新出现。瞿秋白《论文学革命及语言文字问题·学阀万岁》:"这势力是在于道统,这势力还在他能够'借尸还魂'——借'白话'新文体的尸,来还道统的魂。"按:此语元代已见,义为迷信认为人死后灵魂附着于他人的尸体而复活。元岳伯川《铁拐李·楔子》:"岳寿,谁想你浑家将你尸骸烧化了,我如今着你借尸还魂,尸骸是小李屠,魂灵是岳寿。"

9.有的在张可久曲中就出现了相应的书写形式。如:

【风风雨雨】比喻经历过的各种艰难困苦。黄庆云《波浪》:"经历了无数风风雨雨,就这样一声不响地离开了。"按:此语元代已见,义为刮风下雨。元张可久《普天乐·忆鉴湖》曲:"风风雨雨清明,莺莺燕燕关情。"

(七) 明代已见 20 世纪增加新义的熟语

《大词典》有 20 世纪文献为始见例证的新兴熟语,有的是明代已有相应的书写形式而 20 世纪增加了新义。这类在明代就有了的书写形式,出现于明代的下列一些语料中:

1.有的在冯梦龙著作中就出现了相应的书写形式。如:

【讨价还价】比喻接受任务或举行谈判时提出种种条件,斤斤计较。徐铸成《旧闻杂忆续篇·王瑚的诙谐》:"他们大概在两面看风色,两面讨价还价,待善价而贾。"按:此语明代已见,义为在商品的买卖中双方对价格要求的一增一减。《古今小说·蒋兴哥重会珍珠衫》:"三巧儿问了他讨价还价。"

2.有的在冯惟敏曲中就出现了相应的书写形式。如:

【十指连心】比喻某人和有关的人、事具有极其密切的关系。京剧《杜鹃山》第五场:"可是,亲人遇险,十指连心哪!"按:此语明代已见,义为十个指头的痛都与心息息相通。明冯惟敏《仙子步蟾宫·四誓》曲:"常言道十指连心,刀刃儿汤着就渗,针尖儿见了害碜,艾焙儿想起难禁。"

3.有的在兰陵笑笑生小说中就出现了相应的书写形式。如:

【抛头露面】泛指公开露面,贬义。柳青《创业史》第一部第十八章:"他在暗里给他拿点子,鼓劲儿,倒比自己抛头露面强得多。"按:此语明代已见,义为古代妇女出现在大庭广众之中被认为是不体面的事。《金瓶梅词话》第六九回："几次欲待要往公门诉状，争奈妾身未曾出闺门，诚恐抛头露面，有失先夫名节。"

4. 有的在凌蒙初小说中就出现了相应的书写形式。如：

【旗帜鲜明】比喻观点、立场非常明确。董必武《广州起义三十周年纪念》诗："广州起义继南昌，旗帜鲜明见主张。"按：此语明代已见，义为旗子色彩鲜艳、明亮。《初刻拍案惊奇》卷三一："傅总兵同杨巡抚领一班将官到阵前来，扒上云梯，看赛儿营里布置整齐，兵将勇猛，旗帜鲜明，戈戟光耀。"

5. 有的在罗贯中小说中就出现了相应的书写形式。如：

【无名小卒】比喻没有名气的人。瞿秋白《〈马克思文艺论底断篇〉后记》："而当时的非机会主义的无名小卒，始终只是些无名小卒。"按：此语明代已见，义为不出名的小兵。《三国演义》第四一回："只见城内一将飞马引军而出，大喝：'魏延无名小卒，安敢造乱！'"

这一类型的熟语还有：步步为营[1]　老弱残兵[2]

6. 有的在沈德符著作中就出现了相应的书写形式。如：

【分道扬镳】比喻因目标不同而各奔前程。顾笑言等《李宗仁归来》第三章："这一夜，李宗仁一直没有合眼。他先是在屋中踱步，回忆着与蒋介石勾心斗角、屡屡遭到暗算的往事，一个与其分道扬镳的腹案，渐渐形成。"按：此语明代已见，义为才力相当而各有千秋。明沈德符《野获编·兵部·武臣好文》："时汪太函、王弇州，并称其文彩，遂俨然以风雅自命。幕客郭造卿辈，尊之为元敬词宗先生，几与缙绅分道扬镳。"

7. 有的在施耐庵小说中就出现了相应的书写形式。如：

【不着边际】形容不实在或离题太远。夏丏尊等《文心》三一："大文刚才看了一遍《诗品》；又揣摩了一番阳刚、阴柔，心意中含含糊糊地，好象有所理解，却是不着边际。"按：此语明代已见，义为挨不上边、无着落。《水浒传》第十九回："何涛思想：在此不着边际，怎生奈何！我须用自去走一遭。"

8. 有的在王守仁作品中就出现了相应的书写形式。如：

---

[1]　按：此语明代已见，义为军队前进一步就设下一道营垒。《三国演义》第七一回："可激劝士卒，拔寨前集，步步为营，诱渊来战而擒之。"

[2]　按：此语明代已见，义为军队中年老体弱、伤残的士兵。《三国演义》第三二回："城中无粮，可发老弱残兵并妇人出降，彼必不为备，我即以兵继百姓之后出攻之。"

【奔走呼号】到处宣传以唤起人们的觉醒。蔡东藩等《民国通俗演义》第四二回："勇敢的国民，一经览到二十一条件，群以为亡国惨兆就在目前，于是奔走呼号，力图挽救。"按：此语明代已见，义为一面奔跑一面叫喊。明王守仁《南镇祷雨文》："守土之官帅其吏民奔走呼号，维是祈祷告请，亦无不至矣。"

9. 有的在吴承恩小说中就出现了相应的书写形式。如：

【八仙过海】比喻各自拿出本领或办法互相竞赛。周立波《暴风骤雨》第二部十四："穷棒子闹翻身，是八仙过海，各显其能。"按：此语明代已见，义为八个神仙经过海。《西游记》第八一回："正是八仙过海，独自显神通。"

10. 有的在吾邱瑞作品中就出现了相应的书写形式。如：

【来龙去脉】比喻人或事物的来历或前因后果。杨沫《青春之歌》第二部第二章："但是，他究竟是做什么的呢？他的来龙去脉是怎么回事呢？她忍不住好奇心总想问。"按：此语明代已见，义为山形走势像龙体一样起伏连贯。明吾邱瑞《运甓记·牛眠指穴》："此间前冈有块好地，来龙去脉，靠岭朝山，处处合格。"

11. 有的在许仲琳小说中就出现了相应的书写形式。如：

【寿终正寝】比喻事物的消亡。邹韬奋《患难余生记·流亡》："这样看来，邮递这条路是要断绝了，刊物也就不免寿终正寝了！"按：此语明代已见，义为年老时在家安然死去。明许仲琳《封神演义》第十一回："纣王立身大呼曰：'你道朕不能善终，你自夸寿终正寝，非侮君而何？'"

【心血来潮】形容突然产生某种念头。黄远庸《新年所感》："奇怪之大总统，不审何事，心血来潮，辄以教令制定官制官规，遂惹起内外一绝大之争论。"按：此语明代已见，义为神仙心中对某人或某事突然发生感应而有所知晓。《封神演义》第三四回："乾元山金光洞有太乙真人闲坐碧游床，正运元神，忽心血来潮——看官：但凡神仙，烦恼、嗔痴、爱欲三事永忘，其心如石，再不动摇；心血来潮者，心中忽动耳。"

明代已有相应书写形式而20世纪增加新义的新兴熟语，基本上都是四音节的，但是偶尔也有一些三音节、五音节的。如：

【开天窗】旧时新闻检查因禁止发表某些言论而在报纸版面上留下成块空白。鲁迅《〈花边文学〉序言》："官家的书报检查处忽然不知所往，还革掉七位检查官，日报上被删之处，也好像可以留着空白（术语谓之'开天窗'）了。"按：此语明代已见，义为用不正当手段侵吞财物。明郎瑛《七修类稿·奇谑二·盗酒令》：“一人曰：‘打地洞可对开天窗。’众又曰：‘开天窗决非盗事矣！’对者笑而解曰：‘今之敛人财而为首者克减其物，谚谓开天窗，岂非盗乎？’”

【十八层地狱】比喻灾难极其深重的境地。冯增敏《红色娘子军》：“妇女要从十八层地狱里解放出来。”按：此语明代已见，义为佛家谓极恶众生死后趋赴受苦之所，包括刀山、火汤、寒冰等十八种。《西游记》第十一回：“太宗又道：‘此是何处？’判官道；‘此是阴山背后一十八层地狱。’”

这一类型的熟语还有：放冷箭[1] 满堂红[2]

（八）清代已见 20 世纪增加新义的熟语

《大词典》有 20 世纪文献为始见例证的新兴熟语，有的是清代已有相应的书写形式而 20 世纪增加了新义。这类在清代就有了的书写形式，出现于清代的下列一些语料中：

1. 有的在龚炜作品中就出现了相应的书写形式。如：

【道貌岸然】讽刺故作正经，表里不一的样子。鲁迅《准风月谈·吃教》：“宋儒道貌岸然，而窃取禅师的语录。”按：此语清代已见，义为容色神态庄严的样子。清龚炜《巢林笔谈·谒敬亭先生》：“先生道貌岸然，接对谦和。”

2. 有的在孔尚任小说中就出现了相应的书写形式。如：

【吹吹打打】比喻吹嘘捧场。白桦《我歌唱如期归来的秋天》诗：“为‘四人帮’篡权吹吹打打的文艺早被人民唾弃，剧场里开始听到由衷的欢笑、哭泣和赞叹。”按：此语清代已见，义为吹奏笙箫、敲打锣鼓等乐器。清孔尚任《桃花扇·听稗》：“乱臣堂上掇着碗，俺倒去吹吹打打伏侍着他听。”

3. 有的在李绿园小说中就出现了相应的书写形式。如：

【信马由缰】比喻漫无目的地随意行动。老舍《四世同堂》五二：“他气昏了头，不知往哪里去好，于是就信马由缰的乱碰，走了一二里地，他的气几乎完全消了。”按：此语清代已见，义为骑着马不拉缰绳任其自由行动。《歧路灯》第一四回：“每日信马由缰，如在醉梦中一般。”

4. 有的在李伯元小说中就出现了相应的书写形式。如：

【钦差大臣】现多指上级机关派来的、握有大权的工作人员，含讥讽意。毛

---

[1] 按：此语明代已见，义为暗中放箭射人。《水浒传》第八七回：“量此小阵，有何难哉！你军中休放冷箭，看咱打你这个小阵。”

[2] 按：此语明代已见，义为灯名。明洪楩《清平山堂话本·快嘴李翠莲记》：“红纸牌儿在当中，点着几对满堂红，我家公波又未死，如何点盏随身灯？”

泽东《〈农村调查〉的序言和跋》："我们党吃所谓'钦差大臣'的亏，是不可胜数的。"按：此语清代已见，义为由皇帝特命并颁授关防的钦差。清李伯元《官场现形记》第五六回："这位钦差大臣姓温，名国，因是由京官翰林放出来的，平时文墨功夫虽好，无奈都是纸上谈兵，于外事间的时务依然隔膜得很。"

5. 有的在文康小说中就出现了相应的书写形式。如：

【扫地出门】没收全部财产并赶出家门。赵树理《邪不压正》三："我看把土地抽补了，把房子调剂了，还不能过日子的就是那些扫地出门的户，农会存的东西补了人家也就正对。"按：此语清代已见，义为从头到尾、至始至终。《儿女英雄传》第十六回："从明日起，扫地出门，愚兄一人包办了。"

【雁过拔毛】比喻对经手的事不错过任何机会去谋取私利。李存葆《山中，那十九座坟茔》："村里明白人清楚，那武装部长是位'雁过拔毛'的主儿，谁想从他底下去当兵，不给他送点礼，那是门也没有。"按：此语清代已见，义为武艺高强。《儿女英雄传》第三一回："他既没那'雁过拔毛'的本事，就该悄悄儿走，怎么好好儿的把人家拆了个稀烂。"

6. 有的在吴趼人小说中就出现了相应的书写形式。如：

【鸣锣开道】比喻为某事物的出现大造舆论。秦牧《艺海拾贝·核心》："为共产主义的新生事物鸣锣开道，鞭挞、清除一切剥削阶级的腐朽事物。"按：此语清代已见，义为官吏出行时在前面敲锣、吆喝行人回避。清吴趼人《糊涂世界》卷六："时而作一得意想，便仿佛坐在四人大轿里，鸣锣开道的去接印一般。"

7. 有的在清无名氏《帝城花样》中就出现了相应的书写形式。如：

【百花齐放】① 比喻艺术上的不同形式和风格可以自由地发展。毛泽东《关于正确处理人民内部矛盾的问题》八："百花齐放、百家争鸣的方针，是促进艺术发展和科学进步的方针，是促进我国的社会主义文化繁荣的方针。"按：此语清代已见，义为各种花同时开放。清无名氏《帝城花样》："百花齐放，皇州春色，尽属春官矣。"

8. 有的在宣鼎作品中就出现了相应的书写形式。如：

【货真价实】泛指事物真实地道，一点都不假。叶圣陶《游临潼》："这眼前的景物可真是一幅货真价实的锦绣。"按：此语清代已见，义为货物质地优良、价钱公道。清宣鼎《夜雨秋灯录·骗子》："尔家货真价实，我太夫人已到，常吃好参，须至佳者。"

9. 有的在薛福成作品中就出现了相应的书写形式。如：

【力争上游】努力奋斗，争取先进。叶圣陶《坝上一天》："经济基础和地理条件的限制，并不影响群众力争上游的决心。"按：此语清代已见，义为努力争取有利形势。清薛福成《滇缅分界大概情形疏》："然必借此一着，方可力争上游，振起全局。"

10. 有的在西周生小说中就出现了相应的书写形式。如：

【狗皮膏药】比喻骗人的货色。刘半农《〈半农杂文〉自序》："再往下说，那就是信口开河，不如到庙会上卖狗皮膏药去！"按：此语清代已见，义为药膏涂在小块狗皮上的一种膏药。清西周生《醒世姻缘传》第五七回："俺那头有极好的狗皮膏药，要一贴来与他贴上，情管好了。"

【针头线脑】比喻零碎细小的东西。孙犁《白洋淀纪事·村歌下篇》："你家里有什么东西也得登记上，是个针头线脑也得算上。"按：此语清代已见，义为缝纫用的针线。清西周生《醒世姻缘传》第八回："这是五两碎银子，与你大婶买针头线脑的用。"

11. 有的在张岱作品中就出现了相应的书写形式。如：

【蠢蠢欲动】指敌人准备进行破坏活动。黄远庸《政界内形记》二："自借款不成之消息传布后，不特土匪蠢蠢欲动，而废官任意造谣，穷兵日日思乱，若内务部不以精神整理，则北京危矣。"按：此语清代已见，义为像虫豸一样蠕蠕爬动。清张岱《陶庵梦忆·金山竞渡》："金山上人团簇，隔江望之，蚁附蜂屯，蠢蠢欲动。"

12. 有的在赵翼著作中就出现了相应的书写形式。如：

【大放厥词】指夸夸其谈、大发议论，贬义。孙中山《革命原起》："数年之间，每于学课余暇，皆致力于革命之鼓吹，常往来于香港、澳门之间，大放厥词，无所忌讳。"按：此语清代已见，义为写出大量优美的辞章。清赵翼《瓯北诗话·苏东坡诗》："以文为诗，自昌黎始；至东坡益大放厥词，别开生面，成一代之大观。"

清代已有相应书写形式而 20 世纪增加新义的新兴熟语，基本上都是四音节的，但是偶尔也有一些三音节、七音节的。如：

【兜圈子】② 比喻说话不直截了当。茅盾《锻炼》十六："如果不够开销也不怕，我还找您老兄干吗？清泉，不要再兜圈子了。"按：此语清代已见，义为无事闲游。《官场现形记》第八回："出门之后，不是游张园，便是兜圈子。"

【不到黄河心不死】比喻不达目的决不罢休。康濯《东方红》第十五章六：

"当时是王三海首先摆出了他的态度，他说：'我反正不到黄河心不死。'"按：此语清代已见，义为不到无路可走的境地不肯死心。清蒋士铨《空谷香·虎穷》："我一路何等劝你，你这样人，不到黄河心不死，还说什么亲戚！"

这一类型的熟语还有：发洋财[1]

五、20世纪新兴而大型工具书没有相应义项的现代汉语熟语举例

有些20世纪新兴的熟语，大型工具书虽然收录，但是有些现代广为使用的义项却没有收录。这样的新兴熟语，代表性的例证举出一些如下：

【天旋地转】③形容程度深，非常厉害。张恨水《啼笑因缘》第一一回："大家正将戏看得有趣，那尚师长忽然将眉连皱了几皱，因道：'这戏馆子里空气真坏，我头晕得天旋地转了。'"按：《大词典》无此义项。

六、20世纪新兴而大型工具书没有收录的现代汉语熟语举例

有些20世纪新兴的熟语，大型工具书没有收录。这样的新兴熟语，主要是四音节的，也有一些三音节、五音节的。下面所举熟语，都是20世纪新兴而《大词典》及《订补》却没有收录的：

【超负荷】②比喻超出承受能力进行工作。《中国青年》1985年第3期："他的部下工作常常超负荷运转，还得不到应有的待遇。"

【守空房】丈夫长期外出让妻子一人住在家里，也用于比喻。《文汇报》2008年1月6日："毕竟脱离意识形态的功利专注于审美的诉求，或者离开人们积极参与的热闹回到独守空房的寂寞，都不过是文学在特定的历史时期的特殊境遇而并非它的本质。"

【拔地而起】形容山峰等耸出地面。叶圣陶《我们的骄傲》："他说桂林的山好像盆景，一座一座地拔地而起。"

【半老徐娘[2]】中年色衰的妇女。钱锺书《围城》四："鸿渐气得脸都发白，说苏文纨是半老徐娘。"

---

[1] 按：此语清代已见，义为从外国人那里获得大量财物。《清朝野史大观·清朝史料·都门纪变百咏》："华俄西去汇丰存，雪白纹银百万屯。想发洋财人似蚁，崇文门接正阳门。"

[2] 按：语本《南史·元帝徐妃传》："徐娘虽老，犹尚多情。"

【宝刀不老^[1]】年纪大但技艺并未减退。邓一光《我是太阳》六部一："关山林就是这么主宰着这个家，在他年届七十的时候，他仍然雄心不眠，宝刀不老。"

【不可或缺】不能有一点点缺失。梁实秋《雅舍小品·狗》："狗的数目日增，也许是一件好事。'狗吠深巷中，鸡鸣桑树颠'，鸡犬之声相闻，是农村不可或缺的一种点缀。"

【处变不惊】面对变乱，镇定自若，不慌张。蒋子龙《阴阳交接》："马骏心里算着账，脸上仍然善气迎人。他永远都是处变不惊。"

【错综复杂】形容头绪繁多，情况复杂。李英儒《野火春风斗古城》一二章："首长们分析问题的最大特点是：站的高看的远，能从错综复杂比一团乱麻线还要多的头绪里，伸手扯出一根筋来。"

【弹尽粮绝】弹药用尽，粮食断绝，比喻处境非常困难。周大新《第二十幕》（上）三部二一："我还没有弹尽粮绝，我还有力量抵抗，可为啥让我撤呀？"

【归根到底】归结到根本上。钱锺书《围城》六："归根到底，总是韩学愈那浑蛋捣的鬼。"

【撼天动地】形容声音响亮。阿城《树王》六："首长坐车一阵风地来了，趋前向战士们问好，战士们撼天动地地回答。"

【荒无人烟】十分荒凉没有人家。刘白羽《第二个太阳》第十八章："大片树林淹没在水里，远远只看见一些模糊的轮廓，以为这里已经荒无人烟。"

【激昂慷慨】形容情绪、语调激动昂扬而充满正气。鲁迅《且介亭杂文末编·这也是生活》："在我卧病期中，全是精华的刊物已经出得不少了，有些东西，后面虽然仍旧是'美容妙法'，'古木发光'，或者'尼姑之秘密'，但第一面却总有激昂慷慨的文章。"

【假模假式】装模作样。李佩甫《送你一朵苦楝花》一〇："这淤积还来自生活的假模假式。"

【精雕细琢】比喻做事认真细致。巴金《随想录·后记》："但他们一倒，读者们又把我找了回来。那么写什么呢？难道冥思苦想、精雕细琢、为逝去的旧时代唱挽歌吗？"

【举步维艰】比喻做事每前进一步都十分不容易。魏巍《火凤凰》一二〇："而另外则是数不胜数的乞丐，使人举步维艰。"

---

[1] 按：语本《三国演义》第七十回："竖子欺吾年老！吾手中宝刀却不老。"

【举手投足[1]】泛指一举一动。汪曾祺《落魄》："他抓紧机会，稳扎稳打，他知道钱是好的，活下来多不容易，举手投足都要代价。"

【举手之劳】形容事情很容易办到。林雪《双枪老太婆》第一九章："看你得意的样子，其实也算不得什么，都是撞上的，泥不过顺水推舟、举手之劳罢了。"

【康庄大道[2]】比喻光明美好的前途。老舍《四世同堂》二："心路窄的人往往把死看作康庄大道。"

【宽大为怀】待人接物心胸开阔、态度宽容厚道。方志敏《狱中纪事》七："在这长期的囚禁中，不怕你不会病死，同是一死，却博得了'宽大为怀'的美名，计诚两得。"

【拉帮结伙】拉起一帮人结成集团。王火《战争和人》（三）卷三："他们都靠拉帮结伙、逢迎拍马在贪赃枉法，他们都没有司法方面的专门新著出版，政治小丑而已！"

【老眼昏花】指老年人的视力模糊。老舍《四世同堂》九三："一旦发现认错了人，他就揉揉眼睛，埋怨自己老眼昏花，看不真切。"

【流光溢彩】形容光彩流动闪烁。沈耀庭《细腻流畅，饶有兴味》："这组流光溢彩的镜头，充满着青春的活力。"

【马失前蹄】比喻偶然发生差错而受挫。刘绍棠《花街》六："她恶心连阴天，恨不得连阴天出门马失前蹄。"

【弥天大谎】极大的谎话。韦君宜《露沙的路》五："反正说一千道一万，我只剩下了次英，得救出我的次英！撒谎就撒谎，反正你们已经撒遍了弥天大谎。"

【绵里藏针[3]】② 比喻外貌柔和而心内尖刻。刘醒龙《分享艰难》："两人绵里藏针地斗了一阵嘴，赵卫东一直不肯让步。"

【目光短浅】形容缺乏远见。王火《战争和人》（一）卷一："随着岁月的推移，他渐渐认识到，自己娶了一个虽有姿色，却目光短浅、庸俗狭隘、心地不好的女人。"

---

[1] 按：语本唐韩愈《应科目时与人书》："如有力者，哀其穷而运转之，盖一举手一投足之劳也。"

[2] 按：此语清代已见，义为宽阔平坦的大路。清吴趼人《恨海》第五回："原来是一条康庄大道，那逃难的人马络绎不绝。"

[3] 按：又写作"绵里针"，元代已见。元石德玉《曲江池》第二折："笑里刀剐皮割肉，绵里针剐髓挑勍。"

【穷源溯流】追究事物的根源并探寻其发展的经过。老舍《文学概论讲义》五讲:"为诗要穷源溯流,先辨诸家之派。"

【僧多粥少】比喻人多东西少,不够分配。刘绍棠《草莽》三:"去前年父母双亡,十兄弟分家,僧多粥少,叶雨只分到一亩蛤蟆坑地,半间泥棚茅舍。"

【舍己为公】为了公共的利益牺牲自己的利益。方志敏《清贫》:"而矜持不苟,舍己为公,却是每个共产党员具备的美德。"

【势在必行】某事依据事物的发展趋势必须做。李劼人《暴风雨前》一部一四:"禁烟是势在必行的新政,先从官场禁起。"

【污言秽语】下流的话。莫应丰《黑洞》七:"证人话犹未了,一伙人骂着污言秽语蜂拥而上,又把禾来足足地打了一顿。"

【侠肝义胆】讲义气、有勇气、肯舍己助人的气概和行为。刘绍棠《小荷才露尖尖角》四:"此人侠肝义胆,为朋友甘愿两肋插刀。"

【鲜为人知】很少有人知道。蒋子龙《创作笔记》五:"写鲜为人知的生活就自在多了。"

【卸磨杀驴】比喻达到目的后就把曾给自己出过力的人除掉。刘绍棠《狼烟》:"只怕归队以后,打下萍水县城,他就得卸磨杀驴。"

【胸中有数】对情况有基本的了解,处理事情有一定的把握。毛泽东《党委会的工作方法》:"胸中有数。这是说,对情况和问题一定要注意到它们的数量方面,要有基本的数量的分析。"

【学以致用】学到的知识得以用于实际。李凡民《延河儿女》:"特别看到许多同学学以致用,成长为优秀的科技人才时,羡慕的心情,你们是体会不到的啊!"

【与时俱进】随着时代的发展而不断发展、前进。濯缨《新新外史》第一回:"这变之一字总是与时俱进,没有停止的。"

【愈演愈烈】变得越来越严重。巴金《随想录·附录》:"愈演愈烈的核军备竞赛,就像悬在世界人民头上的达摩克里斯的利剑。"

【云山雾罩】②形容说话漫无边际使人困惑。刘绍棠《烟村四五家》一〇:"小荞子沾染上一身江湖习气,满嘴云山雾罩嚼舌根子。"

【争奇斗艳[1]】争相展示特色以比高下。李劼人《死水微澜》二部四:"尤其

---

[1] 按:又作"争奇斗异",宋代已见。宋欧阳修《菱溪大石》诗:"卢仝韩愈不在世,弹压百怪无雄文。争奇斗异各取胜,遂至荒诞无原根。"

令邓幺姑神往的，就是讲到成都一般大户人家的生活，以及妇女们争奇斗艳的打扮。"

【自作多情】一厢情愿地做出某种表示，想借此获得对方的欢心。沈从文《八骏图》："得到那个短信时，达士先生看了看，以为这一定又是一个什么自作多情的女孩子写来的。"

【走马换将】泛指调换人员。蒋子龙《一个工厂秘书的日记》："改选调动，走马换将，是解决问题最简便的办法。"

【脚踩两只船】比喻左右摇摆，跟对立的两个方面都保持关系。老舍《四世同堂》九六："有的偷偷把孩子送往内地，脚踩两只船，好减轻自己卖国的罪责。"

七、20 世纪新兴而大型工具书始见例证错误的现代汉语熟语举例

有些 20 世纪新兴的熟语，大型工具书虽然有举例，但是始见例证错误。这样的新兴熟语，有些是三音节的，也有一些是四音节的。代表性的例证举出一些如下：

【打边鼓】从旁作声援。蒋子龙《乔厂长上任记·上任一》："过去打仗也好，现在搞工业也好，我都不喜欢站在旁边打边鼓，而喜欢当主角。"按：此语《大词典》的始见例证是鲁迅《〈集外集〉序言》："我其实是不喜欢做新诗的，——但也不喜欢做古诗，——只因为那时诗坛寂寞，所以打打边鼓，凑些热闹。"其中的"打打边鼓"与词目不一致。

【丢眼色】用眼光暗示。杜鹏程《保卫延安》第一章："匪徒们不停地向山上打枪，颤颤兢兢、贼头贼脑地互相丢眼色。"按：此语《大词典》的始见例证是《初刻拍案惊奇》卷三二："唐卿趁着他说话，就把眼色丢他。"其中的"把眼色丢他"与词目不一致。

【动肝火】发脾气，发火。马烽《结婚现场会》："二兰大概怕他爹动肝火，使我下不了台。"按：此语《订补》的举例是《红楼梦》第二九回："若是别人跟前，断不能动这肝火。"例中的"动这肝火"与词目不一致。

【留后手】为避免将来发生困难而采取留有余地的措施。浩然《艳阳天》第一三四章："只能悄悄地给自己留后手……看着道儿迈脚步。"按：《大词典订补》举例为清李海观《歧路灯》第三五回："爹娘固是该事奉的，也要与咱的儿女留

个后手，弟兄们没有个百年不散筵席。"其中的"留个后手"与词目不一致。

【耳熟能详】因常闻而能详知或详述。中国近代史资料丛刊《辛亥革命·政闻社宣言书》："今地方自治之一语，举国中几乎耳熟能详，而政府泄泄沓沓，无何种之设施。"按：此语《大词典》始见例证是宋欧阳修《泷冈阡表》："吾耳熟焉，故能详也。"其中没有"耳熟能详"一语，与词目不一致。

【虎口拔牙】比喻做十分危险之事。詹才芳《笑俘强敌十万》："二十四日夜，我纵担任穿插分割任务的一个师，以虎口拔牙的决心，突然偷袭形势险要的老虎沟，穿插战防区三十里。"按：此语《大词典订补》的举例是元弘济《一山国师语录》卷一："苍龙头上拶折角，猛虎口中拔得牙。"其中的"猛虎口中拔得牙"与词目不一致。

【虎口余生】比喻经历大危险而侥幸保住生命。《人民日报》1981 年 2 月 17日："我和振羽同志差不多二十年不见面了……虎口余生，久别重逢，我们格外高兴。"按：此语《大词典》始见例证是唐刘长卿《按复后归睦州赠苗侍御》诗："羊肠留覆辙，虎口脱余生。"其中的"虎口脱余生"与词目不一致。

八、20 世纪新兴而大型工具书没有例证的现代汉语熟语举例

有些 20 世纪新兴的熟语，《大词典》虽然收录，但是没有例证。这样的新兴熟语，有三音节的，更多的是四音节的。代表性的例证举出一些如下：

【打出手】②动手打架，方言。许涤新《周总理战斗在重庆》："国民党反动派发现了这一情况，气急败坏地大打出手，警察、宪兵、便衣特务，纷纷出动。"

【占便宜】②比喻有优越的条件。康濯《水滴石穿》第一章："而关于两省人交往的民间故事中，河北人总说成自己占便宜，山西人也是一样。"

【垂涎欲滴】①形容非常贪馋想吃的样子。刘绍棠《烟村四五家》一一："饭菜的浓香被热风吹过墙来，田老调垂涎欲滴了。"按：语本唐柳宗元《招海贾文》："垂涎闪舌兮，挥霍旁午。"

【垂涎欲滴】②比喻十分羡慕，很想得到，贬义。路遥《人生》一〇章："对面山坡和川道里锄地的庄稼人……来到地畔上，看村里这两个'洋人'……正人君子探头缩脑地看，粗鲁俗人垂涎欲滴地看。"

【交相辉映】各种光亮、色彩等相互映照。李国文《冬天里的春天》第四章："鹊山上的枫叶正红，在绿水中的倒影，也像燃起一堆火，上下交相辉映。"

【倔头倔脑】形容言语动作生硬的样子。茅盾《霜叶红似二月花》五：“当时我就觉得其中两个，一男一女，倔头倔脑，不大顺眼。”

【瞒上欺下】对上隐瞒，对下欺压。丁玲《太阳照在桑干河上》四五：“咱从头到脚也只是个穷，如今还不能替老百姓想，瞒上欺下，咱简直不是个人啦！”

【添砖加瓦】比喻为宏伟的事业做一点小小的贡献。冯亦代《乡思》：“那晚的听众是波士顿的侨胞，他们听说国内多处水患，都想竭尽自己力之所及，为祖国建设事业添砖加瓦。”

【歪七扭八】歪歪曲曲。老舍《二马》四：“他的脸还是煞白，嘴唇还滴滴血，因为保罗把他的牙打活动了一个。硬领儿歪七扭八的，领带上好些个血点。”

【小肚鸡肠】比喻气量狭小，只计较小事而不顾大局。李国文《冬天里的春天》二章：“你给评论评论，这位你的老上级，是不是比过去心胸狭窄，变得小肚鸡肠。”

【吆五喝六】①泛指划拳、赌博时的喧哗声。魏巍《火凤凰》五八：“大厅里人声嘈杂，不断传出吆五喝六的猜拳声。”

【斫轮老手】对某种事情富有经验的人。蔡东藩等《民国通俗演义》第六七回：“两人不来多嘴，全凭借那斫轮老手徐世昌，及倚马长才王式通，悉心研究。”按：省作“斲轮手”、“斵轮手”。宋苏轼《嘲子由》诗：“妙哉斲轮手，堂下笑桓公。”况周颐《蕙风词话》卷三：“去路缥缈中仍收束完密，神不外散，是为斵轮手。”又，语本《庄子·天道》：“轮扁曰：‘臣也以臣之事观之。斫轮徐则甘而不固，疾则苦而不入。不徐不疾，得之于手，而应于心，口不能言，有数存焉于其间，臣不能以喻臣之子，臣之子亦不能受之于臣。是以行年七十而老斫轮。’”

第三节　详尽罗列《大词典》以20世纪文献为始见例证的现代汉语新兴熟语

有20世纪文献作为始见例证的20世纪新兴熟语分为熟语及类熟语两种类型。有20世纪文献作为始见例证的20世纪新兴熟语，有二音节、三音节、四音节、五音节、六音节、七音节共6种类型；有20世纪文献作为始见例证的20世纪新兴类熟语，有三音节、四音节、五音节共3种类型。除去前面代表性的例证外，有 20 世纪文献作为始见例证的 20 世纪新兴熟语及类熟语全部罗列于此。

一、有 **20** 世纪文献作为始见例证的 **20** 世纪新兴二音节熟语的穷尽罗列

有 20 世纪文献作为始见例证的 20 世纪新兴二音节熟语共 1 个，即：
阿门[1]

二、有 **20** 世纪文献作为始见例证的 **20** 世纪新兴三音节熟语的穷尽罗列

有 20 世纪文献作为始见例证的 20 世纪新兴三音节熟语共 269 个。除去前面代表性的 32 个例证外，剩余的 237 个，按音序全部罗列于下：

爱面子	摆门面	爆冷门	背黑锅	背包袱	背靠背②
不成话	不得劲①	不得了①	不得了②	不对碴	不对劲①
不对劲②	不开眼	不摸头	不是味①	不是味②	不是味③
不象话①	擦屁股	拆烂污	唱反调	唱高调	炒冷饭
炒鱿鱼	扯后腿	扯闲篇	撑场面	沉住气	成气候
吃错药	吃大户①	吃大户②	吃豆腐①	吃独食①	吃皇粮
吃回扣	吃空额	吃老本	吃派饭	吃偏饭	吃瓦片
吃小灶	吃鸭蛋	出风头	出气筒	出洋相	闯关东
吹喇叭	吹冷风	搭架子②	打摆子	打冲锋①	打冲锋②
打官腔	打棍子	打埋伏②	打圈子	打群架	打水漂②
打天下②	打头炮	打头阵	打牙祭	打招呼②	打先锋②
打野外	打夜作	打招呼①	打折扣②	打游击①	打嘴仗
大道理	戴帽子①	捣麻烦	倒胃口②	吊嗓子	吊胃口
迭罗汉	跌眼镜	丢面子	兜圈子①	二进宫②	放空炮
放空气	赶潮流	赶热闹	赶时髦	干什么	狗咬狗
狗仔队	够朋友	刮鼻子①	刮鼻子③	刮脸皮	掼纱帽

---

[1] 按："阿门"是外来词，是希伯来语 āmēn 的音译，也可译成"阿们"、"阿民"、"亚孟"。

过筛子②	喊嗓子	喝倒采	喝墨水	和稀泥	画等号
回老家	挤牙膏	捡洋捞[1]	讲价钱②	交白卷②	揭盖子
开倒车	开口子②	开快车	开绿灯	开门红	开玩笑①
开玩笑②	开小差①	开小差②	开洋荤	开夜车	看笑话
扛长工	扣帽子	夸海口	拉肚子	拉关系	拉偏架[2]
拉山头	捞稻草	利滚利	两重天	两码事	两面光
两张皮	领头羊	留后路	留一手	露一手	露头角
骂大街	买面子	卖关子①	卖力气①	卖力气②	满世界
满堂彩	没关系	没什么	面面观	磨洋工	抹脖子
抹稀泥	闹别扭	闹肚子	闹饥荒①	闹脾气	闹情绪
闹意见	闹着玩③	扭秧歌	爬格子	跑单帮	跑江湖
跑龙套①	跑龙套②	跑码头	跑买卖	跑生意	泡蘑菇
炮筒子	泡病号	赔小心	泼冷水	敲边鼓	翘辫子
翘尾巴	绕脖子①	绕圈子②	人来疯	认死理	上轨道
上眼药	上贼船	烧高香	梳辫子	耍把戏②	耍骨头②
耍活宝	耍贫嘴	耍手艺	耍无赖	摔跟头①	甩脸子
随大溜	随大流	顺杆爬	说闲话①	撕破脸	抬轿子
套近乎	踢皮球	剃光头	天晓得	天知道	挑大梁
挑字眼	跳大神	拖后腿	挖墙脚	捂盖子	下台阶
压担子	一把手①	一把手③	一把抓①	一把抓②	一百一
一边倒	一锅端①	一锅端②	一面倒	一勺烩	硬碰硬
有意思②	有意思③	扎猛子	砸牌子	找麻烦	争面子
抓工夫	转关系	捉迷藏②	坐江山	走过场②	走后门
走时气	走着瞧	钻空子			

---

[1] 按:"捡洋捞"又作"捡洋落"。《大词典》收"捡洋捞"而未收"捡洋落",《现代汉语词典》第6版第631页收"捡洋落"而未收"捡洋捞"。

[2] 按:又作"拉偏手"。梅毅《帝国的正午》第二部分"乱世真理":"幸亏大胖子李忠臣反应快,上前帮忙拉偏手,使朱泚得以从段秀实拳脚下匍匐爬脱。""拉偏手"这一书写形式《大词典》未收。

三、有 20 世纪文献作为始见例证的 20 世纪新兴四音节熟语的穷尽罗列

有 20 世纪文献作为始见例证的 20 世纪新兴四音节熟语共 860 个。除去前面代表性的 312 个例证外，剩余的 548 个，按音序全部罗列于下：

阿猫阿狗	爱财如命	鞍前马后	安家立业	安家落户
案头工作	暗箱操作	昂首阔步	拔苗助长	百废待举
百废待兴	百分之百	百花齐放②	百家争鸣②	百炼成钢
百年不遇	百年大计	白纸黑字	拜金主义	板上钉钉
饱经沧桑	本本主义	笨口拙舌	笨头笨脑①	笨头笨脑②
笨嘴拙舌	逼良为娼	毕恭毕敬	笔下生花	闭关锁国
闭目塞听	遍地开花	表面文章	别无二致	不卑不亢
不管不顾①	不管不顾②	不解之缘	不名一文	不同凡响
不翼而飞①	不折不扣	不择手段	不正之风	步人后尘
财迷心窍	财大气粗	残渣余孽	残垣断壁	惨绝人寰
惨无人道	馋涎欲滴	长此以往	长年累月	唱独角戏
唱对台戏	超尘拔俗	超然物外②	草木皆兵	草台班子①
炒买炒卖	铤光瓦亮	成千上万	成事不足	尘埃落定
趁热打铁	吃闭门羹	吃大锅饭	尺幅千里	赤膊上阵
慈眉善目	嗤之以鼻	冲锋陷阵②	臭味相投	此伏彼起
此起彼伏	此起彼落	重温旧梦	粗制滥造	初来乍到
初露锋芒	初露头角	怵目惊心	出谋划策	出头露面②
穿连裆裤	吹灯拔蜡	蠢头蠢脑	打落水狗	打马虎眼
大包大揽	大步流星	大公无私①	大红大紫	大男大女
大年三十	大起大落	大气磅礴	大是大非	大显身手
弹无虚发	刀光剑影	刀山火海	倒背如流	倒打一耙
德才兼备	等米下锅①	等因奉此	滴水穿石	点头哈腰
丢盔弃甲	丢卒保车	东鳞西爪	动人心弦	独断专行
独具匠心	独立王国	独立自主	短小精悍②	断垣残壁
对号入座	多愁善感	多灾多难	恶声恶气	恶性循环

耳闻目睹	发愤图强	发人深思	发扬光大	发扬踔厉
发踪指使[1]	发纵指使[2]	翻天覆地①	繁花似锦	反腐倡廉
反戈一击	反躬自问	反面人物	奋发图强	封官许愿
封建割据	风口浪尖	风起云涌②	风言风语②	风云人物
锋芒毕露	丰富多采	桴鼓相应	浮出水面	俯拾皆是
负隅顽抗	改换门庭②	改天换地	感情用事	钢筋铁骨
高歌猛进	高人一等	高头大马②	告枕头状	各就各位
各色各样	隔岸观火	隔三差五[3]	攻守同盟②	公众人物
供不应求	狗胆包天	呱呱坠地	固步自封	故步自封
棺材瓤子	官官相卫	拐弯抹角②	怪声怪气	归根结底
归里包堆	鬼哭狼嚎	滚瓜溜圆	过关斩将	过河卒子
过路财神	海底捞月	豪言壮语	好说歹说	合情合理
和平共处	荷枪实弹	哼哈二将	横眉怒目	红光满面
猴年马月	厚今薄古	后台老板	虎头虎脑	花花肠子
划一不二②	荒时暴月	黄金搭档	黄金时代①	黄金时代②
黄粱美梦	灰头土脸②	昏天黑地⑤	浑水摸鱼	混水摸鱼
混为一谈	活蹦乱跳	火急火燎	火烧火燎	火中取栗
鸡飞蛋打	鸡零狗碎	饥肠辘辘	急风暴雨	急起直追
急转直下	济济一堂	计日程功	假戏真做	驾鹤西游[4]

---

[1] 按："发踪指使"即"发踪指示"，《大词典》作"发踪指使"，《现代汉语词典》作"发踪指示"，参见《现代汉语词典》第 6 版第 351 页。这一熟语我们采用《大词典》的书写形式。"发踪指示"这一书写形式西汉已见。《史记·萧相国世家》："高帝曰：'夫猎，追杀兽兔者狗也，而发踪指示兽处者人也。今诸君徒能得走兽耳，功狗也。至如萧何，发踪指示，功人也。且诸君独以身随我，多者两三人。今萧何举宗数十人皆随我，功不可忘也。"

[2] 按："发纵指使"即"发纵指示"，《大词典》作"发纵指使"，《现代汉语词典》作"发纵指示"，参见《现代汉语词典》第 6 版第 351 页。这一熟语我们采用《大词典》的书写形式。"发纵指示"这一书写形式东汉已见。《汉书·萧何曹参传》："夫猎，追杀兽者狗也，而发纵指示兽处者人也。今诸君徒能走得兽耳，功狗也；至如萧何，发纵指示，功人也。"

[3] 按：此语《现代汉语词典》第 6 版第 440 页又写作"隔三岔五"。贾平凹《浮躁》第二十章："谁也不知道这生意是怎么做。但见隔三岔五，雷大空就穿着整齐，在白石寨北街口最大的饭店里摆酒席招待商客，洽谈生意。""隔三岔五"这一写法《大词典》及《订补》未收。

[4] 按：又作"驾鹤西去"。黄大陆《命理边学边聊》（四）（中国文化出版社 2016 年版）："逢戊辰年，三合水局，印星化坏，驾鹤西去。"

见风转舵	见缝插针	江湖骗子	奖勤罚懒	洁身自好
揭不开锅	解甲归田	戒骄戒躁	借古讽今	借尸还阳
金口玉牙	精兵简政	精打细算	精雕细刻	精耕细作
紧锣密鼓	尽人皆知	近亲繁殖	九九归一	旧调重弹
救亡图存	君子协定	开诚相见	苛捐杂税	空头支票①
空头支票②	扣人心弦	哭笑不得	苦思冥想	夸夸其谈
快人快语	溃不成军	拉帮结派	拉家带口	老调重弹
老牛破车	雷打不动	冷嘲热讽	冷血动物②	里通外国
连锁反应③	连中三元②	两肋插刀	溜须拍马	弄虚作假
论资排辈	驴年马月	屡见不鲜	屡教不改	屡试不爽
略胜一筹	买空卖空②	卖身投靠	蛮不讲理	满目疮痍
漫无边际②	没心没肺①	蒙头转向	面目一新	妙趣横生
妙语连珠	名不符实	名符其实	冥思苦索	冥思苦想
明枪暗箭[1]	明争暗斗	摸爬滚打	目光如豆	目无余子
拿手好戏①	拿手好戏②	奶声奶气	能掐会算	匿影藏形
拈轻怕重	蔫头耷脑	念念有词②	牛郎织女②	忸怩作态
奴颜媚骨	怒火中烧	排忧解难	攀高枝儿	盘根究底
旁征博引	喷云吐雾	劈头盖脸	评头论足	铺路石子
铺天盖地	欺上瞒下	奇耻大辱	奇装异服	漆黑一团①
漆黑一团②	乞哀告怜	齐头并进	起早摸黑	起早贪黑
气势汹汹	掐头去尾	前赴后继	穷山恶水	穷途潦倒
求同存异	清规戒律①	清规戒律②	清水衙门	清汤寡水
轻歌曼舞	轻装简从	轻装上阵	情景交融	全力以赴
全神贯注	全心全意	群魔乱舞	群威群胆	热火朝天
热血沸腾	人模狗样	人寿年丰	任人唯亲	如箭在弦
软硬兼施	仨瓜俩枣	杀鸡取卵	煞有介事	散兵游勇
丧权辱国	上窜下跳②	上方宝剑	舍车保帅	生搬硬套
生拉硬拽	生死攸关	生死与共	声嘶力竭	神经过敏②

---

[1] 按："明枪暗箭"是"明枪好趱，暗箭难防"的省称。元无名氏《独角牛》第二折："孩儿也，一了说明枪好趱，暗箭难防。"又，"趱"又写作"躲"。明西湖居士《郁轮袍·报捷》："正是计似鬼魅莫测，心如蛇蝎凶伤，教他明枪易躲，果然暗箭难防。"

神使鬼差	撕心裂肺	十冬腊月	十万火急	时过境迁
史无前例	势不可当	手眼通天	首当其冲	速战速决
数不胜数	树碑立传	树大根深	耍嘴皮子①	耍嘴皮子②
损公肥私	顺藤摸瓜	缩头缩脑②	说得过去	私心杂念
死气沉沉	谈情说爱	堂而皇之①	堂而皇之②	腾云驾雾②
体无完肤②	啼笑皆非	天方夜谭	天公地道	天昏地暗②
挑肥拣瘦	挑三拣四	条条框框	铁板钉钉	铁板一块
铁证如山	听之任之	捅马蜂窝	童言无忌	同工同酬
突飞猛进	囤积居奇	鸵鸟政策	挖肉补疮	歪门邪道
外圆内方	忘乎所以	望子成龙	违法乱纪	危言耸听
为虎添翼	蔚然成风	蔚为大观	温情脉脉	文不对题
纹风不动	闻风而动	稳操胜券	稳如泰山	稳扎稳打②
问寒问暖	污泥浊水	无的放矢	无尽无休	无可非议
无可厚非	无论如何	无声无息	五彩缤纷	五大三粗
五雷轰顶	五马分尸	喜闻乐见	细水长流①	细枝末节
相辅相成	想方设法	向壁虚构	逍遥法外	小打小闹
小道消息	小恩小惠	小手小脚②	凶相毕露	胸中无数
心慈手软	心甘情愿	心急火燎	心明眼亮	心有余悸
心余力绌	心中无数	心中有数	新陈代谢①	新陈代谢②
惺惺作态	嘘寒问暖	血海深仇	血雨腥风	寻欢作乐
言传身教	言之无物	扬长避短	药到病除①	摇旗呐喊②
衣食住行	一本正经	一步到位	一步登天	一尘不染②
一触即发	一触即溃	一得之功	一反常态	一溜歪斜①
一马平川	一门心思	一气呵成②	一穷二白	一如既往
一石二鸟	一时半会	一炮打响	一潭死水	一头雾水
一团漆黑②	一文不名	一星半点	一叶障目	一针见血
一走了之	疑难杂症	以偏概全	以身作则	意气风发
因人而异①	迎头赶上	引火烧身①	引吭高歌	引蛇出洞
引玉之砖	拥军优属	拥政爱民	有板有眼	有的放矢
有色眼镜	有生力量①	有生力量②	有血有肉	有枝添叶
原形毕露	鱼死网破	愚民政策	榆木疙瘩	源远流长②

晕头转向	砸锅卖铁	在劫难逃	照本宣科	照猫画虎
争分夺秒	整装待发	震耳欲聋	直眉瞪眼②	指点迷津
粥少僧多	珠光宝气	转弯抹角②	转弯抹角③	卓有成效
贼喊捉贼	子丑寅卯	字正腔圆	自吹自擂	自觉自愿
自力更生	自卖自夸	自然规律	自食其果	自说自话
自我批评	自行其是	自由竞争	自由王国	自由主义②
综合利用	坐冷板凳②	坐冷板凳③		

四、有 20 世纪文献作为始见例证的 20 世纪新兴五音节熟语的穷尽罗列

有 20 世纪文献作为始见例证的 20 世纪新兴五音节熟语共 11 个。除去前面代表性的 6 个例证外，剩余的 5 个，按音序全部罗列于下：

八九不离十　　吹胡子瞪眼　　脸红脖子粗　　赶鸭子上架　　花岗岩头脑

五、有 20 世纪文献作为始见例证的 20 世纪新兴六音节熟语的穷尽罗列

有 20 世纪文献作为始见例证的 20 世纪新兴六音节熟语共 6 个。它们按音序全部罗列于下：

拆东墙补西墙　　吃一堑长一智　　打肿脸充胖子　　刀子嘴豆腐心
放长线钓大鱼　　惊天地泣鬼神

六、有 20 世纪文献作为始见例证的 20 世纪新兴七音节熟语的穷尽罗列

有 20 世纪文献作为始见例证的 20 世纪新兴七音节熟语共 4 个。除去前面代表性的 2 个例证外，剩余的 2 个，按音序罗列于下：

车到山前必有路　　打开天窗说亮话

第四节　有 20 世纪文献为始见例证的新兴类熟语研究

一、有 20 世纪文献为始见例证的代表性的新兴类熟语举例

现代汉语共时平面词汇体系中的类熟语，总计 1648 个，占现代汉语熟语结构总数的 24.17%。现代汉语中的类熟语，在清代就已经出现了，大约有 10 个。20 世纪以来是类熟语的兴盛时期，现代汉语共时平面的类熟语总计大约有 1638 个，它们见于 20 世纪以来的各种报纸资料、期刊杂志等语料中。大型工具书对于类熟语的处理方式，分为收录并举例、只收录不举例、收录书写形式但是没有类熟语的义项、没有收录四种情况，本节论述的是已经找到了例证的新兴类熟语。大型工具书对于这一类的类熟语的处理方式，还需要进行一些说明。

这些需要说明的问题有：有的书写形式上有异形写法，有的来源上有些特点，有的大型工具书没有收录，有的大型工具书虽然收录但是没有举例，有的在 20 世纪以前就有但是 20 世纪增加了新义，等等。我们的说明全部采用按语的形式，在每个类熟语的后面注明。本部分的内容，按音序排列。有 20 世纪文献为始见例证的代表性的新兴类熟语分类举例如下。

（一）有 20 世纪文献为始见例证的具有异形写法的新兴类熟语举例

有 20 世纪文献为始见例证的 20 世纪新兴类熟语，有的还有一些异形写法。这些具有异形写法的类熟语主要是四音节的，个别的还是五音节的。其中又可分为下面一些类型：

1. 具有一种异形写法的 20 世纪新兴类熟语

有 20 世纪文献为始见例证的 20 世纪新兴类熟语，除了约定俗成的书写形式外，有的还有另外一种异形写法。这些新兴类熟语的另外一种异形写法，分为 20 世纪以前和 20 世纪同代两种情况：

（1）出现于 20 世纪以前的具有一种异形写法的新兴类熟语

这些具有一种异形写法的类熟语涉及到的 20 世纪以前的历史时期主要是清代。

① 有的另一种异形写法出现于清富察敦崇的著作中。如：

【冰糖葫芦】一种食品。曹禺《北京人》第一幕："放着一大盘冰糖葫芦。"按：又作"冰糖壶卢"，清代已见。清富察敦崇《燕京岁时记·栗子》："冰糖壶卢乃用竹签，贯以葡萄、山药豆、海棠果、山里红等物，蘸以冰糖，甜脆而凉。冬夜食之颇能去煤炭之气。"

②有的另一种异形写法出现于清文康的著作中。如：

【鸡皮疙瘩】因受寒冷或惊恐等皮肤上起的形状似去掉毛的鸡皮一样的小疙瘩。张天翼《温柔制造者》："还有，你瞧那个带绿领结的男人，扭得像唱青衣的，叫人长鸡皮疙瘩。"按：又作"鸡皮疙疸"，清代已见。《儿女英雄传》第五回："公子一见，吓的一身鸡皮疙疸。"

（2）出现于 20 世纪同代的具有一种异形写法的新兴类熟语

有 20 世纪文献为始见例证的 20 世纪新兴类熟语的另一种异形写法，涉及到的 20 世纪以来的语料有李季作品、木青作品。如：

【连台本戏】分多次演出的很长的本戏。沙陆墟《魂断梨园》第十七回："第五本至少可以卖一个月满座，下来便唱第六本……这连台本戏的《狸猫换太子》没有一个包公怎行？"按：省作"连台戏"。木青《不许收获的秋天》第八章："她认为：这和电话里说的事是一出连台戏里的两折。"

【羊肚手巾】形如羊肚的毛巾，方言。谷峪《新事新办》："脑袋上箍着块花羊肚手巾。"按：又写作五音节的"羊肚子手巾"。李季《王贵与李香香》第一部三："羊肚子手巾包冰糖，虽然人穷心肠好。"

有 20 世纪文献为始见例证的 20 世纪新兴类熟语，一般都是四音节的。但是，也有一些五音节的。如：

【小资产阶级】占有少量生产资料和财产、主要依靠自己劳动为生而一般不剥削别人的阶级。毛泽东《中国社会各阶级的分析》："到革命潮流高涨、可以看得见胜利的曙光时，不但小资产阶级的左派参加革命，中派亦可参加革命，即右派分子受了无产阶级和小资产阶级左派的革命大潮所裹挟，也只得附和着革命。"按：省作双音词"小资"。《文汇报》1949 年 9 月 7 日："它所代表的是人民——以工人为主，友农，联小资和民资的阶级。"

2. 具有两种或三种异形写法的 20 世纪新兴类熟语

有 20 世纪文献为始见例证的 20 世纪新兴类熟语，除了约定俗成的书写形式外，有的还有两种甚至三种异形写法。这些 20 世纪新兴类熟语的两种、三种异形写法，按时代的不同，又分为以下一些类型：

（1）两种异形写法都见于清代。如：

【连鬓胡子】络腮胡子。张恨水《春明外史》第十五回："他看见杨杏园来了，便给一个连鬓胡子满脸酒泡的人介绍过去。"按：又作"连鬓胡须"，清代已见。清李百川《绿野仙踪》第六四回："这人汉仗仪表，倒与林大哥差不多，只是这一部连鬓胡须，就比他强几十倍了。"又，省作"连鬓胡"。《绿野仙踪》第七一回："连鬓胡，黄而且短；秤锤鼻，扁而偏肥。"

（2）三种异形写法，两种见于唐代，一种见于 20 世纪。如：

【玉皇大帝】道教称天上最高的神。鲁迅《坟·论雷峰塔的倒掉》："听说，后来玉皇大帝也就怪法海多事，以至荼毒生灵，想要拿办他了。"按：又作"玉皇"、"玉皇帝"、"玉皇上帝"。唐李白《赠别舍人台卿之江南》诗："入洞过天地，登真朝玉皇。"唐李嘉佑《送韦司直西行》诗："心朝玉皇帝，貌似紫阳人。"毛泽东《湖南农民运动考察报告》："由阎罗天子、城隍庙王以至土地的阴间系统以及由玉皇上帝以至各种神怪的神仙系统——总称之为鬼神系统。"

（二）有 20 世纪文献为始见例证的前代已见而 20 世纪增加新义的类熟语举例

有 20 世纪文献为始见例证的新兴类熟语，有的在清代已有相应的书写形式而 20 世纪增加了新义。这种类型的类熟语，我们举一个例证如下：

【三位一体】比喻三个人、三件事、三个方面结合成的整体。毛泽东《为争取千百万群众进入抗日民族统一战线而斗争》："为什么提出'巩固和平'、'争取民主'、'实现抗战'这样三位一体的口号？为的是把我们的革命车轮推进一步，为的是情况已经允许我们进一步了。"按：此语清代已见，义为圣父、圣子、圣灵三者神的性质融合为一个本体。太平天国洪仁玕《资政新篇》："夫所谓上宝者，以天父上帝、先兄基督、圣神爷之风三位一体为宝。"又，"圣父"为父亲耶和华，"圣子"为儿子耶稣，"圣灵"为父、子共有的神的性质。

（三）能够找到 20 世纪文献为始见例证而大型工具书没有例证的新兴类熟语举例

有些 20 世纪新兴的类熟语，《大词典》虽然收录，但是没有例证。这样的新兴类熟语，主要是四音节的。我们可以从文献中去找寻一些例证，以弥补工具书的不足。这类类熟语，代表性的例证举出一些如下：

【共产主义】①马克思、恩格斯所创立的无产阶级的整个思想体系。《人民文学》1977 年第 8 期："是的，石油战线为什么仗打得这样过硬，关键就在于有这样一支共产主义思想过硬的队伍。"

【共产主义】② 人类最理想的社会制度。鲁迅《且介亭杂文·关于中国的两三件事》：“听人说，此外还得做排击共产主义的论文，如果不肯做，或者不能做，那自然，非终身反省不可了，而做得不够格，也还是非反省到死则不可。”

【民间文学】民众之间广泛流传的神话、传说、民间戏曲、民间曲艺、歌谣等口头文学。钱穆《中国文学论丛·略论中国韵文起源》：“只因现代我们的学者，惯于把西方观点来衡量东方之一切，因此既不肯承认散文之可先于韵文，又不肯承认文学之必辨于雅俗，而极意想提倡民间文学、俗文学，认为只有地方性的、流行于下层社会的，才始是自然的活文学。”

【民权主义】三民主义的一个组成部分。孙中山《民权主义》第一讲：“惜乎尚有冥顽不化之人，此亦实在无可如何！”

【民生主义】三民主义的组成部分之一。孙中山《民生主义》：“民生就是人民的生活，社会的生存，国民的生计，群众的生命。”

【三民主义】孙中山提出的民族主义、民权主义、民生主义。毛泽东《中国革命和中国共产党》第二章第五节：“这种三民主义即是孙中山的三大政策，即联俄、联共和扶助农工政策的三民主义。”

【社会科学】研究各种社会现象的科学。徐特立《教育讲座》：“社会科学同自然科学一样，有它的学科和术科。如斗争纲领，行动口号，工作方法，组织方法，可以认为社会科学的术科。”

【社会主义】② 指社会主义社会。毛泽东《关于正确处理人民内部矛盾的问题》一：“资产阶级民主革命和社会主义革命的胜利，以及社会主义建设的成就，迅速地改变了旧中国面貌。”

【无名英雄】姓名不为世人所知的英雄人物。夏衍《〈新华日报〉及其他》：“他真可以说是一个‘无名英雄’。”

【现实主义】文学艺术上的一种创作手法。瞿秋白《海上述林·拉法格和他的文艺批评》：“拉法格认为文学的认识功用是有极大的意义的，所以他严厉的批评资产阶级现实主义和自然主义的虚浮。”

【辛亥革命】孙中山在农历辛亥年领导的资产阶级民主革命。钱基博《辛亥革命运动中之蔡锷》：“于是和议成，而孙文以黄兴与袁世凯有成言，遂逊位，而以世凯继任临时大总统。”

【意识形态】在一定的经济基础上形成的人们对于世界和社会的有系统的看

法和见解。郭沫若《中国史稿》第三编第一章第一节："烧毁宣扬奴隶制意识形态的《诗》《书》，禁止儒生游学游仕。"

【知识分子】具有较高文化水平、从事脑力劳动的人。聂绀弩《关于知识分子》："如果只要是知识分子就靠不住，群众当然应该完全看轻他们的'智多星'，把这种'非我族类'的家伙早点从队伍里赶出去。"

【治外法权】指有特定身份的外国人等所享有的不受所在的国管辖的特权。《新华月报》1950 年第 1 期："各国在中国的一切特权，什么驻军权、领事裁判权、治外法权等，那一个帝国主义废除了呢？"

【资本主义】资本家占有生产资料并用以剥削的社会制度。李大钊《我的马克思主义观》八："既然许资本主义与自由竞争行于经济界，这种结果是必不能免的。"

【资产阶级】占有生产资料、剥削工人剩余劳动的阶级。毛泽东《反对党内的资产阶级思想》："作寿不会使人长寿。主要是把工作做好。"

二、有 20 世纪文献为始见例证的新兴类熟语的穷尽罗列

有 20 世纪文献作为始见例证的 20 世纪新兴类熟语，按音节分为三音节、四音节、五音节三种类型。除去前面代表性的例证外，有 20 世纪文献作为始见例证的 20 世纪新兴类熟语全部罗列于此。

（一）有 20 世纪文献作为始见例证的三音节类熟语的穷尽罗列

有 20 世纪文献作为始见例证的新兴三音节类熟语共 5 个。按音序全部罗列于下：

拔火罐　　打喷嚏　　拿大顶　　跳房子　　走钢丝[①]

（二）有 20 世纪文献为始见例证的四音节类熟语的穷尽罗列

有 20 世纪文献作为始见例证的 20 世纪新兴四音节类熟语共 260 个。除去前面代表性的 23 个例证外，剩余的 237 个，按音序全部罗列于下：

安全系数[①]	霸权主义	白色恐怖	白衣天使	半殖民地
保留剧目	保外就医	报告文学	被选举权[①]	本位货币
本位主义	闭路电视	边缘科学	标题新闻	标题音乐
剥削阶级	不可抗力	产业工人	超级大国	超级市场
成人教育	赤脚医生	出租汽车	初级小学	初级中学

弹道导弹	第二课堂	第三产业	第三世界	第五纵队[1]
第一把手	第一时间[2]	电磁感应	短篇小说	第六感觉
二人世界	发达国家	返祖现象	封山育林	高山反应
高速公路	高新技术	个人主义	工读教育	工薪阶层
公共积累	公教人员	古典文学	古典主义	官僚主义
官僚资本	冠状动脉	过渡政府	过街天桥	航天飞机
河西走廊	核反应堆	黑箱操作	红十字会	红头文件
环境保护	环境污染	黄金时间	活字印刷	婚生子女
机关刊物	机会主义	积极分子①	积极分子②	基本词汇
基本建设①	基本矛盾	棘皮动物	集成电路	集体经济
集体主义	季风气候	家庭妇女	家庭教师	家用电器
架子花脸[3]	间接经验	交通工具	教条主义	阶级斗争
经济基础	经济特区	经济危机①	经济效益	经济作物
军国主义	军事法庭	军事管制	军事基地	军事科学
军事体育	军事训练	空中小姐	口头文学	蓝青官话
冷血动物①	利己主义	联合战线	联合政府	联席会议
流水作业	流行歌曲①	录音电话	络腮胡子	绿色食品
马列主义	马路新闻	民意测验	民族英雄	末梢神经
木本植物	买办阶级	纳米材料	脑力劳动	内外交困
农贸市场	泡沫塑料	配套成龙	平均主义	普通教育
七七事变	七十二行	启蒙运动②	拳头产品	人工呼吸
人海战术	人民团体	人民战争	荣誉军人	软体动物
三角恋爱	三维空间	三座大山	商品经济	上层建筑
上党梆子	社会存在	社会关系①	社会活动	社会教育
社会青年	社会制度	社会主义①	神经过敏①	神经末梢

---

[1]　按：1936 年 10 月西班牙内战期间，进攻西班牙共和国首都马德里的叛军将领摩拉扬言，他们正在用四个纵队进攻马德里，而第五纵队已在首都等待着。所谓的"第五纵队"指在共和国后方活动的叛徒、间谍和破坏分子。

[2]　按："第一时间"是英语 first time 的翻译，是意译词。

[3]　按：《大词典》收"架子花脸"而未收"架子花"，《现代汉语词典》收"架子花"而未收"架子花脸"。

神经衰弱	生产工具	生产过剩	生产手段	生产资料
生活数据	生态平衡	事务主义	双重人格	水上芭蕾
水土保持	水土流失	说唱文学	丝绸之路	四舍五入
生辰八字	糖衣炮弹	体力劳动	条件反射	通货紧缩①
通货紧缩②	通货膨胀	通俗歌曲	通信卫星	统一战线
统治阶级	头面人物	投机倒把	图画文字	图文并茂
土地改革	土木工程	土生土长	完全小学	唯美主义
唯心主义	卫生设备	文山会海	文艺批评	屋顶花园
无产阶级	无冕之王	无名肿毒	无期徒刑	武侠小说
武装部队	武装力量	物质文明	细菌武器	象牙之塔
象征主义	橡皮图章	楔形文字	写实主义	刑事责任
形式主义①	循环经济	一次能源	遗传工程	有色人种
有效射程	预制构件	原始公社	原始社会	圆桌会议
越野赛跑	运载火箭	阴阳先生	原始宗教	知识青年
执行主席	职业教育	殖民主义	中产阶级①	中等教育
中华民族	中篇小说	中枢神经	中心思想	种族歧视
主观主义	自然经济	自然科学	自由职业	综合大学
组织生活	最后通牒			

（三）有 20 世纪文献为始见例证的五音节类熟语的穷尽罗列

有 20 世纪文献作为始见例证的 20 世纪新兴五音节类熟语共 6 个。除去前面代表性的 1 个例证外，剩余的 5 个新兴类熟语，按音序全部罗列于下：

供销合作社　　劳动生产率　　民主集中制　　全民所有制　　新文化运动

第五节　本章小结

1. 本章论述的是《大词典》以 20 世纪文献作为始见例证的 20 世纪现代汉语新兴熟语结构。

2. 20 世纪的汉语熟语分为广义的和狭义的两类。广义的 20 世纪汉语熟语指的是在 20 世纪的语料中使用的熟语，而狭义的 20 世纪汉语熟语指的是 20 世纪语料中的新兴熟语。我们的研究属于广义的 20 世纪汉语熟语研究。

3. 研究 20 世纪的汉语熟语，最重要的研究对象，就是研究 20 世纪的汉语新兴熟语。20 世纪的汉语新兴熟语的判定依据之一，就是看大型工具书的举例状况。如果某一熟语的义项的举例是以 20 世纪的文献作为始见例证的，就可以初步判定为 20 世纪的新兴熟语。

4. 研究 20 世纪的汉语新兴熟语，语料很多。具体到本研究中的以 20 世纪的文献作为始见例证的现代汉语新兴熟语来看，涉及的语料约 992 种。其中专书语料 435 种，单篇作品语料 557 种。

5. 有 20 世纪语料作为始见例证的现代汉语新兴熟语结构总计 1422 个，占现代汉语熟语结构总数的 20.85%。20 世纪现代汉语新兴熟语又可细分为熟语和类熟语两种类型。

6. 有 20 世纪文献为始见例证的现代汉语新兴熟语 1151 个。其中，二音节熟语 1 个，三音节熟语 269 个，四音节熟语 860 个，五音节熟语 11 个，六音节熟语 6 个，七音节熟语 4 个。

7. 有 20 世纪文献为始见例证的现代汉语新兴类熟语 271 个。其中，三音节类熟语 5 个，四音节类熟语 260 个，五音节类熟语 6 个。

8. 有 20 世纪文献作为始见例证的这 1422 个现代汉语新兴熟语结构，绝大多数是 20 世纪新兴的，这为我们研究 20 世纪汉语新兴熟语划定了一个大致的研究范围，使得我们的研究更加具有目的性。当然，随着 20 世纪汉语新兴熟语的研究成果的不断深入，其中也有个别熟语的时代还可以提前到清代或者清代以前的历史时期。

第十六章

《大词典》没有例证及没有某一义项的
20 世纪新兴熟语结构

专书词汇、断代词汇的研究中，在进行比较的时候，要判定一个时代的新兴熟语及类熟语，一般所采用的方法是：对照已有的研究成果，主要是大型工具书、电子语料库及代表性的论著。

如果某一熟语结构在大型工具书中没有例证而该熟语及类熟语又见于自己研究的语料中，就可以大致把它暂时确定为那个时代的新兴熟语及类熟语。我们研究现代汉语新兴熟语及类熟语的历史层次，属于断代词汇的研究范畴，也采用这样的方式。凡是《大词典》没有例证而《现代汉语词典》又收录的熟语及类熟语，我们就把它暂时确定为 20 世纪以来的汉语新兴熟语及类熟语。据此原则，我们调查出了《大词典》没有例证的现代汉语新兴熟语及类熟语 470 个。

如果某一熟语及类熟语在大型工具书中没有某一义项而该熟语又见于自己研究的语料中，就可以大致把它暂时确定为那个时代的新兴熟语。我们研究现代汉语熟语的历史来源，也采用这样的方式。凡是《大词典》没有我们所研究的某一熟语及类熟语的某一义项而这一义项又见于《现代汉语词典》，我们就把它暂时确定为 20 世纪以来的汉语新兴熟语及类熟语。据此原则，我们调查出了《大词典》中没有我们所研究的熟语结构的某一义项的 20 世纪新兴熟语及类熟语 32 个。

第一节 《大词典》没有例证及没有某一义项的
20 世纪新兴熟语结构总体情况概述

一、没有例证及没有某一义项的新兴熟语结构概述

从历史层次的角度研究现代汉语的熟语及类熟语，涉及的没有例证的新兴熟语及类熟语 470 个，占现代汉语熟语结构总数的约 6.89%。其中，熟语 105 个，类熟语 365 个。在 105 个没有例证的熟语中，三音节 64 个，四音节 40 个，五音节 1 个。在没有例证的 365 个类熟语中，三音节 18 个，四音节 318 个，五音节 24 个，六音节 4 个，七音节 1 个。

从历史层次的角度研究现代汉语的熟语及类熟语，涉及到的没有某一义项的新兴熟语及类熟语 32 个，占现代汉语熟语结构总数的约 0.46%。其中，熟语 25 个，类熟语 7 个。在 25 个没有某一义项的熟语中，三音节 14 个，四音节 11 个。在没有某一义项的 7 个类熟语中，三音节 2 个，四音节 5 个。

我们的第一步工作是清理出这些新兴的熟语及类熟语，把它们作为 20 世纪的现代汉语新兴熟语结构的主要研究对象。没有这样的清理工作，要研究现代汉语中的 20 世纪的新兴熟语结构，就会感到无处下手。从这个角度来看，这样的工作还是有学术价值的。

二、没有例证的代表性的新兴熟语结构的举例说明

通过比较，我们发现，没有例证的现代汉语新兴熟语及类熟语，有些情况还是值得进行一番说明的。这些值得说明的地方，大约有以下一些类型：

（一）有的是大型工具书举例错误造成没有例证

现代汉语中的有些熟语，在《大词典》中是有例证的。但是，由于所举例证是错误的，从而造成这一熟语或这一熟语的某一义项没有例证了。这种情况，可以分为以下一些类型：

1.有的举例是在熟语中增加助词

熟语中间本无助词，有的例证中的熟语中间却有助词"了"、"着"、"的"，

从而造成事实上的无例证。如：

【打前失】驴、马前蹄跌倒或几乎跌倒。按：此语《大词典》所举例证为《儒林外史》第二回："每日骑着这个驴，上县下乡，跑得昏头晕脑，打紧又被这瞎眼的忘八在路上打个前失，把我跌了下来。"其中的"打个前失"与词目不一致，使得此语在《大词典》中没有例证。

【担不是】承当过错。按：此语《大词典》所举例证为《红楼梦》第十二回："如今要放你，我就担着不是。"其中的"担着不是"与词目不一致，造成没有例证。

【拉下脸】① 不顾情面。按：这一义项《大词典》的举例是《红楼梦》第六五回："贾珍也不承望三姐儿这等拉的下脸来。"其中的"拉的下脸"与词目不一致，造成没有例证。

【绕圈子】① 走迁回曲折的路。按：这一义项《大词典》的举例是《二十年目睹之怪现状》第十六回："我本来一早就进城的，因为绕了这大圈子，闹到十一点钟方才到家，人也乏了，歇息了好一会。"其中的"绕了这大圈子"与词目不一致，造成没有例证。

2. 有的举例是在熟语中增加量词

熟语中间本无量词，有的例证中的熟语中间却有量词"个"，从而造成事实上的无例证。如：

【打问讯】僧尼向人合掌致敬。按：此语《大词典》所举例证都没有"打问讯"，而是"打个问讯"等，如元无名氏《女姑姑》第三折："[官人云] 你因何见老夫不下礼？只打个问讯。"例证中的内容与词目不符，造成没有例证。

3. 有的举例是在熟语中增加连词

熟语中间本无连词，有的例证中的熟语中间却有连词"而"，从而造成事实上的无例证。如：

【圆凿方枘】形容彼此不能相容。按：此语《大词典》所举例证为清顾炎武《与人书》四："乃援今而议古，焉得不圆凿而方枘乎？"其中的"圆凿而方枘"与词目不一致，造成无例证。又，语本《楚辞·九辩》："圜凿而方枘兮，吾固知其龃龉而难入。"

4. 有的举例中根本没有出现正确的熟语

词典的例证中要有论述的熟语才能看出其价值，有的例证中根本就没有出现词目中的熟语，从而造成事实上的无例证。如：

【程门立雪】形容尊师重道。按：此语《大词典》的举例是元谢应芳《杨龟山祠》诗："卓彼文靖公，早立程门雪。"其中无"程门立雪"一语，造成没有例证。又，语本元脱脱《宋史·道学传二·杨时》："一日见颐，颐偶瞑坐，时与游酢侍立不去。颐既觉，则门外雪深一尺矣。"

（二）有的标准写法没有例证而异形写法有例证

现代汉语中的有些熟语，除了标准的书写形式外，还有异形的写法。在《大词典》中，标准写法没有例证而异形写法却有例证。这些标准写法没有例证的熟语分为三音节和四音节两大类：

1. 标准写法没有例证而异形写法有例证的三音节新兴熟语

20 世纪新兴的汉语三音节熟语，除了约定俗成的书写形式外，有的还有另外一种异形写法。这些标准写法没有例证而异形写法有例证的三音节熟语，分为20 世纪以前和 20 世纪两种情况：

（1）有的标准写法没有例证的 20 世纪新兴的三音节熟语的另一种异形写法出现于元代。如：

【发酒疯】喝酒后借着酒劲任性胡闹。按：又作"发酒风"，元代已见。元郑光祖《王粲登楼》第一折："[蔡相云] 王粲，你发酒风哩！"

（2）有的标准写法没有例证的 20 世纪新兴的三音节熟语的另一种异形写法出现于 20 世纪。如：

【摔跟头】② 比喻遭受挫折。按：又作"摔跟斗"。浩然《艳阳天》第九二章："焦庆媳妇不知怎么也插上一句：'别怪主任摔跟斗，今年的麦子个儿分量就是重。'"

2. 标准写法没有例证而异形写法有例证的四音节新兴熟语

20 世纪新兴的汉语四音节熟语，除了约定俗成的书写形式外，有的还有另外一种或多种异形写法。这些标准写法没有例证而异形写法有例证的四音节新兴熟语，按时代的先后分为以下一些类型：

（1）有的标准写法没有例证的 20 世纪新兴的四音节熟语的另一种异形写法出现于东晋。如：

【蓬门荜户】用草、树枝等做成的门，形容穷苦人家所住的简陋房屋。按：又省作"蓬荜"，晋代已见。晋葛洪《〈抱朴子内篇〉自序》："藜藿有八珍之甘，而蓬荜有藻梲之乐也。"

（2）有的标准写法没有例证的 20 世纪新兴的四音节熟语的另一种异形写法

出现于唐代。如：

【舞文弄墨】① 歪曲法律条文作弊。按：又作"舞弄文墨"，唐代已见。《隋书·王世充传》："善敷奏，明习法律，而舞弄文墨，高下其心。"

（3）有的标准写法没有例证的 20 世纪新兴的四音节熟语的另一种异形写法出现于清代。如：

【着手成春】指医生医道高明。按：又作"著手生春"，清代已见。清冯桂芬《怀人诗》："不为良相为良医，著手生春妙誉驰。"又，"着手成春"一语唐代已见，义为诗歌格调要自然清新。唐司空图《二十四诗品·自然》："俯拾即是，不取诸邻，俱道适往，着手成春。如逢花开，如瞻岁新。"

（4）有的标准写法没有例证的 20 世纪新兴的四音节熟语的另一种异形写法出现于 20 世纪。如：

【生拉硬扯】① 用力拉扯强使他人听从自己。按：又作"生拉活扯"。曹禺《日出》第四幕："福升生拉活扯地将黄省三向外拖。"

（5）有的标准写法没有例证的 20 世纪新兴的四音节熟语的另外两种异形写法分别出现于明代和清代。如：

【尚方宝剑】比喻上级特许的权利，俗语。按：又省作"尚方剑"、"尚方"。明刘基《赠周宗道》诗："先封尚方剑，按法诛奸赃。"清方文《书事》诗："相国临戎赐尚方，九重亲翰洒天章。"

（6）有的标准写法没有例证的 20 世纪新兴的四音节熟语的另外两种异形写法都出现于 20 世纪。如：

【正儿八经】很是严肃认真，方言。按：又作"正儿巴经"、"正二八摆"。胡景方《"公"树的故事》："管他是大、小事儿呢，治住病才是正儿巴经的事。"孔厥等《新儿女英雄传》第七回："我这是正二八摆的受训，将来出去作抗日工作，有什么丢人的？"

标准写法没有例证的 20 世纪新兴熟语基本上都是三音节、四音节的，但是也有一些五音节的。如：

【图穷匕首见】比喻事情发展到最后，本意露出来。按：又作"图穷匕见"。叶圣陶《一个青年》："不意先生乃蓄别抱，图穷匕见，爰有所言。"又，语本《战国策·燕策三》："轲既取图奉之，发图，图穷而匕首见。"

（三）有的是 20 世纪新增的义项没有例证

《大词典》没有例证的有些新兴熟语是多义的，其中有的义项古已有之，并且都有例证。20 世纪新增了一些义项，这些新增的义项却没有例证。这样的熟语主要是四音节的，也有一些三音节的。下面我们按这些熟语书写形式的出现时代的先后，分类描述如下：

1. 书写形式西汉已见而 20 世纪增加的新义没有例证的熟语

《大词典》没有例证的有些新兴熟语，有的是西汉已有相应的书写形式而 20 世纪增加的新义却没有例证。这类在西汉就有了的书写形式，有的见于扬雄作品。如：

【萧规曹随】比喻后一辈的人完全按照前一辈的方式进行工作。按：此语西汉已见，义为曹参完全接受萧何的律令制度。汉扬雄《解嘲》："夫萧规曹随，留侯画策，陈平出奇，功若泰山，响若阺隤，唯其人之赡知哉，亦会其时之可为也。"

2. 书写形式宋代已见而 20 世纪增加的新义没有例证的熟语

《大词典》没有例证的有些新兴熟语，有的是宋代已有相应的书写形式而 20 世纪增加的新义却没有例证。这类在宋代就有了的书写形式，有的见于朱熹作品。如：

【做文章】比喻抓住一件事发议论。按：此语宋代已见，义为写文章。《朱子语类》卷十："只是他读时，便只要模写他言语，做文章。"

3. 书写形式明代已见而 20 世纪增加的新义没有例证的熟语

《大词典》没有例证的有些新兴熟语，有的是明代已有相应的书写形式而 20 世纪增加的新义却没有例证。这类在明代就有了的书写形式，有的见于唐顺之的作品。如：

【奇文共赏】大家对内容荒谬怪诞的文章共同评断研究。按：此语明代已见，义为奇妙的文章共同欣赏。明唐顺之《祭万古斋文》："或时闭门对坐一室，奇文共赏，疑义与析。"又，语本晋陶潜《移居》诗之一："奇文共欣赏，疑义相与析。"

4. 书写形式清代已见而 20 世纪增加的新义没有例证的熟语

《大词典》没有例证的有些新兴熟语，有的是清代已有相应的书写形式而 20 世纪增加的新义却没有例证。这类在清代就有了的书写形式，有的见于曹雪芹、梁绍壬的著作中。如：

【斗口齿】斗嘴，方言。按：此语清代已见，义为以戏言相挑逗。《红楼梦》第六五回："弟兄两个竟全然无一点儿能为，别说调情斗口齿，竟连一句响亮的话都没了。"

【粉墨登场】比喻登上政治舞台，含讥讽意。按：此语清代已见，义为演员傅粉施墨化装登台表演。清梁绍壬《两般秋雨盦随笔·清勤堂随笔》："粉墨登场，所费不赀。致滋喧杂之烦，殊乏恬适之趣。"

（四）有的能够找到它的源头

现代汉语中的有些熟语，《大词典》虽然暂时没有例证，但是却能找到它的来源。这些来源，按时代先后分为如下一些类型：

1. 从东汉语料概括而成的熟语

东汉的语料，到了 20 世纪，从中概括形成了一些熟语。这些熟语虽然《大词典》没有例证，但是却能找到其来源。这些熟语的语料来源，有的是从东汉刘珍作品中概括而成的。如：

【敝帚千金】比喻把自己并不一定好的东西视为宝贝。按：语本《东观汉记·光武帝纪》："家有敝帚，享之千金。"

2. 从东晋语料概括而成的熟语

东晋的语料，到了 20 世纪，从中概括形成了一些熟语。这些熟语虽然《大词典》没有例证，但是却能找到其来源。这些熟语的语料来源，有的是从鸠摩罗什译经作品中概括而成的。如：

【大吹法螺】比喻说大话，大肆吹嘘。按：语本姚秦鸠摩罗什译《妙法莲华经·序品》："今佛世主，欲说大法，雨大法雨，吹大法螺，击大法鼓。"

3. 从明代语料概括而成的熟语

明代的语料，到了 20 世纪，从中概括形成了一些熟语。这些熟语虽然《大词典》没有例证，但是却能找到其来源。这些熟语的语料来源，有的是从马中锡作品中概括而成的。如：

【东郭先生】比喻不分善恶、滥施仁慈的人。按：语本明马中锡《中山狼传》。

有些 20 世纪新兴的类熟语，标准的书写形式没有例证，异形写法或省称却有例证。如：

【涮锅子】把羊肉片放入燃炭的紫铜暖锅的沸水中稍烫一下蘸佐料吃。按：又叫"涮羊肉"。老舍《四世同堂》二六："是的，他觉到自己的充实与伟大，只要努力活动一下，吃涮羊肉是毫无问题的。"

【速度滑冰】冰上运动比赛项目之一。按：省称"速滑"。《人民日报》1973

年 2 月 2 日："1972 年 7 月，〔王秀玉〕被选为黑龙江省速滑队队员。我国速滑老运动员罗致焕担任了她的教练。"

第二节　详尽罗列《大词典》中没有例证及没有某一义项的所有现代汉语新兴熟语结构

一、没有例证的 20 世纪新兴熟语结构的穷尽罗列

《大词典》没有例证的 20 世纪新兴熟语及类熟语 470 个，除去前面代表性的例证外，剩余的按音序全部罗列于下。

（一）《大词典》没有例证的 20 世纪新兴熟语的穷尽罗列

《大词典》没有例证的 20 世纪新兴熟语总计 105 个，分为三音节、四音节、五音节三类，其中五音节已在代表性例证中出现。

1. 三音节熟语

《大词典》没有例证的 20 世纪新兴三音节熟语 63 个。除去前面代表性例证 9 个外，剩余的 54 个，按音序全部罗列如下：

摆擂台[1]	不象话②	不要紧②	吃豆腐②	吃豆腐③	出份子②
出毛病	凑热闹②	搭架子①	打冷枪	打埋伏①	打掩护①
打掩护②	打游击②	定调子	逗闷子	放冷风	够交情①
够交情②	砍大山	拉买卖	拉下脸②	拉下水	两边倒
两回事	拿主意	闹笑话	闹玄虚	请春客	绕脖子②
三不管	上岁数	使绊子①	要笔杆	要骨头①	要花腔
耍花招①	耍花招②	要滑头	要流氓	要心眼	睡懒觉
说笑话①	说笑话②	随份子	咬字眼	要面子	有会子
有日子②	砸饭碗	站柜台	正当年	正当时	走过场①

2. 四音节熟语

《大词典》没有例证的 20 世纪新兴四音节熟语 42 个。除去前面代表性例证

---

[1]　按：这一书写形式清代已见，义为豁拳饮酒的一种名目。《孽海花》第九回："那潘胜芝、贝效亭、谢山芝一班熟人，摆擂台寻唐僧，翻天覆地的闹起酒来。"

15 个外,剩余的 27 个,按音序全部罗列如下:

不怎么样	大轰大嗡	骨头架子②	见风是雨	可操左券
来回来去	立此存照	漫无边际①	明来暗往	拼死拼活①
拼死拼活②	破旧立新	秋后算账	生拉硬扯②	天文数字
稳操左券	无大无小②	乡规民约	小试锋芒	药到病除②
一包在内	一搭两用	一团漆黑①	一字一板	引火烧身②
鹰鼻鹞眼	坐冷板凳①			

(二)《大词典》没有例证的 20 世纪新兴类熟语的穷尽罗列

《大词典》没有例证的 20 世纪新兴类熟语总计 365 个,分为三音节、四音节、五音节、六音节、七音节五类。

1. 三音节类熟语

《大词典》没有例证的 20 世纪新兴三音节类熟语 18 个。除去前面代表性例证 1 个外,剩余的 17 个,按音序全部罗列如下:

不带音	不送气	不周延	打出手①	打算盘①	打挺儿
打雪仗	打折扣①	倒胃口①	读破句	挂幌子①	过筛子①
捡破烂	满堂灌	跑圆场	下半旗	做礼拜	

2. 四音节类熟语

《大词典》没有例证的 20 世纪新兴四音节类熟语 318 个。除去前面代表性例证 1 个外,剩余的 317 个,按音序全部罗列如下:

安全玻璃	安全剃刀	暗射地图	八国联军	八角茴香①
八角茴香②	孢子植物	宝贝疙瘩	暴露文学	北京时间
北京猿人	北洋军阀	被选举权②	必然王国	必要产品
必要劳动	变速运动	标点符号	玻璃纤维	哺乳动物
不成文法	不可知论	草本植物	差额选举	长篇小说
撑竿跳高	过程控制	抽水马桶	初等教育	大脑皮质
大气污染	大秋作物	大田作物	单口相声	登山运动
等额选举	等离子态	等离子体	低等动物	地下铁道
地心引力	帝国主义①	帝国主义②	第二产业	第二性征
第一产业	第一世界	电化教育	电话会议	电视大学
电影剧本	垫上运动	定量分析	定时炸弹①	定向培育
定性分析	动脉硬化	动能武器	动物淀粉	对口相声

儿童文学	耳朵底子	二十四史	二十五史	飞车走壁
封闭疗法	封建社会	封建主义	辅助货币	复合量词
改良主义	感性认识	高等教育	高等学校	高级小学
高级中学	高射机枪	工人阶级	工业革命	工艺美术
公共汽车	公用事业	功利主义	宫廷政变	共同市场
谷类作物	股份公司	骨头架子①	固定资产	固定资金
寡头政治[1]	光合作用	光学玻璃	国际裁判	国际公法
国际公制	国际私法	国际象棋	国际音标	国际主义
国家裁判	国家机关①	国家机关②	国民经济	国民收入
国事访问	哈雷彗星	航空母舰	合成纤维	合成橡胶
河北梆子	河南梆子	河南坠子	黑色火药	黑色金属
红衣主教	宏观世界	虹吸现象	黄金分割	黄色炸药
机械运动	基础教育	脊索动物	脊椎动物	技巧运动
甲壳动物	价值规律	间接推理	间接选举	键盘乐器
讲唱文学	交换价值	接力赛跑	节肢动物	金刚石婚
京韵大鼓	经济危机②	精神文明	句子成分	具体劳动
卷舌元音	蓝田猿人	浪漫主义	劳动保护	劳动保险
劳动对象	劳动改造	劳动教养	劳动模范	劳动强度
劳动资料	类地行星	类木行星	立体交叉	连锁反应①
连锁反应②	链式反应①	链式反应②	链式反应③	粮食作物
两栖动物	两栖植物	两性生殖	列宁主义	临时代办
龙山文化	逻辑思维	毛细血管	迷走神经	民间艺术
民主党派	民族形式	民族主义①	旁系亲属	票房价值
拼音文字	拼音字母①	拼音字母②	平面几何	勤工俭学①
勤工俭学②	青铜时代	全能运动	全权代表	群众关系
群众路线	群众运动	群众组织	热核反应	人道主义
人工流产	人工授精	人民法院	人民公社	人民警察
人民政府	人身保险	人身自由	人文科学[2]	人文主义

---

[1] 按:"寡头政治"是希腊文 oligarchia 的意译。

[2] 按:"人文科学"源出拉丁文 humanitas。

人造卫星	人造纤维	人造行星	沙文主义[1]	三大差别
三级跳远	三角函数	森林警察	山顶洞人	山东梆子
山东快书	商品流通	商品生产	少数民族	社会保险
社会关系②	社会意识	摄氏温标[2]	神经错乱	神经细胞
生产方式	生产关系	生产基金	生产能力	生理盐水
生态系统	生物防治	生物工程	圣诞老人	剩余产品
剩余价值	剩余劳动	实际工资	实用主义②	食物中毒
使用价值	手指字母	随行就市	事业单位	太平天国
太阳电池	太阳黑子	特殊教育	体育运动	天气预报
天人合一	天文单位	田径运动	铁器时代	铜器时代
同等学力	同化政策	同化作用	唯物主义	文学语言①
文学语言②	无轨电车	无机肥料	无机化学	五星红旗
稀散元素	稀土元素	稀有金属	稀有元素	显花植物
线形动物	消化系统	新闻公报	刑事案件	刑事法庭
刑事警察	形式逻辑	修正主义	虚无主义	学前教育
压缩空气	仰韶文化	野外工作	业余教育	义务教育
艺术体操	音节文字	音素文字	优惠待遇	油料作物
有轨电车	有机玻璃	有机肥料	有机化学	有价证券
有期徒刑	有色金属	有线广播	有形损耗	有性生殖
鱼鼓道情	宇宙飞船	宇宙火箭	宇宙空间	宇宙速度
原子武器	早期白话	造型艺术	责任事故	正当防卫
正面人物	政治避难	政治委员	直系亲属	职业道德
中产阶级②	洲际导弹	专科学校	自由体操	自由主义①
宗派主义	坐骨神经			

3. 五音节类熟语

《大词典》没有例证的 20 世纪新兴五音节类熟语 24 个，按音序全部罗列如下：

安全理事会	八一建军节	本初子午线	不平等条约

---

[1] 按："沙文"（Nicolas Chauvin）是狂热拥护拿破仑一世征服计划的法国士兵的名字。

[2] 按："摄氏"是瑞典天文学家摄尔斯名字英语写法 Celsius 的音译。

大陆性气候	大汶口文化	电子计算器	河姆渡文化
精神分裂症	交通信号灯	利伯维尔场	联合收割机
流行性感冒	马克思主义	马拉松赛跑	毛泽东思想
民族共同语	凝固汽油弹	喷气式飞机	人民检察院
天文望远镜	小儿麻痹症	政治教导员	政治经济学

4. 六音节类熟语

《大词典》没有例证的 20 世纪新兴六音节类熟语 4 个，按音序罗列如下：

高分子化合物　　机械唯物主义　　人民代表大会　　政治协商会议

5. 七音节类熟语

《大词典》没有例证的 20 世纪新兴七音节类熟语 1 个，即：

共产主义青年团

二、没有某一义项的 20 世纪新兴熟语结构的穷尽罗列

《大词典》没有某一义项的 20 世纪新兴熟语及类熟语 32 个，按音序全部罗列于下。

(一)《大词典》没有某一义项的 20 世纪新兴熟语的穷尽罗列

《大词典》没有某一义项的 20 世纪新兴熟语总计 25 个，分为三音节、四音节两类。

1. 三音节熟语

《大词典》没有某一义项的 20 世纪新兴三音节熟语 14 个，按音序全部罗列如下：

摆摊子②　摆摊子③　背靠背①　吃白饭①　吃白饭②　凑份子②
打先锋①　打照面①　戴帽子②　刮鼻子②　挂幌子②　闹着玩①
掏腰包②　走钢丝②

2. 四音节熟语

《大词典》没有某一义项的 20 世纪新兴四音节熟语 11 个，全部罗列如下：

草台班子②　定时炸弹②　基本建设②　磕头碰脑①　磕头碰脑③
没心没肺②　上窜下跳①　小手小脚①　一溜歪斜②　因人而异②
直来直去①

（二）《大词典》没有某一义项的 20 世纪新兴类熟语的穷尽罗列

《大词典》没有某一义项的 20 世纪新兴类熟语 7 个，分为三音节和四音节两类。

1. 三音节类熟语

《大词典》没有某一义项的 20 世纪新兴三音节类熟语 2 个，罗列如下：

打水漂①　　二进宫①

2. 四音节类熟语

《大词典》没有某一义项的 20 世纪新兴四音节类熟语 5 个，全部罗列如下：

安全系数②　　流行歌曲②　　启蒙运动①　　实用主义①　　形式主义②

第三节　本章小结

1. 本章论述的是《大词典》中没有例证及没有某一义项的 20 世纪汉语新兴熟语及类熟语。

2. 研究 20 世纪的汉语熟语，最重要的研究对象，就是要研究 20 世纪的汉语新兴熟语结构。20 世纪的汉语新兴熟语结构的判定依据之一，就是看大型工具书的举例状况。如果某一熟语及类熟语大型工具书没有举例，就可以初步判定为 20 世纪的汉语新兴熟语结构。

3. 20 世纪的汉语熟语分为广义的和狭义的两类，我们的研究属于广义的 20 世纪的汉语熟语研究。

4. 20 世纪的汉语新兴类熟语比较多，总计有 1638 个，其中没有例证的 365 个。

5. 对于这些《现代汉语词典》收录而《汉语大词典》没有例证或虽然收录但是没有现代广泛使用的某一义项的 20 世纪汉语新兴熟语结构，我们要从更多的语料中去发现最早用例，进行补充，以便使辞书更加完善。

6.《现代汉语词典》收录而《汉语大词典》没有例证和虽然收录但是没有现代的某一义项的这 502 个 20 世纪的汉语新兴熟语结构，绝大多数是 20 世纪新兴的，这为我们研究 20 世纪汉语新兴熟语及类熟语划定了一个大致的范围，使得我们的研究更有针对性。当然，随着 20 世纪汉语新兴熟语及类熟语研究的不断深入，其中也有个别熟语及类熟语的时代还可以提前。

第十七章

《大词典》没有收录的
20 世纪新兴熟语结构

专书词汇、断代词汇的研究中，在进行比较的时候，要判定一个时代的新兴熟语及类熟语，一般采用的方法是：对照已有的研究成果，主要是大型工具书、电子语料库以及代表性的论著。如果某一熟语及类熟语在这些语料中没有被收录而该熟语及类熟语又见于自己研究的语料中，就可以大致把它暂时确定为那个时代的新兴熟语及类熟语。我们研究现代汉语的熟语及类熟语的历史来源，属于断代词汇的研究范畴，也采用这样的方式。凡是《大词典》没有收录而《现代汉语词典》又收录的熟语及类熟语，我们就把它暂时确定为 20 世纪以来的汉语新兴熟语结构。

据此原则，我们调查出了《大词典》中没有收录而《现代汉语词典》又收录的 20 世纪新兴的熟语结构 1413 个，占现代汉语所有熟语结构总数的 20.72%。

第一节　《大词典》没有收录的 20 世纪
新兴熟语结构总体情况概述

一、没有收录的新兴熟语结构概述

从历史层次的角度研究现代汉语的熟语及类熟语，涉及到的没有收录的 20 世纪新兴熟语 418 个，占现代汉语熟语结构总数的 6.13%。其中，二音节 1 个，三音节 156 个，四音节 256 个，五音节 5 个。涉及到的没有收录的 20 世纪新兴类熟语 995 个，占现代汉语熟语结构总数的 14.59%。其中，三音节 18 个，四音节 886 个，五音节 71 个，六音节 12 个，七音节 5 个，九音节 3 个。

我们的第一步工作是清理出这些新兴的熟语结构，把它们作为 20 世纪的汉语新兴熟语及类熟语的主要研究对象。没有这样的清理工作，要研究现代汉语中的 20 世纪的新兴熟语及类熟语，就会感到无处下手。从这个角度来看，这样的工作还是有学术价值的。

二、没有收录的代表性的新兴熟语结构举例说明

通过比较，我们发现，《大词典》及《订补》没有收录的 20 世纪汉语新兴熟语及类熟语，有些情况还是值得进行一番说明的。这些需要说明的地方，大约有以下一些类型。

（一）有的标准写法没有收录而异形写法收录

现代汉语中的有些熟语，除了标准的书写形式外，还有异形的写法。在大型工具书中，标准写法没有收录而异形写法却收录。这些标准写法没有收录的熟语分为三音节和四音节两大类。

1. 标准写法没有收录而异形写法收录的三音节新兴熟语

20 世纪新兴的汉语三音节熟语，除了约定俗成的书写形式外，有的还有另外一种异形写法。这些标准写法没有被收录而异形写法收录的三音节熟语，分为 20 世纪以前和 20 世纪两种情况。

（1）有的标准写法没有被收录的 20 世纪新兴的三音节熟语的另一种异形写法出现于清代。如：

【八面光】形容很世故，贬义。按：又作"八面儿见光"，清代已见。《儿女英雄传》第十回："张姑娘这几句话说得软中带硬，八面儿见光，包罗万象，把一个铁铮铮的十三妹倒寄放在那里为难起来。"

（2）有的标准写法没有被收录的 20 世纪新兴的三音节熟语的另一种异形写法出现于 20 世纪。如：

【绞脑汁】费脑筋。按：又作"搅脑汁"。刘厥兰《爆破》："这次战斗以后，领导上便号召大家为突破围墙，攻下碉堡想办法、出主意。同志们整天都在搅脑汁。"

【抓壮丁】旧时官府抓青壮年男子去当兵。按：省作"抓丁"。《红旗歌谣·今

日是主人》："苗家宽心呵，没有人逼租也没人抓丁。"

2. 标准写法没有收录而异形写法收录的四音节新兴熟语

20 世纪新兴的汉语四音节熟语，除了约定俗成的书写形式外，有的还有另外一种或多种异形写法。这些标准写法没有被收录而异形写法收录的四音节新兴熟语，按时代的先后分为以下一些类型：

（1）有的标准写法没有被收录的 20 世纪新兴的四音节熟语的另一种异形写法出现于东汉。如：

【扶正祛邪】① 扶持正气，除去邪恶。按：又作"扶正黜邪"，东汉已见。汉蔡邕《对诏问灾异》："圣意勤勤，欲清流荡浊，扶正黜邪。"

【云散风流】形容四散消失。按：又作"风流云散"，东汉已见。汉王粲《赠蔡子笃》诗："悠悠世路，乱离多阻。济岱江行，邈焉异处。风流云散，一别如雨。"

（2）有的标准写法没有被收录的 20 世纪新兴的四音节熟语的另一种异形写法出现于唐代。如：

【旋转乾坤】改变自然的面貌或已成的定局，形容本领极大。按：又作"旋乾转坤"，唐代已见。唐韩愈《潮州刺史谢上表》："陛下即位以来，躬亲听断，旋乾转坤。"

（3）有的标准写法没有被收录的 20 世纪新兴的四音节熟语的另一种异形写法出现于元代。如：

【荆棘载途】沿路荆棘遍地，比喻世道艰难。按：又作"荆棘满途"，元代已见。元任昱《上小楼·隐居》曲："荆棘满途，蓬莱闲住，诸葛茅庐。"

（4）有的标准写法没有被收录的 20 世纪新兴的四音节熟语的另一种异形写法出现于明代。如：

【摩肩击毂】肩挨肩、车子擦着车子，形容行人车辆拥挤。按：又作"摩肩接毂"，明代已见。明徐弘祖《徐霞客游记·游嵩山日记》："伊阙摩肩接毂，为楚豫大道。"

（5）有的标准写法没有被收录的 20 世纪新兴的四音节熟语的另一种异形写法出现于清代。如：

【绵里藏针】① 形容书法柔中有刚。按：又作"绵里藏鍼"，清代已见。清焦循《忆书》卷一："前侍御南海吴荷屋出顾氏玉泓馆所藏宋庆历间范氏书楼原石拓本见示，丰腴悦泽，绵里藏鍼，凡得六百八字，为平生仅见。"

【天打雷轰】被雷电打死，诅咒用语。按：又作"天打雷劈"，清代已见。《红楼梦》第十二回："我在嫂子面前，若有一句谎话，天打雷劈！"

（6）有的标准写法没有被收录的 20 世纪新兴的四音节熟语的另外两种异形写法分别出现于明代和 20 世纪。如：

【拟于不伦】拿不能相比的人来比方。按：又作"儗非其伦"、"儗不于伦"。明胡应麟《诗薮·唐下》："太白又与吴筠齐名，见唐史。虽儗非其伦，时亦矫矫。"朱自清《〈燕知草〉序》："书中前一类文字，好像昭贤寺的玉佛，雕琢工细，光润洁白；后一类呢，恕我儗不于伦，象吴山四景园驰名的油酥饼。"又，语本《礼记·曲礼下》："儗人必于其伦。"

（二）有的是 20 世纪新增的义项没有收录

现代汉语中的有些熟语具有多义性，其中有的义项古已有之，《大词典》都收录了。但是 20 世纪新增了一些义项，这些新增的义项《大词典》及《订补》却没有收录。如：

【红杏出墙】多借指妻子有外遇。按：这一意义《大词典》及《订补》未收。又，这一书写形式宋代已见，义为红色杏花伸出墙外。宋叶绍翁《游园不值》诗："春色满园关不住，一枝红杏出墙来。"

（三）有的能够找到它的源头

现代汉语中的有些新兴熟语，《大词典》虽然暂时没有收录，但是却能找到它的来源。这些来源，按时代先后分为如下一些类型：

1. 从战国语料概括而成的熟语

战国时期的语料，到了 20 世纪，从中概括形成了一些熟语。这些熟语虽然没有被《大词典》收录，但是却能找到其来源。这些语料来源有：

（1）有的是从《礼记》中概括而成的。如：

【入国问禁】进入别的国家先问清禁令以免触犯。按："入国问禁"是"入国问俗"和"入境问禁"的合称，语本《礼记·曲礼上》："入竟而问禁，入国而问俗，入门而问讳。"又，"入国问俗"义为进入别国首先要问风俗以免抵触。宋岳珂《桯史·张元吴昊》："景祐末有二狂生，曰张曰吴……逻者见之，知非其国人也，迹其所憩，执之，夏酉诘以入国问俗之义。"

（2）有的是从《荀子》中概括而成的。如：

【跬步千里】比喻做事只要努力不懈，总可以获得成功。按：语本《荀子·劝学》："不积跬步，无以致千里；不积小流，无以成江海。"

（3）有的是从《战国策》中概括而成的。如：

【鸡口牛后】比喻宁愿在局面小的地方当家作主，不愿在局面大的地方任人支配。按：语本《战国策·韩策》："臣闻鄙语曰：'宁为鸡口，无为牛后。'今大王西面交臂而臣事秦，以何异于牛后乎？"

【鸡尸牛从】比喻宁愿在局面小的地方当家作主，不愿在局面大的地方任人支配。按：语本《战国策·韩策》："臣闻鄙语曰：'宁为鸡口，无为牛后。'今大王西面交臂而臣事秦，以何异于牛后乎？"

（4）有的是从《左传》中概括而成的。如：

【蔓草难除】蔓生的杂草难以铲除干净，比喻邪恶势力一旦蔓延开就难以根除。按：语本《左传·隐公元年》："蔓草犹不可除，况君之宠弟乎？"

2. 从西汉语料概括而成的熟语

西汉时期的语料，到了 20 世纪，从中概括形成了一些熟语。这些熟语虽然没有被《大词典》收录，但是却能找到其来源。有的来源于《史记》。如：

【分一杯羹】借指分享利益。按：语本《史记·项羽本纪》："吾翁即若翁，必欲烹尔翁，则幸分我一杯羹。"

3. 从南朝语料概括而成的熟语

南朝时期的语料，到了 20 世纪，从中概括形成了一些熟语。这些熟语虽然没有被《大词典》收录，但是却能找到其来源。这些语料来源有：

（1）有的是从刘义庆著作中概括而成的。如：

【倚马千言】形容文思敏捷，文章写得快。按：语本南朝宋刘义庆《世说新语·文学》："桓宣武北征，袁虎时从，被责免官。会须露布文，唤袁倚马前令作。手不辍笔，俄得七纸，绝可观。"

（2）有的是从沈约著作中概括而成的。如：

【嗜痂之癖】比喻人的乖僻爱好。按：语本南朝梁沈约《宋书·刘邕传》："邕所至嗜食疮痂，以为味似鳆鱼。尝诣孟灵休，灵休先患灸疮，疮痂落床上，因取食之。灵休大惊。答曰：'性之所嗜。'"

4. 从五代语料概括而成的熟语

五代的语料，到了 20 世纪，从中概括形成了一些熟语。这些熟语虽然没有被《大词典》收录，但是却能找到其来源。有的来源于王仁裕著作。如：

【生花之笔】比喻杰出的写作才能。按：语本五代王仁裕《开元天宝遗事·梦笔头生花》："李太白少时，梦所用之笔头上生花，后天才赡逸，名闻天下。"

5. 从宋代语料概括而成的熟语

宋代的语料，到了 20 世纪，从中概括形成了一些熟语。这些熟语虽然没有被《大词典》收录，但是却能找到其来源。有的来源于苏轼作品。如：

【离弦之箭】箭离弓弦，比喻迅速。按：语本宋苏轼《百步洪》其一："断弦离柱箭脱手，飞电过隙珠翻荷。"

有些类熟语，大型工具书虽然没有收录，但是也能找到它的来源。如：

【巴山蜀水】指重庆、四川一带。按：语本唐刘禹锡《酬乐天扬州处逢席上见赠》："巴山楚水凄凉地，二十三年弃置身。"

（四）大型工具书没有收录的新兴类熟语举例

有些 20 世纪新兴的类熟语，《大词典》没有收录。这样的新兴类熟语，主要是四音节的。我们可以从文献中去寻找用例，对它们予以例证的补充，以便为相关研究提供依据。这种类熟语，代表性的例证举出一些如下：

【电子邮件】利用计算机网络传递信息、文件等的通信方式。《人民日报》1987 年 9 月 21 日："意大利最近开始采用一种新的邮件服务项目——'电子邮件'。"

【公私合营】我国对民族资本主义工商企业实行社会主义改造的一种形式。习平等《披荆斩棘的人》："他就是被派到这座新公私合营工厂来担任公方副厂长的郭明昌。"

【合作医疗】[1] 我国农村和城镇街道中实行的一种集体筹集资金解决医疗费用的医疗制度。《人民日报》1958 年 9 月 4 日："公社实行合作医疗，社员按家庭人口多少，每年交纳一定数量的合作医疗费。"

【黑色幽默】美国六十年代产生的一种阴暗、悲观、绝望的文学流派，代表人物有约瑟夫·赫勃、小库尔特·冯内格特等。祖慰《被礁石划破的水流》："就像一个人在砸自己家的电视机、大柜子和锅碗瓢勺，还说这不是砸自己，而是砸了仇人家的电视机等等。这不是有点黑色幽默的味道吗？"

【抗日战争】1937 年到 1945 年中国人民抗击日本帝国主义侵略的民族革命战争。毛泽东《抗日战争胜利后的时局和我们的方针》："我们马克思主义者是革命的现实主义者，绝不作空想。"

---

[1] 按：这一熟语，《现代汉语词典》没有收录。我们觉得在现代很常用，所以也纳入我们的研究范围，但是归为没有收录这一类型。

【南昌起义】1927 年 8 月 1 日在南昌举行的武装起义。粟裕《南昌起义前后片断》："每天起床号一响，立即跳下床铺，穿衣漱洗整理内务完毕。"

【文学革命】指我国 1919 年五四运动前后展开的反对旧文学、提倡新文学的运动。瞿秋白《论大众文艺·普洛大众文艺的现实问题》："如果'白话'这个名词已经被五四式的新士大夫和章回体的市侩文丐垄断了去，那么，我们可以把这个新的文字革命叫做'俗话文学革命运动'。"

【文艺复兴】指欧洲十四至十六世纪文化和思想发展的潮流。《傅雷家书·一九六一年二月六日上午》："文艺复兴以后的人是站起来了，到处肯定自己的独立，发展到十八世纪的百科全书派，十九世纪的自然科学进步以及政治经济方面的革命，显然人类的前途，进步，能力，都是无限的。"

【武昌起义】1911 年在湖北武昌举行的起义。中国近代史资料丛刊《辛亥革命·武昌起义清方档案·关于民清军交战情况》："我皇上嗣膺宝箓，复蒙渥沛殊恩，宠荣兼备。"

【小农经济】农民的个体经济。《光明日报》1975 年 10 月 26 日："比较起来，我们还是小打小闹，实质上，还是没有摆脱小农经济的思想束缚。"

【刑事犯罪】触犯刑法并应受到法律惩罚的行为。《中华人民共和国刑法》第二条："中华人民共和国刑法的任务，是用刑罚同一切反革命和其他刑事犯罪行为作斗争。"

第二节 详尽罗列《大词典》中没有收录的 20 世纪新兴熟语结构

《大词典》没有收录的现代汉语熟语及类熟语总计 1413 个，除去前面代表性的例证外，其余的全部罗列如下。

一、没有收录的 20 世纪新兴熟语的穷尽罗列

《大词典》没有收录的 20 世纪新兴熟语 418 个，分为二音节、三音节、四音节、五音节四类。除去前面代表性的例证外，剩余的按音序全部罗列于下。

（一）二音节熟语

《大词典》没有收录的20世纪新兴二音节熟语1个，即：

尔耳

（二）三音节熟语

《大词典》没有收录的20世纪新兴三音节熟语157个。除去前面代表性例证3个外，剩余的154个，按音序全部罗列如下：

挨板子	矮半截	碍面子	熬年头	摆样子	扮鬼脸
帮倒忙	傍大款	抱委屈	爆粗口	背饥荒	背对背
绷面子	表面光	拆墙角	唱白脸	唱红脸	唱主角
抄后路	吃长斋	吃功夫	吃挂络	吃挂落	吃挂误
吃枪药	出人命	出难题	传帮带	串亲戚	闯世界
搭街坊	打板子	打赤膊	打赤脚	打嘟噜	打哈欠
打寒颤	打冷颤[1]	打屁股	打平手	打问号	打下手
倒牌子	等于零	掉链子	端架子	对心思①	对心思②
发神经	犯嘀咕①	犯嘀咕②	放包袱	赶浪头	赶庙会
给面子	够意思①	够意思②	个顶个①	个顶个②	滚雪球
喝闷酒	换言之	画问号	浇冷水	揭疮疤	见光死
交学费	侃大山	扛长活	扛大个	靠边站	抠字眼
看热闹①	看热闹②	看上去	看上眼	看医生	拉场子②
拉饥荒	拉交情	拉亏空	拉郎配	落包涵	落不是
亮牌子	撩地摊	撩挑子	留尾巴	捋虎须	拉下马
迈方步	满负荷	冒傻气	没的说①	没的说②	没的说③
没商量	没说的①	没说的②	没说的③	昧良心	慢半拍
没脾气①	没脾气②	拿印把	闹意气	派不是	拍脑袋
碰运气	泼脏水	抢镜头①	抢镜头②	抢时间	惹乱子
撒吃挣	上台阶	手把手	摔耙子	甩包袱	双肩挑
随风倒	守摊子	耍大牌	说破天	蹚浑水	掏窟窿
贴标签	讨口彩	提亲事	外面光	托门子	窝里斗

[1] 按：此语又可写作"打冷战"，明代已见。《金瓶梅词话》第五十三回："李瓶儿道：'你与我谢声大娘，道自进了房里，只顾呱呱的哭，打冷战不住。'""打冷战"这一书写形式《大词典》及《订补》也未收。

窝里横	涎着脸	卸包袱	向上爬	轧马路	要好看
有身子[1]	站住脚①	站住脚②	站住脚③	站住脚④	转弯子[2]
转弯子[3]	走内线	走形式	嘬瘪子	坐天下	做圈套
做学问	做功课①	做功课②	做功课③		

（三）四音节熟语

《大词典》没有收录的 20 世纪新兴四音节熟语 255 个。除去前面代表性例证 19 个外，剩余的 236 个，按音序全部罗列如下：

爱答不理	爱搭不理	鞍马劳顿	巴头探脑	白马王子
百儿八十	半大不小	绊手绊脚	膀大腰圆	暴饮暴食
本固枝荣	比翼齐飞	笔底生花	笔管条直	鞭打快牛
标本兼治	彪炳千古	冰山一角	博采众长	不差累黍
不成比例	不哼不哈	不容置喙	不疼不痒	不温不火
不瘟不火	不虚此行	唱空城计①	唱空城计②	称体裁衣
惩恶扬善	吃吃喝喝[4]	吃后悔药	重修旧好	抽肥补瘦
愁眉锁眼	出双入对	穿金戴银	穿靴戴帽	串通一气
春困秋乏	唇红齿白	戳脊梁骨	蹿房越脊	催人泪下
打翻身仗	打太极拳	打预防针②	大雅之堂	戴绿帽子
单身贵族	敌我矛盾	顶层设计	丢车保帅	洞见肺腑
兜头盖脸	独擅胜场	对簿公堂[5]	夺门而出	鳄鱼眼泪
发国难财	乏善可陈	繁征博引	风生水起	肤皮潦草
浮皮潦草	俯仰之间	富富有余	耕云播雨	沟沟坎坎
各奔东西	各尽其能	各司其事	各司其职	公序良俗
共克时艰	怪声怪调	广而告之	寒冬腊月	旱涝保收
好生好气	横倒竖歪	红白喜事	毁誉参半	昏头涨脑
环环相扣①	环环相扣②	回肠九转	积贫积弱	积弱积贫

---

[1]　按：此语又省作"有身"，周代已见。《诗·大雅·大明》："大任有身，生此文王。"

[2]　按：这里的"转"，读音为 zhuǎn。

[3]　按：这里的"转"，读音为 zhuǎn。

[4]　按："吃吃喝喝"是熟语。《现代汉语词典》第 6 版第 171 页、第 7 版第 172 页都处理为动词，不妥。我们认为这是一个熟语，不采用动词说的观点。

[5]　按：这是一个惯用语，《现代汉语词典》第 6 版第 328 页处理为动词，不妥；第 7 版第 329 页去掉词性，处理为熟语，符合实际情况。

假模假样	见招拆招	解剖麻雀	借鸡生蛋	金盆洗手②
惊鸿一瞥	九天九地	可丁可卯①	可丁可卯②	可钉可铆①
可钉可铆②	可圈可点	恪尽职守	块儿八毛	快步流星
宽打窄用	可有可无	扣屎盆子	宽以待人	老八辈子
老大不小	累教不改	离弦走板	里出外进	良知良能
两厢情愿	零打碎敲	令出法随	搂头盖脸	拉不开栓
老少咸宜	乐观其成	临门一脚②	龙口夺食	略逊一筹
马翻人仰	满面红光	闷声闷气	莫可指数	迈四方步
弥足珍贵	免费午餐	妙笔生花	灭顶之灾	魔鬼身材
拿腔拿调	奶油小生	泥足巨人	匿影潜形	浓墨重彩
男女关系	囊中羞涩[1]	判若云泥	盆满钵满	蓬荜增辉
劈波斩浪	漂洋过海	平地楼台	瓶瓶罐罐	欺行霸市
企足而待	牵线搭桥	前俯后仰	切骨之仇	怯声怯气
青翠欲滴	情有独钟	求真务实	曲终人散	缺斤短两
骑驴找驴①	骑驴找驴②	气定神闲	牵牛鼻子	前俯后合
亲力亲为	穷追不舍	软磨硬泡	人间蒸发	如鲠在喉
如沐春风	软硬不吃	三头对案	绅士协定	胜利果实
食亲财黑	始料不及	甩手掌柜	撒胡椒面	舍卒保车
失之眉睫	胎死腹中	偷奸取巧	颓垣断壁	烫手山芋
外交辞令	万儿捌千	文化沙漠	物阜民丰	飖声飖气
无机可乘	无疾而终②	无可奉告	无怨无悔	无止无休
五味杂陈	物转星移	系统工程②	悉听尊便	喜不自禁
喜怒哀乐	咸鲜翻生	小菜一碟	学贯中西	扬幡招魂
一把好手	一笔带过	亦庄亦谐	永生永世	游戏规则
予人口实	原汁原味	云山雾罩①	一枝独秀	仪态大方
移情别恋	以泪洗面	意犹未尽①	意犹未尽②	音容宛在
油尽灯枯	有模有样①	有模有样②	与生俱来	寓教于乐
晕头晕脑	云里雾里	贼走关门	夯着胆子	走火入魔

---

[1]　按：典出元阴时夫《韵府群玉·阳韵·一钱囊》："阮孚持一皂囊，游会稽。客问：'囊中何物？'曰：'但有一钱看囊，恐其羞涩。'"

左膀右臂　　张嘴结舌　　知冷知热　　中规中矩　　筑巢引凤
装傻充愣

（四）五音节熟语

《大词典》没有收录的 20 世纪新兴五音节熟语 5 个。按音序全部罗列如下：

打鸭子上架　　豆腐渣工程　　多米诺骨牌[1]　　赶前不赶后　　一亩三分地

二、没有收录的 20 世纪新兴类熟语的穷尽罗列

《大词典》没有收录的 20 世纪新兴类熟语 995 个，分为三音节、四音节、五音节、六音节、七音节、九音节六类。

（一）三音节类熟语

《大词典》没有收录的 20 世纪新兴三音节类熟语 18 个。按音序全部罗列如下：

拔罐子　　掰腕子　　不吐气　　超负荷①　　闯红灯　　创牌子
打白条①　　打白条②　　打点滴　　打榧子　　发疟子　　犯节气
过家伙　　降半旗　　拉场子①　　两不找　　洒狗血　　做针线

（二）四音节类熟语

《大词典》没有收录的 20 世纪新兴四音节类熟语 886 个。除去前面代表性例证 12 个外，剩余的 874 个，按音序全部罗列如下：

爱国主义　　安全电压　　螯肢动物　　巴黎公社　　霸王条款
白色垃圾　　白色收入　　白色污染　　白衣战士　　百科全书
百日维新　　煲电话粥　　保护关税　　保险金额　　爆发变星
北伐战争　　贝塔粒子[2]　　贝塔射线　　背景音乐　　背投电视
被动吸烟　　被子植物　　鼻化元音　　比较价格　　比较文学
比例税制　　壁式网球　　边境贸易　　扁形动物　　变态反应
变温动物　　变形金刚　　辨证论治　　辩证逻辑　　标记元素
标准工资　　标准时区　　表面张力　　表现主义　　表意文字
表音文字　　冰上运动　　薄利多销　　补偿贸易　　不变价格

---

[1]　按："多米诺"是英语 domino 的音译。

[2]　按："贝塔"语出希腊字母。

不定方程	不管部长	不良贷款	财产保险	财政赤字
彩色电视	产褥感染	产业革命①	产业革命②	常规武器
常规战争	常用对数	操作规程	操作系统	超级细菌[1]
成本会计	成龙配套	城市铁路	磁浮列车	雌雄同体
雌雄同株	雌雄异体	雌雄异株	次声武器	抽象劳动
抽象思维	初级产品	厨余垃圾	传出神经	传入神经
创业资金	存在主义	打击乐器	打预防针①	大春作物
大地原点	大龄青年	大气科学	代数方程	代位继承
单性生殖	单肢动物	倒买倒卖	低层住宅	低等植物
低气压区	低人一等	低音提琴	地球科学	地质年代
第二国际	第二职业	第三国际	第三状态	第一夫人
第一国际	第一桶金	电报挂号	电视点播	电视电话
电子辞典	电子函件	电子汇款	电子货币	电子垃圾
电子认证	电子商务	电子图书	电子污染	电子信箱
电子音乐	电子邮箱	电子游戏	电子政务	丁克家庭[2]
动眼神经	独立董事	独生子女	多层住宅	多口相声
惰性气体	恶性肿瘤	二板市场	发光强度	法定保险
法定继承	法定人数	法国梧桐	法律援助	防暴警察
防毒面具	防卫过当	访问学者	仿生建筑	放射疗法
非电解质	非织造布	非洲鲫鱼	风力发电	风险资金
逢年过节	奉子成婚	浮动汇率	浮游生物	符号逻辑
福利彩票	扶正祛邪②	改革开放	感觉器官	感觉神经
感应电流	干部学校	高层住宅	高等动物	高等植物
高峰会议	高山滑雪	高速铁路	个人问题	隔音符号
工伤保险	工业产权	工作母机	公共关系	共产国际
共同语言	构造地震	孤雌生殖	股东大会	股指期货
固定电话	固定汇率	固定价格	观光电梯	观光农业
观念形态	观赏植物	管道运输	光导纤维	光伏效应

---

[1] 按：又称"超级病菌"。

[2] 按："丁克"是英语 DINK（double income no kids）的缩写的音译。

光化作用	光解作用	广播电台	广播体操	广东音乐
广角镜头	广州起义	规定动作	轨道交通	国际标准
国际惯例	国际纵队	国家标准	国家公园	国家赔偿
国民待遇	国务委员	国有经济	国有企业	国有资产
海洋警察	海洋生物	函授教育	航天飞船	毫米汞柱
合理冲撞	和平谈判	和谐社会	河外星系	核磁共振
核能发电	核糖核酸	黑色食品	黑色收入	恒温动物
红斑狼疮	红山文化	红色旅游	宏观经济	宏观调控
胡子工程	户籍警察	花样滑冰	花样滑雪	花样游泳
华氏温标	华氏温度	滑车神经	滑水运动	化学变化
化学电池	化学反应	化学肥料	化学分析	化学工业
化学疗法	化学平衡	化学武器	化学纤维	化学性质
环节动物	环境壁垒	环境标志	环境激素	环境科学
环境武器	环境要素	环幕电影	环绕速度	环形交叉
换位思考	黄巾起义	黄金储备	黄金地段	黄金时段
黄曲霉菌	灰色市场	灰色收入	会展经济	火山地震
火力发电	火针疗法	机会成本	机器翻译	机械效率
鸡新城疫	积累基金	基本工资	基础代谢	基础科学
基尼系数[1]	基因工程	基因芯片	激光武器	激光照排
极限运动	几何图形	计划经济	计划生育	计件工资
计时工资	记忆合金	纪念邮票	技术改造	技术革命
技术革新	技术科学	技术学校	技术装备	继续教育
家庭暴力	家庭病床	家庭医生	家庭影院	甲午战争
甲状软骨	假性近视	价值形式	假日经济	监外执行
简单机械	简单劳动	简化汉字①	简化汉字②	健康寿命
健美运动	交感神经	交通警察	胶体溶液	教育改造
孑遗生物	结缔组织	结构工资	结球甘蓝	解放战争
解析几何	金绿宝石	金盆洗手①	金融危机	金田起义

---

[1] 按："基尼"是意大利经济学家 Corrado Gini 中 Gini 的音译。

金砖国家[1]	紧急状态	近程导弹	经济犯罪	经济杠杆
经济核算	经济实体	经济体制	经济制度	经验主义①
经验主义②	经院哲学	精确农业	精神赔偿	精神损耗
精准农业	竞技体操	竞技状态	静电感应	静脉曲张
净身出户	绝对高度	绝对零度	绝对湿度	绝对温标
绝对真理	蕨类植物	军事演习	卡拉 OK[2]	开氏温度
看守内阁	看守政府	科教兴国	可比价格	可锻铸铁
可逆反应	可视电话	客观世界	空巢家庭	空间技术
空间科学	空间通信	空气污染	空气质量	空天飞机
空中大学	空中管制	空中警察	空中走廊	恐怖分子
恐怖主义	跨国公司	矿物纤维	快餐文化	垃圾食品
垃圾邮件	拉丁字母	蓝色农业	劳动手段	老少边穷
累进税率	礼仪小姐	理性认识	立体电视	立体电影
立体几何	立体媒体	良性肿瘤	良渚文化	临门一脚①
临终关怀	淋巴细胞	流动资产	流动资金	硫化橡胶
楼堂馆所	旅游农业	绿色壁垒	绿色标志	绿色通道
伦琴射线	罗马公教	罗马数字	裸子植物	落地签证
落腮胡子	马太效应	买办资本	买方市场	卖方市场
毛细现象	贸易壁垒	门户网站	蒙昧主义	蒙古人种
面子工程	民事案件	民事法庭	民事权力	民事诉讼
民事责任	民营经济	民营企业	民主改革	民主革命
民族体育	民族运动	民族资本	名人效应	名义工资
模糊空间	模拟通信	摩尔质量	磨砂玻璃	木刻水印
纳米技术	纳米科学	耐火材料	农家肥料	农民起义
农民战争	农业工人	奴隶社会	挪亚方舟[3]	欧洲联盟

---

[1] 按：英语的"brick"翻译为"砖"，巴西、俄罗斯、印度、中国四个国家的英语写法 Brazil、Russia、India、China 的首字母缩写为 BRIC，书写形式与"brick"接近。因此，2001 年美国高盛公司首席经济学家吉姆·奥尼尔首次提出"金砖四国"的称呼。2010 年，随着南非（South Africa）的加入，"brick"变成"bricks"，称呼也由"金砖四国"变成"金砖国家"。

[2] 按："卡拉"是日语从的音译，"ok"是英语 orchestra 的部分音译，"卡拉 OK"是日语和英语的混合音译。

[3] 按：也写作"诺亚方舟"。"挪亚"是《圣经》中的义士 Noah 的音译。

爬行动物　帕金森病[1]　泡沫经济　炮舰外交　皮包公司
皮下组织　平板电脑　平板三轮　平衡感觉　平面交叉
平面媒体　蒲州梆子　普通邮票　七项全能　企业法人
器械体操　汽车炸弹　腔肠动物　强制保险　蔷薇石英
亲子鉴定　轻轨铁路　氢气汽车　清洁能源　清洁燃料
清洁生产　秋收起义　趋向动词　取保候审　权利能力
全科医生　全息照相　全知全能　全职太太　燃气轮机
热带低压　热带风暴　热带雨林　热岛效应　热核武器
人才市场　人工降水　人工智能　人机界面　人民武装
人肉搜索　人身事故　人寿保险　人体炸弹　人文精神
人行横道　人造石油　韧皮纤维　蠕行动物　沙滩排球①
沙滩排球②　傻瓜相机　三叉神经　三个代表　三维动画
三资企业　商业银行　上皮组织　上市公司　上位概念
舌头神经　舌咽神经　社保基金　社会保障　社会福利
社会工作　社会效益　社会形态　摄氏温度　深水炸弹
申根协定　神经系统　神圣同盟　神职人员　生产要素
生存竞争　生命保险　生命科学　生态标志　生态工程
生态环境　生态建筑　生态科学　生态旅游　生态农业
生态危机　生态文明　生物安全　生物技术　生物入侵
生物污染　生物武器　生物芯片　生物战剂　生育保险
失能武器　失业保险　师范学校　十进对数　十项全能
十月革命　石器时代　示踪元素　世代交替　世贸组织
世界市场　世界银行　市场机制　市场经济　市场调节
试管婴儿　视频电话　视频光盘　枢纽主教　手足口病
数理逻辑　数码相机　数字电话　数字电视　数字控制
数字通信　数字相机　数字信号　数罪并罚　双重国籍
水力发电　水利工程　水利枢纽　水陆坦克　水上居民
水上运动　水体污染　司法机关　司法鉴定　司法解释
司法警察　司法拘留　私营经济　私营企业　思想体系①

---

[1]　按："帕金森"是英语 parkinson 的音译，是外来词。

思想体系②	四维空间	搜索引擎	苏州码子	素质教育
随遇平衡	穗状花序	苔藓植物[1]	太空垃圾	太阳大气
太阳风暴	太阳活动	弹拨乐曲	弹性就业	桃花心木
特别快车	特快专递	特许经营	特种部队	特种工艺
特种警察	特种蔬菜	特种邮票	藤本植物	体外循环
体育彩票	体育舞蹈	田野作业	跳台滑雪	跳蚤市场
铁人三项	同步辐射	同步口译	同声传译	同声翻译
同业公会	投资基金	投资银行	图文电视	土壤污染
团队精神	脱离速度	脱氧核糖	外层空间	外交特权
外生殖器	外围设备	外展神经	万有引力	网络电话
网络犯罪	网络教育	网络经济	网络警察	网络媒体
网络日志	网络商店	网络文学	网络学校	网络银行
网络游戏	网络语言	网上银行	微创手术	微观经济
微观粒子	微观世界	微量元素	微型博客	尾巴工程
卫星电视	卫星通讯	温室气体	温室效应①	温室效应②
温血动物	文化产品	文化产业	文化市场	文化事业
文艺语言	稳定平衡	无定形物	无纺织布	无疾而终①
无绳电话	无头告示	无线电波	无线通信	无形损耗
无形资产	无性生殖	无氧运动	无罪推定	五讲四美
五角大楼	五卅运动	五四运动	武装警察	舞台美术
戊戌变法	物化劳动	物价指数	物理变化	物理疗法
物理性质	物理诊断	物质的量	物质损耗	西安事变
希腊字母	希望工程	稀有气体	系统工程①	细菌战剂
纤维植物	现代五项	现代主义①	现代主义②	乡镇企业
相对高度	相对湿度	相对真理	消费基金	消费信贷
消费数据	小本经营	效益工资	新新人类	心肌梗塞
心肌梗死	心脏死亡	刑事拘留	刑事判决	刑事诉讼
刑事侦查	行为能力	行为艺术	行政处罚	行政处分

---

[1] 按：省称为"苔藓"，晋代已见。《文选·沈约〈冬节后至丞相第诣世子车中作〉诗》"宾阶绿钱满，客位紫苔生"李善注引晋崔豹《古今注》："空室无人行则生苔藓，或青或紫，一名绿钱。"

行政公署①	行政公署②	行政拘留	行政诉讼	形象大使
形象工程	形象思维	信任投票	信息产业	信息科学
信息时代	休眠火山	虚拟世界	虚拟现实	血红蛋白
循环论证	循环系统	阳伞效应	业余大学	医疗保险
一国两制	移动办公	移动电话	移动通信	移动硬盘
遗嘱继承	艺术思维	异化作用	异位妊娠	因式分解
阴极射线	阴盛阳衰	银团贷款	隐花植物	隐身技术
隐形飞机	隐形技术	隐形眼镜	影子内阁	应试教育
应用科学	应用卫星	用户界面	邮政编码	有偿新闻
有机农业	有机食品	有价无市	有线电视	有线通信
有形资产	有氧运动	有罪推定	幼儿教育	渔鼓道情
宇航技术	宇宙射线	预算赤字	元素符号	原核生物
原生动物	原始积累	原索动物	原子序数	远程导弹
远程教育	越冬作物	匀速运动	运动健将	运动负荷
运动神经	韵律体操	藏传佛教	藻类植物	噪声污染
责任编辑	战略导弹	战略物资	战术导弹	折中主义
针刺麻醉	震颤麻痹	正多边形	政府采购	政治面目
政治文明	政治制度	支柱产业	肢体语言	知识产权
知识产业	知识经济	直达快车	直接经验	直接推理
直接选举	职务发明	职务犯罪	职务作品	职业高中
植物保护	植物群落	指示生物	智力产业	智能材料
智能犯罪	智能武器	中程导弹	中国象棋	中央银行
终端设备	终身教育	种族主义	周围神经	注音符号
注音字母	资不抵债	自动步枪	自动扶梯	自动控制
自动铅笔	自净作用	自然对数	自然法则	自然选择
自然灾害	自然主义	自行火炮	自选动作	自选商场
自学考试	自由价格	自愿保险	自治机关	自主神经
综合国力	主板市场	主观世界	最终产品	

（三）五音节类熟语

《大词典》没有收录的 20 世纪新兴五音节类熟语 71 个。按音序全部罗列如下：

阿尔法粒子	阿尔法射线	笔记本电脑	不名飞行物
不稳定平衡	不正当竞争	财产所有权	磁盘驱动器
磁悬浮列车	大民族主义	邓小平理论	地效飞行器
电视接收机	电子出版物	电子公告牌	电子显微镜
恩格尔系数	发展中国家	法西斯主义	方程式赛车
非常规能源	非典型肺炎①	非典型肺炎②	非婚生子女
非企业法人	非手术疗法	非条件反射	非政府组织
非致命武器	光盘驱动器	宏观经济学	候风地动仪
脊髓灰质炎	计划单列市	计算器病毒	计算器程序
计算器网络	旧石器时代	街道办事处	经济适用房
九一八事变	居民身份证	科学发展观	可持续发展
扩大再生产	拉尼娜现象[1]	老年性痴呆	尼格罗人种[2]
农业合作化	欧罗巴人种[3]	欧洲共同体	平板计算机
强热带风暴	三八妇女节	三星堆遗址	社会保障卡
特别行政区	调制解调器	同分异构体	同量异位素
同素异形体	同位素扫描	网络计算机	五一劳动节
形象代言人	掌上计算机	政治协理员	政治指导员
智力运动会	助理研究员	住房公积金	

（四）六音节类熟语

《大词典》没有收录的 20 世纪新兴六音节类熟语 12 个。按音序全部罗列如下：

八一南昌起义	地方保护主义	第二宇宙速度	第三宇宙速度
第四宇宙速度	第一宇宙速度	厄尔尼诺现象[4]	法定计量单位
非公有制经济	科学社会主义	世界贸易组织	维也纳华尔兹[5]

（五）七音节类熟语

《大词典》没有收录的 20 世纪新兴七音节类熟语 5 个。按音序全部罗列如下：

---

[1] 按："拉尼娜"是西班牙语 LaNiña 的音译。

[2] 按："尼格罗"是英语 Negro 的音译。

[3] 按："欧罗巴"是英语 Europa 的音译。

[4] 按："厄尔尼诺"是西班牙语 ELNiño 的音译。

[5] 按："维也纳华尔兹"是英语 viennese waltz 的音译。

第二次世界大战　　第二次鸦片战争　　第一次世界大战

第一次鸦片战争　　非物质文化遗产

（六）九音节类熟语

《大词典》没有收录的 20 世纪新兴九音节类熟语 3 个。按音序全部罗列如下：

第二次国内革命战争　　第三次国内革命战争　　第一次国内革命战争

第三节　本章小结

1. 本章论述的是《大词典》中没有收录的 20 世纪汉语新兴熟语结构。

2. 研究 20 世纪的汉语熟语结构，最重要的研究对象，就是要研究 20 世纪的汉语新兴熟语及类熟语。20 世纪的汉语新兴熟语及类熟语的判定依据之一，就是看大型工具书的举例状况。如果某一熟语结构大型工具书没有收录，就可以初步判定为 20 世纪的汉语新兴熟语及类熟语。

3. 20 世纪的汉语熟语分为广义的和狭义的两类，我们的研究属于广义的 20 世纪的汉语熟语研究。

4. 20 世纪的汉语新兴类熟语比较多，总计有 1638 个，其中没有收录的 995 个。

5. 对于这些《现代汉语词典》收录而《汉语大词典》没有收录或某一义项没有收录的 20 世纪汉语新兴熟语及类熟语，我们要从更多的语料中去发现最早用例，进行补充，以便使辞书更加完善。

6. 《现代汉语词典》收录而《汉语大词典》没有收录或某一义项没有收录的这 1413 个 20 世纪的汉语新兴熟语及类熟语，绝大多数是 20 世纪新兴的，这为我们研究 20 世纪汉语新兴熟语及类熟语划定了一个大致的范围，使得我们的研究更有针对性。当然，随着 20 世纪汉语新兴熟语及类熟语研究的不断深入，其中也有个别熟语及类熟语的时代还可以提前。

结 束 语

现代汉语词汇由单音词、复音词、熟语三部分构成，熟语在现代汉语词汇体系中占的比重不是很大，但是也有比较重要的作用和价值。熟语的使用，能够增强作品的典雅性，收到言简意赅、事半功倍的效果。

依据《现代汉语词典》的数据，我们统计出了现代汉语共时平面的常见熟语结构6819个。其中熟语5171个，类熟语1648个。我们从历史层次的角度对它们进行研究。这些熟语结构涉及到的语料总计2579种。其中，专书语料1203种，单篇作品语料1376种。本成果从历史来源的角度对它们进行了全面系统的研究，并详尽举出1496个熟语进行分析说明。我们的研究结论是：现代汉语共时平面的熟语结构，从清代以前继承下来的占51.06%，20世纪新兴的占48.94%，比率约为5∶5。这一比例不能反映现代汉语共时平面熟语的继承与创新的实际情况，因为现代汉语中的类熟语，99%以上的都是20世纪新兴的。所以，这一比例有一定的局限性。如果不考虑类熟语而只看熟语，那么，现代汉语共时平面的熟语，从清代以前继承下来的占67.14%，20世纪新兴的占32.86%，比率约为7∶3，这一比例大约能反映出现代汉语共时平面熟语的继承与创新的比例。

现代汉语共时平面的熟语及类熟语的详尽情况，我们在正文中都有相应的描写和论述。个别有特色的地方，我们把它们全部集中起来作为结束语的内容进行归纳概述，以便有个宏观的了解和把握。本部分的内容，我们从类熟语的语义类型、熟语中的俗语、各期新兴的熟语、熟语的多义性、非四音节熟语、熟语的缩略、熟语的异形写法七个方面进行总结。

一、现代汉语类熟语的语义类型

在我们研究范围的现代汉语共时平面的类熟语总计 1648 个。其中从清代继承下来的 10 个，占现代汉语类熟语总数的 0.61%；20 世纪新兴的 1638 个，占现代汉语类熟语总数的 99.39%。由此看来，现代汉语的类熟语基本上都是 20 世纪新兴的。

（一）从清代继承下来的现代汉语类熟语的语义类型

清代已见的现代汉语类熟语 10 个。其中，三音节 1 个，四音节 9 个。从语义类型来看，可以分为民间舞蹈、金融机构、房屋建筑、菌类植物、医药疾病、出差费用、军事战争、文字作品等类型。这 10 个继承前代而来的现代汉语类熟语，按音节多少及音序全部罗列如下：

保险公司	大雄宝殿	冬虫夏草	角弓反张	里急后重
实报实销	鸦片战争	象形文字	侦探小说	跑旱船

（二）有 20 世纪文献为始见例证的新兴类熟语的语义类型

有 20 世纪文献作为始见例证的 20 世纪新兴类熟语，按音节分为三音节、四音节、五音节三种类型。除去正文中代表性的例证外，有 20 世纪文献作为始见例证的 20 世纪新兴类熟语依据语义类型全部罗列于此。

1. 有 20 世纪文献作为始见例证的三音节类熟语的语义类型

有 20 世纪文献作为始见例证的新兴三音节类熟语共 5 个，按意义分为中医疗法、生理现象、体育游戏、杂技等意义类型。这 5 个三音节类熟语按音序全部罗列于下：

拔火罐	打喷嚏	拿大顶	跳房子	走钢丝[①]

2. 有 20 世纪文献为始见例证的四音节类熟语的语义类型

有 20 世纪文献作为始见例证的 20 世纪新兴四音节类熟语共 260 个。除去正文中的代表性的 23 个例证外，剩余的 237 个，按意义可以分为 28 类。下面按意义及音序全部罗列如下：

（1）数学物理

四舍五入	电磁感应	核反应堆	纳米材料	三维空间

（2）生物医学

生态平衡	遗传工程	白衣天使	赤脚医生	红十字会

冠状动脉　　卫生设备　　无名肿毒

（3）生理现象

第六感觉　　返祖现象　　高山反应　　络腮胡子　　末梢神经
人工呼吸　　神经过敏①　神经末梢　　神经衰弱　　条件反射
中枢神经

（4）动物植物

棘皮动物　　冷血动物①　软体动物　　木本植物

（5）地理气候

河西走廊　　丝绸之路　　季风气候

（6）航空航天

航天飞机　　通信卫星　　运载火箭

（7）电子通信

集成电路　　家用电器　　闭路电视　　录音电话

（8）交通运输

出租汽车　　高速公路　　过街天桥　　交通工具

（9）科学技术

边缘科学　　高新技术　　活字印刷　　自然科学

（10）农业生产

封山育林　　经济作物　　绿色食品　　水土保持　　水土流失

（11）生产劳动

脑力劳动　　流水作业　　配套成龙　　生产工具　　生产手段
生产数据　　生活数据　　体力劳动

（12）环保建筑

环境保护　　环境污染　　安全系数①　土木工程　　屋顶花园
预制构件

（13）交际活动

联席会议　　社会关系①　社会活动　　双重人格　　糖衣炮弹
土生土长　　圆桌会议　　组织生活

（14）军事战争

弹道导弹　　军国主义　　军事法庭　　军事管制　　军事基地
军事科学　　军事体育　　军事训练　　人民战争　　荣誉军人

武装部队　　武装力量　　细菌武器　　有效射程

（15）法律法制

保外就医　　不可抗力　　黑箱操作　　无期徒刑　　刑事责任

（16）政治体制

霸权主义　　白色恐怖　　半殖民地　　被选举权①　剥削阶级
超级大国　　第三世界　　发达国家　　过渡政府　　红头文件
阶级斗争　　经济基础　　联合战线　　联合政府　　买办阶级
内外交困　　七七事变　　三座大山　　上层建筑　　社会制度
社会主义①　统一战线　　统治阶级　　土地改革　　无产阶级
原始社会　　殖民主义　　中产阶级①　中华民族　　种族歧视
最后通牒

（17）商业经济

超级市场　　农贸市场　　生产过剩　　本位货币　　第三产业
公共积累　　官僚资本　　基本建设①　集体经济　　经济特区
经济危机①　经济效益　　拳头产品　　商品经济　　社会存在
通货紧缩①　通货紧缩②　通货膨胀　　投机倒把　　循环经济
自然经济

（18）思想作风

本位主义　　个人主义　　古典主义　　官僚主义　　机会主义
集体主义　　教条主义　　利己主义　　马列主义　　民意测验
平均主义　　启蒙运动②　人海战术　　事务主义　　唯美主义
文山会海　　形式主义①　主观主义

（19）语言文学

基本词汇　　蓝青官话　　图画文字　　楔形文字　　报告文学
短篇小说　　古典文学　　机关刊物　　口头文学　　说唱文学
文艺批评　　武侠小说　　象牙之塔　　象征主义　　写实主义
中篇小说　　中心思想

（20）宗教哲学

基本矛盾　　唯心主义　　原始宗教

（21）体育运动

水上芭蕾　　越野赛跑

（22）教育教学

间接经验	物质文明	成人教育	初级小学	初级中学
第二课堂	工读教育	家庭教师	普通教育	社会教育
完全小学	知识青年	职业教育	中等教育	综合大学

（23）音乐曲艺

保留剧目	标题音乐	架子花脸	流行歌曲①	上党梆子
通俗歌曲				

（24）新闻报刊

标题新闻	马路新闻	图文并茂

（25）组织机构

第五纵队	人民团体	橡皮图章	原始公社

（26）职衔称谓

产业工人	第一把手	工薪阶层	公教人员	家庭妇女
空中小姐	七十二行	社会青年	阴阳先生	自由职业
积极分子①	积极分子②	民族英雄	头面人物	无冕之王
有色人种	执行主席			

（27）婚恋家庭

二人世界	婚生子女	三角恋爱

（28）其他：有关时间、物品、社会现象、能源的类熟语

第一时间	黄金时间	泡沫塑料	生辰八字	一次能源

3. 有 20 世纪文献为始见例证的五音节类熟语的语义类型

有 20 世纪文献作为始见例证的 20 世纪新兴五音节类熟语共 6 个，按意义分为商业机构、生产效果、政治制度、文化运动等意义类型。除去正文中的代表性的 1 个例证外，剩余的 5 个新兴类熟语，按音序全部罗列于下：

供销合作社　　劳动生产率　　民主集中制　　全民所有制　　新文化运动

（三）《大词典》没有例证的 20 世纪新兴类熟语的语义类型

《大词典》没有例证的 20 世纪新兴类熟语总计 365 个，分为三音节、四音节、五音节、六音节、七音节五类。

1. 三音节类熟语的语义类型

《大词典》没有例证的 20 世纪新兴三音节类熟语 18 个。除去正文中的代表性例证 1 个外，剩余的 17 个类熟语，按意义及音序全部罗列如下：

（1）语言逻辑

不带音　　不送气　　不周延　　读破句

（2）表演艺术

打出手①　跑圆场

（3）体育游戏

打挺儿　　打雪仗

（4）商业活动

打算盘①　打折扣①　挂幌子①

（5）其他：有关生理现象、生产劳动、学校教育、礼节制度、宗教信仰类意义的类熟语

倒胃口①　过筛子①　捡破烂　　满堂灌　　下半旗　　做礼拜

2.四音节类熟语的语义类型

《大词典》没有例证的 20 世纪新兴四音节类熟语 318 个。除去正文中代表性例证 1 个外，剩余的 317 个，从意义的角度可以分为 28 类意义。下面按意义及音序全部罗列如下：

（1）数学物理

黄金分割	平面几何	三角函数	变速运动	等离子态
等离子体	地心引力	虹吸现象	机械运动	热核反应
压缩空气				

（2）生物化学

大脑皮质	光合作用	神经细胞	生态系统	生物防治
生物工程	同化作用	玻璃纤维	定量分析	定性分析
动物淀粉	合成纤维	合成橡胶	连锁反应①	连锁反应②
链式反应①	链式反应②	链式反应③	人造纤维	无机肥料
无机化学	稀散元素	稀土元素	稀有金属	稀有元素
有机肥料	有机化学			

（3）生理医学

第二性征	毛细血管	迷走神经	人工流产	人工授精
生理盐水	消化系统	坐骨神经	动脉硬化	耳朵底子
封闭疗法	神经错乱	食物中毒		

（4）动物植物

哺乳动物	低等动物	骨头架子①	脊索动物	脊椎动物
甲壳动物	节肢动物	两栖动物	两性生殖	线形动物
有性生殖	八角茴香①	八角茴香②	孢子植物	草本植物
两栖植物	显花植物			

（5）天文地理

大气污染	哈雷彗星	太阳黑子	天文单位	暗射地图
野外工作	摄氏温标	天气预报		

（6）航空航天

类地行星	类木行星	人造卫星	人造行星	宇宙飞船
宇宙火箭	宇宙空间	宇宙速度		

（7）交通运输

地下铁道	公共汽车	立体交叉	无轨电车	有轨电车

（8）工业农业

过程控制	第二产业	黑色金属	有色金属	有形损耗
大秋作物	大田作物	第一产业	谷类作物	粮食作物
油料作物				

（9）生产劳动

必要产品	必要劳动	具体劳动	劳动保护	劳动强度
劳动数据	群众关系	群众运动	社会关系②	生产方式
生产关系	责任事故			

（10）军事战争

八国联军	北洋军阀	定时炸弹①	动能武器	高射机枪
航空母舰	黄色炸药	原子武器	洲际导弹	

（11）警察法律

人民警察	森林警察	刑事警察	不成文法	国际公法
国际私法	劳动改造	劳动教养	人民法院	人身自由
刑事案件	刑事法庭	有期徒刑	正当防卫	

（12）政治制度

被选举权②	差额选举	等额选举	帝国主义①	帝国主义②
第一世界	封建社会	封建主义	改良主义	宫廷政变

寡头政治	国际主义	国事访问	间接选举	民主党派
民族形式	民族主义①	群众路线	三大差别	太平天国
同化政策	五星红旗	新闻公报	政治避难	

（13）商业经济

辅助货币	共同市场	股份公司	固定资产	固定资金
国民经济	国民收入	价值规律	交换价值	经济危机②
劳动对象	商品流通	商品生产	生产基金	生产能力
剩余产品	剩余价值	剩余劳动	实际工资	使用价值
随行就市	优惠待遇	有价证券		

（14）金融保险

劳动保险	人身保险	社会保险

（15）思想行为

感性认识	功利主义	宏观世界	列宁主义	人道主义
人文主义	沙文主义	社会意识	修正主义	虚无主义
职业道德	自由主义①	宗派主义		

（16）历史文化

北京猿人	二十四史	二十五史	精神文明	蓝田猿人
龙山文化	青铜时代	人文科学	山顶洞人	铁器时代
铜器时代	仰韶文化			

（17）语言文学

标点符号	复合量词	国际音标	句子成分	卷舌元音
拼音文字	拼音字母①	拼音字母②	手指字母	文学语言①
文学语言②	音节文字	音素文字	早期白话	暴露文学
长篇小说	电影剧本	儿童文学	讲唱文学	浪漫主义
正面人物				

（18）宗教哲学

红衣主教	必然王国	不可知论	实用主义②	天人合一
唯物主义				

（19）逻辑思维

间接推理	逻辑思维	形式逻辑

（20）体育运动

撑竿跳高	登山运动	垫上运动	飞车走壁	国际象棋
技巧运动	接力赛跑	全能运动	三级跳远	体育运动
田径运动	艺术体操	自由体操		

（21）科技教育

工业革命	黑色火药	初等教育	电化教育	电视大学
定向培育	高等教育	高等学校	高级小学	高级中学
基础教育	勤工俭学①	勤工俭学②	特殊教育	同等学力
学前教育	业余教育	义务教育	专科学校	

（22）音乐曲艺

| 键盘乐器 | 河北梆子 | 河南梆子 | 河南坠子 | 京韵大鼓 |
| 山东梆子 | 山东快书 | 鱼鼓道情 | | |

（23）广电艺术

| 电话会议 | 有线广播 | 票房价值 | 单口相声 | 对口相声 |
| 工艺美术 | 民间艺术 | 造型艺术 | | |

（24）组织机构

| 群众组织 | 人民公社 | 人民政府 | 国家机关① | 国家机关② |
| 事业单位 | | | | |

（25）职衔称谓

宝贝疙瘩	工人阶级	国际裁判	劳动模范	临时代办
全权代表	政治委员	国家裁判	少数民族	圣诞老人
中产阶级②				

（26）婚恋家庭

| 金刚石婚 | 旁系亲属 | 直系亲属 | | |

（27）器物用品

| 安全玻璃 | 安全剃刀 | 抽水马桶 | 光学玻璃 | 太阳电池 |
| 有机玻璃 | | | | |

（28）其他：有关时间、社会福利、度量衡的类熟语

| 北京时间 | 公用事业 | 国际公制 |

3. 五音节类熟语的语义类型

《大词典》没有例证的 20 世纪新兴五音节类熟语 24 个，这些类熟语按意义

及音序全部罗列如下。

（1）地理气象

本初子午线　　大陆性气候

（2）神经医学

精神分裂症　　流行性感冒　　小儿麻痹症

（3）航空航天

喷气式飞机　　天文望远镜

（4）工业交通

交通信号灯　　联合收割机

（5）军事战争体育

八一建军节　　凝固汽油弹　　马拉松赛跑　　政治教导员

（6）思想政治文化

不平等条约　　大汶口文化　　河姆渡文化　　马克思主义　　毛泽东思想

（7）机构组织

安全理事会　　人民检察院

（8）其他：有关计算机、语言学、经济学类意义的类熟语

电子计算器　　利伯维尔场　　民族共同语　　政治经济学

4.六音节类熟语的语义类型

《大词典》没有例证的 20 世纪新兴六音节类熟语 4 个，从意义的角度分为化学术语、思想观、权力机关、政治组织形式等。这 4 个六音节类熟语按音序全部罗列如下：

高分子化合物　　机械唯物主义　　人民代表大会　　政治协商会议

5.七音节类熟语的语义类型

《大词典》没有例证的 20 世纪新兴七音节类熟语 1 个，意义为群众性组织。罗列如下：

共产主义青年团

（四）《大词典》没有某一义项的 20 世纪新兴类熟语的语义类型

《大词典》没有某一义项的 20 世纪新兴类熟语分为三音节和四音节两类。

1.三音节类熟语的语义类型

《大词典》没有某一义项的 20 世纪新兴三音节类熟语 2 个，按意义分为游戏、曲艺等类型。罗列如下：

打水漂① 二进宫①

2. 四音节类熟语的语义类型

《大词典》没有某一义项的 20 世纪新兴四音节类熟语 5 个。按意义分为音乐、文化运动、思想观念、艺术思潮等类型。这些类熟语按音序全部罗列如下：

安全系数② 流行歌曲② 启蒙运动① 实用主义① 形式主义②

（五）《大词典》没有收录的 20 世纪新兴类熟语的语义类型

《大词典》没有收录的 20 世纪新兴类熟语 995 个，分为三音节、四音节、五音节、六音节、七音节、九音节六类。

1. 三音节类熟语的语义类型

《大词典》没有收录的 20 世纪新兴三音节类熟语 18 个，这些三音节类熟语按意义及音序全部罗列如下：

（1）生理医学

拔罐子 不吐气 打点滴 发痧子 犯节气

（2）商业经济

创牌子 打白条① 打白条② 两不找

（3）动作行为

掰腕子 打榧子 降半旗 做针线

（4）表演艺术

过家伙 拉场子① 洒狗血

（5）其他：有关工作状态、交通运行类意义的类熟语

超负荷① 闯红灯

2. 四音节类熟语的语义类型

《大词典》没有收录的 20 世纪新兴四音节类熟语 886 个。除去正文中代表性例证 12 个外，剩余的 874 个，从意义的角度分为 43 类。下面按意义及音序把它们全部罗列如下：

（1）数学

不定方程	常用对数	代数方程	几何图形	解析几何
立体几何	罗马数字	十进对数	四维空间	苏州码子
因式分解	正多边形	自然对数		

（2）物理

安全电压	贝塔粒子	贝塔射线	标记元素	表面张力

发光强度	感应电流	光伏效应	胶体溶液	静电感应
绝对温标	伦琴射线	同步辐射	万有引力	微观粒子
微观世界	物理变化	物理性质	物质的量	温室气体
稀有气体	阳伞效应	异化作用	阴极射线	

（3）化学

光导纤维	惰性气体	非电解质	光化作用	光解作用
核糖核酸	化学变化	化学电池	化学反应	化学肥料
化学分析	化学工业	化学平衡	化学纤维	化学性质
可逆反应	矿物纤维	示踪元素	脱氧核糖	微量元素
无定形物	元素符号	原子序数		

（4）生物

超级细菌	传出神经	传入神经	雌雄同体	雌雄同株
雌雄异体	雌雄异株	单性生殖	防毒面具	浮游生物
孤雌生殖	海洋生物	黄曲霉菌	基因工程	基因芯片
孑遗生物	淋巴细胞	上皮组织	舌头神经	生命科学
生态科学	生物安全	生物技术	生物入侵	生态危机
世代交替	无性生殖	血红蛋白	原核生物	运动神经
指示生物	周围神经	自然选择	自主神经	

（5）医学

被动吸烟	辨证论治	打预防针①	第三状态	恶性肿瘤
放射疗法	扶正祛邪②	核磁共振	红斑狼疮	化学疗法
火针疗法	鸡新城疫	家庭病床	家庭医生	健康寿命
静脉曲张	良性肿瘤	临终关怀	帕金森病	全科医生
手足口病	体外循环	物理疗法	物理诊断	微创手术
无疾而终①	心肌梗塞	心肌梗死	心脏死亡	医疗保险
针刺麻醉	震颤麻痹			

（6）生理

变态反应	动眼神经	感觉器官	感觉神经	滑车神经
基础代谢	假性近视	交感神经	络腮胡子	毛细现象
皮下组织	韧皮纤维	三叉神经	舌咽神经	神经系统
外生殖器	外展神经	循环系统		

（7）动物

螯肢动物	扁形动物	变温动物	单肢动物	非洲鲫鱼
高等动物	恒温动物	环节动物	甲状软骨	结缔组织
爬行动物	腔肠动物	蠕行动物	温血动物	原生动物
原索动物				

（8）植物

被子植物	低等植物	法国梧桐	高等植物	观赏植物
结球甘蓝	蕨类植物	裸子植物	穗状花序	苔藓植物
桃花心木	藤本植物	特种蔬菜	纤维植物	隐花植物
藻类植物	植物保护	植物群落		

（9）天文地理

爆发变星	大地原点	太阳大气	太阳风暴	太阳活动
标准时区	地球科学	地质年代	构造地震	绝对高度
相对高度				

（10）航空航天

航天飞船	河外星系	环绕速度	空间技术	空间科学
空间通信	空天飞机	空中警察	空中管制	空中走廊
脱离速度	太空垃圾	外层空间	隐形飞机	应用卫星
宇航技术	宇宙射线			

（11）气象温度

大气科学	低气压区	华氏温标	华氏温度	绝对零度
绝对湿度	人工降水	热带低压	热带风暴	热岛效应
开氏温度	摄氏温度	温室效应[2]	相对湿度	

（12）地质矿物

火山地震	休眠火山	金绿宝石	蔷薇石英

（13）网络计算

操作系统	机器翻译	垃圾邮件	平板电脑	人工智能
人机界面	人肉搜索	三维动画	视频光盘	数字控制
外围设备	虚拟现实	用户界面	移动办公	移动硬盘
终端设备	电子辞典	电子函件	电子汇款	电子货币
电子垃圾	电子认证	电子商务	电子图书	电子污染

电子信箱　电子邮箱　电子游戏　电子政务　门户网站
搜索引擎　网络电话　网络教育　网络经济　网络警察
网络文学　网络学校　网络银行　网络游戏　网络语言
网上银行　网络犯罪　网络媒体　网络日志　网络商店
微型博客　虚拟世界

（14）邮电通讯

电报挂号　纪念邮票　普通邮票　特快专递　特种邮票
煲电话粥　电视电话　固定电话　可视电话　仿真通信
视频电话　数字电话　数字通信　数字信号　卫星通讯
无绳电话　无线电波　无线通信　信息产业　信息科学
信息时代　移动电话　移动通信　邮政编码　有线通信
风力发电　核能发电　火力发电　水力发电

（15）交通运输

城市铁路　磁浮列车　管道运输　高速铁路　观光电梯
轨道交通　环形交叉　平面交叉　平板三轮　轻轨铁路
氢气汽车　人行横道　特别快车　直达快车　自动扶梯

（16）科学技术

产业革命①　产业革命②　基础科学　纳米技术　纳米科学
隐身技术　隐形技术　应用科学　知识产权　知识产业
职务发明　智力产业　智能材料　激光照排　木刻水印
生物芯片

（17）工业农业

工作母机　机械效率　记忆合金　技术改造　技术革命
技术革新　技术科学　技术装备　简单机械　精神损耗
可锻铸铁　硫化橡胶　清洁能源　清洁燃料　燃气轮机
生态工程　无形损耗　物质损耗　自动控制　人造石油
特种工艺　大春作物　观光农业　精确农业　精准农业
蓝色农业　旅游农业　农家肥料　热带雨林　生态农业
水利工程　水利枢纽　温室效应①　有机农业　有机食品
越冬作物　黑色食品　垃圾食品

（18）生产劳动

成龙配套	抽象劳动	简单劳动	劳动手段	清洁生产
人身事故	弹性就业	田野作业	职务作品	

（19）环保建筑

白色垃圾	白色污染	厨余垃圾	环境壁垒	环境标志
环境激素	环境科学	环境要素	空气污染	空气质量
绿色标志	生态标志	生物污染	生态环境	水体污染
土壤污染	噪声污染	自净作用	低层住宅	多层住宅
仿生建筑	高层住宅	胡子工程	楼堂馆所	模糊空间
生态建筑	尾巴工程			

（20）交际活动

个人问题	公共关系	国家公园	换位思考	绿色通道
面子工程	名人效应	社会福利	社会工作	社会效益
社会形态	团队精神	形象工程	落地签证	双重国籍
申根协定	同步口译	同声传译	同声翻译	外交特权

（21）社会现象

马太效应	生存竞争	随遇平衡	稳定平衡	阴盛阳衰
自然法则	自然灾害			

（22）军事战争

北伐战争	常规武器	常规战争	次声武器	和平谈判
化学武器	环境武器	黄巾起义	激光武器	甲午战争
解放战争	金田起义	紧急状态	近程导弹	军事演习
农民起义	农民战争	汽车炸弹	热核武器	人体炸弹
深水炸弹	神圣同盟	生物武器	生物战剂	失能武器
水陆坦克	特种部队	细菌战剂	远程导弹	战略导弹
战略物资	战术导弹	中程导弹	自动步枪	自行火炮
智能武器				

（23）警察法律

防暴警察	户籍警察	海洋警察	交通警察	司法警察
特种警察	武装警察	代位继承	法定继承	法定人数
法律援助	防卫过当	工业产权	国家赔偿	监外执行

教育改造	精神赔偿	民事案件	民事法庭	民事权力
民事诉讼	民事责任	取保候审	权利能力	数罪并罚
司法鉴定	司法解释	司法拘留	无罪推定	刑事拘留
刑事判决	刑事诉讼	刑事侦查	行为能力	行政处罚
行政处分	行政拘留	行政诉讼	遗嘱继承	有罪推定
职务犯罪	智能犯罪			

（24）政治制度

巴黎公社	百日维新	广州起义	国民待遇	改革开放
看守内阁	看守政府	科教兴国	恐怖主义	民主改革
民主革命	民族运动	炮舰外交	秋收起义	人民武装
十月革命	社会保障	五卅运动	五四运动	戊戌变法
西安事变	信任投票	一国两制	政府采购	政治面目
政治文明	政治制度	综合国力	直接选举	

（25）商业经济

霸王条款	倒买倒卖	固定价格	灰色市场	可比价格
人才市场	商业银行	跳蚤市场	小本经营	自选商场
自由价格	最终产品	保护关税	比较价格	边境贸易
薄利多销	补偿贸易	不变价格	财政赤字	成本会计
初级产品	创业资金	第一桶金	二板市场	福利彩票
浮动汇率	股指期货	国有经济	国有企业	国有资产
会展经济	宏观经济	宏观调控	黄金地段	机会成本
积累基金	基尼系数	计划经济	价值形式	假日经济
经济犯罪	经济杠杆	经济核算	经济实体	经济体制
经济制度	金砖国家	跨国公司	流动资产	流动资金
绿色壁垒	买办资本	买方市场	卖方市场	贸易壁垒
民营经济	民族资本	民营企业	泡沫经济	皮包公司
企业法人	三资企业	生产要素	世界市场	市场机制
市场经济	市场调节	私营经济	私营企业	特许经营
体育彩票	无形资产	物化劳动	物价指数	微观经济
系统工程①	消费基金	消费信贷	银团贷款	有形资产
预算赤字	原始积累	有价无市	支柱产业	知识经济

主板市场	资不抵债			

（26）金融保险

不良贷款	风险资金	固定汇率	黄金储备	金融危机
上市公司	投资基金	投资银行	保险金额	财产保险
法定保险	工伤保险	强制保险	人寿保险	生命保险
失业保险	社保基金	自愿保险		

（27）工资税收

白色收入	比例税制	标准工资	黑色收入	灰色收入
计件工资	计时工资	结构工资	基本工资	累进税率
名义工资	效益工资			

（28）思想认识

爱国主义	低人一等	观念形态	理性认识	蒙昧主义
平衡感觉	人文精神	三个代表	思想体系①	思想体系②
折中主义	直接经验	种族主义	主观世界	

（29）历史文化

百科全书	共同语言	和谐社会	红山文化	红色旅游
快餐文化	良渚文化	奴隶社会	生态文明	石器时代
文化产品	文化产业	文化市场	文化事业	

（30）语言文学

鼻化元音	表意文字	表音文字	隔音符号	简化汉字①
简化汉字②	拉丁字母	趋向动词	希腊字母	注音符号
注音字母	肢体语言	比较文学	表现主义	文艺语言
形象思维	艺术思维	自然主义		

（31）宗教哲学

罗马公教	神职人员	枢纽主教	藏传佛教	辩证逻辑
存在主义	经验主义①	经验主义②	经院哲学	绝对真理
客观世界	全知全能	现代主义①	现代主义②	相对真理

（32）逻辑思维

抽象思维	符号逻辑	数理逻辑	上位概念	循环论证
直接推理				

（33）体育运动

壁式网球	冰上运动	极限运动	竞技体操	竞技状态
广播体操	规定动作	高山滑雪	合理冲撞	花样滑冰
花样滑雪	花样游泳	滑水运动	健美运动	临门一脚①
民族体育	七项全能	器械体操	沙滩排球①	沙滩排球②
生态旅游	十项全能	水上运动	体育舞蹈	跳台滑雪
铁人三项	无氧运动	现代五项	有氧运动	匀速运动
运动健将	运动负荷	韵律体操	自选动作	中国象棋

（34）教育教学

访问学者	干部学校	函授教育	继续教育	技术学校
空中大学	师范学校	素质教育	希望工程	业余大学
应试教育	幼儿教育	远程教育	职业高中	终身教育
自学考试				

（35）礼仪制度

操作规程	国际惯例	国家标准	国际标准	金盆洗手①
五讲四美				

（36）音乐曲艺

背景音乐	打击乐器	多口相声	低音提琴	电子音乐
广东音乐	卡拉 OK	蒲州梆子	弹拨乐曲	渔鼓道情

（37）新闻摄影

立体媒体	平面媒体	无头告示	有偿新闻	全息照相
傻瓜相机	数码相机	数字相机		

（38）影视艺术

环幕电影	家庭影院	立体电影	背投电视	彩色电视
电视点播	立体电视	数字电视	图文电视	卫星电视
有线电视	舞台美术	行为艺术		

（39）组织机构

第二国际	第三国际	第一国际	共产国际	股东大会
广播电台	国际纵队	欧洲联盟	司法机关	世界银行
世贸组织	同业公会	五角大楼	乡镇企业	行政公署①
行政公署②	影子内阁	中央银行	自治机关	

（40）职衔称谓

白衣战士	不管部长	第二职业	第一夫人	独立董事
国务委员	恐怖分子	老少边穷	礼仪小姐	农业工人
水上居民	新新人类	形象大使	责任编辑	

（41）婚恋家庭

产褥感染	大龄青年	丁克家庭	独生子女	奉子成婚
计划生育	家庭暴力	净身出户	空巢家庭	亲子鉴定
全职太太	试管婴儿	生育保险	异位妊娠	

（42）器物用品

变形金刚	非织造布	广角镜头	磨砂玻璃	耐火材料
挪亚方舟	无纺织布	消费数据	隐形眼镜	自动铅笔

（43）其他：有关时间、度量衡、人类学、会议类意义的类熟语

逢年过节	黄金时段	毫米汞柱	摩尔质量	蒙古人种
高峰会议				

3. 五音节类熟语的语义类型

《大词典》没有收录的 20 世纪新兴五音节类熟语 71 个。这些类熟语按意义及音序全部罗列如下。

（1）物理化学

阿尔法粒子	阿尔法射线	不稳定平衡	电子显微镜
非致命武器	同分异构体	同量异位素	同素异形体
同位素扫描			

（2）生理医学

非典型肺炎①	非典型肺炎②	非手术疗法	非条件反射
脊髓灰质炎	老年性痴呆		

（3）网络通信

笔记本电脑	磁盘驱动器	电视接收机	电子出版物
电子公告牌	光盘驱动器	计算机病毒	计算机程序
计算机网络	平板计算机	调制解调器	网络计算机
掌上计算机			

（4）航空航天

不名飞行物	地效飞行器

（5）交通运输

磁悬浮列车　　方程式赛车　　非常规能源

（6）思想政治

大民族主义　　邓小平理论　　发展中国家　　法西斯主义

九一八事变　　科学发展观

（7）机构组织

非企业法人　　非政府组织　　计划单列市　　街道办事处

欧洲共同体　　特别行政区

（8）商业经济

不正当竞争　　恩格尔系数　　宏观经济学　　经济适用房

可持续发展　　扩大再生产　　农业合作化　　社会保障卡

住房公积金

（9）法律

财产所有权　　非婚生子女

（10）职务职称头衔

形象代言人　　政治协理员　　政治指导员　　助理研究员

（11）节假日

三八妇女节　　五一劳动节

（12）人类学

尼格罗人种　　欧罗巴人种

（13）历史考古

旧石器时代　　三星堆遗址

（14）其他：有关地理、证件、气象、运动类意义的类熟语

候风地动仪　　居民身份证　　拉尼娜现象　　强热带风暴

智力运动会

4.六音节类熟语的语义类型

《大词典》没有收录的 20 世纪新兴六音节类熟语 12 个，按意义分为战争、思想作风、航空航天、气候、计量单位、经济、政治、贸易、舞蹈等意义类型。它们按音序全部罗列如下：

八一南昌起义　　地方保护主义　　第二宇宙速度　　第三宇宙速度

第四宇宙速度　　第一宇宙速度　　厄尔尼诺现象　　法定计量单位

非公有制经济　　科学社会主义　　世界贸易组织　　维也纳华尔兹

5. 七音节类熟语的语义类型

《大词典》没有收录的20世纪新兴七音节类熟语5个，按意义分为战争、文化两大类。它们按音序全部罗列如下：

第二次世界大战　　第二次鸦片战争　　第一次世界大战

第一次鸦片战争　　非物质文化遗产

6. 九音节类熟语的语义类型

《大词典》没有收录的20世纪新兴九音节类熟语3个，它们都是战争类用语。按音序全部罗列如下：

第二次国内革命战争　　第三次国内革命战争　　第一次国内革命战争

二、现代汉语熟语中的俗语

（一）现代汉语熟语中的俗语概况

我们研究范围的现代汉语共时平面的熟语，也包括一些俗语，大约有157个。其中，上古汉语已见的现代汉语熟语中没有俗语，中古汉语已见的现代汉语熟语中有1个俗语，近代汉语已见的现代汉语熟语中有46个俗语，20世纪新兴的汉语熟语中有110个俗语。现代汉语熟语中的俗语，主要集中在近代和20世纪两个时期。

（二）中古汉语中已见的现代汉语熟语中的俗语

中古汉语中已见的现代汉语熟语中的俗语只有1个，即：

见阎王

（三）近代汉语中已见的现代汉语熟语中的俗语

近代汉语中已见的现代汉语熟语中的俗语共计46个。其中，标明为口语的16个，标明为方言的25个，标明为俗语的4个，标明为谚语的1个。

1. 口语

属于口语类的俗语16个，我们依据音节的多少罗列如下：

出份子①　　打哈哈　　打交道　　拍马屁　　使绊子②　　咬耳朵

扎耳朵　　坐月子　　钻门子

不是玩的　　大天白日　　顶头上司　　黑更半夜　　见钱眼开

三天两头　　八字没见一撇

2. 方言

属于方言类的俗语 25 个，全部罗列如下：

不得劲③　　不起眼　　插杠子　　吃白食　　打把势①　　打光棍
打饥荒　　发利市①　　闹饥荒②　　气不忿　　送人情②　　手不稳
寻开心　　做生活
摆龙门阵　　鞭辟入里　　不尴不尬　　大处落墨　　呼幺喝六②
花说柳说　　灰头土脸①　　家长里短　　门里出身　　死气白赖
吃不了兜着走

3. 俗语

标明为俗语的 4 个，它们是：

打把势②　　打官司　　耍把戏①　　装样子

4. 谚语

标明为谚语的俗语 1 个，即：

陈谷子烂芝麻

（四）20 世纪新兴的汉语熟语中的俗语

20 世纪新兴的汉语熟语中的俗语共计 110 个。其中，标明为口语的 26 个，标明为方言的 78 个，标明为俗语的 6 个。

1. 口语

属于口语类的俗语 26 个，我们详尽罗列如下：

不摸头　　吃枪药　　出份子②　　打挺儿　　捣麻烦　　够意思①
拉肚子　　拉饥荒　　闹肚子　　撒吆挣　　上岁数　　使绊子①
挖墙脚　　有会子
笔管条直　　打马虎眼　　富富有余　　棺材瓤子　　好生好气
黑灯瞎火　　扣屎盆子　　块儿八毛　　老八辈子　　溜须拍马
千儿八百　　八九不离十

2. 方言

属于方言类的俗语 78 个，这些俗语有如下一些：

拔火罐　　背饥荒　　绷面子　　不开眼　　拆烂污　　吃挂络
吃挂落　　吃挂误　　触楣头　　搭街坊　　打摆子　　打牙祭
打夜作　　跌眼镜　　逗闷子　　斗口齿　　端架子　　狗仔队
刮脸皮　　掼纱帽　　捡洋捞　　砍大山　　侃大山　　扛大个

拉近乎	落包涵	满世界	抹稀泥	悄没声	要贫嘴
甩脸子	随份子	蹚浑水	掏窟窿	天晓得	涎着脸
一百一	扎猛子	走时气	嘬瘪子	凑份子②	搭架子②
打出手②	刮鼻子③	要把戏②	吃豆腐①②③	挂幌子①②	绕脖子①②
要骨头①②					

阿猫阿狗	巴头探脑	宝贝疙瘩	穿连裆裤	吹灯拔蜡
大包大揽	耳朵底子	归里包堆	花花肠子	清汤寡水
仨瓜俩枣	食亲财黑	咸鲜翻生	羊肚手巾	一搭两用
一头雾水	砸锅卖铁	夎着胆子	正儿八经	正经八百
自说自话	灰头土脸②	一溜歪斜①②		

3. 俗语

标明为俗语的 6 个，它们是：

人来疯	冷血动物①	傻瓜相机	尚方宝剑	掌上计算机
利伯维尔场				

三、现代汉语熟语各期新增的新义

现代汉语共时平面的熟语的意义，有 277 个是各时期新产生并沿用至今。其中，上古汉语中新兴而沿用至今的 3 个，中古汉语中新兴而沿用至今的 28 个，近代汉语中新兴而沿用至今的 152 个，20 世纪新增义项的熟语和新兴的熟语 94 个。

（一）上古汉语中新增义项并沿用至今的熟语

现代汉语共时平面的熟语，有的在上古汉语的东汉时期增加了沿用至今的新义。这样的熟语有 3 个，罗列如下：

伯仲叔季　　天长地久　　一以贯之

（二）中古汉语中新增义项并沿用至今的熟语

现代汉语共时平面的熟语，有 28 个在中古汉语时期增加了沿用至今的新义。这些熟语依据新增义项的时代先后，叙述如下。

1. 三国

现代汉语共时平面的熟语，有的在三国时期增加了沿用至今的新义。这样的熟语有 1 个，即：

小巫见大巫

2. 西晋

现代汉语共时平面的熟语，有的在西晋时期增加了沿用至今的新义。这样的熟语有 3 个，它们是：

不亦乐乎　　出其不意　　目不转睛

3. 南朝

现代汉语共时平面的熟语，有的在南朝时期增加了沿用至今的新义。这样的熟语有 4 个，它们是：

骈拇枝指　　苗而不秀　　任重道远　　大义灭亲

4. 北朝

现代汉语共时平面的熟语，有的在北朝增加了沿用至今的新义。这样的熟语有 1 个，即：

天高地厚①

5. 隋唐

现代汉语共时平面的熟语，有的在隋唐时期增加了沿用至今的新义。这样的熟语有 19 个，全部罗列如下：

差强人意	功亏一篑	管中窥豹	金枝玉叶	举棋不定
聚精会神	聊以卒岁	龙盘虎踞	密云不雨	旗鼓相当
曲突徙薪	人面兽心	数米而炊	贪天之功	天府之国
玄之又玄	扬清激浊	一鼓作气	一国三公	

（三）近代汉语中新增义项并沿用至今的熟语

现代汉语共时平面的熟语，有 152 个在近代汉语时期增加了沿用至今的新义。这些熟语依据新增义项的时代先后，叙述如下。

1. 五代宋

现代汉语共时平面的熟语，有的在五代宋时期增加了沿用至今的新义。这样的熟语有 36 个，全部罗列如下：

抱佛脚	执牛耳			
八面玲珑	不绝如缕	不为已甚	不一而足	超凡入圣
陈陈相因	出生入死	大慈大悲	洞房花烛	发扬蹈厉
风声鹤唳	高谈阔论	画饼充饥	金戈铁马	举案齐眉
开宗明义	空穴来风	老骥伏枥	梁上君子	旅进旅退

忍俊不禁	三缄其口	天网恢恢	为富不仁	虚有其表
一落千丈	一毛不拔	一日千里	应接不暇	予取予求
约法三章	瞻前顾后	之乎者也	坐而论道	

2. 元代

现代汉语共时平面的熟语，有的在元代增加了沿用至今的新义。这样的熟语有 16 个，全部罗列如下：

残杯冷炙	城下之盟	粗枝大叶	春风得意	画地为牢
讳疾忌医	枯木逢春	梨园弟子	明目张胆	你死我活
牛溲马勃	青天白日	三头六臂	唯我独尊	以毒攻毒
心有灵犀一点通				

3. 明代

现代汉语共时平面的熟语，有的在明代增加了沿用至今的新义。这样的熟语有 31 个，全部罗列如下：

百孔千疮	暴殄天物	不可思议	单刀直入	东窗事发
狗尾续貂	火眼金睛	开天辟地	空空如也	立竿见影
落花流水	求之不得	山穷水尽	实事求是	死心塌地
守株待兔	谈何容易	完璧归赵	呜呼哀哉	无隙可乘
五体投地	兴风作浪	寻花问柳	阳春白雪	呼幺喝六①
一鸣惊人	引而不发	自怨自艾	张牙舞爪	三不知
树倒猢狲散				

4. 清代

现代汉语共时平面的熟语，有的在清代增加了沿用至今的新义。这样的熟语有 69 个，全部罗列如下：

好说话	金不换	莫须有	一把手②	走江湖
白山黑水	傍人门户	别有用心	不即不离	不可收拾
不求甚解	不甚了了	长袖善舞	晨钟暮鼓	曾经沧海
初出茅庐	出尔反尔	大刀阔斧	大而无当	登堂入室
地久天长	飞扬跋扈	风雨如晦	高高在上	官样文章
光天化日	海阔天空	沆瀣一气	好自为之	后来居上
讳莫如深	鸡犬升天	寄人篱下	剑拔弩张	焦头烂额
老气横秋②	乐天知命	暮鼓晨钟	难兄难弟	盘马弯弓

平头正脸	前仆后继	穷形尽相	入木三分	三姑六婆
舍己为人	石破天惊	始作俑者	数见不鲜	硕大无朋
天香国色	听而不闻	无声无臭	下里巴人	现身说法
小心翼翼	欣欣向荣	心广体胖	心心相印	兴师动众
偃旗息鼓	叶公好龙	移山倒海	一波三折	一片冰心
鱼龙混杂	攒三聚五	真知灼见	走马看花	

（四）20世纪新增义项的熟语

现代汉语共时平面的熟语，有94个在20世纪新增了义项。这些20世纪新增义项的熟语，依据《大词典》的例证的有无，分类叙述如下。

1.20世纪新增义项且有20世纪的文献例证

20世纪新增义项的现代汉语共时平面的熟语，有的在《大词典》中举出了20世纪的文献例证。这类20世纪新增义项并且有现代文献例证的熟语有86个，我们依据音节的多少分类罗列如下：

兜圈子②	发洋财	放冷箭	开后门	开天窗	满堂红
现世报	有意思①				

八仙过海	百花齐放①	暴风骤雨	奔走呼号	筚路蓝缕
不二法门	不见经传	不蔓不枝	不偏不倚	不着边际
步步为营	春华秋实	吹吹打打	蠢蠢欲动	大吹大擂
大而化之	大放厥词	道貌岸然	得过且过	短兵相接
分道扬镳	风风雨雨	钩心斗角	狗皮膏药	和风细雨
呼风唤雨	货真价实	借尸还魂	近水楼台	康庄大道
来龙去脉	老弱残兵	力争上游	柳暗花明	明日黄花
鸣锣开道	抛头露面	旗帜鲜明	千丝万缕	钦差大臣
青黄不接	蜻蜓点水	犬牙交错	三位一体	扫地出门
生老病死	十指连心	十字路口	寿终正寝	顺手牵羊
讨价还价	天罗地网	同流合污	吐故纳新	脱胎换骨
妄下雌黄	无名小卒	下车伊始	相濡以沫	谢天谢地
心血来潮	星火燎原	信马由缰	轩然大波	雁过拔毛
阳关大道	妖魔鬼怪	一定之规	一团和气	以人为本
应运而生	愚不可及	与人为善	针头线脑	治病救人
更上一层楼	十八层地狱	不到黄河心不死		

2. 20 世纪新增义项却没有 20 世纪的文献例证

20 世纪新增义项的现代汉语共时平面的熟语，有的在《大词典》中没有举出新增义项在 20 世纪文献中使用的例证。这类 20 世纪新增了义项而这一新增义项又没有现代文献例证的熟语共有 8 个，它们是：

粉墨登场　　红杏出墙　　奇文共赏　　萧规曹随　　着手成春

摆擂台　　斗口齿　　做文章

四、现代汉语共时平面的多义熟语

现代汉语共时平面的熟语及类熟语，我们统称为熟语结构。如果以义项计算，总计 6819 个。其中有 251 个具有多个词义，它们涉的义项有 527 个。如果以书写形式计算，现代汉语共时平面的熟语总计 6543 个，涉及义项 6819 个。其中，单义熟语 6292 个，多义熟语 251 个。现代汉语的熟语以单义为主，也有少量的多义熟语。从比例的角度看，现代汉语的单义熟语占现代汉语熟语结构总数的 92.27%，而现代汉语的多义熟语，从书写形式上看，仅占现代汉语熟语结构总数的 3.68%；从意义的角度看，占 7.73%。这 251 个多义熟语，从音节的角度看，有三音节熟语 88 个，四音节熟语 162 个，五音节熟语 1 个。这些多义熟语的意义，绝大多数是 20 世纪新兴的，也有一些是从清代以前继承下来的。其中，从清代以前继承来的多义熟语 94 个，占我们研究的现代汉语多义熟语总数的 37.45%；20 世纪新兴的多义熟语 157 个，占现代汉语多义熟语总数的 62.55%。由此看来，现代汉语中的多义熟语，以 20 世纪新兴的为主。我们以这些多义熟语的第一个义项作为分析的依据，对相关情况进行一些说明。

（一）上古汉语中已见的具有多义性的现代汉语熟语

见于上古汉语中的具有多义性的现代汉语熟语总计 3 个。其中，战国 1 个，西汉 2 个。这 3 个多义熟语都是四音节的，它们是：

百发百中[①]　　短小精悍[①]　　无所不至[①]

（二）中古汉语中已见的具有多义性的现代汉语熟语

见于中古汉语中的具有多义性的现代汉语熟语总计 16 个。其中，西晋 2 个，南朝 1 个，北朝 1 个，隋唐 12 个。这 16 个多义熟语，2 个属于三音节，14 个属于四音节。分别罗列如下：

难为情[①]　　捉迷藏[①]

冲锋陷阵①　地覆天翻①　规行矩步①　花红柳绿①　间不容发①
平易近人①　贪多务得①　体无完肤①　天翻地覆①　天高地厚①
天南地北①　天旋地转①　无大无小①　息事宁人①

（三）近代汉语中已见的具有多义性的现代汉语熟语

见于近代汉语中的具有多义性的现代汉语熟语总计 75 个。其中，五代宋 14
个，元代 8 个，明代 20 个，清代 33 个。这 75 个多义熟语，20 个属于三音节，
55 个属于四音节。下面依照时代先后及音节多少分别罗列如下。

1. 五代宋已见的现代汉语多义熟语

见于五代宋时期的现代汉语多义熟语共 14 个。其中，三音节 3 个，四音节
11 个。罗列如下：

使不得①　无奈何①　占便宜①
按兵不动①　不省人事①　超然物外①　出头露面①　翻来覆去①
风花雪月①　花言巧语①　惊涛骇浪①　念念有词①　一尘不染①
装神弄鬼①

2. 元代已见的现代汉语多义熟语

见于元代的现代汉语多义熟语共 8 个。其中，三音节 1 个，四音节 7 个。全
部罗列如下：

没意思①
东倒西歪①　风言风语①　回光返照①　昏天黑地①　惊天动地①
腾云驾雾①　摇旗呐喊①

3. 明代已见的现代汉语多义熟语

见于明代的现代汉语多义熟语共 20 个。其中，三音节 2 个，四音节 18 个。
它们分别是：

凑份子①　要把戏①
半生不熟①　不好意思①　不三不四①　动手动脚①　改换门庭①
拐弯抹角①　呼幺喝六①　连中三元①　玲珑剔透①　没头没脑①
难分难解①　牛郎织女①　披荆斩棘①　天昏地暗①　闲言碎语①
一气呵成①　抓耳挠腮①　转弯抹角①

4. 清代已见的现代汉语多义熟语

见于清代的现代汉语多义熟语共 33 个。其中，三音节 14 个，四音节 19 个。
这 33 个多义熟语分别罗列如下：

不要紧① 出份子① 凑热闹① 打把势① 打天下① 打照面①
发利市① 讲价钱① 交白卷① 开口子① 送人情① 掏腰包①
有日子① 栽跟头①

百家争鸣① 半死不活① 当头一棒① 风起云涌① 高头大马①
攻守同盟① 海市蜃楼① 划一不二① 灰头土脸① 家常便饭①
力透纸背① 另起炉灶① 买空卖空① 千锤百炼① 说一不二①
缩手缩脚① 稳扎稳打① 源远流长① 直眉瞪眼①

(四) 20 世纪新兴的具有多义性的汉语熟语

在我们研究范围内的现代汉语熟语,属于 20 世纪新兴的且具有多义性的熟语总计 157 个。其中,三音节熟语 66 个,四音节熟语 90 个,五音节熟语 1 个。通过与《大词典》的比较,我们依据举例、收录等方面的情况分类叙述如下。

1.《大词典》有 20 世纪文献为始见例证的新兴多义熟语

现代汉语共时平面使用的新兴多义熟语,《大词典》有 20 世纪文献为始见例证的共 72 个。其中,三音节 29 个,四音节 43 个。按音序全部罗列如下:

摆摊子① 不得劲① 不得了① 不对劲① 不是味① 不象话①
吃大户① 吃豆腐① 吃独食① 打冲锋① 打招呼① 打游击①
戴帽子① 兜圈子① 刮鼻子① 开玩笑① 开小差① 卖关子①
卖力气① 闹饥荒① 跑龙套① 绕脖子① 摔跟头① 说闲话①
一把手① 一把抓① 一锅端① 有意思① 走钢丝①

安全系数① 百花齐放① 被选举权① 笨头笨脑① 不管不顾①
不翼而飞① 草台班子① 垂涎欲滴① 大公无私① 等米下锅①
翻天覆地① 共产主义① 黄金时代① 积极分子① 基本建设①
经济危机① 空头支票① 老气横秋① 冷血动物① 流行歌曲①
没心没肺① 拿手好戏① 漆黑一团① 清规戒律① 社会关系①
社会主义① 神经过敏① 耍嘴皮子① 缩头缩脑① 堂而皇之①
通货紧缩① 偷鸡摸狗① 细水长流① 新陈代谢① 形式主义①
吆五喝六① 药到病除① 一溜歪斜① 因人而异① 引火烧身①
有生力量① 龇牙咧嘴① 中产阶级①

2.《大词典》没有例证的新兴多义熟语

现代汉语共时平面使用的新兴多义熟语,《大词典》没有例证的共 35 个。其中,三音节 17 个,四音节 18 个。全部罗列如下:

搭架子①　　打出手①　　打埋伏①　　打算盘①　　打掩护①　　打折扣①
倒胃口①　　够交情①　　拉下脸①　　挂幌子①　　过筛子①　　绕圈子①
使绊子①　　耍骨头①　　耍花招①　　说笑话①　　走过场①

八角茴香①　　帝国主义①　　定时炸弹①　　骨头架子①　　国家机关①
连锁反应①　　链式反应①　　漫无边际①　　民族主义①　　拼死拼活①
拼音字母①　　勤工俭学①　　生拉硬扯①　　文学语言①　　舞文弄墨①
一团漆黑①　　自由主义①　　坐冷板凳①

3.《大词典》没有某一义项的新兴多义熟语

现代汉语共时平面使用的新兴多义熟语,《大词典》没有现在使用的某一义项的共 12 个。其中，三音节 6 个，四音节 6 个。全部罗列如下：

背靠背①　　吃白饭①　　打水漂①　　打先锋①　　二进宫①　　闹着玩①
磕头碰脑①　　启蒙运动①　　上窜下跳①　　实用主义①　　小手小脚①
直来直去①

4.《大词典》没有收录的新兴多义熟语

现代汉语共时平面使用的 20 世纪新兴多义熟语,《大词典》没有收录的共 38 个。其中，三音节 14 个，四音节 23 个，五音节 1 个。全部罗列如下：

超负荷①　　打白条①　　对心思①　　犯嘀咕①　　够意思①　　个顶个①
看热闹①　　拉场子①　　没的说①　　没说的①　　没脾气①　　抢镜头①
站住脚①　　做功课①

产业革命①　　唱空城计①　　打预防针①　　扶正祛邪①　　环环相扣①
简化汉字①　　经验主义①　　金盆洗手①　　可丁可卯①　　可钉可铆①
临门一脚①　　绵里藏针①　　骑驴找驴①　　沙滩排球①　　思想体系①
温室效应①　　无疾而终①　　系统工程①　　现代主义①　　行政公署①
云山雾罩①　　意犹未尽①　　有模有样①　　非典型肺炎①

五、现代汉语共时平面中的四音节以外的熟语

我们的研究涉及现代汉语共时平面的熟语及类熟语总计 6819 个。它们依照类型划分，可以分为，熟语 5171 个，类熟语 1648 个。熟语依照音节分类，可以分为四音节熟语 4428 个，四音节以外的熟语 743 个。现代汉语中常见的四音节以外的熟语，占我们研究的现代汉语熟语结构总数的 10.90%，占我们研究的

现代汉语熟语总数的 14.37%，这一比例还是比较高的。这些四音节以外的熟语，双音节 3 个，三音节 683 个，五音节 29 个，六音节 18 个，七音节 8 个，八音节 2 个。现代汉语共时平面中的这 743 个四音节以外的熟语，从清代以前继承而来的 212 个，占我们研究的现代汉语四音节以外的熟语总数的 28.53%；20 世纪新兴的 531 个，占我们研究的现代汉语四音节以外的熟语总数的 71.47%。由此看来，现代汉语共时平面的四音节以外的熟语，以创新为主。下面依照时代先后、音节多少，分类进行宏观的总结概括。

（一）现代汉语共时平面的双音节熟语

现代汉语共时平面的双音节熟语不是很多，只有 3 个。1 个见于中古的北朝，2 个是 20 世纪新兴的。这 2 个新兴的双音节熟语，1 个有例证，1 个没有例证。这 3 个双音节熟语是：

阿门　　尔耳　　南无

（二）现代汉语共时平面的三音节熟语

现代汉语共时平面的三音节熟语总计 683 个。其中从清代以前继承下来的 181 个，20 世纪新兴的 502 个，下面分类叙述。

1. 现代汉语共时平面从清代以前继承下来的三音节熟语

现代汉语从清代以前继承下来的 181 个三音节熟语，依据历史来源，分述如下。

（1）从战国继承来的现代汉语三音节熟语

现代汉语的三音节熟语，有 3 个是从战国时期继承来的。这 3 个三音节熟语罗列如下：

不贰过　　不敢当　　集大成

（2）从西汉继承来的现代汉语三音节熟语

现代汉语的三音节熟语，有 1 个是从西汉继承来的。这个三音节熟语是：

决雌雄

（3）从东汉继承来的现代汉语三音节熟语

现代汉语的三音节熟语，有 3 个是东汉继承来的。这 3 个三音节熟语罗列如下：

不自量　　大不敬　　鸟兽散

（4）从西晋继承来的现代汉语三音节熟语

现代汉语的三音节熟语，有 1 个是从西晋继承来的。这个三音节熟语就是：

难为情

（5）从南朝继承来的现代汉语三音节熟语

现代汉语的三音节熟语，有 2 个是从南朝继承来的。这 2 个三音节熟语罗列如下：

不二价　　空对空

（6）从唐代继承来的现代汉语三音节熟语

现代汉语的三音节熟语，有 9 个是从唐代继承来的。这 9 个三音节熟语全部罗列如下：

不解衣　　吹法螺　　得人心　　见阎王　　难为情②　　清君侧

讨便宜　　无奈何②　　捉迷藏①

（7）从宋代继承来的现代汉语三音节熟语

现代汉语的三音节熟语，有 18 个是从宋代继承来的。这 18 个三音节熟语全部罗列如下：

抱佛脚　　不解事　　不做声　　打官司　　打交道　　掉书袋

费手脚　　尽人事　　没来由　　破天荒　　煞风景　　使不得①

无奈何①　　下工夫　　占便宜①　　执牛耳　　做生活　　做手脚

（8）从元代继承来的现代汉语三音节熟语

现代汉语的三音节熟语，有 12 个是从元代继承来的。这 12 个三音节熟语全部罗列如下：

抱粗腿　　吃官司　　打寒战　　打哑谜　　狗吃屎　　没意思①

撒酒风　　使不得②　　献殷勤　　一场空　　有的是　　做买卖

（9）从明代继承来的现代汉语三音节熟语

现代汉语的三音节熟语，有 26 个是从明代继承来的。这 26 个三音节熟语按音序全部罗列如下：

抱不平　　背水阵　　不过意　　吃闲饭　　凑份子①　　打抽丰

打寒噤　　打前站　　打秋风　　耳朵软　　发利市②　　翻白眼

过日子　　怀鬼胎　　卖人情　　没奈何　　没意思②　　三不知

送人情②　　要把戏①　　托人情　　招女婿　　装门面　　做人情

做生意　　坐月子

（10）从清代继承来的现代汉语三音节熟语

现代汉语的三音节熟语，有 106 个是从清代继承来的。这 106 个三音节熟语按音序全部罗列如下：

摆架子	拜把子	拜天地	壁上观	避风头	变戏法
不得劲②	不得劲③	不尽然	不起眼	不要紧①	不要脸
不在乎	不作声	插杠子	撑门面	吃白食	吃独食②
出份子①	出乱子	穿小鞋	闯江湖	凑热闹①	打把势①
打把势②	打场子	打光棍	打哈哈	打瞌睡	打擂台
打饥荒	打算盘②	打天下①	打通关	打圆场	打油诗
打照面①	打主意	斗心眼	发利市①	发脾气	干瞪眼
灌米汤	好说话	活见鬼	见世面	讲价钱①	交白卷①
金不换	卷铺盖	开口子①	拉皮条	老着脸	撩蹶子
留余地	露马脚	买关节	卖关节	卖关子②	满天飞
没事人	面对面	莫须有	拿架子	闹饥荒②	闹乱子
闹新房	拍马屁	拍胸脯	赔不是	碰钉子	普天下
气不忿	敲竹杠	惹是非	认不是	伸懒腰	实打实
使绊子②	使眼色	说闲话②	送人情①	守活寡	手不稳
掏腰包①	讨人嫌	讨生活	套交情	跳布札	跳加官
行方便	行人情	寻短见	寻开心	咬耳朵	一把手②
一席话	有日子①	扎耳朵	栽跟头①	栽跟头②	走江湖
钻门子	装样子	做满月	做生日		

2. 20 世纪新兴的现代汉语三音节熟语

20 世纪新兴的 502 个现代汉语三音节熟语，可以分为以下四种类型。

（1）《大词典》有 20 世纪文献为始见例证的现代汉语新兴三音节熟语

现代汉语共时平面的 20 世纪新兴的三音节熟语，《大词典》有 20 世纪文献为始见例证的有 269 个。这些有例证的 20 世纪新兴三音节熟语按音序全部罗列如下：

爱面子	摆门面	摆摊子①	爆冷门	背黑锅	背包袱
背靠背②	不成话	不得劲①	不得了①	不得了②	不对碴
不对劲①	不对劲②	不开眼	不摸头	不是味①	不是味②
不是味③	不象话①	擦屁股	拆烂污	唱反调	唱高调
超负荷②	炒冷饭	炒鱿鱼	扯后腿	扯闲篇	撑场面
沉住气	成气候	吃白饭③	吃错药	吃大户①	吃大户②

吃豆腐①	吃独食①	吃干饭	吃皇粮	吃回扣	吃空额
吃老本	吃派饭	吃偏饭	吃瓦片	吃小灶	吃鸭蛋
触楣头	出风头	出气筒	出洋相	闯关东	吹喇叭
吹冷风	搭架子②	打摆子	打边鼓	打冲锋①	打冲锋②
打出手②	打官腔	打棍子	打埋伏②	打圈子	打群架
打水漂②	打天下②	打头炮	打头阵	打牙祭	打招呼②
打先锋②	打野外	打夜作	打招呼①	打折扣②	打游击①
打嘴仗	大道理	戴帽子①	捣麻烦	倒胃口②	吊嗓子
吊胃口	迭罗汉	跌眼镜	丢面子	丢眼色	动肝火
兜圈子①	兜圈子②	赌东道	二进宫②	发洋财	翻跟头
放空炮	放空气	放冷箭	赶潮流	赶热闹	赶时髦
干什么	狗咬狗	狗仔队	够朋友	刮鼻子①	刮鼻子③
刮地皮	刮脸皮	掼纱帽	过筛子②	喊嗓子	喝倒采
喝墨水	和稀泥	画等号	回老家	挤牙膏	假嗓子
捡洋捞	讲价钱②	交白卷②	揭盖子	开倒车	开后门
开口子②	开快车	开绿灯	开门红	开天窗	开玩笑①
开玩笑②	开小差①	开小差②	开洋荤	开夜车	看笑话
扛长工	扣帽子	夸海口	拉肚子	拉关系	拉后腿
拉近乎	拉偏架	拉山头	捞稻草	利滚利	两重天
两码事	两面光	两张皮	领头羊	留后路	留后手
留一手	露一手	露头角	骂大街	买面子	卖关子①
卖力气①	卖力气②	满世界	满堂彩	满堂红	没关系
没什么	面面观	磨洋工	抹脖子	抹稀泥	闹别扭
闹肚子	闹饥荒①	闹脾气	闹情绪	闹意见	闹着玩②
闹着玩③	扭秧歌	爬格子	跑单帮	跑江湖	跑龙套①
跑龙套②	跑码头	跑买卖	跑生意	泡蘑菇	炮筒子
泡病号	赔小心	泼冷水	敲边鼓	悄没声	翘辫子
翘尾巴	绕脖子①	绕圈子②	人来疯	认死理	上轨道
上眼药	上贼船	烧高香	守空房	梳辫子	耍把戏②
耍骨头②	耍活宝	耍贫嘴	耍手艺	耍无赖	摔跟头①
甩脸子	随大溜	随大流	顺杆爬	说闲话①	撕破脸

抬轿子	套近乎	踢皮球	剃光头	天晓得	天知道
挑大梁	挑字眼	跳大神	捅漏子	拖后腿	挖墙脚
为什么	捂盖子	下台阶	现世报	压担子	一把手①
一把手③	一把抓①	一把抓②	一百一	一边倒	一锅端①
一锅端②	一锅煮	一面倒	一勺烩	硬碰硬	有意思①
有意思②	有意思③	扎猛子	砸牌子	占便宜②	找麻烦
争面子	睁眼瞎	抓工夫	转关系	捉迷藏②	坐江山
走过场②	走后门	走时气	走着瞧	钻空子	

(2)《大词典》没有20世纪文献为始见例证的现代汉语新兴三音节熟语

现代汉语共时平面的20世纪新兴的三音节熟语,《大词典》没有20世纪文献为始见例证的有63个。这些没有例证的20世纪新兴三音节熟语按音序全部罗列如下:

摆擂台	不象话②	不要紧②	吃豆腐②	吃豆腐③	出份子②
出毛病	凑热闹②	搭架子①	打冷枪	打埋伏①	打前失
打问讯	打掩护①	打掩护②	打游击②	担不是	定调子
逗闷子	斗口齿	发酒疯	放冷风	够交情①	够交情②
砍大山	拉买卖	拉下脸①	拉下脸②	拉下水	两边倒
两回事	拿主意	闹笑话	闹玄虚	请春客	绕脖子②
绕圈子①	三不管	上岁数	使绊子①	要笔杆	要骨头①
耍花腔	耍花招①	耍花招②	耍滑头	耍流氓	耍心眼
摔跟头②	睡懒觉	说笑话①	说笑话②	随份子	咬字眼
要面子	有会子	有日子②	砸饭碗	站柜台	正当年
正当时	走过场①	做文章			

(3)《大词典》没有20世纪某一义项的现代汉语新兴三音节熟语

现代汉语共时平面的20世纪新兴的三音节熟语,《大词典》没有20世纪某一义项的有14个。这些没有20世纪某一义项的新兴三音节熟语按音序全部罗列如下:

摆摊子②	摆摊子③	背靠背①	吃白饭①	吃白饭②	凑份子②
打先锋①	打照面②	戴帽子②	刮鼻子②	挂幌子②	闹着玩①
掏腰包②	走钢丝②				

（4）《大词典》没有收录的 20 世纪新兴的三音节熟语

现代汉语共时平面的 20 世纪新兴的三音节熟语，《大词典》没有收录的有
156 个。这些没有收录的 20 世纪新兴三音节熟语按音序全部罗列如下：

挨板子	矮半截	碍面子	熬年头	八面光	摆样子
扮鬼脸	帮倒忙	傍大款	抱委屈	爆粗口	背饥荒
背对背	绷面子	表面光	拆墙角	唱白脸	唱红脸
唱主角	抄后路	吃长斋	吃功夫	吃挂络	吃挂落
吃挂误	吃枪药	出难题	传帮带	串亲戚	闯世界
搭街坊	打板子	打赤膊	打赤脚	打嘟噜	打哈欠
打寒颤	打冷颤	打屁股	打平手	打问号	打下手
倒牌子	等于零	掉链子	端架子	对心思①	对心思②
发神经	犯嘀咕①	犯嘀咕②	放包袱	赶浪头	赶庙会
给面子	够意思①	够意思②	个顶个①	个顶个②	滚雪球
喝闷酒	换言之	画问号	浇冷水	绞脑汁	揭疮疤
见光死	交学费	侃大山	扛长活	扛大个	靠边站
抠字眼	看热闹①	看热闹②	看上去	看上眼	看医生
拉场子②	拉饥荒	拉交情	拉亏空	拉郎配	落包涵
落不是	亮牌子	撩地摊	撩挑子	留尾巴	捋虎须
拉下马	迈方步	满负荷	冒傻气	没的说①	没的说②
没的说③	没商量	没说的①	没说的②	没说的③	昧良心
慢半拍	没脾气①	没脾气②	拿印把	闹意气	派不是
拍脑袋	碰运气	泼脏水	抢镜头①	抢镜头②	抢时间
惹乱子	撒呓挣	上台阶	手把手	摔耙子	甩包袱
双肩挑	随风倒	守摊子	要大牌	说破天	蹚浑水
掏窟窿	贴标签	讨口彩	提亲事	外面光	托门子
窝里斗	窝里横	涎着脸	卸包袱	向上爬	轧马路
要好看	有身子	站住脚①	站住脚②	站住脚③	站住脚④
抓壮丁	转弯子	转弯子[1]	走内线	走形式	喝瘪子
坐天下	做圈套	做学问	做功课①	做功课②	做功课③

---

[1] 按：这里的两个"转弯子"中的"转"读音不一样，前一个音 zhuǎn，后一个音 zhuàn。

（三）现代汉语共时平面的五音节熟语

现代汉语共时平面的五音节熟语总计 29 个。其中从清代以前继承下来的 12 个，20 世纪新兴的 17 个，下面分类叙述。

1. 现代汉语共时平面从清代以前继承下来的五音节熟语

现代汉语从清代以前继承下来的 12 个五音节熟语的历史来源有：三国 1 个，宋代 1 个，明代 2 个，清代 8 个。这些五音节熟语按音序全部罗列如下：

小巫见大巫	不期然而然	树倒猢狲散	三百六十行	银样镴枪头
大鱼吃小鱼	坐山观虎斗	板板六十四	病急乱投医	墙倒众人推
无风不起浪	二一添作五			

2. 20 世纪新兴的现代汉语五音节熟语

20 世纪新兴的 17 个现代汉语五音节熟语，有文献例证的 11 个，没有例证的 1 个，没有收录的 5 个。这些新兴的五音节熟语按音序全部罗列如下：

八九不离十	吹胡子瞪眼	打鸭子上架	豆腐渣工程	多米诺骨牌
赶前不赶后	赶鸭子上架	更上一层楼	花岗岩头脑	换汤不换药
脚踩两只船	脸红脖子粗	十八层地狱	铁杵磨成针	图穷匕首见
一亩三分地	一问三不知			

（四）现代汉语共时平面的六音节熟语

现代汉语共时平面的六音节熟语总计 18 个。其中从清代以前继承下来的 12 个，20 世纪新兴的 6 个，下面分类叙述。

1. 现代汉语共时平面从清代以前继承下来的六音节熟语

现代汉语从清代以前继承下来的 12 个六音节熟语的历史来源有：东汉 1 个，宋代 1 个，元代 2 个，明代 3 个，清代 5 个。这些六音节熟语按音序全部罗列如下：

百闻不如一见	八字没见一撇	不费吹灰之力	不可同日而语
陈谷子烂芝麻	吃不了兜着走	此一时彼一时	当面锣对面鼓
井水不犯河水	九牛二虎之力	杀鸡焉用牛刀	生米做成熟饭

2. 20 世纪新兴的现代汉语六音节熟语

20 世纪新兴的 6 个现代汉语六音节熟语，都是有文献例证的。这些新兴的六音节熟语全部罗列如下：

拆东墙补西墙	吃一堑长一智	打肿脸充胖子	刀子嘴豆腐心
放长线钓大鱼	惊天地泣鬼神		

（五）现代汉语共时平面的七音节熟语

现代汉语共时平面的七音节熟语总计 8 个。其中，有 4 个是从元代、明代、清代继承而来，它们是：

不管三七二十一　　此地无银三百两　　打破砂锅问到底

心有灵犀一点通

有 4 个是 20 世纪新兴的。这 4 个新兴的七音节熟语分别是：

不到黄河心不死　　长江后浪推前浪　　车到山前必有路

打开天窗说亮话

（六）现代汉语共时平面的八音节熟语

现代汉语共时平面的八音节熟语不多，只有 2 个。它们都是从前代继承下来的。1 个继承于元代，1 个继承于清代。这 2 个八音节熟语是：

差之毫厘谬以千里　　成也萧何败也萧何

六、现代汉语熟语的缩略问题

熟语的缩略，指的是三音节、四音节的熟语缩略为双音节形式、三音节形式或者同时具备双音节、三音节两种形式。现代汉语共时平面的 5171 个熟语，我们现在所用的是规范的书写形式。但是，在历史的发展过程中，这些熟语，有的还有缩略形式。现代汉语的熟语，具有缩略形式的有 136 个。其中，具有缩略形式的四音节熟语 127 个，具有缩略形式的三音节熟语 9 个。这些熟语的缩略形式的出现时代，有的比规范书写形式的时代早，有的与规范书写形式同代，有的比规范书写形式的时代晚。这些缩略形式，有的是双音节，有的是三音节，有的既是双音节又是三音节。这些缩略形式，有的有一种写法，有的有两种或两种以上的写法。我们依据这些熟语规范形式的出现时代，把它们的缩略形式进行归纳总结。

（一）三音节、四音节熟语缩略为双音节词语

现代汉语的三音节、四音节熟语，缩略为双音节词语的，有 83 个。这 83 个熟语的缩略形式，清代以前已经出现的 73 个；20 世纪新兴的 10 个。这 83 个具有缩略形式的熟语，战国 7 个，西汉 6 个，东汉 2 个，三国 2 个，东晋 3 个，南朝 4 个，唐代 7 个，宋代 18 个，元代 2 个，明代 9 个，清代 13 个，20 世纪新兴 10 个。下面对这 83 个现代汉语熟语的缩略形式，依据时代先后分类概述

如下。

1. 见于战国的具有双音节缩略形式的现代汉语熟语

战国时代已见的现代汉语四音节熟语，总计有 7 个后来缩略为双音节词语。其中，有一种双音节书写形式的 6 个，有两种双音节书写形式的 1 个。依据这些缩略的双音节词语的出现时代，我们把战国已见的现代汉语四音节熟语的缩略形式概述如下：

铤而走险——铤险（唐[1]）　先意承志——先意（唐）

彰善瘅恶——彰瘅（唐）　　具体而微——具体（宋）

众口铄金——众铄（宋）　　胁肩谄笑——胁谄（清）

现代汉语中见于战国的四音节熟语，有 1 个具有两种双音节缩略形式。即：

摇唇鼓舌——摇唇（唐）摇鼓（宋）

2. 见于西汉的具有双音节缩略形式的现代汉语熟语

西汉已见的现代汉语四音节熟语，有 6 个后来缩略为双音节词语。其中，有一种双音节书写形式的 5 个，有两种双音节书写形式的 1 个。依据这些缩略的双音节词语的出现时代，我们把西汉已见的现代汉语四音节熟语的缩略形式概述如下：

三令五申——三五（南朝）　舞文弄法——舞文（五代）

助桀为虐——助桀（明代）　谈言微中——谈中（现代）

彰明较著——彰较（现代）

现代汉语中见于西汉的四音节熟语，有 1 个具有两种双音节缩略形式。即：

延颈企踵——延企（三国）延跂（宋）

3. 见于东汉的具有双音节缩略形式的现代汉语熟语

东汉已见的现代汉语四音节熟语，有 2 个后来缩略为双音节词语。依据这些缩略的双音节词语的出现时代，我们把东汉已见的现代汉语四音节熟语的缩略形式概述如下：

街谈巷议——街谈（南朝）　　芒刺在背——芒背（宋）

4. 见于三国的具有双音节缩略形式的现代汉语熟语

三国已见的现代汉语四音节熟语，有 2 个缩略为双音节词语。其中，有一种双音节书写形式的 1 个，有两种双音节书写形式的 1 个。这 2 个三国已见的现代

---

[1]　按：每个缩略语后面括号的文字，表示的是这个缩略语的出现时代。

汉语四音节熟语的缩略形式概述如下：

穷兵黩武——穷黩（唐）　　激浊扬清——激扬（唐）激清（唐）

5. 见于东晋的具有双音节缩略形式的现代汉语熟语

东晋已见的现代汉语四音节熟语，有 3 个缩略为双音节词语。其中，有一种双音节书写形式的 2 个，有四种双音节书写形式的 1 个。依据这些缩略的双音节词语的出现时代，我们把东晋已见的现代汉语四音节熟语的缩略形式概述如下：

临深履薄——临履（三国）　瓜田李下——瓜李（唐）

盘根错节——盘根（唐）盘错（唐）磐错（宋）槃错（清）

6. 见于南朝的具有双音节缩略形式的现代汉语熟语

南朝已见的现代汉语四音节熟语，有 4 个缩略为双音节词语。其中，有一种双音节书写形式的 3 个，有三种双音节书写形式的 1 个。依据这些缩略的双音节词语的出现时代，我们把南朝已见的现代汉语四音节熟语的缩略形式概述如下：

马革裹尸——马革（唐）　　汗流浃背——汗浃（宋）

推襟送抱——推襟（现代）

现代汉语中见于南朝的四音节熟语，有 1 个具有三种双音节缩略形式。即：

骈拇枝指——骈拇（西晋）骈指（唐）跰趾（南唐）

7. 见于唐代的具有双音节缩略形式的现代汉语熟语

唐代已见的现代汉语四音节熟语，有 7 个缩略为双音节词语。依据这些缩略的双音节词语的出现时代，我们把唐代已见的现代汉语四音节熟语的缩略形式概述如下：

曲突徙薪——曲突（三国）　舍生取义——舍生（东晋）

绠短汲深——绠短（南朝）　自郐以下——自郐（唐）

投鼠忌器——投鼠（明）　　佶屈聱牙——佶聱（清）

捉襟见肘——捉衿（清）

8. 见于宋代的具有双音节缩略形式的现代汉语熟语

宋代已见的现代汉语三音节、四音节熟语，有 18 个缩略为双音节词语。依据这些缩略的双音节词语的出现时代，我们把宋代已见的现代汉语三音节、四音节熟语的缩略形式概述如下：

三缄其口——三缄（东晋）　画虎类狗——画虎（南朝）

用舍行藏——用舍（南朝）　塞翁失马——失马（唐）

揠苗助长——揠苗（唐）　　愚公移山——愚移（唐）

铺张扬厉——铺扬（五代）　文房四宝——文房（宋）

掩耳盗铃——掩耳（明）　坐井观天——坐井（明）

隔靴搔痒——隔搔（清）　梦幻泡影——梦泡（清）

披发左衽——披发（清）　望梅止渴——望梅（清）

越俎代庖——越俎（清）　袖手旁观——袖观（现代）

费手脚——费手（金）　执牛耳——执耳（明）

9. 见于元代的具有双音节缩略形式的现代汉语熟语

元代已见的现代汉语四音节熟语，有 2 个缩略为双音节词语。依据这 2 个缩略的双音节词语的出现时代，我们把元代已见的现代汉语四音节熟语的缩略形式概述如下：

画地为牢——画地（西汉）　　抛砖引玉——抛塼（宋）

10. 见于明代的具有双音节缩略形式的现代汉语熟语

明代已见的现代汉语三音节、四音节熟语，有 9 个后来缩略为双音节词语。其中，有一种双音节书写形式的 8 个，有两种双音节书写形式的 1 个。依据这些缩略的双音节词语的出现时代，我们把明代已见的现代汉语三音节、四音节熟语的缩略形式概述如下：

王母娘娘——王母（东汉）　否极泰来——否泰（东汉）

坐以待毙——坐毙（宋）　披星戴月——披星（明）

燃眉之急——燃眉（明）　鞠躬尽瘁——鞠躬（清）

虾兵蟹将——虾兵（现代）　坐月子——坐月（现代）

现代汉语中见于明代的四音节熟语，有 1 个具有两种双音节缩略形式。即：

搜索枯肠——搜肠（宋）搜枯（元）

11. 见于清代的具有双音节缩略形式的现代汉语熟语

清代已见的现代汉语三音节、四音节熟语，有 13 个缩略为双音节词语。其中，有一种双音节书写形式的 11 个，有两种双音节书写形式的 2 个。依据这些缩略的双音节词语的出现时代，我们把清代已见的现代汉语熟语的缩略形式概述如下：

锥处囊中——锥囊（三国）　投鞭断流——投鞭（唐）

网开一面——网开（五代）　鸠形鹄面——鸠鹄（清）

披麻戴孝——披麻（清）　油腔滑调——油腔（清）

芸芸众生——芸生（清）　筑室道谋——筑室（清）

薪尽火传——薪传（清）　　劳燕分飞——劳燕（现代）

做生日——做生（明）

现代汉语中见于清代的四音节熟语，有 2 个具有两种双音节缩略形式。即：

前车之鉴——前鉴（东汉）前车（清）

沁人心脾——沁脾（清）沁心（现代）

12. 20 世纪新兴的有例证的具有双音节缩略形式的现代汉语熟语

20 世纪新兴的有例证的现代汉语三音节、四音节熟语，有 8 个缩略为双音节词语。下面我们把这些 20 世纪新兴的现代汉语熟语的缩略形式概述如下：

云泥之别——云泥（南朝）　　杀人越货——杀越（宋）

众矢之的——众的（明）　　披荆斩棘②——披荆（现代）

摆摊子——摆摊（清）　　赌东道——赌东（清）

拉后腿——拉腿（现代）　　假嗓子——假嗓（现代）

13. 20 世纪没有例证及没有收录的具有双音节缩略形式的现代汉语新兴熟语

20 世纪没有例证及没有收录的现代汉语新兴熟语，有 2 个缩略为双音节词语。其中，没有例证的 1 个，没有收录的 1 个。我们把这 2 个现代汉语三音节、四音节熟语的缩略形式概述如下：

蓬门荜户——蓬荜（晋代）　　抓壮丁——抓丁（现代）

（二）四音节熟语缩略为三音节熟语

现代汉语的四音节熟语，缩略为三音节熟语的，有 39 个。这 39 个熟语的缩略形式，清代以前已经出现的 35 个；20 世纪新兴的 4 个。这 39 个具有缩略形式的熟语，商周 1 个，战国 1 个，东汉 2 个，东晋 1 个，南朝 1 个，唐代 7 个，宋代 7 个，元代 4 个，明代 1 个，清代 10 个，20 世纪新兴 4 个。下面对这 39 个现代汉语熟语的缩略形式，依据时代先后分类概述如下。

1. 见于商周战国的具有三音节缩略形式的现代汉语熟语

商周战国已见的现代汉语四音节熟语，总计有 2 个缩略为三音节熟语。其中，商周 1 个，战国 1 个。依据这些缩略的三音节熟语的出现时代，我们把商周战国已见的现代汉语四音节熟语的缩略形式概述如下：

一朝一夕——一朝夕（宋）　　得其所哉——得其所（唐）

2. 见于东汉的具有三音节缩略形式的现代汉语熟语

东汉已见的现代汉语四音节熟语，有 2 个缩略为三音节熟语。即：

作威作福——作威福（南朝）　　一丘之貉——一丘貉（宋）

3.见于东晋的具有三音节缩略形式的现代汉语熟语

东晋已见的现代汉语四音节熟语，有 1 个缩略为三音节熟语。即：

娑罗双树——娑罗林（唐）

4.见于南朝的具有三音节缩略形式的现代汉语熟语

南朝已见的现代汉语四音节熟语，有 1 个缩略为三音节熟语。即：

指鹿为马——指鹿马（清）

5.见于唐代的具有三音节缩略形式的现代汉语熟语

唐代已见的现代汉语四音节熟语，总计有 7 个缩略为三音节熟语。依据这些缩略的三音节熟语的出现时代，我们把唐代已见的现代汉语四音节熟语的缩略形式概述如下：

同甘共苦——同甘苦（西汉）　青出于蓝——青于蓝（南朝）

卷土重来——卷土来（宋）　　日上三竿——日三竿（宋）

南柯一梦——南柯梦（元）　　黄口小儿——黄口儿（清）

身外之物——身外物（现代）

6.见于宋代的具有三音节缩略形式的现代汉语熟语

宋代已见的现代汉语四音节熟语，总计有 7 个缩略为三音节熟语。其中，有一种三音节书写形式的 6 个，有两种三音节书写形式的 1 个。依据这些缩略的三音节熟语的出现时代，我们把宋代已见的现代汉语四音节熟语的缩略形式概述如下：

开山祖师——开山祖（宋）　　梁上君子——梁上君（宋）

海誓山盟——海山盟（明）　　自暴自弃——自暴弃（清）

一身是胆——一身胆（现代）　鱼米之乡——鱼米乡（现代）

现代汉语中见于宋代的四音节熟语，有 1 个具有两种三音节缩略形式。即：

掌上明珠——掌中珠（西晋）掌上珠（唐）

7.见于元代的具有三音节缩略形式的现代汉语熟语

元代已见的现代汉语四音节熟语，总计有 4 个缩略为三音节熟语。依据这些缩略的三音节熟语的出现时代，我们把元代已见的现代汉语四音节熟语的三音节缩略形式概述如下：

无价之宝——无价宝（唐）　　傥来之物——傥来物（宋）

黄道吉日——黄道日（元）　　汗马功劳——汗马功（清）

8.见于明代的具有三音节缩略形式的现代汉语熟语

明代已见的现代汉语四音节熟语，有 1 个缩略为三音节熟语。即：

四大皆空——四大空（宋）

9. 见于清代的具有三音节缩略形式的现代汉语熟语

清代已见的现代汉语四音节熟语，总计有 10 个缩略为三音节熟语。其中，有一种三音节书写形式的 9 个，有两种三音节书写形式的 1 个。依据这些缩略的三音节熟语的出现时代，我们把清代已见的现代汉语四音节熟语的缩略形式概述如下：

一叶知秋——一叶秋（唐）　　说不过去——说不过（元）

呕心沥血——呕心血（明）　　有头有脸——有头脸（清）

解民倒悬——解民悬（清）　　仰人鼻息——仰鼻息（清）

锦囊妙计——锦囊计（现代）　鬼迷心窍——鬼迷心（现代）

捏一把汗——捏把汗（现代）

现代汉语中见于清代的四音节熟语，有 1 个具有两种三音节缩略形式。即：

跑马卖解——跑解马（清）跑马解（现代）

10. 20 世纪新兴的具有三音节缩略形式的现代汉语熟语

20 世纪新兴的现代汉语熟语，总计有 4 个缩略为三音节熟语。其中，有一种三音节书写形式的 3 个，有两种三音节书写形式的 1 个。依据这些缩略的三音节熟语的出现时代，我们把这 4 个现代汉语四音节熟语的缩略形式概述如下：

相濡以沫——相濡沫（宋）　　钻牛角尖——钻牛角（清）

连台本戏——连台戏（现代）　斫轮老手——斲轮手（宋）斵轮手（现代）

（三）四音节熟语缩略为双音节词语和三音节熟语

现代汉语的四音节熟语，同时缩略为双音节词语和三音节熟语的，有 14 个。这 14 个熟语的缩略形式，清代以前已经出现的 12 个；20 世纪新兴的 2 个。这 14 个具有双音节和三音节两种缩略形式的熟语，战国 1 个，西汉 1 个，东晋 1 个，唐代 2 个，宋代 4 个，明代 1 个，清代 2 个，20 世纪新兴 2 个。下面对这 14 个现代汉语熟语中同时具备的双音和三音两种缩略形式，依据时代先后分类概述如下。

1. 见于战国的具有双音节和三音节两种缩略形式的现代汉语熟语

战国已见的现代汉语四音节熟语，有 1 个同时具有双音节和三音节两种缩略形式。依据这些缩略的双音节和三音节形式的出现时代先后，我们把战国已见的这个现代汉语四音节熟语的这两种缩略形式概述如下：

嗟来之食——嗟食（唐）嗟来食（清）

2. 见于西汉的具有双音节和三音节两种缩略形式的现代汉语熟语

西汉已见的现代汉语四音节熟语，有 1 个同时具有双音节和三音节两种缩略形式。依据这些缩略的双音节和三音节形式的出现时代先后，我们把这个西汉已见的现代汉语四音节熟语的这两种缩略形式概述如下：

狐死首丘——狐首（唐）狐丘首（明）

3. 见于东晋的具有双音节和三音节两种缩略形式的现代汉语熟语

东晋已见的现代汉语四音节熟语，有 1 个同时具有双音节和三音节两种缩略形式。其中，双音节缩略形式一种，三音节缩略形式两种。依据这些缩略的双音节和三音节形式的出现时代先后，我们把这个东晋已见的现代汉语四音节熟语的这两种缩略形式概述如下：

恒河沙数——恒沙（南朝）恒河沙（唐）恒沙数（清）

4. 见于唐代的具有双音节和三音节两种缩略形式的现代汉语熟语

唐代已见的现代汉语四音节熟语，有 2 个同时具有双音节和三音节两种缩略形式。依据这些缩略的双音节和三音节形式的出现时代先后，我们把唐代已见的现代汉语四音节熟语的这两种缩略形式概述如下：

束之高阁——束阁（宋）束高阁（唐）

贪天之功——贪天（唐）贪天功（清）

5. 见于宋代的具有双音节和三音节两种缩略形式的现代汉语熟语

宋代已见的现代汉语四音节熟语，总计有 4 个同时具有双音节和三音节两种缩略形式。其中，具有一种双音节书写形式和一种三音节书写形式的 2 个，具有一种双音节书写形式和两种三音节书写形式的 1 个，具有一种双音节书写形式和三种三音节书写形式的 1 个。依据这些缩略的双音节和三音节形式的出现时代先后，我们把宋代已见的现代汉语四音节熟语的这两种缩略形式概述如下：

涸辙之鲋——涸鲋（北朝）涸辙鲋（唐）

痛定思痛——痛定（宋）痛定思（清）

桑榆暮景——桑榆（三国）桑榆景（清）桑榆暮（清）

铁石心肠——铁肠（元）铁心肠（宋）铁石心（宋）铁石肠（明）

6. 见于明代的具有双音节和三音节两种缩略形式的现代汉语熟语

明代已见的现代汉语四音节熟语，有 1 个同时具有双音节和三音节两种缩略形式。即：

血光之灾——血光灾（元）血光（现代）

7. 见于清代的具有双音节和三音节两种缩略形式的现代汉语熟语

清代已见的现代汉语四音节熟语，有 2 个同时具有双音节和三音节两种缩略形式。它们都是具有两种双音节书写形式和一种三音节书写形式。依据这些缩略的双音节和三音节形式的出现时代先后，我们把清代已见的这个现代汉语四音节熟语的这两种缩略形式概述如下：

探骊得珠——探珠（唐）探骊（五代）探骊珠（现代）

掷地有声——掷地（唐）掷金（唐）掷金声（清）

8.20 世纪新兴的具有双音节和三音节两种缩略形式的现代汉语熟语

20 世纪新兴的现代汉语四音节熟语，有 2 个同时具有双音节和三音节两种缩略形式。依据这些缩略的双音节和三音节形式的出现时代先后，我们把这 2 个新兴的现代汉语四音节熟语的两种缩略形式概述如下：

鹦鹉学舌——鹦鹉舌（唐）鹦舌（唐）

尚方宝剑——尚方剑（明）尚方（清）

七、现代汉语熟语的异形写法

文字有异体字，词语有同义词，熟语也有同义熟语。同义熟语又叫熟语的异形写法。所谓熟语的异形写法，指的是一个熟语，除了规范的一种常见写法外，还有同义、近义的其他写法。这些其他的写法，就叫熟语的异形写法。熟语的异形写法与熟语的关系，如同异体字与正字的关系一样。具有异形写法的熟语，主要是四音节的熟语，但是也有一些是三音节、五音节等四音节以外的熟语。熟语异形写法中的相异的那个字，与常见写法中的对应的那个字的关系，大约有同义、近义、相关义、古今字、异体字、正俗字、通假字等类型。现代汉语共时平面的熟语，具有异形写法的有 911 个，占我们研究的现代汉语 5171 个熟语总数的 17.61%。

现代汉语共时平面的熟语，除了 20 世纪新兴的一小部分外，主要是从汉语史上各个历史时期继承下来的。因此，熟悉了解现代汉语熟语的异形写法情况，对于研究现代汉语熟语的形成和定型化，有积极的学术意义。

现代汉语熟语的异形写法，各个时期都有。下面，我们依据时间的先后，把现代汉语共时系统中的熟语的异形写法，分别概述如下。

（一）上古汉语中已见的具有异形写法的现代汉语熟语

上古汉语已见的具有异形写法的现代汉语熟语总计 76 个。其中，商周 7 个，战国 27 个，西汉 22 个，东汉 20 个。我们依据异形写法的多少及时代先后，逐一描述如下。

1. 见于商周的具有异形写法的现代汉语熟语

商周已见的现代汉语熟语，有 7 个具有异形写法。其中，具有一种异形写法的 6 个，具有两种异形写法的 1 个。

（1）有 6 个具有一种异形写法。即：

不可救药——不可救疗（战国[1]）　　日就月将——日将月就（晋代）

自强不息——自彊不息（唐）　　　　不可嚮迩——不可向迩（宋）

一朝一夕——一夕一朝（宋）　　　　辗转反侧——转辗反侧（清）

（2）有 1 个具有两种异形写法。即：

进退维谷——进退唯谷（南朝）　进退惟谷（唐）

2. 见于战国的具有异形写法的现代汉语熟语

战国已见的现代汉语熟语，有 27 个具有异形写法。其中，具有一种异形写法的 23 个，具有两种及以上异形写法的 4 个。

（1）有 23 个具有一种异形写法。即：

视而不见——视之不见（战国）　　唇亡齿寒——唇亡则齿寒（西汉）

蓬户甕牖——蓬户瓮牖（西汉）　　众口铄金——众口销金（西汉）

来者不拒——来者勿拒（东汉）　　探赜索隐——探幽索隐（东汉）

信而有征——信而有证（东汉）　　尾大不掉——尾大难掉（三国）

门庭若市——门庭如市（东晋）　　戮力同心——勠力同心（南朝）

夜以继日——夜以继昼（南朝）　　半涂而废——半途而废（唐）

文质彬彬——文质斌斌（唐）　　　不言而喻——不言而谕（宋）

从善如流——从善若流（宋）　　　摇脣鼓舌——摇唇鼓舌（宋）

运斤成风——运斤如风（金）　　　没世不忘——没齿不忘（明）

涅而不缁——涅而不淄（明）　　　周而复始——週而复始（明）

锲而不舍——锲而不捨（清）　　　畏首畏尾——畏头畏尾（清）

诲人不倦——诲人不惓（现代）

---

[1]　按：每个异形写法后面括号的文字，表示的是这个异形写法的出现时代。

（2）有 3 个具有两种异形写法。即：

先意承志——先意承旨（战国）先意承指（东晋）

循名责实——循名课实（南朝）循名核实（明）

轻于鸿毛——轻若鸿毛（唐）轻如鸿毛（宋）

（3）有 1 个具有三种异形写法。即：

移风易俗——移风改俗（南朝）移风革俗（北朝）移风易尚（明）

3. 见于西汉的具有异形写法的现代汉语熟语

西汉已见的现代汉语熟语，有 22 个具有异形写法。其中，具有一种异形写法的 15 个，具有两种异形写法的 6 个，具有三种异形写法的 1 个。

（1）有 15 个具有一种异形写法。即：

前功尽弃——前功尽灭（战国）　肝脑涂地——肝胆涂地（西汉）

旁若无人——傍若无人（南朝）　首鼠两端——首施两端（南朝）

坐观成败——坐视成败（唐）　大谬不然——大缪不然（宋）

多多益善——多多益办（宋）　杯盘狼藉——杯盘狼籍（明）

谈言微中——谭言微中（明）　鬭鸡走狗——斗鸡走狗（清）

攻城略地——攻城掠地（清）　利令智昏——利令志惛（清）

舞文弄法——舞文玩法（清）　二十四节——二十四节气（清）

以己度人——以己之心度人之心（宋）

（2）有 6 个具有两种异形写法。即：

延颈企踵——延颈举踵（战国）延颈跂踵（宋）

助桀为虐——助桀为暴（西汉）助桀为恶（现代）

深谋远虑——深图远算（南朝）深猷远计（明）

如汤沃雪——如汤浇雪（唐）如汤泼雪（明）

沐猴而冠——沐猴衣冠（元）沐猴冠冕（元）

形格势禁——形禁势格（清）形劫势禁（现代）

（3）有 1 个具有三种异形写法。即：

鼠窃狗盗——鼠盗狗窃（唐）鼠窃狗偷（五代）鼠偷狗盗（清）

4. 见于东汉的具有异形写法的现代汉语熟语

东汉已见的现代汉语熟语，有 20 个具有异形写法。其中，具有一种异形写法的 14 个，具有两种异形写法的 4 个，具有三种和四种异形写法的各 1 个。

（1）有 14 个具有一种异形写法。即：

無妄之灾——无妄之灾（商周）　　以逸待劳——以佚待劳（战国）

临渊羡鱼——临川羡鱼（西汉）　　和颜悦色——和颜说色（东汉）

文不加点——文无加点（南朝）　　倾城倾国——倾国倾城（南朝）

明效大验——明验大效（宋）　　　天长地久——天地长久（元）

三纲五常——三纲五伦（明）　　　罪不容诛——罪不胜诛（明）

穷凶极恶——穷兇极恶（清）　　　同恶相济——同恶共济（清）

一丘之貉——一邱之貉（清）　　　謹众取宠——哗众取宠（现代）

（2）有 4 个具有两种异形写法。即：

卓尔不群——卓然不群（南朝）卓乎不群（金）

运筹帷幄——运筹帏幄（唐）运筹帷帐（宋）

道听塗说——道听涂说（宋）道听途说（清）

钳口结舌——箝口结舌（宋）针口结舌（现代）

（3）有 1 个具有三种异形写法。即：

一面之交———面之款（南朝）一面之雅（宋）一面之识（明）

（4）有 1 个具有四种异形写法。即：

死有余辜——死有余罪（西汉）死有余责（东汉）死有余诛（宋）死有余僇
（明）

（二）中古汉语中已见的具有异形写法的现代汉语熟语

中古汉语已见的具有异形写法的现代汉语熟语总计 116 个。其中，三国 3 个，
西晋 11 个，东晋 11 个，南朝 19 个，北朝 7 个，唐代 65 个。我们依据异形写法
的多少及时代先后，逐一描述如下。

1. 见于三国的具有异形写法的现代汉语熟语

三国已见的现代汉语熟语，有 3 个具有异形写法。其中，具有一种异形写法
的 2 个，具有两种异形写法的 1 个。即：

作姦犯科——作奸犯科（明）　　犄角之势——犄角之势（明）

事与愿违——事与心违（唐）事与志违（宋）

2. 见于西晋的具有异形写法的现代汉语熟语

西晋已见的现代汉语熟语，有 11 个具有异形写法。其中，具有一种异形写
法的 10 个，具有三种异形写法的 1 个。

（1）有 10 个具有一种异形写法。即：

追奔逐北——追亡逐遁（战国）　有名无实——有名亡实（东汉）

下笔成章——下笔成篇（三国）　势不两立——势不两存（西晋）

身先士卒——身先士众（五代）　规行矩步①——规行矩止（宋）

升堂入室——陞堂入室（宋）　刮目相待——括目相待（明）

片言只字——片言只语（明）　再衰三竭——再衰三涸（现代）

（2）有 1 个具有三种异形写法。即：

栉风沐雨——沐雨栉风（三国）栉沐风雨（五代）栉风酾雨（清）

3. 见于东晋的具有异形写法的现代汉语熟语

东晋已见的现代汉语熟语，有 11 个具有异形写法。其中，具有一种异形写法的 8 个，具有两种异形写法的 1 个，具有三种异形写法的 2 个。

（1）有 8 个具有一种异形写法。即：

所向披靡——所向皆靡（东汉）　临深履薄——临深履冰（东晋）

捨本逐末——舍本逐末（东晋）　席不暇暖——席不暇煖（唐）

总而言之——總而言之（唐）　情随事迁——情逐事迁（宋）

千载一时——千载一日（元）　势均力敌——势钧力敌（元）

（2）有 1 个具有两种异形写法。即：

盘根错节——槃根错节（南朝）蟠根错节（清）

（3）有 2 个具有三种异形写法。即：

异口同声——异口同音（西晋）异口同辞（唐）异口同韵（现代）

惟利是图——惟利是视（唐）惟利是求（唐）惟利是趋（清）

4. 见于南朝的具有异形写法的现代汉语熟语

南朝已见的现代汉语熟语，有 19 个具有异形写法。其中，具有一种异形写法的 13 个，具有两种异形写法的 4 个，具有三种和五种异形写法的各 1 个。

（1）有 13 个具有一种异形写法。即：

指鹿为马——指鹿作马（西晋）　朝不保夕——朝不保暮（东晋）

疾恶如仇——疾恶如雠（南朝）　鱼游釜中——鱼游釜内（北朝）

断章取义——断章取意（唐）　克己奉公——剋己奉公（唐）

皮里阳秋——皮里春秋（唐）　杀身成仁——杀身成义（唐）

亡魂丧胆——亡魂破胆（唐）　众望所归——众望攸归（唐）

岂有此理——岂有是理（宋）　吮痈舐痔——吮疽舐痔（宋）

並驾齐驱——并驾齐驱（清）

（2）有 4 个具有两种异形写法。即：

相敬如宾——相待如宾（战国）相庄如宾（清）

马革裹屍——马革裹尸（北朝）马革盛尸（金）

秋毫无犯——秋毫不犯（唐）秋毫勿犯（唐）

汗流浃背——汗流洽背（五代）汗流夹背（清）

（3）有1个具有三种异形写法。即：

千载难逢——千载奇遇（明）千载难遇（清）千载奇逢（清）

（4）有1个具有五种异形写法。即：

心腹之患——心腹之疾（战国）心腹之病（西汉）心腹重患（南朝）心腹大患（明）心腹之忧（明）

5. 见于北朝的具有异形写法的现代汉语熟语

北朝已见的现代汉语熟语，有7个具有异形写法。其中，具有一种异形写法的6个，具有三种异形写法的1个。

（1）有6个具有一种异形写法。即：

有始有终——有始有卒（战国）　殃及池鱼——祸及池鱼（东汉）

切磋琢磨——切瑳琢磨（宋）　　蓬头垢面——髼头垢面（元）

自出机杼——自出机轴（明）　　幸灾乐祸——倖灾乐祸（现代）

（2）有1个具有三种异形写法。即：

言听计从——言听计用（西汉）言听计行（宋）言从计听（清）

6. 见于唐代的具有异形写法的现代汉语熟语

唐代已见的现代汉语熟语，有65个具有异形写法。其中，具有一种异形写法的51个，具有两种异形写法的9个，具有三种异形写法的4个，具有四种异形写法的1个。

（1）有51个具有一种异形写法。即：

巧舌如簧——巧言如簧（商周）　　披坚执锐——被坚执锐（战国）

挺而走险——铤而走险（战国）　　瑕不掩瑜——瑕不揜瑜（战国）

宴安鸩毒——宴安酖毒（战国）　　闻所未闻——闻所不闻（西汉）

避坑落井——避穽入坑（西汉）　　地广人稀——地广人希（西汉）

见所未见——见所不见（西汉）　　四通八达——四通五达（西汉）

方枘圆凿——方枘圜凿（西汉）　　平易近人[①]——平易近民（西汉）

天南地北[①]——天南海北（东汉）　体无完肤[①]——体无完皮（西晋）

一举两得——一举二得（西晋）　　飞沙走石——飞砂走石（东晋）

一概而论——一槩而论（东晋）　　诸如此类——诸若此类（东晋）

目无全牛——目牛无全（东晋）　　披沙拣金——披沙简金（南朝）

求贤若渴——求贤如渴（南朝）　　雕虫小技——彫虫小技（唐）

扶危定倾——扶危翼倾（唐）　　　奇形怪状——奇形异状（唐）

声泪俱下——声泪俱发（唐）　　　天涯海角——天涯地角（唐）

乌飞兔走——兔走乌飞（唐）　　　自我作古——自我作故（唐）

生灵涂炭——生民涂炭（五代）　　正本清源——正本澄源（五代）

素昧平生——素昧生平（宋）　　　孤苦零丁——孤苦伶仃（元）

龙盘虎踞——龙蟠虎踞（元）　　　含英咀华——含菁咀华（明）

心旷神怡——心怡神旷（明）　　　投鼠忌器——投鼠之忌（明）

卷土重来——捲土重来（明）　　　束之高阁——束之高屋（明）

披肝沥胆——披沥肝胆（明）　　　出奇制胜——出奇致胜（清）

翻江倒海——翻江搅海（清）　　　天荒地老——天老地荒（清）

天造地设——天生地设（清）　　　执迷不悟——执迷不醒（清）

自愧不如——自愧弗如（清）　　　曲突徙薪——曲突移薪（清）

一成不变——一成不易（清）　　　鐘鸣鼎食——鍾鸣鼎食（清）

擢发难数——擢发莫数（清）　　　开门揖盗——开门延盗（清）

置之度外——置诸度外（现代）

（2）有9个具有两种异形写法。即：

生杀予夺——杀生予夺（战国）生杀与夺（唐）

虎踞龙盘——虎据龙蟠（北朝）虎踞龙蟠（宋）

枕戈待旦——枕戈俟旦（北朝）枕戈以待（明）

门可罗雀——门可张罗（唐）门堪罗雀（宋）

自郐以下——自郐而下（唐）自郐无讥（宋）

单枪匹马——单鎗匹马（明）单枪独马（清）

河清海晏——河清海宴（明）河海清宴（清）

心领神会——心领神悟（现代）心领意会（现代）

虚无缥缈——虚无缥渺（现代）虚无飘渺（现代）

（3）有4个具有三种异形写法。即：

易如反掌——易于反掌（西汉）易同反掌（唐）易如翻掌（元）

通都大邑——通邑大都（西汉）通都巨邑（清）通都大埠（现代）

捉襟见肘——捉衿见肘（宋）捉衿肘见（明）捉襟肘见（清）

徒有虚名——徒有其名（宋）徒拥虚名（清）徒负虚名（现代）

（4）有 1 个具有四种异形写法。即：

迎刃而解——迎刃冰解（宋）迎刃立解（清）迎刃而理（清）迎刃以解（现代）

（三）近代汉语中已见的具有异形写法的现代汉语熟语

近代汉语已见的具有异形写法的现代汉语熟语总计 576 个。其中，五代宋 144 个，元代 67 个，明代 145 个，清代 220 个。我们依据异形写法的多少及时代先后，逐一描述如下。

1. 见于五代宋时期的具有异形写法的现代汉语熟语

五代宋时期已见的现代汉语熟语，有 144 个具有异形写法。其中，具有一种异形写法的 106 个，具有两种异形写法的 29 个，具有三种异形写法的 4 个，具有四种异形写法的 5 个。

（1）有 106 个具有一种异形写法。即：

博闻强识——博闻彊识（战国）	疾首蹙额——疾首蹙頞（战国）
每况愈下——每下愈况（战国）	披发左衽——被发左袵（战国）
外强中干——外彊中干（战国）	万无一失——万不失一（战国）
众志成城——众心成城（战国）	筚篥篮缕——荜露蓝蒌（西汉）
奉公守法——奉公如法（西汉）	刚愎自用——刚戾自用（西汉）
间不容发②——閒不容发（西汉）	养虎遗患——养虎自遗患（西汉）
雄才大略——雄材大略（东汉）	科头跣足——科头徒跣（三国）
无坚不摧——无坚不陷（三国）	殊途同归——殊涂同归（东晋）
寒来暑往——寒往暑来（南朝）	金屋藏娇——金屋贮娇（南朝）
粉身碎骨——粉身灰骨（唐）	焕然一新——焕然如新（唐）
入乡随俗——入乡随乡（唐）	少安毋躁——少安无躁（唐）
身强力壮——身强力健（唐）	随波逐流——随波逐浪（唐）
雪中送炭——雪里送炭（唐）	摇头摆尾——摇头拼尾（唐）
吟风弄月——吟风咏月（唐）	欲盖弥彰——欲盖而彰（唐）
獐头鼠目——麞头鼠目（五代）	跋山涉水——跋山涉川（宋）
改弦易辙——改絃易辙（宋）	苟延残喘——苟延残息（宋）
节外生枝——节上生枝（宋）	节衣缩食——缩衣节食（宋）

匹马单枪——匹马单鎗（宋）　　秋高气爽——秋高气肃（宋）

巧取豪夺——巧偷豪夺（宋）　　四面八方——四方八面（宋）

天花乱坠——天华乱坠（宋）　　物极必反——物极必返（宋）

心满意足——心满愿足（宋）　　严阵以待——严陈以待（宋）

依然故我——依然故吾（宋）　　一刀两断——一刀两段（宋）

一见如故——一见如旧（宋）　　一念之差——一念之误（宋）

云消雾散——云开雾散（宋）　　自暴自弃——自弃自暴（宋）

逐字逐句——逐句逐字（宋）　　随机应变——随机达变（金）

三言两语——三言两句（元）　　言不由衷——言不由中（元）

鱼米之乡——鱼米之地（元）　　过眼烟云——过眼云煙（明）

欢欣鼓舞——欢忻鼓舞（明）　　空谷足音——空谷跫音（明）

平地风波——平地生波（明）　　穷乡僻壤——穷陬僻壤（明）

如影随形——如形随影（明）　　山盟海誓——誓山盟海（明）

删繁就简——删烦就简（明）　　声东击西——声西击东（明）

随遇而安——随寓而安（明）　　天诛地灭——天诛地殛（明）

惜墨如金——惜墨若金（明）　　一唱一和——一倡一和（明）

一目瞭然——一目了然（明）　　坐井观天——坐井窥天（明）

並行不悖——并行不悖（清）　　沉鱼落雁——沈鱼落雁（清）

大庭广众——大廷广众（清）　　封妻荫子——封妻廕子（清）

耿耿于怀——耿耿於怀（清）　　挂一漏万——掛一漏万（清）

兼收并蓄——兼收并畜（清）　　酒囊饭袋——酒囊饭包（清）

了如指掌——瞭如指掌（清）　　沦肌浃髓——沦浃肌髓（清）

朋比为奸——朋比作奸（清）　　破镜重圆——破镜重合（清）

倾家荡产——倾家败产（清）　　曲意逢迎——曲意奉迎（清）

如法炮制——如法泡制（清）　　探头探脑——探头缩脑（清）

习焉不察——习而不察（清）　　喜新厌旧——喜新厌故（清）

洗心革面——洗心回面（清）　　心直口快——心直嘴快（清）

瞻前顾后——瞻前虑后（清）　　早出晚归——早出暮归（清）

指日可待——指日而待（清）　　作法自弊——作法自毙（清）

左右逢原——左右逢源（清）　　大材小用——大才小用（现代）

老奸巨猾——老奸巨猾（现代）　　轻车熟路——轻车熟道（现代）

忍俊不禁——忍俊不住（现代）　融会贯通——融汇贯通（现代）

少不更事——少不经事（现代）　势如破竹——势如劈竹（现代）

秀外惠中——秀外慧中（现代）　一望无际——一望无边（现代）

斩钉截铁——斩钉切铁（现代）　朝三暮四——朝四暮三（现代）

醉生梦死——醉死梦生（现代）　左邻右舍——左邻右里（现代）

（2）有29个具有两种异形写法。即：

骄奢淫逸——骄奢淫泆（战国）骄奢淫佚（唐）

户枢不蠹——户枢不蝼（战国）户枢不朽（西晋）

舍近求远——舍近务远（战国）舍近即远（南朝）

兴利除弊——兴利除害（战国）兴利剔弊（清）

能屈能伸——能屈能申（东汉）能伸能屈（现代）

庸中佼佼——佣中佼佼（南朝）庸中皭皭（北朝）

怨声载道——怨声满道（南朝）怨声载路（唐）

鱼目混珠——鱼目混珎（唐）鱼目间珠（宋）

水泄不通——水楔不通（唐）水洩不通（元）

掩耳盗铃——掩耳盗钟（唐）掩耳偷铃（元）

风雨飘摇——风雨漂摇（唐）风雨飘飖（清）

缩衣节食——缩衣节口（唐）缩衣啬食（清）

越俎代庖——越庖代俎（唐）越俎代谋（清）

提纲挈领——提纲振领（五代）提纲举领（宋）

百废俱兴——百废具兴（宋）百废具举（宋）

文房四宝——文房四物（宋）文房四士（宋）

走马上任——走马赴任（宋）走马到任（元）

拭目以待——拭目以俟（宋）拭目而待（明）

黔驴之技——黔驴之伎（宋）黔驴技孤（明）

千里鹅毛——千里寄鹅毛（宋）千里送鹅毛（清）

一暴十寒——十寒一暴（金）一曝十寒（现代）

排难解纷——排纷解难（元）排患解纷（明）

趋炎附势——趋炎附热（元）趋炎奉势（清）

魂不附体——魂不赴体（明）魂不负体（明）

铁树开花——铁树开华（明）铁树花开（明）

口若悬河——口如悬河（明）口似悬河（明）

探本穷源——探本极源（明）探本求源（现代）

束手就擒——束手就禽（明）束手就缚（现代）

恬不知耻——恬不知愧（清）恬不知羞（清）

（3）有 4 个具有三种异形写法。即：

多才多艺——多材多艺（商周）多艺多才（唐）多能多艺（宋）

束手无策——束手无措（宋）束手无术（明）束手无计（清）

平步青云——平地青云（金）平步青霄（元）平地登云（明）

时乖运蹇——时乖命蹇（元）时乖运拙（元）时乖运梗（明）

（4）有 5 个具有四种异形写法。即：

铁石心肠——铁肠石心（唐）铁心石肠（宋）铁心木肠（宋）铁石心肝
（清）

桑榆暮景——桑榆之景（唐）桑榆晚景（宋）暮景桑榆（元）桑榆末景
（清）

束手待毙——束手就毙（宋）束手受毙（宋）束手待死（明）束手自毙
（清）

凄风苦雨——凄风苦雨（元）凄风冷雨（元）凄风寒雨（清）凄风楚雨
（清）

铢积寸累——铢累寸积（清）铢寸累积（清）铢积丝累（清）铢积锱累
（清）

2. 见于元代的具有异形写法的现代汉语熟语

元代已见的现代汉语熟语，有 67 个具有异形写法。其中，具有一种异形写法的 51 个，具有两种异形写法的 13 个，具有四种异形写法的 1 个，具有五种异形写法的 2 个。

（1）有 51 个具有一种异形写法。即：

使不得②——使不的（元）　　吃官司——喫官司（明）

功成名就——功成名遂（战国）　知己知彼——知彼知己（战国）

福无双至——福不重至（西汉）　孝子贤孙——孝子顺孙（西汉）

起死回生——起死廻生（东晋）　感恩戴德——感恩怀德（南朝）

飞黄腾达——飞黄腾踏（唐）　　根深蒂固——根深蒂固（唐）

三顾茅庐——三顾草庐（唐）　　烟消云散——烟消雾散（唐）

按图索骥——按图索骏（宋）　藕断丝连——藕断丝联（宋）
抛砖引玉——抛甎引玉（宋）　盛气凌人——盛气临人（宋）
水中捞月——水中捉月（宋）　众口一词——众口一辞（宋）
打家劫舍——打家截舍（元）　狐朋狗党——狗党狐朋（元）
苦尽甘来——苦尽甜来（元）　乐极生悲——乐极悲生（元）
龙争虎斗——龙争虎鬪（元）　马到成功——马到功成（元）
眉清目秀——眉清目朗（元）　三更半夜——深更半夜（元）
舌剑唇枪——舌剑唇鎗（元）　洗耳恭听——洗耳拱听（元）
心惊胆战——心惊胆颤（元）　隐姓埋名——隐名埋姓（元）
狐群狗党——狗党狐群（明）　昏天黑地[①]——昏天暗地（明）
刻骨铭心——刻骨镂心（明）　皮开肉绽——皮伤肉绽（明）
如雷贯耳——如雷灌耳（明）　三心二意——三心两意（明）
谈天说地——谭天说地（明）　咬牙切齿——咬牙恨齿（明）
大彻大悟——大澈大悟（清）　独占鳌头——独占鼇头（清）
高擡贵手——高抬贵手（清）　鹤立雞群——鹤立鷄群（清）
梨园弟子——梨园子弟（清）　气冲牛斗——气冲斗牛（清）
閒云野鹤——闲云野鹤（清）　心灰意懒——心灰意冷（清）
咬文嚼字——齩文嚼字（清）　一笔勾消——一笔勾销（清）
层见叠出——层见迭出（现代）　推三阻四——推三推四（现代）
有口难分——有口难辩（现代）

（2）有 13 个具有两种异形写法。即：

损人利己——损人益己（五代）损人肥己（明）
唇枪舌剑——脣枪舌剑（金）唇鎗舌剑（明）
走投无路——走投没路（元）走投无计（元）
惹草拈花——惹草粘花（元）惹草沾花（明）
衣冠楚楚——衣冠济楚（元）衣冠齐楚（明）
顺水推舟——顺水推船（元）顺水行舟（清）
笑里藏刀——笑里暗藏刀（元）笑处藏刀（清）
伶牙俐齿——伶牙利齿（明）怜牙悧齿（明）
毛骨悚然——毛骨竦然（明）毛骨耸然（明）
明火执仗——明火执杖（明）明火持杖（明）

铜筋铁骨——铜觔铁肋（明）铜筋铁肋（清）

铜牆铁壁——铜城铁壁（清）铜墙铁壁（清）

为非作歹——为非做歹（清）为非作恶（现代）

（4）有1个具有四种异形写法。即：

知书达礼——知书知礼（明）知书通礼（明）知书识礼（清）知文达礼（清）

（5）有2个具有五种异形写法。即：

遗臭万年——遗臭万载（南朝）遗臭万代（唐）遗臭万世（宋）遗臭千年（明）遗臭千秋（清）

游手好闲——遊手好闲（宋）遊手好闲（元）游手好闲（清）游手偷闲（清）游手偷闲（现代）

3. 见于明代的具有异形写法的现代汉语熟语

明代已见的现代汉语熟语，有145个具有异形写法。其中，具有一种异形写法的105个，具有两种异形写法的29个，具有三种异形写法的5个，具有四种异形写法的6个。

（1）有105个具有一种异形写法。即：

背水阵——背水陈（战国）　装门面——妆门面（明）

吃閒饭——吃闲饭（现代）

安如泰山——安如太山（西汉）　改恶从善——改恶为善（东汉）

强弩之末——彊弩之末（西晋）　坐享其成——坐享其功（东晋）

手无寸铁——手无寸刃（南朝）　心无二用——心不两用（北朝）

故态复萌——故态复还（唐）　金口玉言——金口玉音（唐）

铭心刻骨——铭心镂骨（唐）　披星戴月——披星带月（唐）

气壮山河——气壮河山（唐）　若隐若现——若隐若显（唐）

天昏地暗①——天昏地黑（唐）　喜气洋洋——喜气扬扬（唐）

相生相克——相生相剋（唐）　煮鹤焚琴——煮鹤烧琴（唐）

大言不惭——大言不慙（宋）　骇人听闻——骇人闻听（宋）

鳞次栉比——鳞次相比（宋）　山穷水尽——山穷水绝（宋）

树大招风——树高招风（宋）　随风转舵——随风倒舵（宋）

贪得无厌——贪婪无厌（宋）　推心置腹——推心致腹（宋）

唾手可得——唾手可取（宋）　望风而逃——望风而遁（宋）

秀色可餐——秀色堪餐（宋）　　秦楼楚馆——秦楼谢馆（金）

寸步难行——寸步难移（元）　　扶危济困——扶危救困（元）

官报私仇——官报私雠（元）　　官官相护——官官相为（元）

夸大其词——夸大其辞（元）　　离经叛道——离经畔道（元）

石沉大海——石沈大海（元）　　疏财仗义——疎财仗义（元）

贪赃枉法——贪赃坏法（元）　　心惊肉跳——心惊肉战（元）

眼捷手快——眼明手捷（元）　　一表非凡——一表非俗（元）

有眼无珠——有眼无瞳（元）　　仗义疏财——仗义疎财（元）

知疼着热——知疼着痒（元）　　半生不熟①——半生半熟（明）

不稂不莠——不郎不秀（明）　　顿足捶胸——顿足搥胸（明）

顾此失彼——顾彼失此（明）　　横征暴敛——横征暴歛（明）

进退两难——进退双难（明）　　茅塞顿开——茅塞顿启（明）

眉开眼笑——眉花眼笑（明）　　否极泰来——否极泰回（明）

妻儿老小——妻儿老少（明）　　奇花异草——奇花异卉（明）

惹火烧身——惹焰烧身（明）　　随乡入乡——随乡入俗（明）

望风披靡——望风而靡（明）　　望眼欲穿——望眼将穿（明）

无拘无束——无束无拘（明）　　闲言碎语②——闲言闲语（明）

一模一样——一模二样（明）　　溢于言表——溢于言外（明）

油嘴滑舌——油嘴油舌（明）　　指手画脚——指手划脚（明）

装腔作势——装腔做势（明）　　不亢不卑——不抗不卑（清）

穿针引线——穿鍼引线（清）　　大相径庭——大相逕庭（清）

额手称庆——额手相庆（清）　　公报私仇——公报私雠（清）

狗仗人势——狗傍人势（清）　　可歌可泣——可泣可歌（清）

眉高眼低——眉高眼下（清）　　三长两短——三长四短（清）

善罢甘休——善罢干休（清）　　赏心悦目——赏心惬目（清）

十拿九稳——十拏九稳（清）　　手疾眼快——手急眼快（清）

甜言蜜语——甜嘴蜜舌（清）　　望其项背——望其肩项（清）

销声匿迹——销声匿迹（清）　　一枕黄粱——一枕邯郸（清）

亦步亦趋——亦趋亦步（清）　　有目共睹——有目共见（清）

赞不绝口——赞口不绝（清）　　张灯结彩——张灯结綵（清）

指不胜屈——指不胜偻（清）　　抓耳挠腮①——抓耳搔腮（清）

抓耳挠腮②——抓耳搔腮（清）　白日做梦——白日作梦（现代）

横冲直撞——横冲直闯（现代）　娇生惯养——骄生惯养（现代）

落井下石——落阱下石（现代）　天昏地暗③——天昏地黑（现代）

眼疾手快——眼急手快（现代）　一面之词——一面之辞（现代）

一往无前——一往直前（现代）　义正词严——义正辞严（现代）

争先恐后——争前恐后（现代）　铢两悉称——铢两相称（现代）

当面锣对面鼓——当面鼓对面锣（清）

打破砂锅问到底——打破砂锅璺到底（元）

（2）有29个具有两种异形写法。即：

听天由命——听天任命（东汉）听天委命（明）

如饥似渴——如渴如饥（三国）如饥如渴（现代）

齐心协力——齐心同力（南朝）齐心并力（明）

噬脐莫及——噬脐无及（唐）噬脐何及（唐）

栉比鳞次——栉比鳞差（唐）栉比鳞臻（五代）

泾渭分明——泾渭自分（唐）泾渭自明（明）

面面相觑——面面厮觑（宋）面面相看（明）

惹是生非——惹是招非（宋）惹事生非（明）

一差二错——一差二误（宋）一差二惧（明）

游刃有余——游刃余地（宋）遊刃有余（明）

年高德劭——年高德卲（宋）年高德韶（现代）

一蹶不振——一跌不振（宋）一蹶不兴（现代）

众星捧月——众星攒月（宋）众星拱月（现代）

转弯抹角①——转湾抹角（元）转弯磨角（清）

一表人才——一表人物（元）一表人材（现代）

面红耳赤——面红颈赤（明）面红耳热（明）

花枝招展——花枝招飐（明）花枝招颤（清）

轻口薄舌——轻口轻舌（明）轻嘴薄舌（清）

如梦初醒——如梦初觉（明）如梦方醒（清）

响彻云霄——响彻云际（明）响彻云表（清）

轻手轻脚——轻手软脚（明）轻手蹑脚（现代）

涎皮赖脸——涎脸涎皮（明）涎皮涎脸（现代）

如胶似漆——如胶投漆（清）如胶如漆（清）

争风喫醋——争风吃醋（清）争锋吃醋（清）

死心塌地——死心落地（清）死心踏地（现代）

一笔抹杀——一笔抹摋（清）一笔抹煞（现代）

明珠暗投——明珠夜投（现代）明珠投暗（现代）

抓破脸皮——抓破脸子（现代）抓破面皮（现代）

浓粧艳抹——浓妆艳抹（现代）浓装艳抹（现代）

（3）有 5 个具有三种异形写法。即：

棋逢对手——棋逢敌手（唐）碁逢对手（元）碁逢敌手（明）

牵肠挂肚——牵肠惹肚（宋）牵肠割肚（元）牵肠肚（元）

信口开河——信口开合（元）信口开喝（元）信口开呵（元）

家长里短——家长礼短（明）家长裡短（明）家常里短（明）

慢条斯理——慢条丝礼（明）慢条厮礼（明）慢条斯礼（明）

（4）有 6 个具有四种异形写法。即：

螳臂当车——螳螂拒辙（唐）蟷臂扼辙（宋）蟷臂当辙（明）螳臂挡车（现代）

游山玩水——遊山玩水（宋）遊山翫水（宋）游山玩景（清）游山问水（清）

日理万机——日有万机（宋）日理万几（明）日总万几（明）日览万机（明）

片甲不存——片甲不回（元）片甲不留（清）片甲无存（现代）片甲不还（现代）

装聋作哑——妆聋作哑（元）妆聋做哑（明）装聋做哑（明）装聋装哑（现代）

死气白赖——死乞白赖（清）死求白赖（清）死乞百赖（现代）死求百赖（现代）

4. 见于清代的具有异形写法的现代汉语熟语

清代已见的现代汉语熟语，有 220 个具有异形写法。其中，具有一种异形写法的 167 个，具有两种异形写法的 43 个，具有三种异形写法的 5 个，具有四种异形写法的 4 个，具有六种异形写法的 1 个。

（1）有 167 个具有一种异形写法。即：

打擂台——打摞台（元）　　吃白食——喫白食（明）

气不忿——气不愤（明）　　手不稳——手脚不稳（明）

行方便——行个方便（清）　　咬耳朵——咬耳朶（清）

打瞌睡——打磕睡（现代）　　卷铺盖——捲铺盖（现代）

敲竹槓——敲竹杠（现代）

攻其不备——攻其无备（战国）　秣马厉兵——秣马利兵（战国）

百川归海——百川朝海（西汉）　深闭固拒——深闭固距（西汉）

相得益彰——相得益章（西汉）　相提并论——相提而论（西汉）

高不可攀——高不可登（东汉）　焦头烂额——燋头烂额（东汉）

五方杂处——五方杂厝（东汉）　魂不守舍——魂不守宅（三国）

秘而不宣——祕而不宣（西晋）　唇齿相依——脣齿相依（西晋）

蟠根错节——盘根错节（东晋）　后起之秀——后来之秀（南朝）

云蒸霞蔚——云兴霞蔚（南朝）　足不出户——足不踰户（南朝）

潜移默化——潜移暗化（北朝）　肥头大耳——肥头大面（隋）

防患未然——防患于未然（唐）　飞短流长——飞流短长（唐）

俯首帖耳——俛首帖耳（唐）　　鸠占鹊巢——鸠居鹊巢（唐）

琳琅满目——琳琅触目（唐）　　履险如夷——履险若夷（唐）

脑满肠肥——肠肥脑满（唐）　　庞然大物——麗然大物（唐）

天悬地隔——天悬壤隔（唐）　　味同嚼蜡——味如嚼蜡（唐）

圆颅方趾——圆首方足（唐）　　不修边幅——不脩边幅（五代）

监守自盗——监主自盗（五代）　摇头晃脑——摇头摆脑（五代）

百废俱举——百废具举（宋）　　大智若愚——大智如愚（宋）

对症下药——对证下药（宋）　　瓜熟蒂落——瓜熟蔕落（宋）

呼之欲出——呼之或出（宋）　　灰头土脸①——灰头土面（宋）

家喻户晓——家谕户晓（宋）　　看风使舵——看风使帆（宋）

牵强附会——牵强附合（宋）　　耸人听闻——耸动听闻（宋）

水涨船高——水长船高（宋）　　剜肉医疮——剜肉补疮（宋）

心驰神往——心往神驰（宋）　　羊肠小道——羊肠鸟道（宋）

尧天舜日——尧年舜日（宋）　　依样葫芦——依样画葫芦（宋）

筑室道谋——筑舍道傍（宋）　　煮豆燃萁——煮豆然萁（宋）

披麻戴孝——披麻带孝（元）　　言近旨远——言近指远（元）

各持己见——各执己见（明）　　光彩照人——光采照人（明）

归心似箭——归心如箭（明）　　呼天抢地——呼天叩地（明）

积重难返——积重难反（明）　　借水行舟——借水推船（明）

揆情度理——揆理度情（明）　　目空一切——目空一世（明）

破釜沉舟——破釜沈舟（明）　　巧立名目——巧立名色（明）

日久天长——日久岁长（明）　　如芒在背——如芒刺背（明）

三番五次——三番两次（明）　　深入浅出——深入显出（明）

识文断字——识文谈字（明）　　同床异梦——同床各梦（明）

小题大做——小题大作（明）　　一帆风顺——一帆顺风（明）

一往情深——一往而深（明）　　寅吃卯粮——寅支卯粮（明）

贼头贼脑——贼头鼠脑（明）　　斑驳陆离——斑駮陆离（清）

卑不足道——卑卑不足道（清）　　杯弓蛇影——盃弓蛇影（清）

别树一帜——别树一旗（清）　　缠緜悱恻——缠绵悱恻（清）

呆头呆脑——獃头獃脑（清）　　迭床架屋——叠床架屋（清）

独出心裁——独出新裁（清）　　沸反盈天——沸反连天（清）

浮光掠影——浮光略影（清）　　各抒己见——各抒所见（清）

回光返照②——迴光返照（清）　　畸轻畸重——畸重畸轻（清）

见仁见智——见智见仁（清）　　狼狈为奸——狼狈为姦（清）

临阵磨枪——临阵磨鎗（清）　　流言蜚语——流言飞语（清）

明察暗访——明查暗访（清）　　蹑手蹑脚——蹑手蹑足（清）

迫不及待——迫不可待（清）　　穷原竟委——穷源竟委（清）

趋之若鹜——趋之如鹜（清）　　任劳任怨——任怨任劳（清）

如数家珍——如数家物（清）　　若即若离——若离若即（清）

三天两头——三头两日（清）　　稍纵即逝——稍纵则逝（清）

深仇大恨——深雠大恨（清）　　神不守舍——神不收舍（清）

狮子搏兔——狮象搏兔（清）　　徒托空言——徒讬空言（清）

万马齐喑——万马齐瘖（清）　　微言大义——微言大谊（清）

无足轻重——无足重轻（清）　　细针密缕——细针密线（清）

向壁虚造——嚮壁虚造（清）　　心花怒放——心花怒发（清）

寻根究底——寻根问底（清）　　鸦雀无声——鸦鹊无声（清）

言简意赅——言简意该（清）　　养痈遗患——养痈贻患（清）

一板一眼——一板三眼（清）　　一相情愿——一厢情愿（清）

移樽就教——移罇就教（清）　　义愤填膺——义愤填胸（清）

营私舞弊——营私作弊（清）　　语重心长——语长心重（清）

月下老人——月下老儿（清）　　纸上谈兵——纸上谭兵（清）

贼眉鼠眼——贼眉贼眼（清）　　肘腋之患——肘胁之患（清）

蛛丝马跡——蛛丝马迹（清）　　吃现成饭——喫现成饭（现代）

唇焦舌敝——唇焦舌敞（现代）　丢三落四——丢三拉四（现代）

狗血喷头——狗血淋头（现代）　顾盼自雄——顾盼自豪（现代）

鬼蜮伎俩——鬼蜮技俩（现代）　慌手慌脚——慌手忙脚（现代）

精疲力竭——精疲力尽（现代）　哭丧着脸——哭丧脸（现代）

渺无人煙——渺无人烟（现代）　评头品足——评头论脚（现代）

浅尝辄止——浅嚐辄止（现代）　认贼作父——认贼为父（现代）

三灾八难——三灾六难（现代）　杀一儆百——杀一警百（现代）

舌敝唇焦——舌敝唇枯（现代）　适得其反——适居其反（现代）

失之交臂——失诸交臂（现代）　事过境迁——事过景迁（现代）

硕大无朋——硕大无比（现代）　痌瘝在抱——痌癏在抱（现代）

无动于中——无动于衷（现代）　无孔不入——无空不入（现代）

相形见绌——相形见拙（现代）　心狠手辣——心辣手狠（现代）

兴高采烈——兴高彩烈（现代）　一语破的——一语中的（现代）

欲擒故纵——欲擒先纵（现代）　冤家路窄——冤家路狭（现代）

真知灼见——真知卓见（现代）　振聋发聩——震聋发聩（现代）

八字没见一撇——八字不见两撇（清）

陈谷子烂芝蔴——陈谷子烂芝麻（现代）

（2）有 43 个具有两种异形写法。即：

装样子——装潢子（清）装幌子（清）

栽跟头②——栽更头（现代）栽跟斗（现代）

貌合神离——貌合心离（西汉）貌合行离（东晋）

义无反顾——义不反顾（西汉）义无返顾（宋）

南征北战——南征北伐（南朝）南征北讨（元）

屋上架屋——屋下架屋（南朝）屋上起屋（清）

星罗棋布——星罗棊布（北朝）星罗碁布（唐）

鹬蚌相争——鹬蚌相危（北朝）鹬蚌相持（元）

繁文缛节——繁文缛礼（唐）繁文末节（宋）

直言不讳——直言无讳（唐）直言勿讳（清）

韬光养晦——韬光用晦（唐）韬光隐晦（现代）

含血喷人——含血噀人（宋）含血潠人（宋）

平心静气——平心定气（宋）平心易气（宋）

前车之鉴——前辙可鉴（宋）前车可鉴（现代）

遇事生风——遇事风生（宋）遇事生端（现代）

眼花缭乱——眼花撩乱（元）眼花历乱（明）

装模作样——妆模作样（元）装模做样（明）

调三窝四——调三斡四（元）调三惑四（清）

柳眉倒竖——柳眉踢竖（明）柳眉剔竖（明）

偷鸡摸狗②——偷鸡盗狗（明）偷鸡吊狗（明）

引狼入室——引虎入室（明）引狗入寨（明）

掷地有声——掷地金声（明）掷地赋声（明）

指桑骂槐——指桑树骂槐树（明）指桑说槐（清）

狼吞虎咽——虎咽狼吞（明）狼吞虎嗉（清）

通权达变——通时达变（明）通时合变（清）

打躬作揖——打恭作揖（明）打拱作揖（现代）

敲骨吸髓——敲骨剥髓（明）敲骨榨髓（现代）

无精打彩——无精打采（明）无精嗒彩（现代）

恼羞成怒——恼羞变怒（清）老羞成怒（清）

闲情逸致——闲情逸致（清）闲情逸志（清）

分斤掰两——分金掰两（清）分斤拨两（现代）

格杀勿论——格杀弗论（清）格杀无论（现代）

面面俱到——面面皆到（清）面面圆到（现代）

身败名裂——身败名隳（清）身废名裂（现代）

同仇敌忾——同雠敌忾（清）同仇敌慨（现代）

蒸蒸日上——蒸蒸日盛（清）蒸蒸日进（现代）

直截了当——直捷了当（清）直接了当（现代）

眉飞色舞——眉飞目舞（现代）眉飞色悦（现代）

深恶痛绝——深恶痛疾（现代）深恶痛嫉（现代）

一蹴而就——一蹴而成（现代）一蹴而得（现代）

一鳞半爪——一鳞一爪（现代）一鳞片爪（现代）

一塌糊涂——一榻胡涂（现代）一塌胡涂（现代）

银样镴枪头——银样镴鎗头（元）银样蜡枪头（清）

（3）有 5 个具有三种异形写法。即：

时来运转——时来运往（唐）时来运至（明）时来运旋（明）

抚今追昔——抚今悼昔（明）抚今思昔（明）抚今痛昔（明）

如虎添翼——如虎得翼（明）如虎生翼（明）如虎傅翼（现代）

雪泥鸿爪——雪鸿指爪（明）雪中鸿爪（清）雪泥鸿迹（清）

没精打采——没精打彩（清）没精塌彩（清）没精没彩（现代）

（4）有 4 个具有四种异形写法。即：

杞人忧天——杞国之忧（宋）杞国忧天（明）杞人之忧（清）杞天之虑
（现代）

饔飧不继——饔飧不给（明）饔飧不继（清）饔飧不济（清）饔飧不给
（清）

诘屈聱牙——诘曲聱牙（明）诘屈謷牙（清）诘诎聱牙（现代）诘诎聱牙
（现代）

鹊巢鸠占——鹊巢鸠主（清）鹊巢鸠居（清）鹊巢鸠踞（清）鹊巢鸠据
（清）

（5）有 1 个具有六种异形写法。即：

弦外之音——弦外之意（南朝）絃外之意（唐）絃外之音（清）弦外有音
（清）弦外音（清）弦外之响（现代）

（四）20 世纪新兴的具有异形写法的现代汉语熟语

20 世纪新兴的具有异形写法的现代汉语熟语总计 143 个。其中，《大词典》
有例证的具有异形写法的新兴熟语 123 个，《大词典》没有例证及没有某一义项
的具有异形写法的新兴熟语 9 个，《大词典》没有收录的具有异形写法的新兴熟
语 11 个。我们对这三种类型的 20 世纪新兴熟语，依据这些异形写法的多少及时
代先后，逐一描述如下。

1.《大词典》有例证的 20 世纪新兴的具有异形写法的现代汉语熟语

《大词典》有例证的 20 世纪新兴的现代汉语熟语，有 123 个具有异形写法。

其中，具有一种异形写法的 98 个，具有两种异形写法的 19 个，具有三种异形写法的 5 个，具有五种异形写法的 1 个。

（1）有 98 个具有一种异形写法。即：

吃干饭——喫干饭（宋）　　吃白饭③——喫白饭（明）

为什么——为甚么（明）　　闹着玩②——闹着顽（清）

悄没声——悄默声（清）　　触楣头——触霉头（现代）

刮地皮——括地皮（现代）　拉近乎——拉近胡（现代）

捅漏子——捅楼子（现代）　一锅煮——一锅烩（现代）

睁眼瞎——睁眼瞎子（现代）

归真返璞——归真反璞（战国）　　日以继夜——日夜相继（战国）

犬牙交错——犬牙相错（东汉）　　时不我待——时不我与（三国）

以柔克刚——以柔制刚（三国）　　三足鼎立——三分鼎足（南朝）

望尘莫及——望尘不及（南朝）　　载歌载舞——载歌且舞（北朝）

只言片语——只句片言（隋）　　　感人肺腑——感人肺肝（唐）

闻风丧胆——闻风破胆（唐）　　　俯仰由人——俯仰随人（宋）

囫囵吞枣——鹘仑吞枣（宋）　　　坚韧不拔——坚忍不拔（宋）

金刚怒目——金刚努目（宋）　　　责有攸归——责有所归（宋）

争奇斗艳——争奇斗异（宋）　　　众所周知——众所共知（宋）

半生不熟②——半生半熟（元）　　万古长青——万古长春（元）

白手起家——白手成家（明）　　　付诸东流——付之东流（明）

气贯长虹——气贯虹霓（明）　　　推诚相见——推诚相信（明）

有口难辩——有口难辨（明）　　　指鸡骂狗——指猪骂狗（明）

按步就班——按部就班（清）　　　别出心裁——别出新裁（清）

重整旗鼓——重振旗鼓（清）　　　春华秋实——春花秋实（清）

断壁残垣——断壁颓垣（清）　　　愤世疾俗——愤世嫉俗（清）

欢蹦乱跳——欢迸乱跳（清）　　　回肠荡气——迴肠荡气（清）

径情直遂——径行直遂（清）　　　马齿徒长——马齿徒增（清）

猫哭老鼠——貓哭老鼠（清）　　　宁缺毋滥——宁缺勿滥（清）

品头论足——品头题足（清）　　　骑马找马——骑马寻马（清）

黔驴技穷——黔驴技尽（清）　　　若明若暗——若明若昧（清）

深文周纳——深文周内（清）　　　纹丝不动——纹丝没动（清）

首善之区——首善之地（清）	吴侬软语——吴侬娇语（清）
仙山琼阁——仙山楼阁（清）	削足适履——削趾适屦（清）
眼高手低——眼高手生（清）	眼皮底下——眼皮子底下（清）
遥相呼应——遥呼相应（清）	异军突起——异军特起（清）
与虎谋皮——与狐谋皮（清）	陈词滥调——陈辞滥调（现代）
吃里爬外——吃里扒外（现代）	改朝换代——改朝换姓（现代）
故弄玄虚——故弄虚玄（现代）	刮目相看——刮目相见（现代）
黑灯瞎火——黑灯下火（现代）	火冒三丈——火冒三尺（现代）
坑绷拐骗——坑蒙拐骗（现代）	愣头愣脑——楞头楞脑（现代）
迫在眉睫——迫于眉睫（现代）	破罐破摔——破罐子破摔（现代）
千儿八百——千八百（现代）	千姿百态——千姿万态（现代）
煽风点火——搧风点火（现代）	丧魂落魄——丧魂失魄（现代）
顺风转舵——顺风使舵（现代）	缩头缩脑①——缩头缩颈（现代）
天南地北②——天南海北（现代）	下马看花——下马观花（现代）
贤妻良母——贤母良妻（现代）	摇鹅毛扇——摇羽毛扇（现代）
一锤定音——一槌定音（现代）	一盘散沙——一片散沙（现代）
饮鸩止渴——饮鸩解渴（现代）	应运而生——应运而起（现代）
争权夺利——争权攘利（现代）	振振有词——振振有辞（现代）
龇牙咧嘴①——呲牙咧嘴（现代）	龇牙咧嘴②——呲牙咧嘴（现代）
直来直去②——直去直来（现代）	装疯卖傻——装疯作傻（现代）
座无虚席——坐无虚席（现代）	

换汤不换药——换汤弗换药（清）

长江后浪推前浪——长江后浪催前浪（元）

（2）有 19 个具有两种异形写法。即：

现世报——见世报（清）现世现报（清）

唯利是图——唯利是视（战国）唯利是求（南朝）

走南闯北——走南跳北（宋）走南料北（元）

邪门歪道——邪魔外道（宋）邪门外道（清）

添枝加叶——添枝接叶（宋）添枝增叶（现代）

三亲六故——三亲六眷（元）三亲四眷（明）

调嘴学舌——调嘴弄舌（明）调嘴调舌（明）

偷鸡摸狗①——偷鸡盗狗（明）偷鸡吊狗（明）

通风报信——通风讨信（明）通风报讯（现代）

油头滑脑——油头滑脸（明）油头滑面（现代）

翻箱倒柜——翻箱倒笼（清）翻箱倒箧（清）

墨守成规——墨守成法（清）墨守陈规（现代）

束手束脚——束手缚脚（清）束手束足（现代）

劈头盖顶——劈头盖脑（现代）劈头劈脑（现代）

添油加醋——添醋加油（现代）添盐着醋（现代）

投井下石——投阱下石（现代）投石下井（现代）

追本溯源——追本求源（现代）追本穷源（现代）

正经八百——正经八本（现代）正经八板（现代）

铁杵磨成针——铁杵磨鍼（明）铁杵磨针（清）

（3）有 5 个具有三种异形写法。即：

翻跟头——翻筋斗（宋）翻觔斗（明）翻跟斗（现代）

旁门左道——旁门小道（宋）旁门外道（清）旁门邪道（现代）

贫嘴薄舌——贫嘴恶舌（清）贫嘴贱舌（清）贫嘴滑舌（现代）

瞬息万变——瞬息百变（清）瞬息千变（清）瞬息万状（现代）

解铃系铃——解铃须用系铃人（明）解铃还须系铃人（清）解铃还是系铃人
（清）

（4）有 1 个具有五种异形写法。即：

瘦骨嶙峋——瘦骨棱嶒（宋）瘦骨伶仃（现代）瘦骨零丁（现代）瘦骨棱棱
（现代）瘦骨嶙嶙（现代）

2.《大词典》没有例证及没有某一义项的 20 世纪新兴的具有异形写法的现
代汉语熟语

《大词典》没有例证及没有某一义项的 20 世纪新兴现代汉语熟语，有 9 个具
有异形写法。其中，具有一种异形写法的 8 个，具有两种异形写法的 1 个。

（1）有 8 个具有一种异形写法。即：

发酒疯——发酒风（元）　　摔跟头②——摔跟斗（现代）

涮锅子——涮羊肉（现代）

舞文弄墨①——舞弄文墨（唐）　尚方宝剑——尚方剑（明）

着手成春——着手生春（清）　　生拉硬扯①——生拉活扯（现代）

图穷匕首见——图穷匕见（现代）

（2）有 1 个具有两种异形写法。即：

正儿八经——正儿巴经（现代）正二八摆（现代）

3.《大词典》没有收录的 20 世纪新兴的具有异形写法的现代汉语熟语

《大词典》没有收录的 20 世纪新兴的现代汉语熟语，有 11 个具有异形写法。其中，具有一种异形写法的 10 个，具有两种异形写法的 1 个。

（1）有 10 个具有一种异形写法。即：

有身子——有身（商周）　　八面光——八面儿见光（清）

绞脑汁——搅脑汁（现代）

扶正祛邪①——扶正黜邪（东汉）　　云散风流——风流云散（东汉）

旋转乾坤——旋乾转坤（唐）　　荆棘载途——荆棘满途（元）

摩肩击毂——摩肩接毂（明）　　绵里藏针①——绵里藏鍼（清）

天打雷轰——天打雷劈（清）

（2）有 1 个具有两种异形写法。即：

拟于不伦——儗非其伦（明）儗不于伦（现代）

主要参考文献

工具书：

[1] 广东　广西　湖南　河南《辞源》修订组编:《辞源》(合订本)，商务印书馆1991年版。

[2] 徐中舒主编:《汉语大字典》，四川辞书出版社、湖北辞书出版社1995年版。

[3] 罗竹风主编:《汉语大词典》，汉语大词典出版社1997年版。

[4] 张斌主编:《现代汉语虚词词典》，商务印书馆2001年版。

[5] 许振生主编:《新华成语词典》，商务印书馆2002年版。

[6] 宗福邦、陈世铙、萧海波主编:《故训汇纂》，商务印书馆2003年版。

[7] 中国社会科学院语言研究所词典编辑室编:《现代汉语词典》(第5版)，商务印书馆2005年版。

[8] 汉语大词典编纂处:《汉语大词典订补》，上海辞书出版社2010年版。

[9] 王力主编:《王力古汉语字典》，中华书局2000年版。

[10] 中国社会科学院语言研究所词典编辑室编:《现代汉语词典》(第6版)，商务印书馆2012年版。

[11] 中国社会科学院语言研究所词典编辑室编:《现代汉语词典》(第7版)，商务印书馆2016年版。

学术论著：

[1] 赵振铎:《古代文献知识》，四川人民出版社1980年版。

[2] 高亨:《〈诗经〉今注》，上海古籍出版社1980年版。

[3] 杨伯峻:《〈论语〉译注》，中华书局1980年版。

[4] 何九盈、蒋绍愚:《古汉语词汇讲话》,北京出版社 1980 年版。

[5] 张永言:《词汇学简论》,华中工学院出版社 1982 年版。

[6] 杨伯峻:《春秋左传注》,中华书局 1983 年版。

[7] 张世禄:《张世禄语言学论文集》,学林出版社 1984 年版。

[8] 林尹:《〈周礼〉今注今译》,书目文献出版社 1985 年版。

[9] 赵振铎:《古代辞书史话》,四川人民出版社 1986 年版。

[10] 赵振铎:《训诂学史略》,中州古籍出版社 1988 年版。

[11] 史存直:《汉语词汇史纲要》,华东师范大学出版社 1989 年版。

[12] 杨伯峻:《〈孟子〉译注》,中华书局 1988 年版。

[13] 蒋绍愚:《古汉语词汇纲要》,北京大学出版社 1989 年版。

[14] 张双棣:《吕氏春秋词汇研究》,山东教育出版社 1989 年版。

[15] 潘允中:《汉语词汇史概要》,上海古籍出版社 1989 年版。

[16] 蒋冀骋:《近代汉语词汇研究》,湖南教育出版社 1991 年版。

[17] 江灏、钱宗武:《今古文〈尚书〉全译》,贵州人民出版社 1991 年版。

[18] 俞理明:《佛经文献语言》,巴蜀书社 1993 年版。

[19] 向熹:《简明汉语史》,高等教育出版社 1993 年版。

[20] 李开:《汉语语言研究史》,江苏教育出版社 1993 年版。

[21] 周民:《〈尚书〉词典》,四川人民出版社 1993 年版。

[22] 张万起:《〈世说新语〉词典》,商务印书馆 1993 年版。

[23] 李运益主编:《〈论语〉词典》,西南师范大学出版社 1993 年版。

[24] 王力:《汉语词汇史》,商务印书馆 1993 年版。

[25] 周荐:《汉语词汇研究史纲》,语文出版社 1995 年版。

[26] 蒋绍愚:《近代汉语研究概况》,北京大学出版社 1996 年版。

[27] 江蓝生、曹广顺:《唐五代语言词典》,上海教育出版社 1997 年版。

[28] 汪启明:《先秦两汉齐语研究》,巴蜀书社 1998 年版。

[29] 赵振铎:《辞书学纲要》,四川辞书出版社 1998 年版。

[30] 毛远明:《〈左传〉词汇研究》,西南师范大学出版社 1999 年版。

[31] 赵振铎:《中国语言学史》,河北教育出版社 2000 年版。

[32] 赵振铎:《字典论》,上海辞书出版社 2001 年版。

[33] 袁宾等:《二十世纪的近代汉语研究》,书海出版社 2001 年版。

[34] 严修:《二十世纪的古汉语研究》,书海出版社 2001 年版。

[35] 许威汉:《二十世纪的汉语词汇学》,书海出版社 2002 年版。

[36] 谭伟:《庞居士研究》,四川民族出版社 2002 年版。

[37] 张双棣等:《古代汉语知识教程》,北京大学出版社 2002 年版。

[38] 赵振铎:《训诂学纲要》(修订本),巴蜀书社 2003 年版。

[39] 朱瑞玟:《佛教成语》,汉语大词典出版社 2003 年版。

[40] 曹炜:《现代汉语词汇研究》,北京大学出版社 2004 年版。

[41] 温端政:《汉语语汇学》,商务印书馆 2005 年版。

[42] 谭伟:《〈祖堂集〉文献语言研究》,四川出版集团、巴蜀书社 2005 年版。

[43] 孙常叙:《汉语词汇》(重排本),商务印书馆 2006 年版。

[44] 管锡华:《古汉语词汇研究导论》,台湾学生书局 2006 年版。

[45] 赵振铎:《〈集韵〉研究》,语文出版社 2006 年版。

[46] 赵振铎:《辞书学论文集》,商务印书馆 2006 年版。

[47] 黄建宁:《笔记小说俗谚研究》,人民出版社 2011 年版。

[48] 赵振铎:《〈集韵〉校本》,上海辞书出版社 2012 年版。

[49] 王力主编:《古代汉语》(校订重排本),中华书局 1999 年版。

[50] 俞理明、顾满林:《东汉佛道文献词汇新质研究》,商务印书馆 2013 年版。

[51] 张能甫:《现代汉语单音词历史层次研究》,人民出版社 2015 年版。

[52] 《国学大师》(guoxuedashi.com)网上在线查询系统 2017 年。

后　记

　　本成果是作者的"现代汉语词汇历史研究"系列成果中的一种。"现代汉语词汇历史研究"系列成果由《现代汉语单音词历史层次研究》、《现代汉语熟语历史层次研究》、《现代汉语复音词历史层次研究》三部分构成。其中，《现代汉语单音词历史层次研究》已于2015年出版，本次出版的是系列成果的第二种。

　　从历史层次的角度对现代汉语共时平面的熟语进行系统研究，目前还没有这方面的专著。虽然如此，间接和相关的研究成果却很多，这些成果能够帮助我们判定和识别现代汉语熟语的历史层次，是从事现代汉语熟语历时研究的必不可少的基本语料。整个20世纪的有代表性的现代汉语熟语研究专著，基本上都是共时的研究，历时的研究成果很少。本成果对现代汉语共时平面的5171个熟语、1648个类熟语总计6819个熟语结构，在一定范围内进行历史层次的系统研究。我们的研究结论是：现代汉语共时平面的熟语结构，从清代以前继承下来的3482个，占51.06%；20世纪新兴的3337个，占48.94%。现代汉语共时平面的熟语5171个，从清代以前继承下来的3472个，占67.14%；20世纪新兴的1699个，占32.86%。现代汉语共时平面的熟语结构，总体上来看，继承和新兴大致差不多，继承的略高2.12%；如果不考虑类熟语而只看熟语，那么，现代汉语共时平面的熟语，继承率比新兴率高出34.28%。据此，我们认为，现代汉语共时平面的熟语，还是以继承前代为主。这种研究成果可以弥补现代汉语熟语研究中缺少历史层次系统研究这一方面的不足，拓展了现代汉语熟语研究的空间，使现代汉语熟语研究从单一的重共时分析描写转变到共时研究和历时研究同时并重的局面，也使汉语熟语的研究古今贯通、源流并重、层次分明。我们的研究在一定范围内对每一个熟语按义项进行断代，综合整理出一个现代汉语熟语广义的历史层次参照系统，比较明确地回答出现代汉语共时平面常用的熟语，来自于先秦、两汉、魏晋南北朝、唐宋、元明清、现代各个时期的熟语各自占有多大的比率。汉语的典籍仅古代部分就有约八万种，20 世纪的也不少。我们的研究涉及的各期代表性的语料也不是很多，我们的研究是一种初步的、有限的调查统计，还有很多地方需要精细化。精确的汉语熟语历史层次研究不可能在短时期内完成，需要几代学人的共同努力。

本成果在出版的过程中，得到了责任编辑陆丽云女士的热情关心和支持，她为本书的出版付出了辛勤的汗水，在此表示深深谢意。同时，我的工作单位四川师范大学文学院也提供了部分出版资金，在此一并表示感谢。

张能甫
2019 年 10 月 21 日于四川成都

责任编辑:陆丽云

封面设计:汪　莹

图书在版编目(CIP)数据

现代汉语熟语历史层次研究/张能甫 著. —北京:人民出版社,2020.2
ISBN 978－7－01－021574－7

Ⅰ.①现…　Ⅱ.①张…　Ⅲ.①现代汉语-熟语-研究　Ⅳ.①H136.3

中国版本图书馆 CIP 数据核字(2019)第 275524 号

现代汉语熟语历史层次研究

XIANDAI HANYU SHUYU LISHI CENGCI YANJIU

张能甫　著

人民出版社 出版发行

(100706　北京市东城区隆福寺街 99 号)

北京中科印刷有限公司印刷　新华书店经销

2020 年 2 月第 1 版　2020 年 2 月北京第 1 次印刷
开本:710 毫米×1000 毫米 1/16　印张:35
字数:620 千字

ISBN 978－7－01－021574－7　定价:128.00 元

邮购地址 100706　北京市东城区隆福寺街 99 号
人民东方图书销售中心　电话 (010)65250042　65289539